Jahrhunderte der Kunst

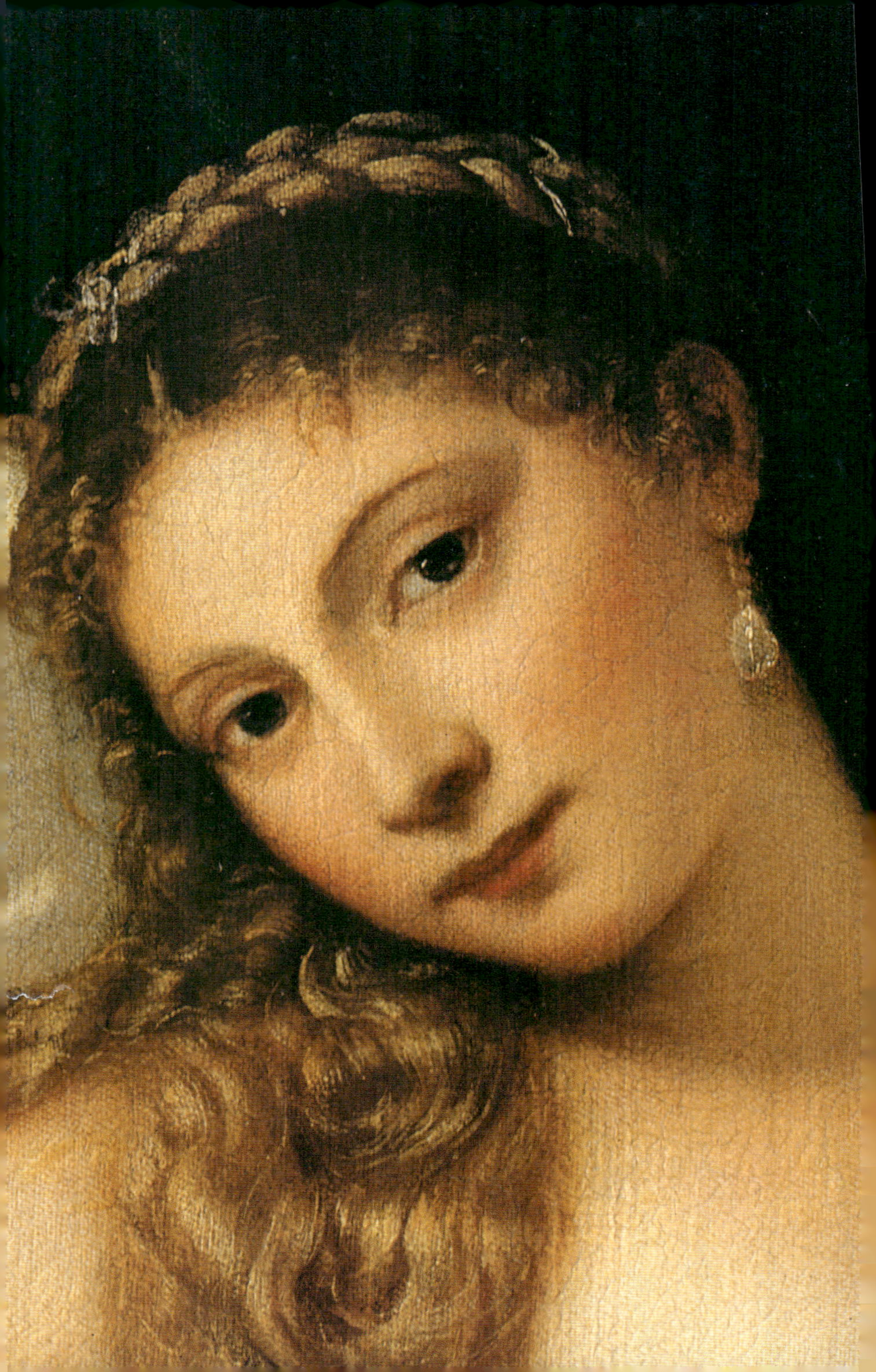

Stefano Zuffi

Das 16. Jahrhundert

Parthas

Jahrhunderte der Kunst, Bd. 3
Herausgegeben von Stefano Zuffi

Aus dem Italienischen übersetzt von
Dr. Karl Pichler

Lektorat der dt. Ausgabe
Katja Richter/Gabriela Wachter

Gestaltung
Dario Tagliabue / Anna Piccarreta

Umschlaggestaltung und Satz
Birgit Zschunke

Redaktion
Barbara Travaglini

Bildrecherche
Valentina Minucciani

Druck und Bindung
Mondadori Printing Spa,
Martellago, Italien

Die Originalausgabe erschien
© 2005 bei Electa, Mailand.

© 2006 Parthas Verlag
Stresemannstraße 30
10963 Berlin
www.parthasverlag.de

ISBN 978-3-936324-64-8

Umschlagbild vorn
Raffael, *Angiolo Doni*, um 1505,
Florenz, Palazzo Pitti.

Abbildung Seite 2
Tizian, *Venus von Urbino* (Ausschnitt), um 1538,
Florenz, Uffizien.

Inhalt

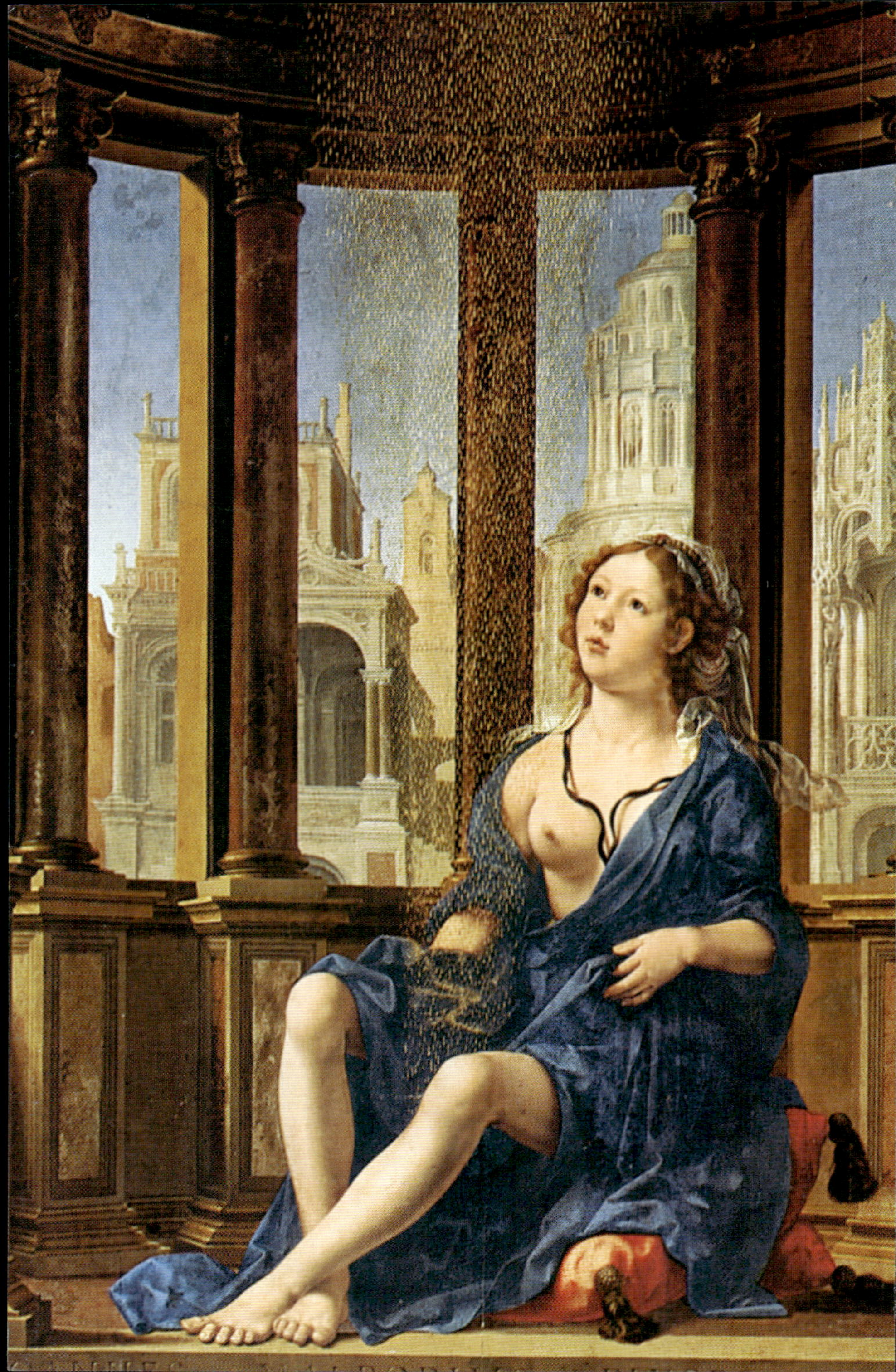

Begriffe und Stile

Flamboyant-*Gotik*
Hochrenaissance
Humanismus des Nordens
Rezeption der Antike
Die neuen Techniken
Sfumato *und* Tonalismo
Der italienische Einfluss
Manierismus an den Höfen Europas
Reformation
Gegenreformation und neue sakrale Kunst
Realismus und Naturalismus
Anatomie
Artes maiores *und* minores
Traktate über die Kunst
Die Vite *von Vasari*
Primat des Disegno
Fresko
Kupferstich
Stillleben
Bronze-Skulpturen
Gärten, Grotten, Brunnen
Villen und Wohnsitze auf dem Land
Theater
Wunderkammern

◄ Mabuse,
Danae (Ausschnitt), 1527,
München, Alte Pinakothek.

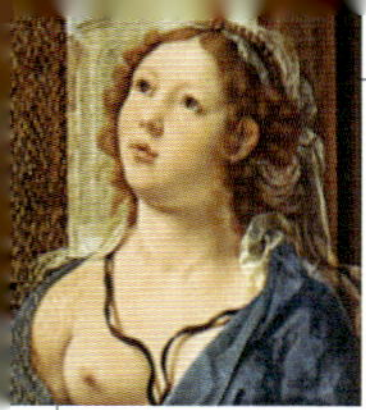

Zu Beginn des 16. Jh. sind einzelne Länder Europas noch von der Gotik geprägt: Ornamentale Kreativität und technische Virtuosität überwiegen gegenüber Symmetrie und klassischer Regelmäßigkeit.

Flamboyant-Gotik

Siehe auch
Prag, Nürnberg, Rheinland, Donauraum, Innsbruck, Kastilien, Andalusien, Antwerpen, Paris, Loire-Schlösser, London, Edinburgh, Lissabon

Bosch, Grünewald, Massys, Riemenschneider, Vischer

▼ Innenansicht der Kathedrale von Granada, ab 1523.

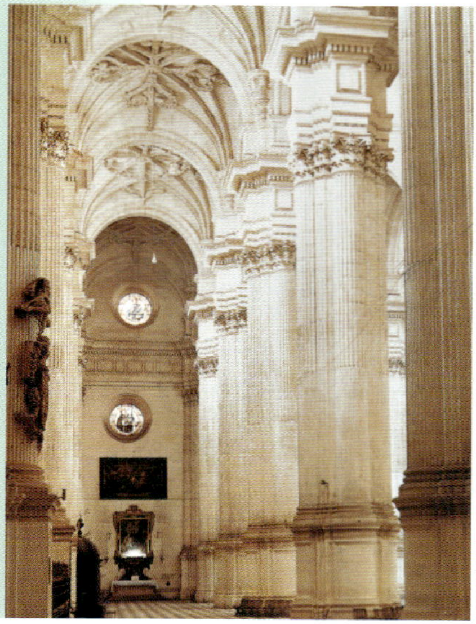

Zwischen der Entdeckung Amerikas (1492) und dem Beginn der Reformation (1517) durchläuft der Alte Kontinent nicht nur auf politischer und wirtschaftlicher Ebene, sondern auch im Bereich der Kultur eine heikle Phase der Neubestimmung. Die Ideen des italienischen Humanismus werden von Land zu Land verbreitet, aufgenommen und abgewandelt. Der Stil der Spätgotik mit seinen einfallsreichen Materialien und Ausdrucksformen findet in ganz Europa zu einem großartigen Abschluss. Bauten und Festdekorationen sind einander im Wesentlichen ähnlich, vom *Mudéjar*-Stil in Spanien (Kathedrale von Sevilla) über den Emanuelinischen Stil in Portugal (Kloster Belém in Lissabon) bis zur Kirche von Brou bei Bourg-en-Bresse mit dem Grabmal von Philibert von Savoyen und von Margarete von Österreich, dem Meisterwerk der *Flamboyant*-Gotik. Besonders kühn sind die experimentellen Lösungen von Bildhauern und Architekten wie Anton Pilgram und Benedikt Ried in den mitteleuropäischen Ländern zwischen Brünn und Wien, Prag und Budapest. Die faszinierenden Fächergewölbe von John Wastell und William Vertue führen den *Perpendicular Style* im England der Tudor zu einem letzten Höhepunkt. In Antwerpen und in Brabant entstehen reich verzierte Schnitzaltäre. Die großen Meister der deutschen Holzschnitzkunst, beginnend mit Riemenschneider, schaffen Werke mit virtuosem Gesprenge, Fialen und Maßwerk.
Aber die gotische Tradition der Höfe Europas schlägt, trotz all dieser Meisterwerke, bald um in ein Verlangen nach Neuerung, sucht nicht nur auf dem Gebiet der Geographie, sondern auch in der Frage nach dem Wesen des Menschen neue »Wege und Grenzen«.

An der Brüstung der Domkanzel sind ausdrucksvolle Büsten der vier Kirchenväter mit emotionsgeladenen Gesichtszügen angebracht.

Der Säulenschaft und die Stützbögen bilden einen Höhepunkt spätgotischer Maßwerkarchitektur.

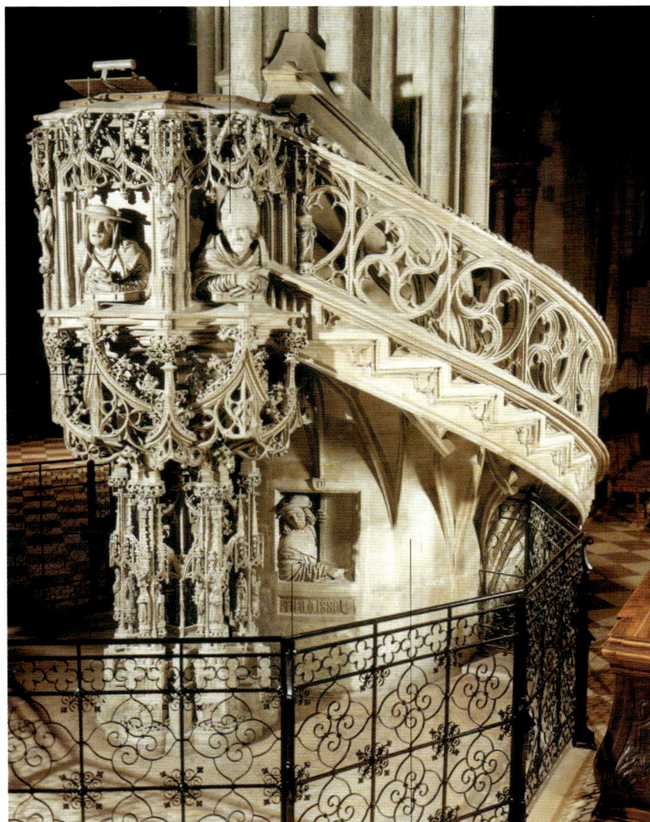

Im Sockel der Kanzel hat Meister Pilgram ein lebendiges Selbstporträt angebracht; es sieht fast so aus, als würde der Bildhauer sich aus einem Fenster lehnen, um den Erfolg seines Werks zu überprüfen.

Die Kanzel ist an einen Pfeiler des Doms angelehnt; betreten wird sie über eine Wendeltreppe, deren Geländer mit reichem Maßwerk versehen ist.

▲ Anton Pilgram, Kanzel, 1511–15, Wien, Stephansdom.

Das geometrische Schema der Linien ist den sich kreuzenden Zweigen einer Laube nachempfunden; die Decke korrespondiert nicht mit dem Außenaufbau des dreitürmigen Daches der Kirche (das heutige Dach entstand im 19 Jh., die drei Türme allerdings scshon früher).

Die Gewölberippen gehen direkt von den kapitellosen Bündelpfeilern aus, entsprechend einer in der spätgotischen Architektur Mitteleuropas häufigen Bauweise.

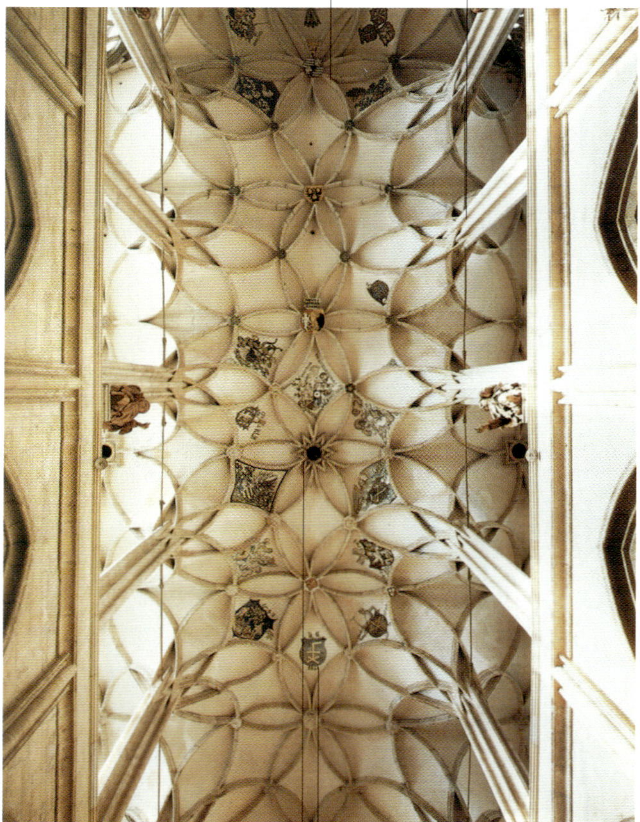

Das phantasievolle Gewölbe ist auf ein zentrales Element ausgerichtet, das die Form eines Sterns oder besser einer Blume hat.

Vom Weiß des Putzes heben sich die heraldischen Schilde ab, die in die farbigen Gewölbefelder zwischen den kurvigen Rippen eingefügt sind. Die Kirche der bedeutenden böhmischen Stadt, die Sitz der königlichen Münzstätte war, ist der hl. Barbara geweiht, der Patronin der Bergleute.

▲ Benedikt Ried,
Gewölbe der Kirche St. Barbara in Kuttenberg (Kutná Hora), um 1506.

Die Klosterkirche von Brou, wohl das beste Beispiel für die Flamboyant-Gotik, wurde ab 1506 im Auftrag von Margarete von Österreich erbaut; die Witwe wollte einen »Tempel der Liebe und der Treue« für ihren ein Jahr zuvor verstorbenen Gatten Philibert von Savoyen errichten.

Der exotische Haarschmuck verleiht der Figur ein orientalisierendes Aussehen; ungewöhnliche Kleidung und komplizierte Frisuren sind ein charakteristisches Merkmal der spätgotischen Kunst.

Die Statue zeigt noch den für die Gotik des französischen Hofes typischen Kontrapost mit Betonung der Hüfte.

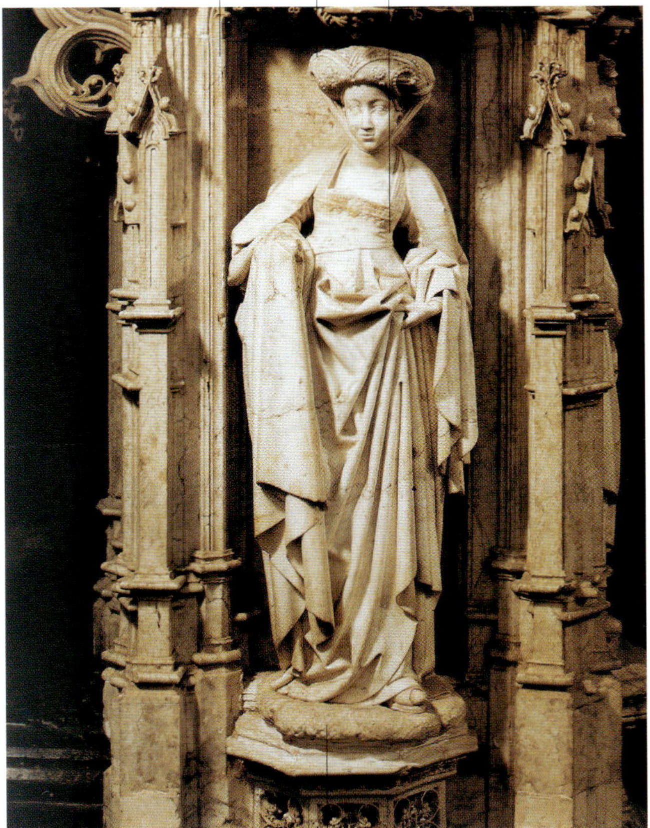

Die Grabmäler von Margarete von Österreich und Philibert von Savoyen gehören zu den erlesensten Skulpturen des frühen 16. Jh.

▲ Statuette einer Sibylle vom Grabmal für Philibert von Savoyen, um 1514, Bourg-en-Bresse, Klosterkirche Brou.

Christus ist mit nacktem Oberkörper dargestellt, so dass die Seitenwunde sichtbar ist; während er in der einen Hand das Zepter trägt, hält die andere, weit ausgestreckt, zusammen mit der Hand von Gott Vater, die Krone über Maria.

Auf dem linken Flügel sind die heiligen Diakone Laurentius und Stephanus dargestellt, die Titelheiligen des Breisacher Münsters, gekleidet in weite Gewänder mit virtuoser Drapierung.

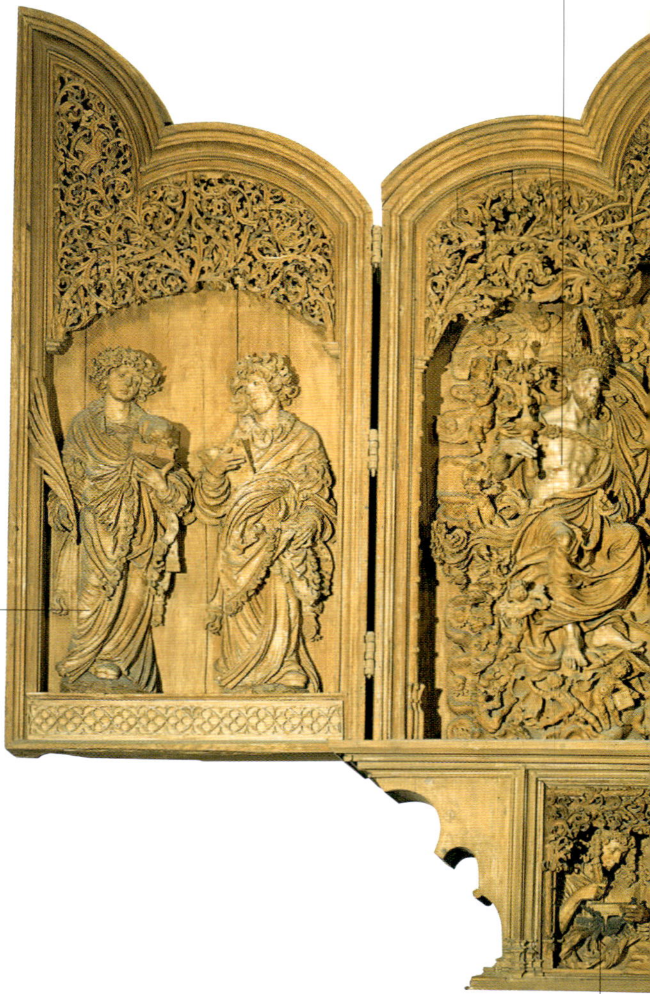

In der Predella sind die vier Evangelisten mit ihren Symbolen dargestellt, wobei Johannes, links, sich von der Dreiergruppe mit Matthäus, Markus und Lukas abhebt.

▲ Meister H. L.,
Breisacher Hochaltar, 1523–26,
Breisach, Münster St. Stephan.

Der Altar ist der Krönung Marias gewidmet; Gott Vater, Gott Sohn und der über der Krone in Gestalt einer Taube schwebende Heilige Geist bilden das Geheimnis der Dreifaltigkeit ab, in deren Mitte Maria aufgenommen wird.

Besonders eindrucksvoll ist die Gestalt von Gott Vater; die expressive Phantasie des Bildschnitzers steigert hier den gotischen Stil fast bis zu Ausdrucksformen des Barock, weshalb man den Stil auch Protobarock nennt.

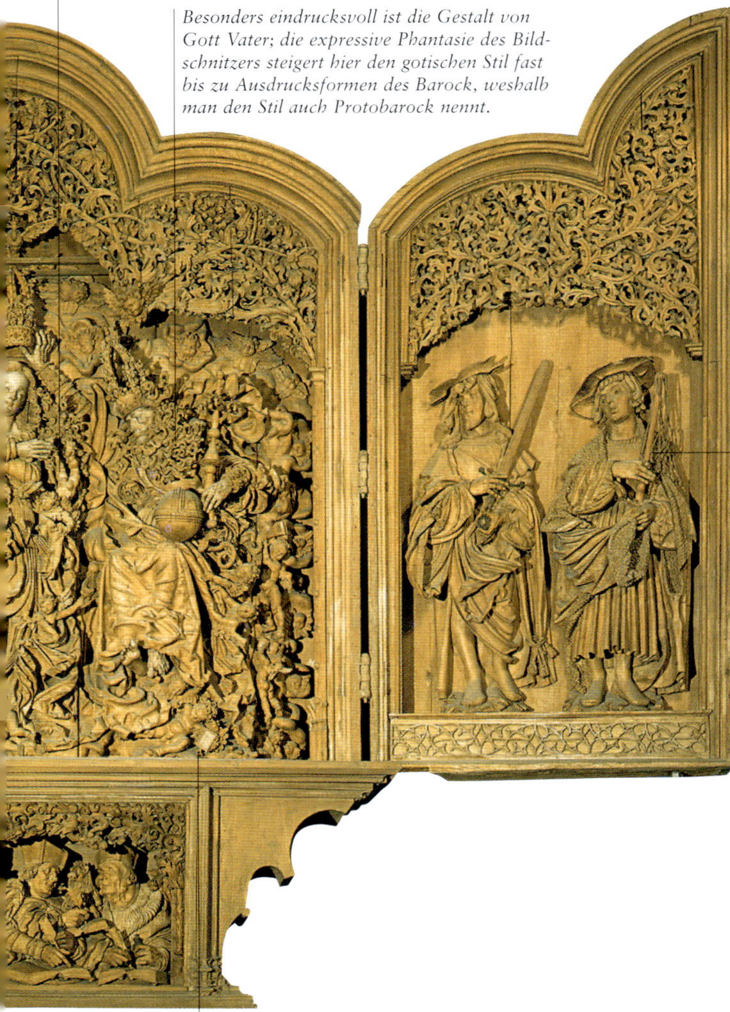

Am rechten Flügel sind die Mailänder Heiligen Gervasius und Protasius dargestellt, von denen das Münster Reliquien aufbewahrt; sie haben ein »zeitgenössisches« Aussehen und wirken wie zwei junge kampfeslustige Patrizier des frühen 16. Jh.

Der Bildschnitzer des Altars ist unbekannt; wir kennen nur seine Initialen, H. L., von dem kleinen Täfelchen, das ein Engel zu Füßen von Gott Vater hält. Möglicherweise ist dies ein Hinweis auf den Bildschnitzer Hans Loy.

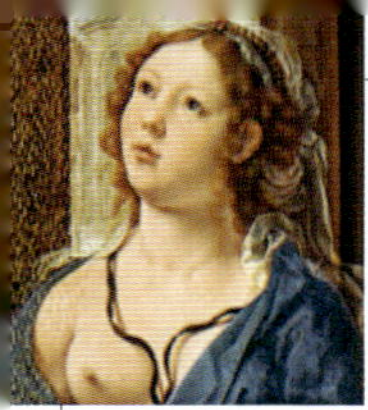

Der Begriff Renaissance ist problematisch, wenn darunter Meisterwerke wie die von Leonardo da Vinci, Raffael, Michelangelo und Tizian zusammengefasst werden sollen.

Hochrenaissance

Siehe auch
Rom, Florenz, Siena, Venedig

Andrea del Sarto, Giorgione, Michelangelo, Raffael, Sebastiano del Piombo, Tizian

▼ Leonardo da Vinci, *Mona Lisa (La Gioconda)*, 1503–13, Paris, Musée du Louvre.

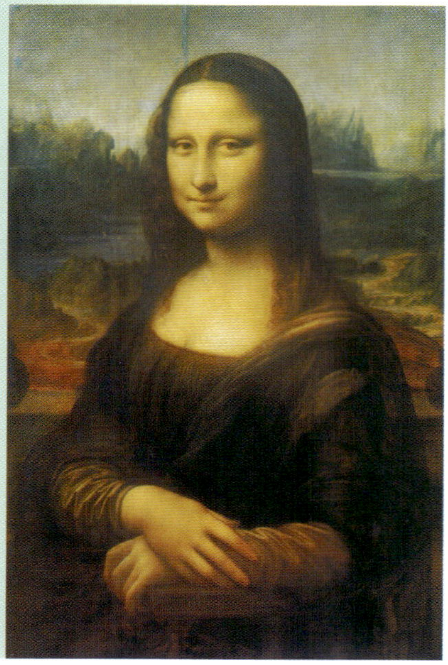

Die ersten beiden Jahrzehnte des 16. Jh. sind im Bereich der Kunst eine Zeit der Neuerungen und der Suche. Die Errungenschaften des Humanismus auf den Gebieten der Geometrie, der Perspektive, der Komposition und des Lichtes werden zum Allgemeingut der Kunst, auch außerhalb Italiens. Nun beginnt das Studium des Ausdrucks, der Gesten, der Farbe und des Kanons einer idealen Schönheit. Der traditionelle Stil der älteren Meister (Botticelli, Perugino) gerät in eine Krise. Im ersten Jahrzehnt des 16. Jh. findet man in den Bildern Leonardos den Ausbruch menschlicher Leidenschaften, bei Raffael den Zauber höchsten Gleichmaßes, eine sichere und grandiose Ausdruckskraft bei Michelangelo und Sensibilität gegenüber der Natur bei Giorgione. Man beginnt die geometrischen Schemata des Humanismus und dessen mathematische Regeln der Symmetrie und der Perspektive zu überwinden. Die Hauptwerkstatt des Neuen ist Rom infolge einer Serie von archäologischen Funden und wegen der von Papst Julius II. in Gang gesetzten Unternehmungen.

Ab 1508 werden die Gerüste für die Fresken Raffaels in den Stanzen des Vatikan und für das Meisterwerk Michelangelos in der Decke der Sixtinischen Kapelle errichtet. 1506 kehrt Leonardo nach Mailand zurück und drückt der lombardischen Schule seinen Stempel auf. In Venedig, das Dürer besucht, neigt sich die narrative und analytische Tradition von Carpaccio und Gentile Bellini dem Ende zu. An ihre Stelle treten die atmosphärischen Bilder Giorgiones und der Farbenreichtum Tizians, von seinen ersten Werken bis zur farblichen Explosion der *Assunta* (1518) auf dem Hauptaltar der Basilika Santa Maria Gloriosa dei Frari.

Der Kopf ist leicht unproportioniert; Michelangelo hat die Ausmaße der kolossalen Figur angepasst, sowohl hinsichtlich der Untersicht, als auch in Bezug darauf, dass der Ausdruck einer physischen Energie, die von der Vernunft beherrscht wird, schon von Weitem wahrgenommen werden sollte.

Die Gestaltung des Oberkörpers ist eine intelligente Verbindung aus der Beobachtung der Anatomie und dem Heroismus antiker Skulpturen.

Michelangelo hat für den David *einen Marmorblock verwendet, der zuvor schon von Agostino di Duccio bearbeitet worden war; die Balance der Figur wird durch einen Kontrapost gemäß den klassischen Normen erreicht, mit dem Schwerpunkt im Bereich des Nabels.*

Die muskulösen und sehnigen Arme und Hände in Ruhestellung unterstreichen die symbolische Bedeutung der Skulptur, die einen typischen Gedanken der florentinischen Renaissance-Kultur spiegelt: Die rohe Kraft darf nicht auf ungehörige Weise ausgedrückt werden; sie wird nur wirksam, wenn sie von den höheren Geistesgaben des Willens und des Verstandes kontrolliert und angeleitet wird.

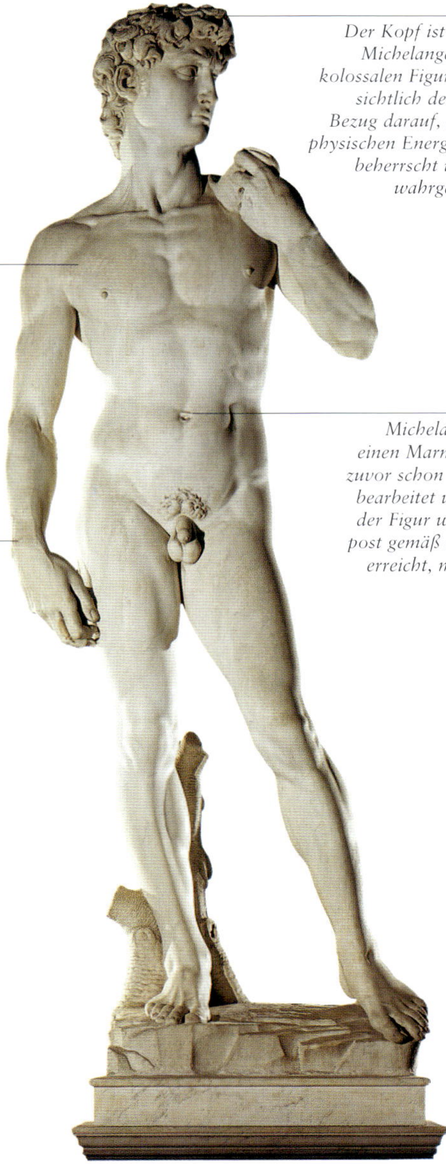

► Michelangelo,
David, 1501–04,
Florenz, Galleria dell'Accademia.

Die weiten und klaren Bögen des Tempels der Weisheit sind eine explizite Hommage an den Beginn des Neubaus der Basilika St. Peter durch Bramante, einen Landsmann von Raffael.

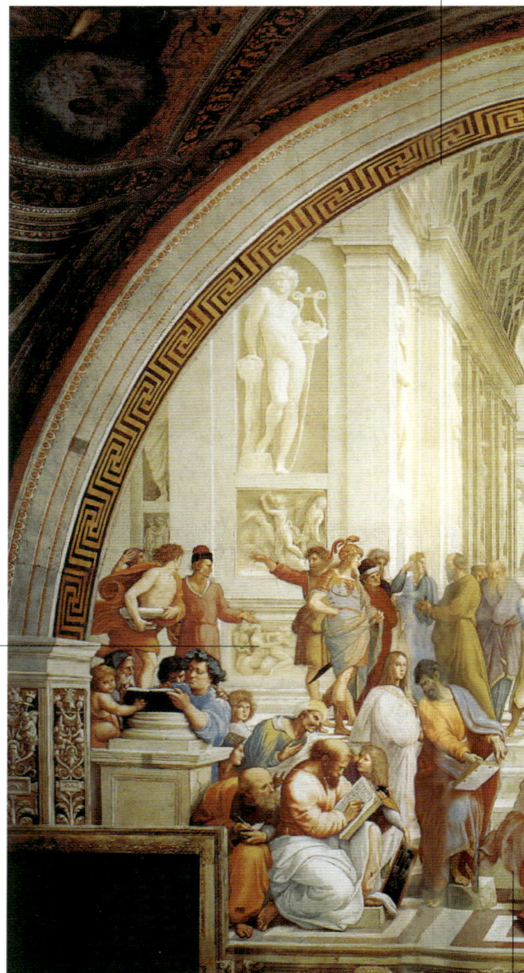

Das klare Licht, die elegante Anordnung der Figurengruppen auf einer Art Theaterbühne, die Statuen in den Nischen und die klassischen Reliefs auf den Sockeln bewirken zusammen eine vornehme und lebensfrohe Stimmung, die vom Glauben an die Vernunft getragen wird.

Michelangelo, einsam und »melancholisch« vor sich hinbrütend, verkörpert Heraklit. Durch die Gleichsetzung mit den klassischen Philosophen betont Raffael den intellektuellen Anspruch der Künstler der Hochrenaissance.

▲ Raffael,
Die Schule von Athen, 1509/10,
Rom, Palazzi Vaticani, Stanza della Segnatura.

Im Zentrum erscheinen die beiden größten Philosophen der Antike, Platon und Aristoteles, die im Humanismus wieder entdeckt wurden. Die Gestalt Platons, mit dem zum Himmel gestreckten Finger, hat Ähnlichkeiten mit Leonardo da Vinci.

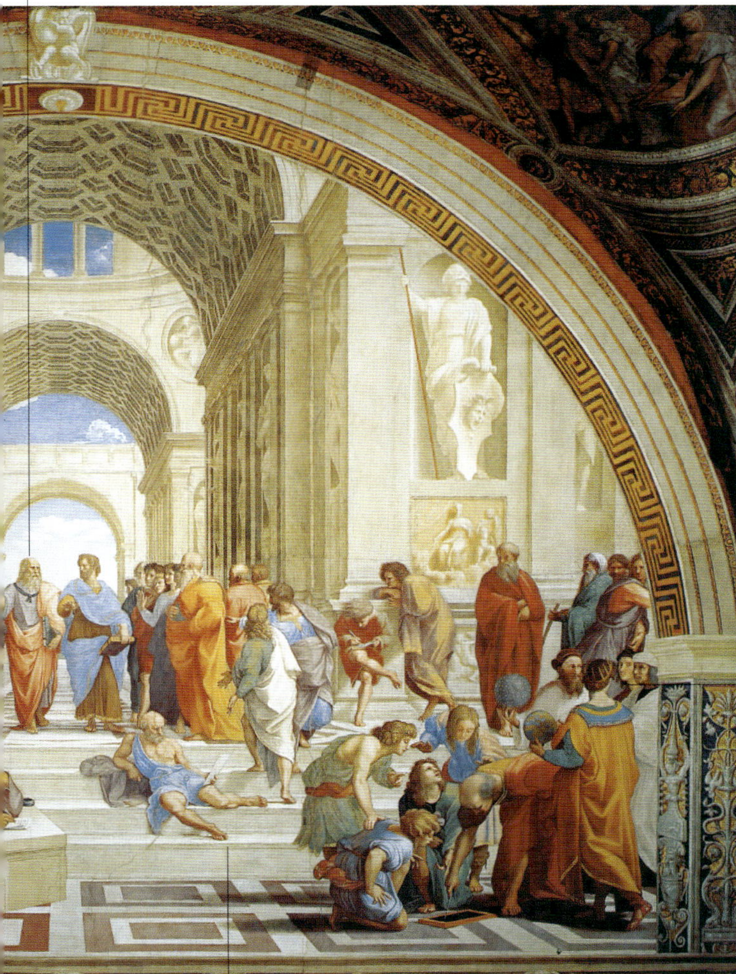

In die Gruppe der Philosophen am rechten Rand hat Raffael ein Selbstporträt eingefügt. Der Künstler und Intellektuelle hat teil an der »schönen Schule« der antiken Denker.

Die Szene ist gemäß den Regeln der linearen Zentralperspektive angelegt. Der Raum sollte ursprünglich die Privatbibliothek Papst Julius' II. beherbergen, und die Schule von Athen *korrespondierte mit der Wand, an der die Philosophiebücher aufgestellt werden sollten.*

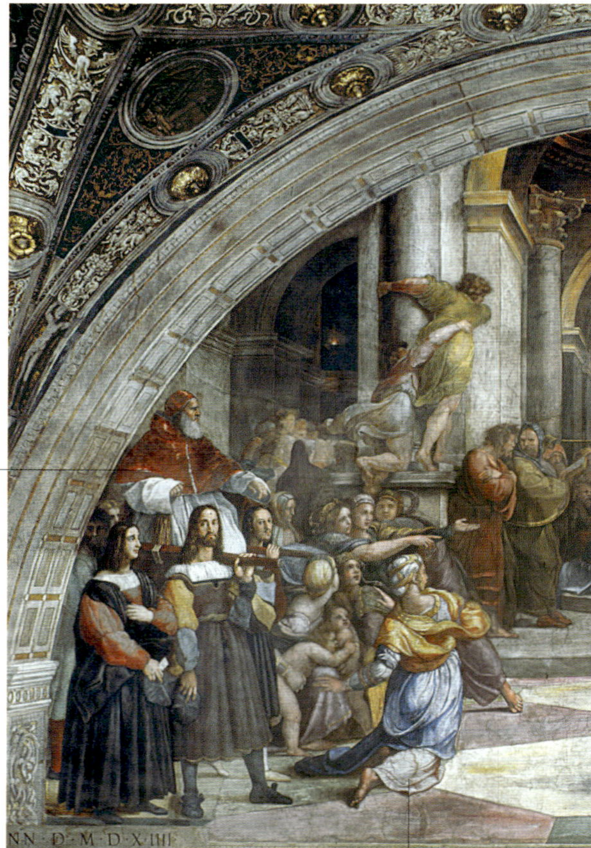

Papst Julius II. wohnt der Szene bei, womit ein Bezug zu den kriegerischen Unternehmungen des Papstes hergestellt wird.

▲ Raffael,
Die Vertreibung des Heliodor, 1511/12,
Rom, Palazzi Vaticani, Stanza di Eliodoro.

Während die Gestalten der Schule von Athen *ungezwungene und natürliche Posen einnehmen, führt Raffael auf diesem Bild in der folgenden Stanza Torsionen und Gesten ein, die den Manierismus ankündigen.*

Die Aufbau der Architektur ist ähnlich wie bei der Schule von Athen, *aber das System des Lichteinfalls schafft eine völlig neuartige dramatische Stimmung.*

Der Vergleich beider Fresken, die in Zeit und Raum so nahe beieinander liegen, zeigt, wie fragwürdig der Begriff Hochrenaissance ist.

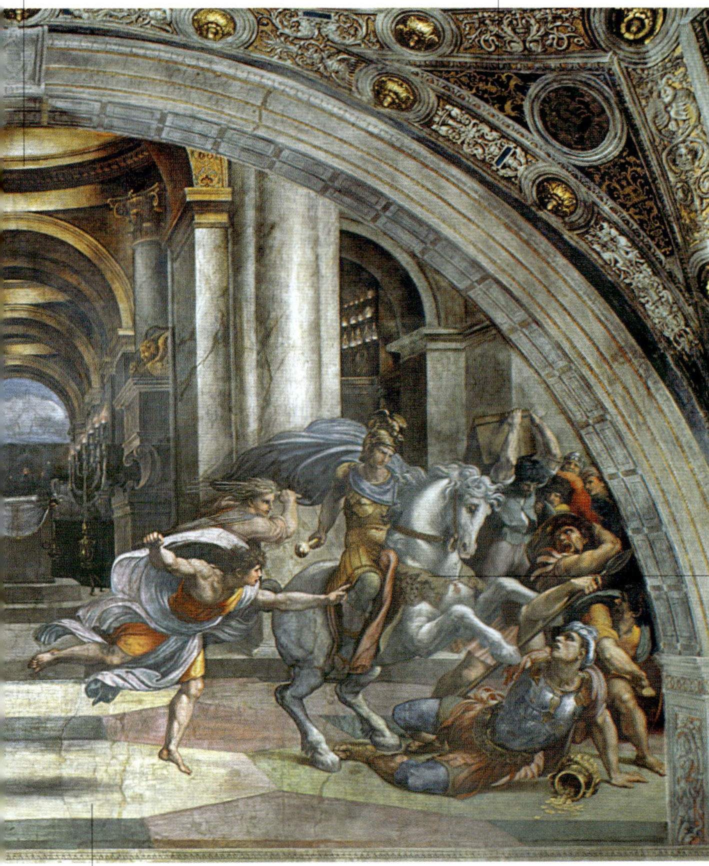

Die Szene, die namengebend wurde für den Raum (der ursprünglich für die Privataudienzen des Papstes bestimmt war), beruht auf einer Erzählung der Bibel: Als Heliodor, Minister des syrischen Königs Seleukos, den Schatz des jüdischen Tempels plündern will, erscheinen ein Reiter in goldener Rüstung und zwei junge Männer, die auf Heliodor einschlagen.

Im Unterschied zur kurz zuvor gemalten Schule von Athen *mit der klaren und harmonischen Anordnung der Figuren gibt es in der* Vertreibung des Heliodor *Leerräume und Stellen, an denen sich die Figuren drängen; Raffael betont auf diese Weise die emotionale Spannung der Szene.*

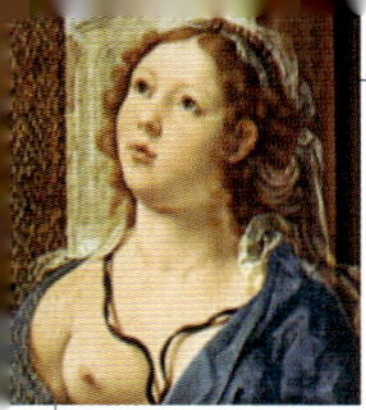

Neben den Verbindungen zum italienischen Humanismus gibt es den Ruf nach tieferer Religiosität, die zu einer Abwendung vom Rom der Päpste und dem Ablasssystem führt.

Humanismus des Nordens

Siehe auch
Krakau, Augsburg, Nürnberg, Bayern, Rheinland, Donauraum, Innsbruck, Antwerpen, Brüssel, Niederlande

Altdorfer, Baldung Grien, Burgkmair, Cranach, Dürer, Holbein, Van Leyden, Mabuse, Massys, Patinir, Riemenschneider

1508 erschienen bei Aldus Manutius in Venedig die *Adagia* des Erasmus von Rotterdam, eine Sammlung sprichwörtlicher Wendungen, die aus den lateinischen Schriftstellern des Altertums schöpften. 1509 verfasste Erasmus sein *Moriae Encomium (Lob der Torheit)*, in dem er die Grundlagen des Humanismus diskutiert und das eine generelle Neubesinnung in den Bereichen Geschichte, Moral und Religion anstößt. Ohne die kulturelle Vielfalt und den wachsenden Glaubenszweifel sind die künstlerischen Bestrebungen in Nord- und Osteuropa nicht zu verstehen. 1497 beruft Kaiser Maximilian I. den Humanisten und Dichter Conrad Celtis an die Universität Wien, in Deutschland betätigen sich Kurfürsten (der Kurfürst von Sachsen fördert Cranach), Herzöge (Wilhelm IV. von Bayern ist Auftraggeber Altdorfers), mächtige Kardinäle (Albrecht von Brandenburg, Erzbischof von Mainz, lädt Dürer und Grünewald ein), Bankiers (die Familie Fugger in Augsburg) und Intellektuelle (Willibald Pirckheimer ist ein Freund von Dürer) als Mäzenaten. Die bedeutendsten Handelsstädte in Bayern wie Nürnberg, die Heimatstadt Dürers, Regensburg, wo Altdorfer tätig ist, Augsburg, die Stadt Burgkmairs und Holbeins, sind wohlhabend und spezialisiert auf die Herstellung von Goldschmiedearbeiten, Präzisionsinstrumenten, Waffen und Uhren. Sie sind, auch durch die Druckerpressen, Umschlagplätze für die Verbreitung der Kultur. Weitere Zentren sind Städte des Elsass mit ihrer Maltradition von Schongauer bis Grünewald und Baldung Grien, und das reiche und kultivierte Basel, wo die Dynastie der Holbein agiert.

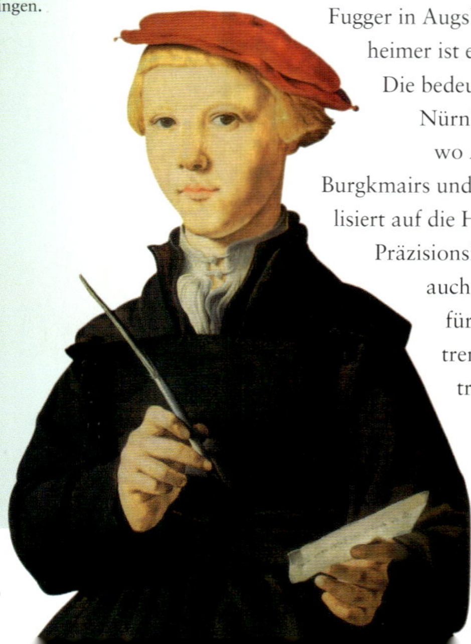

▼ Jan van Scorel, *Bildnis eines Schuljungen* (Ausschnitt), 1531, Rotterdam, Museum Boijmans Van Beuningen.

Neben Massys haben auch Dürer und Holbein Bildnisse des Erasmus von Rotterdam geschaffen. Dies bezeugt wie sehr die größten Künstler und Intellektuellen den bedeutendsten Humanisten des Nordens schätzten.

Auf den Regalen gestapelte Bücher und Schreibutensilien gehören in der Renaissancemalerei zur unverzichtbaren Ausstattung der Bildnisse von Intellektuellen.

Die Nüchternheit der Kleidung folgt der zeitgenössischen Entwicklung der männlichen Mode. Hier wird dies betont, um die Aufmerksamkeit auf die inneren Werte und die Vornehmheit einer Person zu lenken, die selbst auf Äußerlichkeiten keinen Wert legte.

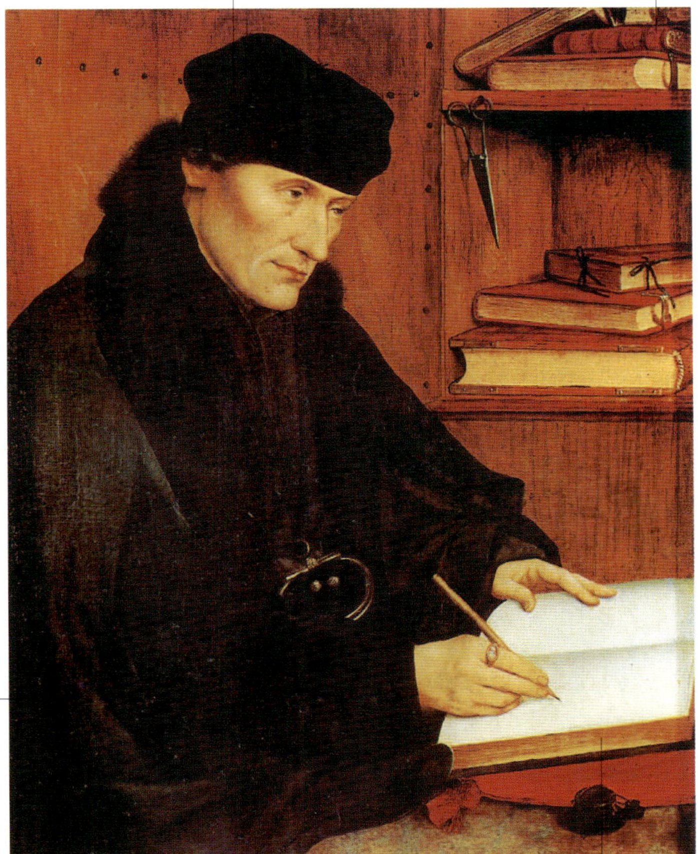

▲ Quentin Massys,
Porträt des Erasmus von Rotterdam, 1517,
Rom, Palazzo Barberini,
Galleria Nazionale d'Arte Antica.

Erasmus wird von seinen Freunden meist als Intellektueller und Literat beim Studium oder beim Schreiben dargestellt manchmal ist seinem Porträt – auf einer Schrifttafel oder Münzlegende – auf Griechisch der Spruch beigefügt: »Das bessere Bild werden dir seine Schriften zeigen«.

Der große Federhut und der schelmische Blick nähern die von Cranach gemalte Venus den Bildnissen von Kurtisanen an. Das Bild enthält denn auch einen symbolischen Verweis auf die physischen und moralischen Gefahren der Liebe.

Die bezaubernde Landschaft mit spitzen Felsen über Wasserläufen und dichten Wäldern erinnert bei näherer Betrachtung an die Szenerien der Maler der Donauschule.

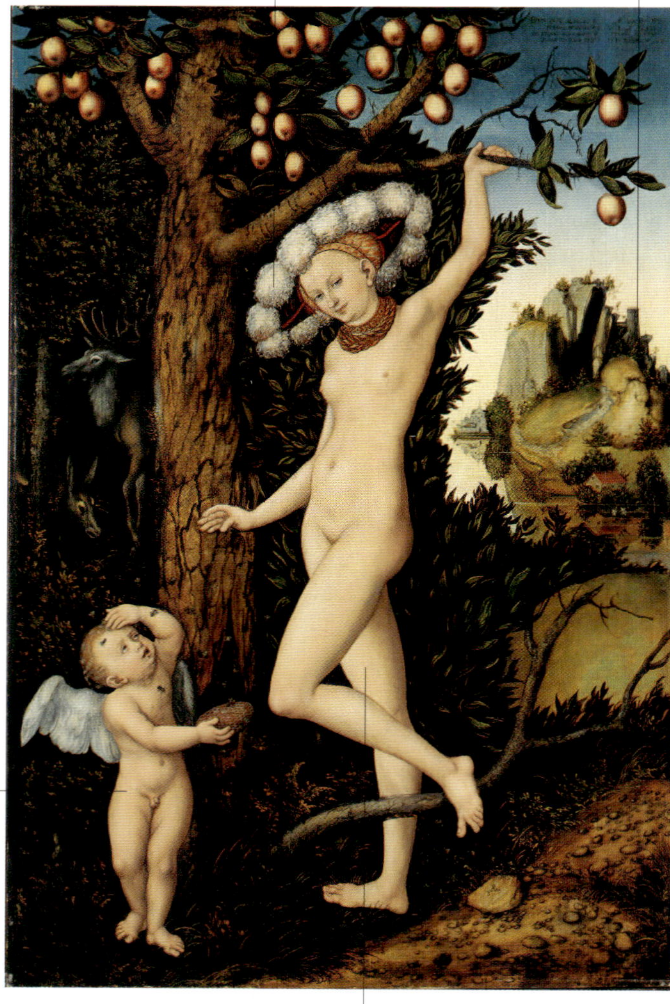

Amor hat eine Honigwabe gestohlen und weint jetzt, weil ihn die Bienen gestochen haben. Cranach illustriert einen Text Theokrits, fügt aber ein Motiv von bitterer Aktualität hinzu: Zu Beginn des 16. Jh. treten die Syphilis und weitere Geschlechtskrankheiten auf und werden von den Kriegsheeren über ganz Europa verbreitet.

Der nackte und schmale Körper der Göttin erscheint durch die Pose als schlanke, elfenbeinfarbene Silhouette.

▲ Lucas Cranach d. Ä., *Venus und Amor*, um 1529, London, National Gallery.

Ironisch mit einem Trichter als Kopfbedeckung versehen, schneidet ein Chirurg dem unglückseligen Mann einen Stein aus dem Kopf, der im Volksglauben Ursache der Verrücktheit ist.

Die Schrift in gotischen Lettern gibt die Bitte des Patienten wieder, den Stein zu entfernen, wobei er sich selbst als »lubbert Das« (dummer oder betrogener Dachs) bezeichnet.

Die Nonne mit dem Buch auf dem Kopf und der Mönch mit der Weinkanne unterstreichen das Paradoxe der Situation.

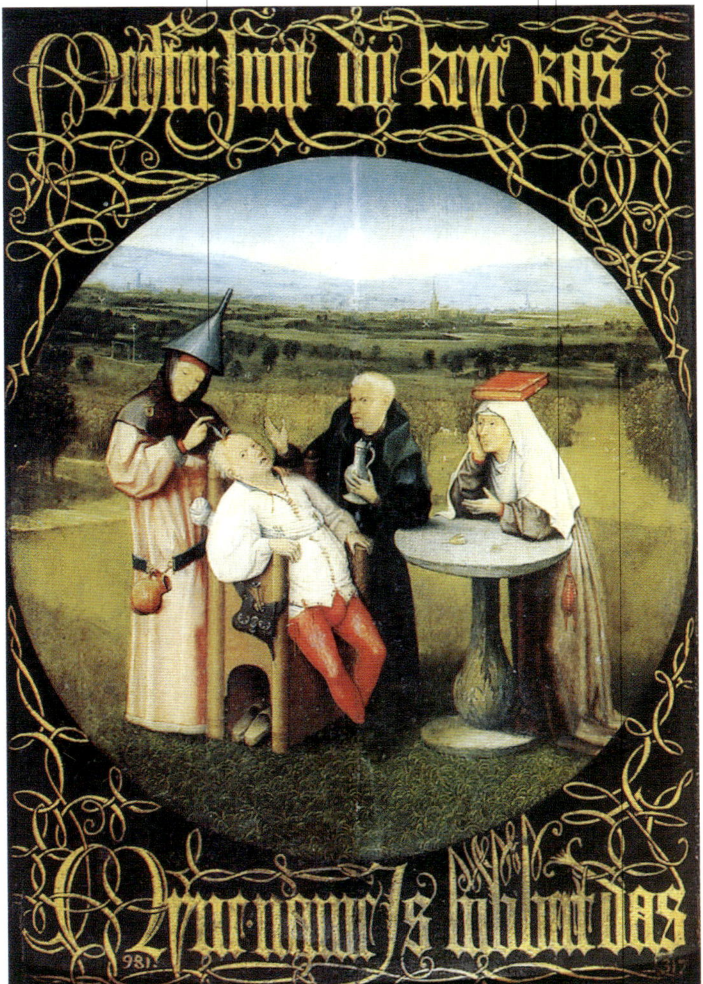

▲ Hieronymus Bosch,
Das Steinschneiden, um 1490,
Madrid, Museo del Prado.

Die Szene spielt sich in einer weiten und stillen Landschaft ab; die Erhabenheit der Natur über die menschlichen Mühen und Ängste, die darin zum Ausdruck kommt, ist ein typisch nordeuropäisches Thema.

Ein Teufel flüstert dem schlafenden Gelehrten etwas ins Ohr und weckt in ihm die Todsünde der Fleischeslust.

Eine attraktive nackte Frau löst unkeusche Träume aus.

Von der Wärme eines großen Ofens wohlig umfangen, den Kopf auf ein Kissen gelegt, ist der »Doktor« eingeschlummert. Der massige Körper erinnert an Willibald Pirckheimer, einen der gebildetsten Humanisten in Nürnberg, der ein enger Freund von Dürer war.

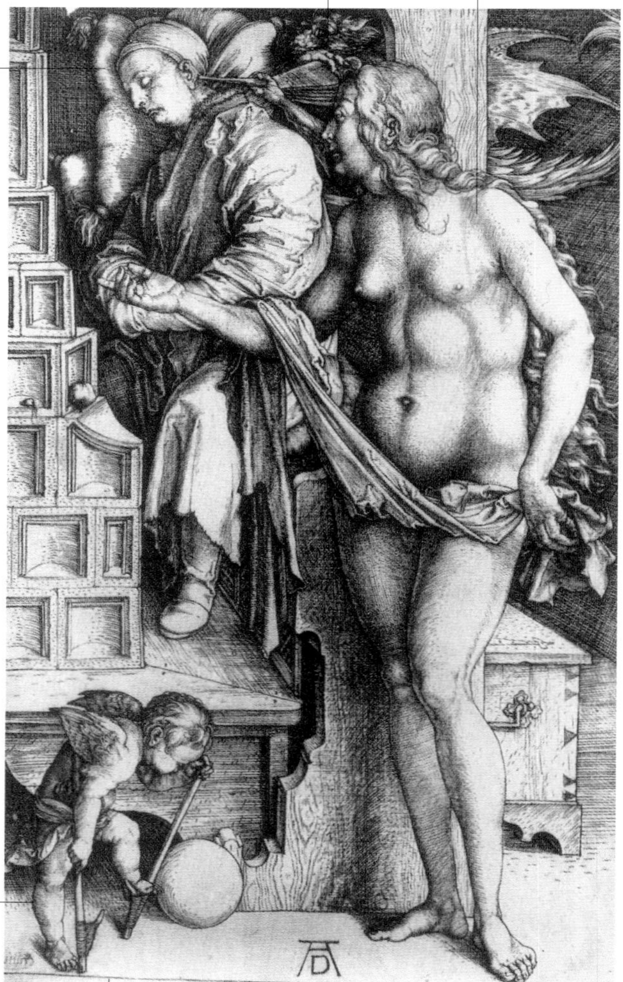

Die Instabilität des Amoretto, der auf Stelzen zu gehen versucht, und die Kugel daneben, Symbol der Fortuna, gemahnen, keine Zeit und Gelegenheit zu verspielen.

Der Vergleich zwischen den Stichen auf dieser und der folgenden Seite verdeutlicht die Stilunterschiede zwischen Kupferstich und Holzschnitt bei Dürer und die Unterschiede zwischen einer Szene, in der die Bildelemente der Alltagsrealität angehören, und einem Bild, das explizit symbolisch und akademisch konzipiert ist.

▲ Albrecht Dürer,
Der Traum des Doktors, 1497/98,
Kupferstich.

Das Bild steht auf faszinierende Weise genau zwischen dem beginnenden Humanismus nördlich der Alpen und einer noch gotischen Symbolik; bemerkenswert ist die magische Wiederholung der Zahl Vier: die Himmelsrichtungen, die Winde, die Zeitalter des Geistes, die Jahreszeiten, die Elemente, die Körpersäfte.

Die Winde, die von den Ecken der Seite blasen, bestimmen das Klima der Jahreszeiten.

Vier Medaillons verweisen auf verschiedene Typen von Intellektuellen in der Geschichte der menschlichen Kultur: die chaldäischen und ägyptischen »Priester«, die griechischen »Philosophen«, die lateinischen »Dichter und Redner« und die deutschen »Gelehrten«, verkörpert durch Albertus Magnus.

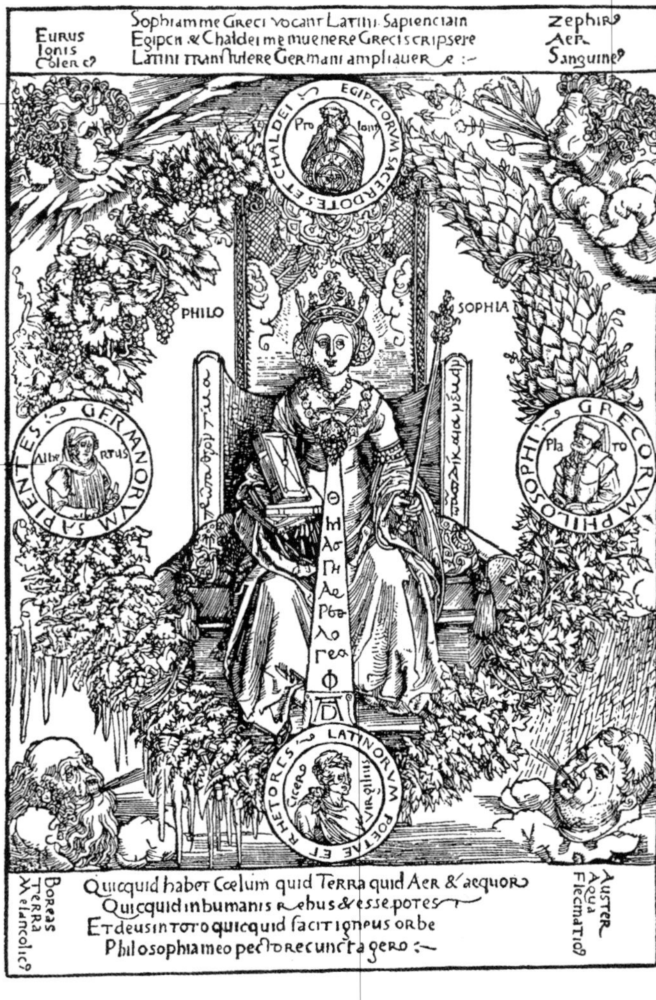

Die Philosophie, die wie eine Königin auf einem Thron sitzt, ist dargestellt als Lenkerin und Beherrscherin von allem, was sich auf der Erde, im Himmel und auf dem Meer befindet.

▲ Albrecht Dürer,
Allegorie der Philosophie,
Holzschnitt für das Frontispiz der Werkausgabe des Conrad Celtis, 1502.

Der versunkene und distanzierte Ausdruck, wie ihn der Mathematiker zeigt, wird im Laufe der Zeit zum Erkennungszeichen des von der Welt distanzierten Wissenschafters.

Holbein zeigt eine besondere Vorliebe für wissenschaftliche Präzisionsinstrumente; sie sind Symbol einer Epoche, die den Sinnen und der philosophischen Spekulation objektiv erhobene und kontrollierbare Daten an die Seite stellen will.

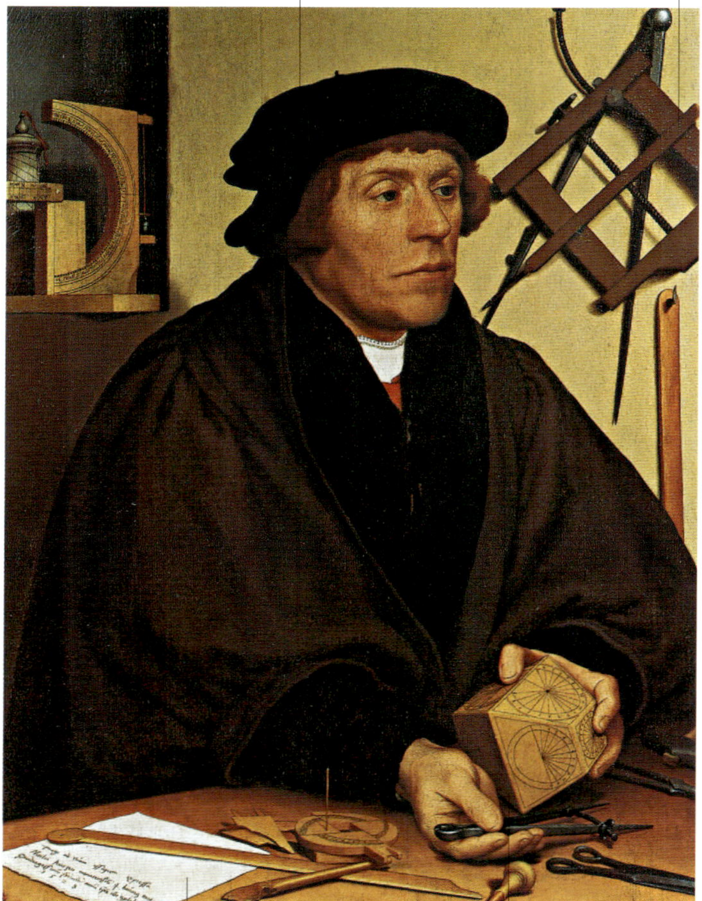

Der Briefkopf mit Datum ist ein häufig eingesetztes Mittel, mit dem die Künstler ganz natürlich den Namen des Dargestellten und den Zeitpunkt der Ausführung im Bild unterbringen können.

Der Kompass und der Polyeder mit den Himmelssphären dienen zu komplexen astronomischen Messungen; die Astronomie entwickelt sich zu einer experimentellen Wissenschaft, die sich immer mehr von den Prophezeiungen der Astrologie abgrenzt.

▲ Hans Holbein d. J.,
Der Astronom und Mathematiker Nikolaus Kratzer, 1528,
Paris, Musée du Louvre.

Die Nüchternheit der Kleidung und die Gelassenheit des Blicks werden im Laufe des Jahrhunderts zu charakteristischen Merkmalen der Gelehrten und der Wissenschaftler, vor allem im Nebeneinander mit der Überheblichkeit der Edelleute und der Militärs.

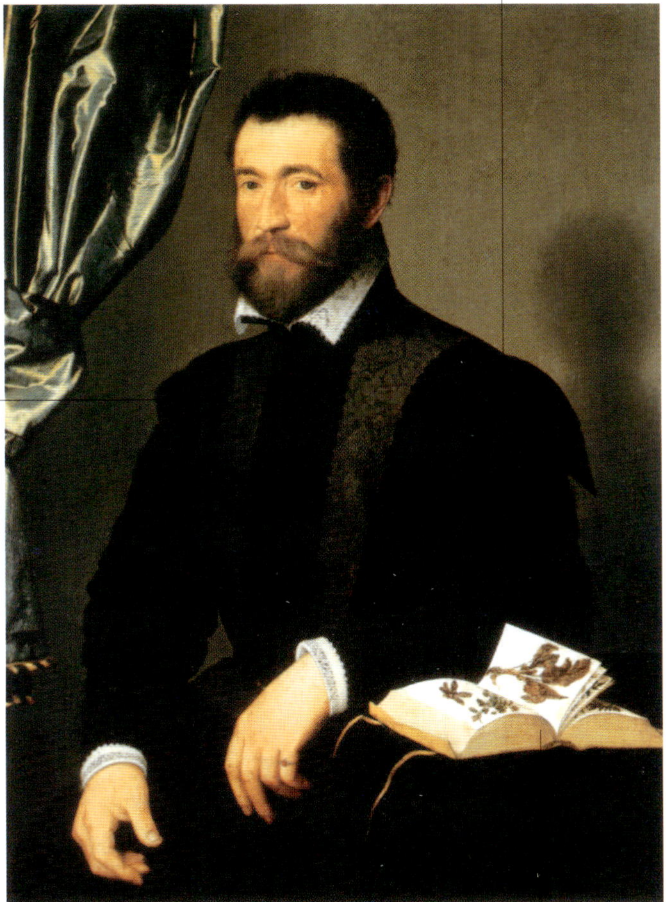

Clouet verleiht der Darstellung durch einige typische Attribute bzw. Gestaltungsmittel – wie das Atlas-Tuch, die aufrechte Pose, der direkt auf den Betrachter gerichtete Blick – einen offiziellen Charakter.

Das Herbarium entwickelt sich vom spätmittelalterlichen Notizbuch oder Rezeptblock zu einem Sammlungsobjekt in den »Wunderkammern« des Barock. In der 2. Hälfte des 16. Jh. gelangen Pharmazie und Heilpflanzenkunde in den Rang selbstständiger universitärer Disziplinen.

▲ François Clouet,
Der Apotheker Pierre Quthe, 1562,
Paris, Musée du Louvre.

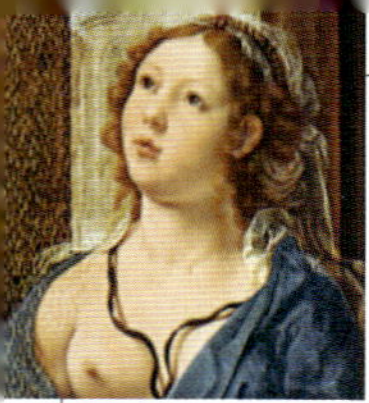

Kunst und Architektur setzen sich oft mit der Antike auseinander, nicht nur um deren Wesen zu erfassen, sondern auch, um die Beziehung zwischen Kunst, Geschichte und Natur zu verstehen.

Rezeption der Antike

Siehe auch
Augsburg, El Escorial, Antwerpen, Paris, Fontainebleau, Rom, Florenz, Mantua, Ferrara und Urbino

Caron, Carracci, Cousin, Dosso Dossi, Dürer, Giulio Romano, Parmigianino, Pilon, Primaticcio, Raffael, Sansovino, Van Heemskerck, Van Scorel

Seit dem Pontifikat Alexanders VI. Borgia am Ende des 15. Jh. und dann mit wachsender Intensität unter seinen Nachfolgern Julius II. und Leo X. werden in Rom systematische Grabungen und Forschungen in den Ruinen der antiken Kaiserpaläste durchgeführt. Diese archäologischen Unternehmungen werden oft von bedeutenden Künstlern und Architekten geleitet. Sie bringen einerseits neues Material für das Studium der Antike (folgenreich ist die Wiederauffindung der hellenistischen *Laokoon-Gruppe* im Jahr 1506) und andererseits Stuck und ornamentale Fresken ans Licht, die für die Ausschmückung der Villen und Herrenhäuser zum Vorbild werden. 1514 schreibt Raffael zusammen mit Baldassar Castiglione an den Papst und fordert, die Altertümer nicht zu zerstören, sondern in einen Wettstreit mit der Antike zu treten. So wird für die nächsten drei Jahrhunderte, eine Studienreise nach Rom für die europäischen Künstler geradezu ein Muss. Die Reisen der Künstler und der Intellektuellen fördern die Verbreitung der humanistischen Kultur Italiens in ganz Europa. Es setzt eine kontroverse Erörterung des Verhältnisses zwischen klassischen Normen und Natur ein, zwischen der Lehre der Antike und der lebendigen Realität, mit Auswirkungen auf den Dualismus von Wissenschaft und Glaube. Diese widersprüchlichen Tendenzen werden eindringlich und sehr offen von einigen der bedeutendsten Künstler und Intellektuellen Europas erörtert und interpretiert.

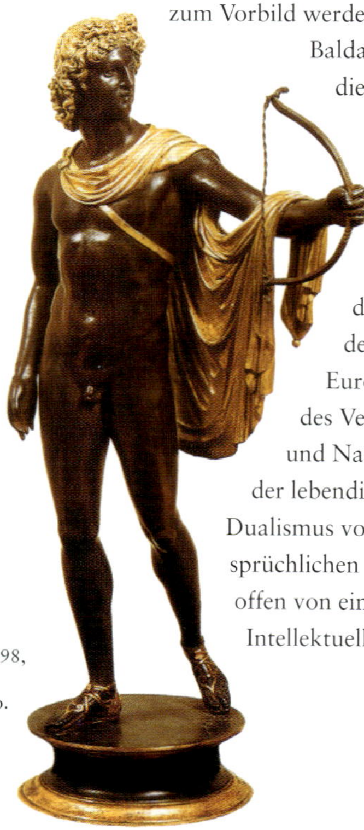

► Antico, *Apoll vom Belvedere,* 1498, Venedig, Galleria Franchetti alla Ca' d'Oro.

Will man den Reiseweg des Aeneas nachvollziehen, muss man – ungewöhnlicher Weise – unten beginnen und nach oben aufsteigen.

Die Begegnung von Aeneas und der Königin Dido ähnelt, was die Eleganz betrifft, der flämischen Buchmalerei des 15. und 16. Jh. mit ihren Gesten, detailreichen Landschaften und Figuren vor grünenden Hintergründen.

Das in Flammen stehende Troia ist unverkennbar eine gotische Stadt im nördlichen Westeuropa.

Der Schöpfer dieser Miniatur, ein in Brügge an der Wende vom 15. zum 16. Jh. tätiger Meister, ist bis heute anonym geblieben.

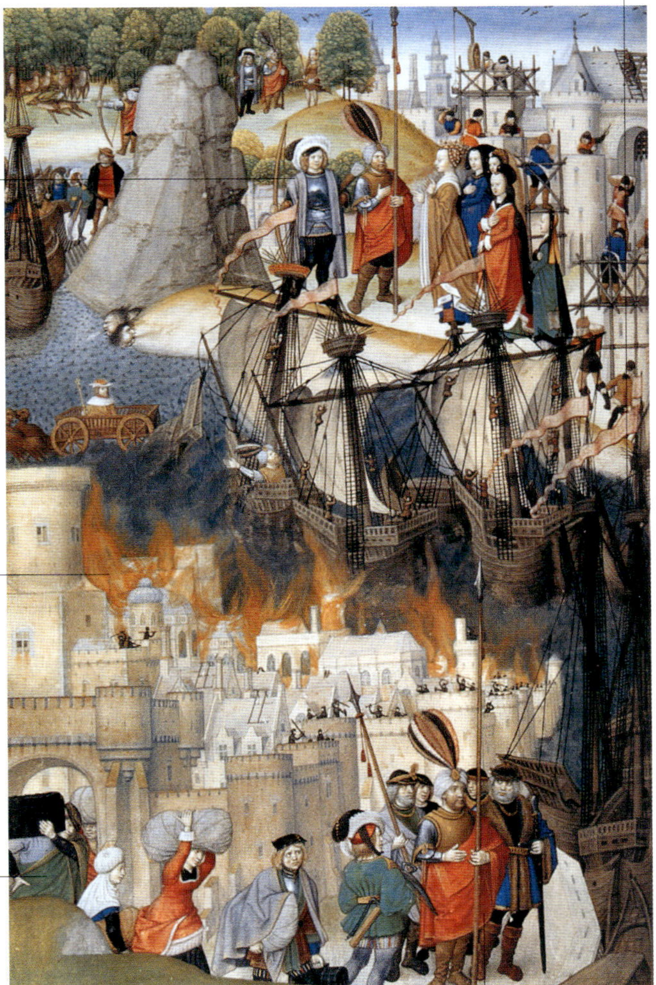

In der spätgotischen Bildwelt werden die Helden des klassischen Epos zu exotischen Personen eines zeitgenössischen Romans: Aeneas trägt eine extravagante Kopfbedeckung mit einem bunten hohen Panasch.

▲ Meister der Gebetbücher um 1500, *Szenen aus der Aeneis*, um 1495, Holkham Hall, Sammlung der Grafen von Leicester.

Phantasiereich stellt der niederländische Maler realistische Details neben erdachte Skulpturen und Ruinen und schafft so ein für seine Zeit völlig ungewöhnliches Pastiche.

Das pittoreske Laubwerk der Kletterpflanzen, das die römischen Ruinen überzieht, gibt den halbländlichen Zustand wieder, in den im 16. Jh. tatsächlich ein großer Teil der Ewigen Stadt zurückgefallen war.

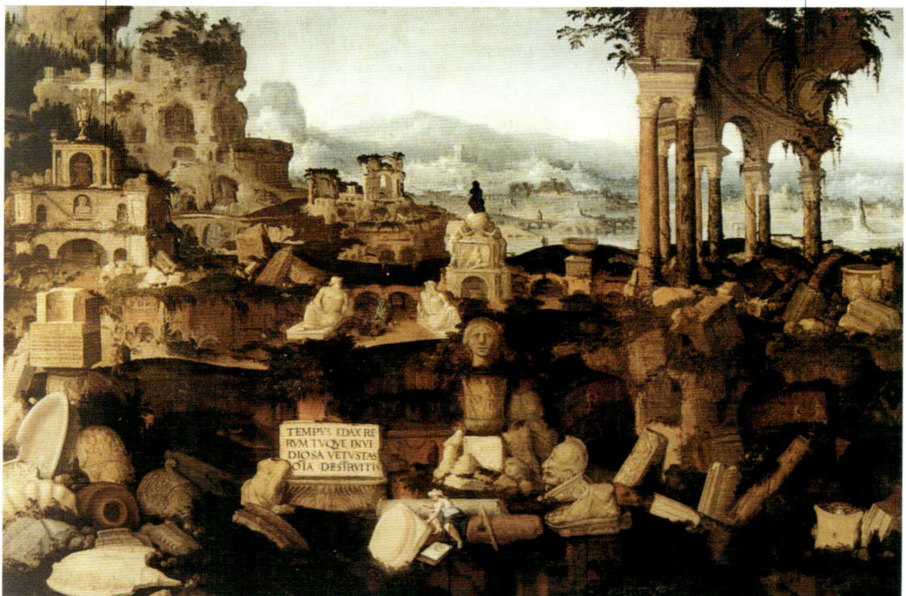

Am unteren Bildrand ist ein Künstler zu sehen, der mit einem Zirkel die gewaltigen Ausmaße einer Säulenbasis vermisst; die kleine menschliche Gestalt wirkt wie von den mächtigen antiken Ruinen verschluckt.

Auf dem Sockel des kolossalen Fußes sind mit Mühe die Signatur und das Entstehungsjahr des Werks zu lesen. Der noch wenig bekannte Posthumus gehört zur wachsenden Schar der »Romanisten«, Malern, die aus ganz Europa nach Rom kommen, um sich dort mehr oder weniger lange zu schulen.

▲ Hermann Posthumus, *Phantasielandschaft mit römischen Ruinen*, 1535, Wien, Sammlung Liechtenstein.

Die grausame historische Episode ist ein Vorwand für die Darstellung der wichtigsten Gebäude des antiken Rom. In einer bizarren Montage sind das Kolosseum, das Pantheon, das dreistöckige (später zerstörte) Septizonium und ein Obelisk zu erkennen.

Der Aufbau des Bildes mit Gruppen von kleinen Figuren ist typisch für den französischen Maler, der ein Vertreter der Schule von Fontainebleau ist.

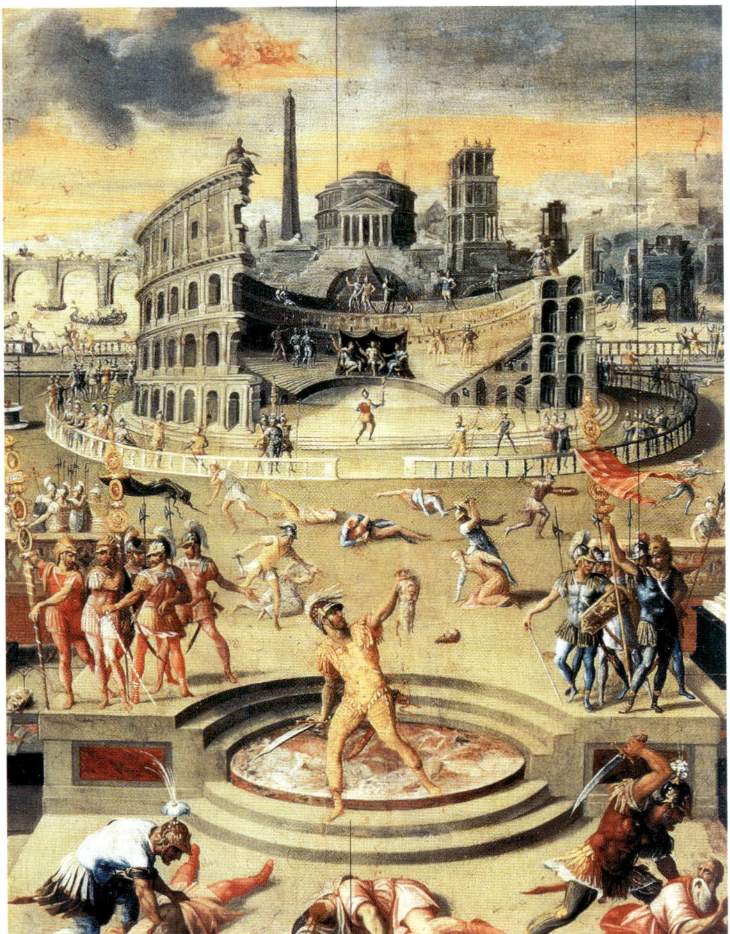

Das selten dargestellte Thema gehört in die Zeit der Wirren des 1. Jh. v. Chr., es ist aber leicht, einen Bezug zur aktuellen Situation herzustellen, den Religionskriegen der 2. Hälfte des 16. Jh.

▲ Antoine Caron,
Blutbad der Triumvirn (Ausschnitt), 1566,
Paris, Musée du Louvre.

Die forcierten Torsionen der drei Figuren wurden im Manierismus gründlich studiert. Mehrere Kopien in unterschiedlichen Maßstäben und aus verschiedenem Material von Marmor bis Bronze trugen dazu bei, dass die Gruppe in ganz Europa bekannt wurde.

Die fehlenden Teile des Originals wie der rechte Arm Laokoons haben für die Künstler der Renaissance das Problem aufgeworfen, ob die Gruppe in ihrem fragmentarischen Zustand belassen oder ob diese Teile rekonstruiert werden sollen.

Der ergreifende Ausdruck des trojanischen Priesters, der zusammen mit seinen beiden Söhnen von Schlangen angefallen wird, weil er die List der Griechen mit dem hölzernen Pferd aufdecken wollte, wird zum Anlass für die Auseinandersetzung mit dem Expressionismus der antiken Vorbilder im Gegensatz zur ruhigen Gesetztheit der Arbeiten des Praxiteles oder des Lysippos.

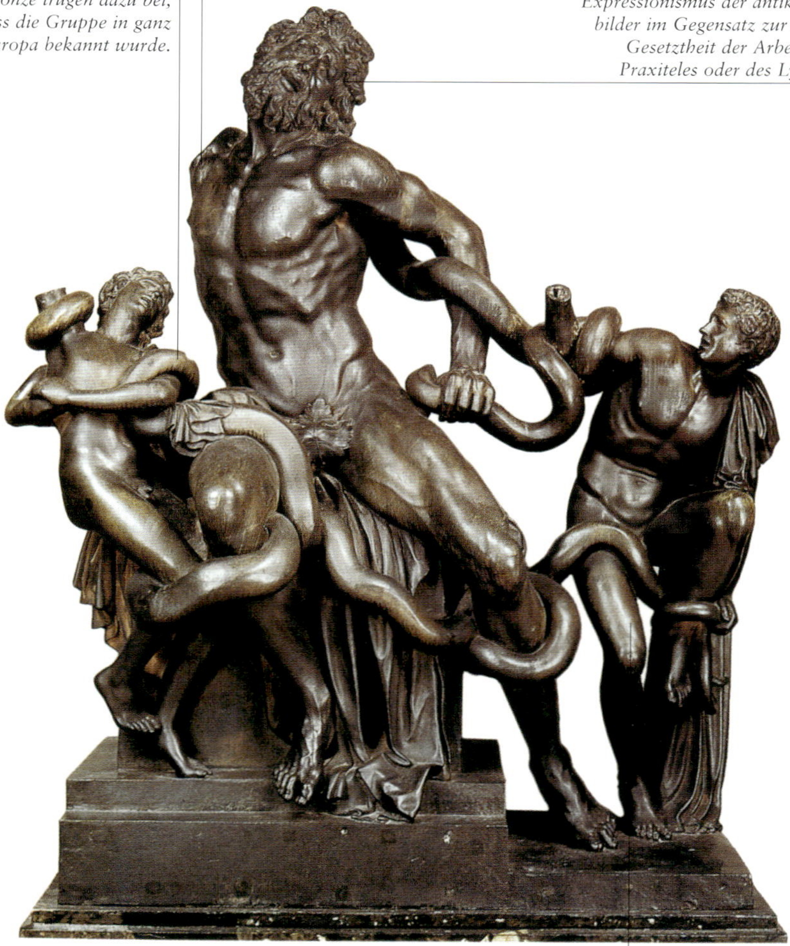

Die Auffindung der hellenistischen Marmorgruppe im Jahr 1506 in Rom ist eines der bedeutendsten Ereignisse für das Studium und die Rezeption der antiken Kunst im 16. Jh.

▲ Francesco Primaticcio und Gehilfen, Bronzenachguss des *Laokoon*, 1550, Fontainebleau, Schloss.

Fast in der Mitte des Bildes ist das Pferd zu erkennen, das allerdings nicht vor den Toren eines imaginären Trojas aufgestellt ist, sondern vor den Toren eines leuchtend-magischen Toledos.

Am rechten Bildrand erscheinen die schmächtigen, gelängten Figuren zweier Akte, die manchmal als die Götter Apollon und Artemis interpretiert werden; Laokoon war Priester des Apollon.

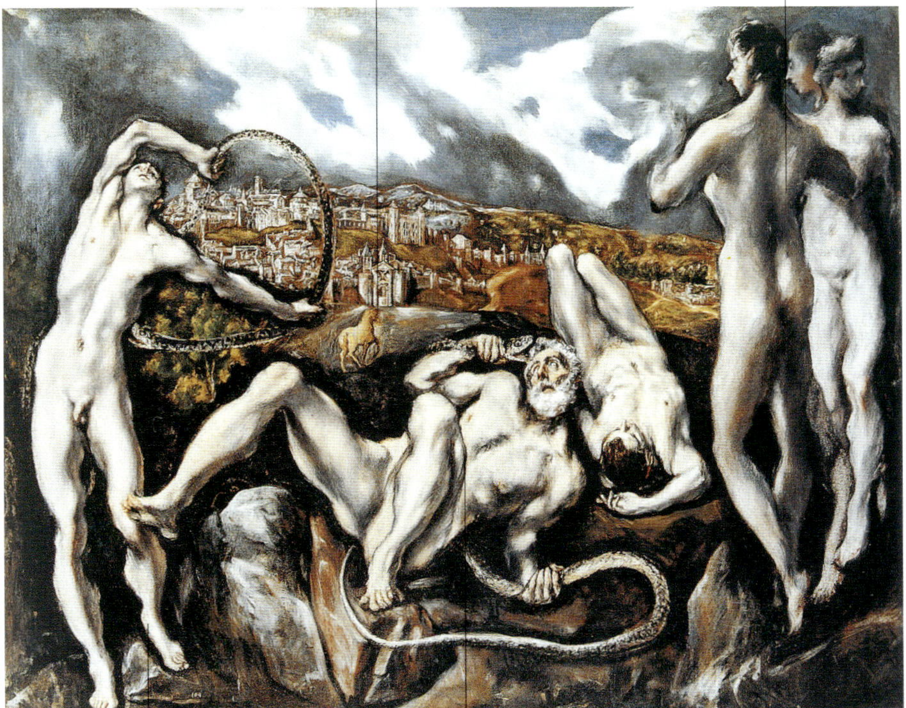

Die gelenkigen Glieder der jugendlichen Söhne Laokoons werden wie bei einer Art gymnastischen Übung gezeigt.

Mit der Freiheit des Genius, der am Ende seiner Laufbahn angelangt ist, löst El Greco sich vom hellenistischen Vorbild und erfindet die Szenerie völlig neu.

▲ El Greco,
Laokoon, 1607,
Washington, National Gallery.

Der Kupferstich des Niederländers Goltzius dokumentiert nicht einfach eine berühmte antike Statue, er legt zugleich ihre »Bedeutung« offen: die Wolken am Himmel, die wesentliche Einsamkeit der Gestalt, ihr Abstand zur irdischen Welt flößen ein Gefühl der Bewunderung, aber auch der Melancholie ein, so als befänden wir uns vor einem Heimkehrer, dem letzten Überlebenden eines Geschlechts von Heroen, von dem nichts bleibt als die isolierte Erinnerung.

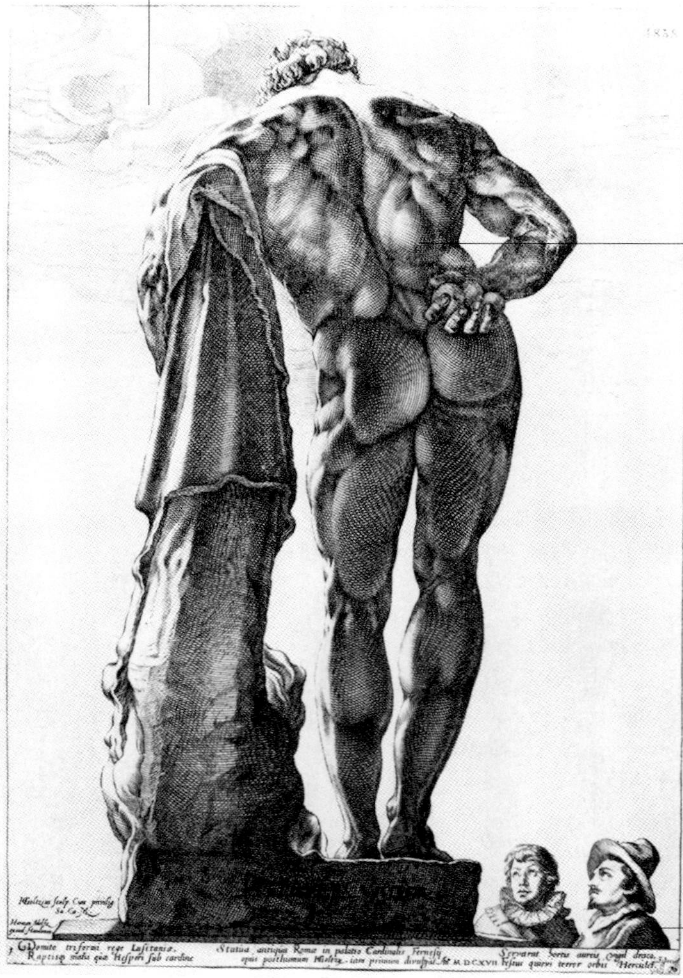

Die Rückenansicht des Herkules Farnese *war bei den Zeichnern des 16. Jh. sehr beliebt. Die riesigen Muskelmassen sind stark betont und wurden wie eine Art Anatomiehandbuch von den Künstlern benutzt.*

Die Position der beiden Betrachter hat nicht nur die praktische Funktion, die kolossalen Dimensionen der Statue zu verdeutlichen, sie soll auch auf das Gefühl des Staunens anspielen, das die Kolossalfigur hervorruft.

▲ Hendrick Goltzius, *Herkules Farnese*, Kupferstich der Serie *Antike Statuen aus Rom*, 1590/91.

► Sebastiano del Piombo, *Hl. Ludwig von Toulouse*, 1510, Venedig, Gallerie dell'Accademia.

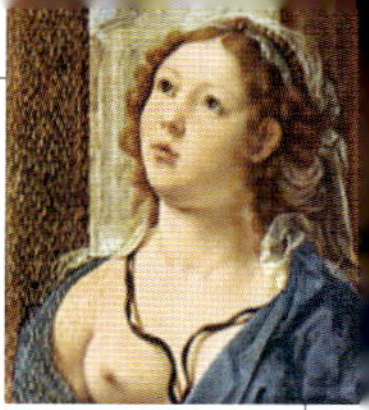

Auf den Bildern Leonardo da Vincis und venezianischer Maler verschwimmen die Umrisse, Licht und Farbe sind fein abgestuft. Diese Maltechnik wird als Sfumato *bezeichnet.*

Die neuen Techniken Sfumato *und* Tonalismo

Siehe auch
Rheinland, Donauraum, Mailand, Paris, Venedig, Lombardei

Correggio, de Morales, Dosso Dossi, Giorgione, Sebastiano del Piombo, Tizian, Van Cleve

Während die Malerei des 15. Jh. noch durch eine Vorliebe für klare Linien, präzise Schatten und Emailfarben gekennzeichnet ist, entsteht zu Beginn des 16. Jh. in Norditalien eine entgegengesetzte Strömung. Bei der Farbwahl werden gedämpfte Töne bevorzugt, das ganze Bild soll eine atmosphärische Stimmung erhalten. Es scheint fast paradox, dass diese Entwicklung von Leonardo da Vinci ausgeht, der doch einer der größten Zeichner ist. Er führt die Maltechnik des *Sfumato* ein, beginnend mit dem landschaftlichen Hintergrund, wo Dunst, Wolken und Luftfeuchtigkeit die Umrisse »rauchig« verschwimmen lassen. Die Anregungen von Leonardo werden von einer Gruppe lombardischer Maler aufgegriffen, aber auch von anderen Malern wie Correggio und vor allem von den Venezianern. Parallel zu Leonardo eröffnen das Spätwerk von Giovanni Bellini und die Werke von Giorgione den Weg zum *Tonalismo*, einer Technik des Auftrags übereinander gesetzter Lasierungen, die das Bild durch eine graduelle Stufung gedämpfter Töne von Licht und Farben hervortreten lassen. Diese Technik hebt die Wirkung des Farbauftrags hervor und mindert die Bedeutung der Zeichnung. Die venezianische Malerei wählt damit eine praktische und poetische Alternative zur florentinischen Schule, die traditionell auf das Studium der Zeichnung setzt. Der Aufenthalt Albrecht Dürers in Venedig 1505/06 löst eine heftige internationale Diskussion über den venezianischen *Tonalismo* aus. In einem Schreiben an Willibald Pirckheimer erwähnt Dürer, dass der alte Giovanni Bellini, der für ihn der beste Maler in Venedig ist, ihm Aufmerksamkeit geschenkt hat.

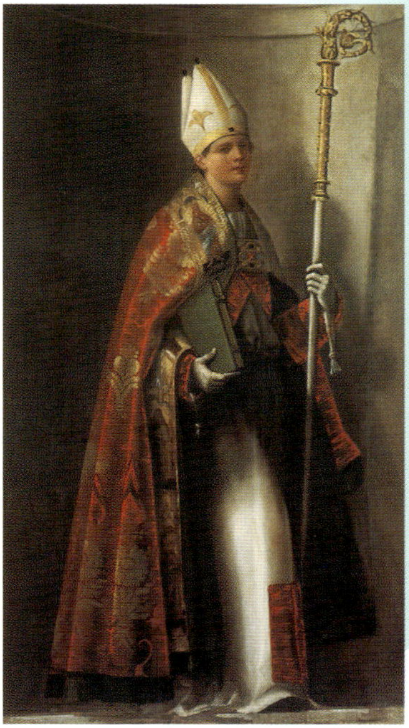

Leonardo hat sehr lange an dem Bild gearbeitet und es dann in Frankreich fertiggestellt; der Hintergrund mit den Flüssen und Bergen, die in der bläulichen Ferne verschwimmen, erinnert an die Landschaft der Lombardei.

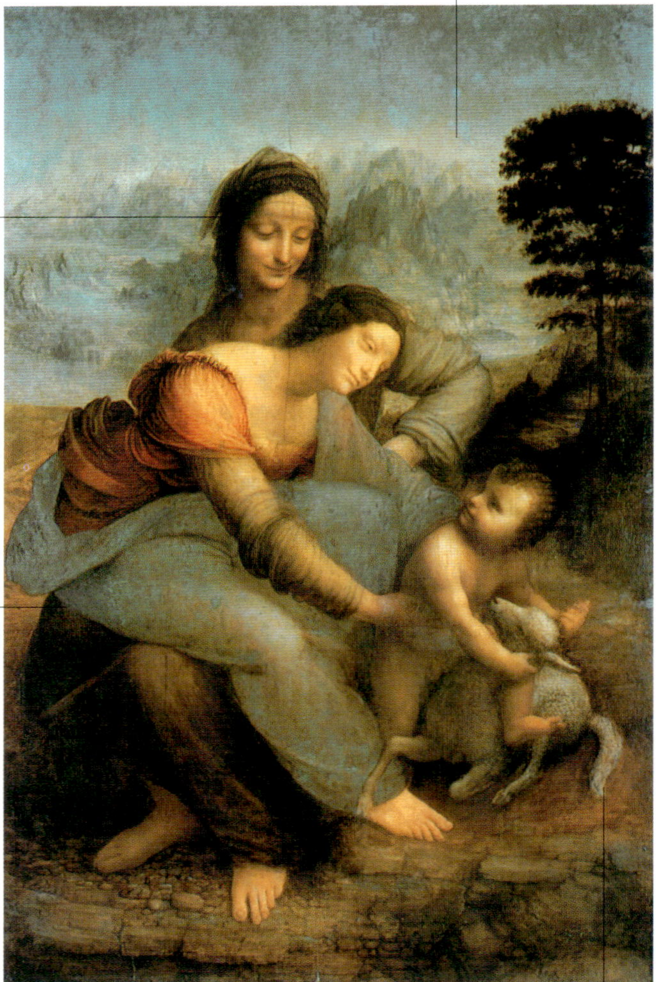

Das lächelnde Gesicht der hl. Anna ist ein typisches Beispiel für die Art, wie Leonardo Gesichter von Frauen malt. Es ist fast schon paradox, dass gerade der Maler, der (in seinen Schriften und Zeichnungen) so sehr auf der Vielfalt der Gesichtszüge und der Ausdrucksweisen insistiert, einen Gesichtstyp entwickelt, der von den Nachfolgern beharrlich imitiert wird.

Maria sitzt auf dem Schoß ihrer Mutter Anna, ein ikonographisches Motiv der Generationenfolge, wie auch die physiognomische Ähnlichkeit der beiden Frauen. Leonardo hat das Thema als erster mit einer starken Dynamik dargestellt.

Die Geste Marias aufnehmend streckt das Kind die Hände nach dem Lamm aus. Das symbolische Tier, das in den Vorarbeiten Leonardos noch fehlt, fügt sich wie die Personen in die bewegende Schilderung der Natur ein.

▲ Leonardo da Vinci,
Hl. Anna Selbdritt, 1510–13,
Paris, Musée du Louvre.

Vasari zufolge hatte Giorgione aufmerksam die Zeichnungen Leonardos studiert. Das Gemälde fügt sich tatsächlich in die allgemeine Entwicklung der venezianischen Malerei mit ihren natürlichen atmosphärischen Gegebenheiten mittels Farb- und Helligkeitsabstufungen ein.

Protagonist des Bildes ist, völlig neuartig, ein Blitz, der die Wolken zerreißt und ein plötzliches Licht über die Landschaft wirft.

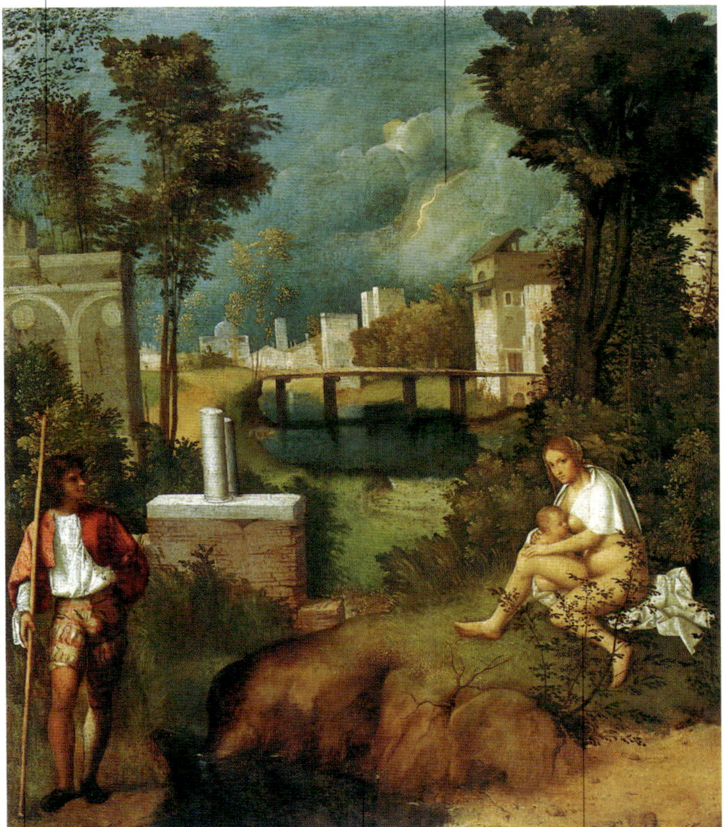

Das narrative Thema, die »Historie« des Werks, wurde nie definitiv geklärt, und schon die frühen Kommentatoren bezeichnen es als »Landschaftsbild«.

In der Bildmitte, im Vordergrund, bildet der Fluss einen schmalen Graben, der den Mann von der Frau trennt.

Schlüsselfigur des Bildes ist die halbnackte Frau, die vor einem Strauch ein Kind stillt; manche wollen in ihr die aus dem Paradies vertriebene Eva sehen.

▲ Giorgione,
Das Gewitter, um 1505,
Venedig, Gallerie dell'Accademia.

Wie beim Gewitter *von Giorgione sind die beiden Frauen halbnackt, während der eine der jungen Männer elegant gekleidet ist und der andere Bauernkleidung trägt; die beiden Bilder gehören offensichtlich derselben Bildtradition an. Das Gemälde wird deshalb von einigen auch Giorgione zugeschrieben.*

Die Lichteffekte im Laubwerk lassen an eine Ausführung en plein air *denken, was für den Beginn des 16. Jh. jedoch völlig untypisch wäre; aber immerhin war die atmosphärische Stimmung des Bildes der Grund dafür, dass Manet es am Beginn des Impressionismus sich zum Vorbild gewählt hat.*

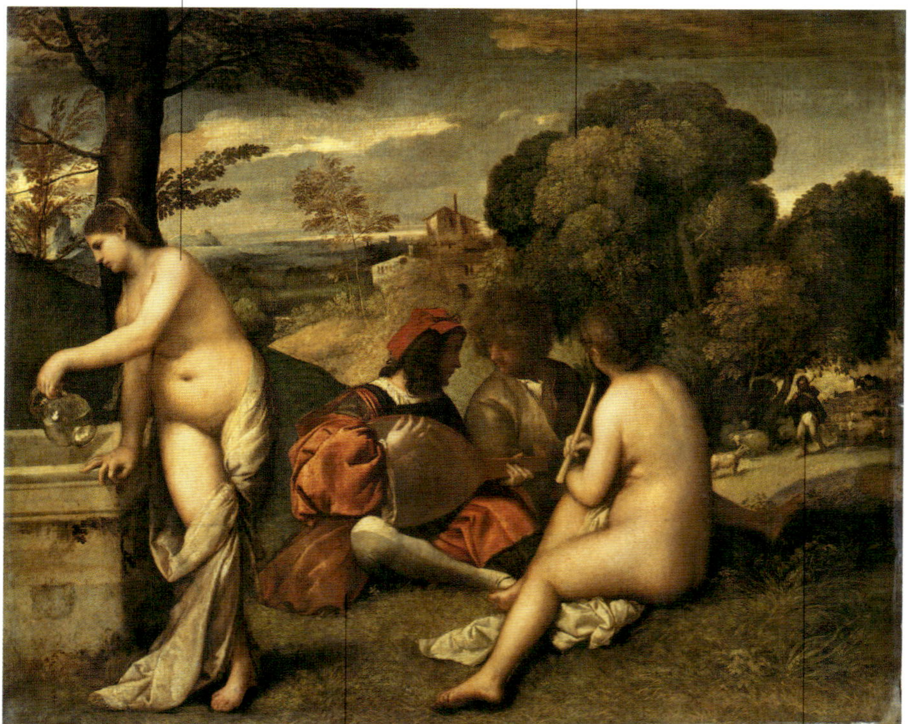

Das Thema der Musik spielt auf die natürliche Harmonie an, die die Protagonisten verbindet und die durch die liebliche Darstellung der Atmosphäre und der Landschaft noch verstärkt wird.

Der Hirte mit der Herde im Hintergrund verweist auf den Abstand der bäuerlich ländlichen Welt und der Welt der Hauptpersonen: Sie sind junge Patrizier, für die das Land nicht mit schwerer Arbeit verbunden ist, sondern ein Ort des Zeitvertreibs und der Kontemplation.

▲ Tizian (auch Giorgione zugeschrieben), *Das ländliche Konzert*, um 1510, Paris, Musée du Louvre.

Die Landschaft, in bläulichen Tönen und mit verschwommenen Umrissen, zeigt, dass der Maler die »Lektion« Leonardos gelernt hat.

Die Madonna und das Kind erinnern in ihrem Aussehen an Leonardos Figuren, werden von Correggio aber mit noch größerer Zartheit dargestellt.

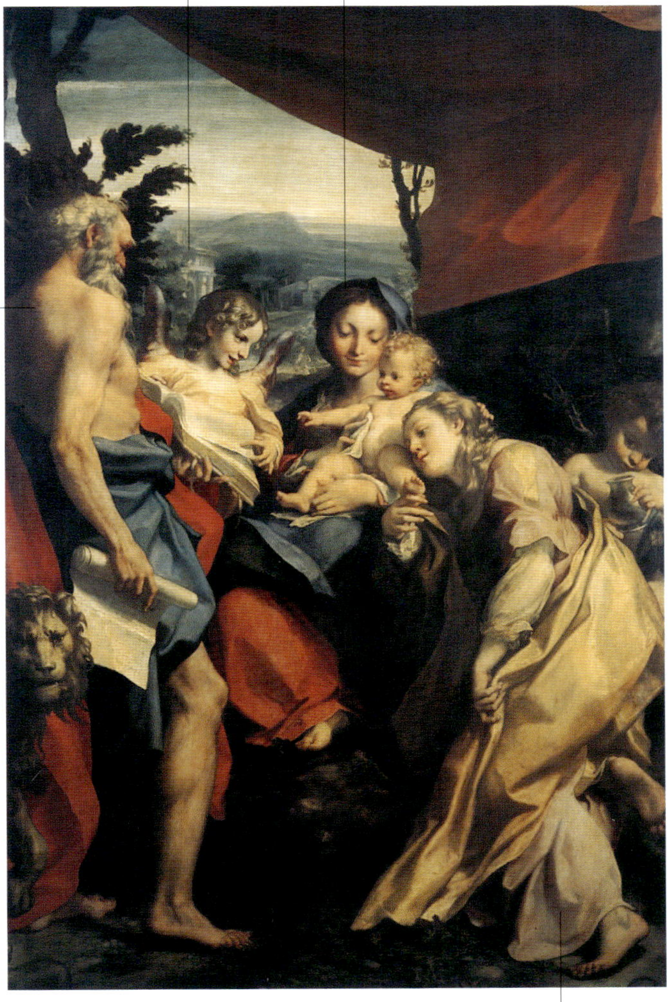

Der hoch aufragende und kräftige hl. Hieronymus bildet gleichsam die linke Säule der Szenerie; der Kopf des Heiligen befindet sich am oberen Ende einer diagonalen Sichtlinie, die durch alle Hauptpersonen verläuft; der Bildaufbau wirkt spontan, ist aber tatsächlich das Ergebnis einer sorgfältigen Komposition.

Die wunderbare Gestalt der Maria Magdalena, in einer komplizierten aber sehr gelungenen Pose, schließt die Gruppe auf geniale Weise ab. Von Carracci angefangen dient sie den Malern des 17. Jh. lange als Vorbild.

▲ Correggio,
Madonna mit dem hl. Hieronymus, 1523,
Parma, Galleria Nazionale.

Das Kleid entspricht der italienischen Mode; die Zeitgenossen Holbeins sahen in dem Bild eine Anspielung auf die Frau eines Baseler Patriziers, die ihrer lockeren Kleidung wegen in schlechtem Ruf stand.

In den Werken aus der Anfangszeit Holbeins, bevor er nach England übersiedelte, ist der italienische Einfluss offensichtlich: Die Gesichtszüge der Venus entsprechen genau dem von Leonardo geprägten weiblichen Ideal, ebenso die weichen und fließenden Schatten. Man hat deswegen eine Reise Holbeins in die Lombardei vermutet.

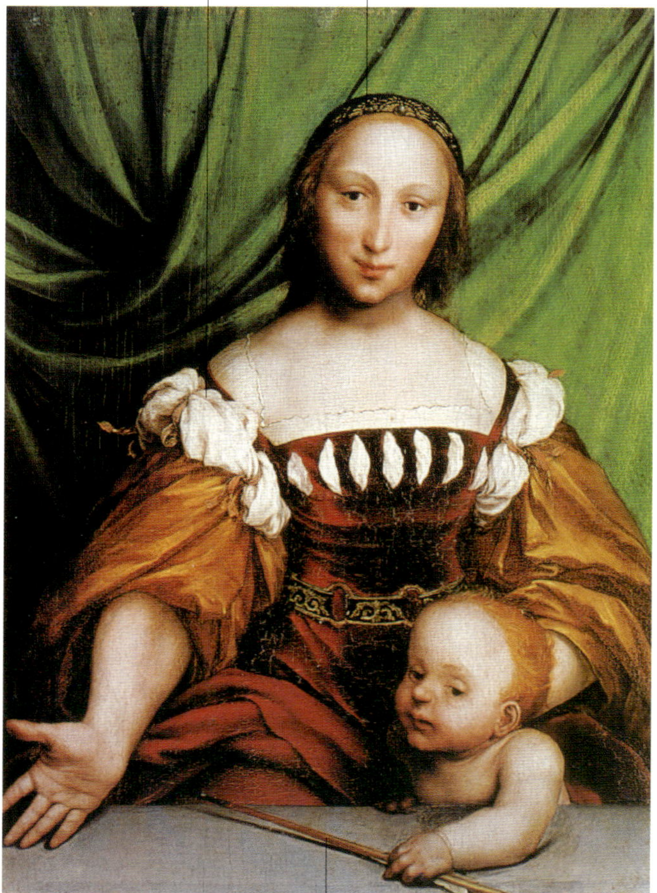

▲ Hans Holbein d. J., *Venus und Amor*, um 1525, Basel, Kunstmuseum.

Der lange Pfeil spielt auf die Gefahren und Leiden der Liebe an, ein im nördlichen Humanismus beliebtes moralisches Thema.

Der neutrale und dunkle Hintergrund geht auf Leonardo zurück und unterstützt hier für ein symbolisches Porträt von beachtlicher Wirkung.

Wie die Inschrift am unteren Rand bestätigt, hat der Täufer die Gesichtszüge von Franz I., König von Frankreich, der ein Mäzen Leonardo da Vincis war.

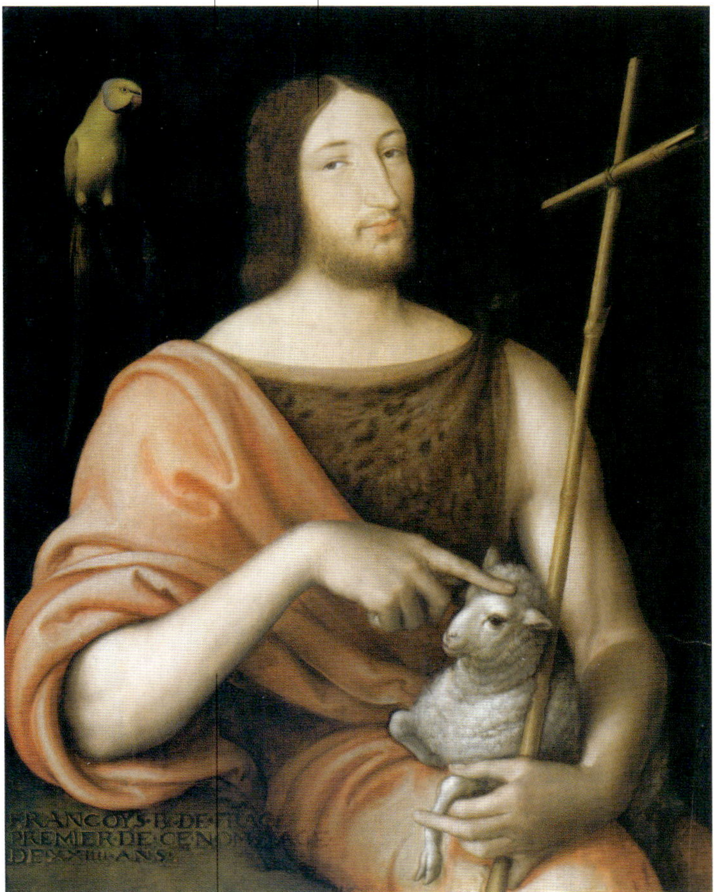

Der Aufenthalt Leonardo da Vincis am Hof von Amboise bewirkt eine Wende in der französischen Kunst; der Hofmaler Jean Clouet eignet sich den Stil des italienischen Meisters an, von der Eloquenz der Gesten bis zur Disproportion der Hände.

▲ Jean Clouet,
Franz I. als Johannes d. Täufer, 1518,
New York, Privatsammlung.

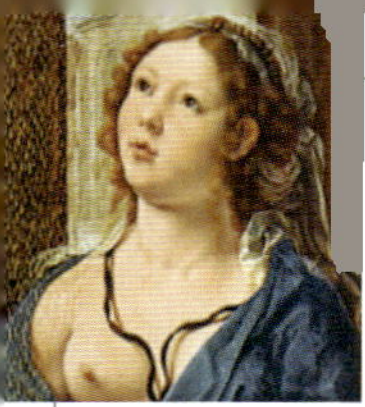

Die Zerstreuung der Künstler nach dem Sacco di Roma, *der Plünderung Roms, 1527, beschleunigt die Auseinandersetzung der europäischen Künstler mit den Stilentwicklungen in Italien.*

Der italienische Einfluss

Siehe auch
Krakau, Augsburg, Nürnberg, Bayern, Kastilien, Antwerpen, Niederlande, Fontainebleau, Loire-Schlösser

Berruguete, Clouet, Cousin, de Morales, Dürer, Floris, El Greco, Mabuse, Massys, Pilon, Spranger, Van Cleve, Van Heemskerck, Van Scorel

Auf Leonardo da Vinci, Raffael und Michelangelo: beziehen sich viele internationale Künstlerschulen. Der Einfluss der italienischen Kunst wird durch einen doppelten Austausch gefördert: Einerseits unternehmen Künstler aus ganz Europa – von Dürer bis Bosch, von Mabuse bis Holbein, von Massys bis zu den Spaniern – Studienreisen nach Italien; auf der anderen Seite führt die unsichere wirtschaftliche und politische Situation in Italien dazu, dass immer mehr Künstler und Kunstwerke ins Ausland gelangen. Die Übersiedlung von Leonardo da Vinci nach Frankreich (1517) bezeichnet den Beginn der engen Beziehungen italienischer Maler zu den großen europäischen Herrschern; in manchen Fällen werden sie, wie Kaiser Karl V. für Tizian, zu den wichtigsten Auftraggebern. Es gibt zwei Hauptzentren für die Verbreitung des italienischen Einflusses in Europa: Fontainebleau, wo in den königlichen Werkstätten zwei aufeinander folgende Generationen italienischer Meister tätig sind, und Antwerpen, wo zwar keine italienischen Künstler arbeiten, aber die örtliche Schule (mit Hilfe von von Kupferstichen und Druckgraphiken) den Stil der Renaissance und dann des Manierismus entschieden aufgreift und weiterentwickelt. Der Einfluss Italiens in der europäischen Kunst des 16. Jh. ist unübersehbar, zugleich setzen aber Entwicklungen ein, die dazu führen, dass das 17. Jh. zum Goldenen Zeitalter der Kunst in anderen Ländern wird.

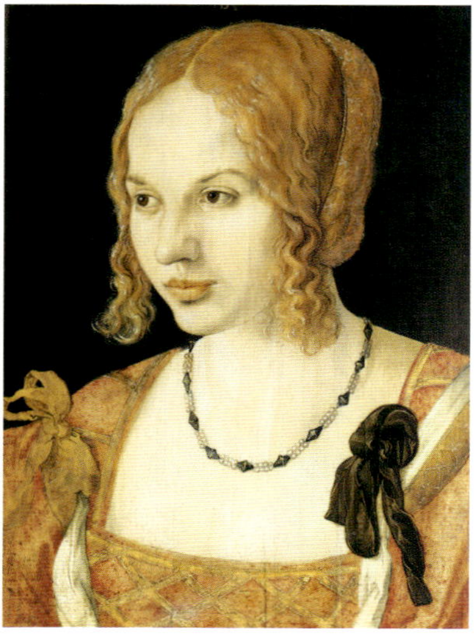

► Albrecht Dürer, *Bildnis einer jungen Venezianerin,* 1505, Wien, Kunsthistorisches Museum.

Die zahlreichen Personen sind Mitglieder der Bruderschaft der deutschen Kaufleute in Venedig, die das Werk in Auftrag gegeben hat. Das Altarbild war für die Kapelle der Kirche San Bartolomeo di Rialto bestimmt, in der sich die deutschen Kaufleute versammelten. Dürer hat es während seines zweiten und letzten Aufenthalts in Venedig gemalt.

Ein wenig versteckt hat Dürer sich selbst dargestellt; ein Blatt in seiner Hand trägt das Entstehungsdatum und seine Unterschrift.

Bei dieser Landschaft zieht Dürer eine graphische und genaue Malweise der Technik des Tonalismo *vor, die in eben diesen Jahren von Giorgione angewandt wird.*

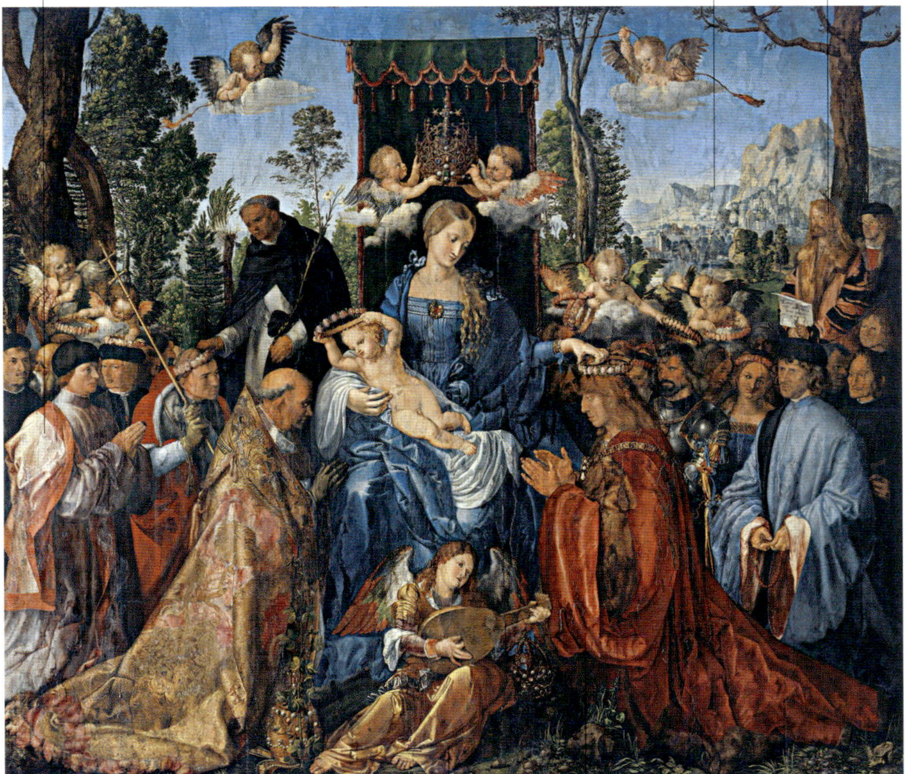

Der musizierende Engel ist eine ausdrückliche Hommage an die venezianische Tradition, und im Besonderen an Giovanni Bellini.

Kaiser Maximilian I. kniet zu Füßen der Gottesmutter, die ihm, gewissermaßen als göttliche Investitur, eine Krone aus Rosen aufsetzt. Zwei Jahre nach der Ausführung dieses Bildes betreibt Maximilian eine militärische Allianz gegen Venedig, die Liga von Cambrai.

▲ Albrecht Dürer, *Rosenkranzfest*, 1506, Prag, Národní Galerie.

Jan van Scorel ist während des kurzen Pontifikats seines Landsmanns Hadrian VI. (1522–23) in Rom tätig, zuvor war er Hauslehrer von Karl V. Er erhält wichtige Aufträge für den Vatikan.

Die großartige Renaissance-Architektur des Tempels mit Tonnengewölbe, schmückenden Bas-Reliefs, kannelierten Pfeilern, Kassetten und Kuppeln ist offensichtlich vom Stil der römischen Bauten Bramantes und Raffaels beeinflusst.

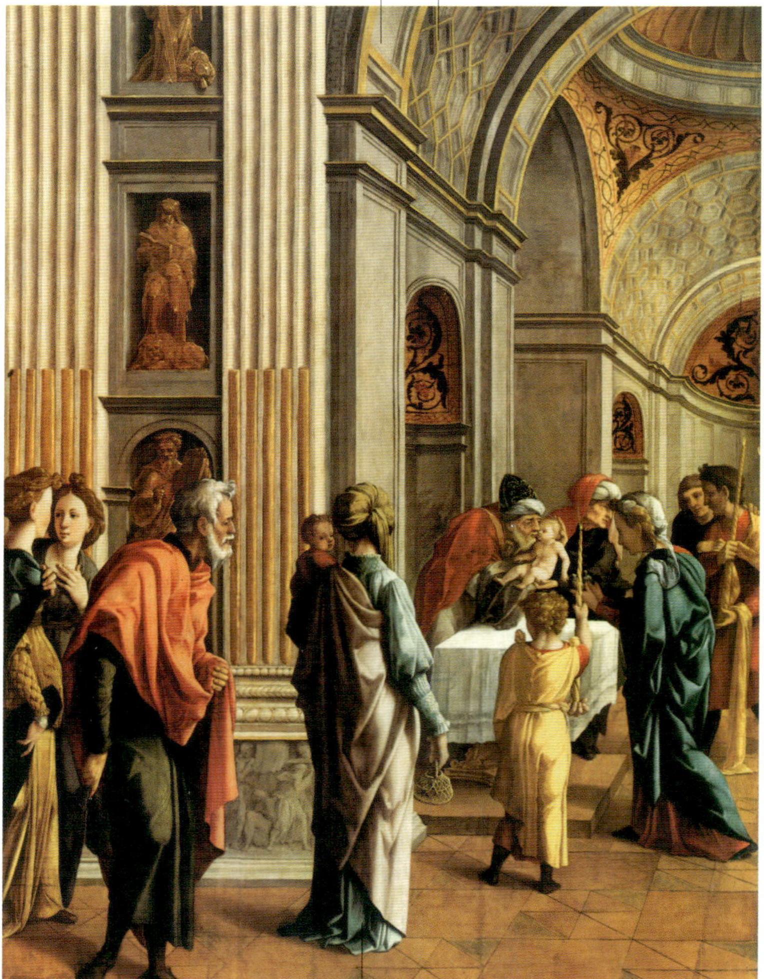

▲ Jan van Scorel,
Darbringung Jesu im Tempel, um 1524,
Wien, Kunsthistorisches Museum.

Die hochgewachsenen und schlanken Gestalten bewegen sich elegant im perspektivisch gestalteten Raum.

Die Züge und der Gesichtsausdruck Marias erinnern an Bilder Raffaels.

In der im Sfumato *gehaltenen Landschaft sind architektonische und archäologische Elemente dargestellt, die auf die römische Campagna anspielen.*

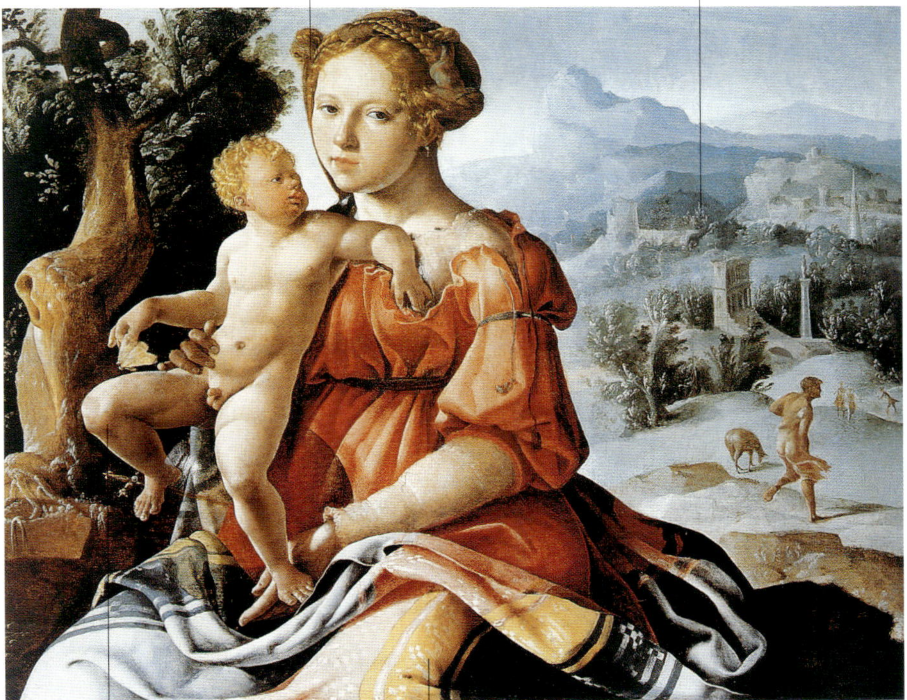

Die etwas gekünstelte Pose des Kindes erinnert an Vorbilder aus der Antike und dem frühen Manierismus.

Die Monumentalität der Figuren, die ganz in den Vordergrund gerückt sind, ist ein charakteristisches Erbe der italienischen Malerei.

▲ Maerten van Heemskerck,
Ruhe auf der Flucht nach Ägypten, um 1532,
Washington, National Gallery.

Dass das Jesuskind und der Johannesknabe sich küssen, ist ein in der europäischen Malerei des 16. Jh. weit verbreitetes »italienisches« Motiv; auch die Gesichter und die Haare der beiden Knaben entsprechen Vorbildern Leonardos.

Das Gesicht Marias lässt eindeutig den Einfluss Leonardo da Vincis erkennen.

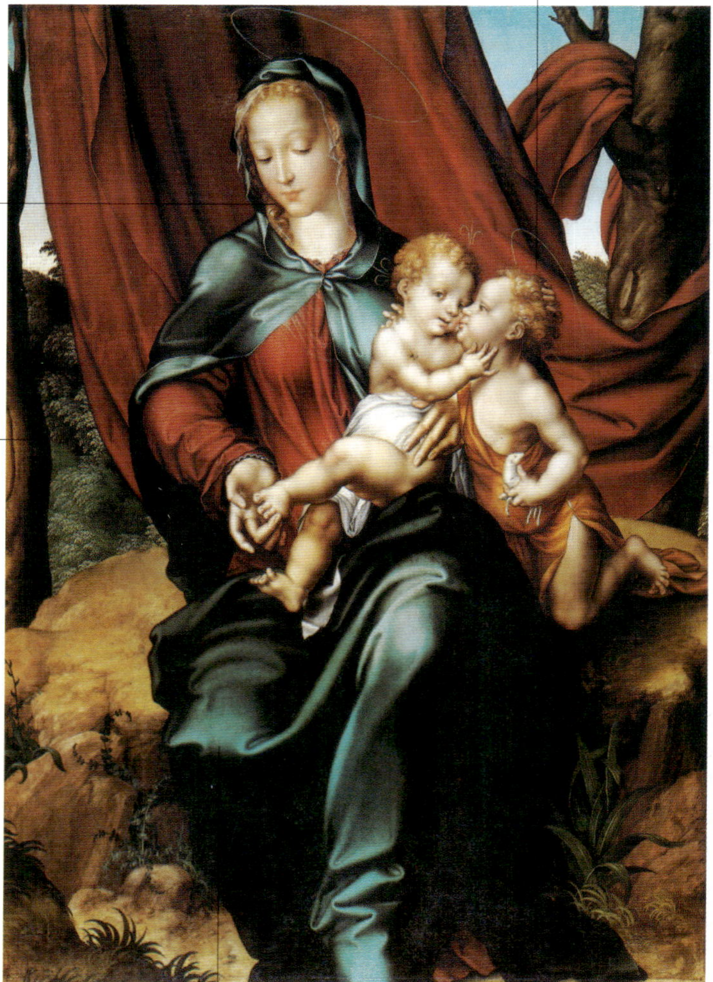

Die genaue Wiedergabe der Lichteffekte in der Natur ist ebenfalls ein Verweis auf die italienische Malerei des frühen 16. Jh.

▲ Luis de Morales, *Maria mit dem Jesuskind und dem Johannesknaben*, um 1550, Madrid, Museo del Prado.

Die stark in den Vordergrund gerückte Position Marias wird durch das Tuch betont, das die Landschaft hinter ihr verbirgt.

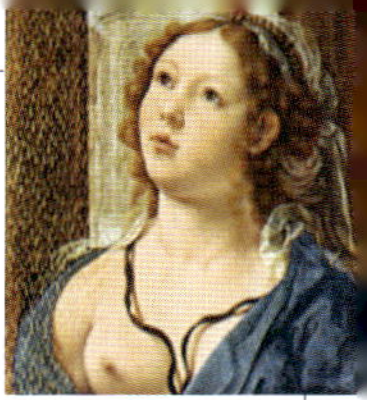

Entstanden in Florenz als Stil der »Opposition«, wird der Manierismus in der Zeit um 1540 zu einer Kunst der »Herrschenden«, die dem Bedürfnis nach Repräsentation und Schönheit nachkommt.

Manierismus an den Höfen Europas

Geprägt durch den Rückbezug auf Raffael und Michelangelo, verbreitet durch die Reisen der Künstler und durch druckgraphische Reproduktionen erlangt das Stilphänomen des Manierismus internationale Bedeutung. Am Ende der Renaissance ist der Manierismus zur »Alltagssprache« der höfischen Kunst geworden. In manchen Ländern kommt es sogar zu einem mehr oder weniger direkten Übergang von der Spätgotik zum Manierismus. Gleichzeitig mit der Entstehung großer Nationalstaaten, in denen die kleinen Mächte aufgehen, zeigt sich in der Kunst die Tendenz einer europäischen »Globalisierung«. Fundamentale Auswirkungen hat der *Sacco di Roma* von 1527: Die Mitarbeiter Raffaels, die auch nach dem Tod des Meisters eine feste Schule gebildet hatten, fliehen aus Rom in die großen und kleinen Länder Europas. Das aristokratische Ideal und die gepflegten Umgangsformen finden Ausdruck in einer festen, gleichsam kristallisierten Formensprache. Der ausdrückliche oder unausgesprochene Bezug auf klassische Vorbilder wie die antiken Statuen oder die Werke Raffaels wird nur von Personen verstanden, die verfeinerte Kenntnisse der bildenden Künste besitzen, die Kunst wird also zu einer Art Chiffre, die nur noch einer Elite zugänglich ist. In Frankreich findet der Stil der *Maniera moderna* (oft einfach als »Renaissance« bezeichnet) vor allem in Auftragswerken des Hofes Ausdruck. Auch dank des französischen Beispiels verbreitet sich dieser aristokratische Stil in der zweiten Hälfte des 16. Jh. über den ganzen Kontinent.

Siehe auch
Skandinavien, Prag, Augsburg, El Escorial, Antwerpen, Brüssel, Niederlande, Paris, Fontainebleau, London, Mailand, Mantua, Ferrara und Urbino, Genua

Arcimboldo, Berruguete, Bronzino, Caron, Cellini, Clouet, Cousin, de Vries, Floris, Giambologna, Giulio Romano, Heintz, Hilliard, Mor, Parmigianino, Pilon, Pontormo, Primaticcio, Rosso Fiorentino, Spranger, Van Heemskerck

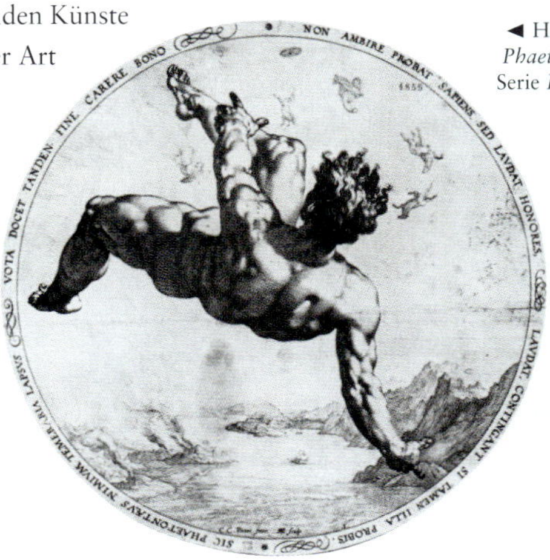

◄ Hendrick Goltzius, *Phaeton,* Stich aus der Serie *Die vier Himmelstürmer,* 1588.

Der Putto, der sich zu seinem Gefährten hindreht, zeigt das Profilo perduto, *das verlorene oder verschwindende Profil, ein im internationalen Manierismus verbreitetes Motiv.*

Die Schriftsteller des 16. Jh. haben breit eine Frage erörtert, die heute als sekundär erscheinen mag: Wie ist die Geste der Sibylle zu deuten: Legt sie das große Buch ab oder hebt sie es auf? Dieser Disput ist jedenfalls ein Zeugnis dafür, mit welch großer Aufmerksamkeit die Bilder Michelangelos und Raffaels studiert wurden.

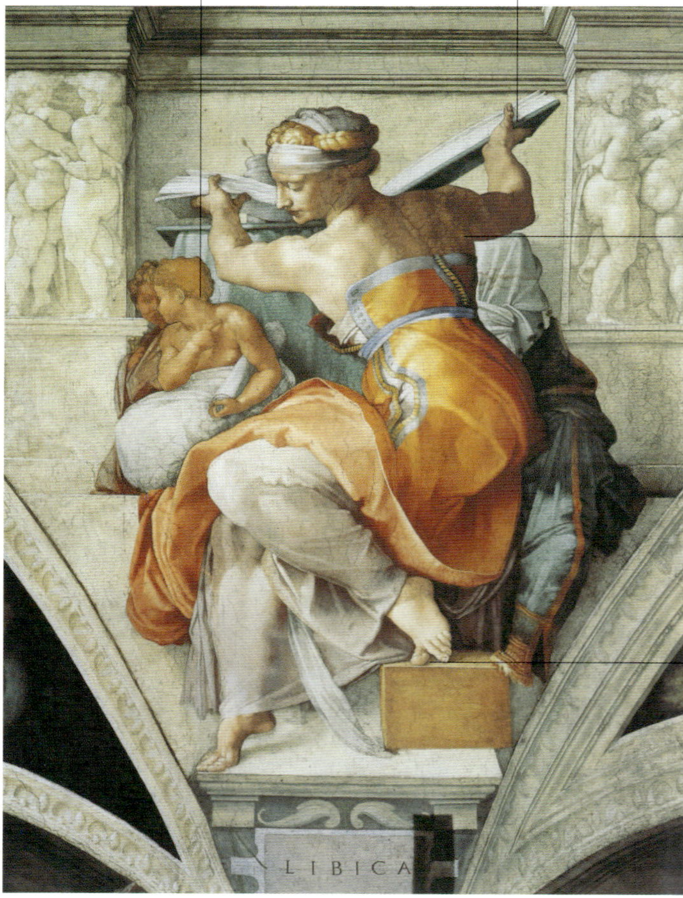

Der Rücken ist in einer schlangenlinienförmigen Bewegung gedreht, die die ganze Gestalt, vom Kopf bis zu den Füßen, erfasst; diese Figura serpentinata *wird zur bevorzugten Pose des Manierismus.*

Die fest auf einen Sockel gedrückte große Zehe ist der Punkt, von dem die schraubenförmige Drehbewegung der kräftigen Figur ausgeht.

▲ Michelangelo,
Die libysche Sibylle, 1508–12,
Rom, Decke der Sixtinischen Kapelle.

Anders als in den beiden Darstellungen der früher ausgemalten Stanzen entwirft Raffael hier keinen einheitlichen Bildraum, der durch architektonische Elemente zusammengefasst wird; die schmalen Kulissen geben hier den Blick frei auf einzelne Gestalten, die jede für sich eine autonome dramatische »Einheit« darstellten.

Im Hintergrund ist das Eingreifen Papst Leos IV. dargestellt, dessen Segnung den Brand im Borgo vor der vatikanischen Basilika zum Erlöschen bringt.

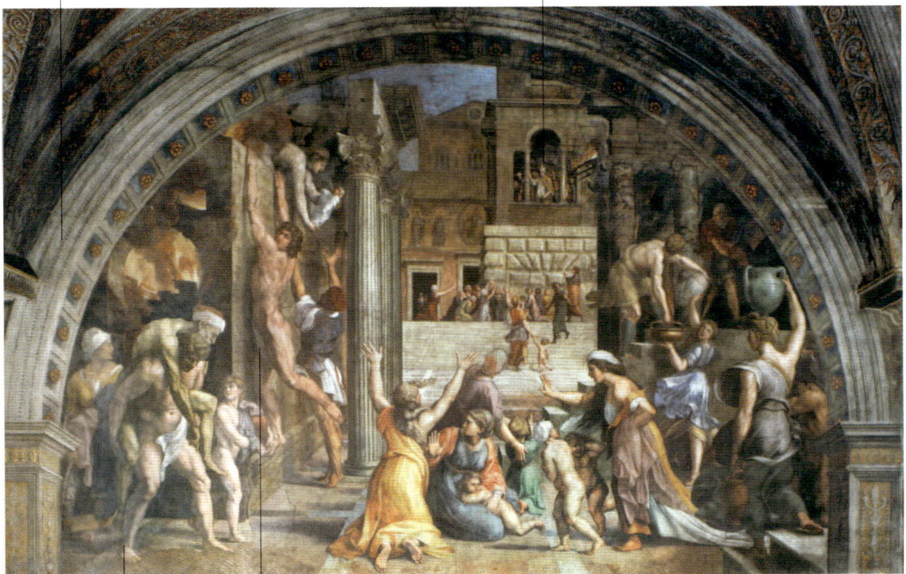

Szenen wie die des jungen Athleten, der sich von der Mauer herablässt, sind ein offensichtlicher Vorwand für anatomische Studien.

Das »Zitat« der Flucht des Aeneas aus dem brennenden Troja mit dem gelähmten Vater auf dem Rücken und dem kleinen Sohn an der Seite erhöht den intellektuellen Reiz des Bildes.

▲ Raffael,
Brand des Borgo, 1514,
Rom, Palazzi Vaticani,
Stanza dell'Incendio di Borgo.

Eine vereinzelte kleine Wolke ist das einzige Element, das auf die Umgebung hinweist. Was die Anordnung der Figuren betrifft, können wir uns einen Hang vorstellen, aber Pontormo vermeidet es eben gerade, natürliche oder atmosphärische Elemente einzufügen.

Die Figuren im oberen Teil beugen den Rücken oder den Kopf und sind so der Lünettenform des Bildes angepasst.

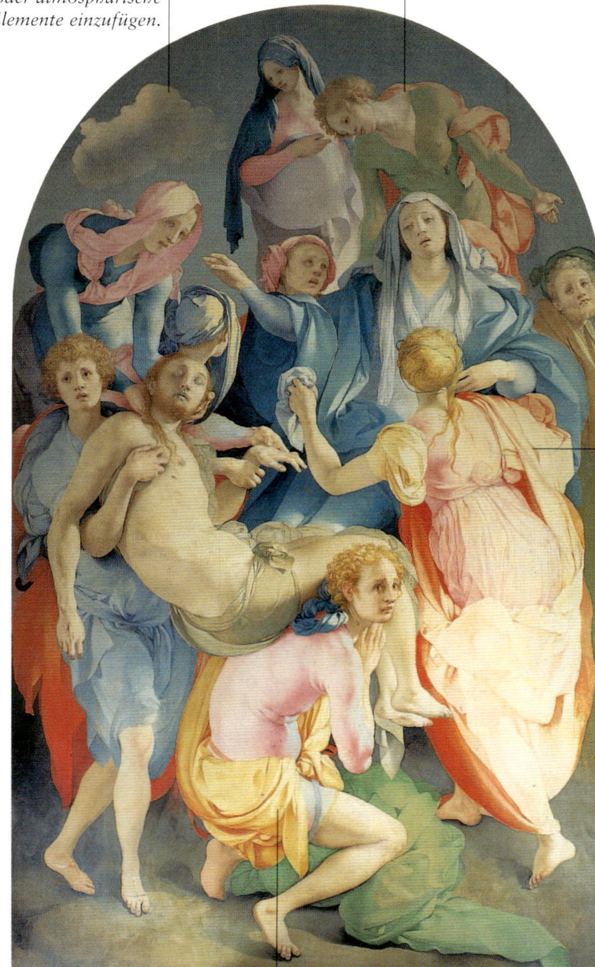

Das Licht, das hart auf die Figuren fällt, ruft metallische und unnatürliche Farbwirkungen hervor.

Jede Pose ist daraufhin konzipiert, einen Eindruck von Instabilität zu wecken; die disharmonischen und gegenläufigen Bewegungen sollen die Fähigkeit des Künstlers bei der Wiedergabe von Körpern und Gliedmaßen demonstrieren.

▲ Pontormo,
Grablegung Christi, 1526–28,
Florenz, Santa Felicità, Cappella Capponi.

Ein charakteristisches Merkmal des Manierismus ist die Unduldsamkeit gegenüber den traditionellen humanistischen Regeln der Symmetrie und des Ebenmaßes; so gruppieren sich hier die Engel nur auf einer Seite des Bildes, wodurch ein prekäres Gefühl des Ungleichgewichts geschaffen wird, das von der gleitenden Pose des tief schlafenden Kindes noch verstärkt wird.

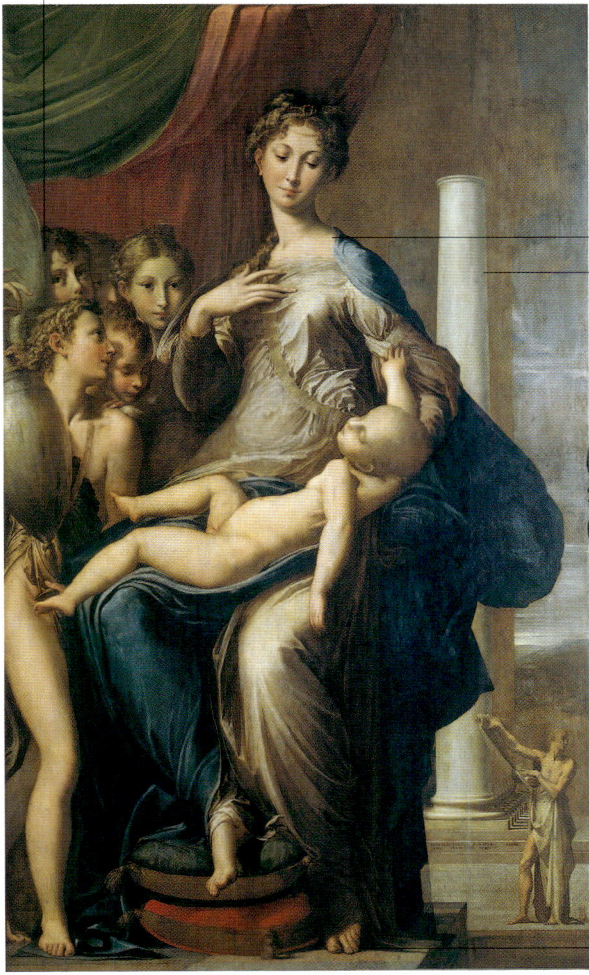

Der Hals, die Hände und Füße Marias sind, zur Steigerung des Ausdrucks, unnatürlich gelängt; die Gesichtszüge lassen wiederum den Einfluss Leonardos und Correggios erkennen.

Das Bild blieb trotz sorgfältiger Gestaltung unvollendet; einige Elemente erscheinen unpassend und verwirrend, etwa die ins Nichts ragende große Säule.

Wie bei den Figuren Michelangelos geht die komplexe Drehung der Figur von dem aufgestützten Fuß aus, der als Hinweis auf die schwierige Pose aus dem Schatten tritt.

▲ Parmigianino,
Madonna mit dem langen Hals, 1535–40,
Florenz, Uffizien.

Die Giganten blicken nach oben: Im Gewölbe des Saals ist in einer schwindelerregenden perspektivischen Illusionsmalerei Jupiter dargestellt, der seine vernichtenden Blitze schleudert.

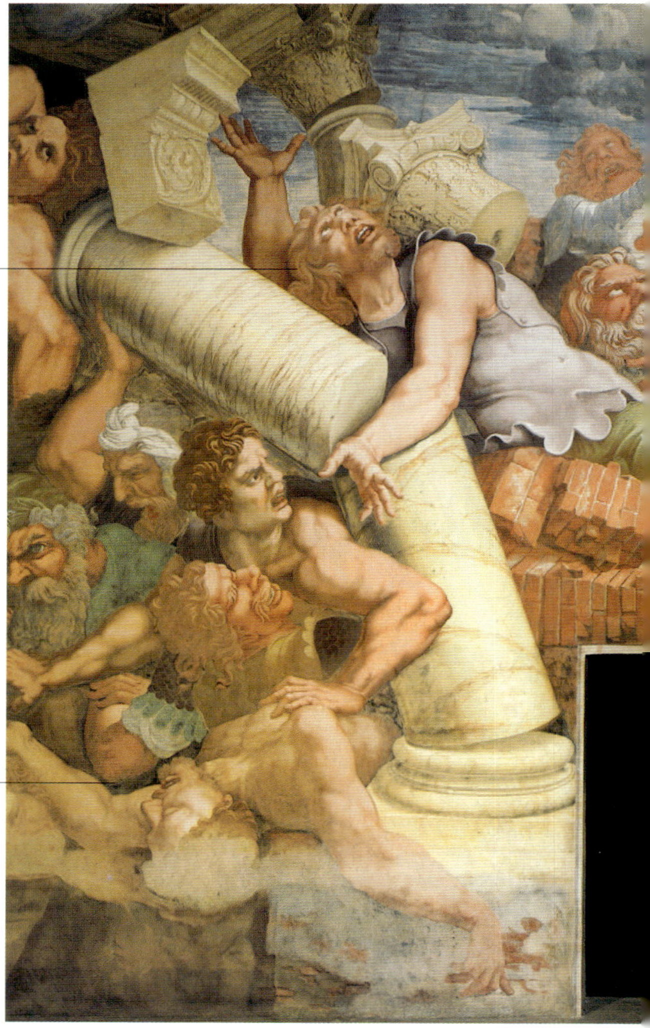

Bei der gesamten Dekoration des Palazzo del Te verfährt Giulio Romano gemäß der Arbeitsteilung, die er in seiner Jugend als Mitarbeiter von Raffael gelernt hat: Der Meister übernimmt die fundamentale Aufgabe der »Invention«, der Bilderfindung, während die Ausführung Gehilfen und Mitarbeitern anvertraut wird.

▲ Giulio Romano und Gehilfen,
Saal der Giganten (Ausschnitt), 1532–35,
Mantua, Palazzo del Te.

Die kolossalen und muskulösen Leiber der von den Tümmern getroffenen Giganten können auch als profane und respektlose Parodie auf die Werke Michelangelos gesehen werden.

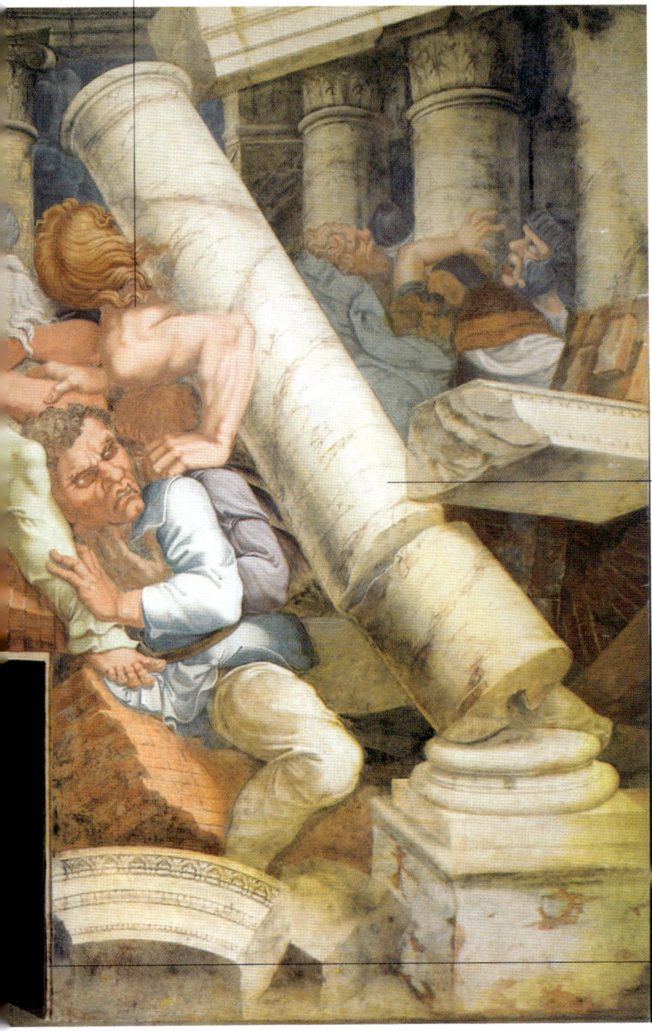

Zerbrochene Säulen, zerstörte Mauern, zerbrochene Ziegel: Der Zusammenbruch der architektonischen Elemente steht in eklatantem Widerspruch zur offensichtlichen Solidität des Palazzo, dessen Äußeres aus robustem Bossenwerk besteht.

Die Eingangstür zum Saal hat praktisch keine Einfassung; der Besucher soll keine Unterbrechung erfahren in der Wahrnehmung von realem Raum und gemalter Architektur, zwischen Wirklichkeit und Illusion.

Der vorherrschende Blauton ist typisch für Niccolò dell'Abate und wird von den Malern in Fontainebleau übernommen.

Die langen und schmalen Figuren bieten ein Repertoire elaborierter manieristischer Posen.

Die Landschaft ist eine Hommage an die gotische Architektur nördlich der Alpen.

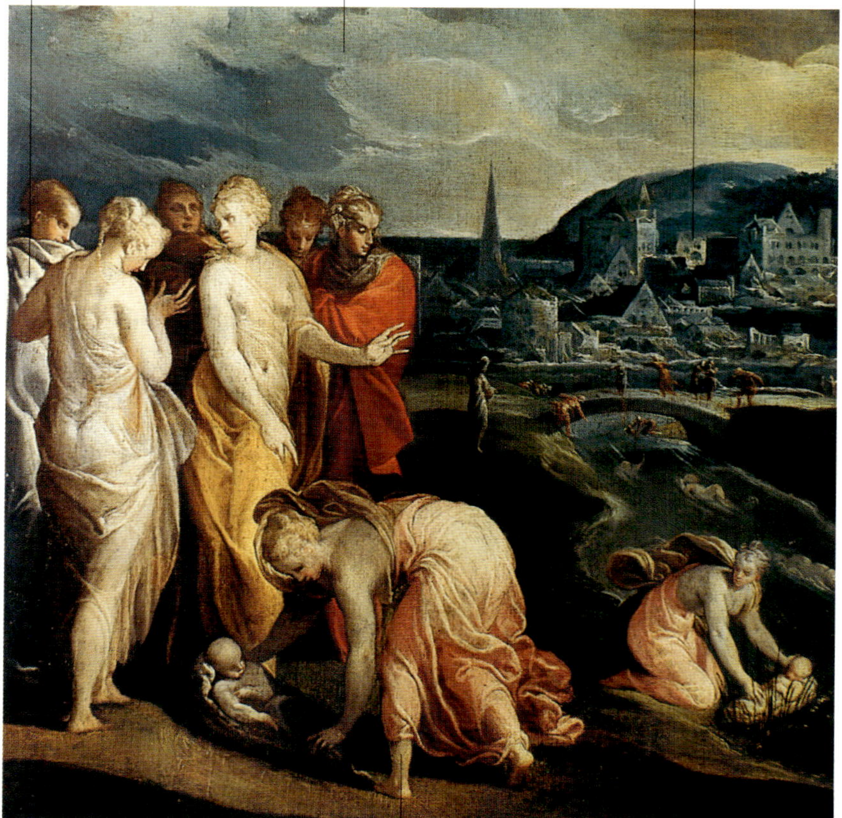

Das Bild stellt gleichzeitig die Aussetzung des Moseknaben in einem auf dem Nil schwimmenden Körbchen und seine Auffindung dar.

▲ Niccolò dell'Abate,
Die Auffindung Moses, 1550,
Paris, Musée du Louvre.

Das Bild erweckt den Eindruck einer raffiniert gestalteten Szenerie, einer galanten und undramatischen Darstellung, in der jeder Akteur seine Rolle spielt.

Der Jäger Aktaion ist hier ein Idealporträt des französischen Königs Heinrich II. Einer solchen Identifikation von realen Personen mit Gestalten der Mythologie begegnet man in der Malerei des 16. Jh. recht häufig.

Diana in der Bildmitte ist offensichtlich eine Transposition der Geliebten des Königs, Diana von Poitiers, in eine mythische Gestalt.

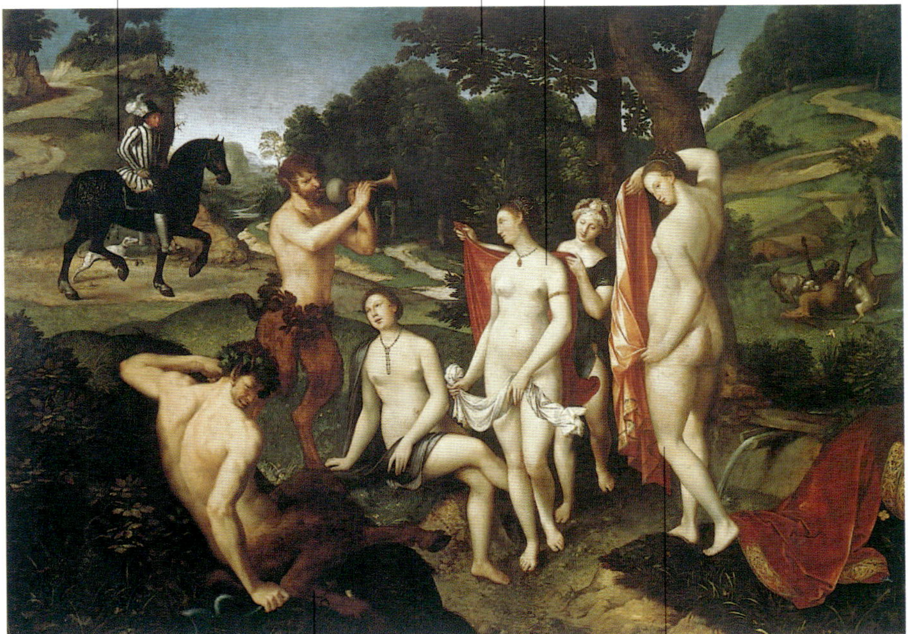

Typisch für die im Manierismus beliebten Gegenüberstellungen ist der Kontrast zwischen den halbtierischen Satyrn und den hellen Körpern von Diana und ihren Gefährtinnen, die sich zum Baden entkleidet haben.

Die geschmeidigen und auf Wirkung bedachten Gesten lassen den formalen Einfluss Italiens erkennen, der in der Schule von Fontainebleau tief verwurzelt ist.

▲ François Clouet,
Das Bad der Diana, um 1555,
Rouen, Musée des Beaux-Arts.

Tintoretto ist der venezianische Maler, der von den Neuerungen des Manierismus am stärksten angezogen wurde. Eine starke dramatische Wirkung geht von der Verschiebung der architektonischen Perspektive aus, die er nicht mehr als lineare Zentralperspektive, sondern in der Diagonalen einsetzt.

Das Thema des Bildes wurde nur selten dargestellt: Eine Gruppe von Venezianern dringt nachts in eine Kirche in Alexandrien in Ägypten ein, um die sterblichen Überreste des hl. Markus zu entwenden, wobei der Heilige selbst erscheint.

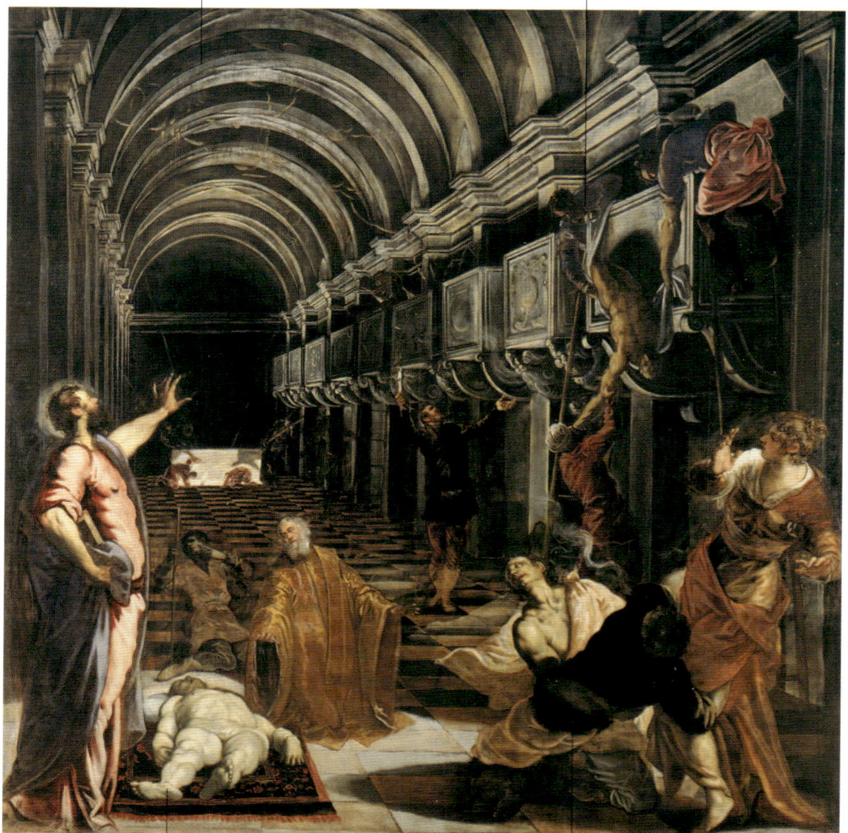

Wie seine manieristischen »Kollegen« in Mittelitalien bietet Tintoretto ungewöhnliche und unwahrscheinliche Posen, hier etwa den verkürzten Leichnam zu Füßen der monumentalen Gestalt des hl. Markus.

Die Gruppe rechts, bestehend aus Personen in virtuos gewundenen Posen, ist um die Gestalt eines Besessenen angeordnet, aus dessen Mund Rauch austritt. Man glaubte, die Zuckungen von Besessenen könnten bei der Suche von Reliquien hilfreich sein.

▲ Tintoretto,
Auffindung des Leichnams des hl. Markus,
1562–66, Mailand, Pinacoteca di Brera.

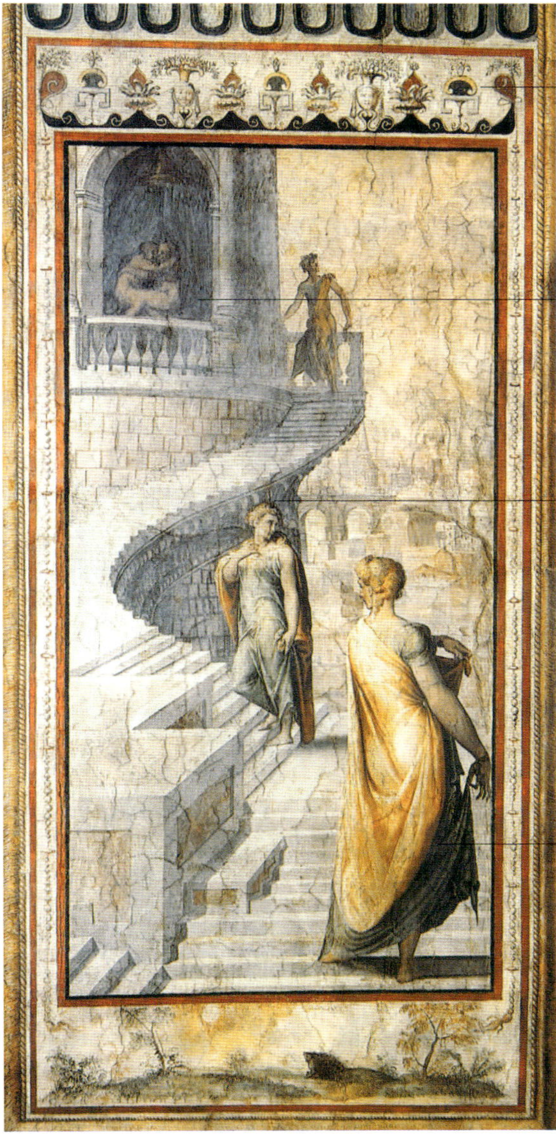

Die Szene fügt sich in einen eleganten dekorativen Rahmen ein, der von archäologischen Funden in Rom zu Beginn des 16. Jh. (vor allem in der Domus aurea *Neros) und den dekorativen Entwürfen Raffaels und seiner Schule angeregt ist.*

Fast wie als Schluss einer Filmsequenz ist im oberen Saal die Umarmung von David und Bathseba zu sehen. Bei den weltlichen Aufträgen wurden häufig erotische Motive verlangt.

Die auskragende Treppe führt mit einer Windung nach oben, die architektonisch zwar nicht möglich ist, aber eindrucksvoll wirkt.

In der Blütezeit des Manierismus sind gelängte und gewundene Posen fast verpflichtend; auch die Bauten scheinen in Bewegung zu geraten.

▲ Francesco Salviati,
Bathseba geht zu David, 1555,
Rom, Palazzo Ricci Sacchetti.

Das allegorische Porträt bildete ursprünglich das Zentrum eines Zyklus mit Darstellungen der Jahreszeiten und der Elemente, es bildet den Höhepunkt der von Arcimboldo für Rudolf II. gefertigten Allegorien.

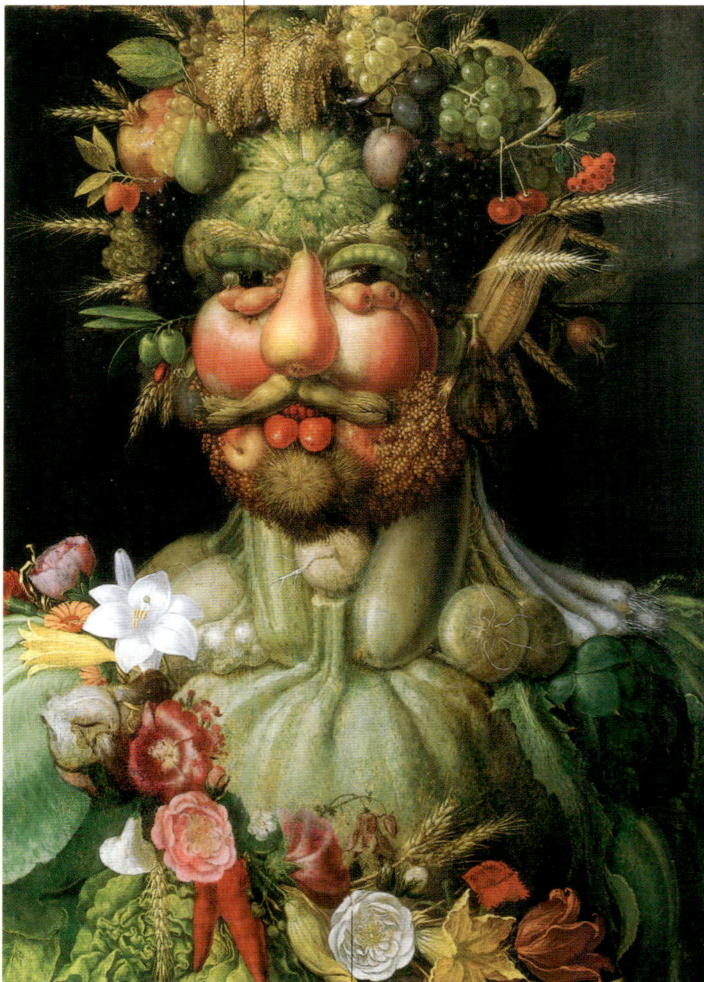

Kaiser Rudolf II. wird hier als der mythische Gott Vertumnus dargestellt, Gott des unerschöpflichen Wandels der Natur durch die Landwirtschaft.

▲ Giuseppe Arcimboldo,
Porträt von Rudolf II. als Vertumnus, 1591,
Stockholm, Skoklosters Slott.

Die erstaunliche Metamorphose von Mensch und Pflanze wird dadurch hervorgehoben, dass im selben Bild die für die verschiedenen Jahreszeiten typischen Blumen und Früchte dargestellt sind.

Die changierenden Reflexe auf dem Mantel erinnern an das Licht und die Farben der venezianischen Malerei.

Die Gesichter der Liebenden nähern sich zu einem Kuss, und die Haltung des Adonis lässt ein gewisses Verlangen durchscheinen; unter allen fürstlichen Auftraggebern seiner Zeit ist Rudolf II. zweifellos am stärksten an erotischen Themen interessiert.

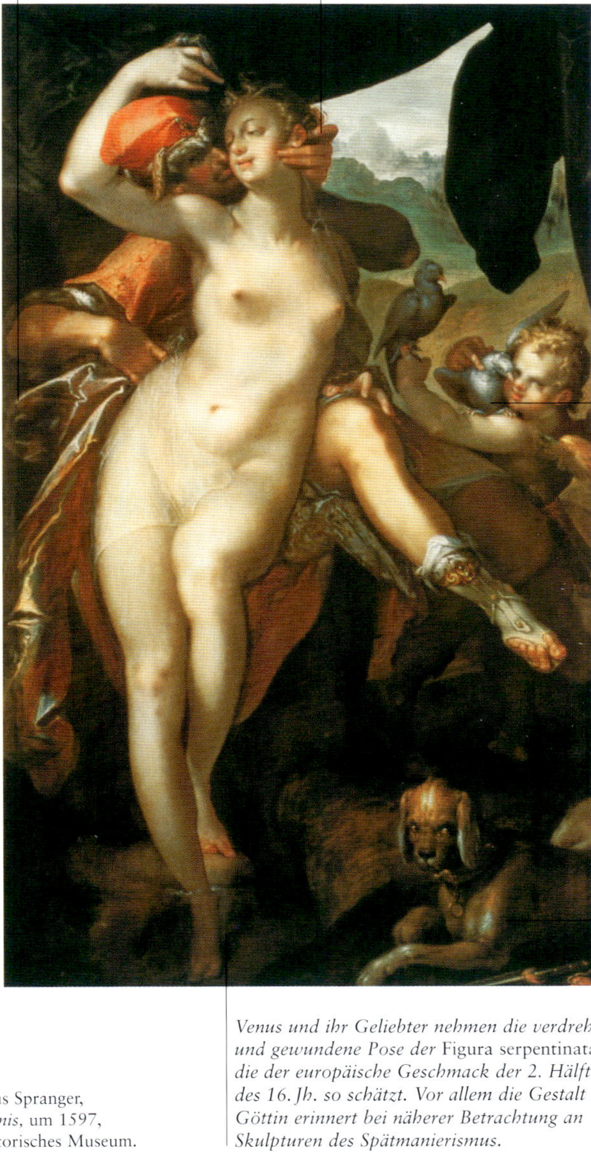

Die Taube, die sich mit ihrem Schnabel dem Gesicht Amors nähert, parodiert den Kuss der beiden Liebenden.

Der Hund und die Waffen erinnern daran, dass Adonis ein Jäger ist. Das Bild ist ein gutes Beispiel für den Geschmack des Hofes in Prag am Ende des 16. Jh.; Spranger war einer der Protagonisten dieses Hofs.

▲ Bartholomäus Spranger, *Venus und Adonis*, um 1597, Wien, Kunsthistorisches Museum.

Venus und ihr Geliebter nehmen die verdrehte und gewundene Pose der Figura serpentinata *ein, die der europäische Geschmack der 2. Hälfte des 16. Jh. so schätzt. Vor allem die Gestalt der Göttin erinnert bei näherer Betrachtung an Skulpturen des Spätmanierismus.*

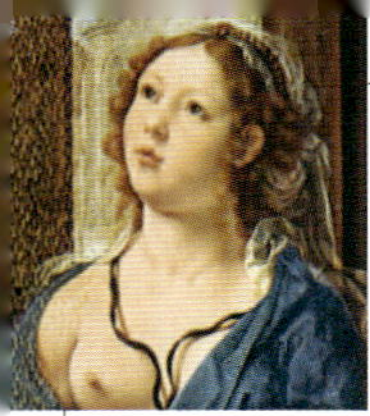

Die kritische Haltung der Reformatoren gegenüber dem religiösen Bild führt zu einem Rückgang der deutschen Kunst; in Deutschland, der Schweiz und in Flandern kommt es zu Bilderstürmen.

Reformation

Siehe auch
Skandinavien,
Rheinland, Antwerpen,
Niederlande

Aertsen, Altdorfer,
Baldung Grien,
Cranach, Dürer,
Grünewald, Richier,
Riemenschneider

Zu Beginn des 16. Jh. zeigt sich in Nord- und Mitteleuropa eine wachsende Unzufriedenheit mit den traditionellen Formen des Glaubens, die von einer fernen päpstlichen römischen Kurie, die als geldgierig gilt, kontrolliert werden. Während Dürer bestrebt ist, sich die Schönheit und die unendliche Vielfalt der Natur mittels sicherer und einfacher Regeln anzueignen, schafft Matthias Grünewald mit den ausdrucksstarken und farbgewaltigen Bildern des *Isenheimer Altars* ein visuelles Symbol der Epoche. In dieser Situation beginnt 1517 mit den 95 Thesen Martin Luthers in Wittenberg die Reformation. 1520 droht Papst Leo X. mit einer Bulle gegen Luther den Bann an, die dieser in Wittenberg verbrennt, woraufhin der Papst am 3. Januar 1521 den Bann über ihn verhängt. Mit der Glaubensspaltung kommt es vielerorts zu Revolten, 1525 endet der Aufstand der Bauern in einem Blutbad. Künstler, die Sympathien für die Bauern gezeigt haben, spüren nun die Konsequenzen: Grünewald wird vom Erzbischof von Mainz entlassen, Tilman Riemenschneider wird gefoltert und in den Kerker geworfen. Luther wendet sich zwar gegen die Marien- und Heiligenverehrung, ist aber nicht verantwortlich für den Bildersturm, der in den folgenden Jahrzehnten in Wellen über das Land fegt. Es kommt in der deutschen Kunst faktisch zu einem Stillstand, vor allem nach 1528, dem Tod von Dürer und Grünewald und dem Umzug von Holbein nach England. Nach 1530 werden zunächst keine Altarbilder mehr gemalt und keine Schnitzaltäre mehr geschaffen. Lucas Cranach allerdings ist weiter tätig und beginnt, den Protagonisten der Reformation ein Gesicht zu geben und ihre Ideen in Bilder zu fassen.

▼ Lucas Cranach d. Ä., *Martin Luther*, um 1530, Mailand, Museo Poldi Pezzoli.

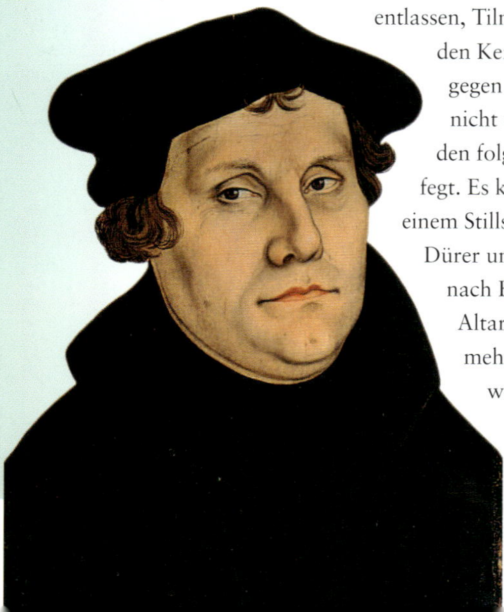

Die Worte Christi und des Hauptmanns sind (plakativ) auf Deutsch und nicht im kanonischen Latein festgehalten. Die Übersetzung der Bibel und der Gebrauch der Landessprachen sind bedeutende kulturelle Leistungen der Reformation.

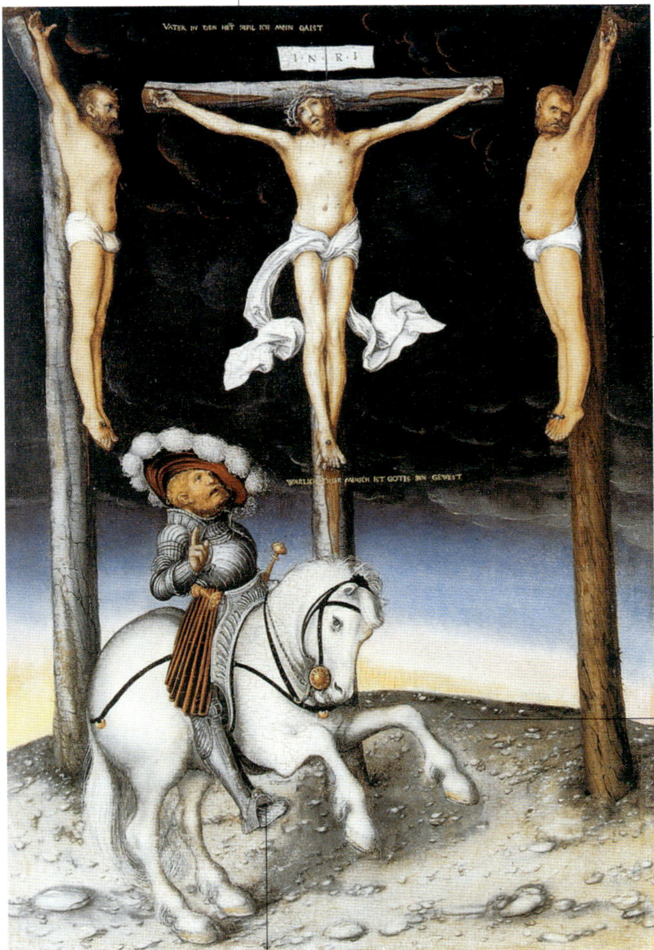

Wie das umfangreiche Wirken Cranachs zeigt, war die Reformation in den ersten Jahrzehnten nicht bilderfeindlich, sie setzte die Bilder vielmehr als Verbreitungsmittel ihrer Ideen ein.

Die Szenerie der Kreuzigung ist leer und dürftig, es fehlen die zahlreichen Personen (Maria, die frommen Frauen, Johannes...), die der ikonographischen Tradition nach zu Füßen des Kreuzes dargestellt wurden.

▲ Lucas Cranach d. Ä., *Kreuzigung mit dem gläubigen Hauptmann*, 1536, Washington, National Gallery.

Der römische Hauptmann, der eine zeitgenössische Rüstung trägt und wie ein deutscher Adeliger aussieht, erkennt den »wahren« Gott.

Mit kraftvoller Entschiedenheit attackieren und bestrafen die Evangelisten den Papst. In diesem schonungslosen Bild, das in den ersten Jahren des anglikanischen Schismas gemalt wurde, findet die gewaltvolle Trennung von Rom Ausdruck, die zur Aufhebung aller englischen Klöster geführt hat.

Markus scheint weniger entschlossen zu sein als die übrigen drei Evangelisten. Dafür gibt es vielleicht einen politischen Grund: Markus ist der Patron und das Symbol Venedigs, und der venezianische Maler wusste sehr wohl, dass die Serenissima gut daran tat, sich auf der internationalen diplomatischen Szene keine Feinde zu schaffen, wollte sie doch als Vermittlerin wirken; die Entwicklung des Seehandels machte einen Dialog gerade mit England zwingend erforderlich.

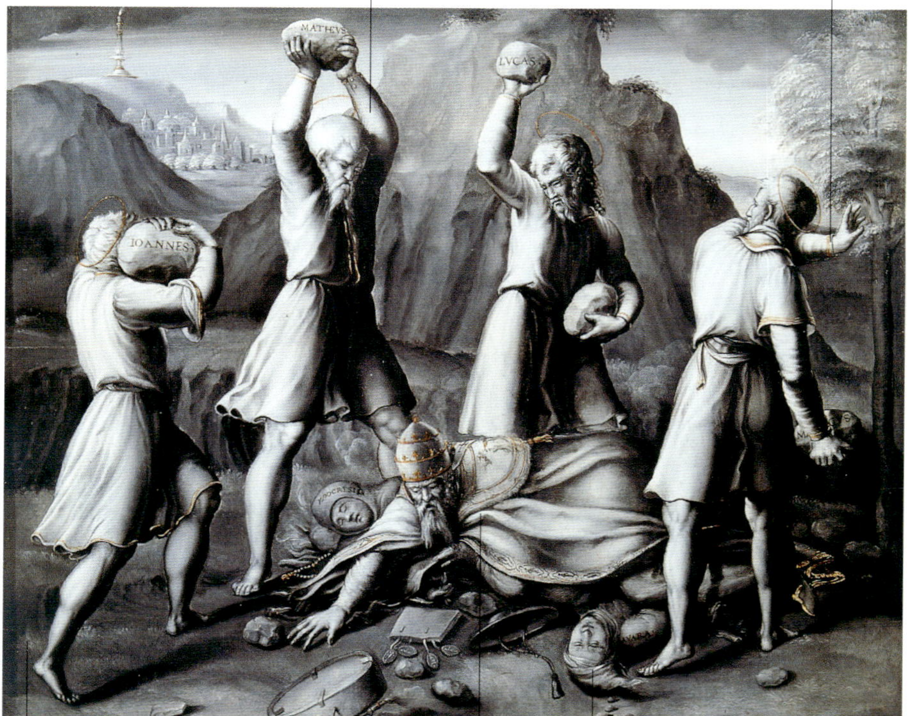

Das Bild wurde von Girolamo da Treviso gemalt, einem Italiener, der nach England übersiedelt war.

Der alte Papst mit Bart hat Ähnlichkeit mit Paul III. aus dem Haus Farnese.

Der Papst fällt über einen Haufen von Juwelen, kirchlichen Pfründen und Ablässen. Unter ihm liegen die leblosen Allegorien der Habgier und der Heuchelei.

▲ Girolamo da Treviso,
Der Papst wird von den vier Evangelisten gesteinigt,
um 1536, Windsor, Royal Collection.

Im Vordergrund zeigt sich der Kurfürst von Sachsen als frommer Anhänger und Schutzherr der Reformation.

Zu der Zeit, als dieses Bild gemalt wurde, war Luther schon längere Zeit tot.

Die Säule, die genau hinter Christus emporragt, deutet an, dass Jesus die einzige und feste Stütze des Gläubigen ist.

Auch Melanchthon war zur Zeit der Herstellung des Bildes schon tot. Es handelt sich also um ein Bild mit Gedenkcharakter, das Christus unter den modernen Aposteln des reformierten Glaubens zeigt.

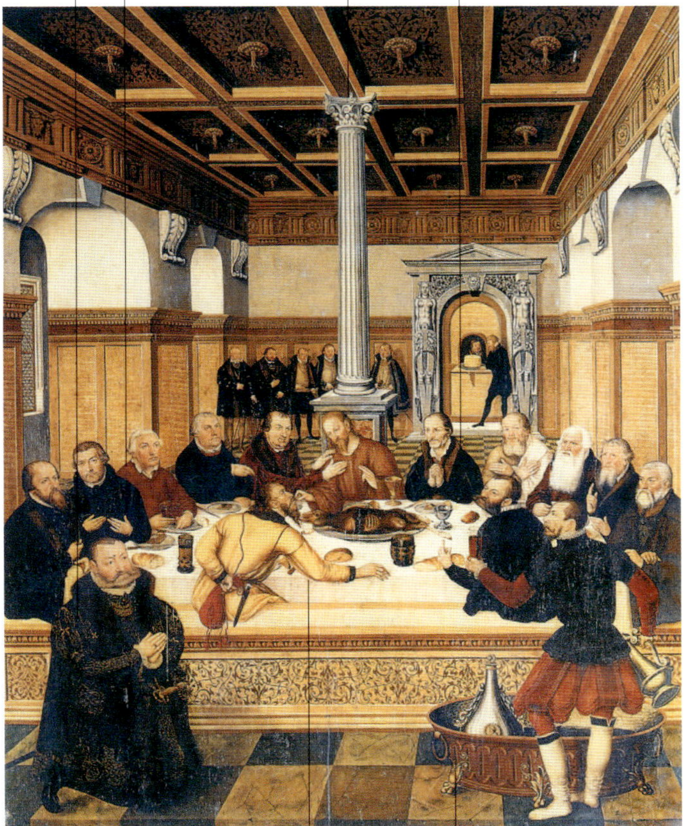

Cranach d. J., der treu dem väterlichen Stil folgt, verwendet zum Teil traditionelle ikonographische Muster; so sind 12 Tischgenossen Christi dargestellt, und auch der Verräter Judas fehlt nicht.

Die in einem Renaissance-Saal spielende Szene entfaltet sehr wohl eine gewisse Pracht; auch die Einrichtung, die Kleidung und die Gegenstände vermitteln ein Gefühl von Reichtum.

▲ Lucas Cranach d. J., *Symbolisches Letztes Abendmahl*, 1565, Dessau, Schlosskirche.

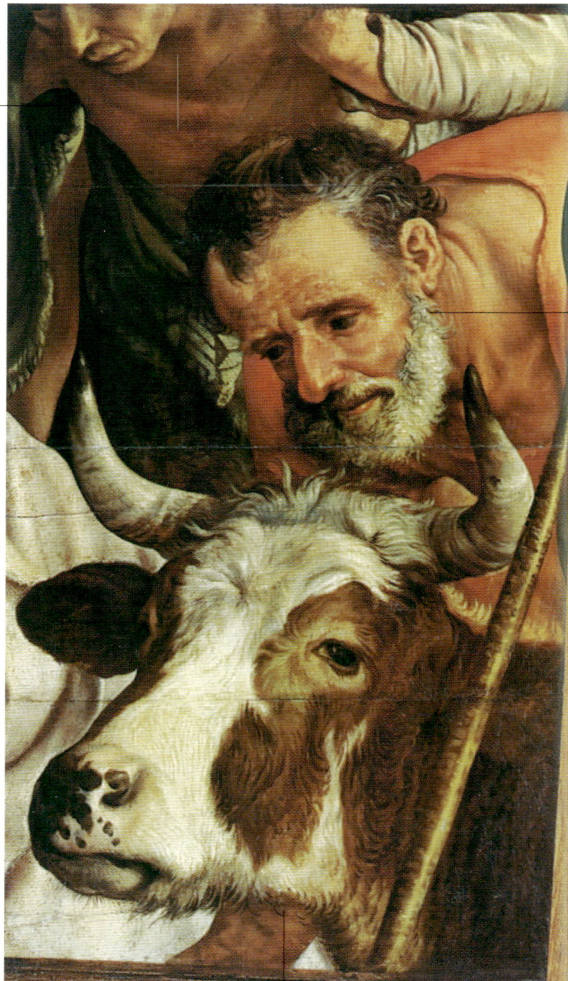

Das Detail ist das Fragment eines Altarbildes mit einer Anbetung der Hirten, *das für die Nieuwe Kerk in Amsterdam gemalt und 1566 von den calvinistischen Bilderstürmern fast zerstört wurde. Die Reformation hat im Laufe des 16. Jh. in vielen Teilen Europas zur massenhaften Vernichtung von Kunstwerken mit der Darstellung von Maria oder von Heiligen geführt, vor allem in der Schweiz, in Deutschland, in den Niederlanden und in Antwerpen.*

Der Realismus des Antwerpener Malers Aertsen war prägend für die Entstehung und Entfaltung der niederländischen Schule.

Die Kuh ist gleichsam das Symbol des landwirtschaftlichen Reichtums der Niederlande, manchmal ist sie sogar Ausdruck der nationalen Tugenden, und es ist bezeichnend, dass gerade dieses Detail vor der Zerstörung bewahrt wurde.

▲ Pieter Aertsen,
Anbetung der Hirten (Fragment), um 1560,
Amsterdam, Historisch Museum.

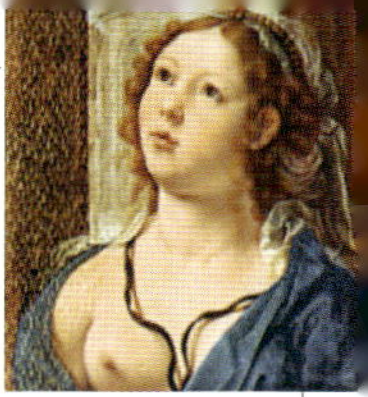

Mit dem Konzil von Trient (1545–63) kommt in der katholischen Kirche die Gegenreformation in Gang, die auch die Kunst und die Architektur für ihre Ziele einsetzt.

Gegenreformation und neue sakrale Kunst

Das seit dem Beginn der Reformation immer wieder geforderte Reformkonzil der Kirche wird schließlich von Papst Paul III. 1545 nach Trient einberufen. Es findet nach mehrmaliger Unterbrechung erst 1563 seinen Abschluss. Die Konzilsdokumente enthalten entscheidende »Instruktionen« für die Erneuerung der sakralen Kunst. Kardinäle wie Karl Borromäus von Mailand wenden sich gegen den elitären Intellektualismus des Manierismus und fordern eine Kunst, die zu allen zu »sprechen« vermag und wieder eine klare religiöse Identität herstellt. Im Gegenzug zur Ablehnung der Marien- und Heiligenverehrung der Reformatoren wird die Andacht zu populären Heiligen gefördert, deren Leben und Martyrium auf eindrucksvolle Weise in Statuen, Gemälden und Fresken dargestellt wird. In den Gebieten, die an reformierte Territorien angrenzen, selbst aber der Papstkirche treu geblieben sind, entstehen große Kirchen und Heiligtümer als sichtbare Zeichen der katholischen Präsenz. Im Bereich der Malerei führt die Gegenreformation zu einer Wende, die auch für den Übergang von der Renaissance zum Barock bestimmend wird. Kardinal Gabriele Paleotti schreibt in seiner *Abhandlung über die sakralen und profanen Bilder,* die sakrale Kunst solle mit Ordnung, Klarheit, Schlichtheit, maßvollen Formen und einer Absage an die Extravaganzen des Manierismus »den Verstand erleuchten, die Andacht wecken und das Herz rühren«. Empfohlen wird die Darstellung von Personen und Gegebenheiten des Alltags in der Weise, dass die Handlung in die gegenwärtige Wirklichkeit und nicht in eine unbestimmte Vergangenheit eingebettet ist.

Siehe auch
Augsburg, Bayern, Innsbruck, Kastilien, El Escorial, Andalusien, Antwerpen, Mailand, Rom

Barocci, Bassano, Correggio, Ferrari, Tintoretto, Tizian, Veronese

▼ Michelangelo, Kuppel des Petersdoms im Vatikan, begonnen 1546.

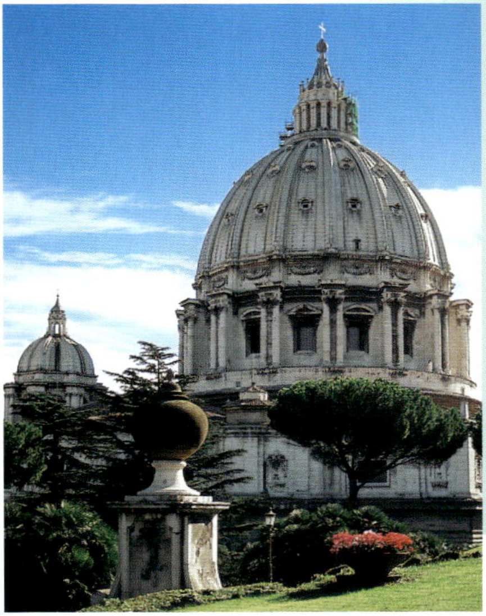

Der nüchterne Realismus ist typisch für die lombardische Malerei des 16. Jh. und hat großen Einfluss auf den Stil Caravaggios.

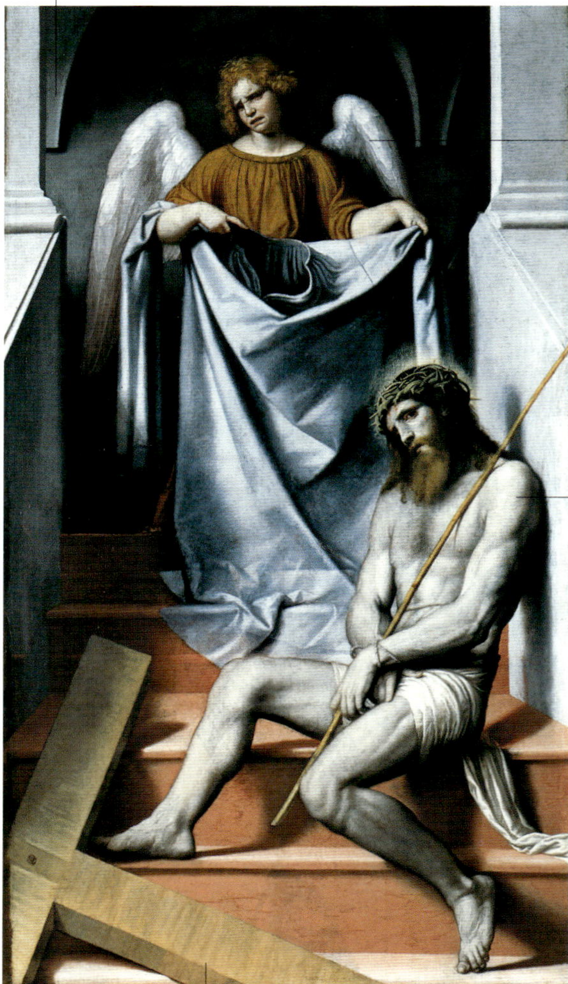

Der weinende Engel bringt den Schmerz des Himmels zum Ausdruck, aber auch die dramatische Preisgabe der Menschen: Eines der Hauptthemen der Gegenreformation ist die Verlassenheit und Einsamkeit Christi.

Auf diesem Bild mit einer seltenen Ikonographie ist Christus unmittelbar nach der Verspottung und der Dornenkrönung dargestellt (wahrscheinlich als Symbol der »Leiden«, die ihm durch die Spaltung der Christenheit zugefügt werden). Er wendet sich mit einem betrübten Blick direkt an den Gläubigen.

In einer bemerkenswerten Perspektive dargestellt ist das mächtige Kreuz im Vordergrund ein Apell an den persönlichen Glauben des Betrachters.

▲ Moretto,
Christus und der Engel, um 1550,
Brescia, Pinacoteca Tosio Martinengo.

Das Bild stellt jenen Moment des Aufstiegs zum Kalvarienberg dar, in dem Christus die Kleider abgenommen werden. El Greco hat für das eher seltene Thema einen kühnen und innovativen Bildaufbau gewählt: Die zahlreichen gedrängten Figuren bewirken einen gewalttätigen, beklemmenden, antinaturalistischen Charakter.

Das Bemühen um Ausdruck verbindet sich mit einer formalen Raffinesse, die an die dem Maler vertraute venezianische Tradition erinnert, wie etwa der Reflex des roten Kleides auf der Rüstung des Offiziers.

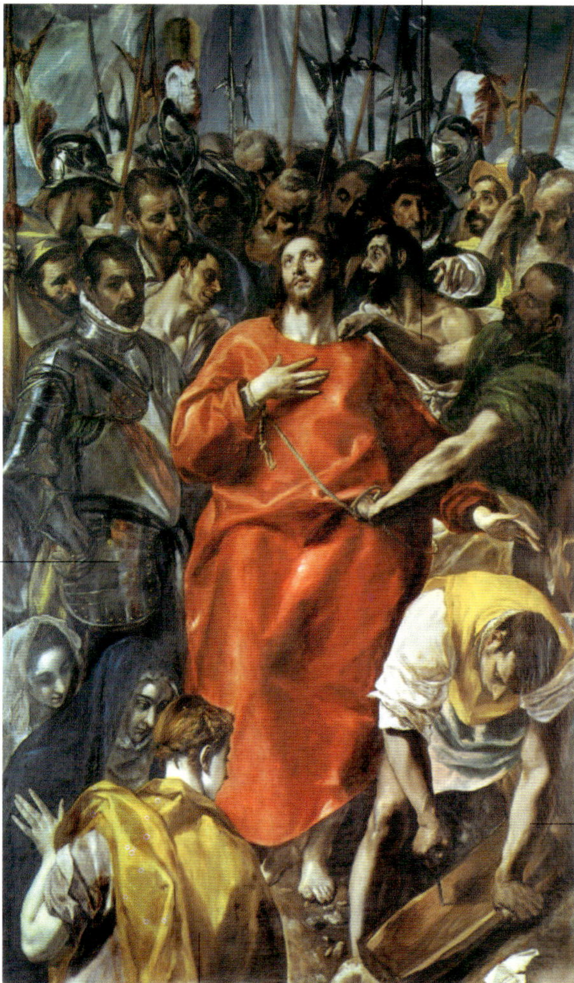

Der Zimmermann, der das Kreuz herrichtet, bildet ein realistisches Moment in der Szene.

Die Gruppe der frommen Frauen im Vordergrund fordert zur Identifikation des Gläubigen mit den dargestellten Figuren und ihren zutiefst menschlichen Gefühlen auf.

▲ El Greco,
Entkleidung Christi, 1577–79,
Toledo, Kathedrale.

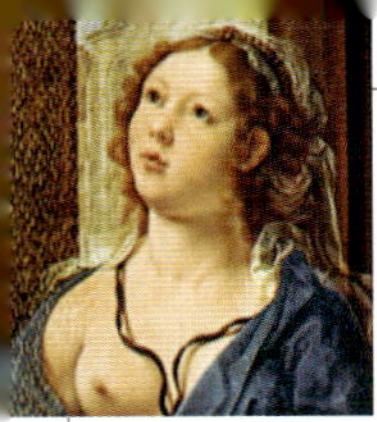

In Norditalien und Flandern entsteht parallel zum Manierismus eine Tendenz zu einem aristokratischen Stil, dem es um »Natürlichkeit« geht, um eine schlichte und reale Alltagswelt.

Realismus und Naturalismus

Siehe auch
Antwerpen, Brüssel, Niederlande, Mailand, Lombardei

Aertsen, Bassano, Carracci, Correggio, Ferrari, Lotto, Van Leyden, Richier, Savoldo

Nach 1520, während sich die Bewunderung für Raffael und Michelangelo ausbreitet und sich der Stil des Manierismus entfaltet und verbreitet, wenden sich einige Künstler gegen die sich immer intellektueller und elitärer gebende Kunst der »Herrschaft«. Beginnend bei Porträts und den geläufigsten religiösen Themen bezieht sich die Kunst immer mehr auf das »wahre« Leben. Charakteristisch ist die Entwicklung in Norditalien, zwischen den Gebieten des ehemaligen Herzogtums Mailand und den Provinzen der Republik Venedig, zwischen Bergamo und Brescia. Personen und Szenerien werden nicht mehr idealisiert, sondern in unverfälschter, nüchterner und konkreter Lebensnähe wiedergegeben. Dieser Realismus von Malern wie Gaudenzio Ferrari, Lorenzo Lotto, Moretto, Savoldo, Romanino und auch Correggio in Parma begründet keine regelrechte Schule, sondern ist als eine Tendenz zu sehen, die sich in der zweiten Hälfte des 16. Jh. weiter entfaltet, zum Teil auch dank der Gegenreformation. Sie wird zum Ausgangspunkt der Kunst von Annibale Carracci und Caravaggio. Zur gleichen Zeit findet in Antwerpen die italienisch geprägte Kunst in Pieter Bruegel d. Ä. ein Gegengewicht. Der Realismus von Antwerpen ist die Wurzel der flämischen und niederländischen »Genre-Malerei« des 17. Jh., vor allem in Bezug auf den Aspekt der ehrlichen Anteilnahme.

▼ Pieter Bruegel d. Ä., *Das Schlaraffenland,* 1567, München, Alte Pinakothek.

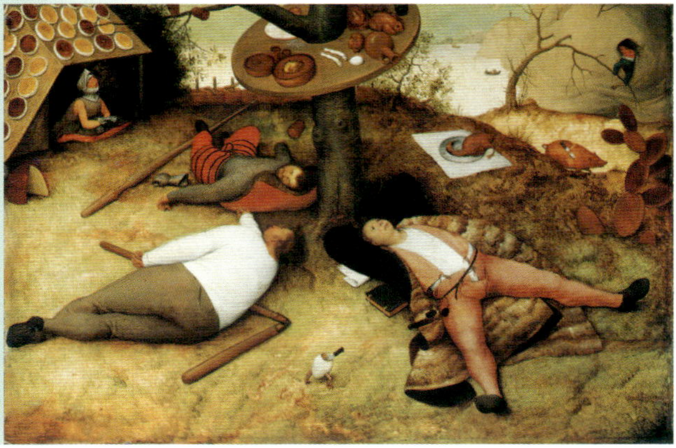

Das Bild ist wohl nicht nur eine schlichte »Genre-Malerei«, also die Wiedergabe einer banalen alltäglichen Episode, sondern hat auch symbolische Bedeutung. Die expressive Kraft Van Leydens besteht genau in der Fähigkeit, sich in den narrativen und sozialen Kontext seiner Szenerien hineinzuversetzen.

Die Details lassen die Szene alltäglich erscheinen.

Der Mann rechts ist sich bewusst, dass er einen Trumpf hat und gleich den Stich machen wird.

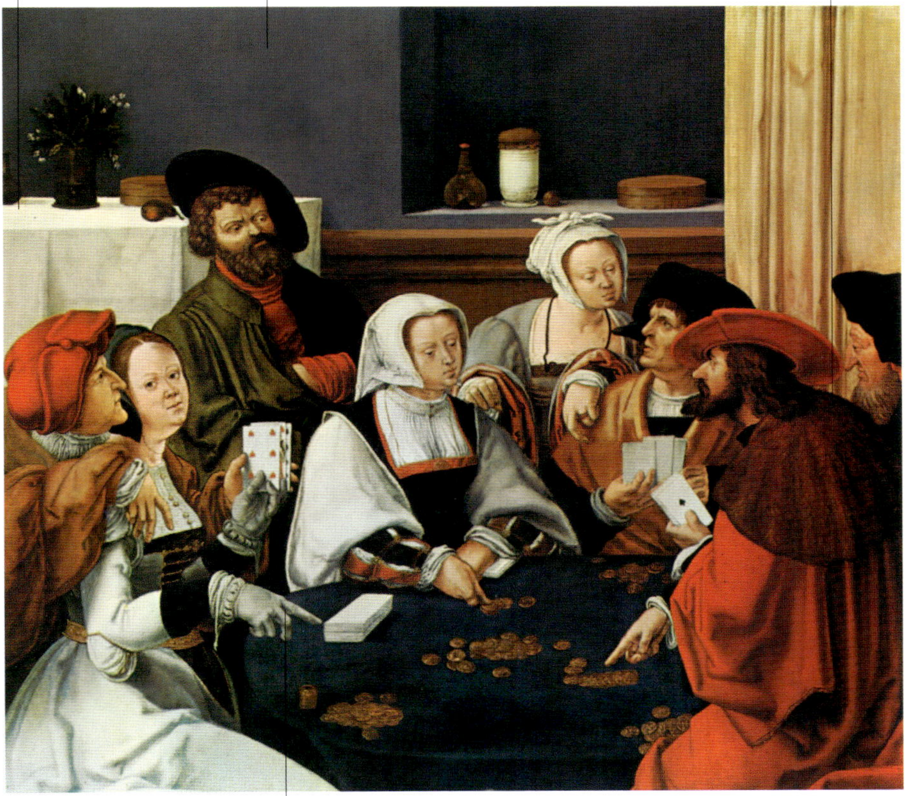

Das Bild könnte eine symbolische Darstellung des geläufigen Themas »Das ungleiche Paar« oder der Verurteilung der Habgier sein. Lucas van Leyden spielt wahrscheinlich aber auch auf das niederländische Sprichwort an, wonach die wahre Liebe nur eine Karte hat, die zählt: die Treue.

▲ Lucas van Leyden, *Die Kartenspieler*, 1508–10, Washington, National Gallery.

Die Fröhlichkeit der beiden Kinder hebt sich erfreulich von den stereotypen Ausdrucksweisen ab, die Kinder auf Bildern oft zeigen, und lässt das Bemühen um einen aufgeschlossenen und redlichen Naturalismus erkennen.

Trotz seines Naturalismus verzichtet van Heemskerck nicht darauf, in der Pose des kleinsten (nackten!) Kindes, ein antikes Vorbild zu zitieren.

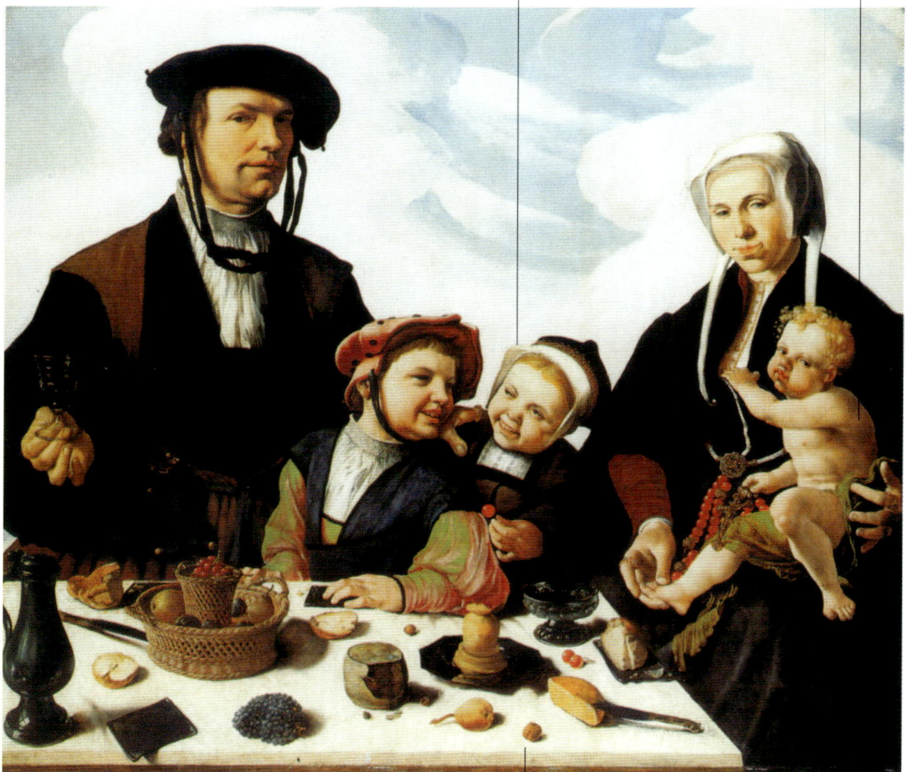

Die Speisen auf dem Tisch, sorgfältig arrangiert und mit ihren Schatten gemalt, weisen auf die späteren »Banketjestukken« voraus, die festlich geschmückten Tische der flämischen und niederländischen Malerei des 17. Jh.

▲ Maerten van Heemskerck,
Pieter Jan Foppeszoon und seine Familie, um 1530,
Kassel, Schloss Wilhelmshöhe, Gemäldegalerie Alte Meister.

Der Eindruck von Alltäglichkeit und Schlichtheit wird durch die ungezwungene Geste Christi und durch die Serviette, die dieser umgebunden hat, gesteigert.

Der staunende Junge findet einen bekannten Nachfolger bei Caravaggio.

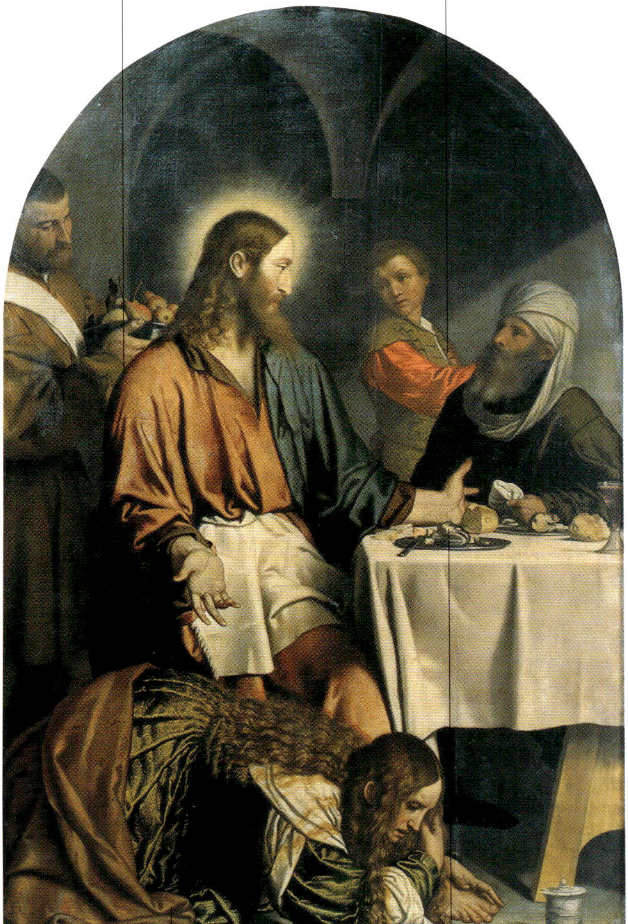

Maria Magdalena, in Tränen, salbt mit einem kostbaren Öl die Füße Jesu.

Die Speisen und das Geschirr auf dem Tisch sind sehr realistisch wiedergegeben, ebenso die Fruchtschale, die der Diener links herbeiträgt.

▲ Moretto,
Gastmahl im Haus des Pharisäers,
1534, Brescia, Santa Maria Calchera.

Die menschlichen Figuren liefern, bis ans Ende des Jahrhunderts, die narrative »Rechtfertigung« für das eigentliche Sujet. Wenig später setzt sich das autonome Stillleben durch, das ohne Figuren auskommt.

Auch wenn man auf Vorläufer in der religiösen Malerei (wie die Szene der Vertreibung der Händler aus dem Tempel) verweisen kann, sind die Marktszenen im Wesentlichen doch eine Neuheit.

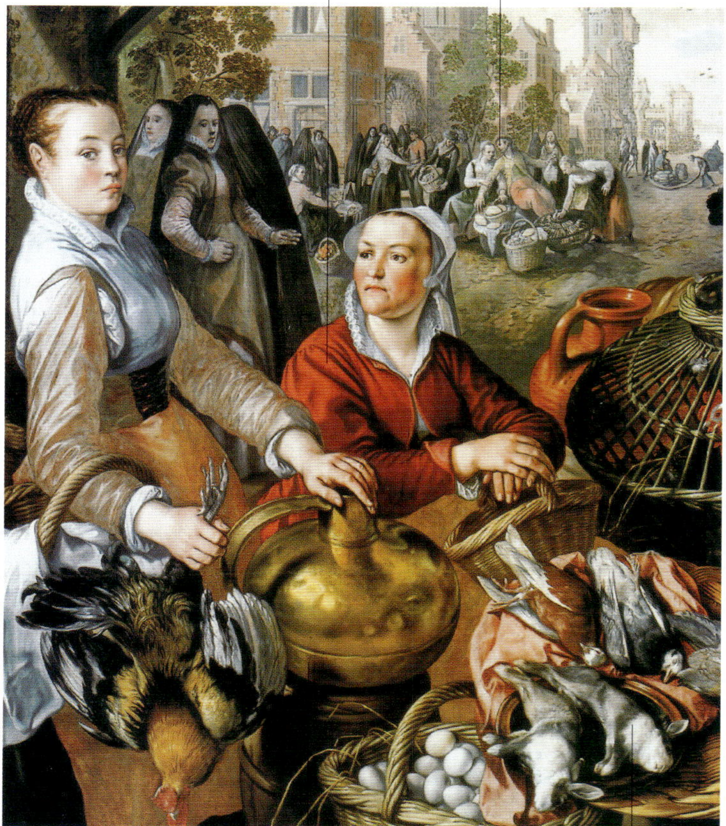

Zu den fundamentalen Elementen des neuen Genres Stillleben gehört die Vielfalt der Gegenstände und der Oberflächen, die fast wie eine optische Täuschung wirken.

Die Opulenz der Marktstände verweist auf den Wohlstand der reichen Handelsregionen der Niederlande.

▲ Joachim Beuckelaer,
Geflügelmarkt (Ausschnitt), 1570,
Gent, Museum voor Schone Kunsten.

Die Verkäufer gehören offensichtlich einer anderen gesellschaftlichen Schicht an als die Auftraggeber des Bildes, und das erklärt wohl seinen fast schon karikaturenhaften Charakter.

Das Bild gehört zu einem Zyklus mit vier Tafeln (von denen der Maler aus Cremona mehrere Repliken geschaffen hat), die typisch sind für den lombardischen Stil am Ende des 16. Jh.

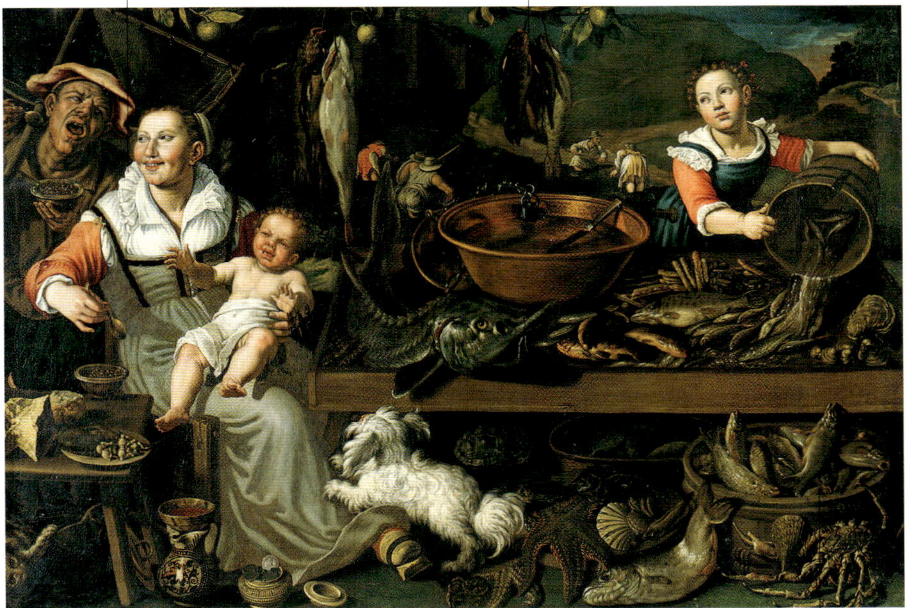

Die Tafel gehört zur gleichen Bildkultur wie die »zusammengesetzten Köpfe« Giuseppe Arcimboldos.

Wie in den Wunderkammern und in den wissenschaftlichen Sammlungen werden die verschiedenen Arten von Fischen, Krusten-, Weich- und Meerestieren einerseits in virtuoser Ausführung und mit eindrucksvoller Vielfalt präsentiert und andererseits fast schon wissenschaftlichen katalogisiert.

▲ Vincenzo Campi, *Fischverkäuferin*, um 1585, Mailand, Pinacoteca di Brera.

Bassano, der in der Provinz geboren und aufgewachsen ist, bezieht seine Kenntnis der bäuerlichen Welt aus dem ländlichen Veneto, und er entwickelt eine augenfällige Alternative zur hochtrabenden und »offiziellen« Kunst der in Venedig tätigen Meister.

Die Episode aus dem Evangelium ist zwar gut zu erkennen, sie ist aber nur derAufhänger für eine realistische Szenerie aus dem Alltagsleben.

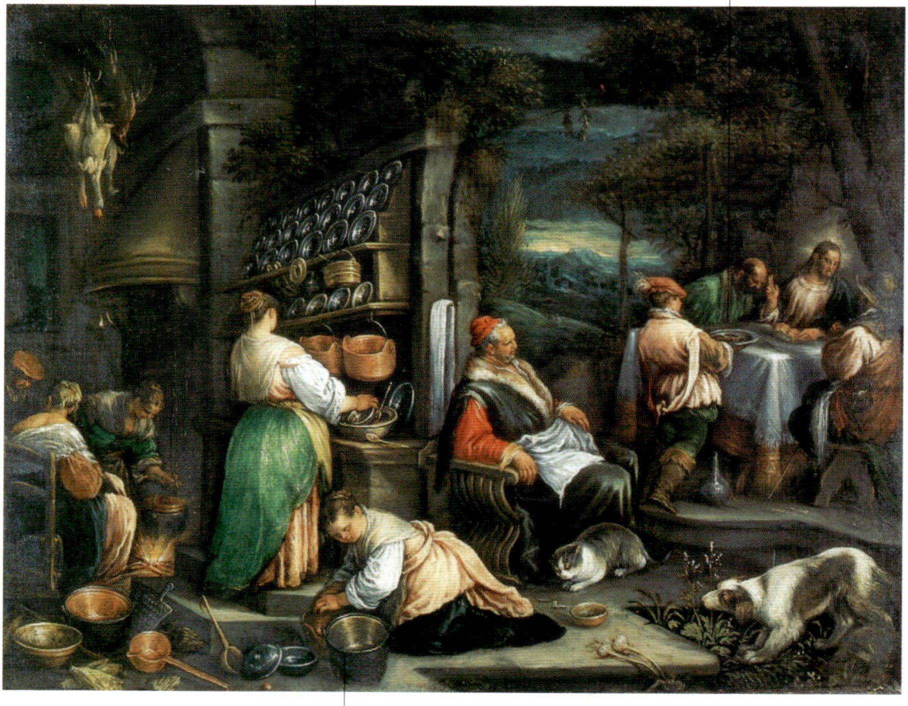

Die für private Sammler bestimmten Bilder Jacopo Bassanos stellen eine Fülle von realistischen Details, von Tieren und Gegenständen dar, die, was die Oberflächen, die Reflexe und das Material betrifft mit großer Sorgfalt wiedergegeben werden.

▲ Jacopo Bassano,
Christus im Gasthaus von Emmaus, 1576/77,
Privatsammlung.

Nach der Übersiedlung nach Rom wird Annibale Carracci zum Pionier des Akademismus. Von seiner Ausbildung her und zu Beginn seiner Tätigkeit ist er allerdings ein Vertreter des norditalienischen Realismus.

Während in den Marktszenen der flämischen oder lombardischen Maler Vielfalt und Fülle vorherrschen, ist die Metzgerei Annibale Carraccis ein sauberer und nüchterner Ort, mit in ordentlicher Reihe aufgehängten Fleischstücken.

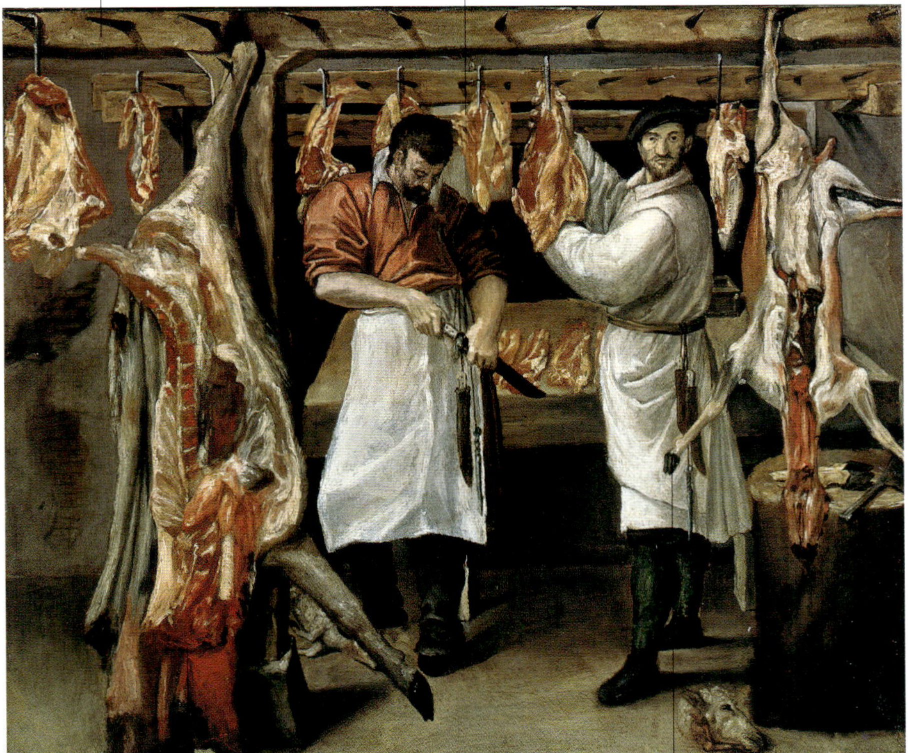

Die Onkel Annibale Carraccis waren Metzger; das Sujet, das der Maler aus Bologna mehrmals gewählt hat, war für seine Familie also nichts Ungewöhnliches.

Die Metzger sind nicht auf burleske oder karikaturenhafte Weise dargestellt, sondern mit der würdevollen Ernsthaftigkeit von Geschäftsleuten.

▲ Annibale Carracci,
Die Metzgerei, 1583,
Fort Worth, Kimbell Art Museum.

Caravaggio, der am Anfang seiner Karriere in Rom steht, fügt in das Bild alle traditionell üblichen Figuren, einschließlich Josef, den Engel und den Esel, der von einem Strauch halb verdeckt wird; aber keine der Gestalten wiederholt ein älteres Vorbild, alle sind von der unmittelbaren Wirklichkeit angeregt.

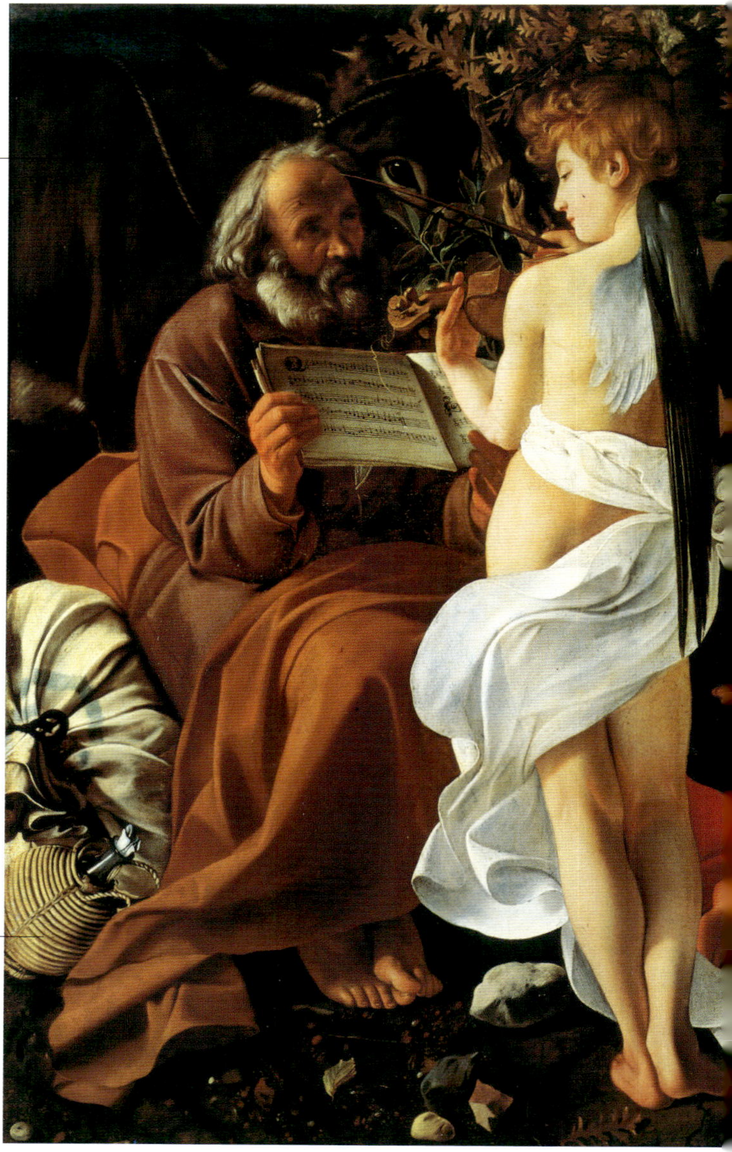

Die genaue Wiedergabe der Details offenbart die Aufmerksamkeit des jungen Caravaggio für jeden Aspekt des Bildes, ungeachtet der »Vornehmheit« des Hauptsujets.

▲ Caravaggio,
Ruhe auf der Flucht nach Ägypten, 1595/96,
Rom, Galleria Doria Pamphilj.

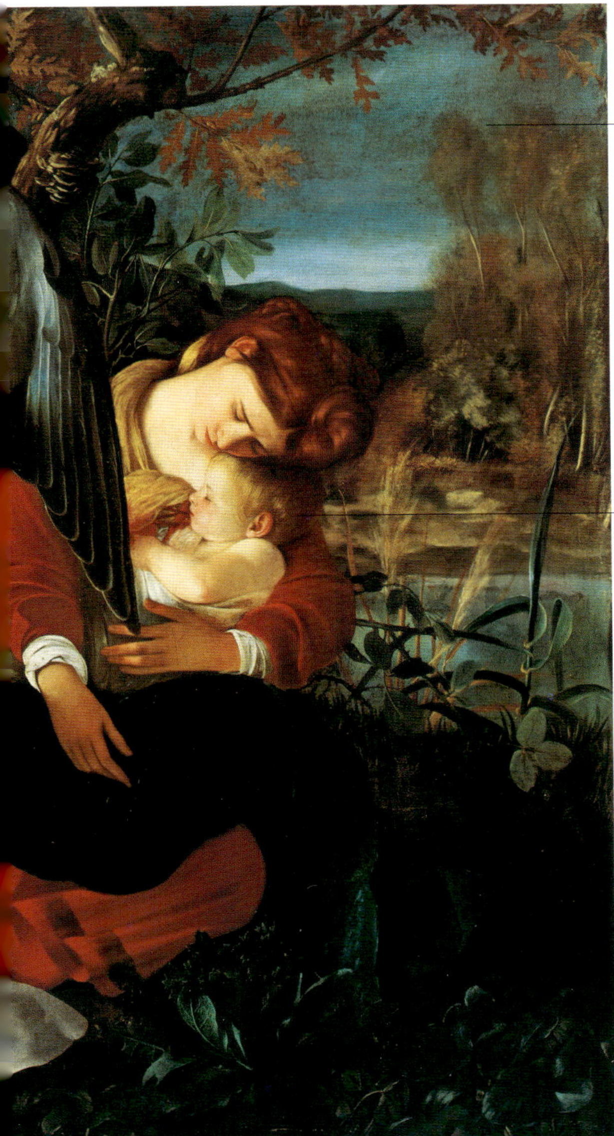

Es handelt sich um eines der wenigen Bilder Caravaggios, die eine Landschaft zeigen. Der lombardische Maler zieht für gewöhnlich neutrale – anfängliche helle, später, nach 1600, dunkle – Hintergründe vor. Das atmosphärische Licht und die lieblichen Landschaftsausschnitte erhöhen den Eindruck der Schlichtheit und den poetischen Realismus der Szene.

Caravaggios Maria, die ermattet eingeschlafen ist und dennoch das Kind zärtlich und schützend im Arm hält, ist eine kühne ikonographische Neuerung.

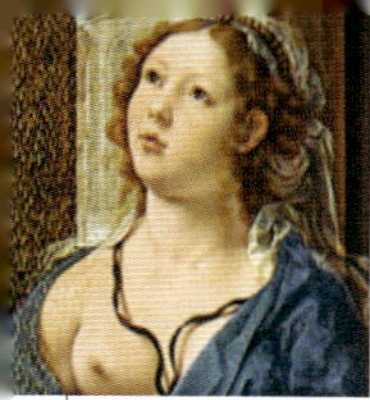

Die Lösung der Wissenschaft des 16. Jh. von der aristotelischen Tradition ermöglicht einen neuen, direkteren Zugang zur Natur; ein mit der Kunst eng verbundenes Beispiel dafür ist die Anatomie.

Anatomie

Siehe auch
Nürnberg, Rheinland, Fontainebleau, Florenz, Venedig

Dürer, Michelangelo, Richier, Tizian

Leonardo da Vinci ist der erste Künstler, der eine bebilderte Abhandlung über die Anatomie plant, für die er einzigartige Zeichnungen anfertigt, die vom traditionellen »idealen« Kanon abweichen. Die Erkenntnisse, die er durch das Sezieren menschlicher Leichname gewinnt, zeigen, dass sich die unterschiedlichen Erscheinungsformen nicht in ein vorgegebenes Proportionsschema pressen lassen. Eine Alternative zum antiken Schönheitsideal tut sich auf. Albrecht Dürer ist das augenfälligste Beispiel des Künstler-Intellektuellen, der zwischen diesen beiden Polen steht: Er studiert nicht nur den idealen männlichen Körper – seit der griechischen Kunst der Bezugspunkt schlechthin –, sondern auch den weiblichen und kindlichen und unterschiedliche Konstitutionen wie Fettleibigkeit und Magersucht. Das Ergebnis ist die Proportionslehre, die unmittelbar nach dem Tod des Malers 1528 erscheint. Höhepunkt der frühneuzeitlichen Anatomie ist ein Werk von Andreas Vesalius *De humani corporis fabrica*, das 1543 in Basel erscheint. Es ist illustriert mit wunderschönen Tafeln, die Johann Stephan Calcar wahrscheinlich in Zusammenarbeit mit Tizian gestochen hat. Zur gleichen Zeit malt Michelangelo in der Sixtinischen Kapelle sein *Jüngstes Gericht* mit einer beeindruckenden Fülle nackter Körper und entwirft dabei eine Art Anatomie seelischer Zustände. Der kräftige und selbstbewusste Mensch der Hochrenaissance, den Michelangelo kurz zuvor gefeiert hatte, ist in seinen Grundfesten erschüttert.

▼ Albrecht Dürer (zugeschr.), *Der Zeichner des liegenden Weibes*, um 1520 (Illustration für die 2. Aufl. 1538 der *Unterweisung der Messung*).

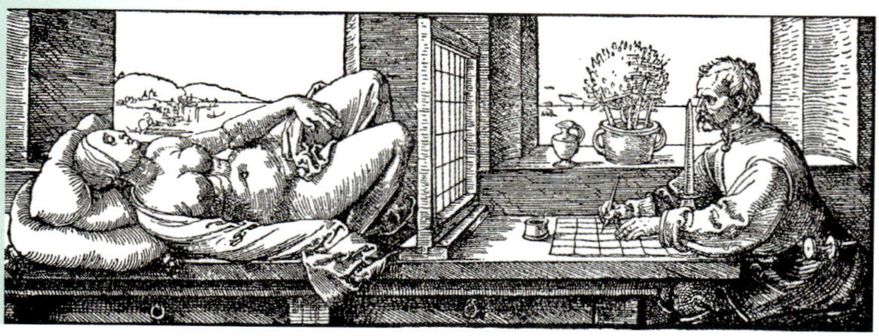

Die Bewegungsrichtung der linken Schulter ist gegenläufig zu der des Halses, wodurch der Eindruck einer dramatischen Dynamik entsteht: Die ganze Gestalt zeigt jene »schlangenförmige Drehbewegung«, die Vasari als vollkommenes Beispiel für die Eleganz in der Kunst der Maniera moderna *preisen wird.*

Der muskulöse und kräftige Rücken ist typisch für den athletischen Charakter der Ignudi *die Michelangelo paarweise seitlich der biblischen Szenen angebracht hat und die sofort als eine regelrechte »Akademie« für das Studium des männlichen Aktes betrachtet wurden.*

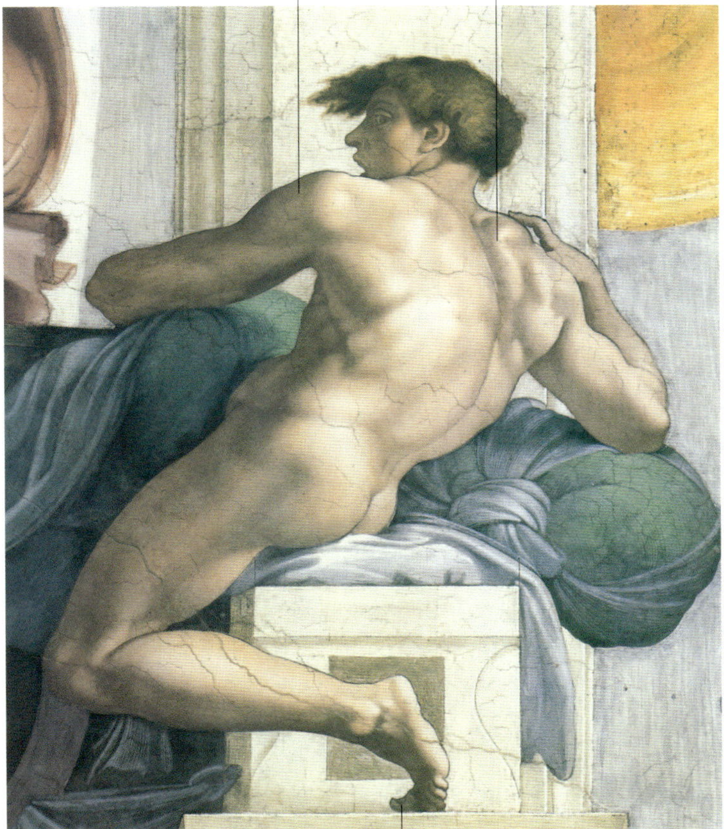

Wiederum (s. S. 48) ist der abgestützte Fuß Ausgangspunkt der elaborierten Pose, die hier besonders ins Auge springt.

▲ Michelangelo,
Ignudo, 1508–12,
Rom, Decke der Sixtinischen Kapelle.

Dürer hat die beiden Tafeln unmittelbar nach der Rückkehr von seiner zweiten italienischen Reise gemalt; die beiden Akte haben augenfällig einen lehrhaften und theoretischen Charakter.

Die linke Hand hält den Zweig mit dem Apfel so, dass die Anspannung der Armmuskel gezeigt werden kann.

Die Pose ist so gewählt, dass jedes anatomische Detail bis hin zu den Fingern von Bedeutung ist und jeweils auf der Grundlage eines Systems von Proportionen berechnet erscheint.

Die Haut des Mannes hat einen dunkleren Ton als die der Frau; die Figur deutet den klassischen Kontrapost an.

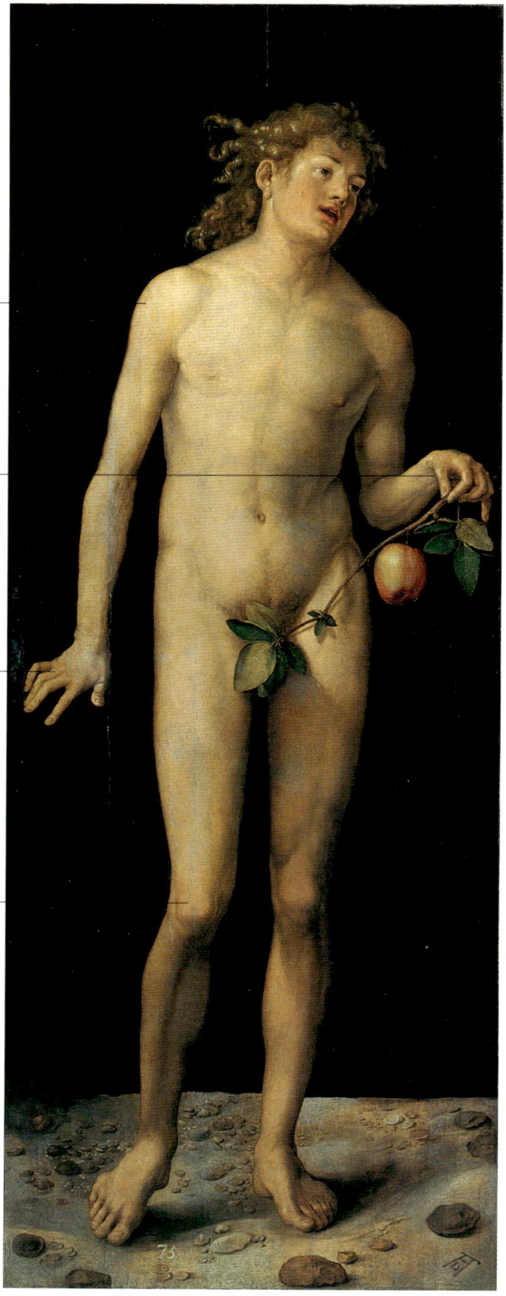

► Albrecht Dürer, *Adam und Eva*, 1507, Madrid, Museo del Prado.

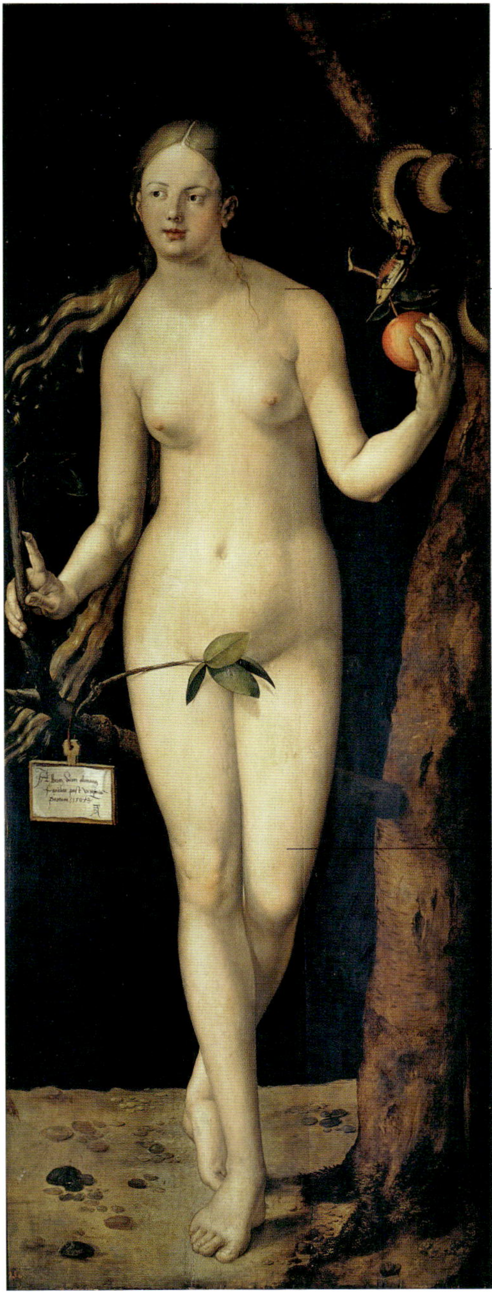

Eine Konzession an die deutsche Tradition ist das rundliche Gesicht der Frau mit den langen blonden Haaren.

Die Schultern balancieren die Vorwärtsbewegung aus, die linke Schulter ist etwas höher als die rechte und nach vorne geschoben; die ganze Figur ist elegant gebogen und folgt dem klassischen Schema des Kontrapost.

Durch die überkreuzten Beine erscheint die Frau gegenüber dem eher statischen Mann in stärkerer Bewegung.

Das Gesicht ist mit durchdringendem Blick zum Betrachter gewandt, in einer Gegenbewegung (Moto serpentinato) *zur linken Schulter.*

Der glatte und glänzende Rücken des Jünglings wird wirkungsvoll präsentiert, ohne die Muskelzeichnung von Michelangelo zu übernehmen.

Die beiden Kinder, legendär gewordene Personifikationen der verschiedenen Spielarten Amors, bezeugen die Verbreiterung der Palette von Ausdücken und »Seelenregungen« in der Malerei des 16. Jh.

Auch hier wird wieder der stützende Fuß herausgestellt.

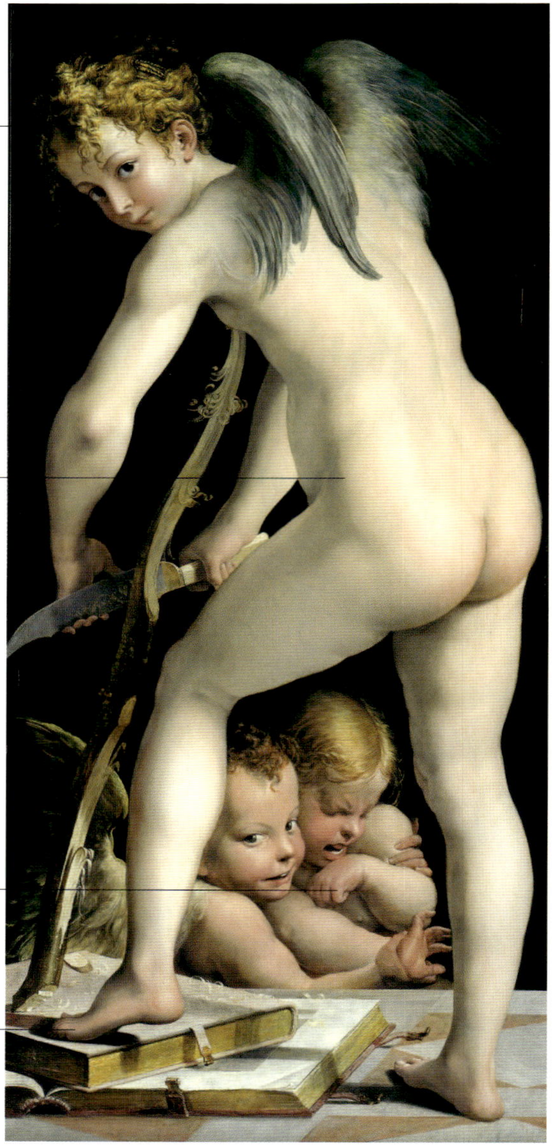

► Parmigianino,
Der Bogen schnitzende Amor, 1533/34,
Wien, Kunsthistorisches Museum.

Das Vorbild der Antike ist in den Profilen der lockenköpfigen Engel augenfällig.

Der unnatürlich erhobene, nach rechts gedrehte und eingezwängt wirkende Kopf schließt die komplexe Bewegung der Gliedmaßen ab. Jedes Körperteil scheint eine Haltung einzunehmen, die den angrenzenden entgegengesetzt ist.

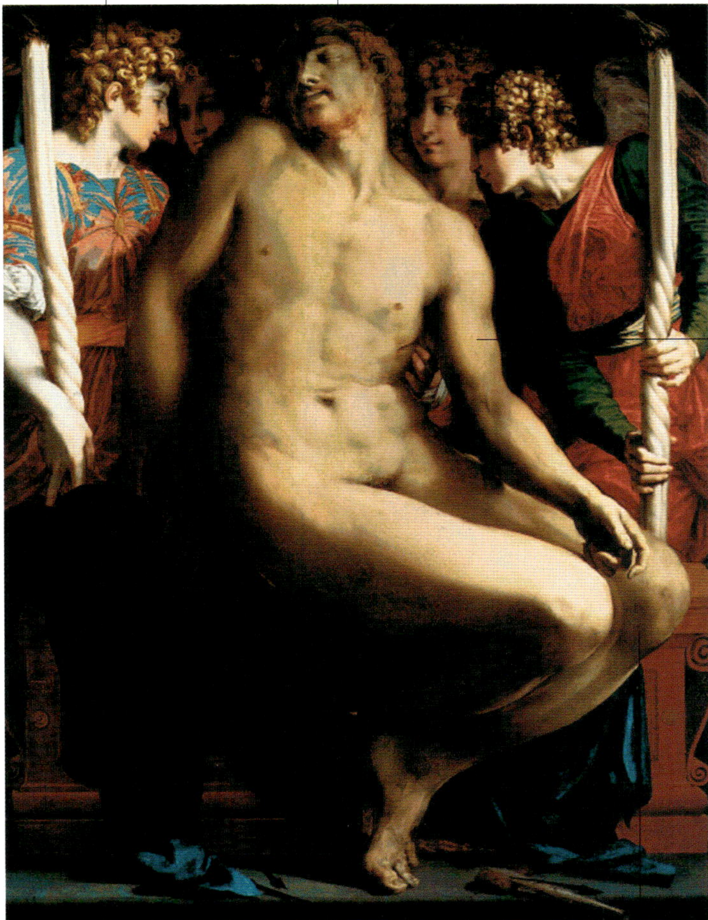

Ein weiteres klassisches Zitat ist der leblos hängende Arm.

Die in den Vordergrund gerückten überkreuzten Beine knüpfen an Bilder von Michelangelo an und erwecken den Eindruck physischer Robustheit.

▲ Rosso Fiorentino, *Christus mit Engeln*, um 1525, Boston, Museum of Fine Arts.

Das Skelett, das auf sein eigenes aus der Brust gerissenes Herz blickt, ist eine dramatische, fast schon barocke Bilderfindung.

Die verbliebenen Sehnenstränge um den Hals erscheinen wie angespannt, und bei näherer Betrachtung folgen sie den Aufzeichnungen, die Michelangelo bei seinen Studien möglicher Posen herausgearbeitet hat.

Abgesehen von der makabren oder sogar abstoßenden Wirkung ist die virtuose Skulptur des lothringischen Meisters ein eindrucksvolles Beispiel für die Wirkung der reich bebilderten Anatomie-Traktate, die seit den 1540er Jahren kursieren.

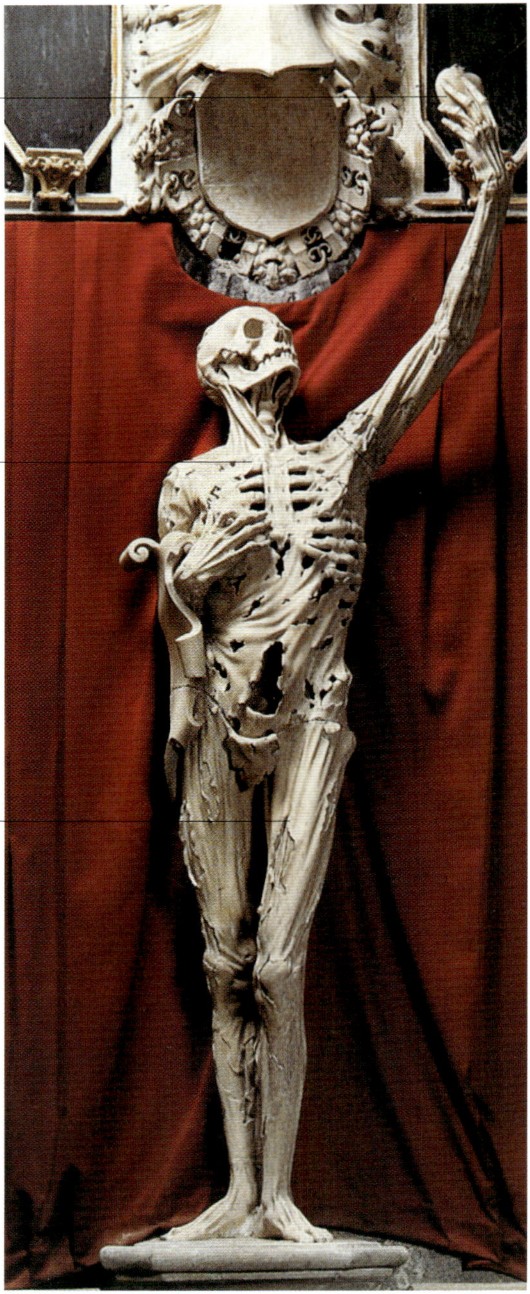

► Ligier Richier,
Das Skelett vom Grabmal des René de Chalon, um 1550, Bar-le-Duc, Saint-Etienne.

Ein Bildhauer gibt einer allegorischen Kolossalfigur den letzten Schliff.

Ein Maler arbeitet an einer großen Tafel mit einer Kriegsdarstellung, die bewaffnete Männer zu Pferde zeigt.

Der Brillenträger ist anscheinend der Inhaber der Werkstatt; er misst nach, ob der Unterarm die richtigen Proportionen hat.

Ein aufgehängtes Skelett ist Studienobjekt für mehrere noch sehr junge Lehrlinge.

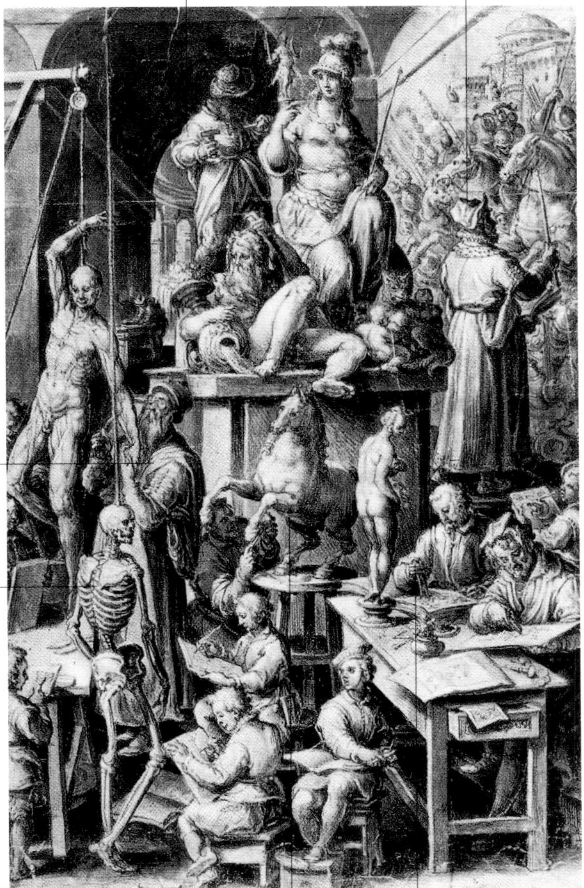

Der Goldschmied vollendet die Oberfläche eines Pferdes, das die schwierige Stellung allein auf den Hinterbeinen einnimmt.

Ein Stecher und ein Buchmaler, beide erfahrene Mitarbeiter der Werkstatt, arbeiten an dem Tisch, auf dem eine reizende Statuette der Venus steht, in der unverwechselbaren Haltung des Kontraposts, die den Manieristen so wichtig ist.

▲ Giovanni Stradano, *Die Zeichenschule*, 1573, London, British Museum.

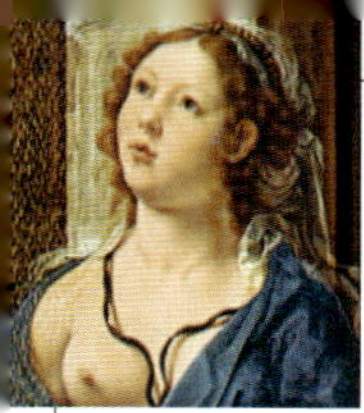

Es gibt eine klare Unterscheidung zwischen den hohen Künsten – Malerei, Bildhauerei, Architektur – und den Handwerkskünsten – Goldschmiede, Keramik etc. –, die als Artes minores *gelten.*

Artes maiores *und* minores

Siehe auch
Nürnberg, Rom, Florenz, Venedig

Andrea del Sarto, Bronzino, Cellini, Giorgione, Michelangelo, Raffael, Tizian

Die Debatte über die Hierarchie der Künste in den Traktaten des 16. Jh. spiegelt sich im Titel der Lebensbeschreibungen Giorgio Vasaris: *Le Vite de' più eccellenti architetti, pittori et scultori italiani.* Maler, Bildhauer und Architekten werden aufgrund des Vorrangs der *Idea,* die im *Disegno* umgesetzt wird, ohne dass dazu besondere handwerkliche Fähigkeiten nötig wären, in einen höheren Rang versetzt; Keramiker, Tischler, Goldschmiede, Tapetenhersteller und Graveure bewegen sich hingegen auf der Ebene spezialisierter Techniken, wobei ihre Tätigkeit eine vollkommene Beherrschung der Materialien, der Werkzeuge, der Geräte und der Führung der Werkstatt voraussetzt. Weitere Unterscheidungen nach Material und Gegenstand führen zu weiteren Abstufungen innerhalb der *Artes maiores*: So werden auf der Grundlage von Äußerungen Michelangelos Freskenmaler als achtenswerter und »männlicher« eingeschätzt als Tafelmaler; die »wahre« Skulptur ist die, die die »Kraft der abtragenden Technik« verlangt wie das mühevolle Abschlagen des Marmors, während Skulpturen aus leichter zu bearbeitendem Material wie Holz oder Terrakotta als weniger edel betrachtet werden. Der Künstler muss, Michelangelo zufolge, die menschliche Gestalt als höchsten Gegenstand betrachten, genauer noch, den männlichen Akt. Als »hochrangig« gelten religiöse Szenen und literarische und mythologische Motive oder Porträts von großen Persönlichkeiten, wenn sie mit allegorischen und symbolischen Elementen bereichert sind. Weniger hochrangig, aber von den Sammlern immer mehr geschätzt, sind Darstellungen des Alltagslebens, Landschaftsbilder, Stillleben.

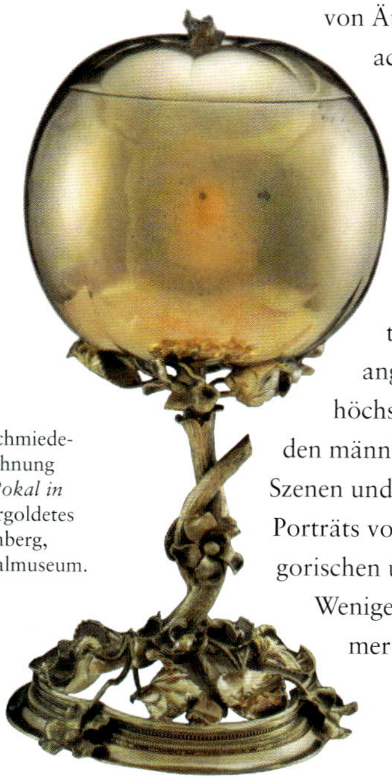

► Nürnberger Goldschmiedearbeit nach einer Zeichnung von Albrecht Dürer, *Pokal in Form eines Apfels,* vergoldetes Silber, 1510–15, Nürnberg, Germanisches Nationalmuseum.

Die offensichtliche Eleganz der Kleidung ist ein Beweis für die Vortrefflichkeit des Schneiders.

Der lebendige und konzentrierte Blick unterstreicht das Selbstbewusstsein des Schneiders, in einer historischen und kulturellen Situation, in der man beginnt, zwischen den »intellektuellen« Kompetenzen von Malern, Bildhauern und Architekten und den »Techniken« der übrigen Kunsthandwerker zu unterscheiden.

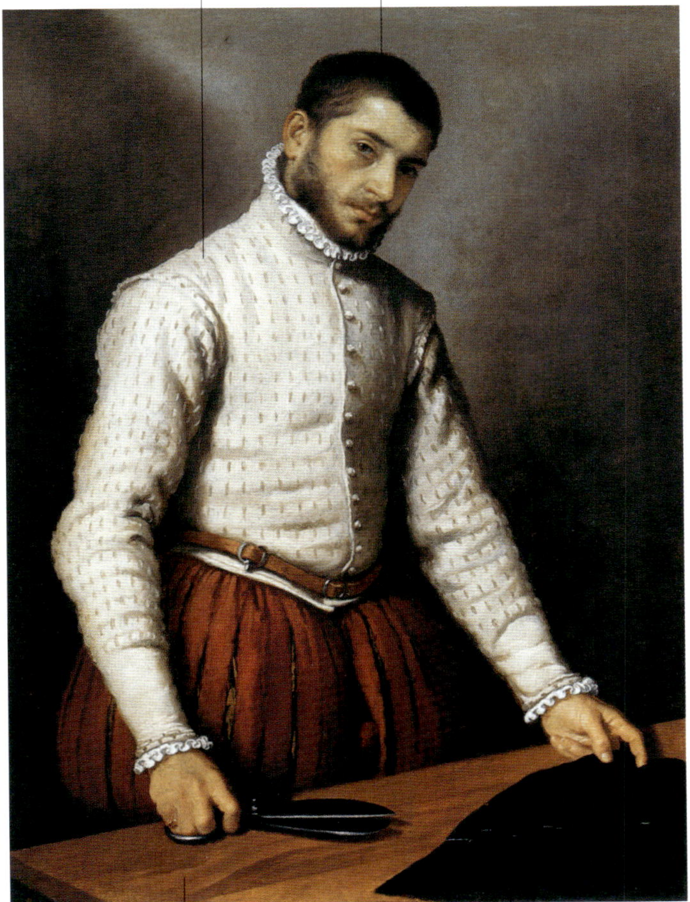

Moroni, aus der Provinz Bergamo stammend, ist einer der interessantesten Porträtisten seiner Zeit; in diesem Meisterwerk stellt er einen Vertreter der »Mittelklasse« auf die Bühne der Malerei.

Der dunkle Stoff, den der Schneider zuschneidet, entspricht der recht nüchternen Mode der Zeit.

▲ Giovanni Battista Moroni, *Der Schneider*, 1565–68, London, National Gallery.

Das Bildnis zeigt den Bildhauer, einen Freund und Altersgenossen Moronis auf direkte und schlichte Weise: Er ist etwas zerzaust und trägt ein Arbeitshemd.

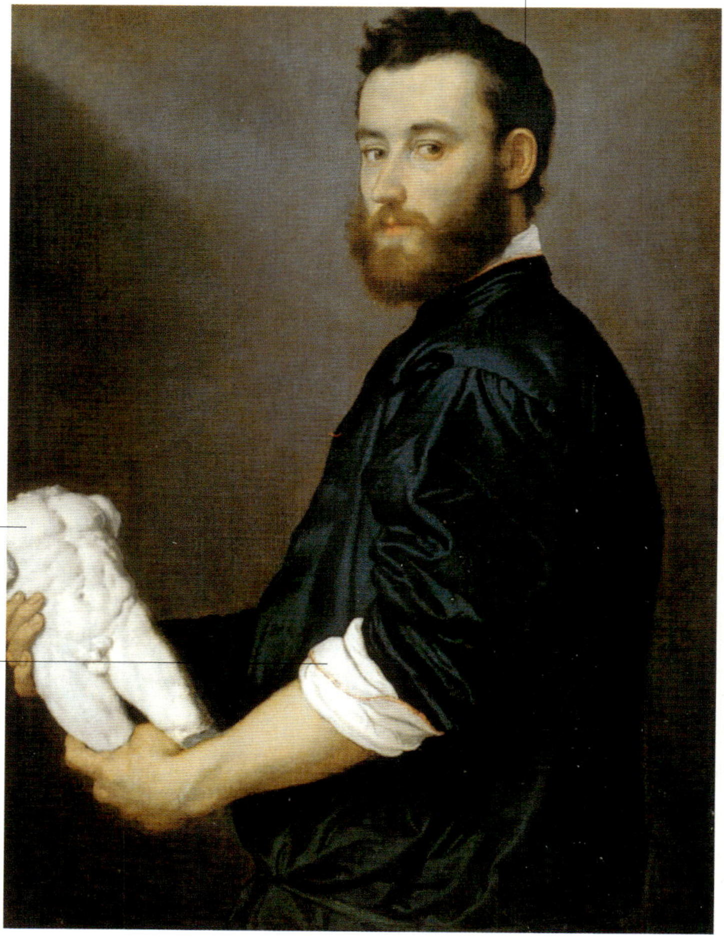

Der Torso als Metapher für die antike Plastik dürfte ein Hinweis auf die intellektuellen Fähigkeiten des Dargestellten sein; zur Entstehungszeit des Bildes setzte sich Vittoria intensiv mit antiken Vorbildern auseinander.

Der hochgekrempelte Ärmel verweist auf die manuelle Tätigkeit des Bildhauers.

▲ Giovanni Battista Moroni,
Der Bildhauer Alessandro Vittoria, 1552,
Wien, Kunsthistorisches Museum.

Auch Paolo Veronese war ein Freund Alessandro Vittorias, dem bedeutendsten venezianischen Bildhauer des 16. Jh. Das Porträt soll wohl den Rang betonen, den der Künstler erreicht hat.

Der Bildhauer, der auf dem Höhepunkt seiner Karriere angekommen ist, hat hier ein sehr gepflegtes Aussehen, das Bild hat einen »offizielleren« Charakter als das Jugendbildnis auf der gegenüberliegenden Seite: Vittoria trägt kein Arbeitshemd mehr, sondern tadellose dunkle Kleidung.

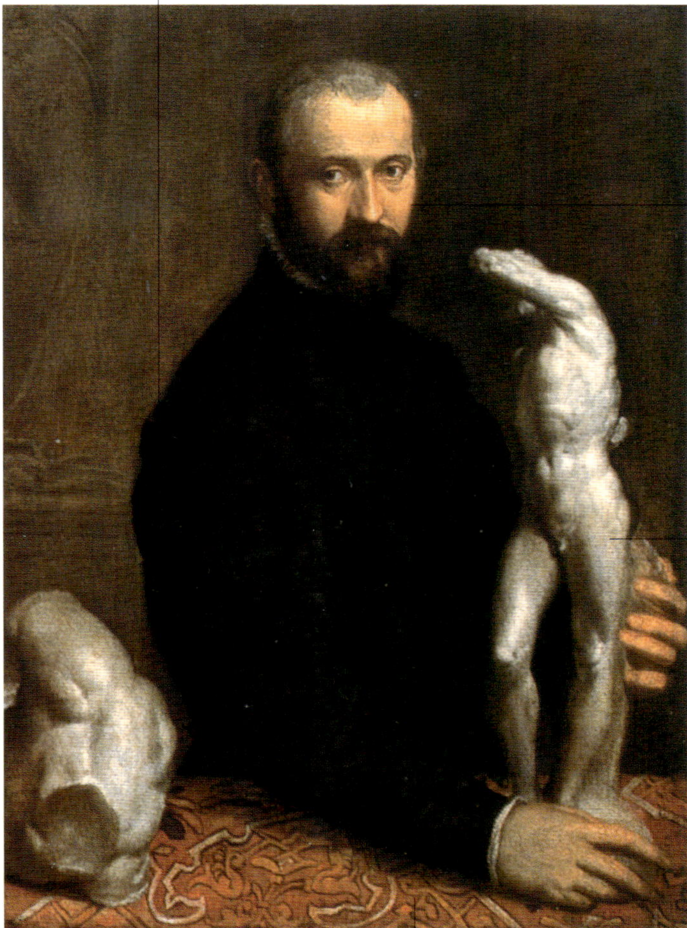

Die elegante Statuette in kunstvoller Windung, die der Bildhauer vorzeigt, ist eine Probe seiner formalen Meisterschaft.

Der orientalische Teppich verleiht dem Raum eine Note eleganten Wohlstands; statt um das Bild eines Bildhauers könnte es sich auch um das Porträt eines Antiquars handeln, der seinen Kunden Kunstwerke vorzeigt.

▲ Paolo Veronese,
Der Bildhauer Alessandro Vittoria, um 1575,
New York, The Metropolitan Museum of Art.

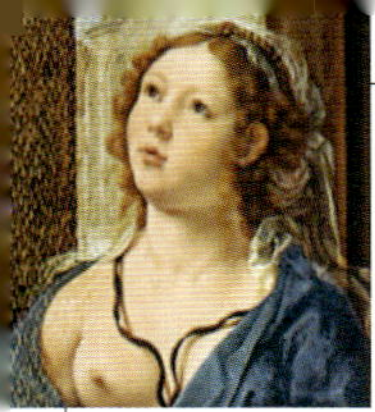

Das ganze 16. Jh. über wird lebhaft über die Kunst und die Architektur debattiert, mit großen Differenzen zwischen Intellektuellen und Künstlern, deren gesellschaftlicher Status sich radikal ändert.

Traktate über die Kunst

Siehe auch
Nürnberg, Mailand, Paris, Fontainebleau, Florenz, Venedig

Cellini, Cousin, Dürer, Hilliard, Michelangelo, Primaticcio, Tizian

▼ Jean Cousin d. J., Frontispiz des *Livre de Perspective,* 1560.

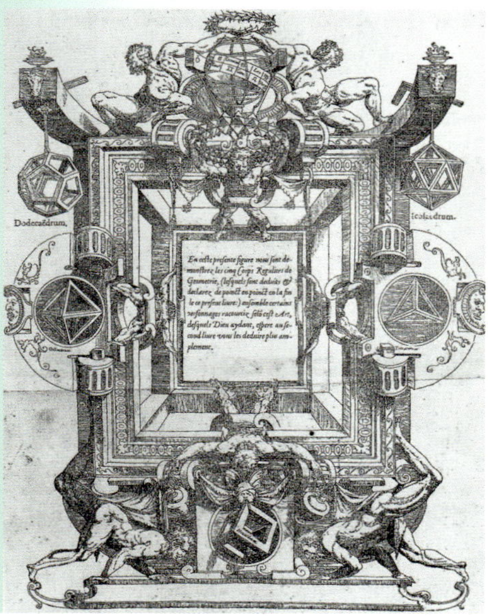

Die Debatte wird vor allem in Traktaten ausgetragen. Das Jahrhundert beginnt mit der Polemik zwischen Leonardo da Vinci und Michelangelo über den Vorrang der Malerei oder der Skulptur. Bei allen Unterschieden sind die beiden Meister darin einig, dass als Urteilsmaßstab nicht die handwerkliche Ausführung, sondern die »Idee«, das »Konzept« zu gelten hat, auf dem die Tätigkeit des Künstlers basiert. Tizian hebt, unterstützt von den Schriften Pietro Aretinos und Ludovico Dolces, das Verhältnis von Auftraggeber und Künstler auf eine neue Ebene der Gegenseitigkeit. Das »Primat des *Disegno*« in der florentinischen und römischen Malerei wird dem reichen und pastosen Farbstil der Venezianer gegenübergestellt. In Nürnberg werden nacheinander drei Bände von Dürer gedruckt, die von didaktischen Stichen begleitet werden: *Die Unterweisung der Messung* (1525), eine Art Lehrbuch der darstellenden Geometrie, die sogenannte *Befestigungslehre* (1527) und schließlich, kurz nach seinem Tod, die *Proportionslehre* (1528) über die Proportionen des menschlichen Körpers. Auch im Frankreich Königs Franz I. zirkuliert eine reiche Traktatliteratur wie die Baulehre des Sebastiano Serlio und die französische Vitruv-Ausgabe von Jean Cousin (1547). Weitere bedeutende Architekturtraktate werden von Palladio und Vignola veröffentlicht. Giorgio Vasari stellt die drei Künste des *Disegno* (Malerei, Skulptur und Architektur) an die Spitze aller Künste und thematisiert anhand der Lebens- und Werkbeschreibungen von Künstlern aus der Zeit ab dem Ende des 13. Jh. den Gegensatz zwischen Nachahmung der Natur und dem Bezug auf kanonische Regeln.

Trotz des künstlerischen Bemühens des Künstlers erscheinen die exakten Stiche, die die theoretischen Ausführungen illustrieren, als kühle und mechanische Bilder.

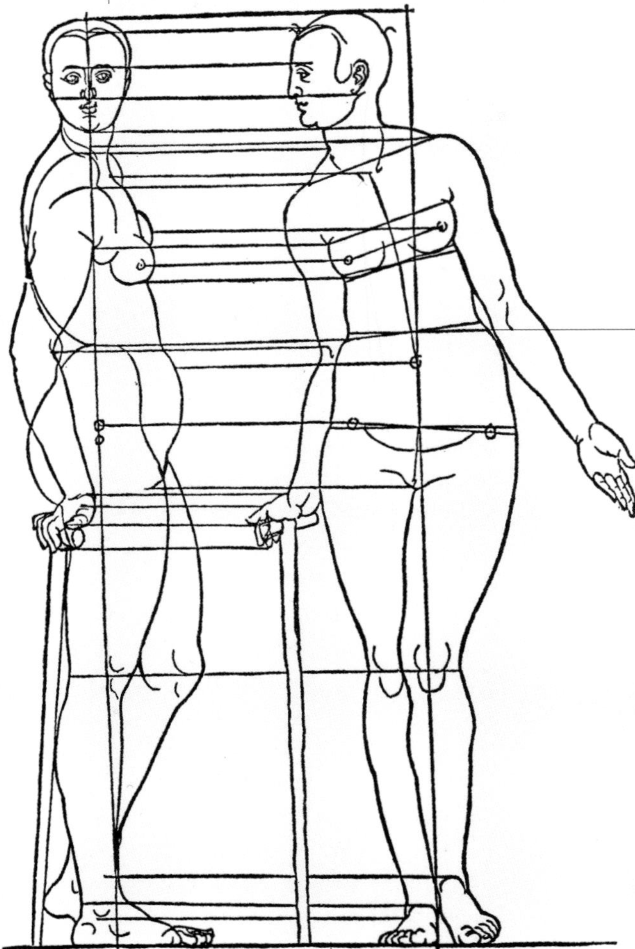

Die Proportionslehre *wurde kurz nach dem Tod Dürers veröffentlicht, herausgegeben von seiner Witwe Agnes Dürer; eine zweite, erweiterte Ausgabe erfolgte 1538.*

▲ Albrecht Dürer, Proportionen eines weiblichen Körpers in Bewegung, Illustration zum Traktat *Proportionslehre*, 1528.

Die weibliche Figur wird in einer Pose, die dem 1507 gemalten Bild der Eva ähnlich ist, im Profil und in Frontalansicht vorgestellt.

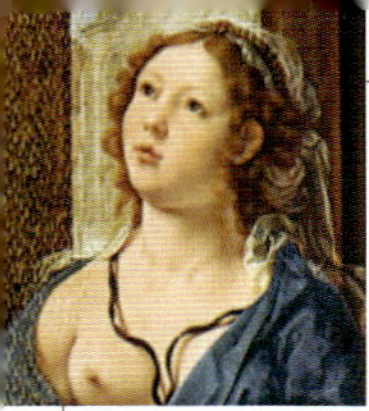

Die Vite *von Giorgio Vasari – erschienen 1550, in zweiter Auflage 1568 – sind eine Sammlung von Biographien von Malern, Bildhauern und Architekten von Cimabue bis Michelangelo.*

Die Vite *von Vasari*

Giorgio Vasari
Maler, Baumeister und Schriftsteller
* 1511 Arezzo
† 1574 Florenz

Wirkungsstätte
Florenz

Reisen
Aufenthalte in Rom (1531–38; 1542–46 und weitere) und in Venedig (1541, 1566)

Werke
Als Baumeister: Palazzo degli Uffizi in Florenz (1560) und das Studiolo von Francesco I. im Palazzo Vecchio (1572); als Maler: Fresken im Palazzo della Cancelleria in Rom (um 1545) und im Palazzo Vecchio in Florenz (1563)

Verbindungen
Die Abfassung der *Vite* bringt ihn mit allen italienischen Künstlern seiner Zeit in Verbindung.

Obwohl Giorgio Vasari ein hochgeschätzter Maler und Baumeister war, ist er vor allem als Verfasser der Künstlerviten bekannt, die manchmal, nicht ganz zu Recht, die erste Kunstgeschichte genannt werden. Vasari legt eine Entwicklungsgeschichte vor: Nachdem die Kunst im Mittelalter auf einen Tiefpunkt gesunken war, erhebt sie sich allmählich wieder – in Etappen, die gekennzeichnet sind durch die Wiedergewinnung der Natur, der Perspektive und des menschlichen Körpers. Das »erste Zeitalter« wird von Cimabue eröffnet und Giotto beherrscht; eine zweite Epoche, die mit dem 15. Jh. zusammenfällt, reicht von Masaccio bis zu Botticelli und Perugino. Nahe dem Gipfel ist das »dritte Zeitalter«, die Epoche von Leonardo und Raffael; der Höhepunkt wird mit Michelangelo erreicht. Vor allem in der zweiten Auflage, die nach dem Tod Michelangelos erscheint, gibt Vasari zu verstehen, dass niemand dessen glänzenden Stil übertreffen wird, insbesondere die Vollkommenheit in der Darstellung des männlichen Akts. Was die Techniken betrifft, spricht Vasari der Marmorskulptur und der Freskomalerei den Vorrang zu, da sie keine Korrekturen erlauben. Die spezielle Sicht auf die Kunstgeschichte, die Vorliebe für die Meister der Toskana, Übertreibungen, etliche Anekdoten und Details, die sich als unrichtig herausgestellt haben, mindern nicht die fundamentale Bedeutung der *Vite* als wertvoller Informationsquelle zu Stil, Geschmack und Kultur der toskanischen Renaissance.

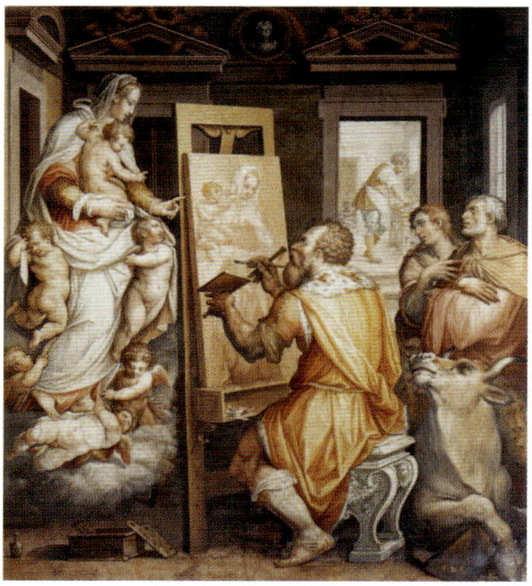

► Giorgio Vasari, *Der hl. Lukas malt die Madonna,* 1564–73, Florenz, Santissima Annunziata, Capella di San Luca (Sitz der Bruderschaft der Maler).

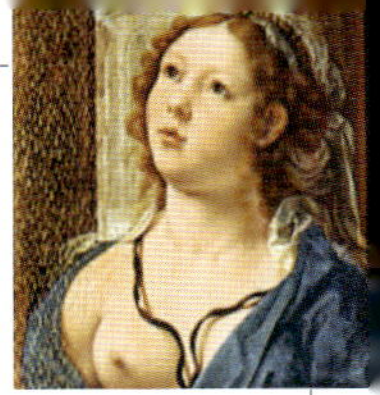

Die Zeichnung erlangt eine außerordentliche Bedeutung, nicht nur als Vorstufe der Malerei, sondern auch insofern, als sie zu einer großen und selbstständigen Kunstform erhoben wird.

Primat des Disegno

Für Leonardo da Vinci ist *il disegno*, die »Zeichnung«, eine Möglichkeit die Welt zu erkennen, die Natur zu erfoschen, die Geheimnisse des Lebens zu erschließen, Maschinen aller Art zu entwerfen, Physiognomien und anatomische Besonderheiten zu studieren und apokalyptische Überschwemmungen und Verwüstungen vorherzusagen. Auf tausenden Notizzetteln hat er Zeichnungen und wissenschaftliche oder literarische Überlegungen miteinander kombiniert, ein nahezu unerschöpfliches Vermächtnis seines Denkens und seiner Kunst. Aber er hat sein Wissen nie in die Form eines abgeschlossenen Traktats gegossen. Die Zeichnungen Raffaels dokumentieren die Vorgehensweise des Malers, ein Bild durch Variationen über ein Thema vorzubereiten oder indem er seine Werkstattgehilfen in der Haltung der Heiligen, die im Bild dargestellt werden sollen, posieren lässt und zeichnet. Dürer beginnt seine Laufbahn als Zeichner. Er hob die graphischen Künste auf eine neue Stufe, neben hunderten von Stichen hat er wunderbare Naturaquarelle mit Landschaften, Tieren und Pflanzen geschaffen und mit Zeichnungen einen Kanon der »idealen« Schönheit zu fixieren versucht. Die Zeichnung wird im 16. Jh. als einer der vornehmsten Aspekte künstlerischer Tätigkeit betrachtet. Die Graphiken Holbeins in England und die *Crayons* der Clouet am französischen Hof zeugen davon. Die Künstler Europas mit Ausnahme der Venezianer, halten den *Disegno* für den reinsten Ausdruck der »Idee«. Die Statuten der »Accademia del disegno«, die Vasari 1561 in Florenz gründet, unterstreichen diesen intellektuellen und exklusiven Charakter.

Siehe auch
Nürnberg, Antwerpen, Paris, London, Florenz

Baldung Grien, Clouet, Dürer, Giulio Romano, Hilliard, Holbein, Michelangelo, Parmigianino, Primaticcio, Raffael

▼ »Nulla dies sine linea«, aus der Sammlung der gestochenen Embleme von Crispijn van de Passe, veröffentlicht von Gabriel Rollenhagen in Utrecht 1613.

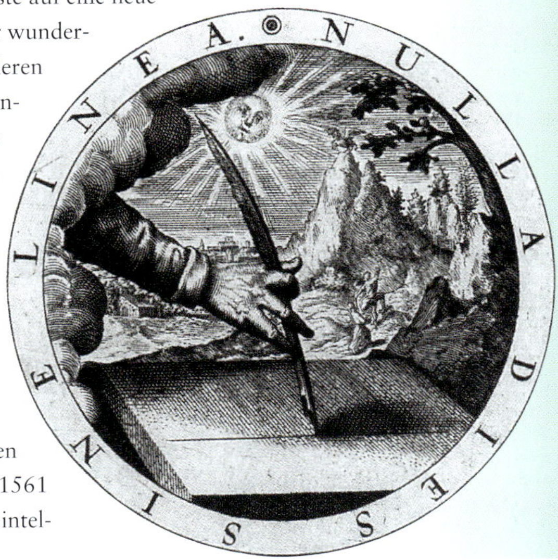

Die Rückenmuskeln sind mustergültig mit den für die Graphik typischen Mitteln der Schatten und Schattierungen herausgearbeitet.

Das »verlorene Profil« wird zu einer für den Manierismus typischen Pose.

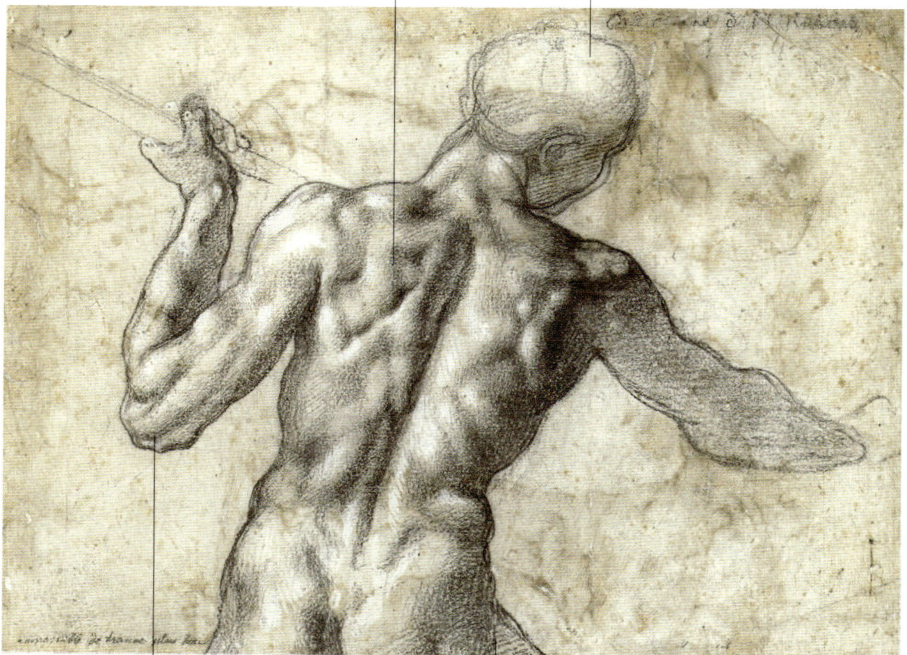

Das Studium des athletischen männlichen Aktes wird von Michelangelo ausgehend zur klassischen akademischen Übung.

Ein absoluter Höhepunkt der Graphik Michelangelos sind die Vorzeichnungen und der Karton für das Fresko der Schlacht von Cascina, *das den »Saal der Fünfhundert« im Palazzo Vecchio in Florenz ausschmücken sollte und das im Wettstreit mit der* Schlacht von Anghiari *Leonardo da Vincis stand.*

▲ Michelangelo,
Männlicher Rückenakt, 1507,
Wien, Graphische Sammlung Albertina.

Es handelt sich um eine Vorzeichnung für die Schlacht von Ostia *in der dritten Stanza des Vatikans. Die Hauptperson, der sog. Feldmarschall, trägt auf dem Fresko schwere Kleidung, Raffael studiert die Pose und den Gestus aber am Akt.*

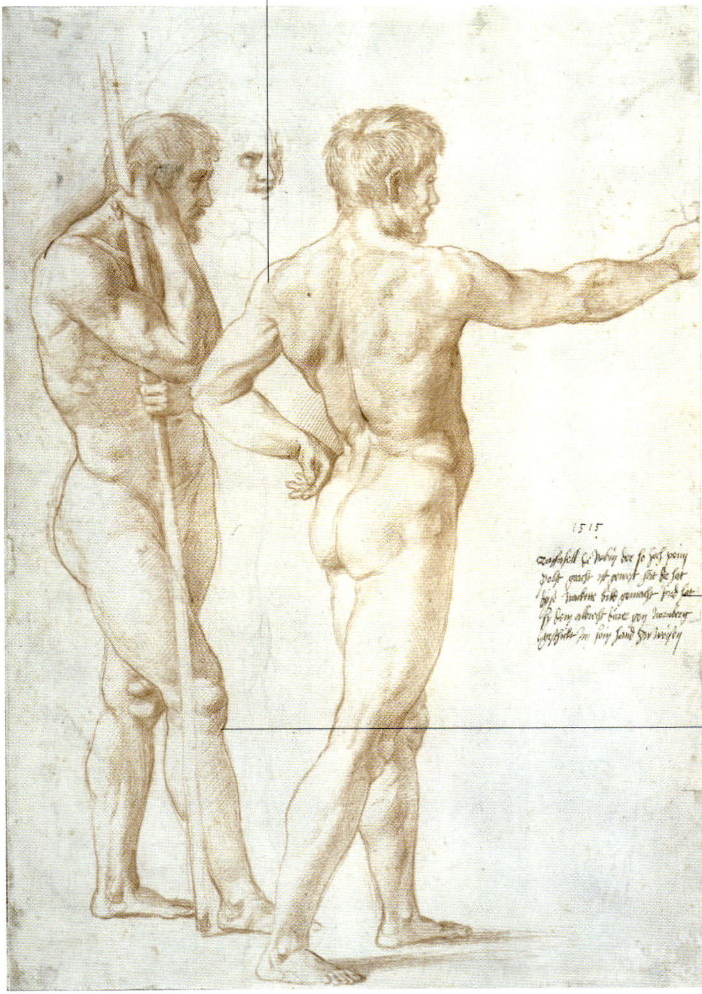

Datum und Schrift stammen von Albrecht Dürer, an den Raffael die Zeichnung geschickt hat; wir haben hier also ein Zeugnis für den Austausch von Höflichkeiten zwischen den beiden der größten Zeichner. Dürer hat Raffael aus Nürnberg ein Aquarell geschickt.

Raffael zeigt in der Anatomie Einfachheit und Sicherheit, es gibt bei ihm keine übertriebenen Gesten oder Muskelmassen.

▲ Raffael,
Aktstudie zweier Männer, 1515,
Wien, Graphische Sammlung Albertina.

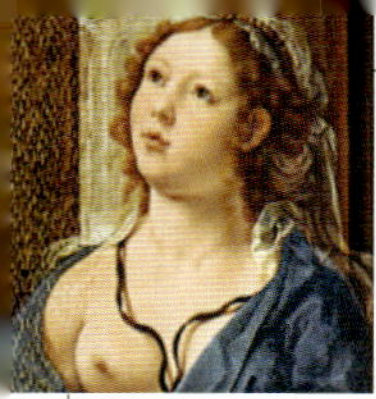

»Das Malen auf der Mauer ist die vortrefflichste und schönste Technik, denn sie schafft an einem Tag, was man bei anderen Techniken noch während vieler Tage nachbessern kann.« (Vasari)

Fresko

Siehe auch
Mailand, Fontainebleau, Rom, Florenz, Siena, Venedig, Lombardei, Genua, Mantua, Ferrara und Urbino

Carracci, Correggio, Ferrari, Giulio Romano, Lotto, Michelangelo, Parmigianino, Pontormo, Primaticcio, Raffael, Rosso Fiorentino, Tizian, Veronese

Zu Beginn des 16. Jh. entsteht in Italien ein Freskenzyklus nach dem anderen: Pinturicchio freskiert nach dem Appartamento Borgia im Vatikan die Szenen aus dem Leben Pius' II. in der Bibliothek des Doms in Siena; Perugino malt im Collegio del Cambio in Perugia; Luca Signorelli schafft die Fresken in der Cappella di San Brizio im Dom zu Orvieto; in Santa Maria Novella in Florenz treten an die Seite von Ghirlandaios Fresken in der Cappella Tornabuoni die Filippino Lippis in der anschließenden Cappella Strozzi. Nur in Venedig ist die Anbringung von Fresken problematisch, wie der rasche Zerfall der Bilder Giorgiones und Tizians an der Fassade des Fondaco dei Tedeschi (1508) belegt. Höhepunkt der Freskomalerei sind die in den Jahren 1508–12 gleichzeitig entstandenen Arbeiten Raffaels und Michelangelos in den Stanzen Julius' II. und an der Decke der Sixtinischen Kapelle im Vatikan; Tizian wirkt am Freskenzyklus in der Scuola del Santo in Padua mit. In den 1520er und 1530er Jahren entstehen in Florenz die ersten manieristischen Freskenzyklen, in Valsesia malt Gaudenzio Ferrari, in den Provinzen Romanino und Pordenone, in Siena Sodoma und Beccafumi bei Bergamo malt Lorenzo Lotto religiöse Szenen, in Parma tritt Correggio hervor. In den 1540er Jahren schließlich wird das Fresko, mit Giulio Romano in Mantua und Rosso Fiorentino in Fontainebleau, Teil des Programms zur Ausschmückung von Räumen mit Stuck, Reliefs, Vertäfelungen und weiterem Dekor.

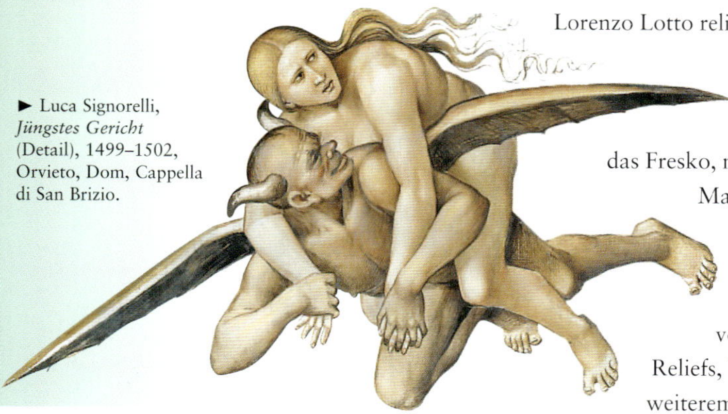

► Luca Signorelli, *Jüngstes Gericht* (Detail), 1499–1502, Orvieto, Dom, Cappella di San Brizio.

Die ornamentalen Bänder stellen eine »Neuheit« dar, die mit den archäologischen Funden in Rom zusammenhängt.

Die Scheinarchitekturen täuschen entlang der Wände des rechteckigen Raumes weite offene Bögen vor.

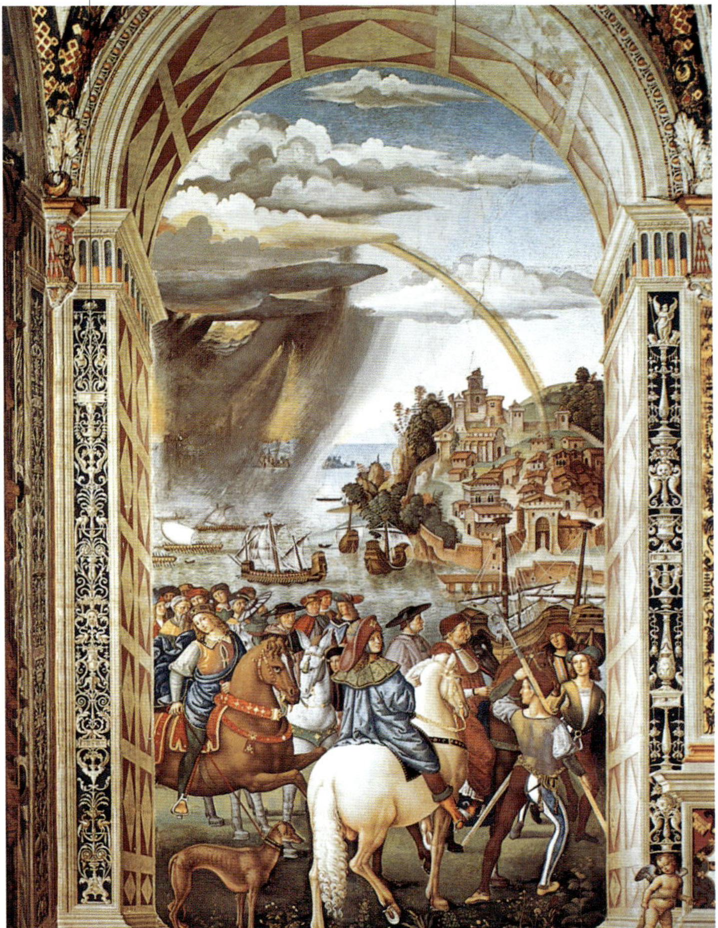

▲ Pinturicchio,
Enea Silvio Piccolomini bricht zum Konzil von Basel auf, 1502–07,
Siena, Dom, Piccolomini-Bibliothek.

Pinturicchio macht sich Zeichnungen des zwar noch jungen, aber schon berühmten Raffael zunutze.

Der narrative Duktus ist gelungen, es ist ein Vorwärtsdrängen zu spüren, das vom hellen Licht und den lebhaften Farben getragen wird.

Bis zur Mitte des Gewölbes ist Gott Vater bei seinem Schöpfungswerk der Protagonist; in der zweiten Hälfte tritt der Mensch in den Vordergrund.

An den Seiten der narrativen Szenen hat Michelangelo jeweils zwei junge, nackte Männer, die Ignudi, *gemalt.*

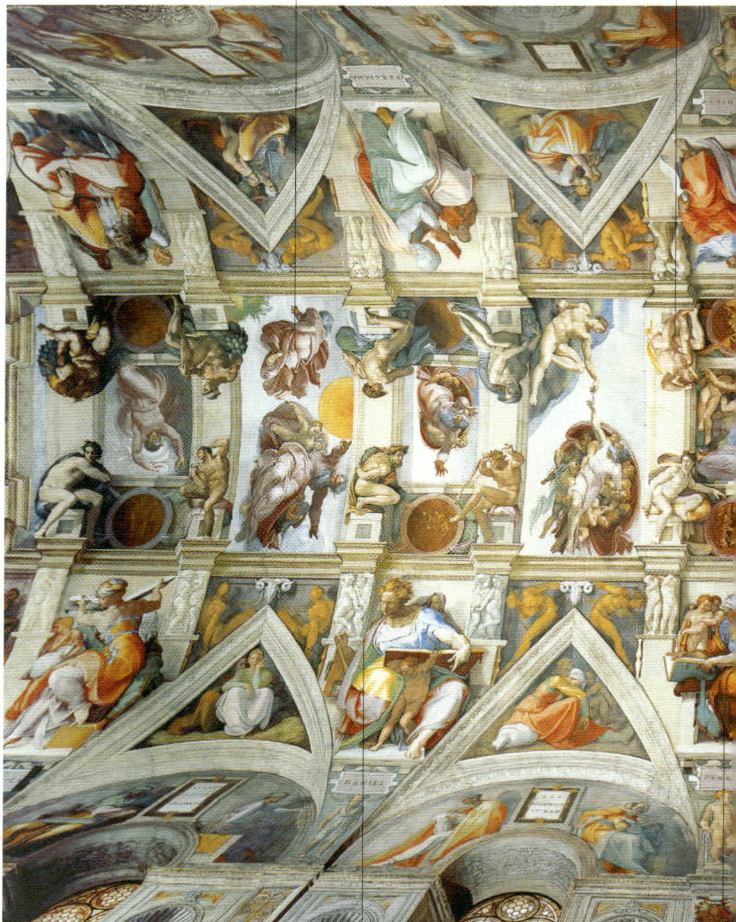

Trotz des freien Bildaufbaus ist die Decke durch eine gemalte architektonische Ordnung klar gegliedert.

Die sich abwechselnden Kolossalfiguren der Propheten und Sibyllen treten an die Stelle der ursprünglich von Papst Julius II. gewünschten 12 Apostel.

▲ Michelangelo,
Decke der Sixtinischen Kapelle,
1508–12, Rom, Vatikan.

Neun narrative Szenen in abwechselnd großen und kleineren Feldern bilden die Mittelachse der Decke; die Darstellungen sind den ersten Kapiteln der Genesis *entnommen.*

In den Stichlappen und in den Lünetten sind in langer Reihe die Vorfahren Christi dargestellt.

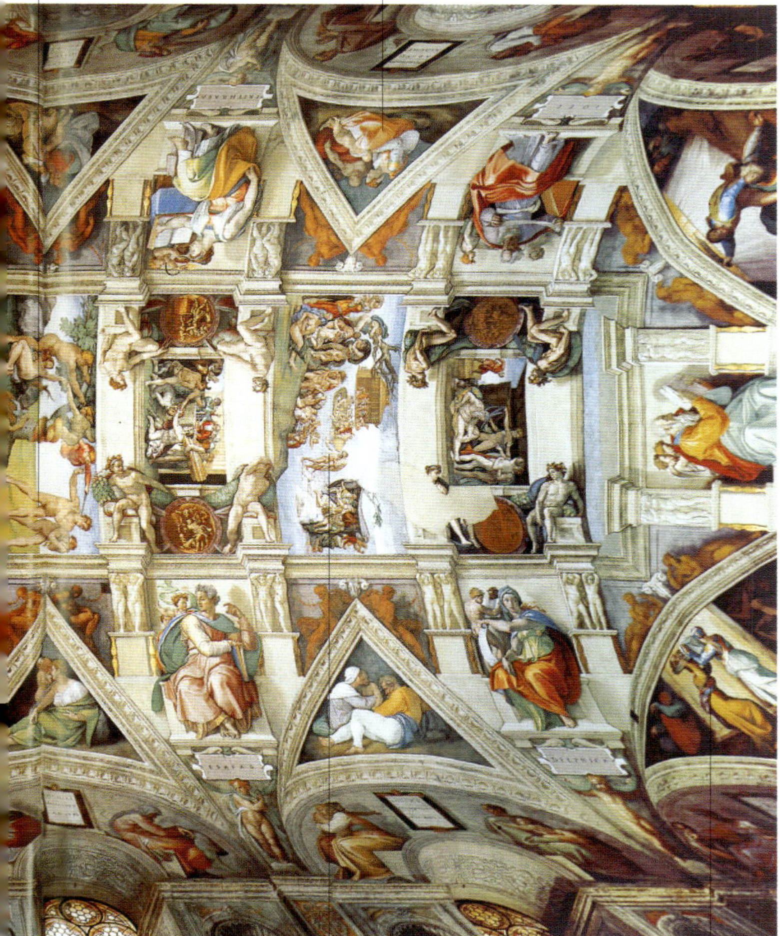

Die Sintflut, die ausgerechnet durch das Eindringen von Wasser teilweise beschädigt wurde, lässt als einzige Episode die Hand von zwei Mitarbeitern erkennen: Francesco Granacci und Giuliano Bugiardini.

In den vier großen Eckzwickeln sind Szenen aus dem Alten Testament dargestellt.

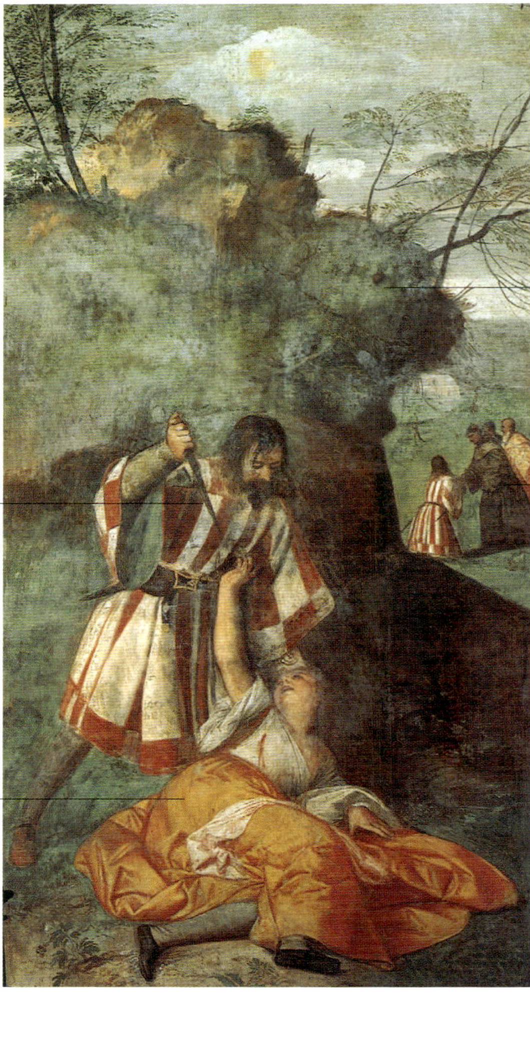

Völlig neu in der Freskomalerei ist die Beschreibung der Natur und der Atmosphäre, die offensichtlich von der zeitgenössischen venezianischen Tafelmalerei beeinflusst ist.

Im Unterschied zur üblichen Farbpalette zahlreicher Fresken schlägt Tizian sehr helle Töne an, die hier schachbrettartig eingesetzt werden.

Das Fresko ist Teil eines Zyklus mit Szenen, auf denen vom hl. Antonius bewirkte Wunder dargestellt sind. Tizian rückt das eigentliche Wunder allerdings in den Hintergrund und stellt im Vordergrund den blutigen Angriff dar.

Die Pose der bestraften Frau ist sehr kompliziert, drückt aber auf überwältigende Weise die Dramatik der Szene aus.

▲ Tizian,
Das Wunder des eifersüchtigen Ehemannes, 1511,
Padua, Scuola del Santo.

In einer großartigen Bildkomposition zeigt Raffael ein schweres Gefängnisgitter, das zwischen massiven und dunklen Mauern heruntergelassen wurde.

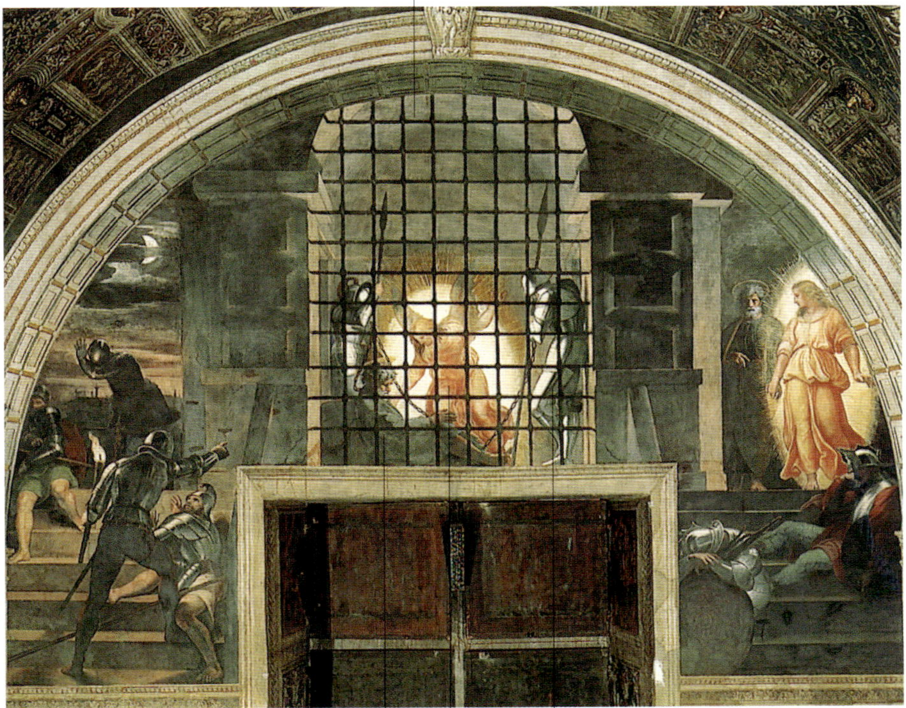

Der hl. Petrus erscheint alt und müde; wahrscheinlich soll hier auf den Tod des umstrittenen Papstes Julius II. und dessen »Befreiung aus dem irdischen Kerker« angespielt werden.

Ungewöhnlich für ein Fresko ist die Darstellung einer Nachtszene, mit magischen Lichtreflexen auf den Rüstungen der Wachsoldaten.

Das vom Engel ausstrahlende Licht erhellt den Raum hinter dem Gitter und verleiht dem Bild auf diese Weise Tiefe.

▲ Raffael,
Die Befreiung des Petrus, 1511–13,
Rom, Palazzi Vaticani, Stanza di Eliodoro.

Die lange Lanze in der Diagonale ist das verbindende Element zwischen der Menge in der unteren Bildhälfte und dem oberen Teil des Freskos.

Der Teufel, der den linken Schächer traktiert, fügt dem Reigen der weinenden Engel am Himmel eine diabolisches Moment hinzu.

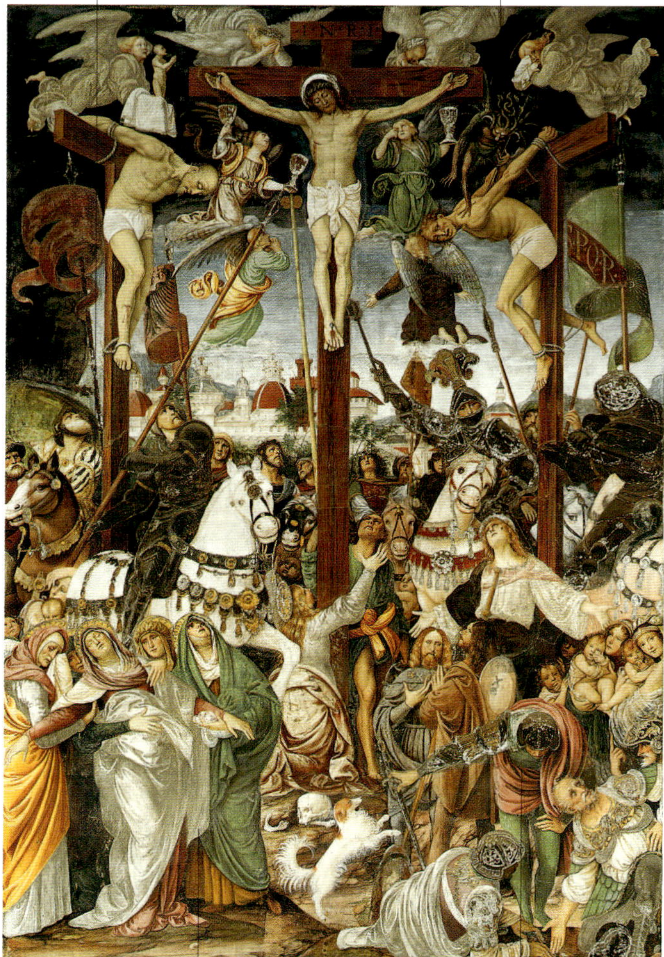

Ein realistisches Element sind die mit Reliefs versehenen Harnische. Das Bild ist die bedeutendste Episode innerhalb des Freskenzyklus mit Szenen aus dem Leben Christi, die Ferrari auf die Wand über dem Chor der kleinen Klosterkirche gemalt hat.

▲ Gaudenzio Ferrari, *Kreuzigung*, 1513, Varallo Sesia (Vercelli), Santa Maria delle Grazie.

Die Szene mit der in Ohnmacht fallenden Maria bildet eine eigene Gruppe. Sie ist das Vorbild für die Statuen Gaudenzio Ferraris für den Sacro Monte *(Heiliger Berg) von Varallo.*

Die Anwesenheit von Frauen, ihren Kindern, von Pilgern und Männern aus dem Volk gibt der Szene einen sehr volkstümlichen Charakter; das Fresko entsteht zur gleichen Zeit wie die Fresken Raffaels in der Stanza di Eliodoro im Vatikan.

Die Treppe im Hintergrund steigert die räumliche Tiefe der Szenerie.

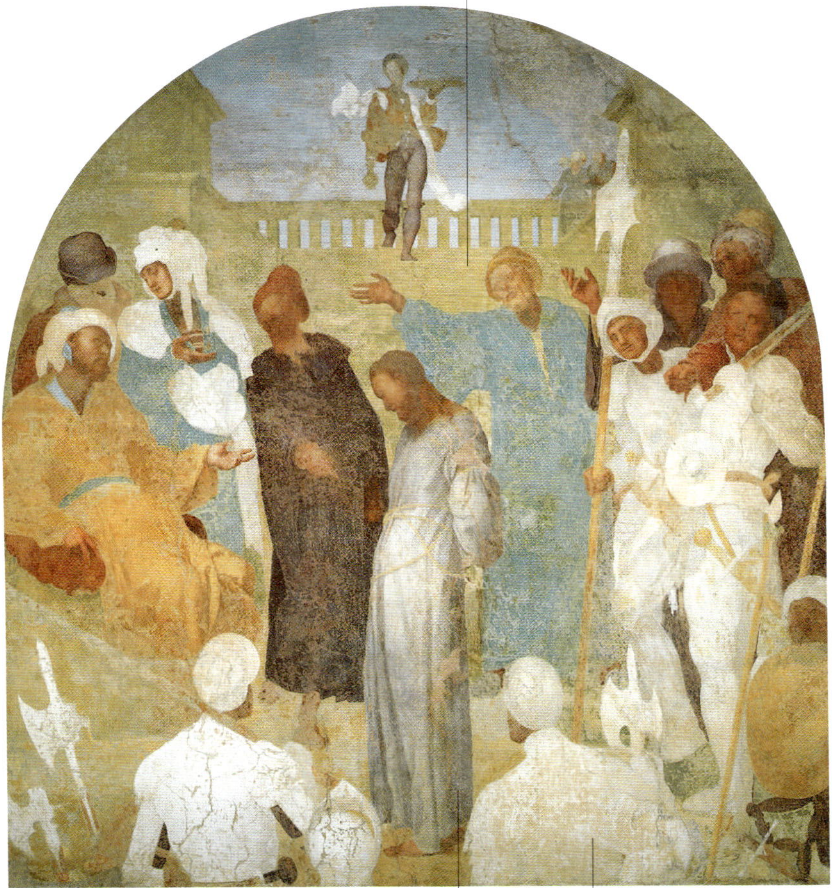

Der Bildaufbau beruht auf einem Stich Dürers; die Verwendung eines Vorbildes aus einem anderen Land ist von großer Bedeutung und belegt die neue Offenheit der italienischen, und insbesondere der toskanischen Kunst für fremde Einflüsse.

Der Zustand der Fresken Pontormos in der Kartause von Galluzzo (ein großes Kloster vor den Toren von Florenz) ist sehr schlecht. Sie befinden sich in den Lünetten des Großen Kreuzgangs und damit praktisch im Freien.

▲ Pontormo,
Christus vor Pilatus, 1521,
Florenz, Certosa del Galluzzo.

Der Bildaufbau ist sehr komplex und reich an unvermuteten Verkürzungen; die Gruppen der Wolken und Personen folgen einer aufsteigenden Spiralbewegung, die die »Glorien« in den barocken Kuppeln vorwegnimmt.

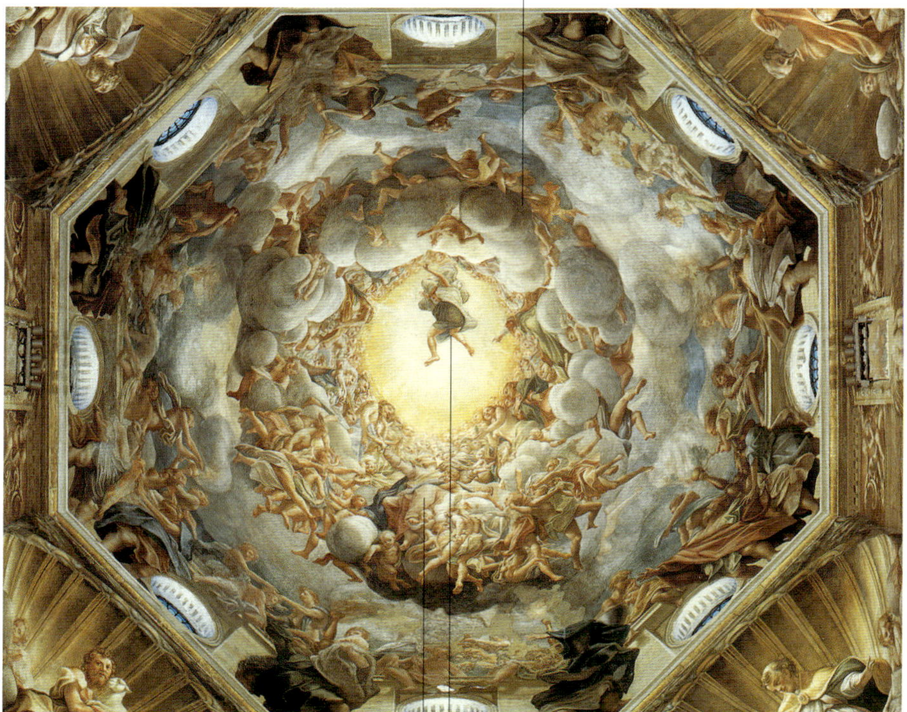

Maria, die von einer Wolke von Engeln empor getragen wird, ist von unten kaum zu erkennen; nur mit scharfem Blick gelingt es, sie ausfindig zu machen.

Der Fokus des gesamten Bildes ist das hell leuchtende Empyreum, zu dem alle Figuren aufsteigen als ob sie von einem Strudel verschlungen werden.

▲ Correggio,
Mariä Himmelfahrt, 1526–28,
Parma, Dom.

Die biblische Parabel von den klugen und törichten Jungfrauen dient als Vorwand für eine überbordende Aufreihung von Mustern der Maniera moderna.

Eindrucksvolle realistische Details (Vasen, Krabben, Vögel, Muscheln) heben sich plastisch vom Hintergrund ab.

Die reinen und lebendigen Farben sind eine polemische Reaktion auf das nahe Werk Correggios im Dom (s. S. gegenüber) und in San Giovanni Evangelista.

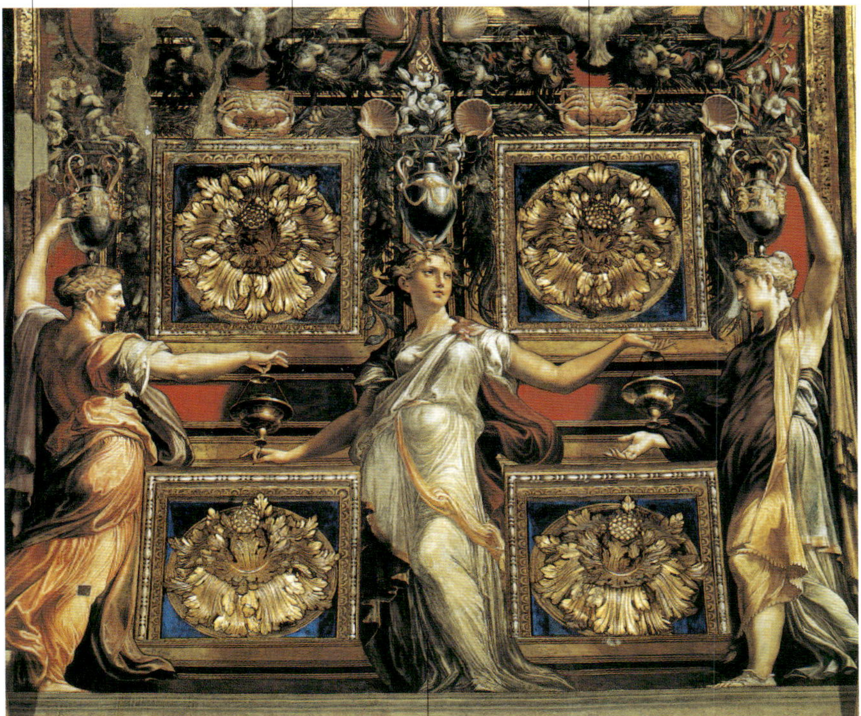

Der Freskenzyklus im Chor der Pfarrkirche Santa Maria della Steccata ist die letzte monumentale Arbeit Parmigianinos, der wegen ständiger Verzögerungen mit den Auftraggebern in Konflikt geriet.

▲ Parmigianino,
Die klugen und die törichten Jungfrauen (Ausschnitt), 1534,
Parma, Santa Maria della Steccata.

Die Götter des klassischen Olymp sind hier mit den astrologischen Symbolen des Tierkreises gleichgesetzt; in einer Villa eines weiträumigen Landgutes verweisen sie auf den Einfluss der Gestirne, auf den Ablauf der Jahreszeiten und auf eine reiche Ernte.

Die Götter haben ihre gut erkennbaren Attribute bei sich; Diana, die Göttin der Jagd, etwa ihren Windhund.

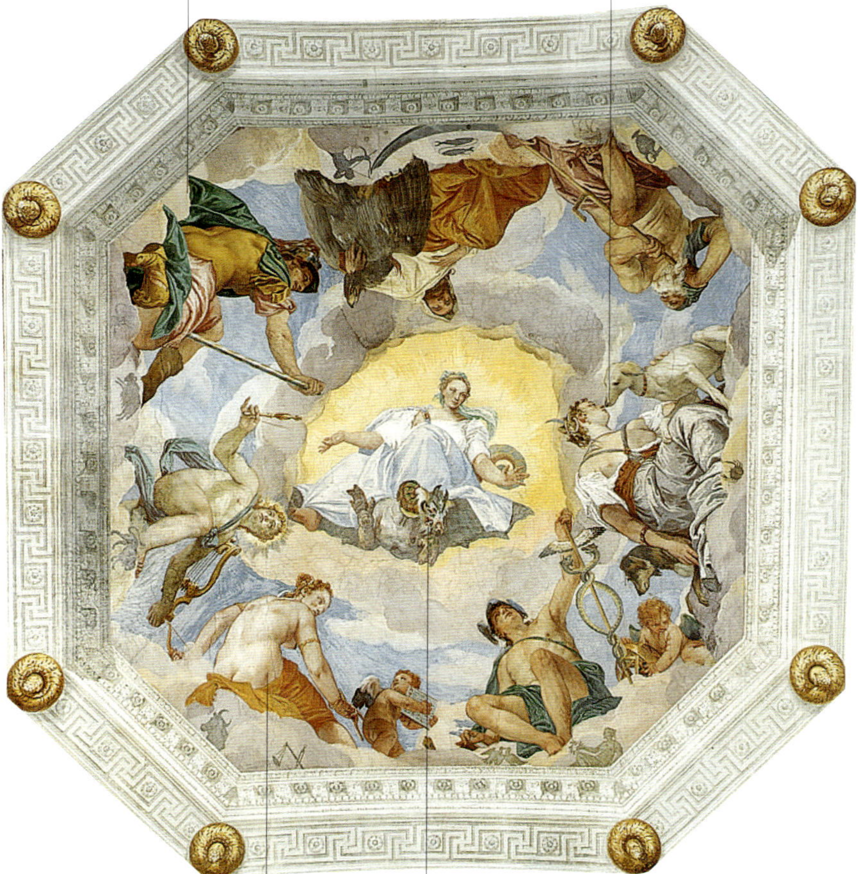

Veroneses Begabung, körperliche Schönheit darzustellen, wird in den großzügigen Aktfiguren deutlich.

Die Ausschmückung der Villa Barbaro zeigt profane und mythologische Themen. Da aber einer der beiden Brüder, die den Auftrag gaben, Kleriker war, bemühte sich Veronese, christliche Bezüge einzubauen, wie hier zum Beispiel die Göttliche Vorsehung, die sich in der Mitte eines Reigens von heidnischen Göttern befindet.

▲ Paolo Veronese,
Decke der Sala dell'Olimpo, um 1560,
Maser (Treviso), Villa Barbaro.

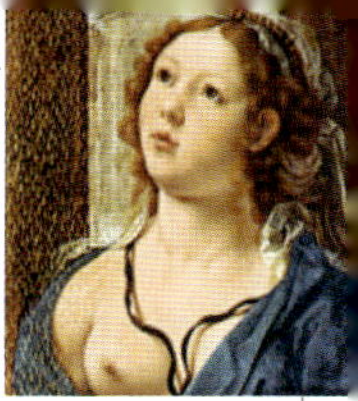

Der Kupferstich erlangt dank seiner vielseitigen Verwendbarkeit und dank der Tatsache, dass die größten Meister seine Technik anwenden eine große Bedeutung für die Kunst.

Kupferstich

Im 16. Jh. verbreitet sich der Kupferstich rasch in vielen Ländern Europas. Während zuvor Maler oder Goldschmiede mit Stichtechniken arbeiteten, entsteht nun der Beruf des professionellen Kupferstechers, eines Künstlers, der ausschließlich mit diesem druckgraphischen Verfahren arbeitet. Die Technik des Kupferstiches ermöglicht eine preisgünstige, massenhafte Reproduktion von Kunstwerken und eröffnet damit völlig neue Horizonte für die Verbreitung künstlerischer Ideen und den Kunstmarkt.
Der Kupferstich wird jedoch nicht nur für graphische Reproduktionen eingesetzt, sondern auch für die Illustration von Büchern (was zum Rückgang und schließlich zum Verschwinden der Buchmalerei führt), als originale Schöpfung auf einzelnen Blättern oder als Serie zu einem bestimmten Thema.
Es ist vor allem Dürer zu verdanken, dass der Kupferstich völlige Autonomie und den höchsten Grad an Ausdruckskraft erreicht. Um 1520 können, etwa im Kreis um Raffael, klar zwei verschiedene Arten von Stichen unterschieden werden: Stiche der »Invention«, die mit neuen Bilderfindungen experimentieren, und Stiche der »Reproduktion«, die über das graphische Medium Statuen und alte und neue Bilder getreu wiedergeben. Daneben schaffen große Meister Zeichnungen allein zu dem Zweck, dass sie in Kupfer gestochen und verbreitet werden. Spezialisten wie Marco Dente aus Ravenna und Marcantonio Raimondi widmen sich speziell der graphischen Wiedergabe der »Ideen« Raffaels.

Siehe auch
Augsburg, Nürnberg, Rheinland, Antwerpen, Brüssel, Niederlande, Rom, Florenz, Venedig

Baldung Grien, Cranach, Dürer, Giulio Romano, Van Leyden, Parmigianino, Raffael

▼ Albrecht Dürer, *Die wunderbare Sau von Landser,* 1498, Kupferstich.

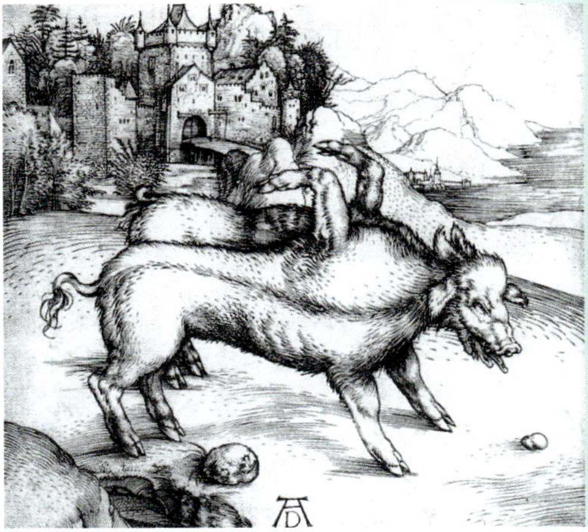

Eine Fledermaus hält den Titulus. *Die Bedeutung der Zahl I ist unklar; eventuell steht sie für die erste Fassung des Werkes.*

Alle Instrumente und Gegenstände des Stichs können als Attribute der auf einer Steinstufe sitzenden geflügelten Frauenfigur gesehen werden.

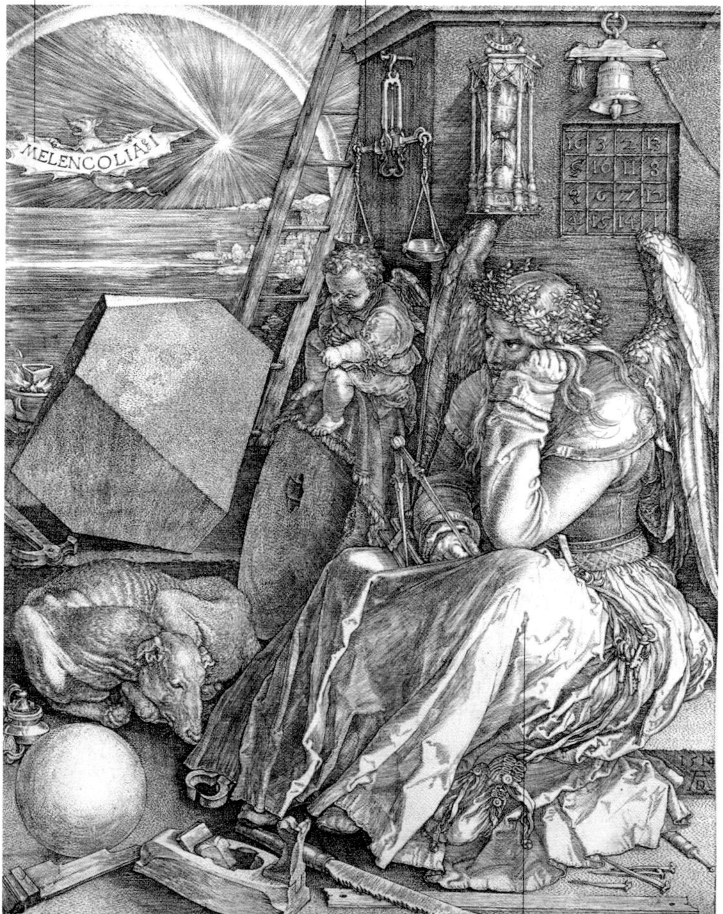

Geometrische Körper, nachdenkliche Gestalten, abgelegte Arbeitsinstrumente: Der Stich spielt auf die Phase des Stillstands und der Reflexion an, die dem alchemistischen, aber auch dem künstlerischen Schaffen vorangeht.

Die monumentale und faszinierende Pose der allegorischen Figur ist zum Typus geworden; das auf die zur Faust geballten Hand gestützte Haupt ist das klassische Symbol der Melancholie.

▲ Albrecht Dürer, *Melencolia I*, 1514, Kupferstich.

Die Reflexe des durch die Butzenscheiben fallenden Lichts sind auf höchst virtuose Weise dargestellt.

Die Holzbalken der Decke betonen die Perspektive, die in jedem Detail des Bildes meisterhaft gehandhabt wird.

Das Täfelchen enthält das unverwechselbare AD als Signatur.

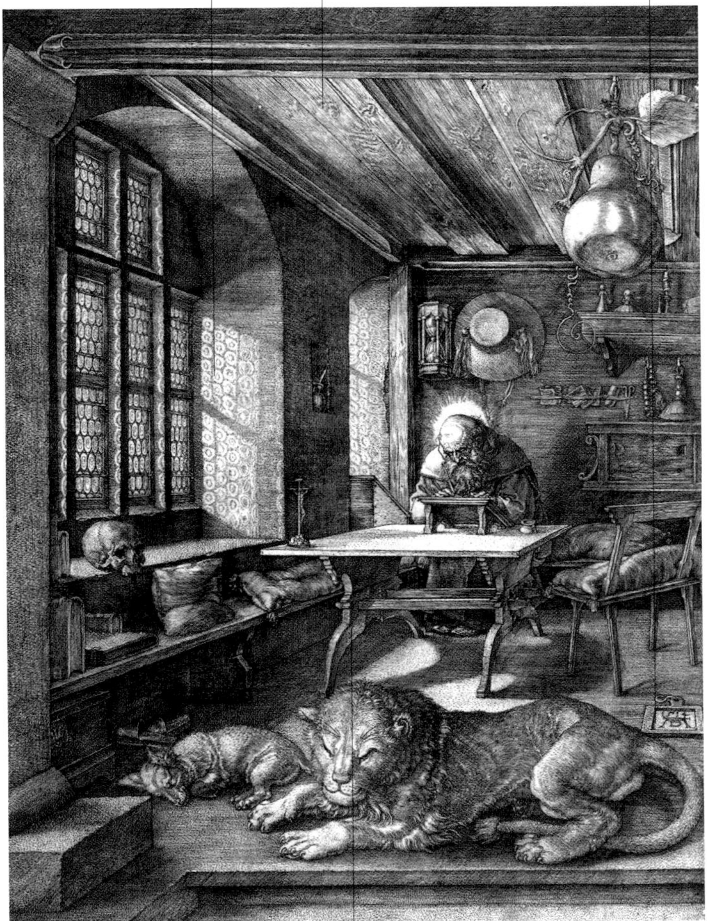

▲ Albrecht Dürer,
Der hl. Hieronymus im Gehäus, 1514,
Kupferstich.

Der hl. Hieronymus *gehört zu den sog. drei Meisterstichen, von denen jeder völlig für sich steht, die aber thematisch zusammenhängen, und in den Jahren 1513/14 geschaffen wurden:* Der hl. Hieronymus *verweist auf das Gelehrtentum, die* Melancholie *auf die Alchemie und den künstlerischen Prozess, der dritte Stich,* Ritter, Tod und Teufel, *auf die* Vita activa.

Trotz seines jungen Alters beherrscht Lucas van Leyden hier schon völlig die Technik des Kupferstichs; eigentlich ist darin nur Dürer mit ihm vergleichbar.

Überraschenderweise sind die Kühe die eigentlichen Protagonisten des Stichs.

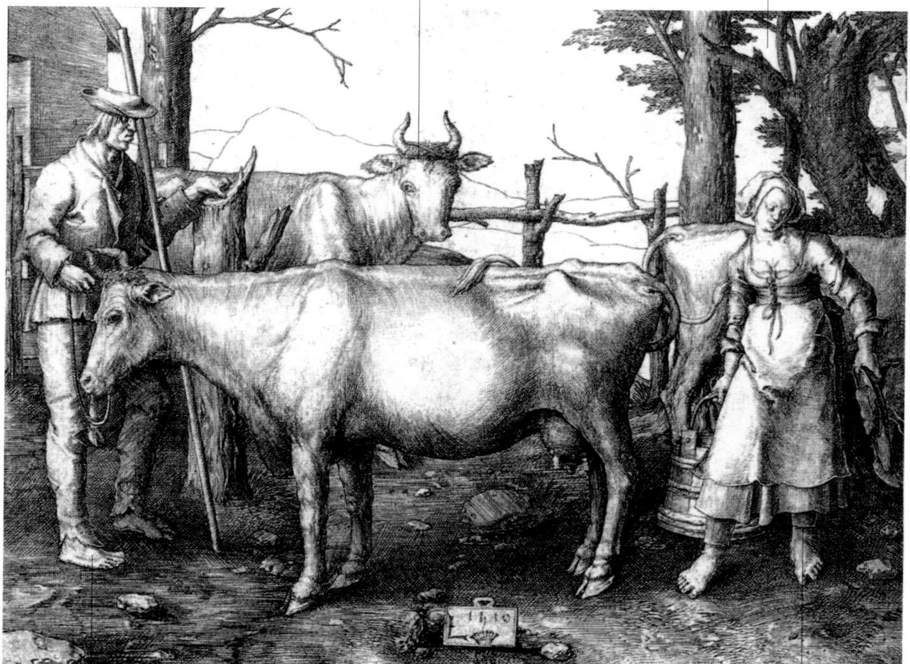

Früher als in anderen Ländern öffnet sich die Kunst in den Niederlanden der »Genremalerei«, also der Darstellung von Themen des Alltaglebens.

Die Haltungen der Milchmagd und des Kuhhirten wurden als sexuelle Anspielung gedeutet, die Szene wirkt jedoch in erster Linie volkstümlich und realistisch.

▲ Lucas van Leyden, *Das Milchmädchen*, 1510, Kupferstich.

Die naturalistischen Details der Landschaft und das Spiel mit Licht und Schatten (chiaroscuro) *sind sehr wirkungsvoll.*

Der komplizierte Bildaufbau entsteht dadurch, dass Marcantonio Raimondi mehrere Zeichnungen und Entwürfe montiert.

Der Stich greift Zeichnungen Raffaels zu der berühmten mythologischen Szene auf, in der Paris entscheiden muss, wer von den drei Göttinnen – Juno, Minerva oder Venus – die schönste ist.

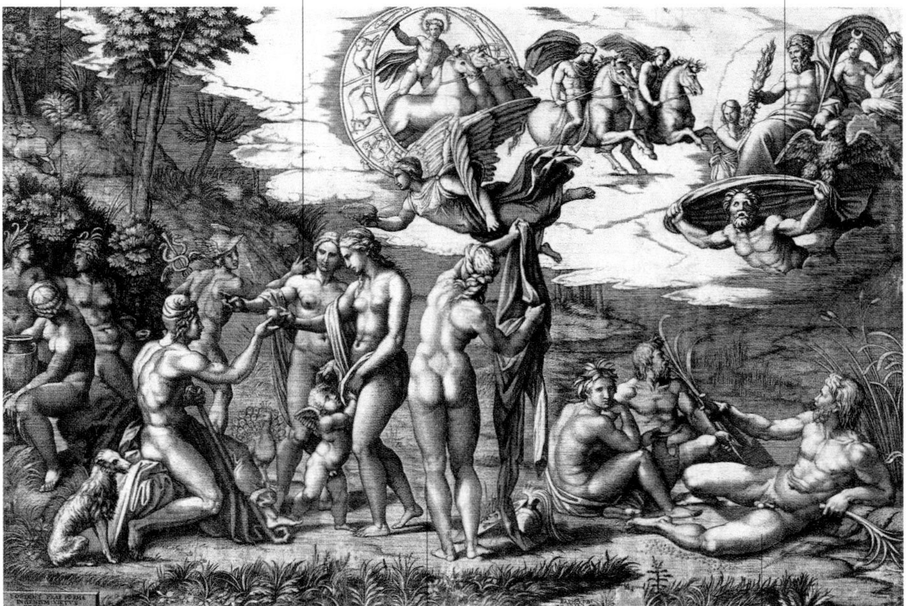

Bei einigen Figuren ist die Übertragung der weichen Modellierung der Zeichnung Raffaels auf die Kupferplatte besonders gelungen.

Die Haltung der Figuren in der Gruppe rechts unten hat Manet für die Personen in seinem berühmten Déjeuner sur l'herbe *aufgegriffen.*

▲ Marcantonio Raimondi (nach Raffael), *Das Urteil des Paris*, 1513/14, Kupferstich.

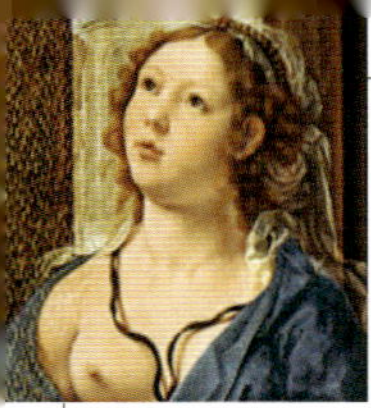

Gegen Ende der Renaissance wird das Stillleben zu einer selbstständigen Bildgattung, auf die sich die Maler spezialisieren, die von Sammlern geschätzt und in der Kunsttheorie diskutiert wird.

Stillleben

Siehe auch
Antwerpen, Niederlande, Mailand, Lombardei

Aertsen, Arcimboldo, Carracci, Dosso Dossi, Van Heemskerck

Während sich in Europa der preziöse Stil des Manierismus entfaltet, wenden sich in Flandern und Norditalien Maler den Erscheinungsweisen des »Natürlichen« zu. Die beiden großen Schulen, die in intensivem Austausch stehen, beteiligen sich gleichzeitig an der Entstehung des Stilllebens. In Antwerpen wenden sich Aertsen und Beuckelaer, Onkel und Neffe, Mitte des Jahrhunderts von den Historien ab und richten ihre Aufmerksamkeit auf Küchen- oder Marktszenen. In Bologna entwickelt sich unter dem Einfluss des Wissenschaftlers und Sammlers Ulisse Aldrovandi, das naturalistische Bild, das der Wirklichkeit so nah wie möglich kommt; es soll der Klassifikation und der Erforschung dienen und findet auch Eingang in Sammlungen.

In der Lombardei, zwischen Mailand und Cremona, hingegen werden Anregungen von Leonardo da Vinci aufgegriffen. Blumen, Früchte, leblose Gegenstände werden zu würdigen Sujets, nicht nur zum Training der Naturnachahmung, sondern auch und vor allem als Träger allegorischer, symbolischer oder moralischer Bedeutungen. Diese Tradition setzt sich in den Werken der lombardischen Künstler, die mit dem Hof Rudolfs II. verbunden sind (Arcimboldo, Figino) und – dank der Sammeltätigkeit von Aristokraten – noch in der Malerei des 17. Jh. fort. Die Definition des Genres durch ie Kunstkritik erfolgt erst viel später, und damit hängt wohl auch die unterschiedliche Terminologie zusammen: Im mediterranen und katholischen Europa spricht man, übersetzt in die jeweilige Sprache, von *Natura morta*, »toter Natur«, in den nördlichen und protestantischen Ländern sind »Stillleben« gebräuchlich.

▼ Jacopo de' Barbari, *Stillleben mit Rebhuhn, Eisenhandschuhen und Armbrustbolzen*, 1504, München, Alte Pinakothek.

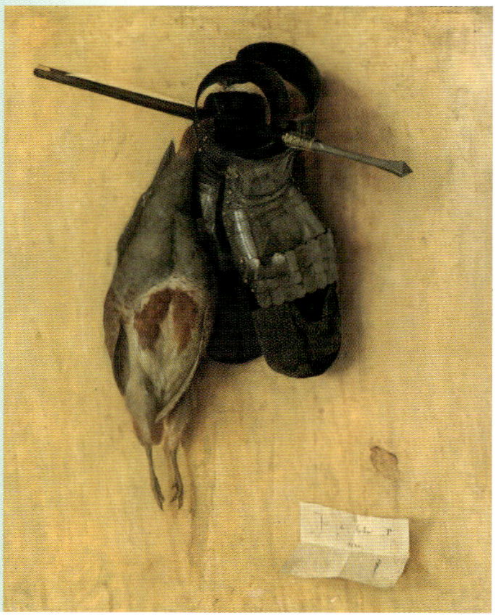

Giovanni da Udine hat bei der Ausmalung der Loggien des Vatikans eng mit Raffael zusammengearbeitet; dieses Aquarell entstand im Zuge der formalen Ausarbeitung jenes großartigen Dekorationskomplexes.

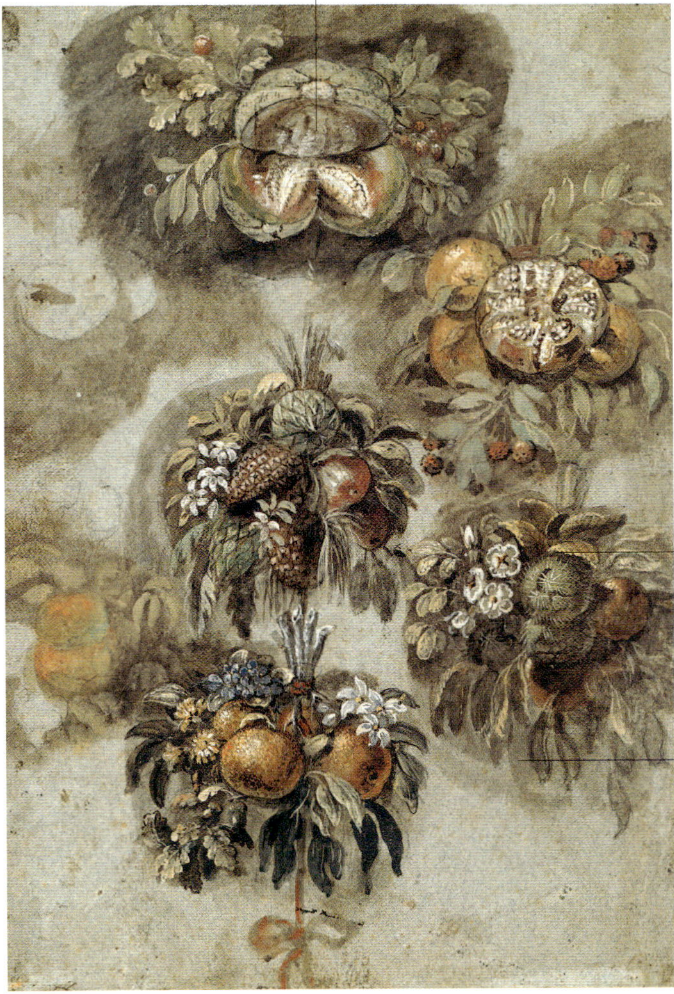

Die Darstellung von ungewöhnlichen Früchten wie Kastanien in ihren Schalen zeigt die große Freiheit in dekorativer und bilderfinderischer Hinsicht, die die Werkstatt Raffaels, ohne Zweifel eine der fortschrittlichsten des frühen 16. Jh., in den Loggien des Vatikan hatte.

Die Girlanden aus Blumen und Früchten, die von der antiken Dekorationskunst beeinflusst sein könnten, gewinnen zunehmend eine figurative Autonomie, die durch die Schatten noch gesteigert wird.

▲ Giovanni da Udine,
Zeichnungen für Blumen- und Fruchtgirlanden, 1520,
Wien, Graphische Sammlung Albertina.

Mit großer Phantasie führt Arcimboldo für den Hof von Rudolf II. von Habsburg seine »zusammengesetzten Köpfe« aus, ungewöhnliche Porträts, die aus gleichartigen Gegenständen und Tieren gebildet werden.

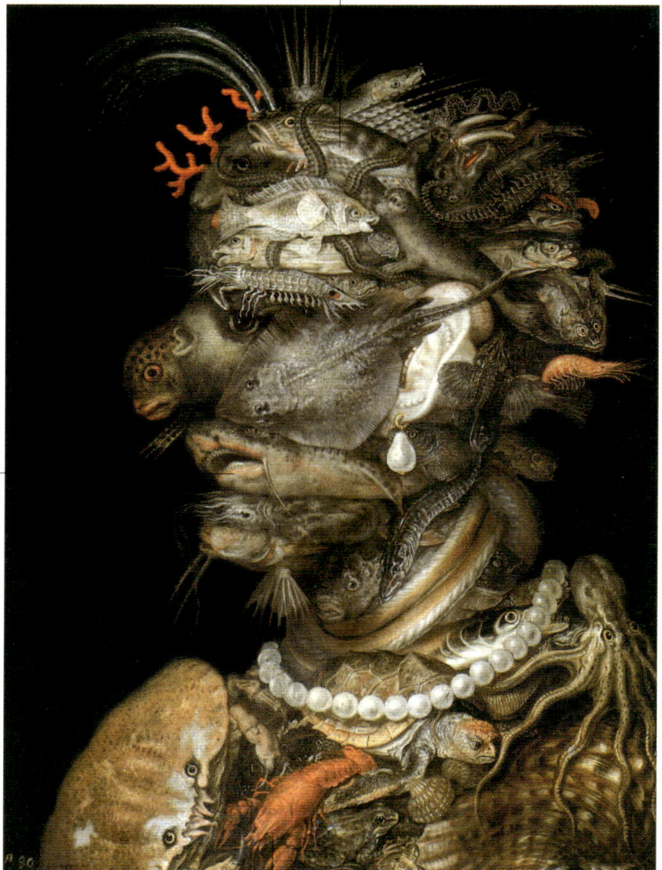

Manchmal entsprechen die natürlichen Merkmale der Elemente, aus denen das Porträt zusammengesetzt ist, der dargestellten Anatomie; so dienen hier die großen Kiefer des Hais zur Darstellung des Mundes.

Die Wirksamkeit der Köpfe Arcimboldos (und das macht den Unterschied zu den oft unsicheren Werken der Kopisten aus) beruht auf der großen Qualität und formalen Dichte, die von einer genauen und intensiven Beobachtung der natürlichen Wirklichkeit ausgeht und diese als neues Sujet für die Kunst nimmt.

▲ Giuseppe Arcimboldo,
Das Wasser, aus dem Zyklus
Die vier Elemente, 1566,
Wien, Kunsthistorisches Museum.

Die biblische Szene des Besuchs Jesu im Haus von Maria und Marta ist weit in den Hintergrund gerückt. Im Vordergrund wird ein prächtig gemaltes Stillleben präsentiert.

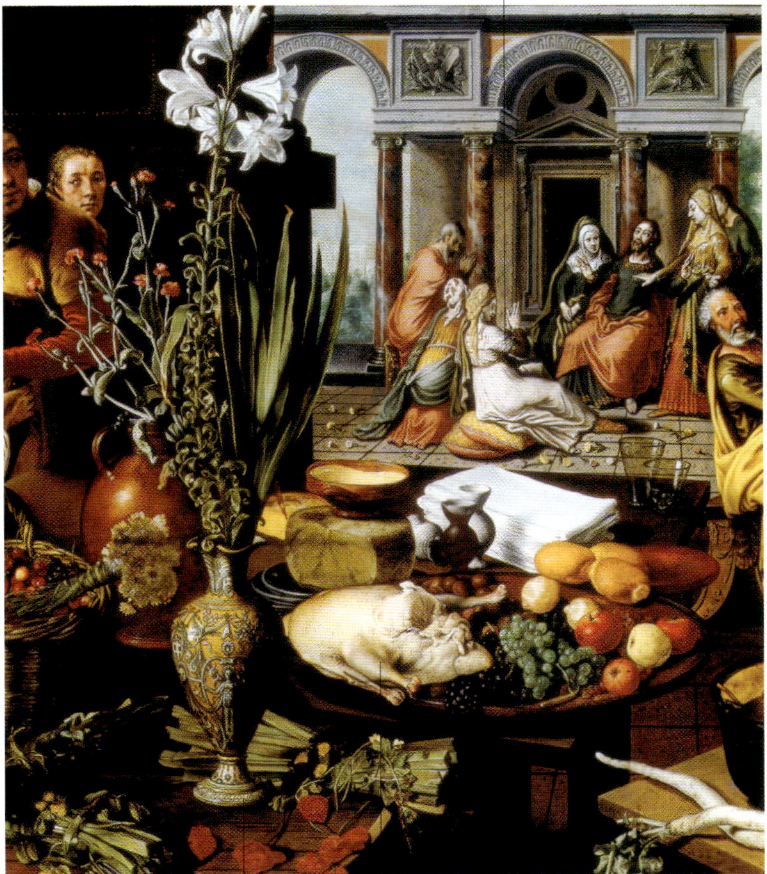

Besonders kunstvoll ist die Vase mit den Blumen gemalt; ein Detail, das in den kommenden Jahrzehnten zu einem autonomen Bildgegenstand wird.

Das große Tablett mit den festlichen Speisen hat vermutlich symbolische Bedeutung, jedenfalls steht es im Mittelpunkt der Szenerie.

▲ Pieter Aertsen,
Christus bei Maria und Marta (Ausschnitt), 1553,
Rotterdam, Museum Boijmans Van Beuningen.

Dieses kleine Bild aus der Lombardei ist aufgrund eines preisenden Sonetts in die frühen 1590er Jahre datierbar; es ist eines der ersten autonomen »Stillleben« und wenige Jahre vor denjenigen Caravaggios entstanden.

Der neutrale und dunkle Hintergrund wird im 17. Jh. zur Regel.

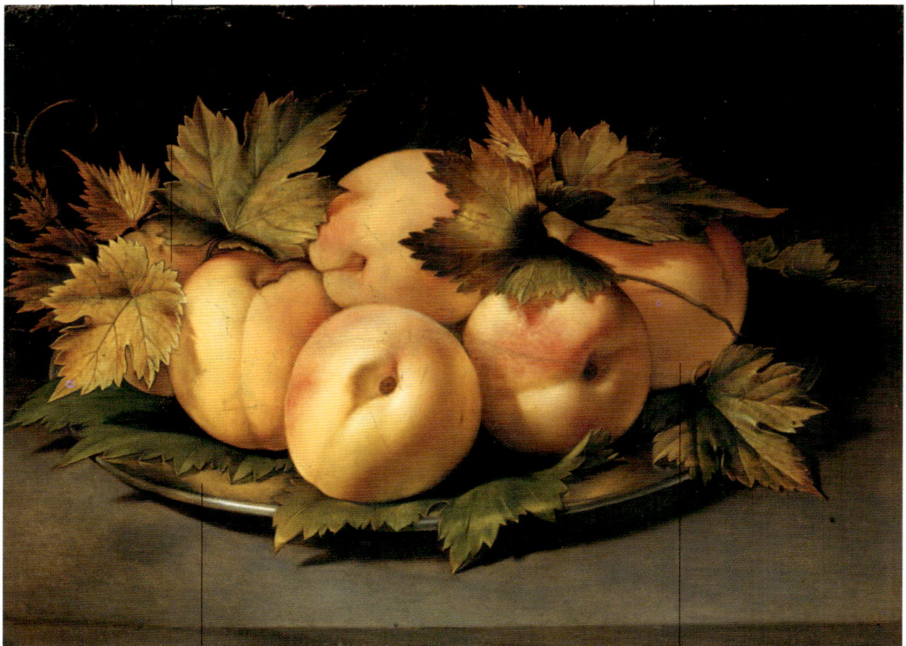

Die zarte Spiegelung der Früchte auf der Zinnplatte ist höchstwahrscheinlich eine Hommage an das von Leonardo da Vinci ein Jahrhundert zuvor im Letzten Abendmahl *gemalte »Stillleben«, das ebenfalls Speisen zeigt, die sich in einem Teller spiegeln.*

Die Darstellung von Licht und Schatten erfolgt mit großer Sorgfalt und Genauigkeit.

▲ Giovanni Ambrogio Figino, *Schale mit Pfirsichen*, 1591–94, Privatsammlung.

Der Apfel in der Mitte zeigt deutlich einen Wurmstich; zusammen mit den welken Blättern wird damit auf das moralische Thema der Vergänglichkeit von Schönheit und Reife (Vanitas) *angespielt.*

Der flächige gelbe Hintergrund lenkt die Aufmerksamkeit des Betrachters auf den Früchtekorb.

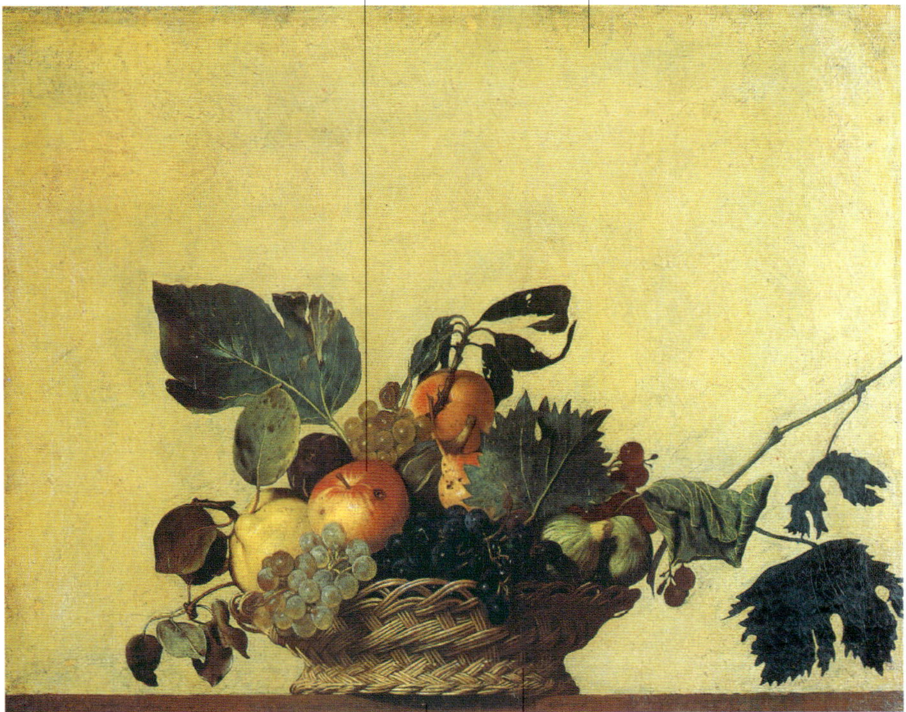

Das Bild wurde in Rom für Kardinal del Monte geschaffen, der es Federico Borromeo zum Geschenk machte, in dessen Sammlung (Pinacoteca Ambrosiana) es sich seither befindet.

Die Wiedergabe des Flechtwerks aus Weidenruten ist von einem erstaunlichen Realismus; mit einem Trompe-l'oeil-*Effekt ragt der Korb über die Bildkante hinaus.*

▲ Caravaggio,
Früchtekorb, 1596,
Mailand, Pinacoteca Ambrosiana.

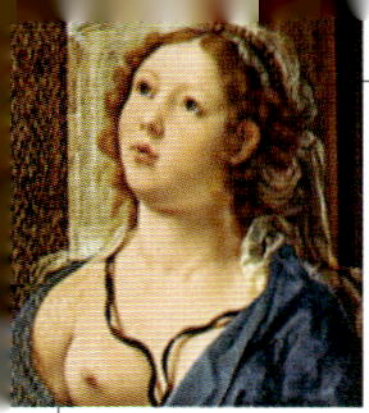

Von der Kleinbronze bis zu den kolossalen Reiterdenkmälern, vom Schmuckstück bis zu den Brunnenfiguren setzt sich Bronze als bevorzugtes Material für Skulpturen durch.

Bronze-Skulpturen

Siehe auch
Skandinavien, Augsburg, Nürnberg, Innsbruck, Kastilien, El Escorial, Antwerpen, Mailand, Fontainebleau, Florenz, Siena, Venedig

Cellini, de Vries, Giambologna, Vischer

Während Marmorskulpturen eine breite und feste Basis benötigen, ermöglicht Bronze die Herstellung von Skulpturen in virtuosen Haltungen, egal in welcher Größe. Dazu kam in der Renaissance der Symbolwert des Materials, nach dem der Bronze ein feierlicher Charakter eigen war, der sie für Denkmäler von Herrschern und berühmten Männern auf öffentlichen Plätzen besonders geeignet erscheinen ließ (exemplarisch sind in dieser Hinsicht die Reiterdenkmäler ab der Mitte des 15. Jh.), aber auch für »bürgerliche« Manifestationen wie Brunnen oder andere städtische Monumente. Eine der Folgen der Wiederentdeckung und des Studiums antiker Vorbilder ist die Entwicklung einer verfeinerten Gattung, der Kleinbronze. Produziert für den wählerischen und qualifizierten Sammler wird sie zu einem besonders gefragten Objekt, das in erfinderischer und technischer Hinsicht mit den monumentalen Bronzen vergleichbar ist. Die Sammeltätigkeit eines Kreises von intellektuellen Liebhabern regt die Künstler dazu an, nach preziösen ikonographischen, technischen und formalen Neuerungen zu suchen. Die Kleinbronze wird in der Hoch- und Spätrenaissance zu einem Laboratorium für Ideen im Bereich der Skulptur, und zwar sowohl bezüglich der technischen Ausführung, als auch bezüglich der Ausdrucksmöglichkeiten. Ab Mitte des 16. Jh. ist Bronze das bevorzugte Material für große öffentliche Werke, auch weil sie ohne größere Probleme den Unbilden einer Aufstellung im Freien standhält. So entstehen in ganz Europa Statuen, Denkmäler und figurenreiche Brunnen aus Bronze.

▼ Peter Vischer d. Ä., *Kniender Mann (»Astbrecher«)*, um 1490, München, Bayerisches Nationalmuseum.

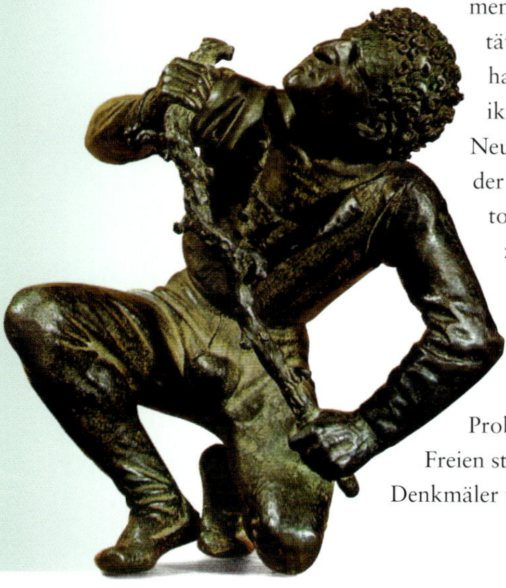

Auch Leone Leoni, Hofbildhauer der Habsburger, arbeitet mit dem Motiv der melancholischen Einsamkeit des Herrschers, das Tizian in der Malerei so meisterhaft eingesetzt hat.

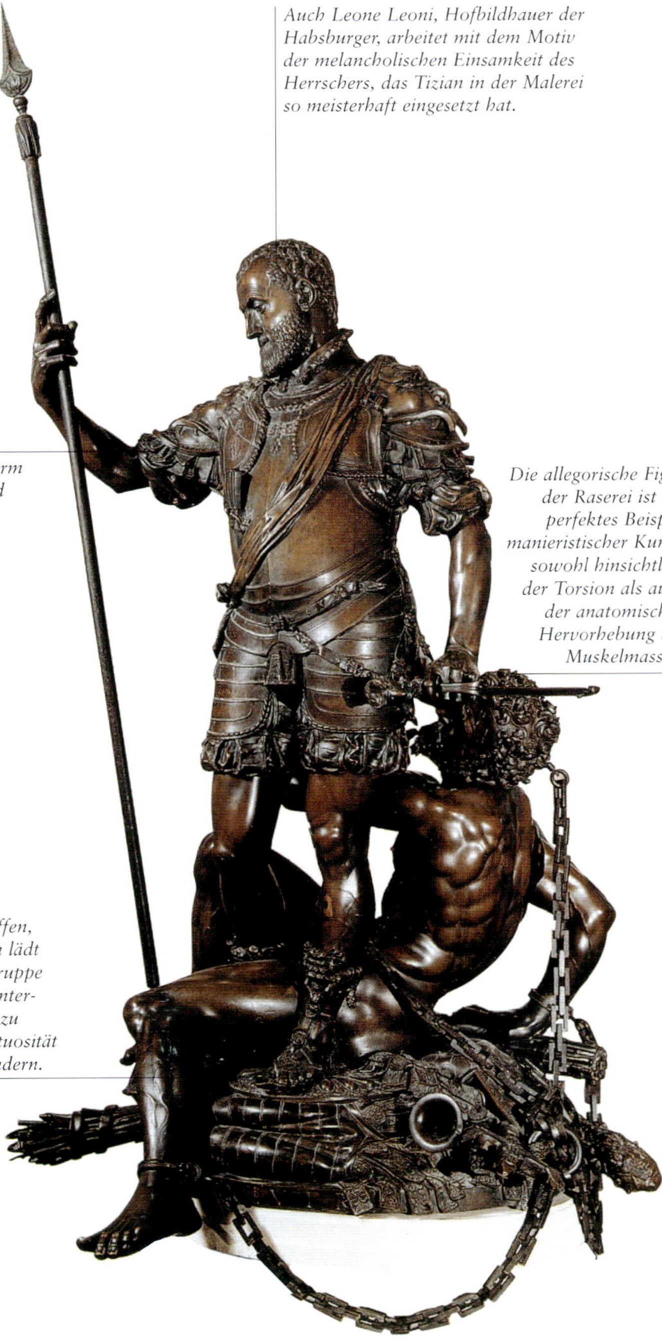

Dem erhobenen rechten Arm mit der Lanze in der Hand entspricht – gemäß dem klassischen Kontrapost – das zurückgesetzte Bein.

Die allegorische Figur der Raserei ist ein perfektes Beispiel manieristischer Kunst, sowohl hinsichtlich der Torsion als auch der anatomischen Hervorhebung der Muskelmassen.

Der runde Sockel mit Waffen, Harnischteilen und Ketten lädt dazu ein, die Skulpturengruppe zu umschreiten und aus unterschiedlichem Blickwinkel zu betrachten und so die Virtuosität der Ausführung zu bewundern.

▲ Leone Leoni, *Karl V. als Sieger über die Raserei*, 1549–55, Madrid, Museo del Prado.

Der zur Seite gedrehte Kopf ist ein Zugeständnis an den manieristischen Geschmack und deren Vorliebe für die Torsion des Körpers.

Die breiten Formen sind ein geradezu sprichwörtliches Attribut der Göttin.

Der Pfau ist das Symboltier der Göttin Juno; er erinnert an die mythologische Episode der Tötung ihres Wächters Argus: Die Göttin verwandelte ihn in einen Pfau, auf dessen Gefieder sie zum Gedenken an seine Treue seine 100 Augen »verstreut« hat.

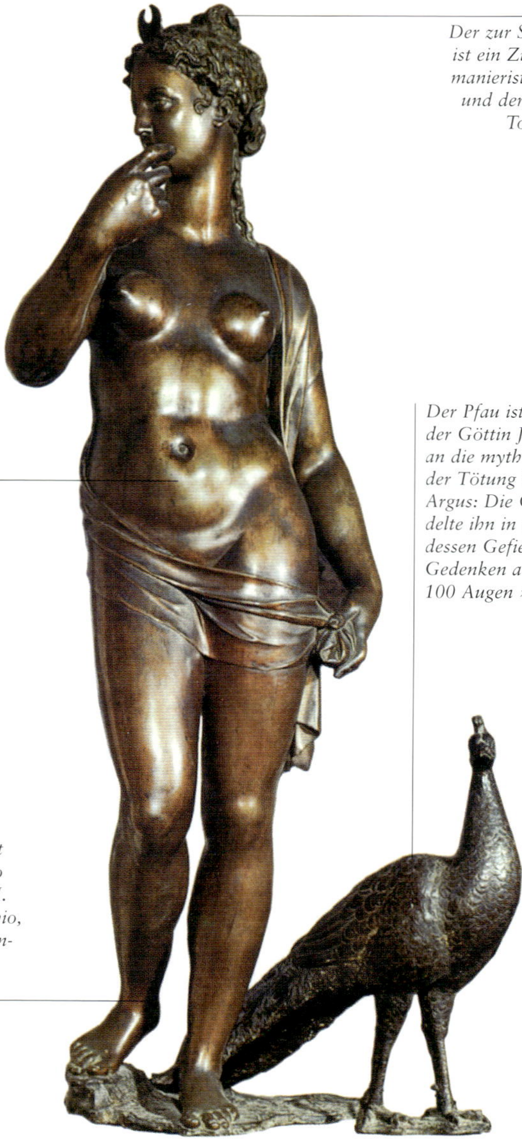

Die elegante Skulptur gehört zur Ausstattung des Studiolo von Großherzog Francesco I. de' Medici im Palazzo Vecchio, das ein wahrer Schrein florentinischer Dekorationskunst der 2. Hälfte des 16. Jh. war.

► Giovanni Bandini, *Juno*, um 1570, Florenz, Palazzo Vecchio, Studiolo Francescos I.

Die kräftigen Arme und die Muskeln des Oberkörpers lassen deutlich den Einfluss Michelangelos erkennen.

Die Statue ist ein elegantes und zugleich eindringliches Beispiel für den Kontrapost.

Es ist typisch für den Manierismus, dass Giambologna hier den stützenden Fuß hervorhebt, von dem die Bewegung der Figur ausgeht.

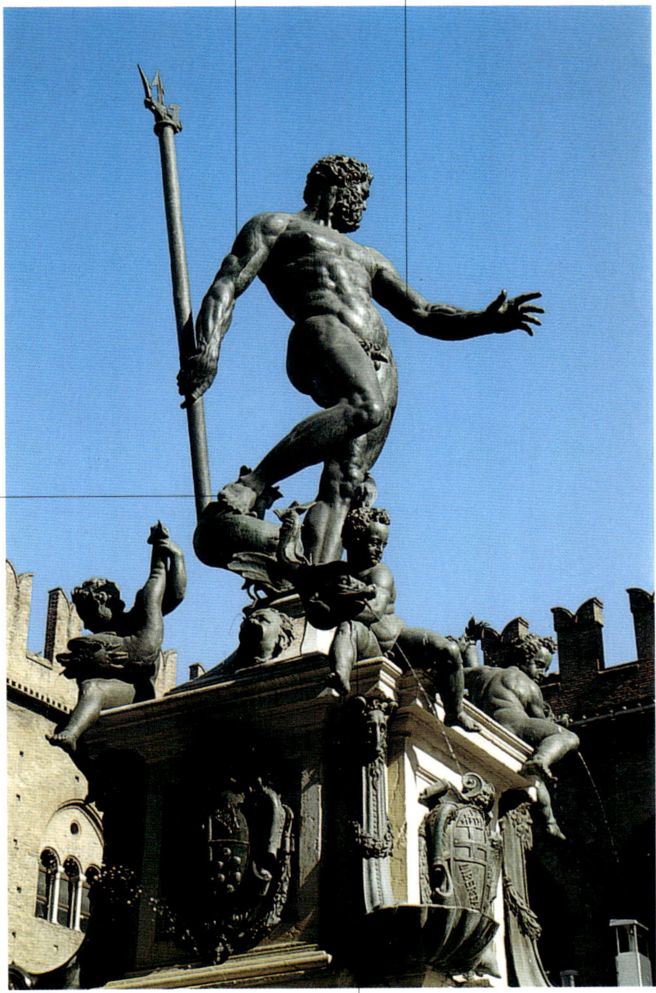

Der riesige Gott zieht alle Aufmerksamkeit auf sich, aber bezaubernd sind vor allem die kleinen Bronzen, Putten, Sirenen, Fische und andere Meeresmotive, die den Sockel schmücken.

▲ Giambologna, *Neptun-Brunnen*, 1563–67, Bologna, Piazza del Nettuno.

Die Gruppe wird durch die Figur Karl V. dominiert, des großen Kaisers, der auch nach seinem Tod noch häufig als Gegenüber seines Sohnes Philipp II. dargestellt wird.

Isabella von Portugal, die jung verstorbene Frau Karls V., verleiht der ein wenig geisterhaften Gruppe eine schöne melancholische Note.

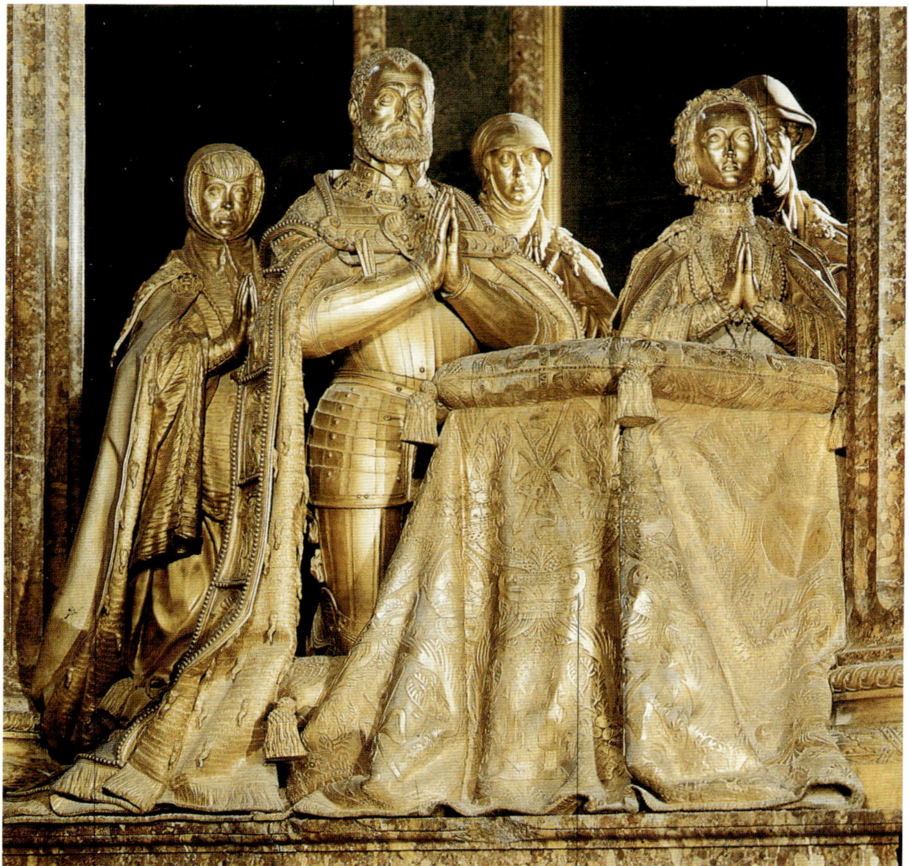

Pompeo Leoni führte wie sein Vater Leone ein turbulentes Künstlerleben; 1556 übersiedelt er nach Spanien.

Die Personen der königlichen Familie sind vor einem Altar kniend dargestellt, der ebenfalls aus vergoldeter Bronze geformt ist; gegenüber hat Pompeo Leoni eine ähnliche Gruppe, mit Philipp II., seinen drei Frauen und seinem Sohn geschaffen.

▲ Leone und Pompeo Leoni,
Gruppe der Familie Karls V.
in vergoldeter Bronze, vollendet 1593,
El Escorial, San Lorenzo e Real.

Die vornehme und ruhige Gestalt des auferstandenen Christus entspricht antiken Vorbildern.

Die kleinen Engel haben eine ähnliche Position und Funktion wie die Putten eines heidnischen Brunnens, was die grundsätzliche Austauschbarkeit der Figurentypen bestätigt.

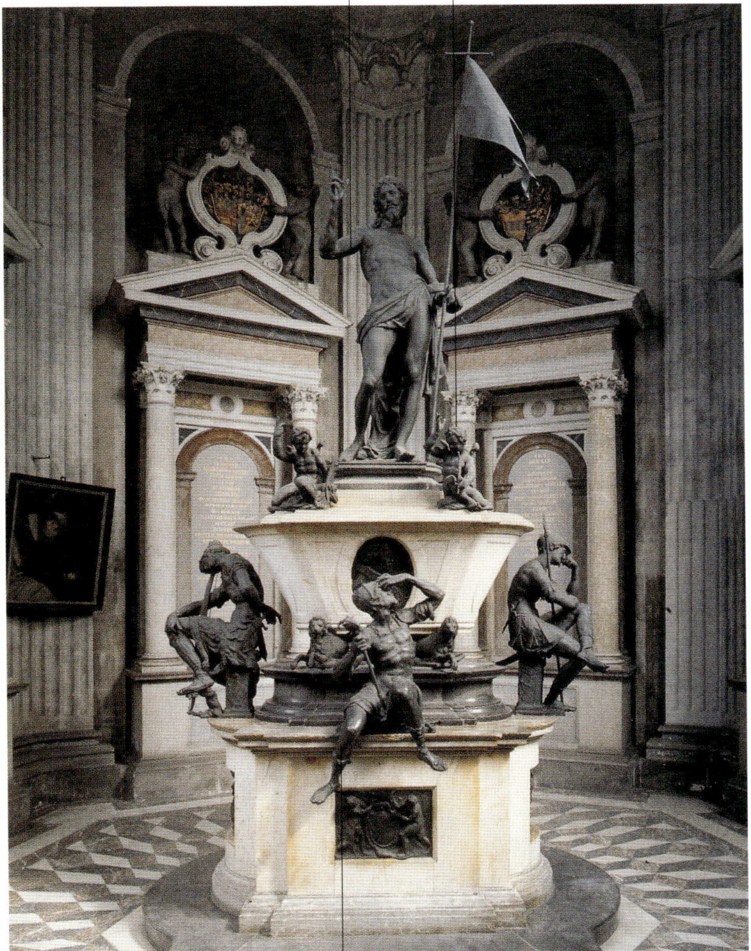

▲ Adriaen de Vries, *Auferstehung Christi*, vollendet 1620, Stadthagen, Mausoleum der Grafen und Fürsten von Schaumburg-Lippe.

Die Soldaten am Sockel des Grabmals bieten eine Art Musterkollektion zur Figura serpentinata, *der »schlangenlinienförmig« bzw. spiralförmig gewundenen Figur, die im Material Bronze besonders gut zur Geltung kommt.*

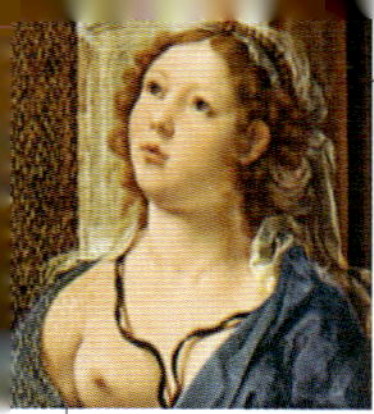

In der 2. Hälfte des 16. Jh. findet eine neue Kunstgattung rasch Verbreitung, der »Gelehrtengarten« mit Pavillons, Skulpturen, Brunnen und künstlichen Grotten.

Gärten, Grotten, Brunnen

Siehe auch
Skandinavien, Bayern, Fontainebleau, Loire-Schlösser, Rom, Florenz

de Vries, Giambologna

Der architektonische Garten der ausgehenden Renaissance ist ein zauberhafter und verschwiegener Ort, in dem Natur und Kunst ineinander übergehen. Seine Gestaltung ist geprägt von literarischen Bezügen und ausgesuchten Techniken, prächtigen Skulpturen und esoterischen Labyrinthen und von Grotten mit künstlichen Stalaktiten und Muschelinkrustationen. Die äußerst schwierige Instandhaltung und der Geschmackswandel der Eigentümer haben die Zahl der aristokratischen Gärten drastisch reduziert. Die Geschichte der Renaissancegärten beginnt mit dem »Giardino segreto« des Palazzo del Te, den Giuliano Romano für Federico Gonzaga schuf. Getrennt von den übrigen Gebäuden und den umliegenden Grünflächen gelegen, ist er mit Mosaiken einer künstlichen Grotte und Fresken mit ovidischen Themen geschmückt. Von hier verbreiten sich Grotten und Wasseranlagen über ganz Europa: Es entstanden die »Grotten« in den Tuilerien in Paris mit den fabelhaften (fast ganz zerstörten) Keramikdekorationen von Palissy, der Grottenhof in der Münchener Residenz, die Wasserscherze des Markus Sitticus in Hellabrunn vor den Toren von Salzburg, das Nymphäum des Pirro Visconti für die Villa Lainate bei Mailand und später dann die Grotten des Palazzo Borromeo auf der Isola Bella im Lago Maggiore. Die bedeutendsten Schöpfungen liegen allerdings in Mittelitalien, wie zum Beispiel der Boboli-Garten in Florenz.

▼ *Höllenmaul,* »Bosco sacro« der Villa Orsini, um 1560, Bomarzo (Viterbo).

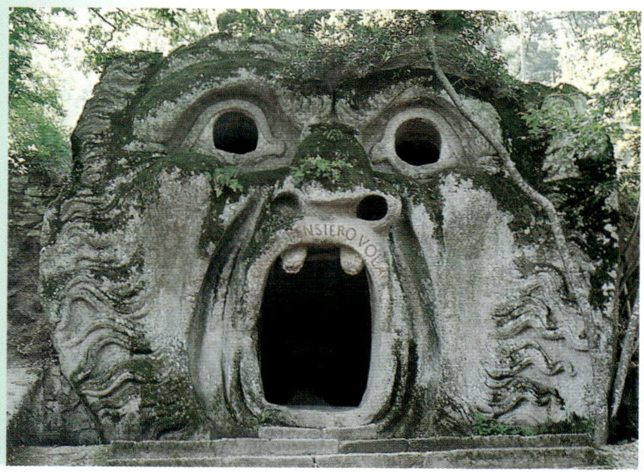

Von den unteren Teilen in Relief erfolgt ein gradueller Übergang zum freskierten Gewölbe mit ebenfalls pastoralen Motiven.

Die Grotte besteht aus einer Reihe von aufeinanderfolgenden Räumen, die mit mythologischen Skulpturengruppen geschmückt sind.

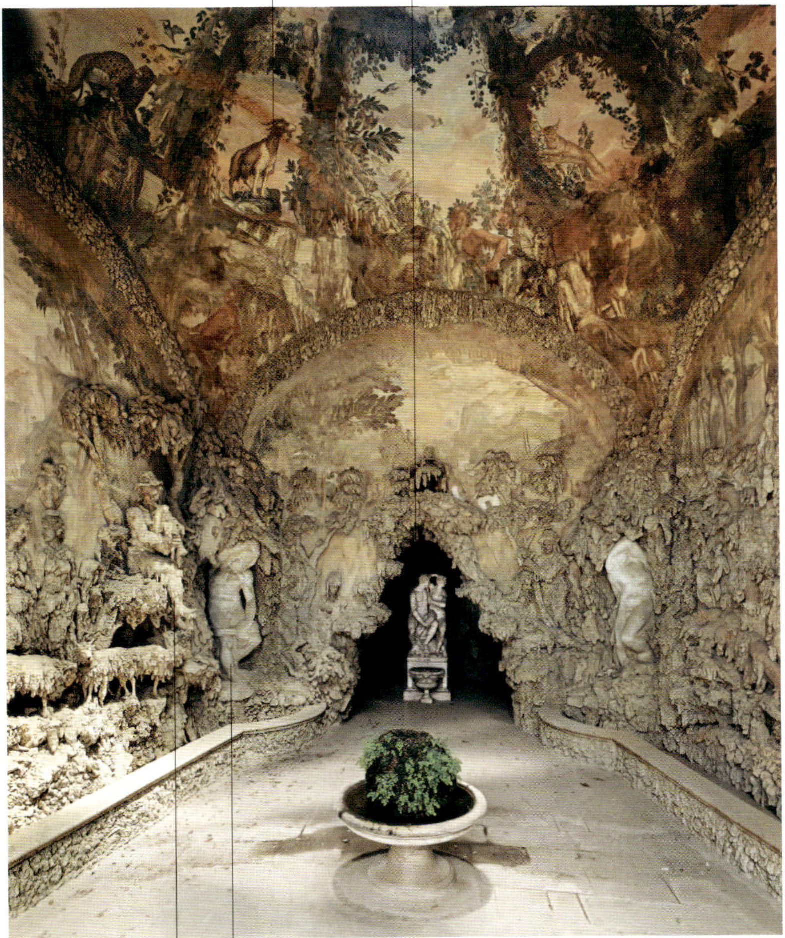

Zwischen künstlichen Felsen, Muscheln und weiteren Materialien ragen Figuren von Hirten und Herden aus den Wänden hervor, in zweideutiger Symbiose von Natur und Kunstwerk.

In den ersten Raum, der als Vestibül dient, hat Buontalenti die vier unvollendeten »Sklaven« des Michelangelo in den vier Ecken aufgestellt (die inzwischen durch Gipsabgüsse ersetzt wurden). Sie scheinen sich aus den Steinwänden herauszuwinden.

▲ Bernardo Buontalenti, *Grotte*, 1588, Florenz, Boboli-Garten.

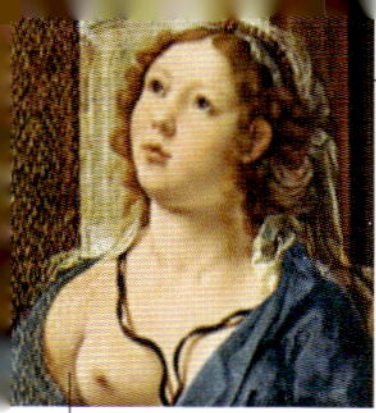

Mit dem Niedergang des humanistischen Optimismus wird die »ideale Stadt« zu einer Utopie; gleichzeitig entdeckt man die Faszination der Natur und des Lebens auf dem Land.

Villen und Wohnsitze auf dem Land

Die bedeutendsten Villen Palladios:
Villa Godi Valmarana, 1542, Lonedo di Lugo Vicentino; Villa Capra (»la Rotonda«), um 1555, Vicenza; Villa Pisani (»la Malcontenta«), 1555–60, Mira; Villa Barbaro, um 1560, Maser

Dichter und Schriftsteller feiern die Natur und das Leben auf dem Land. Während im österreichisch-deutschen Raum der Dichter Conrad Celtis das lyrische Pendant zur Malerei der Donauschule ist, die in die Magie der Büsche, Wälder und Flüsse eintaucht, entwickelt sich im Veneto des frühen 16. Jh. das Motiv der ländlichen Idylle, die Beschwörung einer lieblichen Harmonie, die Landschaft und Figuren einhüllt. Die großen Herrscher des frühen 16. Jh. projektieren Landresidenzen (Heinrich VIII. von England Hampton Court, Franz I. von Frankreich Fontainebleau) und regen damit die ehrgeizigen lokalen Herrscherhäuser zur Nachahmung an, etwa die Gonzaga, die den beispielhaften Palazzo del Te vor den Toren Mantuas in Auftrag geben. Das auffälligste Phänomen dieser Entwicklung ist die sog. Villenkultur des Veneto: Angesichts der Handelskrise im Mittelmeerraum haben viele venezianische Patrizier bäuerliche Latifundien auf dem Festland erworben. Die Bauten, die sie dort errichten, haben einen doppelten Zweck: Sie sollen dem Eigentümer ein angenehmes Wohnen ermöglichen und sind das wirtschaftliche und organisatorische Zentrum des Landguts. Die Villen Andrea Palladios sind ein Muster an Klarheit, klassischer Eleganz und der Balance von »nützlich« und »bequem« – so Palladio selbst im Traktat *I Quattro libri dell'Architettura* (1570) –, und sie werden über Jahrhunderte hin nachgeahmt.

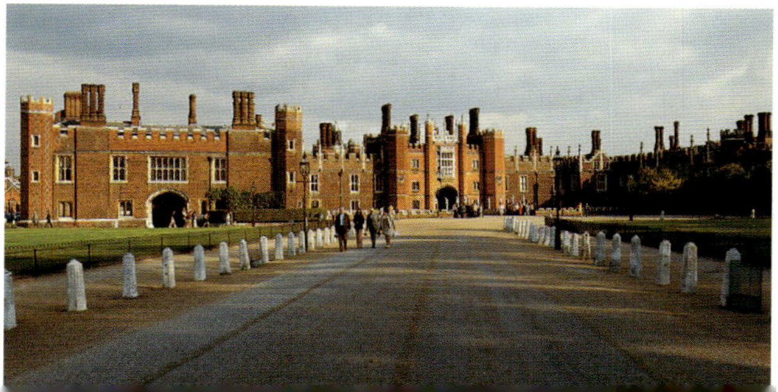

► Fassade des Königs-Palastes von Hampton Court, um 1515.

Die Villa ist tatsächlich alles andere als »rund«, sie ist allenfalls kubisch; aber der mittlere zylindrische Saal mit einer Kuppel, die ein wenig niedriger ist als geplant, mag den Beinamen rechtfertigen.

Die vier Fassaden der Villa sind völlig identisch, jede öffnet sich aber auf eine unterschiedliche landschaftliche Situation und bietet so eine unerwartete Variation der Szenerie.

Die vier hellen Vorhallen mit jeweils sechs ionischen Säulen erheben sich über hohen Treppen.

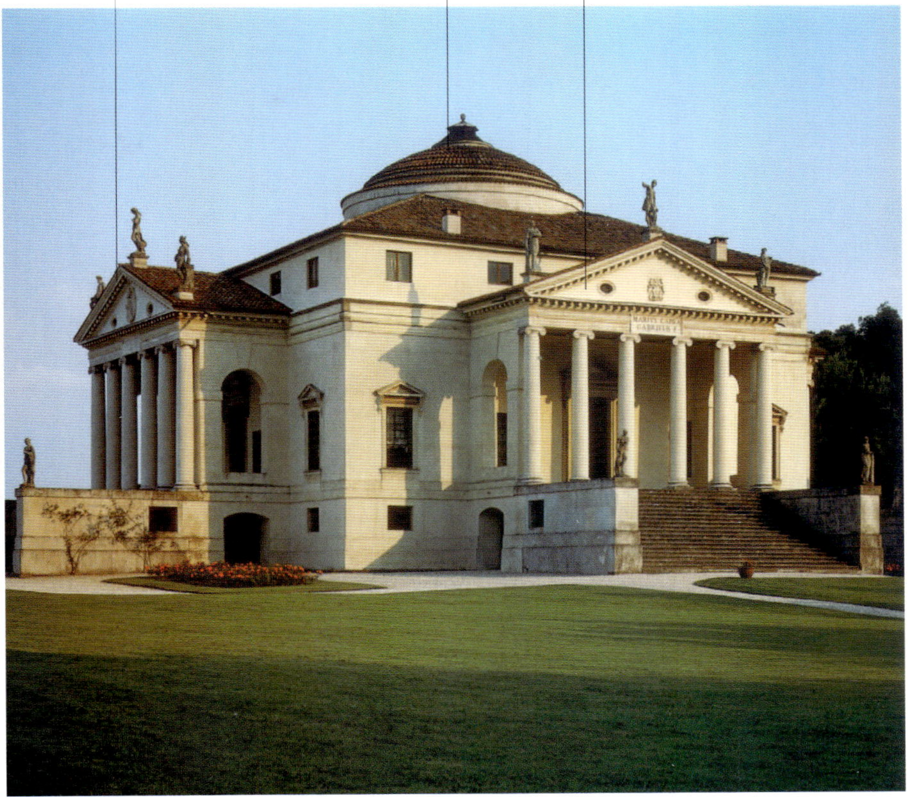

▲ Andrea Palladio,
Villa Almerico Capra, »La Rotonda«,
1555, bei Vicenza.

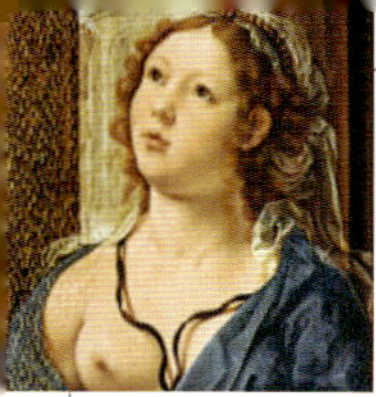

Die Bühnenkunst fasziniert Schriftsteller, Maler und Architekten: Es entstehen perspektivische Prospekte, monumentale Kulissen, und es werden Bezüge zum klassischen Theater hergestellt.

Theater

Siehe auch
Villen und Wohnsitze auf dem Land

Paris, London, Florenz, Venedig

Tintoretto

Seit Beginn des 16. Jh. sind Bühnenhintergründe und Festdekorationen für die Inszenierung von Komödien und Opernaufführungen dokumentiert, die von Malern ausgeführt werden. Auf den Architekten Baldassare Peruzzi geht die Verwendung perspektivischer Kulissen zurück, mit der schon bald nach 1510 begonnen wurde. Der Betrachter von Gemälden findet sich immer häufiger in der Position eines hypothetischen Theaterzuschauers, und manche Maler wie etwa Tintoretto stellen Szenen in einer Art Puppentheater auf, um Beleuchtungseffekte zu studieren. Die Theater selbst sind aber weiterhin provisorische Räume mit temporären Dekorationen. Sebastiano Serlio führt in seinem *Secondo libro di prospettiva* (1545) drei Typen von Bühnen an: die tragische und die komische Bühne und die Bühne für das Satyrspiel; die Stiche, die die Abhandlung illustrieren, werden zu einer unerlässlichen Quelle für Bühnenbildner und Maler. Höhepunkt der engen Beziehung zwischen Architektur und Theaterdekorationen ist das letzte Werk Andrea Palladios, das Teatro Olimpico, errichtet in Vicenza für die Aufführungen der Accademia Olimpica. Der Bau auf einem städtischen Platz ist das erste frei stehende Theater in der europäischen Architektur seit dem Ende der Antike. Palladio stirbt noch während der Errichtung, am 19. August 1580, das Theater wird fünf Jahre später eröffnet. Zu Ende geführt hat den Bau Vincenzo Scamozzi, der ein ähnliches Projekt in Sabbioneta für den Hof der Gonzaga ausgeführt hat (1588). In der selben Zeit arbeitet Bernardo Buontalenti in Florenz an Bühnendekorationen und Theater-»Maschinen« für die großherzoglichen Aufführungen.

▼ Sebastiano Serlio, *Perspektive*, 1515, Ferrara, Pinacoteca Nazionale.

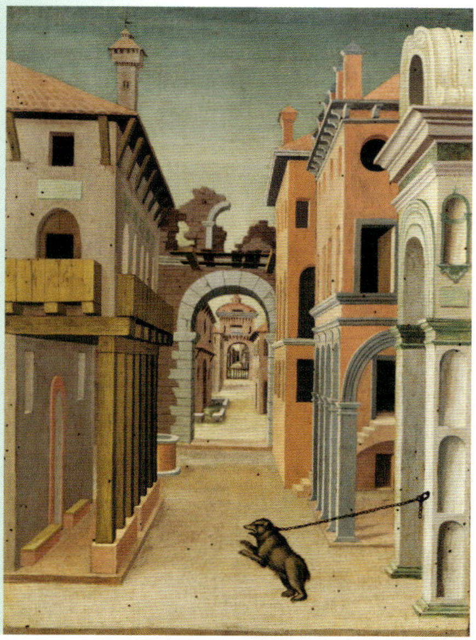

Die Diagonalperspektive erweckt den Eindruck einer Kulisse einer antiken Tragödie.

Die architektonische Inszenierung ist direkt den Schriften des Bühnenbildners Sebastiano Serlio entnommen, die ab 1540 in ganz Europa Verbreitung finden.

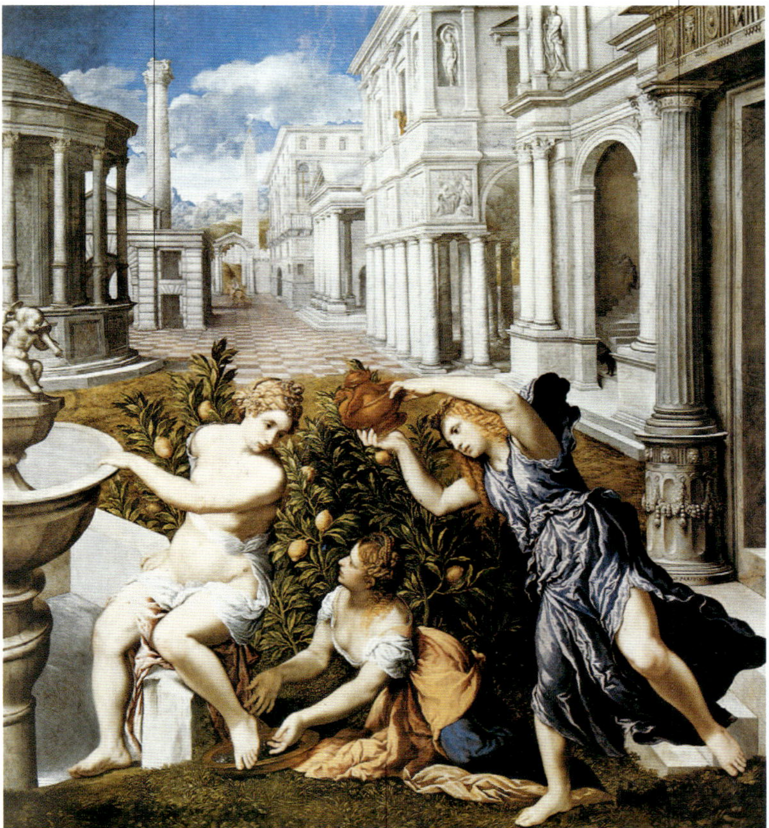

Die Figuren im Vordergrund »stellen« die biblische Episode »dar«, mit leicht forcierten Posen, als wollten sie die theatralische Komponente des Geschehens betonen.

▲ Paris Bordone, *Bathseba im Bade*, 1545, Köln, Wallraf-Richartz-Museum.

Das Theater wurde auf einem unregelmäßigen Gelände dicht an der Stadtmauer errichtet. Der Zuschauerraum ist halbkreisförmig, an der Decke befindet sich ein Fresko, das einen Himmel mit Wolken zeigt, während die Bühne eine Kassettendecke hat.

Der Bühnenhintergrund ist in steiler Perspektive illusionistisch erweitert. Das nach dem Tod Andrea Palladios von Vincenzo Scamozzi vollendete Theater wurde 1585 mit einer Aufführung des König Ödipus *von Sophokles eröffnet.*

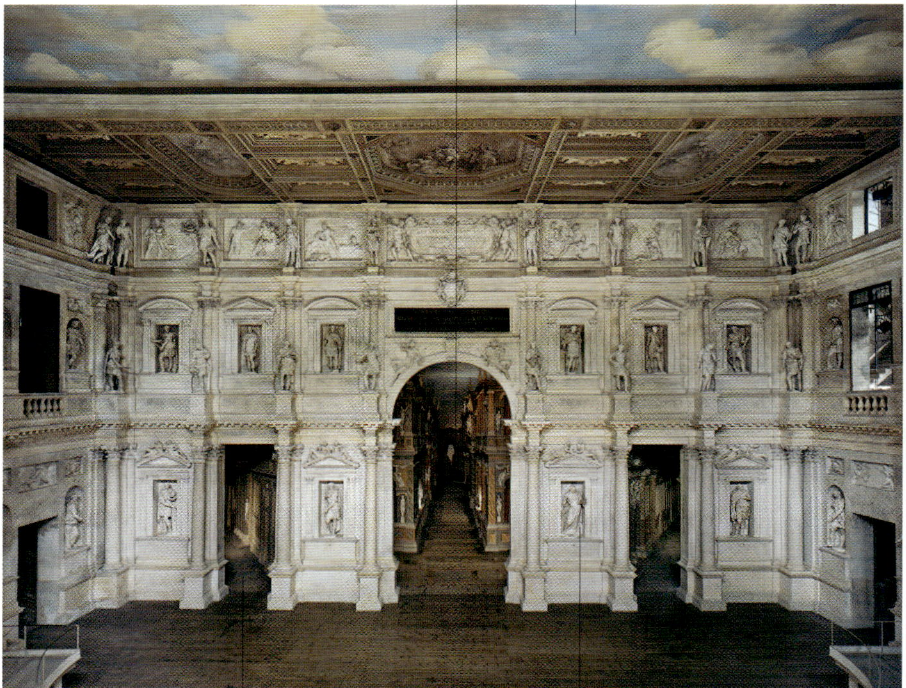

Die drei großen Öffnungen führen in perspektivisch fluchtende Bühnendekorationen, die die sieben Straßen der griechischen Stadt Theben andeuten, den Schauplatz der klassischen Tragödien.

Die ständige Frons scenae *ist ein eleganter Prospekt in drei Stockwerken. Das Teatro Olimpico, dessen Name auf die Accademia Olimpica als Auftraggeber des Baus verweist, ist das erste Gebäude dieses Typus seitdem Ende der Antike.*

▲ Andrea Palladio
(vollendet von Vincenzo Scamozzi),
Bühne des Teatro Olimpico, 1580–85,
Vicenza.

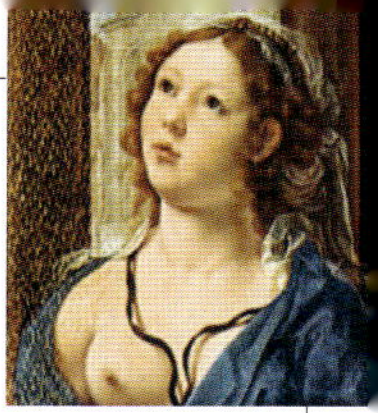

In den »Wunderkammern« werden Natur und Kunst zu einer Einheit verschmolzen, gegenläufig zur immer methodischeren Klassifikation der wissenschaftlichen Gelehrsamkeit.

Wunderkammern

Seit der Mitte des 16. Jh. werden in verschiedenen Städten Europas außergewöhnliche Sammlungen eingerichtet, in denen vom Menschen geschaffene Werke *(Artificialia)* in Beziehung zu wissenschaftlichen Funden *(Naturalia)* gesetzt werden. Beide zusammen werden in eigens dafür mit Kästen, Regalen und Behältern verschiedenster Art ausgestatteten großen Räumen ausgestellt. Sowohl die ganzen Sammlungen als auch die einzelnen *Mirabilia*, seien sie nun künstlicher oder natürlicher Art, erregen das Staunen und die Bewunderung der Besucher. Ein erster Anstoß zu dieser Sammeltätigkeit geht von der Entdeckung Amerikas aus, in deren Folge Tiere, Pflanzen, Mineralien und nie gesehene Manufakte in die Alte Welt gebracht werden und eine fast schon kraankhafte Begeisterung für Gegenstände aus »Indien« ausgelöst wird, die nicht zwischen Kunstwerken (wie den kostbaren Zeremonialgewänder aus Federn), Gebrauchsgegenständen oder Naturfunden von Muscheln bis zu Krokodilszähnen unterscheidet. Die Händler in den Häfen von London und Amsterdam bieten die interssantesten und wertvollsten *Exotica* an. Neben die »künstliche Natur«, die dem internationalen Manierismus so teuer ist, tritt die hartnäckige Suche nach fremden, seltenen, monströsen Naturgegenständen und es werden Kunstwerke und Goldschmiedearbeiten hergestellt, die als außergewöhnliche Manifestationen der Natur ausgegeben werden. Zu den großen Sammlern am Ende des Jahrhunderts gehören Kaiser Rudolf II. von Habsburg, Erzherzog Ferdinand II. von Tirol, die bayerischen Herzöge Wilhelm V. und Maximilian I. und der Großherzog der Toskana Francesco de' Medici.

Siehe auch
Prag, Bayern, Innsbruck, Brüssel, Mailand, Florenz

Arcimboldo, Cellini, de Vries, Heintz, Spranger

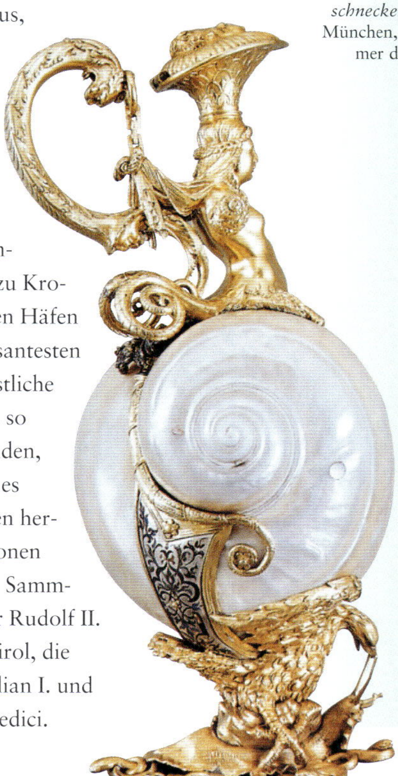

▼ Wenzel Jamnitzer, *Zierkanne mit Turboschnecken*, um 1570, München, Schatzkammer der Residenz.

Das weite Tonnengewölbe ist ein klassisches architektonisches Element. Koordinator der gesamten Ausstattung ist Friedrich Sustris, leitender Baumeister und Hofmaler am bayerischen Hof.

Die Ausschmückung folgt der Mode der Grotesken, die zu Beginn des 16. Jh. durch die archäologischen Funde in Rom ausgelöst wurde.

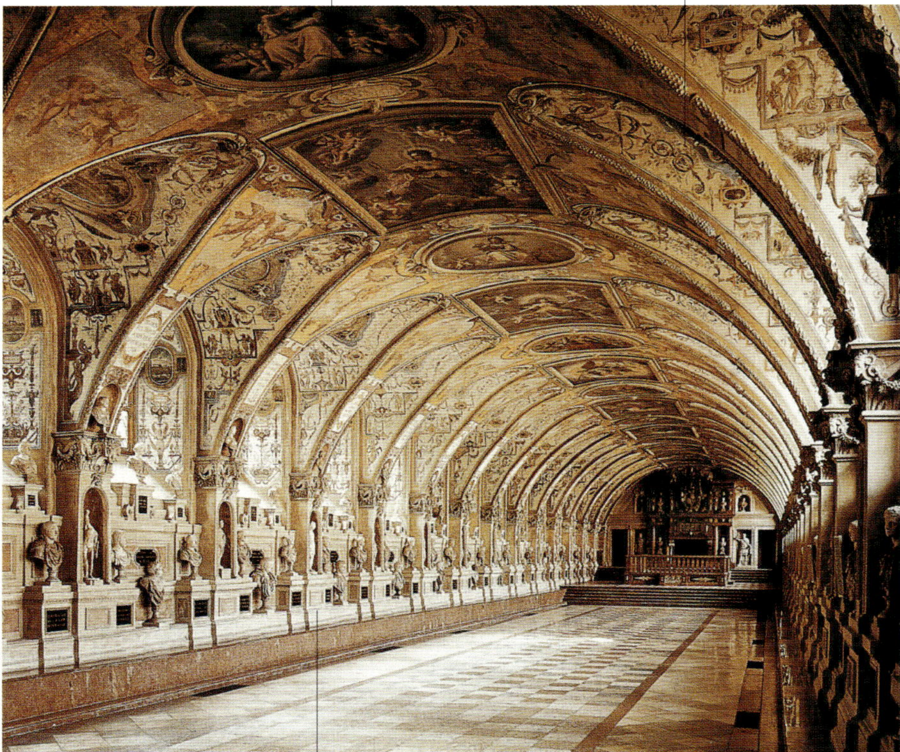

Entlang der unteren Wände wechseln sich Nischen und Sockel mit antikisierenden Büsten und Statuen ab, die teilweise aus buntem oder koloriertem Marmor bestehen.

▲ Friedrich Sustris
(beraten durch Jacopo Strada),
Antiquarium der Residenz München, ab 1576.

Die Statuette, die im Vordergrund präsentiert wird, taucht auch auf anderen Werken Lorenzo Lottos auf.

Für die Entwicklung der fürstlichen Sammlungen hat die Figur des »Antiquars« eine große Bedeutung. Als versierter Kunstkaufmann pflegt er Kontakte zu internationalen Händlern. Neben Venedig und Rom sind jetzt Antwerpen und London wichtige Umschlagplätze, an denen es interessante Gegenstände aus den neu entdeckten Ländern zu entdecken gibt.

Unter den Objekten, die der Antiquar und Sammler zeigt, finden sich auch Münzen, antike Fragmente und »moderne« Skulpturen.

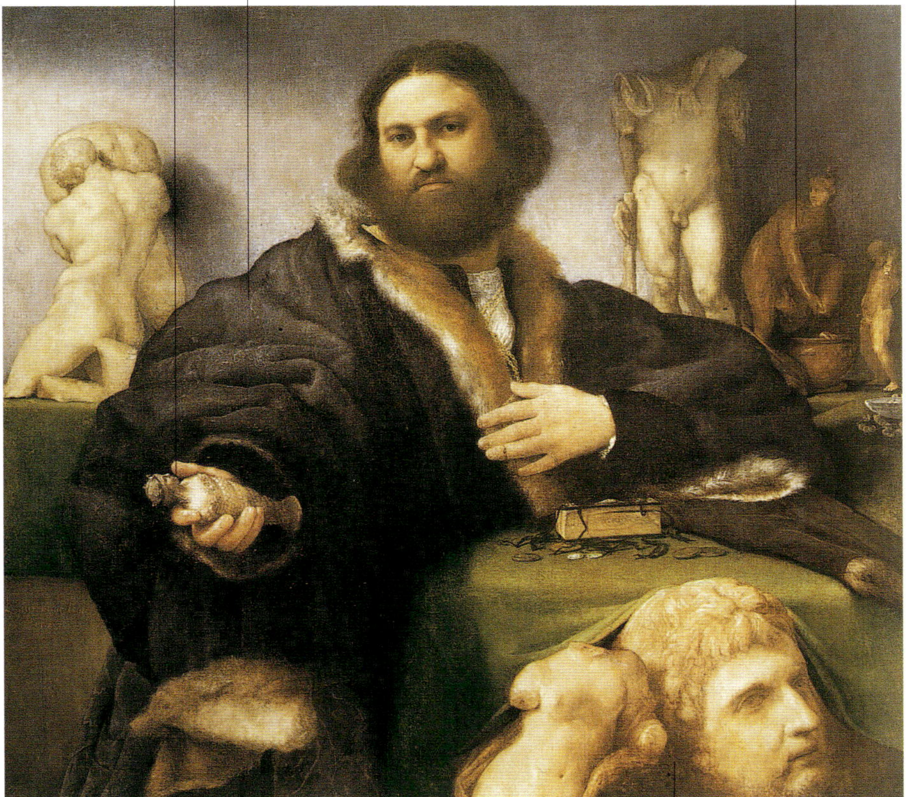

Fast überall liegen Statuen und antike Fragmente herum.

▲ Lorenzo Lotto,
Porträt des Andrea Odoni, 1527,
Hampton Court, Royal Collection.

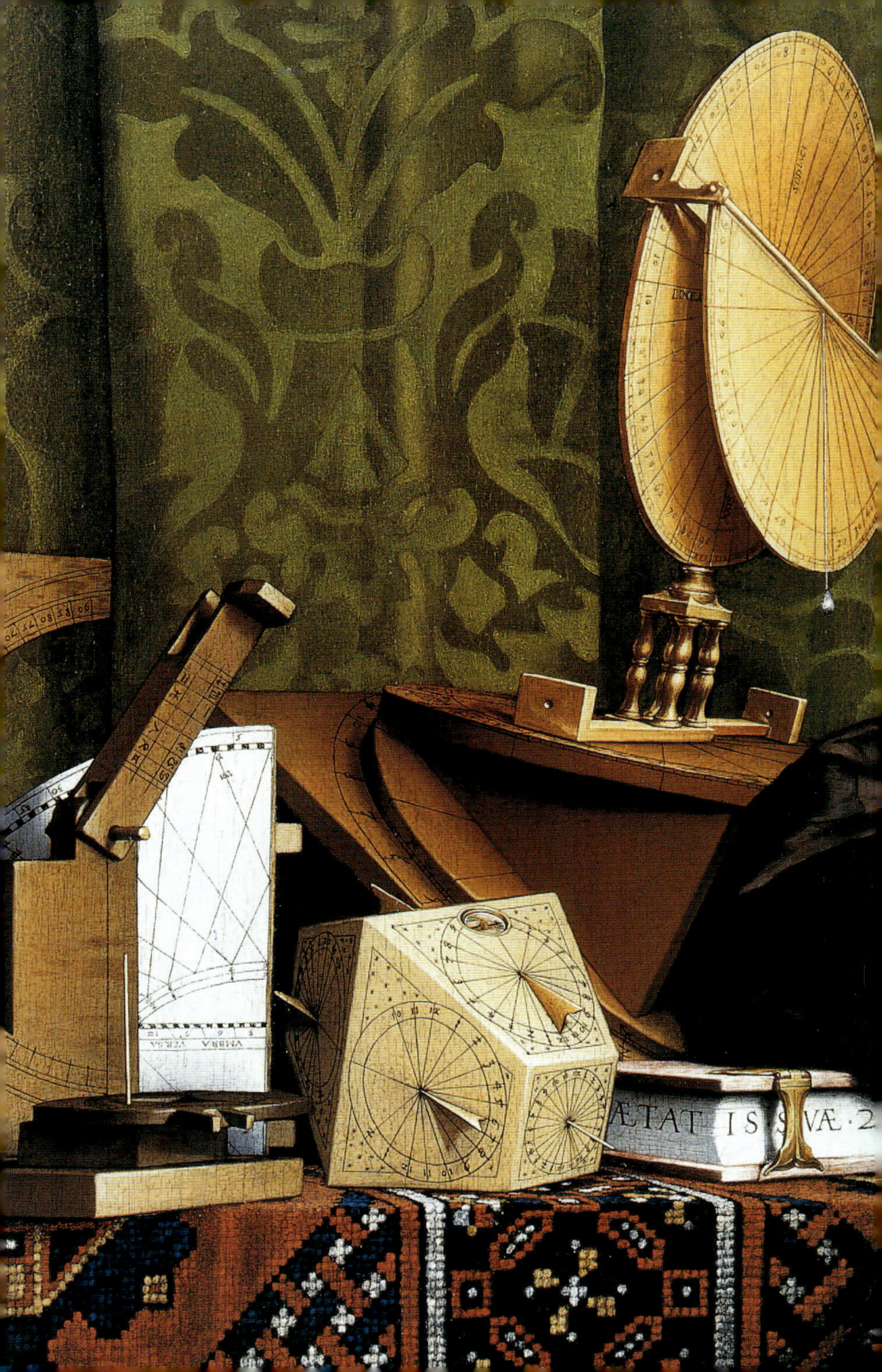
ÆTAT IS SVÆ 2

Die Orte

Nord-, Mittel- und Osteuropa und das Haus Habsburg

Skandinavien
Moskau
Krakau
Prag
Augsburg
Nürnberg
Bayern
Rheinland
Donauraum
Innsbruck

Spanische Linie des Hauses Habsburg

Kastilien
El Escorial
Andalusien
Antwerpen
Brüssel und Flandern
Niederlande
Mailand

Die Königreiche Frankreich, England und Portugal

Paris
Fontainebleau
Loire-Schlösser
London
Edinburgh
Lissabon

Italien

Rom 1500–1534
Rom 1534–1600
Florenz
Siena
Venedig
Lombardei
Mantua, Ferrara und Urbino
Genua

◄ Hans Holbein d. J., *Die Gesandten*, Ausschnitt mit wissenschaftlichen Geräten, 1533, London, National Gallery.

Nord-, Mittel- und Osteuropa und das Haus Habsburg

Skandinavien
Moskau
Krakau
Prag
Augsburg
Nürnberg
Bayern
Rheinland
Donauraum
Innsbruck

Während des 16. Jh. ist Nordeuropa das Zentrum der Reformation. Die historische und kulturelle Geographie erfährt hier eine Reihe gewaltiger Erschütterungen, die sich bis ins darauf folgende Jahrhundert auswirken. Die wichtigsten und bedeutsamsten Entwicklungen in der Kunst ereignen sich in Österreich in der Regierungszeit Kaiser Maximilians I. (1493–1518), am Übergang von der Spätgotik zum Humanismus, und später, nach der Teilung des Hauses Habsburg in eine Spanische und eine Österreichische Linie unter Kaiser Rudolf II. (1576–1612) in dem zur Residenzstadt erhobenen Prag, das ein Zentrum des internationalen Manierismus wird. Im Heiligen Römischen Reich mit seiner traditionell polyzentrischen Struktur verlagert sich die wirtschaftliche und kulturelle Achse: Die baltischen Hansestädte und die Hafenstädte entlang des Rheins verlieren an Bedeutung, während die Zentren im Süden in den Vordergrund treten, etwa Nürnberg, Augsburg und München, zu denen man (angesichts der engen wirtschaftlichen und künstlerischen Verbindungen) Krakau, die blühende Hauptstadt Polens, hinzufügen kann. Der Expansionsdrang der Türken verlangsamt die vielversprechende Entwicklung des Donauraums. Von höchster Bedeutung ist aber auch, was sich jenseits des Heiligen Römischen Reiches tut: Im Norden erlebt Skandinavien eine Phase dynamischer Entwicklungen, besonders was die konfliktbeladene Beziehung zwischen Dänemark und dem ehrgeizigen Königreich Schweden betrifft; im Osten begründet der zwar umstrittene, aber zweifellos faszinierende Zar Iwan d. Schreckliche die neue Macht Russlands und Moskaus.

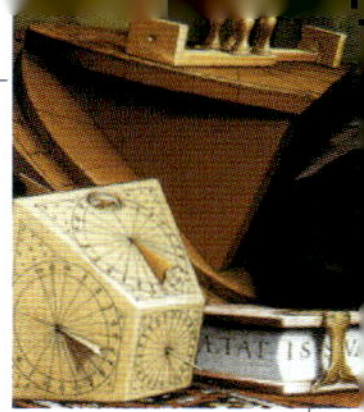

Allmählich treten die skandinavischen Länder auf die europäische Bühne. Wenn Shakespeare den Prinzen von Dänemark *zum Protagonisten eines Dramas macht, ist das nicht mehr exotisch.*

Skandinavien

Das 16. Jh. bringt für die nordischen Länder eine tiefgreifende politische Neuerung: das Ende der Kalmarer Union, in der die skandinavischen Königreiche Dänemark, Schweden und Norwegen seit 1397 vereint waren. Eine Ursache hierfür ist der allmähliche Niedergang der Hanse, der in wirtschaftlicher und politischer Hinsicht zu einer neuen Kräfteverteilung an der Ostsee führt. Eigentlicher Auslöser ist der Versuch des dänischen Königs Christian II., seine Herrschaft über Stockholm durchzusetzen. Die nationalschwedische Opposition setzt jedoch mit Gustav I. Wasa 1523 einen eigenen König ein und Schweden scheidet aus der Kalmarer Union aus. Dänemark hingegen knüpft das Band mit Norwegen noch enger. Dort besitzen die dänischen Könige riesige Jagdgebiete, in denen sie Residenzen im Stil der Zeit errichten. Die Architektur in Skandinavien bleibt lange Zeit spätgotischen Vorbildern und – was das Material betrifft – der lokalen Tradition verpflichtet. Zu einer bedeutenden Wende kommt es in Dänemark mit der Übernahme holländischer Vorbilder und der Errichtung von Gebäuden aus Ziegel- und Natursteinen mit den typischen Treppengiebeln.

1520: Schwedische Rebellion gegen König Christian II. von Dänemark unter Führung von Gustav Wasa
1523: Gustav Wasa wird zum König von Schweden gekrönt. In Dänemark wird Christian II. abgesetzt.
1536: Christian III. von Dänemark erklärt Norwegen zum Vasallenstaat Dänemarks; der norwegische Widerstand wird durch die Einführung der Reformation und die Absetzung des Erzbischofs Olav Engelbrektsson gebrochen.
1560: Tod Gustav Wasas
1561: Erik XIV., Sohn Gustav Wasas, verhindert die Eroberung von Reval (heute Tallinn) durch Zar Iwan d. Schrecklichen.
1587–99: Unter König Sigismund Wasa (zum Katholizismus konvertiert) Versuch der Vereinigung der Kronen von Polen und Schweden

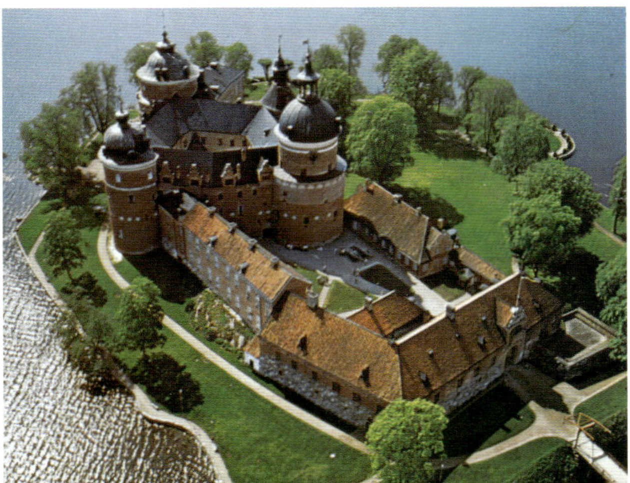

◄ Das schwedische Königsschloss Gripsholm, errichtet 1537 von Gustav Wasa am Ufer des Mälar-Sees.

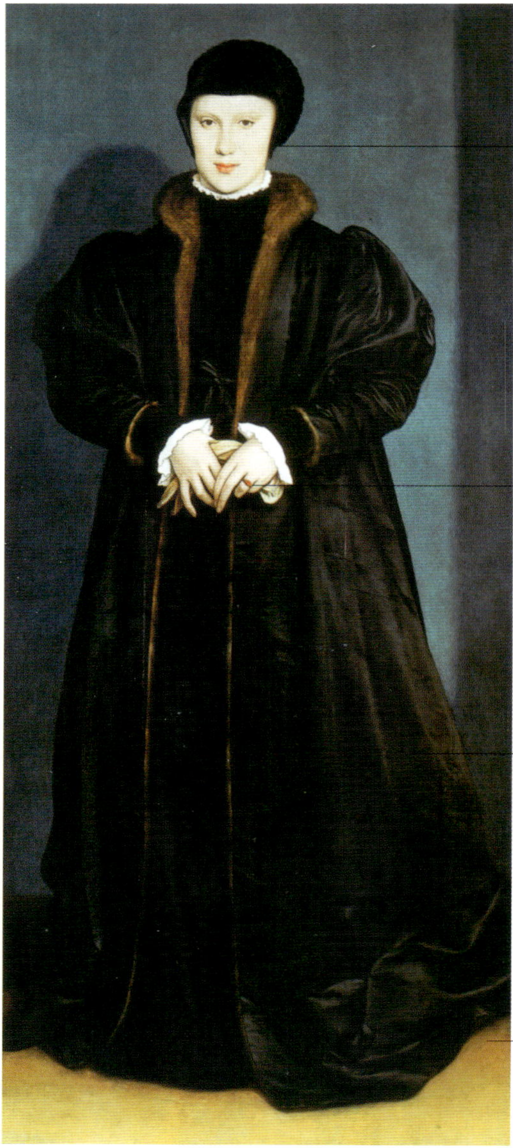

Nach dem Tod seiner dritten Frau Jane Seymour (Oktober 1537) hatte Heinrich VIII. die Absicht, Christina von Dänemark zu heiraten: Aus diesem Grund schickte er im März 1538 Hans Holbein nach Brüssel, damit dieser ein Ganzkörper-Porträt Christinas male, die damals 16 Jahre alt war und, da sie seit zwei Jahren Witwe war, noch Trauer trug.

Christina, die jüngere Tochter König Christians II. von Dänemark, war mütterlicherseits eine Nichte von Kaiser Karl V. Sie heiratete 1533 Francesco II. Sforza, den Herzog von Mailand, der jedoch schon zwei Jahre später starb. Christina wurde in ganz Europa gerühmt ob ihrer Sanftheit und ihrer wunderschönen Hände.

Die Sitzung dauerte nur drei Stunden: eine überaus kurze Zeit, die Holbein aber genügte, um die Züge des Mädchens in »vollkommenster« Weise in einem Porträt von eindringlicher Schlichtheit und Kraft festzuhalten.

Die Vermählung zwischen dem König von England und der Prinzessin von Dänemark hätte Nordeuropa eine neue politische Ordnung gebracht, aber die Hochzeit kam nicht zustande.

▲ Hans Holbein d. J.,
Bildnis der Christina von Dänemark, 1538,
London, National Gallery.

Der genaue, beschreibende Stil des Gemäldes, ein Werk eines ortsansässigen Künstlers namens Urban, ist noch von der Spätgotik geprägt.

In der arktischen Nacht zeichnen die Sterne geheimnisvolle Kreise: Dergleichen astronomische Ereignisse wurden zu Beginn des 16. Jh. mit fast schon krankhaftem Interesse beobachtet, auf der Suche nach geheimnisvollen Anzeichen für eine Zeit der »Umwälzungen«.

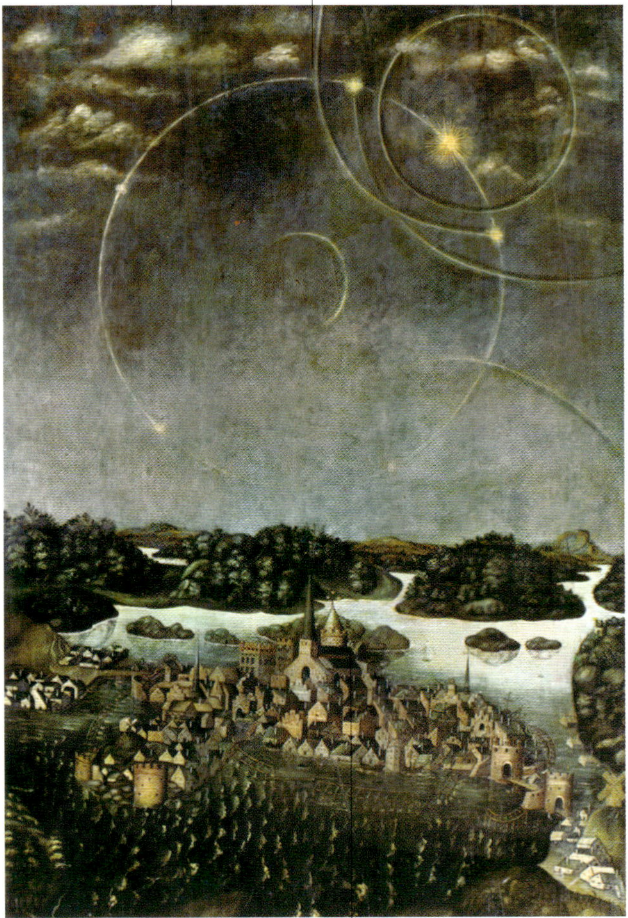

Die Stadtansicht »aus der Vogelperspektive« zeigt ziemlich genau das spätmittelalterliche Stockholm auf dem Archipel zwischen dem Mälar-See und dem Fjord.

▲ Meister Urban Malår,
Himmelserscheinungen über Stockholm, 1537,
Stockholm, Kathedrale.

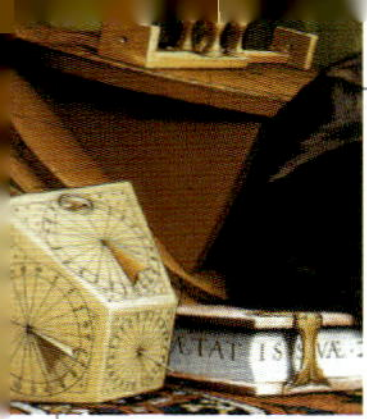

Für die Großfürsten von Moskau war die »Vereinigung der russischen Länder« Programm. Außerdem propagierten sie nach dem Fall von Konstantinopel Moskau als das »Dritte Rom«.

Moskau

1505: Wassili III. besteigt als »Alleinherrscher aller Russen« den Thron und veranlasst wichtige Bauten im Kreml.
1533: Iwan IV. d. Schreckliche wird Zar.
1552–61: Bau der Basilius-Kathedrale
1558–83: Krieg mit Polen-Livland und Schweden
1565: Iwan IV. richtet die berüchtigte Opritschnina als Machtinstrument zur Vernichtung der »Verräter« ein
1584: Tod Iwans IV., ihm folgt sein geistig behinderter Sohn Fjodor I.
1589: Moskau wird Patriarchat
1598: Boris Godunow, Regent für Fjodor, proklamiert sich zum Zaren

Nach dem Fall von Konstantinopel 1453 propagierten Metropoliten und Großfürsten gemeinsam Moskau als das »Dritte Rom« der Christenheit (in der Nachfolge von Rom und Konstantinopel als zweitem Rom). Moskau wurde zum Patriarchat erhoben, der Großfürst nahm den Titel »Zar der ganzen Rus« an. Unter Iwan IV. d. Schrecklichen (1533–84) wird Russland zu einer neuen, expandierenden Macht, deren Einfluss auf die europäische Politik von vielen Ländern von Skandinavien bis zum Balkan mit wachsender Sorge betrachtet wird. Iwan IV. vergrößert und konsolidiert die Macht der Zaren mit der blutigen Unterwerfung alter Stadtstaaten (1552 Kasan, 1556 Astrachan, 1570 Nowgorod) und der Eroberung des gesamten Wolga-Beckens. Der Sieg über die Tartaren Russlands, wurde mit dem Bau der Basilius-Kathedrale gefeiert. Sie wurde nicht nur zum Wahrzeichen Moskaus, sondern auch zum Symbol für einen russischen »National-Stil«, der sich vom westlich geprägten Stil der Kathedralen des Kreml aus dem 15. Jh. abhebt, die zum Teil von Aristoteles Fioravanti aus Bologna entworfen worden waren. Die Ikonenmalerei bleibt traditionell. Innenpolitisch führt Iwan IV. einen unerbittlichen und siegreichen Kampf gegen die Bojaren, den einflussreichen russischen Landadel. Sein Versuch, einen Ostseehafen zu erobern, wird von den Seestreitkräften Schwedens, Polens, Dänemarks und der vereinten Hansestädte vereitelt.

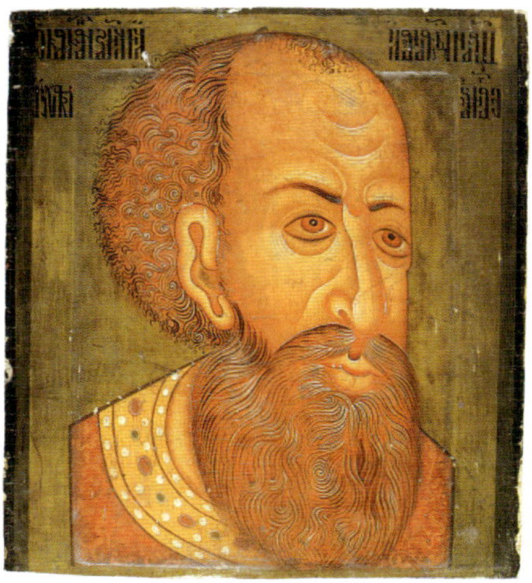

► Ikone mit dem Bildnis von Iwan d. Schrecklichen, um 1560, Kopenhagen, Statens Museum for Kunst.

Der mittlere, höchste Turm ist mit sich verjüngenden, übereinander liegenden Bögen verziert, wie es für die sakrale Architektur in Russland typisch ist.

Durch die vielen unterschiedlich hohen Kuppeln entsteht ein verwirrender Eindruck, aber der Grundriss des Gebäudes mit Kapellen um einen zentralen Gebetsraum ist relativ schlicht. Die Giebel, Zeltdächer und Zwiebeltürme sind von der traditionellen Holzarchitektur Russlands beeinflusst.

Die leuchtende Vielfarbigkeit, die zum hervorstechenden Merkmal der Basilius-Kathedrale geworden ist, geht erst auf das 17. Jh. zurück.

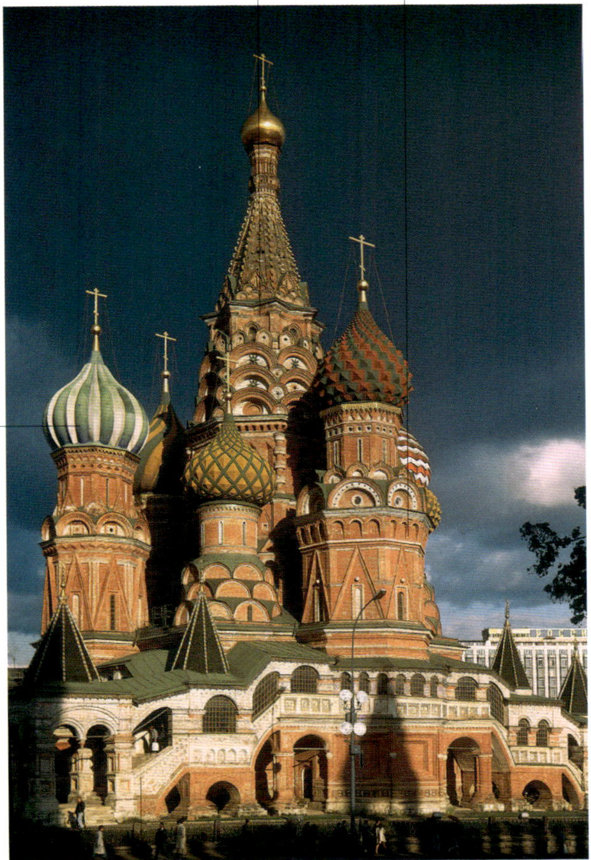

Die überdachte Treppe mit Bögen und Pavillons steigert die Großartigkeit des Bauwerks. Der offizielle Name der Kathedrale ist Mariä Schutz, Basilius-Kathedrale heißt sie nach dem »Gottesnarren« Wassili d. Seligen, einem der beliebtesten Heiligen der Stadt Moskau, der 1588 in der eigens angebauten Basilius-Kapelle der Kathedrale begraben wurde.

▲ Baumeister Barma und Postnik, Basilius-Kathedrale in Moskau, 1555–60.

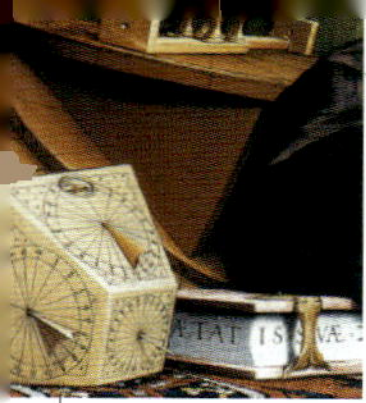

Das Krakau der Jagiellonen ist einer der ehrgeizigsten und prächtigsten Höfe Europas; bedeutende Aufträge gehen an italienische Bildhauer, flämische Tapisseriemanufakturen und deutsche Maler.

Krakau

1506: König Sigismund I. d. Alte, aus dem Haus der Jagiellonen besteigt den Thron.
1518: Sigismund heiratet in zweiter Ehe Bona Sforza, Tochter des letzten Herzogs von Mailand.
1525: Der letzte Hochmeister des Deutschen Ordens erkennt die Lehnshoheit der polnischen Krone an.
1548: Tod Sigismunds I., ihm folgt sein Sohn Sigismund II. August nach.
1551: In Krakau erscheint die erweiterte Auflage von *De Revolutionibus orbium coelestium* des Nikolaus Kopernikus.
1569: Lubliner Union, begründet die polnisch-litauische Adelsrepublik
1572: Mit dem Tod Sigismunds II. endet die Dynastie der Jagiellonen.
1579–81: König Stephan Báthory führt Krieg mit Russland, Eroberung von Livland
1596: Kirchenunion von Brest zwischen den orthodoxen Bischöfen des polnisch-litauischen Staates und der katholischen Kirche

Die Dynastie der Jagiellonen herrscht fast zwei Jahrhunderte lang, von 1386 bis 1572, über das Königreich Polen; faktisch ist es eine Erbmonarchie, obwohl die Krone von Polen und Litauen nominell ein Wahlamt ist. Während des 16. Jh. expandiert Polen nach Ostpreußen, und es werden mehrere Gebiete Litauens, Weißrusslands und der Ukraine dazu gewonnen. Polen erstreckt sich damit vom Baltikum bis zum Dnister und umfasst viele Sprachen und viele Glaubensrichtungen. Mit dem Tod von Sigismund II. August (1572) sterben die Jagiellonen aus. 1575 wird Stephan Báthory, Fürst von Siebenbürgen, zum König gewählt. Er wehrt sich mit brillanten Militärschlägen gegen den russischen Expansionsdrang. In Krakau zieht die namhafte Universität, aus der Kopernikus hervorgeht, zahlreiche Intellektuelle an. Die Säle im Königsschloss werden mit einer Sammlung flämischer Gobelins ausgeschmückt, der Dom wird um Skulpturen, Heiligenschreine, Gemälde und Grabplatten aus Bronze bereichert. Aus Nürnberg kommen Hermann Vischer, der begabteste der Söhne Peter Vischers, und Hans Dürer, der Bruder des großen Albrecht. Am bedeutendsten sind jedoch die Monumentalskulpturen: Nach der Rückkehr von Veit Stoß nach Nürnberg werden Anfang des Jahrhunderts die toskanischen Bildhauer Francesco Fiorentino und Bartolomeo Berrecci nach Krakau gerufen. Sie hinterlassen im Dom einige der glanzvollsten Beispiele der Renaissance-Bildhauerkunst.

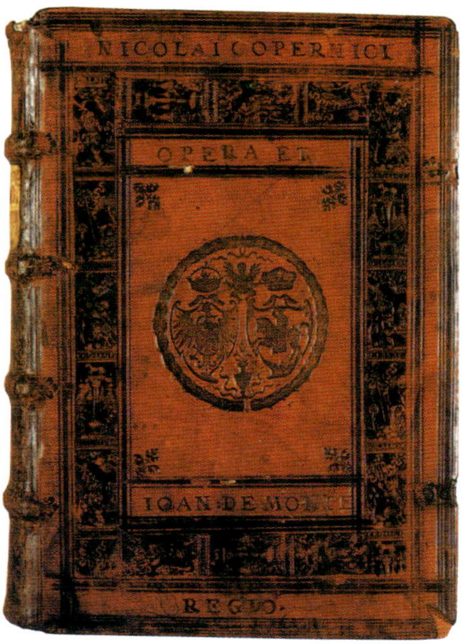

Die Sigismundkapelle gilt als eines der größten Meisterwerke der Renaissance nördlich der Alpen.

1574 wurde der Sarkophag von einem weiteren italienischen Bildhauer, Santi Gucci, überarbeitet und versetzt, um in der Kapelle auch für das Grab von König Sigismund II. Platz zu schaffen.

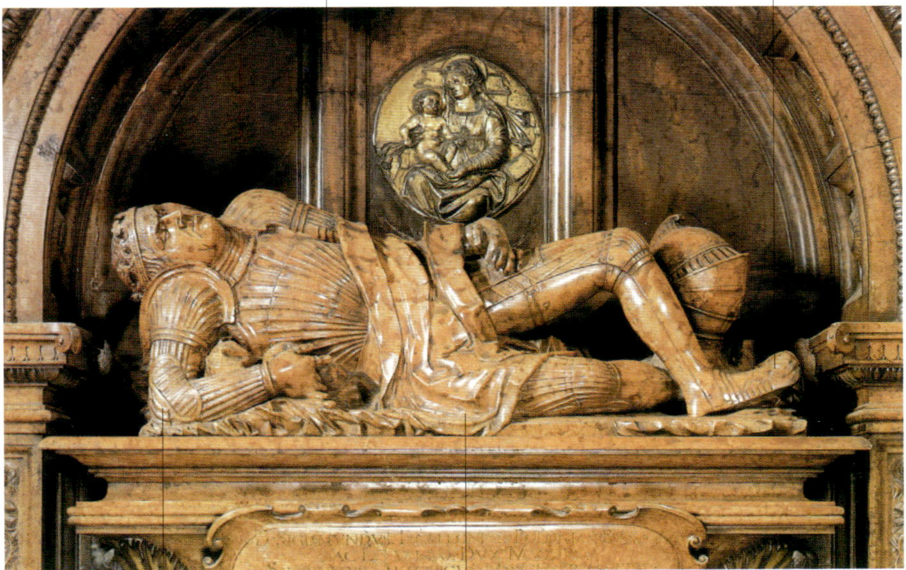

Die Statue aus rotem Marmor stellt den König im Schlaf dar, in einer Haltung, die den Eindruck vermittelt, er könne jederzeit wieder aufstehen.

Obwohl die Statue eine schwere Rüstung trägt, wie es der gotischen Tradition entspricht, weist sie Stilelemente der italienischen Renaissance auf. Aller Wahrscheinlichkeit nach ist sie das Werk des Toskaners Bartolomeo Berrecci, dem wahrscheinlich Giovanni Maria Padovano zur Hand ging.

▲ Bartolomeo Berrecci, *Liegefigur König Sigismunds I. d. Alten*, 1529–31, Krakau, Wawelkathedrale, Sigismundkapelle.

◀ Original-Einband der Abhandlung des Kopernikus *De revolutionibus orbium coelestium*, 1551 in Krakau erschienen, Krakau, Biblioteca Czartoryski.

Die naturalistischen Details der kleineren Tapisserien weisen ein außergewöhnliches botanisches und zoologisches Repertoire auf.

Besonders prächtig sind die Stoffe mit Landschaften und Tieren; sie wurden um 1560 in den Brüsseler Werkstätten von Nicolaes Leyniers und Jan van Tieghem gewirkt, nach Kartons, die in Antwerpen von Meistern aus der Werkstatt von Pieter van Aelst gezeichnet wurden.

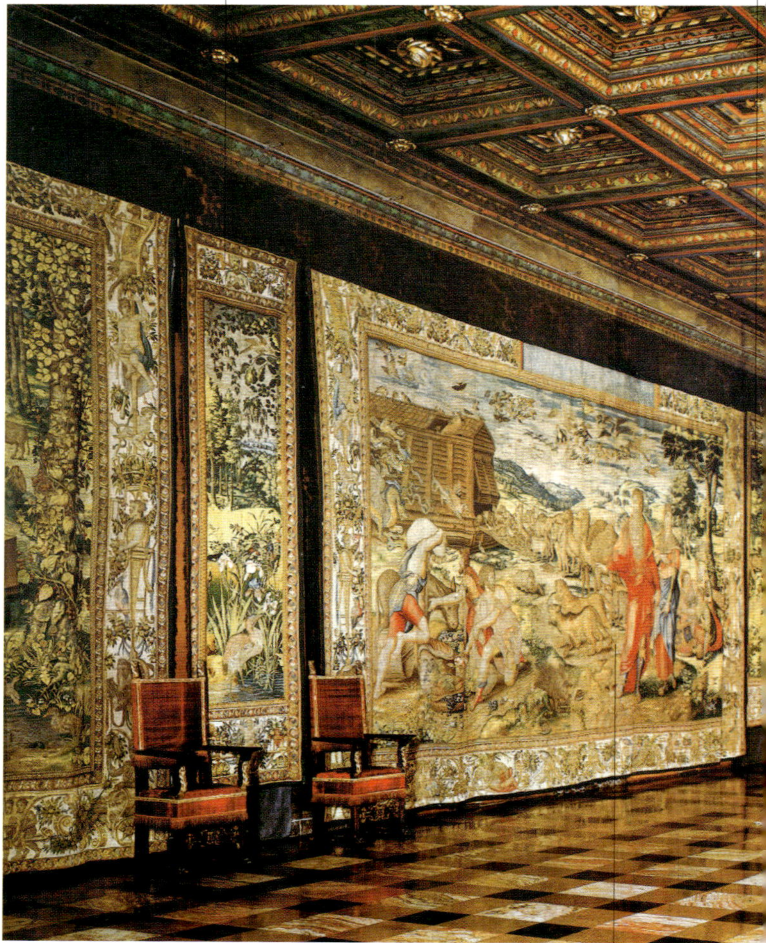

Die Hauptszenen, etwa 8 m breit, sind absolute Meisterstücke Brüsseler Webkunst, insbesondere der Werkstatt der Familie De Kempeneer. Die großen biblischen Geschichten basieren auf Entwürfen von Michael Coxcie.

▲ Senatorensaal, auch Thronsaal, Königsschloss auf dem Wawel, Krakau.

Das Königsschloss auf dem Wawel, errichtet neben der Krakauer Kathedrale, wurde auf Wunsch von König Sigismund I. d. Alten im Renaissance-Stil gebaut; Baumeister waren Francesco Fiorentino (1506), dann Benedikt von Sandomiersz und schließlich Bartolomeo Berrecci (1533).

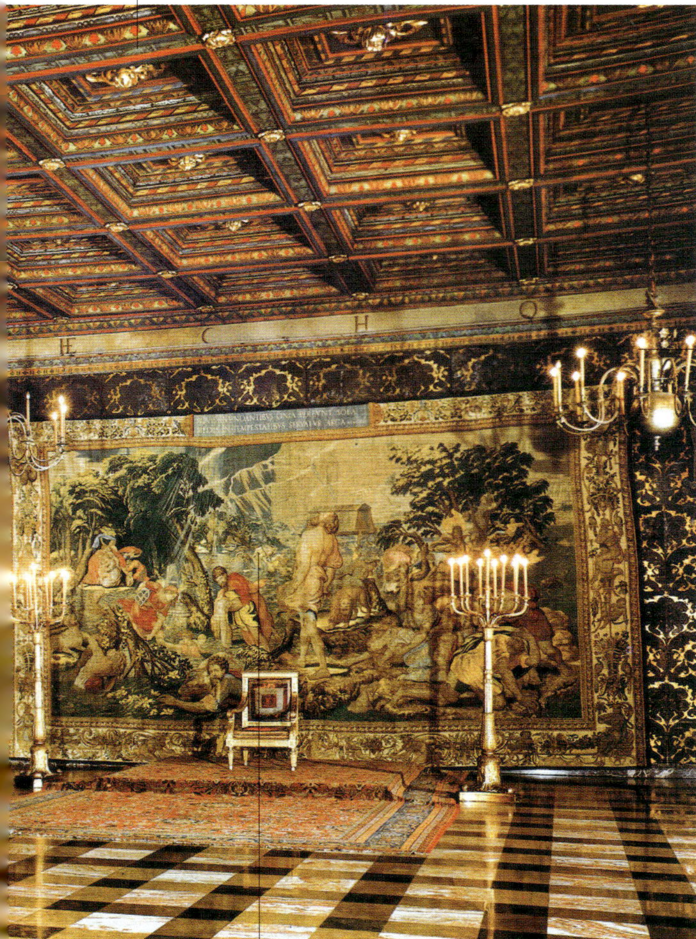

Die Tapisserien wurden eigens für das Schloss geschaffen, und ihre Maße den Wänden, die sie schmücken sollten, angeglichen.

Das Aussehen der Hauptsäle des Schlosses wird von der außergewöhnlichen Sammlung Brüsseler Tapisserien geprägt, die im Auftrag Sigismunds II. entstanden.

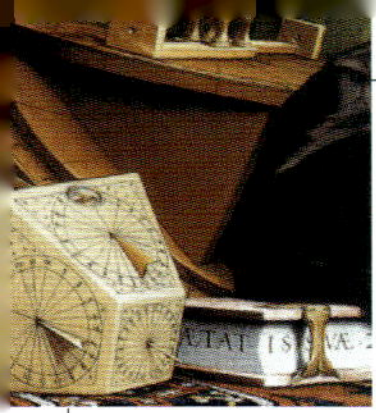

Unter Kaiser Rudolf II. wird Prag am Ende des Jahrhunderts das glanzvollste Zentrum Nordeuropas. Hier werden Bilder im Stil des internationalen Manierismus geschaffen.

Prag

1502: Benedikt Ried vollendet das Gewölbe des Wladislaw-Saals im Alten Königspalast.
1526: Ludwig I. fällt bei Mohacs gegen die Türken. Böhmen und Ungarn fallen im Erbgang an die Habsburger.
1526–64: Ferdinand I. von Habsburg ist König von Böhmen und Ungarn.
1538: Baubeginn des Belvedere, des ersten Renaissancebaus in Prag
1541: Ein Brand verwüstet die Malá Strana (Kleinseite).
1576–1612: Regentschaft von Kaiser Rudolf II. von Habsburg, er macht Prag wieder zur Hauptstadt des Reiches; Blüte des Prager Judentums mit Rabbi Löw

Das Jahrhundert beginnt mit der Fertigstellung der Säle des Alten Königspalastes in der Prager Burg durch Benedikt Ried, die noch im Stil der *Flamboyant*-Gotik gehalten sind. Auch in anderen Teilen des Königreichs (wie in Kutna Hora und in Brünn, wo Benedikt Ried und Anton Pilgram tätig waren) erlebt die Gotik zu Beginn des 16. Jh. ihre letzten Höhepunkte. 1526 fällt das Königreich Böhmen an das Haus Habsburg. In Prag, das nun nach Wien die zweitwichtigste Stadt ist, verdrängt die italienischen Renaissance allmählich die Gotik. Kaiser Rudolf II. verlegt seinen Hof von Wien nach Prag, das so wieder zur Residenzstadt des Reiches wird. Im kabbalistischen Prag des Rabbi Löw und des Golem häuft Rudolf märchenhafte Schätze an, exquisite Kunstwerke, außergewöhnliche Naturalien, Meisterwerke der Goldschmiedekunst, des Drechslerhandwerks und der Schnitzkunst. Um den Hof Kaiser Rudolfs bildet sich eine Malerschule, der Meister verschiedener Nationen angehören wie der Baseler Heintz, der Deutsche Hans von Aachen, der Italiener Giuseppe Arcimboldo, der Holländer de Vries und der Antwerpener Spranger. Sie alle bringen italienische Erfahrungen, eine Vorliebe für erotische Sujets und einen faszinierend sinnlichen Stil mit, der auch nach dem Tod des Kaisers weiter gepflegt wird und erst 1618, mit Ausbruch des Dreißigjährigen Krieges ein Ende findet. Während des Krieges wird Prag durch die Schweden geplündert, seine Kunstsammlungen werden zerstreut.

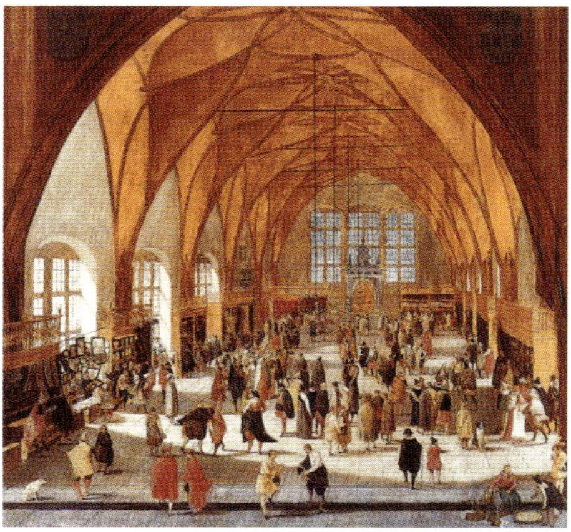

► Ansicht des Wladislaw-Saals im Alten Königspalast der Prager Burg mit den von Benedikt Ried entworfenen Gewölben in einem Gemälde aus dem Jahre 1607, Prag, Kunstgewerbemuseum.

Der willensstarke Blick, auf einen hohen, fernen Horizont gerichtet, unterstreicht den Eindruck von Entschlossenheit und Macht.

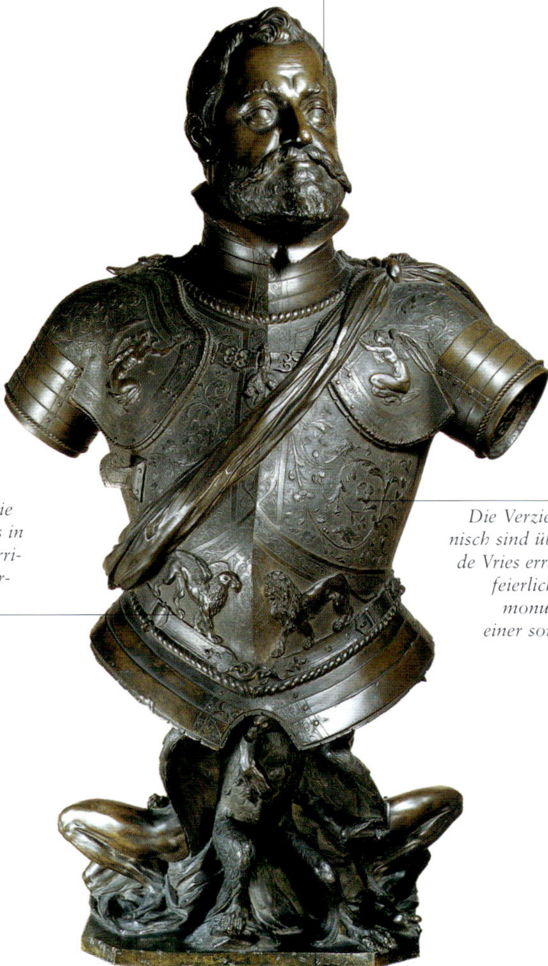

Die Verbreitung von Porträtbüsten sollte die »Präsenz« des Kaisers in den verschiedenen Territorien des Habsburgerreiches gewährleisten.

Die Verzierungen auf dem Harnisch sind überaus fein gearbeitet: de Vries erreicht einen erhabenen, feierlichen Ton, indem er die monumentalen Formen mit einer sorgfältigen Ausführung der Details verbindet.

Der ungewöhnliche Sockel mit den nackten Trägerfiguren greift die Sockelgestaltung Leone Leonis bei seiner Büste Karls V. auf, die Rudolf II. 1600 erworben und de Vries als Vorbild übergeben hatte.

▲ Adriaen de Vries,
Büste Rudolfs II., 1603,
Wien, Kunsthistorisches Museum.

Athenes durchdringender Blick und ihre Pose entsprechen dem sinnlichen Geschmack des Auftraggebers Rudolf II.

Der in Antwerpen geborene Spranger war ab 1575 Hofmaler Kaiser Maximilians II. in Wien und ab 1581 Kaiser Rudolfs II. in Prag; er zählt zu den bedeutendsten Vertretern des Manierismus in Böhmen.

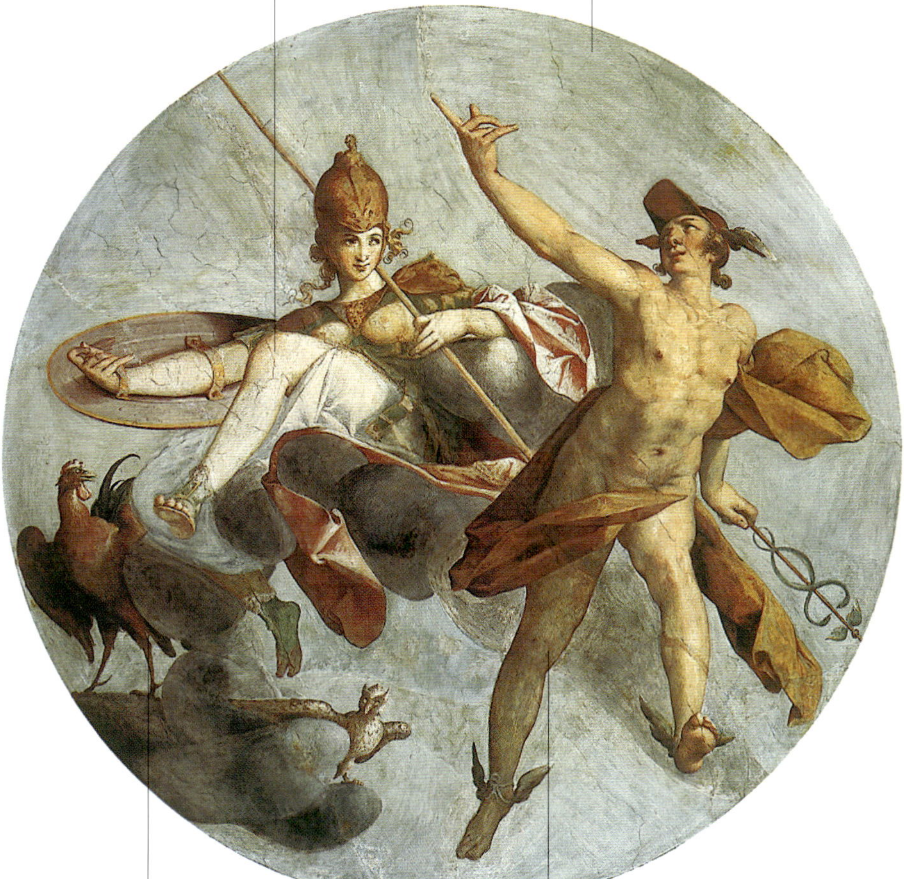

Hahn und Eule, die Symboltiere der beiden Gottheiten, fügen eine vergnügliche naturalistische Note hinzu.

Die dynamische Gestalt Merkurs ist ein augenfälliges Zitat der berühmten Merkur-Bronze Giambolognas, die, vielfach kopiert zu einer Art Musterbild des Spätmanierismus wurde.

▲ Bartholomäus Spranger, *Athene und Merkur*, um 1585, Prager Burg, Weißer Turm.

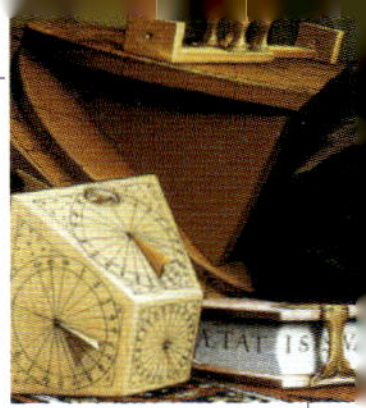

Dank der Entdeckung von Silberminen, der Kaufmanns-Dynastie der Fugger und zahlreichen Initiativen von Bürgern beginnt Augsburg in Politik und Kunst eine wichtige Rolle zu spielen.

Augsburg

Politisch den Wittelsbacher Herzögen unterstellt, ist Augsburg eine der dynamischsten Städte des 16. Jh. in Europa. Rückgrat dieses Erfolgs sind Finanzkraft und Unternehmungsgeist der Bankiersfamilie Fugger. Deren berühmtester Vertreter, Jakob Fugger d. Reiche, lässt ab 1514 die Fuggerei errichten, eine Sozialsiedlung. Gleichzeitig entsteht mit der Familienkapelle in der St.-Anna-Kirche (1509–12) einer der ersten Renaissancebauten in Deutschland und die Augsburger Hans Holbein d. Ä. und Hans Burgkmair führen Stilelemente der Renaissance in die noch gotisch geprägte Malerei ein. Jakob Fugger war auch beteiligt, als Luther 1518, ein Jahr nach dem Thesenanschlag, auf dem Reichstag in Augsburg verhört wird. Auch Dürer wohnte diesem historischen Verhör bei und porträtiert einige der Teilnehmer. Im weiteren Verlauf der Reformation spielt Augsburg wiederholt eine wichtige Rolle: Auf dem Reichstag 1530 wird Melanchthons *Confessio Augustana* verlesen, 1548 findet der »geharnischte Reichstag« statt, der zum »Augsburger Interim« führt, und 1555 wird hier der Augsburger Religionsfriede geschlossen. In künstlerischer Hinsicht sind vor allem die Präzisionsinstrumente zu nennen, die in der Stadt gefertigt werden, die Goldschmiedearbeiten und die unverwechselbaren kleinen Altäre aus Ebenholz und Silber. Das Jahrhundert endet mit den manieristischen Bronzebrunnen von Adriaen de Vries und den ersten Bauten von Elias Holl und Joseph Heintz.

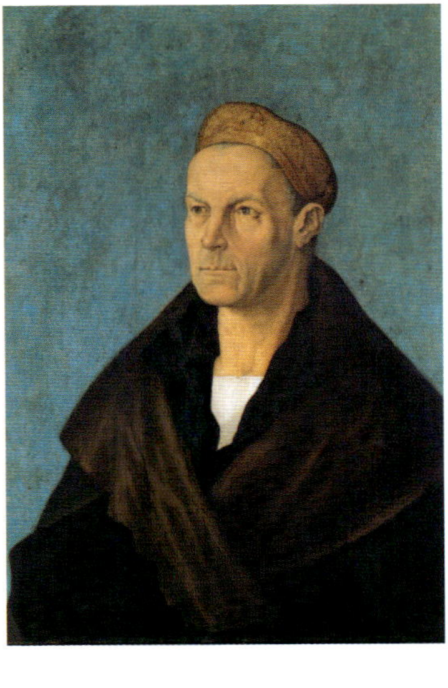

1516: Jakob Fugger d. Reiche, der u. a. auch im Ablasshandel tätig ist, gründet die Fuggerei.
1518: Auf dem Reichstag zu Augsburg wird Luther verhört.
1519: Die großen Bankhäuser der Fugger und Welser finanzieren die Wahl von Karl V. von Habsburg zum Kaiser.
1530: Melanchthon veröffentlicht die *Confessio Augustana*.
1540: Gründung der ersten deutschen Börse in Augsburg
1548: Karl V. dekretiert das »Augsburger Interim«.
1548: Karl V. ruft Tizian anlässlich des Reichstags nach Augsburg
1555: Auf dem Reichstag wird der Augsburger Reichs- und Religionsfrieden geschlossen.
1560: Mit dem Tod von Anton Fugger, dem Neffen und Nachfolger Jakobs d. Reichen, endet die Blütezeit des Hauses.

◄ Albrecht Dürer, *Jacob Fugger d. Reiche*, 1518, Augsburg, Staatsgalerie.

Karl V. hatte Tizian nach Augsburg gerufen. Dem Maler wurden Räume neben denen des Kaisers zugewiesen, zu denen beide direkten Zugang hatten.

Tizian wählt für das Porträt den Moment der hereinbrechenden Dunkelheit. So wie die körperliche Zerbrechlichkeit Karls V. von einem unbedingten Willen aufgewogen wird, wird der Ablauf der Stunden des Tags im Buch der Geschichte von der Ahnung der Ewigkeit überlagert.

Eingeschlossen in den Schimmer der Rüstung, unbeirrt von den Zuckungen des unruhigen Pferdes, das die purpurrote Schabracke schüttelt, erscheint Karl V. wie ein einsamer Held vor einer Landschaft, die sich am fernen Horizont verliert.

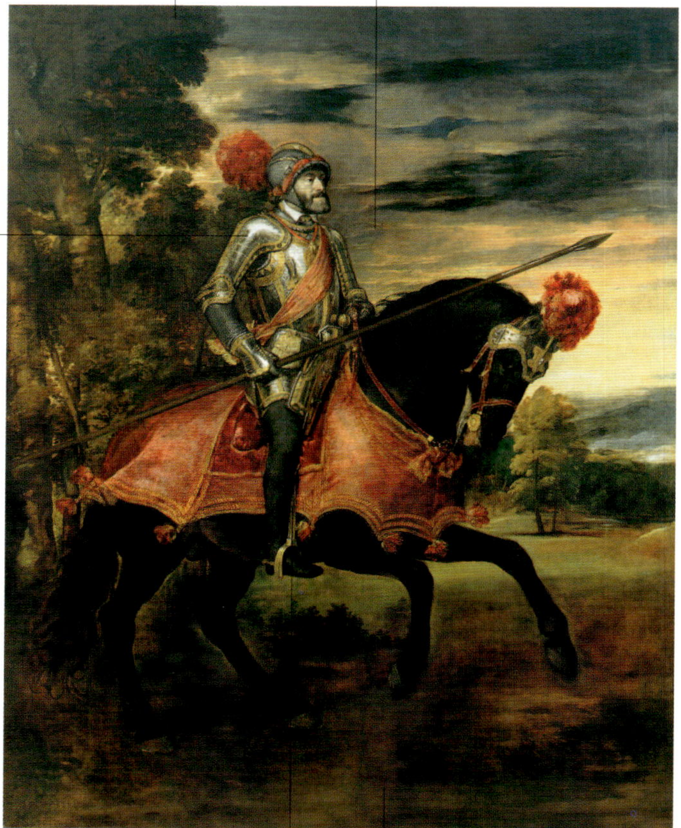

Im Januar 1548 reiste Tizian zum Reichstag nach Augsburg. Das Gemälde ist kurz nach seiner Ankunft entstanden und feiert den Sieg Karls V. über die Protestanten bei Mühlberg, indem es ihn als Triumphator in der Pose des hl. Georg darstellt.

Der Schaden, den das Gemälde 1734 beim Brand des Alcazar von Madrid genommen hat, trübt nicht den Ruhm des Porträts, das zum berühmten – und unübertroffenen – Prototyp für eine Reihe von Reiterporträts wurde, von Rubens bis van Dyck, von Rembrandt bis Velázquez, von David bis Manet.

▲ Tizian,
Karl V. zu Pferd, 1548,
Madrid, Museo del Prado.

Der erhobene Arm verrät de Vries' Achtung vor dem kanonischen Modell des Merkur seines Lehrers Giambologna.

Merkur ist der Schutzgott des Handels; in einer bürgerlichen und handelsfreudigen Stadt wie dem reichen Augsburg im 16. Jh. ist die symbolische Bedeutung der Ehrerbietung ihm gegenüber offensichtlich.

Die für einen städtischen Brunnen bestimmte Statue ist ein elegantes Beispiel für den Stil der Spätrenaissance. Den Guss nach dem Modell von de Vries hat Wolfgang Neidhart ausgeführt.

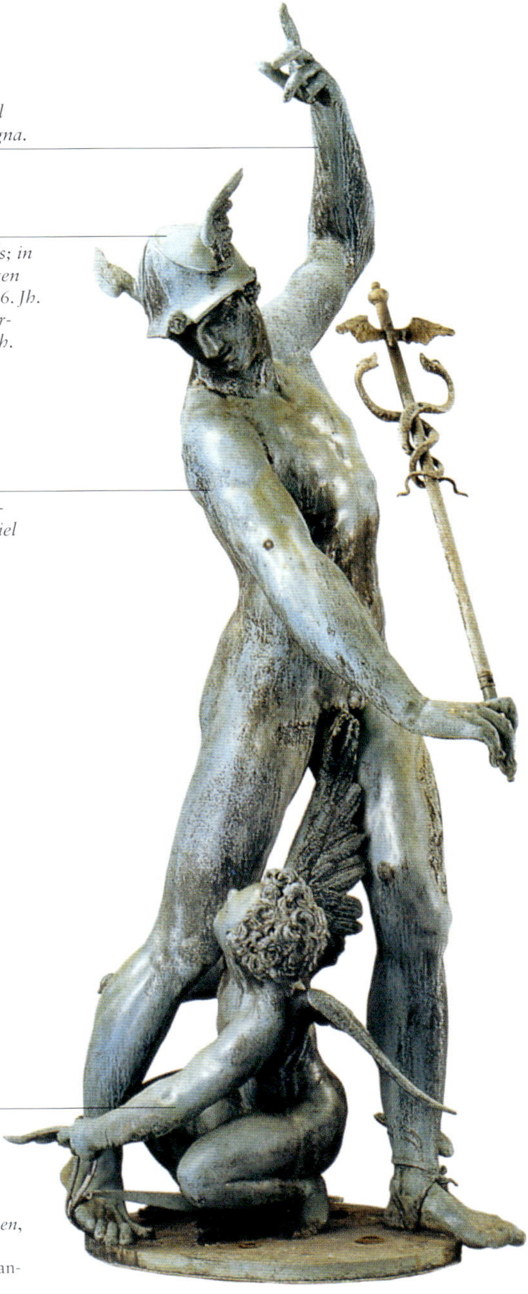

Der kleine Cupido, der dem Gott die geflügelten Sandalen bindet, vollführt eine gegenläufige Drehung zur Hauptfigur; der so erzeugte Eindruck einer Kreisbewegung haftet der gesamten Gruppe an.

► Adriaen de Vries,
Merkur und Cupido vom *Merkurbrunnen*,
1596–99, Augsburg, Moritzplatz,
(Original im Viermetzhof des Maximilianmuseums in Augsburg).

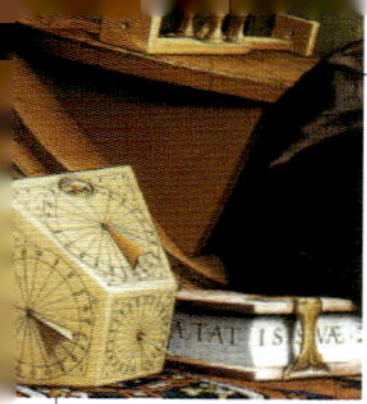

Zu Zeiten Dürers ist Nürnberg die bedeutendste deutsche Kunststadt: Neben einem regen Druckwesen erleben Bildhauerei, Goldschmiedekunst, Malerei und Kupferstich eine Blütezeit.

Nürnberg

1519: Veit Stoß vollendet den *Englischen Gruß*, die Verkündigung an Maria, eine Stiftung des Kaufmanns Anton Tucher für die Kirche St. Lorenz.
1525: Der Rat der Stadt führt die Reformation ein.
1528: Tod Albrecht Dürers
1540: Nach Augsburg wird auch in Nürnberg eine Börse gegründet.
1543: Das Hauptwerk von Nikolaus Kopernikus *De Revolutionibus Orbium Coelestium* erscheint in Nürnberg.
1560: Der mittelalterliche Mauerring wird verstärkt und erweitert.
1568: Johann Prätorius, Mathematiker und Astronom, baut das Torquetum, eine Art Sextant zur Transformation sphärischer Koordinatensysteme.

Die Gestalt Albrecht Dürers ist repräsentativ für die Kunst Nürnbergs im ersten Viertel des 16. Jh. und zugleich höchster Ausdruck des gepflegten kulturellen und verlegerischen Milieus in einer der fortschrittlichsten intellektuellen Städte Europas. Nürnbergs Rang basiert auf einer internationalen Schicht von Kaufleuten, die bereit sind, die Anregungen des Humanismus aufzunehmen. Die Kunstschätze der Stadt vermehren sich schnell, dank der Werkstätten von Veit Stoß und Peter Vischer – ersterer ein Spezialist für Holzschnitzerei, letzterer ein Meister im Guss monumentaler Bronzestatuen. Mit der Reformation wird die Entwicklung der deutschen Renaissance unterbrochen, aber nach wenigen Jahrzehnten wird sie in neuer, ausgefeilter, aristokratischer Form wieder aufgegriffen. Im 16. Jh. gilt Nürnberg vor allem als eines der fortschrittlichsten Zentren der Goldschmiedekunst. Wegen ihrer hohen künstlerischen Qualität und wegen ihrer technischen Eigenschaften waren Nürnberger Tischuhren, die mechanischen Automaten, die Musikinstrumente und die Präzisionsinstrumente für Nautik und Astronomie in ganz Europa sehr gefragt. Auch wenn Augsburg im Laufe des Jahrhunderts Nürnberg als wichtigste Kunststadt in Deutschland ablöst, entstehen hier weiterhin hervorragende Werke, zum Beispiel auf dem Gebiet der Goldschmiedekunst, dank eines berühmten und überaus begabten Meisters wie Wenzel Jamnitzer.

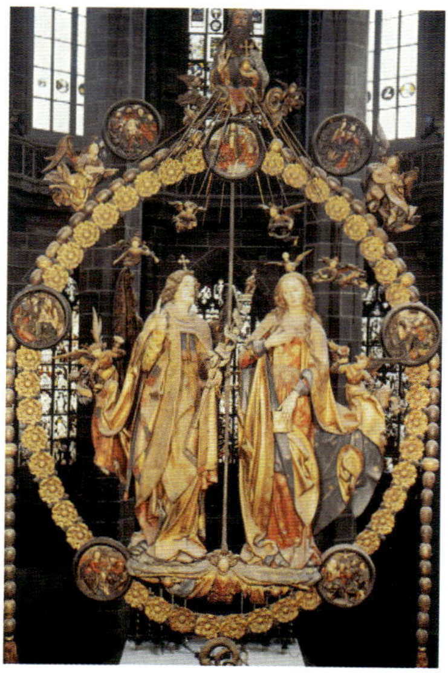

► Veit Stoß, *Der Englische Gruß*, 1517–19, Nürnberg, Lorenzkirche.

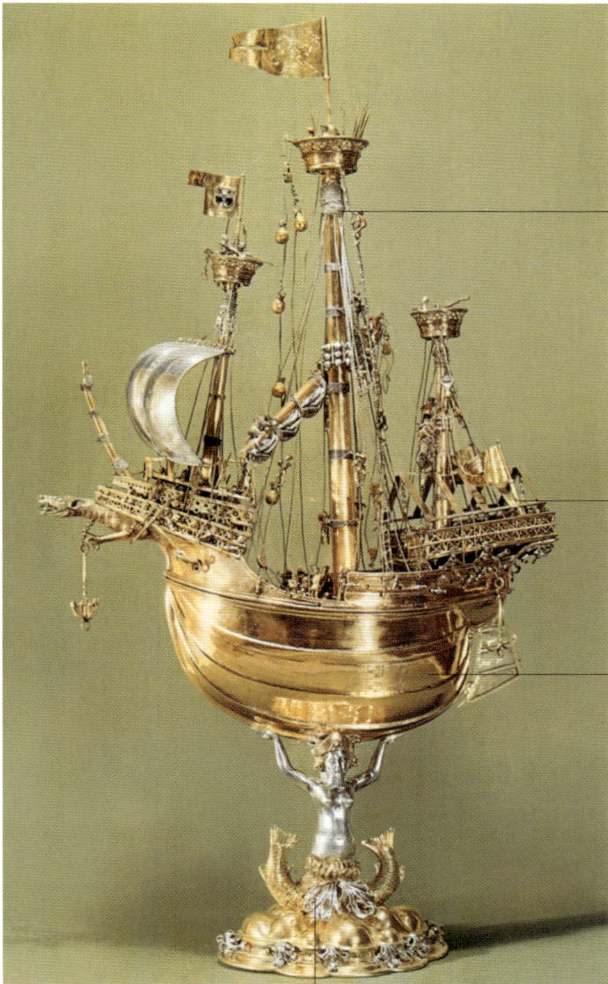

Das Schiff aus massivem Silber ist fast 80 cm hoch und wiegt etwa 6 kg.

Auf dem Schiff befindet sich eine Mannschaft von über 70 kleinen Matrosen: ein Beleg für die Kunstfertigkeit der Gold- und Silberschmiede aus Nürnberg.

Einem im 14. Jh. eingeführten Brauch zufolge dienten solche Objekte als prunkvolle Tafelaufsätze.

▲ Nürnberger Goldschmied, *Schlüsselfelder Schiff*, Silber, 1503, Nürnberg, Germanisches Nationalmuseum.

Eine Sirene, die aus den Wogen taucht, dient dem Schiff als Sockel.

In der Werkstatt Michael Wolgemuts (1434–1519), einem der besten Maler in Nürnberg, ging Dürer von 1486 bis 1489 in die Lehre.

Der erste Teil der Beschriftung besagt: »Albrecht Dürer hat seinen Meister Michael Wolgemut anno domini 1516 nach der Natur abgemalt«; ohne Unterbrechung fügt Dürer drei Jahre später hinzu: »und er war 82 Jahre alt und hat bis zum Jahr 1519 gelebt, in dem er am Tag des hl. Andreas vor Sonnenuntergang verstarb«.

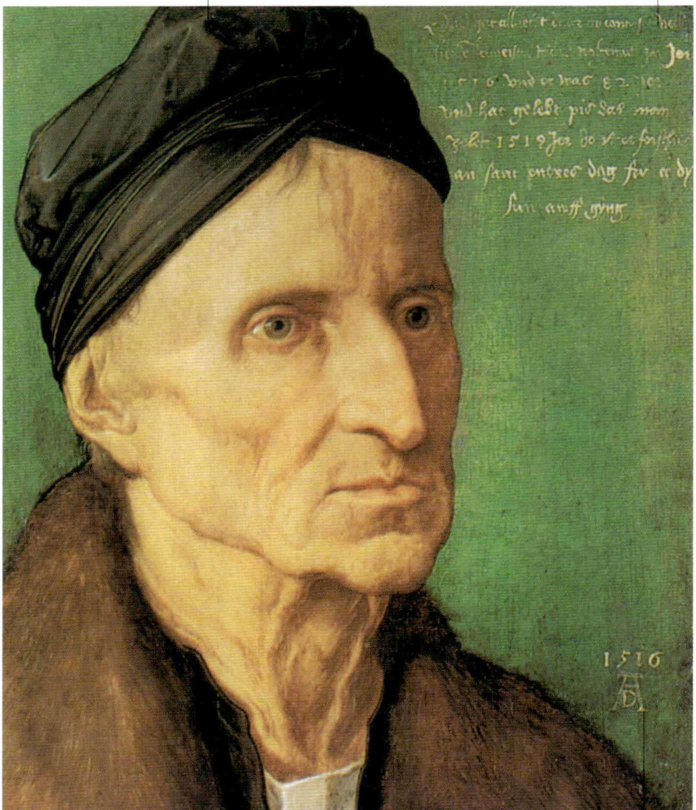

Der dem Bildnis beigefügte Text Dürers bestätigt die Zuneigung des Schülers, der zu diesem Zeitpunkt schon ein international anerkannter Künstler war. Die Lehre liegt schon Jahrzehnte zurück, aber Dürer bezeichnet Wolgemut nach wie vor als seinen »Lehrmeister«.

▲ Albrecht Dürer,
Michael Wolgemut, 1516,
Nürnberg, Germanisches Nationalmuseum.

Das Bild bildet ein Paar mit dem Porträt des Hieronymus Holzschuher, eines betagten Mitglieds des Nürnberger Stadtrats, das den gleichen blauen Hintergrund hat.

Dürer erforscht mit durchdringender Schärfe Aussehen und Gemüt der Person, wobei er in einfühlsamer Unmittelbarkeit die nachdenkliche Intelligenz des Politikers und dessen Einsamkeit in den Entscheidungen wiedergibt.

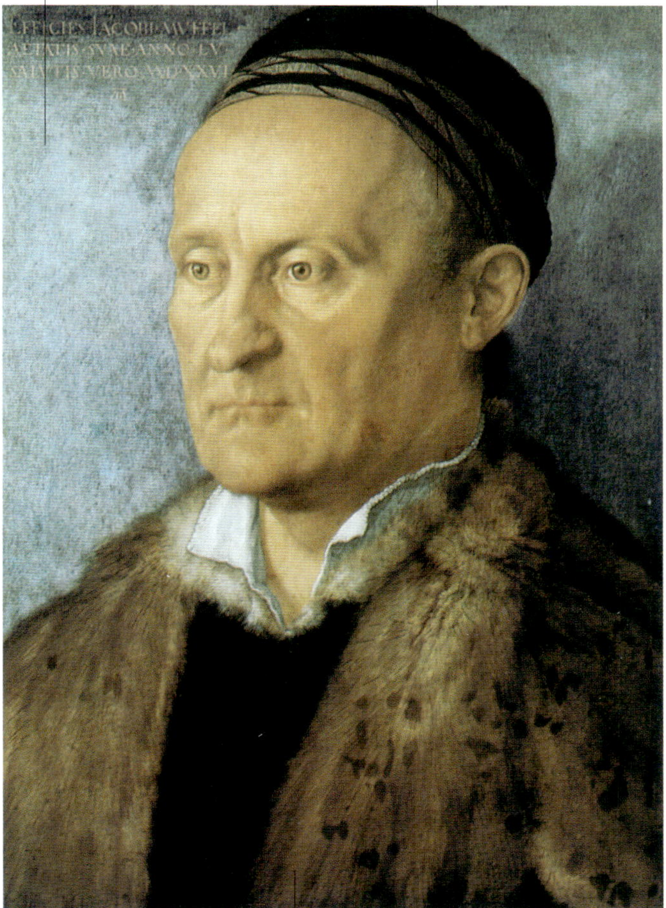

Jakob Muffel (1471–1526) bekleidete das Amt des Bürgermeisters von Nürnberg in den unruhigen Zeiten, als in der Stadt die Reformation eingeführt wurde. Dürer bewunderte seine besonnene und maßvolle Haltung.

▲ Albrecht Dürer,
Jakob Muffel, 1526,
Stiftung Staatliche Museen Berlin,
Gemäldegalerie.

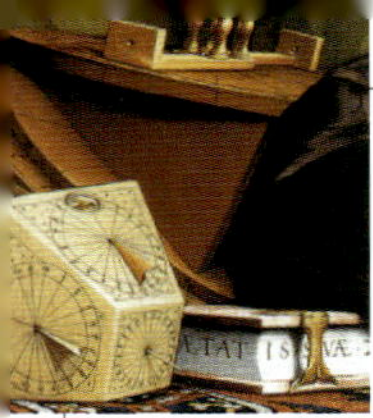

Im 16. Jh. tritt eine neue Hauptstadt auf die Bühne der Geschichte: München, die Residenz der Wittelsbacher; sie ist eine der ersten Städte Europas, die sich den Formen des Manierismus öffnet.

Bayern

1504: München wird Residenz des von den Wittelsbachern regierten Herzogtums Bayern.
1506: Das Primogeniturgesetz soll zukünftig Landesteilungen verhindern.
1546/47: Karl V. führt gegen den Bund den Schmalkaldischen Krieg und siegt in der Schlacht bei Mühlberg
1548: »Augsburger Interim«
1550–79: Unter Herzog Albrecht V. von Bayern erlebt München eine kulturelle Blüte.
1559: Albrecht V. beruft die Jesuiten aus Ingolstadt nach München.
1579–97: Herzog Wilhelm V. macht München zu einem Zentrum der Gegenreformation.
1597: Einweihung der Jesuitenkirche St. Michael
1597: Abdankung Wilhelms V., Nachfolger wird sein Sohn Maximilian I.

Als katholisches Bollwerk Deutschlands erobert Bayern sich in der politischen und kulturellen Landschaft des 16. Jh. einen bedeutenden Platz. Zu Beginn des Jahrhunderts ist die Hauptstadt München allerdings mitnichten die lebendigste bayerische Stadt. Nürnberg und Augsburg, aber auch die kleinen befestigten Städte Nördlingen und Rothenburg (wo Riemenschneider lebt) oder die Donaustädte Regensburg und Passau zeigen eine weit größere künstlerische Dynamik. Erst in der zweiten Hälfte des 16. Jh. erlebt die Kunst in München einen Aufschwung. Auftraggeber der bedeutendsten künstlerischen Unternehmungen ist Herzog Albrecht V. (1550–79), ein großer Kunstliebhaber und Sammler von Gemälden, Antiquitäten, Goldschmiedearbeiten und exotischen Kuriositäten. Unter ihm wird 1569 mit dem Bau des *Antiquarium* in der Residenz begonnen, eines eindrucksvollen Saals, der unter der Leitung des Holländers Friedrich Sustris errichtet wird und dessen Gestaltung Einflüsse des italienischen Manierismus aufweist. Bald darauf folgt der Bau des Grottenhofs. Die Fassade der Residenz schmückt eine Bronzestatue der Gottesmutter, die »Patrona Bavariae«. Der Bau der monumentalen Jesuitenkirche St. Michael (ab 1583) unterstreicht einmal mehr den katholischen Glauben der Stadt und des Landes und ist zudem Zeugnis der Aneignung architektonischer und dekorativer Formen der Spätrenaissance.

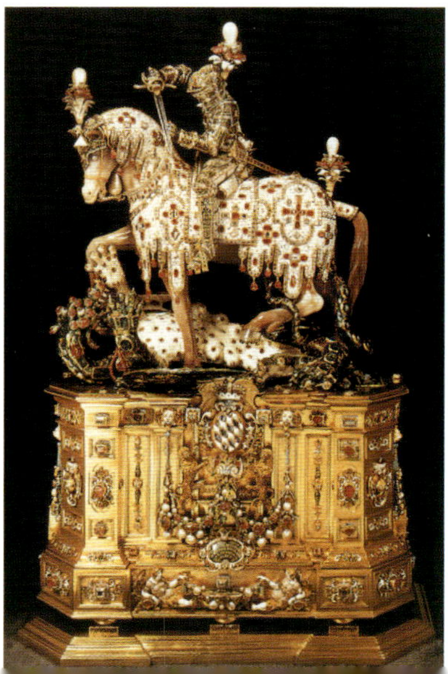

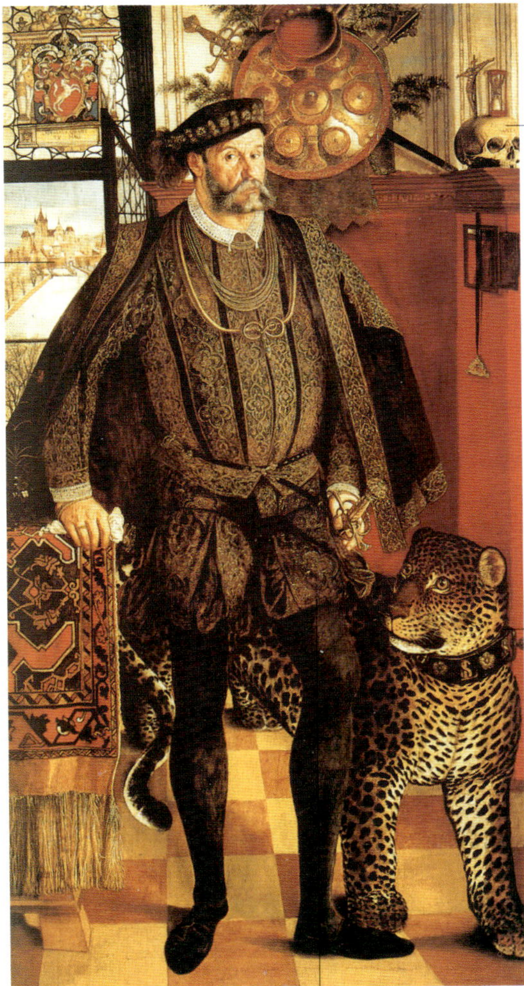

Das Kruzifix, die Sanduhr und der Totenschädel mit der mahnenden Inschrift unterstreichen die Vergänglichkeit alles Irdischen.

Durch das mit dem Familienwappen geschmückte Fenster fällt der Blick auf die Haager Burg, Lehngut des Grafen.

Der exotische Leopard ist kein symbolisches Detail, sondern auch ein Porträt: Graf Ladislaus hatte das Tier 1556 in Ferrara als Hochzeitsgeschenk anlässlich seiner Vermählung mit Emilia Roverella erhalten.

▲ Hans Mielich, *Graf Ladislaus von Fraunberg-Haag*, 1557, Wien, Sammlung Liechtenstein.

◄ Bayerische Goldschmiedewerkstatt, *Hl. Georg*, 1586–97, Reliquienstatuette, aus Gold, Email, Rubinen, Smaragden, Achat und Chalzedon, München, Schatzkammer der Residenz.

Die elegante, stattliche und zugleich besorgte Gestalt des Grafen ist Metapher für die Krise der kleinen lokalen Herrschaftshäuser: Die Freie Reichsgrafschaft Haag wurde 1557 dem Herzogtum Bayern einverleibt. Ladislaus wurde von Herzog Albrecht gefangengenommen und musste sich die Freiheit um den Preis eines beachtlichen Lösegelds erkaufen.

Das Gesamtplan stammt von Friedrich Sustris, dem Hofbaumeister der Herzöge von Bayern, der auch dazu beitrug, die Residenz all'antica *zu bauen.*

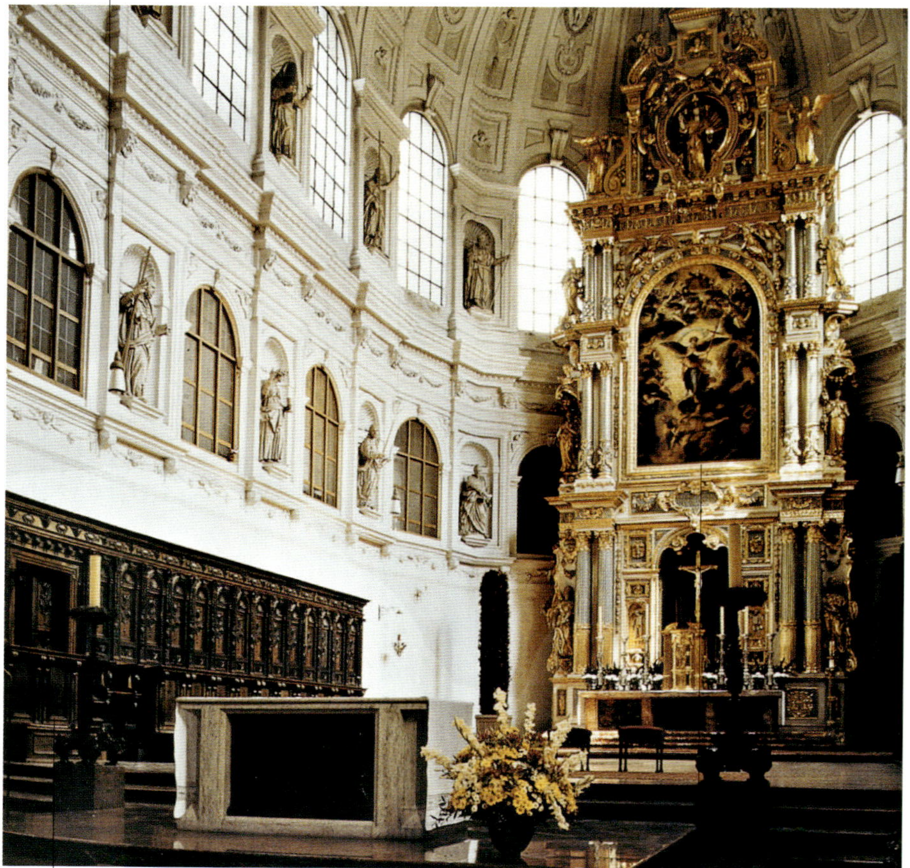

Das mächtige Langhaus mit dem sehr tiefen Chorraum ist der erste monumentale Innenraum der Renaissance nördlich der Alpen.

Der Hochaltar bezeichnet den endgültigen Übergang vom traditionellen Flügelaltar zu einem monumentalen Retabel und steht schon an der Schwelle zum Barock. Das Altarbild mit dem Triumph des Erzengels Michael über den Teufel stammt von Christoph Schwarz.

▲ Friedrich Sustris,
Chor der Jesuitenkirche St. Michael
in München, 1597 geweiht.

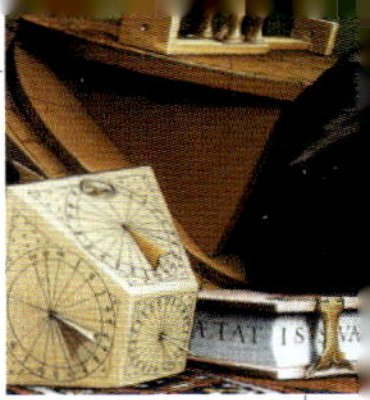

Die Situation im Rheinland des 16. Jh. ist geprägt von schärfsten religiösen Spannungen. Dennoch entstehen auch hier außergewöhnliche Meisterwerke, allen voran der Isenheimer Altar *Grünewalds.*

Rheinland

Im 2. Jahrzehnt des 16. Jh. erlebt die Kunst im südlichen Deutschland eine besondere Blütezeit, vor allem in Franken, am Rhein (einschließlich dem Elsass) und im Schwarzwald. Es wirken gleichzeitig Meister wie Dürer, Altdorfer, Baldung Grien und Grünewald und es beginnt die Karriere von Holbein d. J. Auftraggeber und Öffentlichkeit bevorzugen jetzt gemalte Polyptychen genüber den traditionellen Schnitzaltären. Exemplarisch ist der riesige Flügelaltar, den Matthias Grünewald für die Kirche des Antoniterordens im elsässischen Isenheim malte. Grünewald verlieh seinem Werk eine solch stürmische, dramatische Ausdruckskraft, dass der Betrachter die von Nicolas Hagenauer geschnitzten Schreinfiguren darüber fast vergisst. Was die Wirtschaft betrifft, so gerät der Handelsverkehr auf dem Rhein in eine Krise, was zum Niedergang von Städten wie Köln führt. Zudem wird das Rheinland von der Reformation zerrissen. Zahlreiche Künstler müssen wegen fehlender Aufträge den Beruf wechseln. Die Städte entlang des Mittelrheins verlieren ihre Bedeutung, und das zerklüftete politische System der Deutschen Lande bekommt das Übergewicht der großen Nationalstaaten zu spüren.

1512: Grünewald beginnt den *Isenheimer Altar*, Baldung Grien den Flügelaltar für Freiburg.
1514: Albrecht von Brandenburg wird Erzbischof und Kurfürst zu Mainz.
1519: Zwingli wird Prediger am Großmünster in Zürich.
1521: Reichstag zu Worms, das Wormser Edikt verhängt die Reichsacht über Luther
1528: Basel und Strassburg führen die Reformation ein.
1529: Reichstag zu Speyer: »Protestatio« der lutherischen Reichsstände, davon leitet sich die Bezeichnung »Protestanten« ab.
1531: Zwingli fällt in der Schlacht von Kappel
1531: Schmalkaldischer Bund: Bündnis protestantischer Reichsstände
1583: Ernst von Bayern, Sohn des Herzogs Albrecht V., wird Erzbischof von Köln; er ist außerdem Bischof von Freising, Hildesheim, Lüttich und Münster.

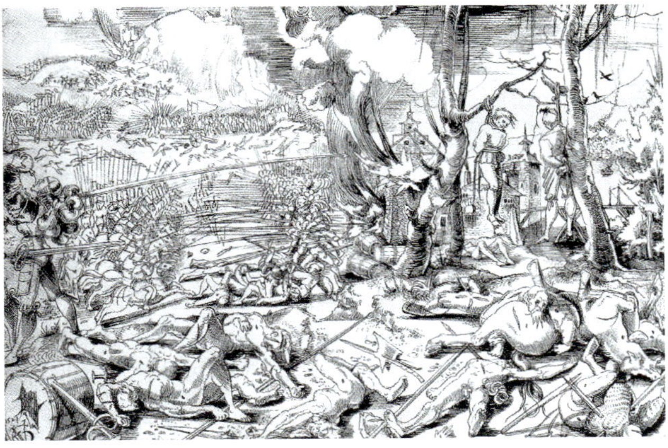

◄ Urs Graf, *Schlachtfeld,* 1521, Basel, Kunstmuseum, Kupferstichkabinett.

Die Flügel wurden je nach Zeit des Kirchenjahres und entsprechend der liturgischen Feiern auf- oder zugeklappt.

Eine herrliche Lichtaureole umstrahlt das verklärte Antlitz Christi.

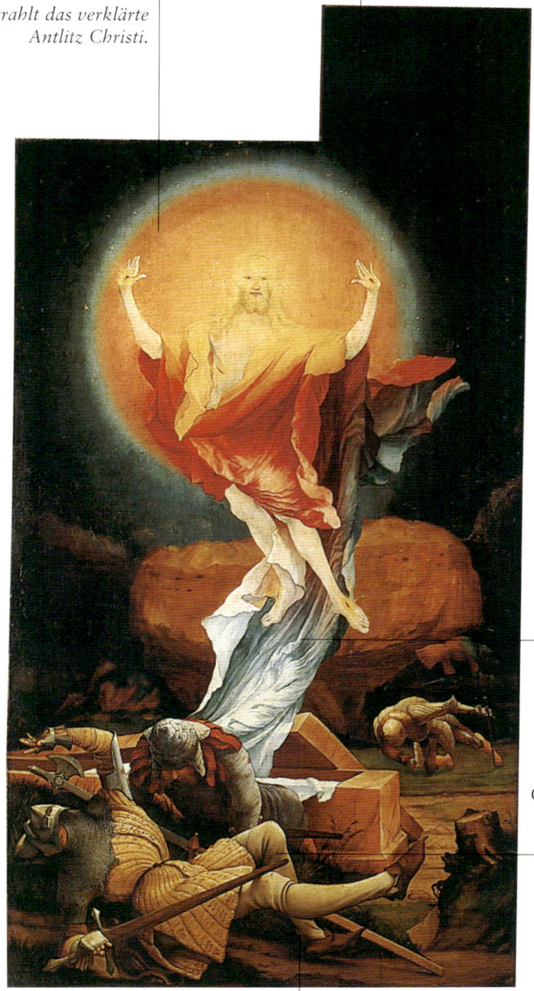

Das weiße Grabtuch Christi verwandelt sich in einen farbigen Strudel, der den Regenbogen fortzusetzen scheint, Symbol des »neuen Bundes«, der durch die Auferstehung Christi zwischen Gott und den Menschen besiegelt wird.

Die Wachsoldaten am Grab scheinen vom strahlenden Licht getroffen umzukippen.

▲ Matthias Grünewald, *Auferstehung Christi*, Tafel des *Isenheimer Altars*, 1516, Colmar, Musée d'Unterlinden.

Die Auferstehung Christi *ist eine der Tafeln Grünewalds, die um den von Niclas Hagnower geschnitzten Schrein herum angebracht sind. Der Altar war ursprünglich in der Kirche des Antoniterklosters in Isenheim aufgestellt.*

Der monumentale Frauenakt ist stilistisch zwischen dem italienischen Stil des frühen 16. Jh. und den Anfängen der Schule von Fontainebleau anzusiedeln, zu Beginn des internationalen Manierismus.

Bartholomäus Bruyn ist der Hauptvertreter der Kölner Schule im 16. Jh. Die große Stadt am Rhein durchlief eine Phase des Niedergangs, von der auch das künstlerische Leben betroffen war.

Die Landschaft im Hintergrund lässt den Einfluss Leonardo da Vincis erkennen, der eventuell von Joos van Cleve, mit dem Bruyn in Verbindung stand, vermittelt wurde.

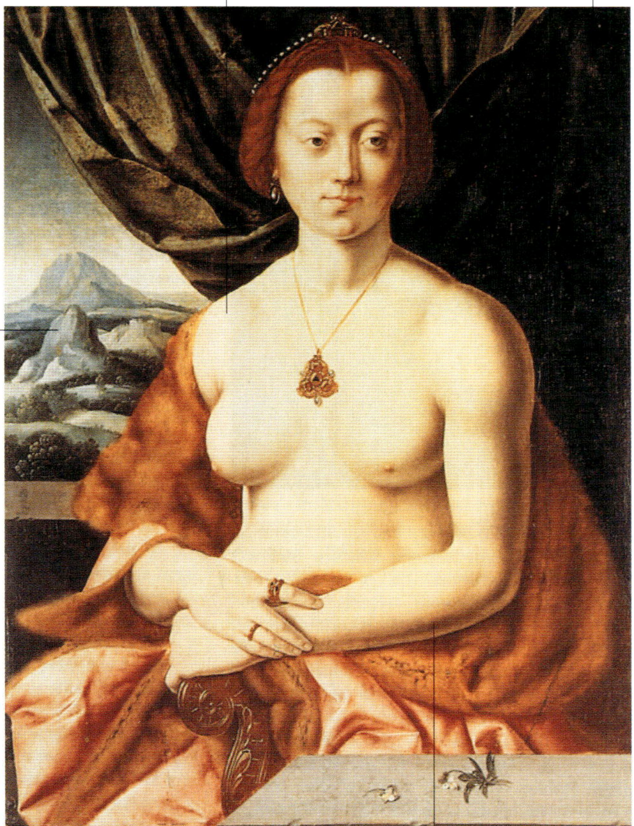

Trotz der idealisierten Pose handelt es sich mit Sicherheit um ein Porträt, obschon die Frau bis heute nicht identifiziert werden konnte.

▲ Bartholomäus Bruyn d. Ä.,
Frau mit entblößtem Oberkörper, um 1535,
Nürnberg, Germanisches Nationalmuseum.

Ein Zeichen für die Folterung Christi ist die Dornenkrone, die noch auf seinem Haupt sitzt.

Der auffallende Wappenschild verweist auf Kardinal Albrecht von Brandenburg, der eine der bedeutendsten Gestalten in Kultur, religiösem Leben und Politik Deutschlands im Zeitalter der Reformation war. Er erteilte Aufträge an Grünewald sowohl für das Rheinland als auch für seine Residenz Moritzburg östlich vonHalle.

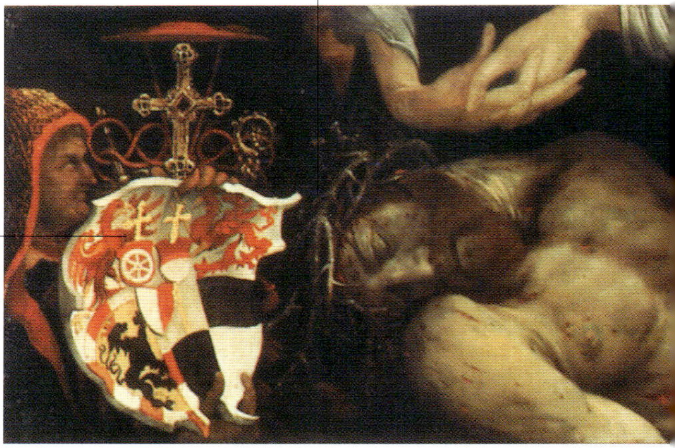

Der Mund halboffen, das Auge nach oben verdreht, der Kiefer ausgemergelt: Das Antlitz Christi ist das erschreckende Abbild eines Leichnams, bei dem sich bereits der Verwesungsprozess abzuzeichnen beginnt.

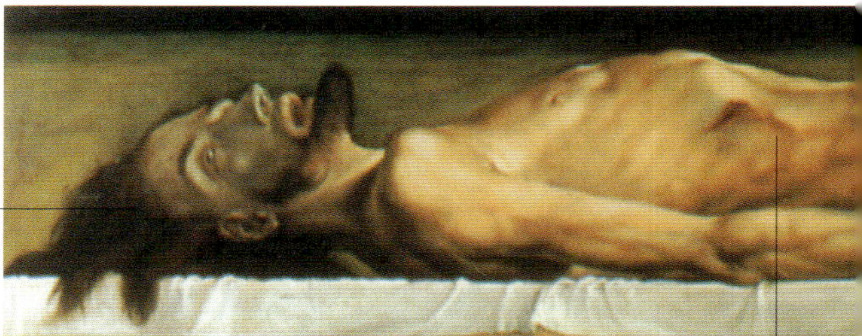

Dass Thorax und Abdomen ausgemergelt sind und sich die fleckige Haut über die Rippen spannt, ergänzt das Bild um ein weiteres Element des Schreckens; man spürt hier geradezu die wachsende religiöse Spannung, die Mitteleuropa erschütterte.

▲ Matthias Grünewald, *Beweinung Christi*, um 1523/24, Aschaffenburg, Stiftskirche.

▲ Hans Holbein d. J., *Der tote Christus im Grabe*, um 1521/22, Basel, Kunstmuseum.

Auf dem Leib Christi, der gerade vom Kreuz genommen wurde, öffnen sich zahlreiche kleine Wunden.

Die tiefen Wunden in den Füßen sind typisch für Grünewalds ergreifende, herzzerreißende Version von den Qualen Christi.

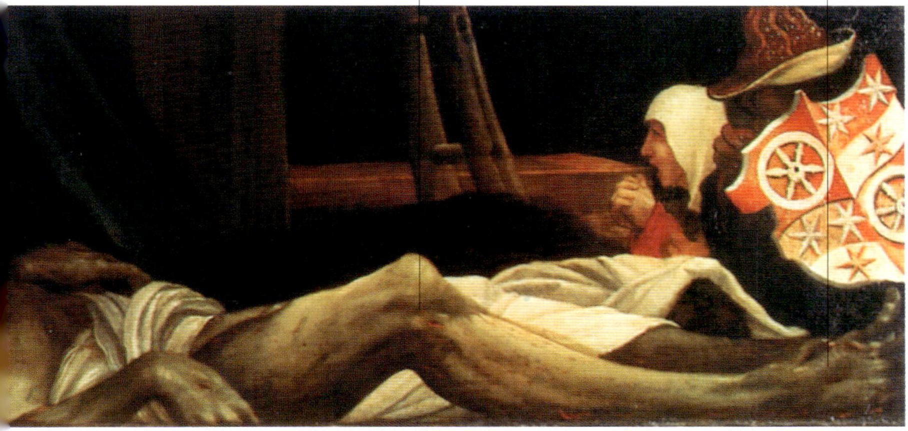

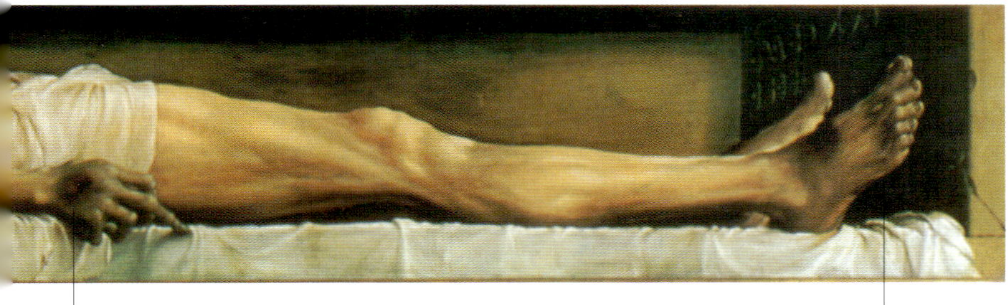

Die bläulich-fahle Farbe um die Wunden ist ein makabres Detail von erbarmungslosem Realismus. Die ursprüngliche Bestimmung des Gemäldes, ein Meisterwerk aus Holbeins Baseler Periode, ist nicht bekannt. Berühmt ist die Erschütterung Dostojewskis angesichts dieses Bildes.

Die Nische, in die man Christus gelegt hat, ist eine Grabnische.

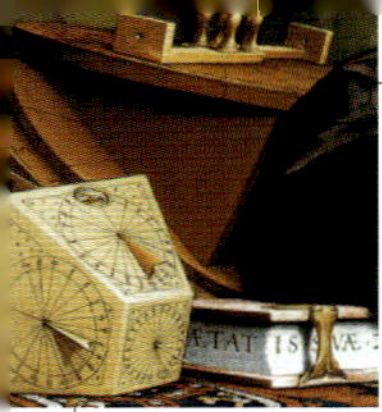

Durch die türkischen Eroberungen auf dem Balkan wird die Donau zum Symbol der Auseinandersetzung zwischen Orient und Okzident. An ihren Ufern entsteht eine reiche künstlerische Kultur.

Donauraum

1519: Tod Kaiser Maximilians I. von Habsburg, Nachfolger werden seine Enkel Karl V. und Ferdinand I.
1521: Wormser Teilungsvertrag: Ferdinand werden die »niederösterreichischen Länder« zugesprochen.
1526: Schlacht bei Mohacs gegen die türkischen Osmanen; mit dem Tod Ludwigs II. von Böhmen und Ungarn fallen seine Länder gemäß Erbvertrag an die Habsburger.
1529: Erste Türkenbelagerung Wiens
1531: Ferdinand I. wird von den deutschen Kurfürsten zum deutschen König gewählt.
1556: Abdankung Karls V., die Kurfürsten proklamieren Ferdinand I. zum Kaiser.
1564: Tod Ferdinands I., sein Sohn Maximilian II. folgt ihm nach.
1576: Rudolf II. wird als Nachfolger seines Vaters Maximilian II. Kaiser.
1583: Rudolf II. verlegt die Kaiserresidenz von Wien nach Prag.

Kaiser Maximilian I. von Habsburg beruft italienische Humanisten und Intellektuelle als Dozenten an die Universität Wien. 1497 folgt auch der deutsche Gelehrte und Humanist Konrad Celtis seinem Ruf. Auf dessen Veranlassung errichtet Maximilian 1501 das *Collegium poetarum et mathematicorum*. Der *Poeta laureatus* Celtis besingt die Landschaft so, als beschreibe er die Gemälde der Donauschule. Dieser Malstil von Künstlern wie Albrecht Altdorfer, Wolf Huber und Lucas Cranach d. Ä., der zwischen Passau, Regensburg und Wien verbreitet ist, beschwört eine geheimnisvolle, suggestive Naturatmosphäre, mit Personen, die ausgefallene Trachten tragen, einer miniaturhaften Wiedergabe der Details, leichtem Pinselstrich und überaus einfallsreichen, zuweilen auch humoristischen Kompositionen. In einigen Fällen wird die Natur zur alleinigen Protagonistin der Darstellung. Architektur und Skulptur bleiben den gotischen Formen verbunden; Beispiele dafür sind die Kanzel von Anton Pilgram im Stephansdom in Wien (1511–15) sowie die weite Verbreitung von Saalkirchen mit Netzgewölben. Im Verlauf des 16. Jh. wird der Donauraum zum umkämpften Grenzgebiet zwischen dem christlichen Abendland und dem expandierenden Osmanischen Reich. In der zweiten Hälfte des Jahrhunderts verbreiten sich in den Habsburgischen Ländern Einflüsse der italienischen Renaissance. Beispielhaft zeigt sich dies am Grazer Landhaus in der Steiermark mit Laubengängen und Arkadenhof.

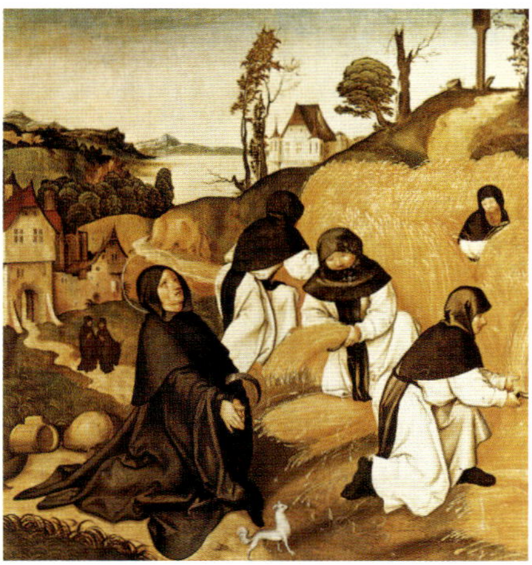

Das Gemälde ist keine genaue Wiedergabe einer im Freien beobachteten Landschaft, sondern erscheint wie eine im Atelier ausgeführte Nebeneinanderstellung von Details, die nach der Natur gemalt wurden.

Die Dichte des Laubs wird mittels übereinander aufgetragener Farbschichten erreicht. Altdorfer ist vielleicht der erste Künstler, der die Landschaft selbst in den Mittelpunkt stellt, nicht nur in der Zeichnung oder im Aquarell (wie Leonardo und Dürer), sondern auch in der Malerei.

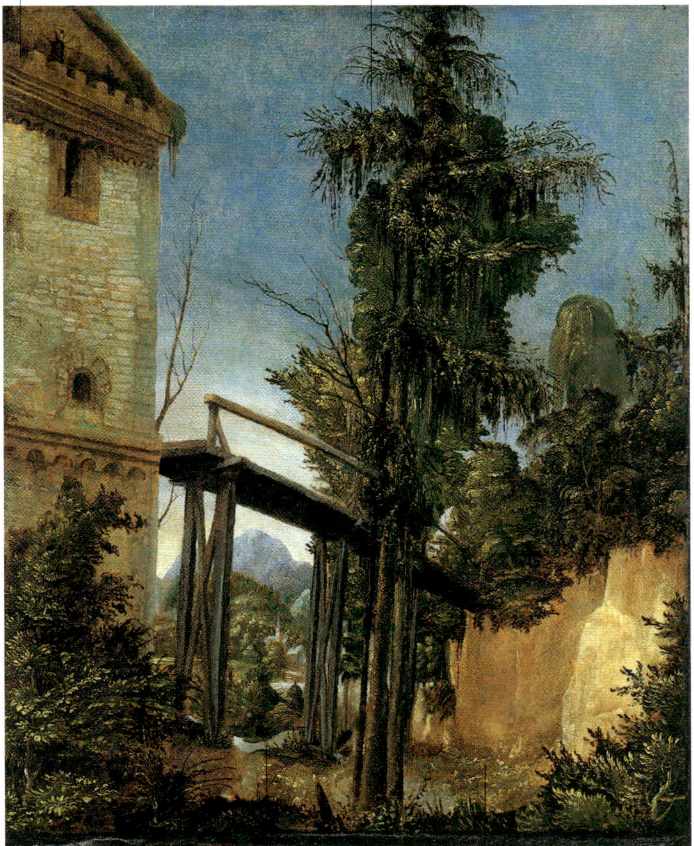

Das Bild ist eines der ersten Beispiele für die »reine« Landschaft, die keiner Rechtfertigung mehr durch Historie oder Figuren bedarf.

Die Verbindung von Felsen, emporragenden Bäumen und Wasser sind charakteristische Züge der Donaulandschaft zwischen Regensburg, Passau und Wien, in der die Malerei der Donauschule verbreitet war.

▲ Albrecht Altdorfer,
Landschaft mit Fußgängerbrücke, 1518–20,
London, National Gallery.

◀ Jörg Breu d. Ä.,
Gebet des hl. Bernhard um eine gute Ernte, 1500, Zwettl, Stiftskirche.

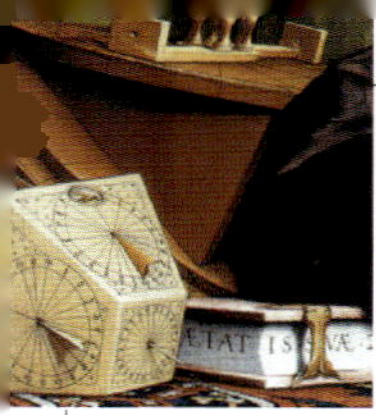

Innsbruck ist die elegante Hauptstadt des kleinen, aber ehrgeizigen Hofs von Maximilian I., dem »letzten Ritter«, wo das gotische Zeitalter neben den humanistischen Neuerungen weiter besteht.

Innsbruck

1511: Tod Bianca Maria Sforzas, Nichte von Ludovico Sforza »il Moro« und zweiter Frau von Kaiser Maximilian I.
1519: Tod Kaiser Maximilians I.
1557: Geheimhochzeit Ferdinands II. von Tirol mit Philippine Welser
1564: Tod Kaiser Ferdinands I., sein Sohn Ferdinand II. erhält gemäß dem väterlichen Testament die Herrschaft über Tirol und die Vorlande, bleibt aber noch bis 1567 als böhmischer Statthalter in Prag.
1569–72: Ausbau des »Spanischen Saals« im Schloss Ambras
1584: Vollendung des Grabmals für Maximilian I. in der Hofkirche in Innsbruck
1595: Tod Ferdinands II. von Tirol

Maximilian I. von Habsburg ist ein eleganter und vom Humanismus durchdrungener Mann, der durch eheliche Bande mit Italien verbunden ist (seine zweite Ehefrau Bianca Maria Sforza ist die Nichte von Ludovico Sforza »il Moro«). Er zeigt sich durch das Wachstum anderer europäischer Mächte keineswegs eingeschüchtert und versucht seinem Alpenreich, dem er Görz und Triest anschließt, ein neues Gepräge zu verleihen. In Innsbruck ruft er innovative künstlerische Unternehmungen ins Leben, von der Ehrenpforte – eine mit 192 Druckstöcken gedruckte monumentale Schauwand aus Papier – bis hin zu den kolossalen Bronzestatuen, die sein Grabmal säumen sollten, an deren Entwurf die besten deutschen Künstler der damaligen Zeit beteiligt sind: Dürer, Altdorfer, Cranach, Burgkmair und Peter Vischer. Mit dem Tod des Kaisers im Jahre 1519 beginnt der Niedergang Tirols, auch wenn die Arbeiten am Kenotaph Maximilians noch Jahrzehnte weitergehen. Eine zweite Blütezeit bricht gegen Ende des Jahrhunderts an. 1564 erbt Erzherzog Ferdinand II. von Habsburg die Herrschaft über Tirol und zieht nach Innsbruck. Er lässt im alten Schloss Ambras Bauten errichten, die seine Sammlungen beherbergen sollen, unter anderem eine Harnischsammlung, eine Porträtgalerie und vor allem die künstlerischen und naturalistischen Kuriositäten seiner Wunderkammer, eine der reichsten in Europa.

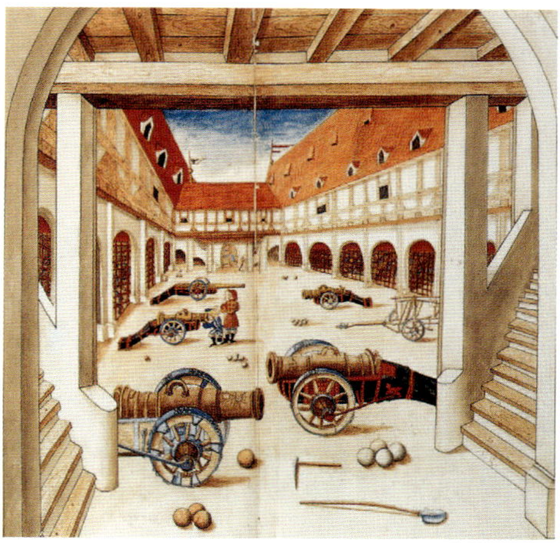

► Jörg Kölderer, *Innenhof des Innsbrucker Zeughauses,* um 1507, Wien, Österreichische Nationalbibliothek.

Erinnerung an die Herrschaft Maximilians I. von Habsburg und Wahrzeichen der Stadt ist ein Prunkerker im spätgotischen Stil in der Altstadt von Innsbruck.

Der Name »Goldenes Dachl« stammt von den feuervergoldeten Kupferschindeln, mit denen das Dach des Erkers gedeckt ist.

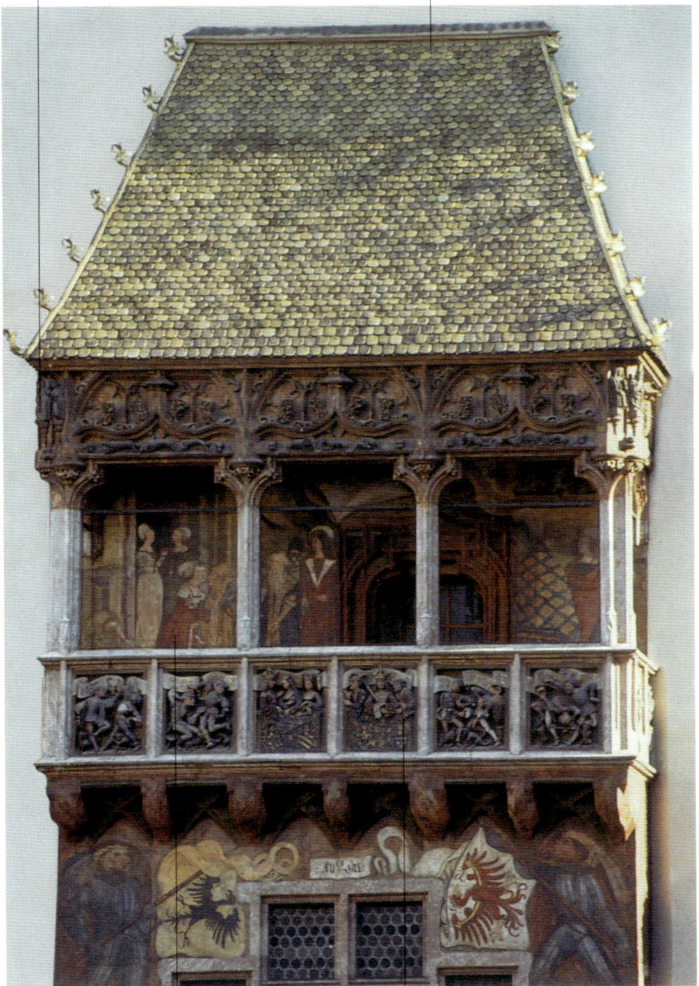

Die Reliefs zeigen Kaiser Maximilian I. mit seinen beiden Gemahlinnen Maria von Burgund und Bianca Maria Sforza, Erzherzog Sigmund von Tirol (auch als Kanzler oder Ratsherr gedeutet), einen Hofnarr, Moriskentänzer und Wappen.

▲ Niklas Türing d. Ä., *Goldenes Dachl*, 1497/98–1500, Innsbruck.

Die Fresken stellen Hofdamen und Würdenträger dar.

Ein Trauerzug von Kaisern und Königinnen bildet eine symbolische Ehrenwache zu beiden Seiten von Maximilians Grabmal.

Für die Ausführung der Skulpturen wurden verschiedene Meister beschäftigt.

Die augenfällige heraldische Komponente, die edle Haltung und die reiche Rüstung gehören zum ritterlichen Ideal, als dessen letzter Erbe sich Maximilian fühlte.

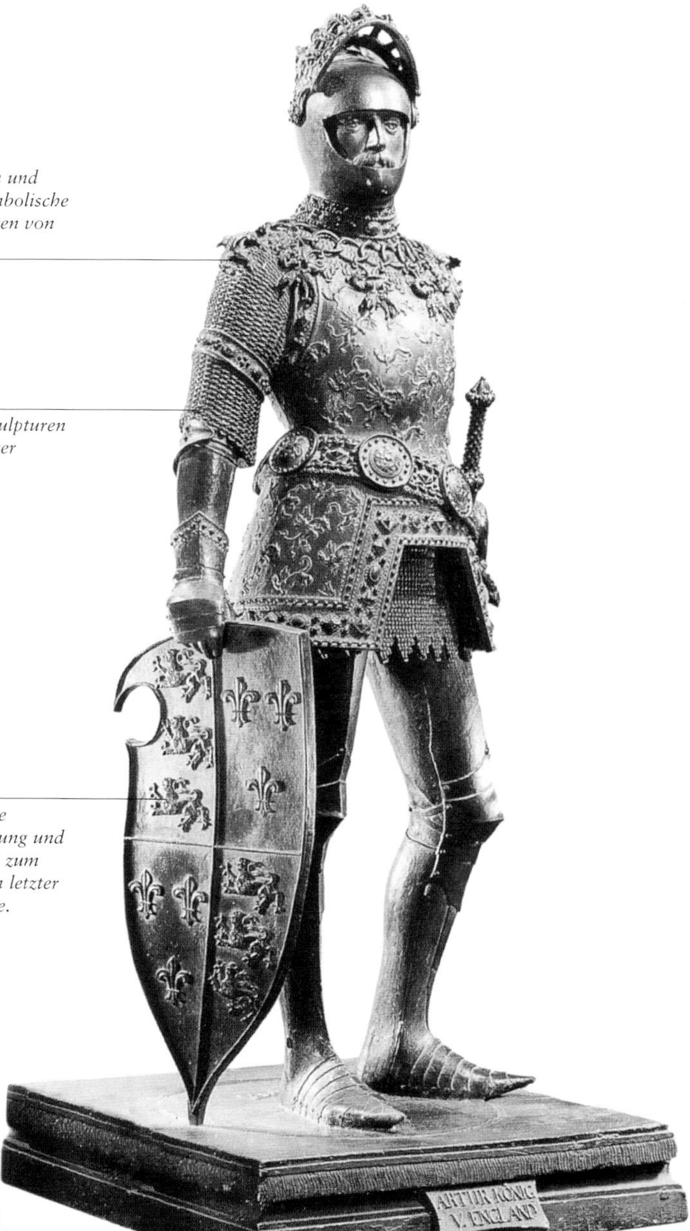

► Peter Vischer d. Ä. und Söhne, *König Artus*, Bronzestandbild am *Grabmal Maximilians I.*, 1512/13, Innsbruck, Hofkirche.

Die fein gearbeitete intarsierte Holzkassettendecke ist das Werk des Kunsttischlers Conrad Gottlieb (1572).

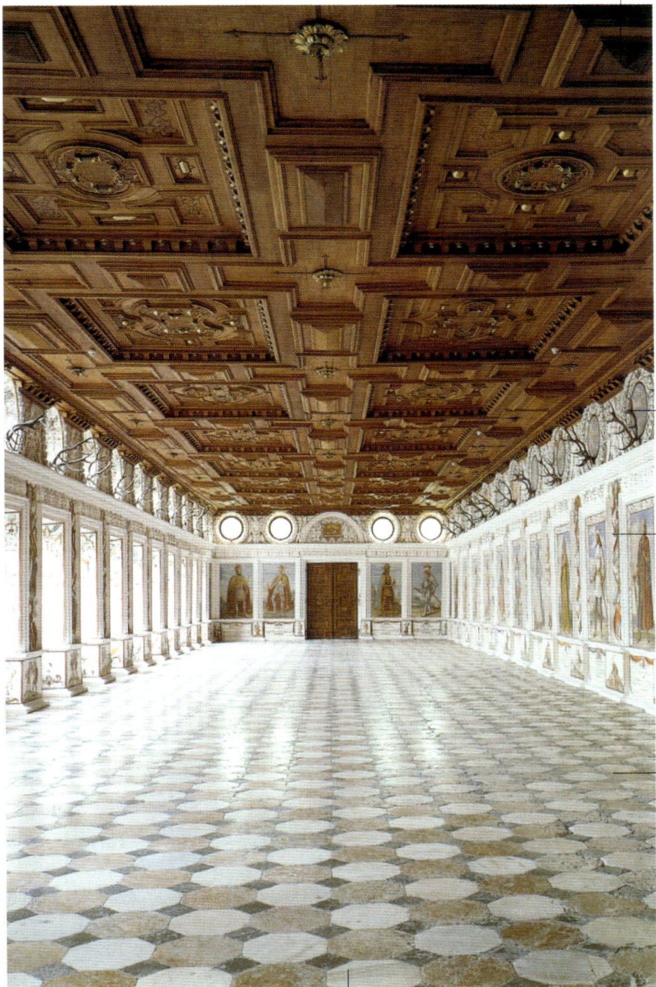

Die Hirschgeweihe entlang des obersten Wandabschnitts erinnern daran, dass wir uns in einem Landschloss befinden, das von Wäldern umgeben ist.

An den Wänden befinden sich aneinandergereiht die ganzfigurigen Porträts von 27 Grafen, Herzögen und Fürsten Tirols, ausgeführt vom Italiener Giovan Battista Fontana.

Mit dem großen Saal gewinnt das alte Schloss den Charakter einer fürstlichen Residenz der Spätrenaissance.

Man weiß nicht, warum dieser Saal, in dem heute Konzerte und Ausstellungen stattfinden, der »Spanische Saal« heißt: Sein Stil ist in der Tat eher italienisch beziehungsweise vom internationalen Manierismus geprägt.

▲ Der Spanische Saal im Schloss Ambras bei Innsbruck.

Spanische Linie des Hauses Habsburg

Kastilien
El Escorial
Andalusien
Antwerpen
Brüssel und Flandern
Niederlande
Mailand

1492 ist ein entscheidendes Jahr in der Geschichte Spaniens, nicht nur weil Christoph Columbus die Neue Welt entdeckt, die innerhalb kurzer Zeit größtenteils iberische Kolonie wird, sondern auch weil das Land unter der Krone der Katholischen Könige vereint wird nach dem Sieg über das maurische Reich Granada. Die dynastische Erbfolge der Habsburger führt Karl V. auf den Thron Spaniens und bald darauf auf den Kaiserthron. Er wird in der ersten Hälfte des 16. Jh. für ganz Europa zur zentralen Herrscherfigur. Karl V. zeigt allerdings für Spanien, das mit der Eroberung Amerikas und mit der Festigung der nationalen Einheit beschäftigt ist, wenig Interesse. In der Kunst erfolgt der Übergang von der Spätgotik zur Renaissance. In der zweiten Hälfte des Jahrhunderts, unter Philipp II., prägt die Gegenreformation die Politik und die Kunst des Landes. Ganz anders ist die Situation in den übrigen westlichen und mediterranen Gebieten des Reichs der Habsburger. In Flandern geht die Epoche der Handelsstädte (Gent, Brügge) zu Ende und es beginnt der Aufstieg Antwerpens, das zum größten Atlantikhafen des Reichs wird und zudem zum Sitz einer ausgezeichneten Kunstschule. Religiöse Kontroversen und Unabhängigkeitsbestrebungen erschüttern am Ende des 16. Jh. die Niederlande. In Flandern kann sich die spanische Herrschaft behaupten, während in den »Vereinigten Provinzen« im Norden unter der Führung Wilhelms von Oranien die junge holländische Nation als eine neue Macht, mit der niemand gerechnet hatte, die Bühne der Geschichte betritt. Im südlichen Bereich ist zweifellos Mailand, die Hauptstadt des ehemaligen Herzogtums Lombardei, eine der wichtigsten und lebhaftesten Orte für die internationale künstlerische und religiöse Debatte.

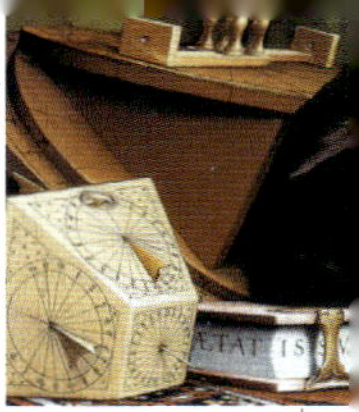

Um die Ausdehnung seines interkontinentalen Reichs zu betonen, wählt Karl V. als Symbol die zwei Säulen des Herkules und als Wahlspruch »Plus ultra« – »Immer weiter«.

Kastilien

Jahrhunderte lang hatten die Herrscher Europas von einer »Wiedergeburt« des römischen Imperiums geträumt. Karl V. von Habsburg, seit 1516 König von Kastilien und für die Spanier *Carlos Primero,* folgt 1519 seinem Großvater Maximilian I. auch als Deutscher König und Römischer Kaiser. Er herrscht über ein Reich, »in dem die Sonne nicht untergeht«: Es umfasst die Kronen von Aragon, Kastilien, Österreich und Burgund und reicht bis zu den neuen amerikanischen Kolonien. Der in Gent geborene und zutiefst mitteleuropäisch geprägte Karl V. hatte in Spanien keine feste Residenz. Es mangelte deswegen an königlichen Aufträgen, weil sich keine autonome spanische Kunstschule entwickelte. Während der Renaissance ist die Kunst Spaniens vor allem italienischen Einflüssen verpflichtet. Kastilien ist das Epizentrum königlicher Macht: Valladolid ist die Hauptstadt. Toledo ist die wichtigste Stadt und die bevorzugte Residenz des Herrschers, in Segovia entsteht die letzte gotische Kathedrale und die Stadt Salamanca nennt eine Universität höchsten Ranges ihr eigen. 1561 wird Madrid die neue Hauptstadt. Nach der von Karl V. gewünschten Teilung des Reichs im Jahre 1556 bleibt Spanien eine große Kolonialmacht, die Philipp II., der im Unterschied zu seinem Vater sehr spanisch denkt, mit Mühe organisiert und leitet. Der Untergang der Armada gegen die schnellen englischen Schiffe (1588) wird das Symbol eines schwerfälligen Staatsapparats, der unfähig ist, mit der Dynamik der neuen Zeit Schritt zu halten.

1504: Johanna d. Wahnsinnige wird Königin von Kastilien, Regentschaft von König Ferdinand von Aragón
1516–56: Regierungszeit von Karl, Sohn Johannas und Philipps d. Schönen, ab 1516 als Karl I. König von Spanien, ab 1519 als Karl V. Kaiser des Reiches
1519: Hernán Cortes beginnt mit der Eroberung des Aztekenreichs.
1527: Philipp II., Sohn Karls V., wird in Valladolid geboren.
1533: Pizarro vollendet die Eroberung des Reichs der Inka und wird Statthalter von Peru.
1556: Abdankung Karls V. und Rückzug in das Kloster von Yuste; sein Sohn Philipp II. von Spanien wird Nachfolger in Spanien und Burgund, sein Bruder Ferdinand I. folgt ihm im Reich.
1561: Philipp II. verlegt die Hauptstadt nach Madrid.
1588: Niederlage der spanischen Armada gegen England
1598: Tod Philipps II.

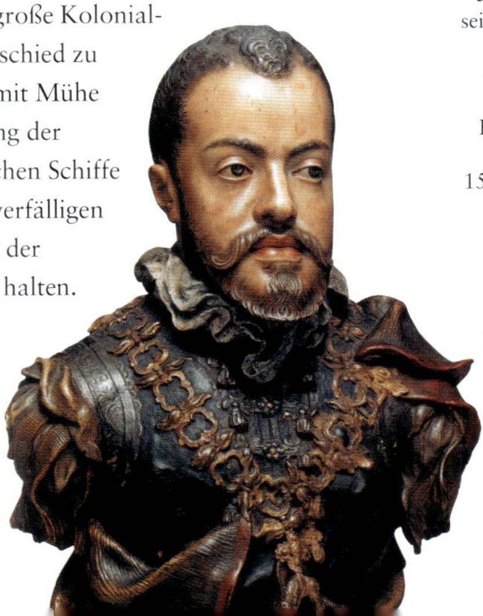

► Pompeo Leoni, *Porträtkopf Philipps II.*, um 1556, aus Silber getrieben und bemalt (nachträglich auf eine Büste von Balthasar Moll gesetzt), Wien, Kunsthistorisches Museum.

Die großen Fresken mit Szenen aus der Passion Christi sind ein Werk Juan de Borgoñas und zeigen deutliche italienische Einflüsse.

Die intarsierte Decke ist ein prächtiges Beispiel für den Mudéjar-*Stil, der gotische und maurische Formelemente verbindet.*

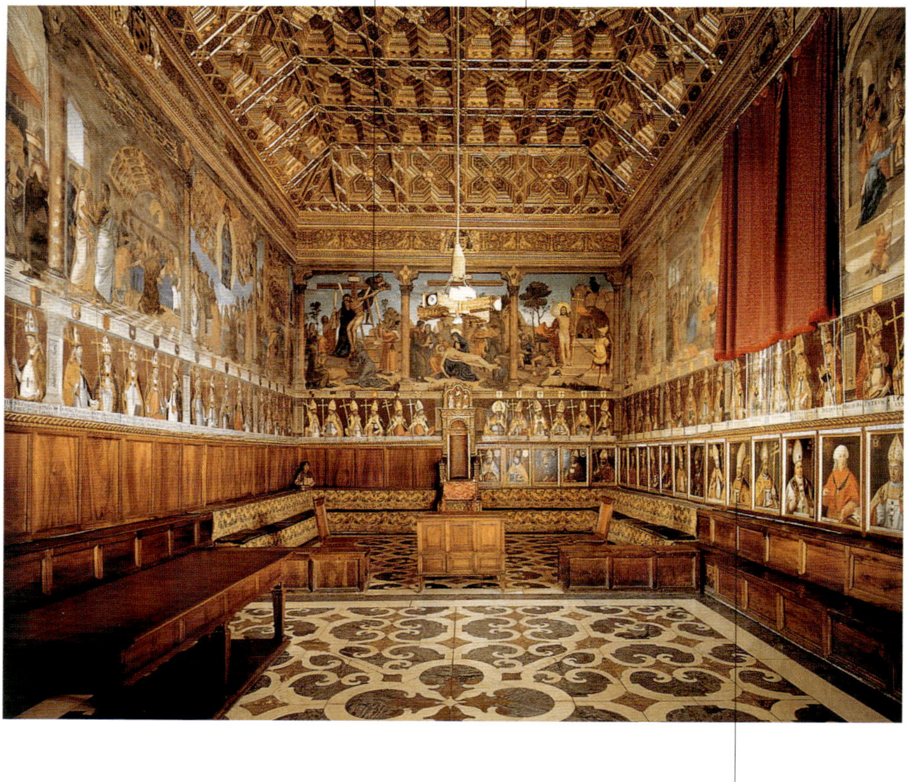

Über den Bänken reihen sich Porträts der Erzbischöfe von Toledo.

▲ Sakristei der Kathedrale von Toledo, mit Fresken von Juan de Borgoña, 1514.

Der anrührende Ausdruck des Heiligen entsteht auch dank der Glasaugen. Der schlecht rasierte Bart ist ein Detail von deutlichem Realismus.

Das Jesuskind nimmt die Haltung des klassischen Kontrapost ein; ein Detail von höchster stilistischer Aktualität, und doch zeigt sich in diesem der Renaissance verpflichteten Werk die Erinnerung an die spätgotische Skulptur.

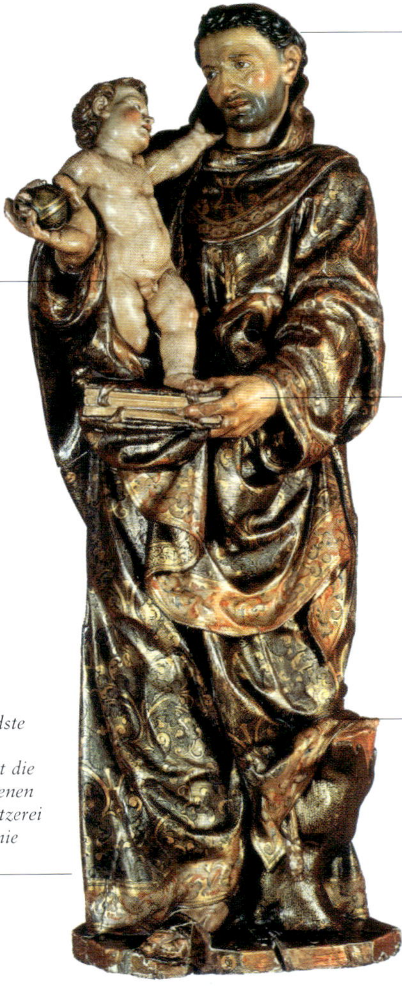

Die kräftige Hand des hl. Antonius hält ein Buch, auf dem das Jesuskind steht.

Juan de Juni, der bedeutendste spanische Bildhauer um die Mitte des 16. Jh., beherrscht die Kombination der verschiedenen Künste: die prächtige Schnitzerei weist eine reiche Polychromie und Vergoldung auf.

Halt und Gleichgewicht erhält die Skulpturengruppe durch den Baumstumpf, auf den der hl. Antonius das Knie stützt.

▲ Juan de Juni,
Hl. Antonius mit dem Jesuskind, um 1555,
Valladolid, Museo Nacional de Escultura.

Der Gewitterhimmel voller dunkler Wolken, durch die stellenweise Sonnenlicht dringt, verleiht dem Gemälde eine unvergessliche Ausdruckskraft: Die reale Landschaft wird zum Mysterium.

Die schützende Ringmauer (die berühmten »Cigaralles«) trennt Toledo von einer wilden Landschaft.

Die Stadt scheint sich auf den Hügel zu kauern; die großen Gebäude wie Kathedrale und Alcazar erscheinen als phosphoreszierende Formen.

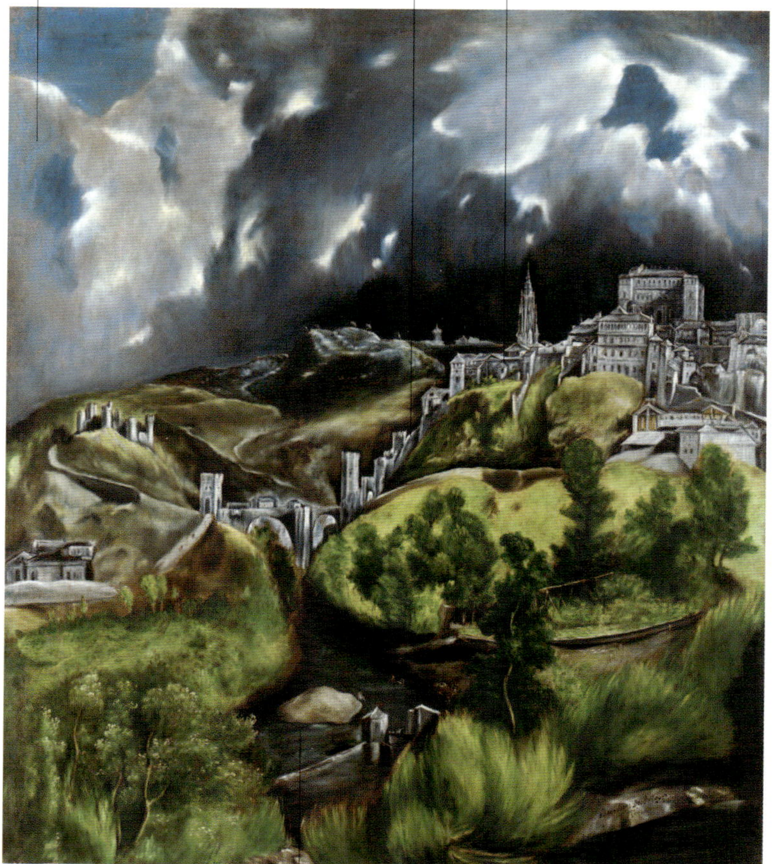

Gut erkennbar ist das tiefe Tal des Tajo mit der Alcantara-Brücke, das gewissermaßen einen natürlichen Wassergraben um die Stadt zieht.

▲ El Greco,
Ansicht von Toledo, um 1597,
New York, Metropolitan Museum of Art.

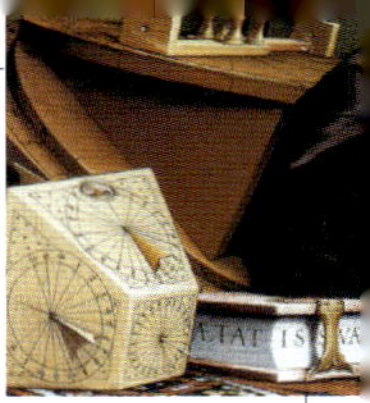

Die strenge Anlage aus Schiefer und Granit, die hohen, von 2600 Fenstern durchbrochenen Mauern und die Ecktürme drücken den Wunsch seines Bauherrn nach Sicherheit aus.

El Escorial

Die Klosterresidenz San Lorenzo el Real de El Escorial ist ganz von der Persönlichkeit Philipps II. geprägt. Sie entstand zwischen 1563 und 1584, ihre Ausschmückung, an der italienische Künstler einen bedeutenden Anteil hatten, zog sich allerdings noch einige Jahrzehnte hin. Das Monument feiert den Sieg über die Franzosen in der Schlacht von Saint-Quentin am 10. August 1557, dem Gedenktag des hl. Laurentius. Zu seinen Ehren ist der Grundriss des Escorial dem Folterwerkzeug des Heiligen nachempfunden, einem Gitterrost: Der Gebäudekomplex ist um 16 Innenhöfe herum angeordnet. Die reichen Kunstsammlungen und die Fresken von Pellegrino Tibaldi und dem Genoveser Luca Cambiaso vermögen nichts an der Eintönigkeit des wuchtigen Gebäudes zu ändern. Die Kreuzgänge, Korridore, Kapitelsäle, die repräsentativen Räume und die Versammlungssäle sind von einer bedrückenden Geometrie. Herz und Mittelpunkt des Komplexes ist die Basilika, ein gewaltiger Raum, in dem sich an die 50 Altäre befinden und der an der Stirnseite vom beeindruckenden Retabel der Capilla Mayor abgeschlossen wird. Zu den Meisterwerken der Kirche gehören ein kostbares Marmor-Kruzifix von Benvenuto Cellini und die vergoldeten Skulpturengruppen Karls V. und Philipps II., jeweils mit Familie, geschaffen von Leone und Pompeo Leoni. Der Escorial entsteht am Ende einer Epoche, der Renaissance; noch ist das barocke Zeitalter, das in Spanien als »Siglo de oro« bezeichnet wird, nicht angebrochen.

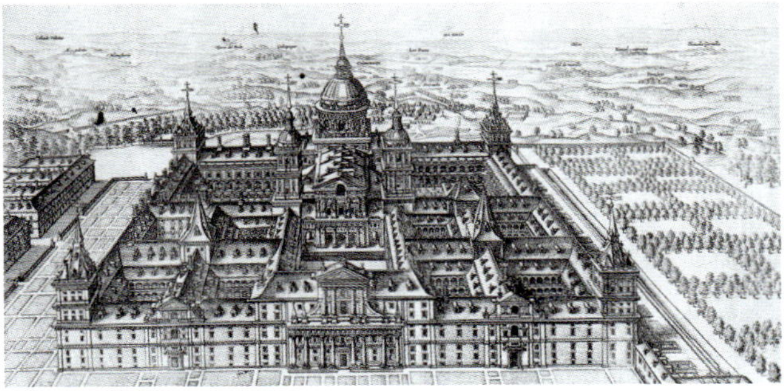

1557: In der Schlacht von St-Quentin besiegt Philipp II. am Gedenktag des hl. Laurentius den französischen König Heinrich II. und gelobt zu Ehren des Heiligen ein Kloster zu bauen, das zur königlichen Klosterresidenz ausgebaut wird.
1558: Tod Karls V., der den Wunsch nach einer würdigen Grablege hinterlässt.
1561: Philipp II. verlegt die Hauptstadt nach Madrid und sucht in der Sierra de Guadaramma nach einem geeigneten Ort für das gelobte Kloster und die Gedenkstätte.
1563: Beginn der Bauarbeiten unter der Leitung von Juan Bautista de Toledo, einem Schüler Michelangelos. Nach dessen Tod 1567 übernimmt Juan de Herrera die Nachfolge und wird so zum eigentlichen Schöpfer der Klosterresidenz.
1584: Abschluss der Bauarbeiten
1598: Philipp II. stirbt im Escorial.

◄ Kupferstich mit Ansicht des Escorial am Ende des 16. Jh.

Herz und Zentrum der Klosterresidenz ist die Kirche, ein typischer Sakralbau der Gegenreformation mit breiten Gewölben auf Pilastern und großer Kuppel, beeinflusst vom Petersdom in Rom, der damals noch im Bau war.

Das Innere der Kirche ist ein gewaltiger und kalt wirkenderRaum, in dem sich an die 50 Altäre befinden und der vom beeindruckenden Retabel der Capilla Mayor abgeschlossen wird, das italienische Meister geschaffen haben.

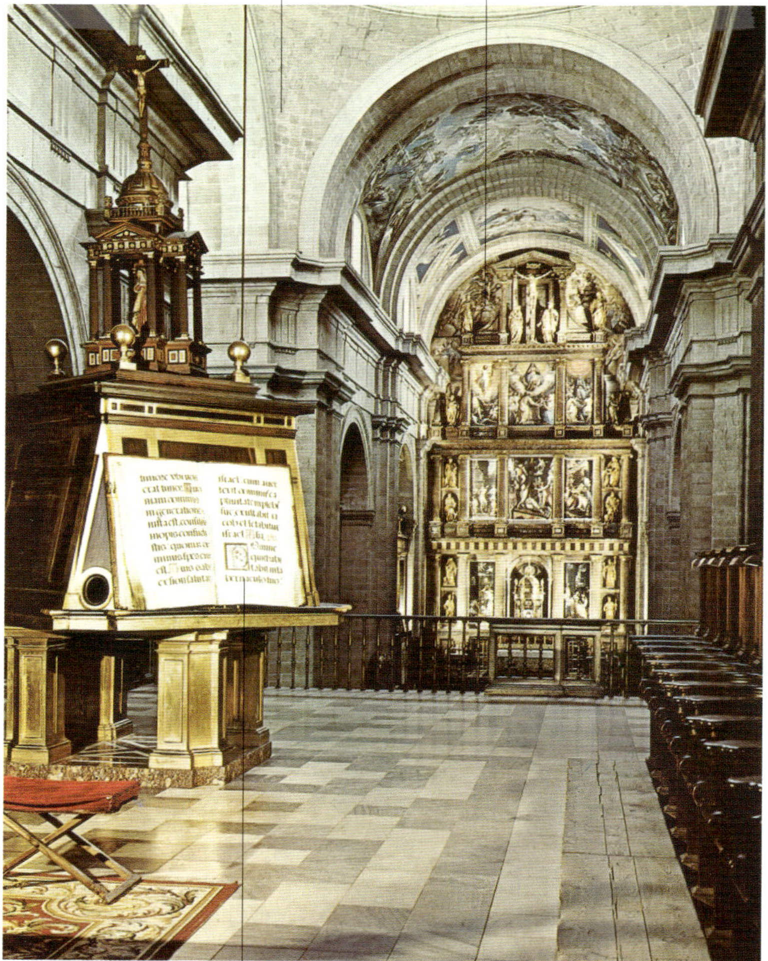

Beeindruckend ist das Lesepult aus Nussbaumholz im Zentrum des strengen Chors; durch seine Größe kann es die größten, oft mit Miniaturen verzierten Antiphonarien der Spätrenaissance tragen.

▲ El Escorial, San Lorenzo el Real, Innenraum mit Chor und Retabel des Hochaltars.

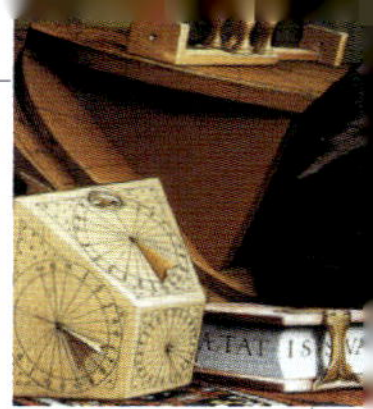

Mit dem Fall der maurischen Herrschaft in Granada im Jahre 1492 beginnt in Andalusien eine intensive Christianisierung, auch mit Hilfe der Kunst.

Andalusien

Während seiner kurzen Spanienaufenthalte residiert Karl V. bevorzugt im Alcazar de Toledo. Die bedeutendsten Bauwerke des 16. Jh. werden jedoch in Andalusien errichtet, wo ein gewaltiges Unternehmen der Christianisierung durchgeführt wird und christliche und muslimische Kunst miteinander verschmelzen. Hier entsteht der sog. Platereskenstil mit Verzierungen, die von der Silberschmiedekunst herrühren. Mitten zwischen den namhaftesten maurischen Bauten, wunderbare Symbole des muslimischen Reiches von Granada, werden spätgotische Bauten und Bauten im Renaissance-Stil errichtet. In Granada, der alten Hauptstadt, wird neben der Capilla Real der »Katholischen Könige« Ferdinand und Isabella eine eindrucksvolle Kathedrale erbaut, während dicht hinter der Alhambra ein großer Palast mit einem runden Innenhof mit Laubengang für Karl V. entsteht. In Sevilla vollendet man die große Kathedrale, in der die Vermählung Karls V. mit Isabella von Portugal gefeiert wird (1526), wobei man ein Minarett als Glockenturm verwendet, während in den maurischen und jüdischen Stadtvierteln elegante Paläste entstehen. Im Alcazar wird für Karl V. eine Wohnung mit Kapelle eingerichtet. In Córdoba wird die alte Moschee, ein wahres Wunderwerk der sakralen muslimischen Architektur durch Einbauten in die dichtgedrängte Säulenlandschaft christianisiert.

1504: Tod der Königin Isabella, Regentschaft Ferdinands II. d. Katholischen für seine Tochter Johanna d. Wahnsinnige
1506–21: Bau der Capilla Real in Granada
1523: Beginn des Einbaus der Kathedrale in die Mezquita von Córdoba
1526: Karl V. heiratet in Sevilla Isabella von Portugal, 1527 wird Philipp II. geboren.
1528: Baubeginn der Kathedrale von Málaga unter der Leitung von Diego de Siloé
1568: Vollendung von »La Giralda«, der Adaption des Minaretts der Almohadenmoschee als Glockenturm der Kathedrale
1580: Sevilla ist die größte und bevölkerungsreichste Stadt Spaniens.

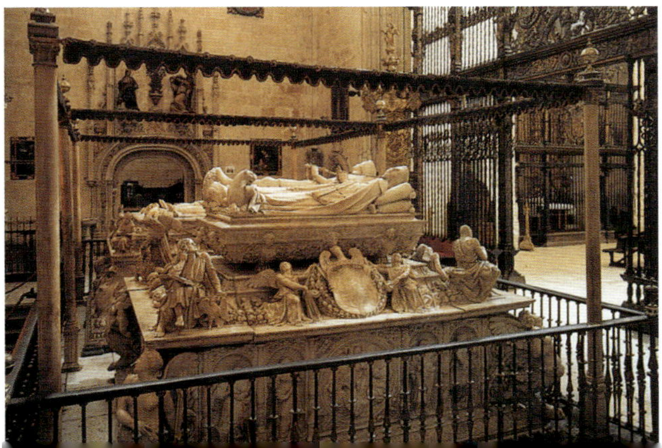

◄ Gräber der »Katholischen Könige« in der Capilla Real neben der Kathedrale von Granada.

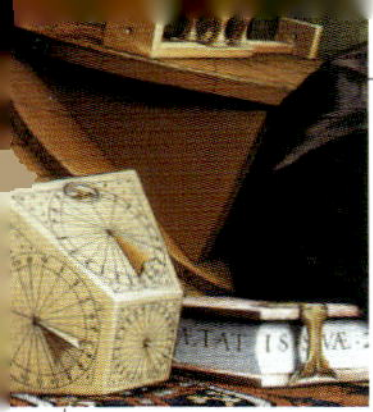

Die Stadt Antwerpen ist der reichste Hafen Europas, und die Ufer der Schelde bieten ein Schauspiel unablässiger Aktivität. Außerdem beherbergt die Stadt eine blühende Kunstschule.

Antwerpen

1507: Der Handelsverkehr des spanischen Königreichs mit Übersee wird hauptsächlich über Antwerpen abgewickelt.
1520: Dürer hält sich während seiner Reise in die Niederlande auch in Antwerpen auf.
1540: Im Hof der Börse wird ein Markt für Bilder organisiert.
1550: Höhepunkt des Silberhandels
1561: Cornelis Floris de Vriendt vollendet den Bau des Rathauses.
1566: Bilderstürmer verwüsten Kirchen und Klöster.
1574: Christoph Plantin betreibt die erste industrielle Buchdruckerei. Sie zählt bis zu 16 Druckpressen, hat über 80 Beschäftigte.
1576: Truppen Philipps II. plündern die Stadt.
1579: Neue Welle der Bilderstürmerei
1585: Die spanische Flotte blockiert die Scheldemündung und bringt den Hafen von Antwerpen zum Erliegen. Amsterdam und Rotterdam treten das Erbe von Antwerpen an.

Antwerpen ist der Umschlagplatz für Waren aus den Kolonien. Die Stadt behauptet sich als künstlerisches Zentrum Flanderns und bringt einen Stil hervor, der von italienischen Einflüssen geprägt ist. Bosch, Massys, Mabuse und van Scorel reisen nach Venedig und Rom, wo sie sich die Kunst der Perspektive aneignen und aktiv an der Geburt der *Maniera moderna* mitwirken. Antwerpen, eine internationale, offene und tolerante Stadt mit angesehen Verlagen, die Bücher in mehreren Sprachen veröffentlichen, bleibt dem Katholizismus verbunden und fungiert – angesichts der calvinistischen Vereinigten Provinzen im Norden – als Vorposten der Gegenreformation. Dennoch gibt es auch hier gewalttätige Wellen des Bildersturms, die, vor allem in der Kathedrale, zur Zerstörung vieler Kunstwerke führen, welche später durch die großen Altarbilder von Rubens ersetzt werden. Um den spätgotischen Baukorpus der Kathedrale Onze-Lieve-Vrouwekerk entstehen die großen Klosterbauten mehrerer Orden, darunter auch der mächtigen Jesuiten.

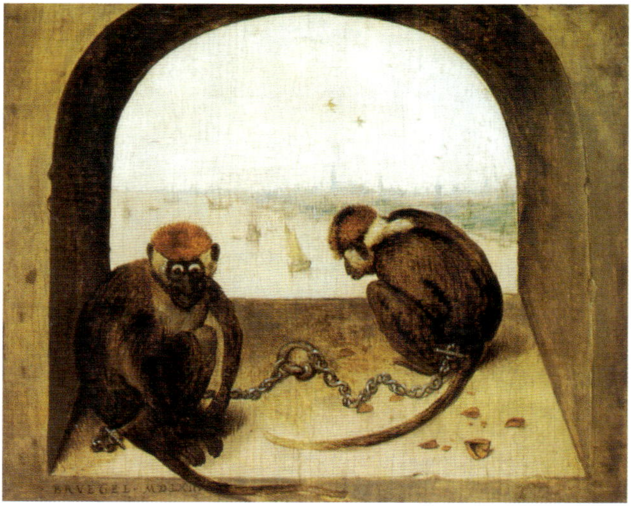

Die Gegenstände im Hintergrund sind wie in einem Stillleben dargestellt. Wenige Jahrzehnte später wird das Stillleben zu einem eigenständigen Sujet.

Die Frau blättert in einem mit Miniaturen verzierten Stundenbuch: Ihre Frömmigkeit steht im Gegensatz zur völlig profanen, merkantilen Beschäftigung des Mannes.

Die vielen Münzen unterschiedlicher Prägung und die kostbaren Gegenstände in der Stube des Geldwechslers verweisen auf den wachsenden Reichtum Antwerpens.

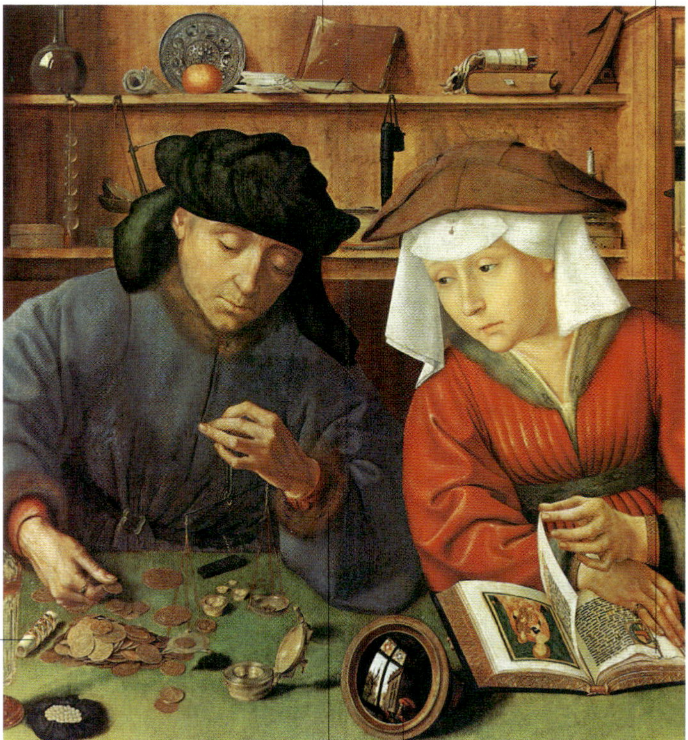

Der Mann hält mit professioneller Aufmerksamkeit eine Waage, mit der er die Münzen wiegt. Eines der wichtigsten wirtschaftlichen Phänomene des 16. Jh. war die sog. Preisrevolution, die zum Teil mit dem Einströmen südamerikanischer Edelmetalle nach Europa in Zusammenhang stand.

In einem konvexen Spiegel ist das Innere des Zimmers zu sehen. Solche Spiegelungen finden sich häufig in der flämischen Malerei des 15. Jh., und Massys will sich damit ausdrücklich in ihre Tradition setzen.

◄ Pieter Bruegel d. Ä.,
Zwei Affen vor der Schelde, 1562,
Stiftung Staatliche Museen Berlin, Gemäldegalerie.

▲ Quentin Massys,
Der Geldwechsler und seine Frau, 1514,
Paris, Musée du Louvre.

Die Gaben der Könige sind, genau wie die Kronen und Zepter, prunkvolle Beispiele spätgotischer Goldschmiedekunst.

Der Bildaufbau sowie die gestaffelte architektonische Szenerie sind von der Monumentalität der italienischen Malerei beeinflusst.

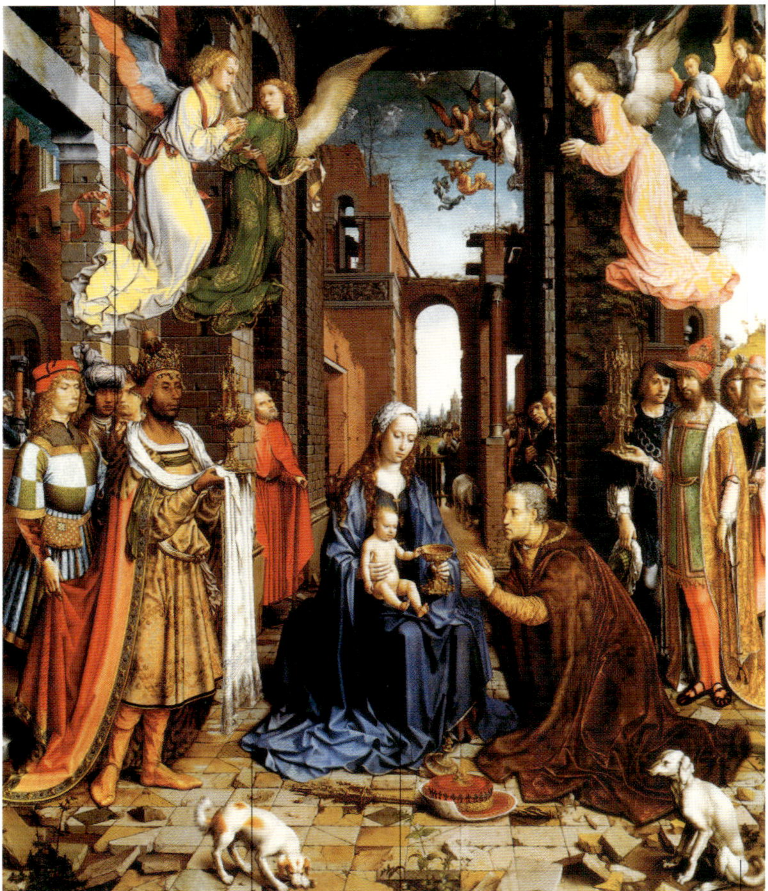

Die vielen Einzelheiten, die Vorliebe für prächtige Gewänder und die minutiöse Ausführung der beschreibenden Details gehören zur flämischen Tradition.

Das Antlitz Marias verrät das Interesse des Malers am Stil Leonardos.

Der Hund rechts ist eine explizite Hommage an die Kupferstiche Dürers; das ganze Bild verrät dem fachkundigen Betrachter Mabuses kulturellen Eklektizismus und lässt die internationalen Kontakte der Antwerpener Kunstschule erkennen.

▲ Mabuse,
Anbetung der Könige, um 1515,
London, National Gallery.

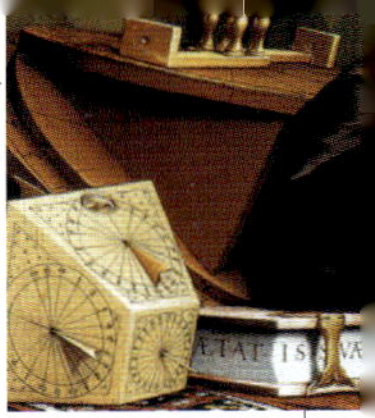

In der 1. Hälfte des 16. Jh. wird Brüssel zu einer eleganten Handelsstadt, in der die Kunst blüht; dann bringt der verlorene Kampf um die Unabhängigkeit Armut über Flandern.

Brüssel und Flandern

Zu Beginn des 16. Jh. tritt Brüssel nach dem Willen der Regentin Margarete von Österreich seinen Rang als Hauptstadt des ehemaligen Herzogtums Burgund an die Stadt Mechelen ab. Nachdem es dank Kaiser Karl V., der 1500 in Gent zur Welt kommt und seiner Heimat immer innig verbunden bleibt, wieder Hauptstadt geworden ist (1531), durchlebt Brüssel eine glanzvolle Phase; Symbol dafür ist zum einen die Residenz der spanischen Hofbeamten, »Maison du Roi«, auf der Grand-Place (Grote Markt), zum anderen die florierende Herstellung von Wandteppichen. Dank Antwerpen verbreitet sich in Brüssel und in Flandern eine Malerei, die sich an den künstlerischen Neuheiten aus Italien orientiert. Daneben bestehen jedoch lokale Traditionen fort: die Vorliebe für realistische deskriptive Details, Voraussetzung für die Entstehung der Genre-Malerei; die Volkskultur und eine bedeutende Frömmigkeitskomponente, zum Beispiel in den Bildern von Adriaen Isenbrandt und Lancelot Blondeel und in den Skulpturen von Dubrouecq. Die Bestrebungen zur nationalen Unabhängigkeit, die nach der Abdankung Karls V. im Jahr 1556 stärker werden, führen zu blutigen Aufständen. Die Unterdrückung der Rebellion durch den Herzog von Alba gipfelt in der Enthauptung der Grafen Egmont und Hoorn, den Anführern der Adelsopposition gegen die spanische Verwaltung auf der Grand-Place in Brüssel 1568. Das Scheitern der Unabhängigkeitsbestrebungen wird 1585 durch Alessandro Farnese besiegelt.

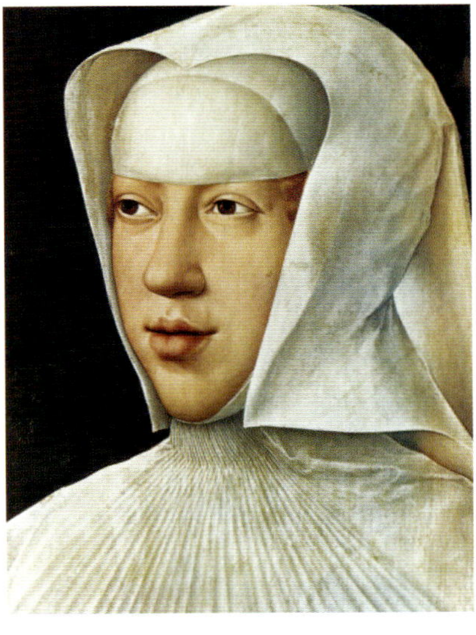

1500: In Gent wird der künftige Kaiser Karl V. von Habsburg geboren, der sich auch »Graf von Gent« nennen lässt.
1507: Maximilian I. von Habsburg überträgt seiner Tochter Margarete von Österreich die Regentschaft der Niederlande.
1516: Krönung von Karl V. in der St.-Gudula-Kathedrale von Brüssel
1568: Der spanische Statthalter Herzog Alba lässt die Grafen Egmont und Hoorn auf dem Marktplatz von Brüssel hinrichten.
1577: Don Juan d'Austria zieht als Statthalter der Niederlande in Brüssel ein.
1578: Tod Juans d'Austria, Nachfolger wird der spanische Feldherr Alessandro Farnese, Herzog von Parma
1579: Utrechter Union: Die sieben nördlichen Provinzen der Niederlande schließen sich gegen die südlichen katholischen Provinzen der Union von Arras zusammen

◄ Bernard van Orley, *Margarete von Österreich*, um 1530, Brüssel, Musées Royaux des Beaux-Arts.

Der halboffene Mund Karls V. zeigt eine physiognomische Eigenheit, die bei den Habsburgern erblich bedingt war: das Vorstehen des Unterkiefers.

Auf der Brust des jungen Herrschers prangt die Kette des Ordens vom Goldenen Vlies.

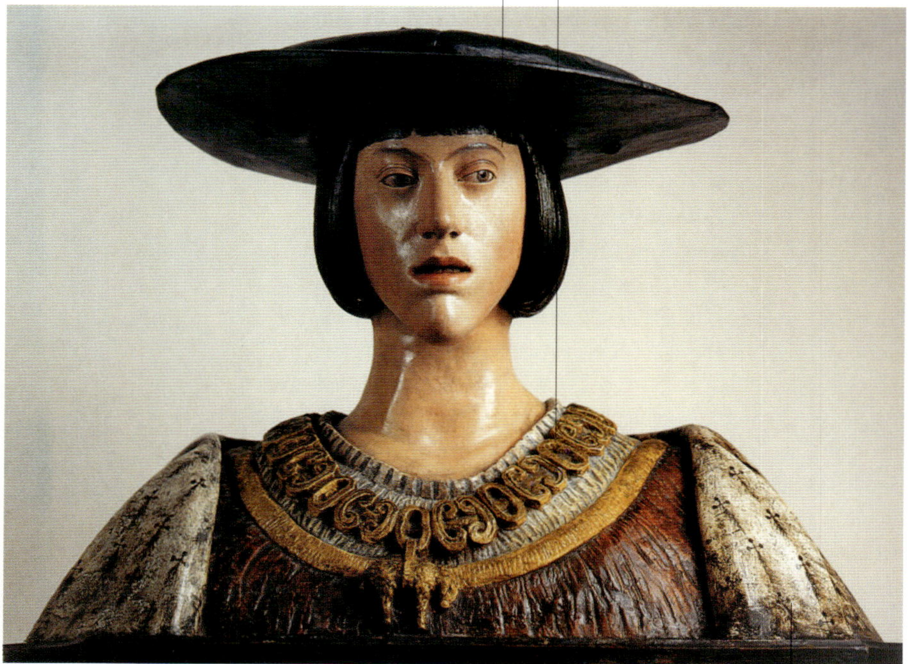

Karl V. wusste wohl, dass er kein anziehendes Äußeres besaß; trotzdem war er sehr dafür, dass realistische Porträts aller Art (Skulpturen, Gemälde, Kupferstiche usw.) von ihm verbreitet wurden, in der Überzeugung, dass ihn seine Untertanen, wenn sie ihn persönlich sähen, doch nicht so hässlich fänden, wie sie ihn sich vorgestellt hatten.

Die Produktion von Porträtbüsten, die bereits im 15. Jh. in der Toskana üblich war, erhält vor allem durch Aufträge der Habsburger einen starken Aufschwung.

▲ Conrad Meit (zugeschrieben), *Porträtbüste des jungen Karl V.*, um 1518, Brügge, Gruuthuse Museum.

Das zum Zeichen des Siegs erhobene Schwert erinnert an den Krieg zwischen Karl V. und dem französischen König, Franz I. um die Hegemonie in Europa.

An der Spitze einer komplizierten heraldischen Hierarchie prangt das kaiserliche Wappen der Habsburger, mit dem Doppeladler und der Halskette mit dem Orden vom Goldenen Vlies.

Wie es bei Lancelot Blondeel häufig der Fall ist, gehört jedes einzelne Element zum Repertoire von Renaissance-Verzierungen. Ihre dicht gedrängte Anordnung (horror vacui) *ist jedoch typisch spätgotisch.*

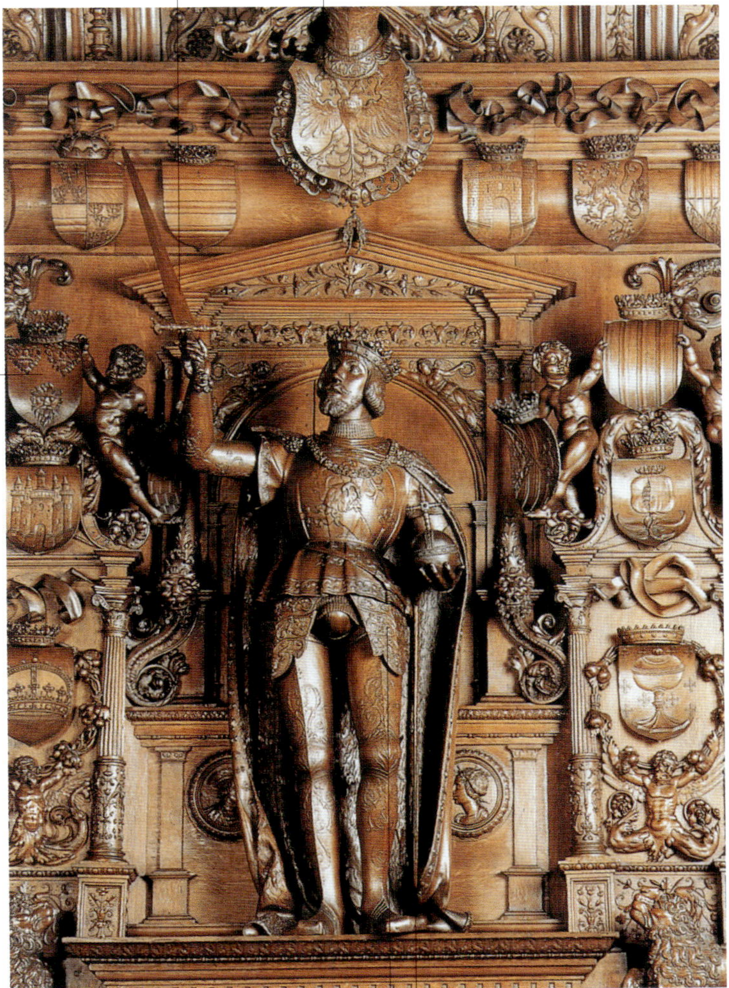

Die prächtige Schnitzarbeit ist eine Hommage der Stadt Brügge an den Kaiser.

Der Globus, das kaiserliche Symbol schlechthin, ist eine Reminiszenz an das Herrscherbild von Karl d. Gr., dem Begründer des Heiligen Römischen Reichs.

▲ Prachtkamin mit Schnitzwerk zu Ehren Karls V., nach einem Entwurf von Lancelot Blondeel, 1528, Brügge, Stedelijke Musea.

Der Zyklus setzt sich aus sieben großen Szenen zusammen. Die Teppiche wurden gleich nach dem Ereignis nach Kartons von Bernard van Orley gewebt und 1531 von Brüsseler Kaufleuten Karl V. geschenkt.

Der siegreiche Feldherr bei Pavia ist Fernando Francisco de Ávalos, Marchese di Pescara, einer der ersten Strategen, der die Bedeutung der Handwaffen erkannte (Hakenbüchsen und Feldschlangen), die die Harnische der französischen Reiterei zu durchbohren vermochten.

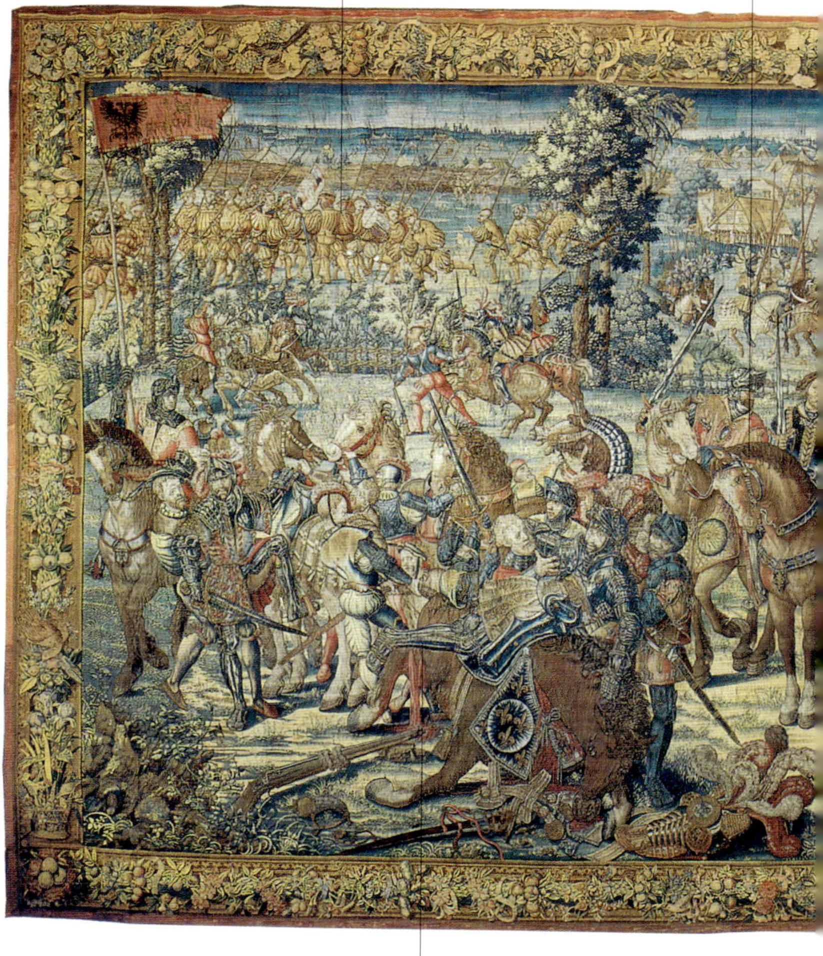

▲ *Gefangennahme von Franz I., König von Frankreich, in der Schlacht bei Pavia*, Brüsseler Teppichmanufaktur nach Kartons von Bernard van Orley, um 1530, Neapel, Museo di Capodimonte.

Der König von Frankreich wird gezwungen, vom Pferd zu steigen. Bei dieser Gelegenheit äußerte er den berühmten Satz: »Alles ist verloren, nur die Ehre nicht«. Er wurde in der Festung Pizzighettone gefangen gehalten.

Abgesehen vom dokumentarischen Wert zeigen die Wandteppiche einen wichtigen Entwicklungsschritt in der Geschichte der Wandbehänge: die Einführung perspektivischer Hintergründe und die Staffelung des Geschehens in die Tiefe.

Dank der behutsamen und aufwändigen Aufbewahrung haben die Wandteppiche zum großen Teil die lebendigen Originalfarben bewahrt, so dass man besonders in den Landschaften feinste Farbabstufungen bewundern kann.

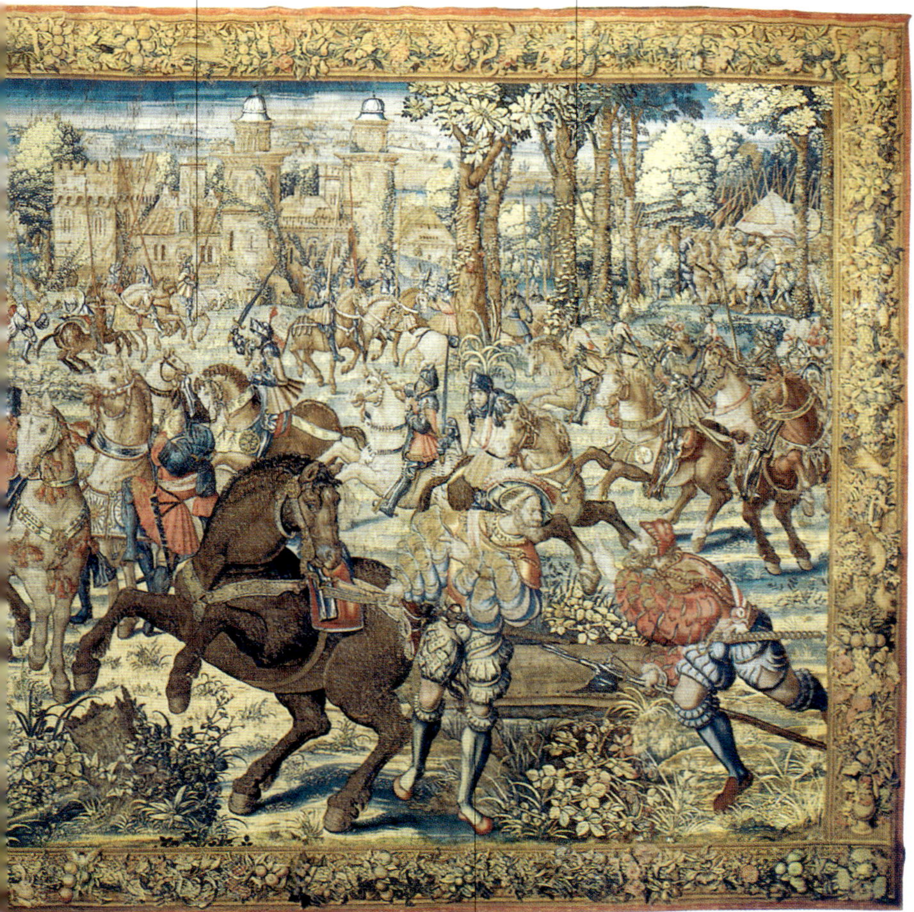

Typisch für Wandteppiche sind die grellen Kostüme der Landsknechte; die französischen Truppen setzten sich aus französischen, italienischen und Schweizer Söldnern zusammen.

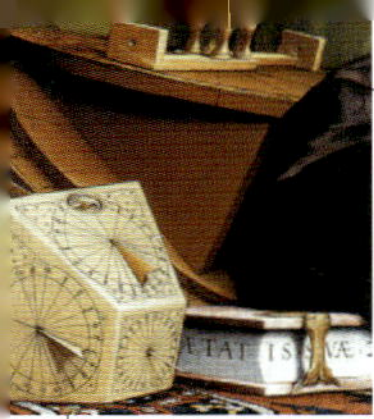

Mit der Unabhängigkeitsbewegung beginnt in den nördlichen Niederlanden ein wirtschaftlicher und kultureller Prozess, der im 17. Jh., Hollands Goldenem Zeitalter, seinen Höhepunkt findet.

Niederlande

1535: Revolte der Wiedertäufer in Amsterdam
1543: Das Herzogtum Geldern wird mit den habsburgisch-burgundischen Niederlanden vereinigt.
1555–71: Ausführung der Glasfenster in der St. Janskerk in Gouda
1566: Bildersturm der Calvinisten
1571: Die Calvinisten vertreiben die Katholiken aus Amsterdam.
1572: Die »Meergeusen« oder »Wassergeusen« erobern Holland und Zeeland, Beginn des Unabhängigkeitskriegs gegen die Spanier
1579: Union von Utrecht
1584: Wilhelm der Schweiger wird in Delft erschossen.
1593: Der Gelehrte, Arzt und Botaniker Carolus Clusius (Charles de l'Ecluse) führt in Leiden die Tulpenzwiebel ein.
1597: Willem Barents findet den Weg in die Arktis.

Das Gebiet der heutigen Niederlande ist während des gesamten 16. Jh. im Zusammenspiel mit einer stetig wachsenden Wirtschaft von großer kultureller Lebendigkeit geprägt. Erasmus von Rotterdam ist der Hauptvertreter einer humanistischen Bewegung, die bedeutende Maler wie Lucas van Leyden und Hieronymus Bosch umfasst. Es entsteht die Haarlemer Schule, die durch die italienische Malerei und den Manierismus beeinflusst ist. Die zweite Hälfte des 16. Jh. ist für das Gebiet der (damaligen noch gesamten) Niederlande eine schwierige Zeit. Flandern und die nördlichen Provinzen (die später die Niederlande im engeren Sinn bilden) werden von blutigen Kriegen und von Aufständen gegen die spanische Herrschaft heimgesucht. Dank der ausgezeichneten Hafenorganisation und der fortschrittlichen nautischen und kommerziellen Ausstattung erweisen sich die Häfen entlang der Nordsee, was die Schifffahrt nach Übersee betrifft, am effizientesten. Während die Spanier in den südlichen Provinzen den Aufstand unterdrücken, lässt sich das Autonomiebestreben der nördlichen Provinzen auch nicht durch die Ermordung Wilhelms von Oranien bremsen, des Statthalters der nördlichen Provinzen und Feldherrn der Unabhängigkeit. Die nationale Identität der aufsteigenden europäischen Macht bildet sich über die niederländische Sprache und einen strengen Calvinismus, der aber katholische und jüdische Minderheiten toleriert.

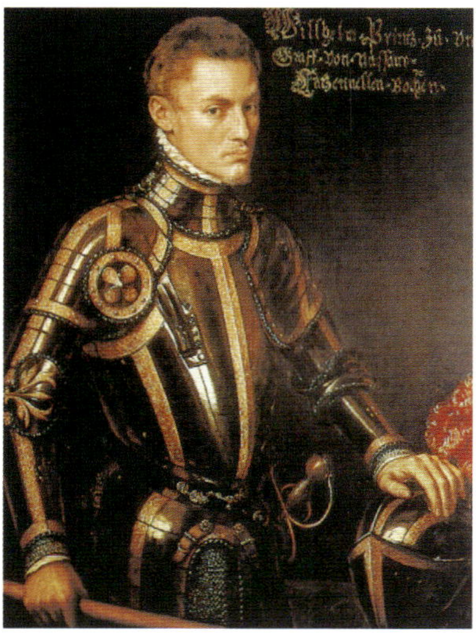

► Anthonis Mor, *Prinz Wilhelm von Oranien*, 1555, Kassel, Gemäldegalerie Alter Meister.

Die Inschrift erinnert an den Tod von Wilhelm von Oranien im Jahre 1584: »Er wurde in diesem Jahr in Delft erschossen, was viele Menschen bekümmerte.«

Das nüchterne und elegante Porträt Cornelis Schellingers, eines wohlhabenden Bürgers aus Amsterdam, ist ein Prototyp für die holländischen Porträts des 17. Jh.

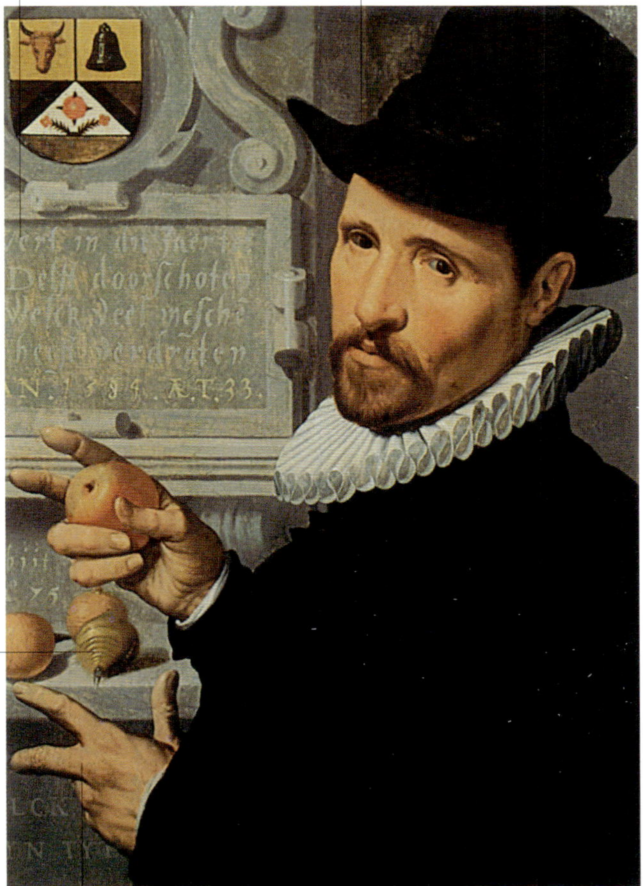

In der holländischen Malerei sind symbolische Anspielungen häufig. Der Kreisel ist das Symbol für die Kürze des Lebens, dazu bestimmt, wie das Spielzeug, das früher oder später aufhören wird, sich zu drehen, stehen zu bleiben.

Die seltsame Fingergeste verweist auf das Alter, das der Porträtierte hatte, als das Bildnis entstand: 33 Jahre.

▲ Pieter Pietersz,
Cornelis Schellinger, 1584,
Den Haag, Mauritshuis.

Die Kuh ist das traditionelle Symbol für die landwirtschaftlichen Reichtümer und den Überfluss Hollands.

Der hochmütige Philipp II. sitzt rittlings auf der Kuh, als handelte es sich um ein Schlachtross, und treibt sie mit den Sporen an.

Wilhelm von Oranien hält die Kuh mit sicherer Hand bei den Hörnern.

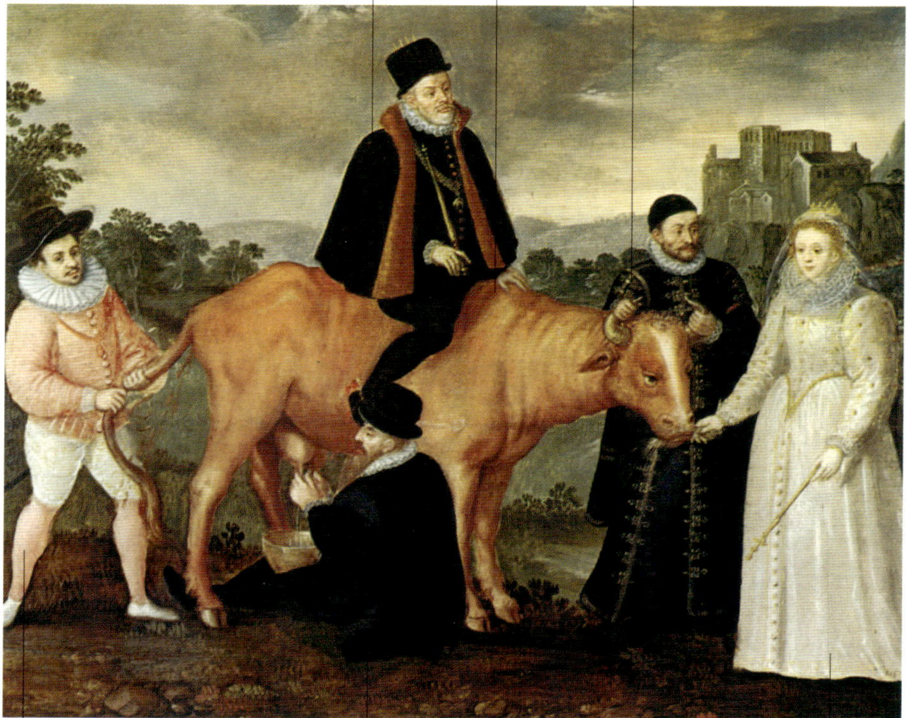

Die Person, die den Schwanz hält, ist der Herzog von Anjou, der um die Hand von Elisabeth von England anhalten wird und hier sarkastisch als unbedeutender und ehrgeiziger Mensch gezeigt wird, der aus den Umständen Profit zu schlagen bereit ist.

Der Herzog von Alba, unbarmherziger Statthalter der Niederlande, melkt die Kuh.

Die Königin von England, Elisabeth I., Verbündete der Vereinigten Provinzen, füttert liebevoll das duldsame Tier.

▲ Anonymer flämischer Maler, *Allegorie der von Philipp II. unterdrückten Niederlande*, 1590, Privatsammlung.

► Giovan Paolo Lomazzo, *Selbstbildnis*, um 1570, Mailand, Pinacoteca di Brera.

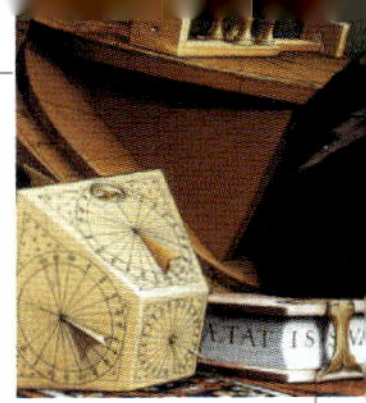

»O Franza o Spagna, purché se magna«: ein Sprichwort, das auf die zunächst französische und dann spanische Herrschaft über Mailand anspielt und die Krise des ehemaligen Herzogtums ausdrückt.

Mailand

Trotz des jähen Ausbleibens von Aufträgen und der Zerstreuung der Künstler nach dem Ende der Herrschaft der Sforza bleiben die künstlerische Aktivität in Mailand und das kulturell mit ihm verbundenen Territorium künstlerisch lebendig. Große Auswirkungen hat die Rückkehr Leonardo da Vincis im Jahre 1507 und sein Aufenthalt bis 1513. Mit Ausnahme von Bramantino (Bartolomeo Suardi), der sehr strenge, auf einer einprägsamen geometrischen Vereinfachung der Formen basierende monumentale Kompositionen schafft hat, richtet sich der vorherrschende Geschmack nach dem Vorbild Leonardos. Bei Boltraffio, Solario, Cesare da Sesto und Bernardino Luini wird die Malweise Leonardos komplett adaptiert, gelangt aber auch an die Grenze der Erstarrung. Eine neue kulturelle Phase beginnt ab den 1530er Jahren mit der Ankunft von Savoldo und Gaudenzio Ferrari und mit dem Eintreffen einiger Meisterwerke Tizians in Mailand. Während der zweiten Hälfte des 16. Jh. wird die Mailänder Kunstszene von Carlo Borromeo geprägt. Im Mai 1564 zum Erzbischof von Mailand ernannt, erlässt er seine *Instructiones* für die Architektur und die sakrale Kunst. In Pellegrino Tibaldi findet er den bereitwilligsten Umsetzer seiner Ideen. Die kunsthistorischen Schriften Giovan Paolo Lomazzos würdigen die örtliche Tradition und sind gleichsam eine lombardische Antwort auf die Vorstellungen Vasaris. Sie fördern das Interesse an ungewöhnlichen Ausdrucksformen und Sujets.

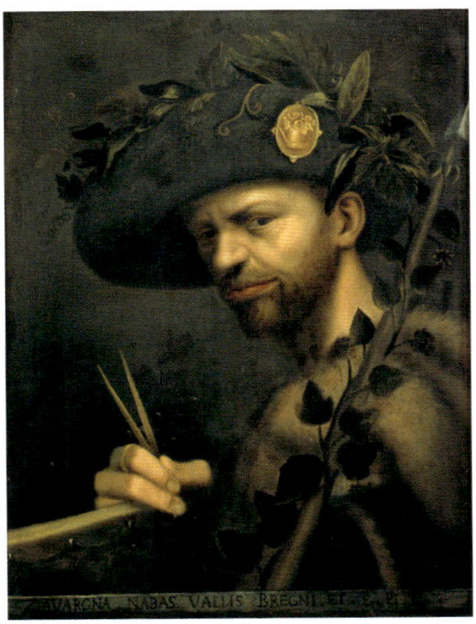

1500: Ludovico Sforza »il Moro« wird an die Franzosen ausgeliefert.
1507–13: Leonardo da Vinci hält sich in Mailand auf.
1515: Schlacht bei Marignano, die Franzosen nehmen Mailand in Besitz.
1521–35: Francesco II. Sforza regiert Mailand.
1525: Schlacht bei Pavia, Niederlage und Gefangennahme des französischen Königs Franz I.; Norditalien und Mailand fallen an das Haus Habsburg.
1542: Tizian schickt die für Santa Maria delle Grazie gemalte *Dornenkrönung* (heute im Louvre) nach Mailand.
1556: Nach der Abdankung Karls V. gehen die italienischen Besitzungen an die von Philipp II. begründete spanische Linie der Habsburger über.
1570: Giovan Paolo Lomazzo veröffentlicht den *Trattato della Pittura.*
1576–78: In Mailand wütet die Pest.
1584: Tod Carlo Borromeos, Erzbischof von Mailand

Der Zyklus, eines der seltenen Beispiele von Tapisserien, die gänzlich von italienischen Künstlern ausgeführt wurden, besteht aus 12 Wandteppichen, entsprechend den 12 Monaten.

Im Zentrum prangt das Wappen von Gian Giacomo Trivulzio, Marschall von Frankreich und nach dem Ende der Herrschaft der Sforza Statthalter von Mailand.

Im oberen Teil jeder Szene erscheint das dem jeweiligen Monat zugeordnete Sternzeichen.

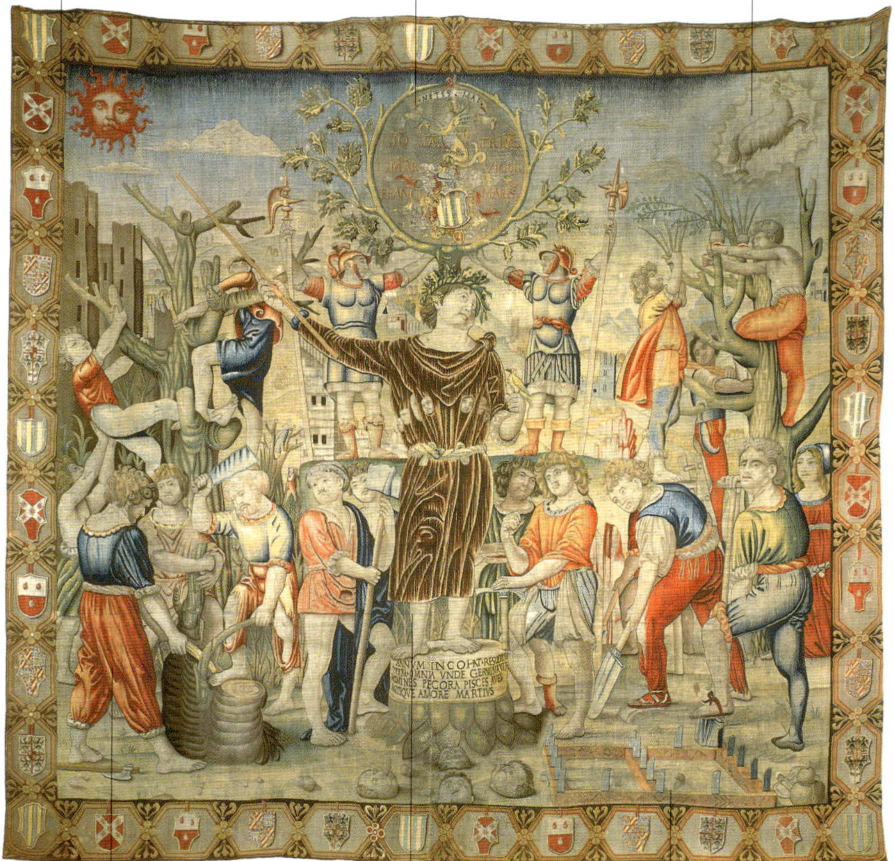

Wie in der mittelalterlichen Tradition üblich, wird jeder Monat mit bestimmten bäuerlichen Arbeiten assoziiert.

Zentrale Figur jeder Szene ist eine allegorische Darstellung des betreffenden Monats: Die Personifikation des März, Zeit der Wiedergeburt der Wiesen, ist charakterisiert durch die Köpfe von Neugeborenen auf seiner Brust.

Bramantino, einer der bedeutendsten lombardischen Maler und Autor der Kartons, fügt in jede Szene Einzelheiten ein, die die Perspektive betonen.

▲ Tapisseriehersteller von Vigevano nach Kartons von Bramantino, *Der Monat März*, um 1508, Mailand, Castello Sforzesco, Civiche Raccolte d'Arti Applicate.

Das Rosenspalier verweist auf die zeitgenössische mystische Verehrung der Jungfrau Maria und ist ein häufiges Motiv in der spätgotischen Kunst.

Das unverwechselbare Vorbild Leonardos wird von Luini beim Antlitz der Gottesmutter mit Feingefühl umgesetzt.

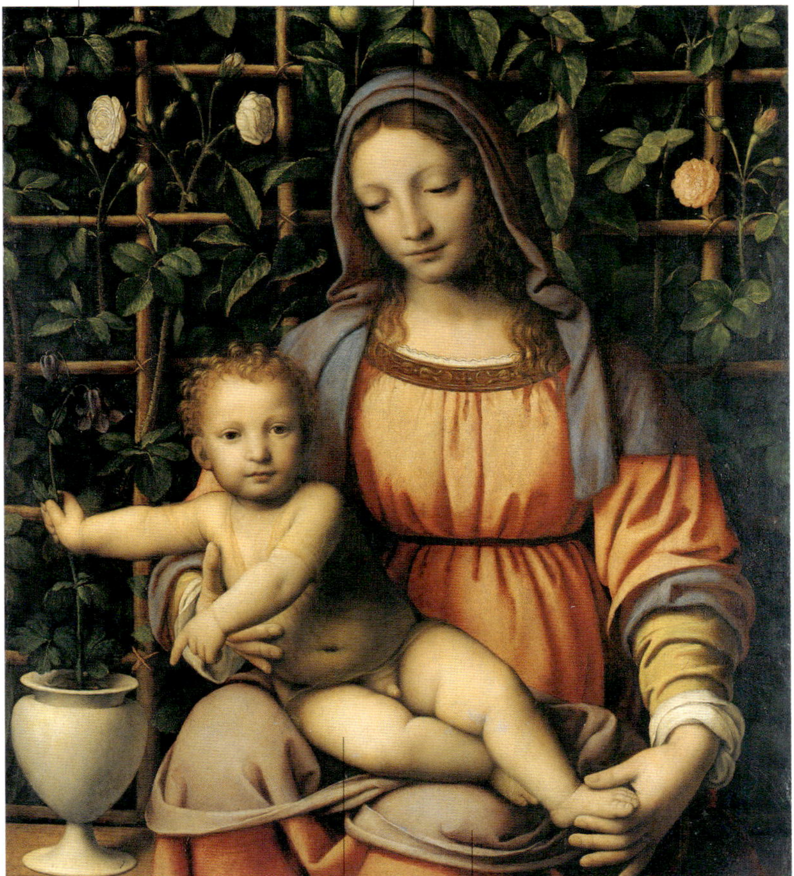

Auch das Jesuskind ist durch Werke Leonardos beeinflusst: Luini kopiert diese jedoch nicht, sondern wagt eine eigene Komposition.

Bernardino Luini ist vielleicht der begabteste und sicherlich der schaffenskräftigste der lombardischen Künstler, die mit Leonardo zusammengearbeitet haben.

▲ Bernardino Luini,
Madonna vor der Rosenhecke, um 1510,
Mailand, Pinacoteca di Brera.

Das Gemälde wurde für den Altar einer mit Fresken von Gaudenzio Ferrari ausgemalten Kapelle konzipiert, und zwar in der Kirche des Klosters, in dem Leonardo das Abendmahl *gemalt hat.*

Die Tiberius-Büste auf dem Architrav und die Figur des Folterknechts im Schuppenpanzer zitieren antike Vorbilder.

Die Szene wird mitunter als »Geißelung« bezeichnet, dargestellt ist aber die Dornenkrönung; das Altarbild war für die Kapelle Santa Corona in der Kirche Santa Maria delle Grazie in Mailand bestimmt.

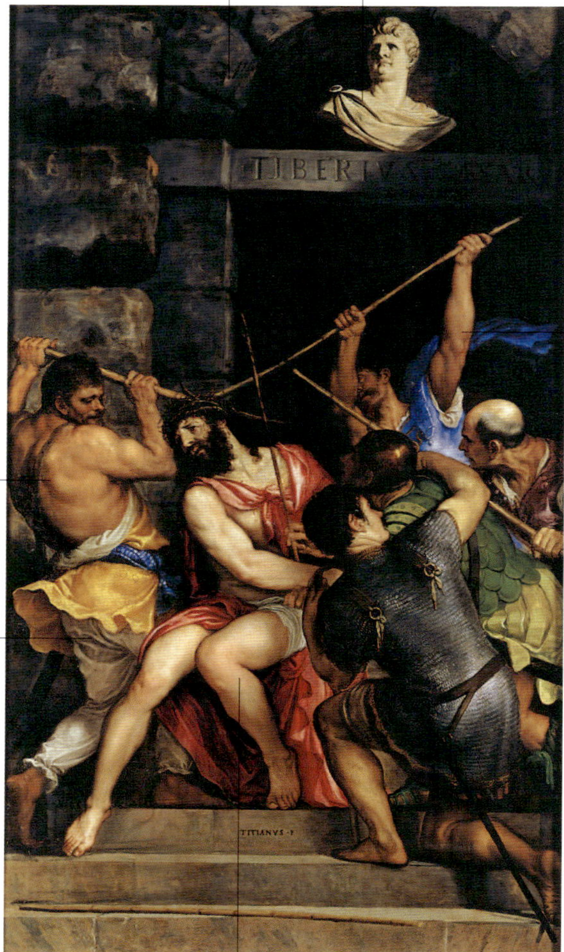

Die Gewalttätigkeit der Folterknechte wird großen Einfluss auf den jungen Caravaggio ausüben.

Die kolossalen und gedrehten Formen der Personen stehen in einem imaginären Wettstreit mit Michelangelo.

Das Gemälde ist ein Meisterwerk aus der Zeit, in der ein intensiver Kontakt zwischen Tizian und den Manieristen bestand: Die Figur Christi ist eindeutig von der Laokoon-Gruppe *beeinflusst.*

▲ Tizian,
Dornenkrönung, 1540–42,
Paris, Musée du Louvre.

Der Maler war in Cremona tätig, einer Provinzstadt, die zu seiner Zeit in voller künstlerischer Blüte stand. Es vermittelt zwischen den Raffinessen des Manierismus und der soliden Gegenständlichkeit der »provinziellen« lombardischen Tradition.

Obwohl das Bild eine Person zeigt, die auch den Titel rechtfertigt, ist es im Wesntlichen ein gelungenes »Stillleben« mit Obst und Gemüse.

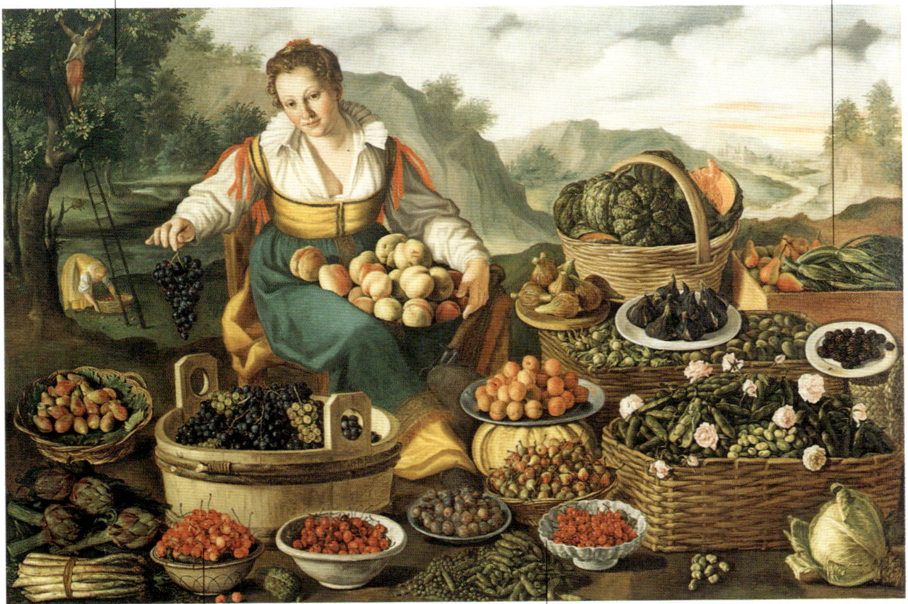

Vincenzo Campi komponiert und kopiert des öfteren spektakuläre Bilder von Früchten, Wildbret und Geflügel.

Campis Szenen weisen meist eine eher strenge Anordnung der Gegenstände auf. Sie nehmen die Malerei Caravaggios und der Carracci »nach der Natur« vorweg.

▲ Vincenzo Campi, *Obstverkäuferin*, um 1588, Mailand, Pinacoteca di Brera.

Die Königreiche Frankreich, England und Portugal

Paris
Fontainebleau
Loire-Schlösser
London
Edinburgh
Lissabon

Die im 16. Jh. vorherrschende Tendenz zur Bildung großer zentral regierter Nationalstaaten – im Gegensatz zum vorausgehenden Zeitalter der Herzogtümer und kleinen Stadtstaaten – manifestiert sich nicht nur in der riesigen interkontinentalen Dimension des Habsburgerreiches, in der »Sammlung des russischen Landes« durch den Zaren oder in der Expansionspolitik der osmanischen Sultane, sondern auch in vielen anderen Ländern, nicht zuletzt dank starker Herrschergestalten. Umgekehrt geraten Gebiete, die politisch in kleine Territorien zerfallen (wie Deutschland und Italien), ins Hintertreffen. Die Epoche der geographischen Entdeckungen wird das Goldene Zeitalter Portugals, das trotz seiner geringen Größe und seiner Lage am Rand Europas in der ersten Hälfte des 16. Jh. unter König Emanuel kulturell wie künstlerisch eine wichtige Rolle spielt. Das englische 16. Jh. wird geprägt von Heinrich VIII. und Elisabeth I. aus dem Hause Tudor, die beide sowohl auf internationaler Ebene als auch hinsichtlich der schwierigen Beziehung zu Schottland vielfältige Aktivitäten entfalten. Auch wenn England keine Kunstschule von herausragender Qualität hervorbringt, gibt es auch hier von der Gotik bis hin zum Zeitalter Shakespeares zahlreiche interessante Erscheinungen. Vielfältiger und interessanter ist die Situation in Frankreich. Obwohl die Expansionsbestrebungen Franz' I. scheitern und das Land von einer Reihe blutiger Religionskriege heimgesucht wird, erteilt das Königshaus eine Reihe glanzvoller architektonischer und künstlerischer Aufträge. In diesem Rahmen entfaltet sich eine kulturelle und künstlerische Blüte, die in der Schule von Fontainebleau einen Höhepunkt findet, in einer der reizendsten Phasen der Spätrenaissance und des Manierismus in Europa.

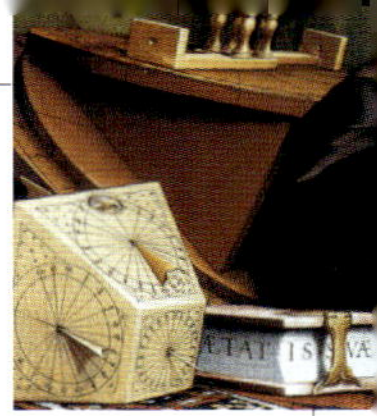

Von Franz I. bis zu Heinrich IV. sind die französischen Könige große Auftraggeber, die zunächst durch italienische Vorbilder beeinflusst sind, dann aber zunehmend auch heimische Künstler heranziehen.

Paris

In den ersten Jahrzehnten des 16. Jh. versuchen die französischen Könige Ludwig XII. und Franz I. mehrmals, Norditalien zu erobern, aber das Unternehmen endet mit dem Sieg Karls V. und der Spanier in der Schlacht bei Pavia (1525). Die Feldzüge in Italien fallen zeitlich mit der Überwindung der gotischen Architektur und Kunst zusammen. Infolge des *Sacco di Roma* (1527) und der monatelangen Belagerung von Florenz (1530) durch die kaiserlichen Truppen holt Franz I. scharenweise italienische Maler, Stukkateure, Bildhauer und Baumeister nach Frankreich und erteilt ihnen bedeutende, anspruchsvolle Aufträge. Die Königsgräber in Saint-Denis bestätigen die Vorliebe des Hofs für die italienische Renaissance und die *Maniera moderna*. In Paris vermischt sich der italienische Stil mit traditionellen Elementen: Die letzten spätgotischen Kirchen (Saint-Eustache, Saint-Etienne-du-Mont, Saint-Germain l'Auxerrois) stehen dem Renaissance-Bau Pierre Lescots im Cour Carré des Louvre (1546) und den öffentlichen Brunnen von Jean Goujon und Germain Pilon gegenüber. Zu den höfischen Porträts und *Crayons* von Jean und François Clouet kommen bedeutende Traktate über Kunst und Architektur. In der zweiten Hälfte des Jahrhunderts bestimmen die Religionskriege den Lauf der französischen Geschichte. Die Malerei wird durch eine Vorliebe für das Bizarre geprägt, ein Intellektualismus, der sich gleichsam von den Härten der Gegenwart abhebt. Die dramatischen Skulpturen von Ligier Richier werden zum Symbol der Zeit.

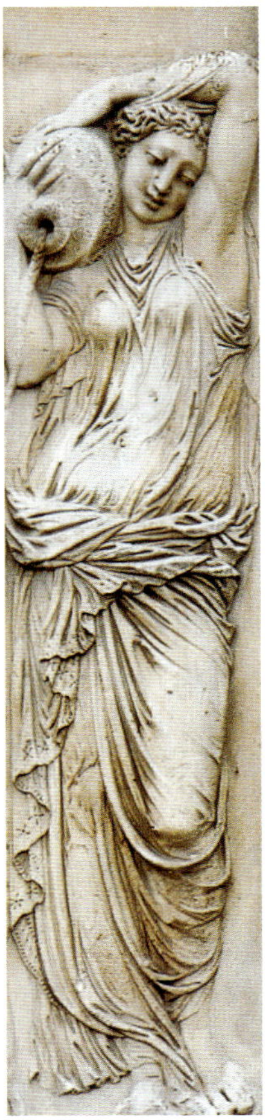

1515: Franz I. nimmt nach der Schlacht bei Marignano Mailand in Besitz, verliert es aber wieder durch die Niederlage bei Pavia 1525.
1547: Tod Franz' I.; Nachfolger wird Heinrich II.
1559: Friede von Cateau-Cambrésis zwischen Frankreich und Spanien; Tod Heinrichs II.
1560: Karl IX. besteigt den Thron, Katharina von Medici übernimmt die Regentschaft.
1562: Ausbruch des ersten Hugenottenkriegs
1572: Bartholomäusnacht
1574: Tod Karls IX., Nachfolger wird Heinrich III.
1589: Heinrich III. bestätigt auf dem Totenbett Heinrich IV. von Navarra als Nachfolger
1594: Heinrich IV. wird nach seiner Konversion zum Katholizismus gesalbt und gekrönt.
1598: Edikt von Nantes
1600: Heinrich IV. heiratet Maria von Medici.

◄ Jean Goujon, Marmorplatte mit Nymphe von der *Fontaine des Innocents*, 1547, Paris, Square des Innocents.

Die Gesichtszüge, die durch das angedeutete Lächeln geistvoll und spöttisch wirken, orientieren sich am Vorbild Leonardos.

Die Gestaltung – Brustbild in Frontalansicht vor einem Hintergrund aus kostbarem Tuch – greift die Tradition der französischen Königsporträts auf, wie sie um die Mitte des 15. Jh. durch Jean Fouquet begründet wurde.

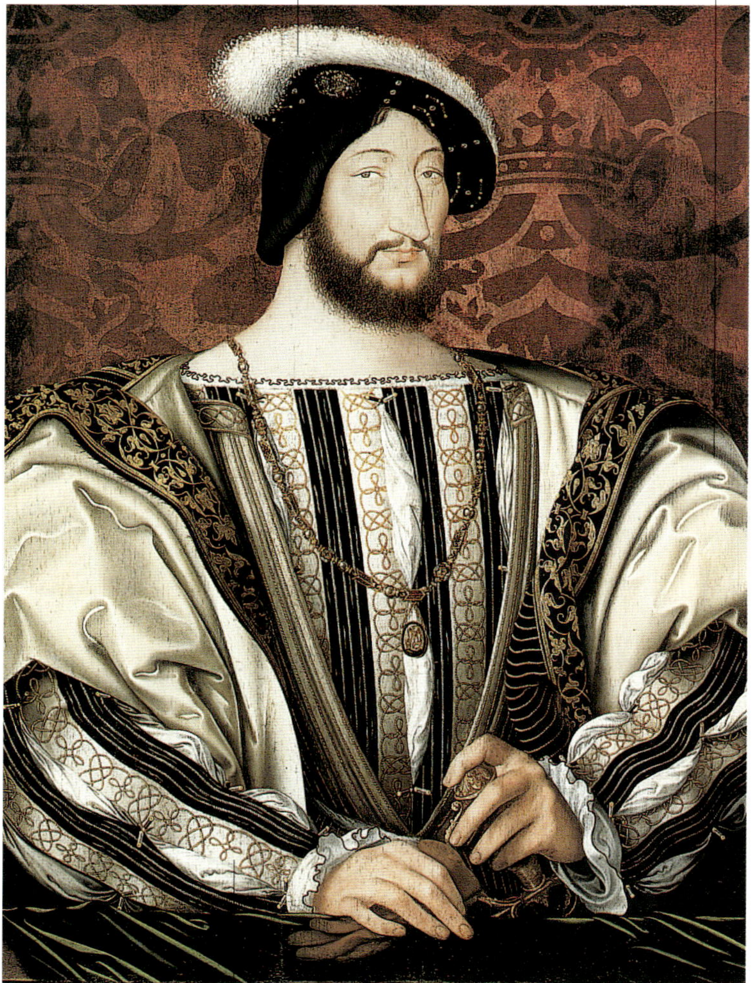

Die Monumentalität ist ganz der italienischen Renaissance verpflichtet, doch Clouet zögert nicht, sich in der detailreichen Wiedergabe des kostbar bestickten Gewands mit den flämischen Meistern zu messen.

▲ Jean Clouet,
Franz I., um 1525,
Paris, Musée du Louvre.

Der Hofmaler Antoine Caron, der seine Lehrzeit als Gehilfe von Primaticcio in der Bauhütte von Fontainebleau absolviert, beteiligt sich an der antikisierenden Mode, verleiht jedoch den Perspektiven und den Gebäuden frei erfundene Formen, die in mancherlei Hinsicht schon auf den Barock vorgreifen.

Die Szene spielt auf einem phantastischen weiten, gepflasterten Platz mit ausgefallenen Bauten, zwischen denen sich einzeln oder in Gruppen kleine Figuren bewegen.

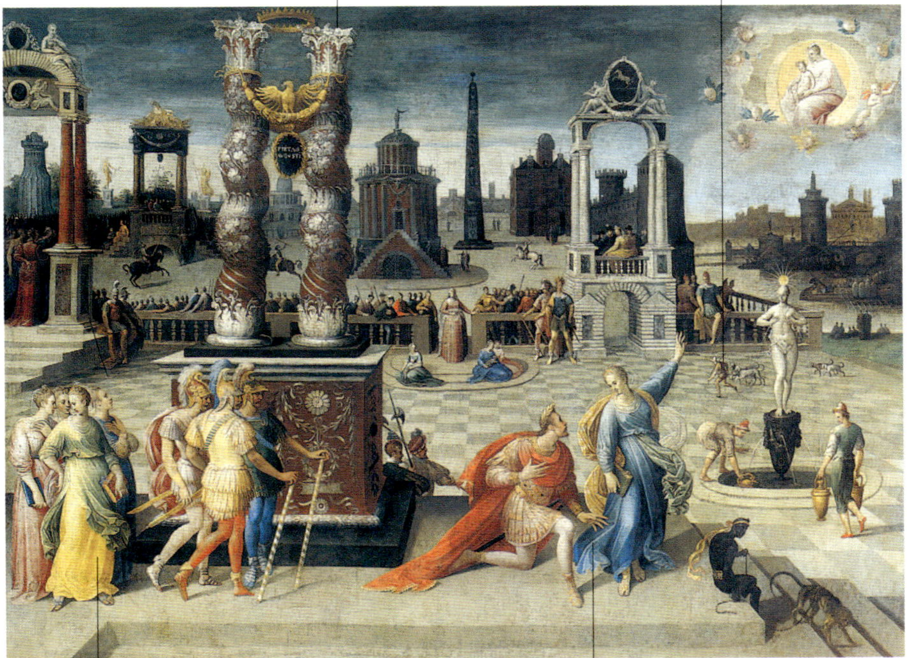

Die Palette der glasurartigen Farben und die ausgesuchte Anmut der gezierten Gesten sind typisch für den gekünstelten Stil des internationalen Manierismus.

Das Sujet des Bilds ist im gelehrten 16. Jh. ziemlich geläufig: Die Sibylle von Tibur kündigt Kaiser Augustus die baldige Ankunft Christi und den Triumph des Glaubens an.

▲ Antoine Caron,
Augustus und die Sibylle von Tibur, um 1575–80,
Paris, Musée du Louvre.

Auch in der Verkleidung als Gott Mars zeigt Heinrich IV. seinen typischen, ein wenig spöttischen Ausdruck.

Bunuel ist ein Vertreter der Zweiten Schule von Fontainebleau. *Nach einem Studienaufenthalt in Venedig, dessen Auswirkungen in der reichen Farbpalette gut zu erkennen sind, begibt er sich 1599 als Hofmaler und Porträtist Heinrichs IV. nach Paris.*

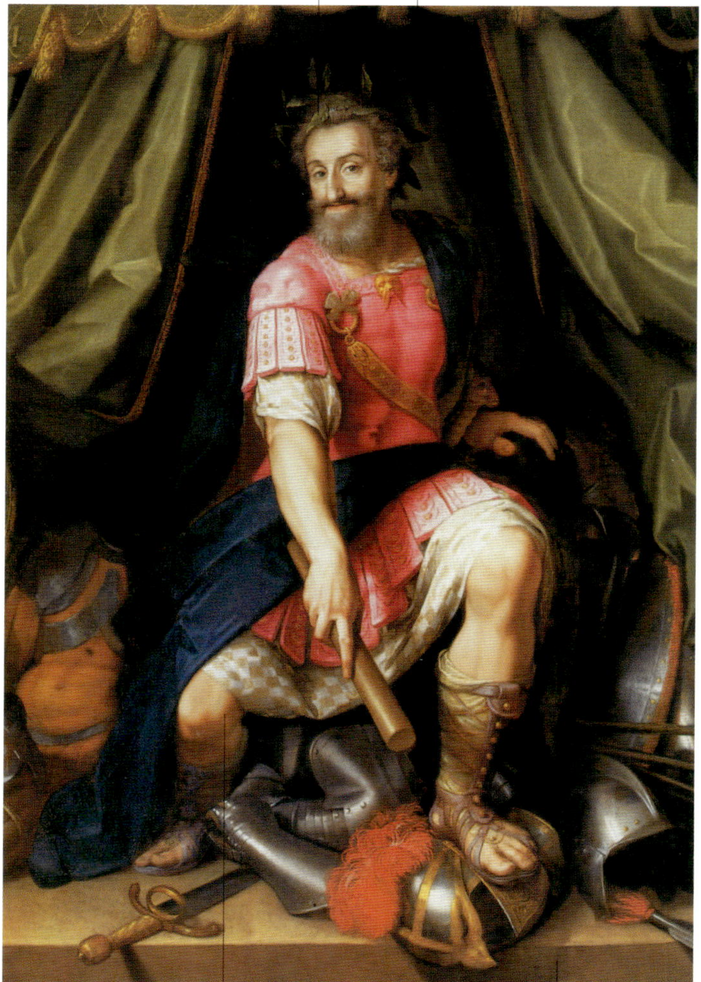

Der klassische Kontrapost, der eine leichte Drehung des Oberkörpers vorsieht, ist die bevorzugte Pose in der manieristischen Malerei.

Das Gemälde gehörte wahrscheinlich zur Ausstattung des Palais des Tuileries.

▲ Jacob Bunuel (zugeschrieben), *Heinrich IV. als Mars*, um 1600, Pau, Musée du Château.

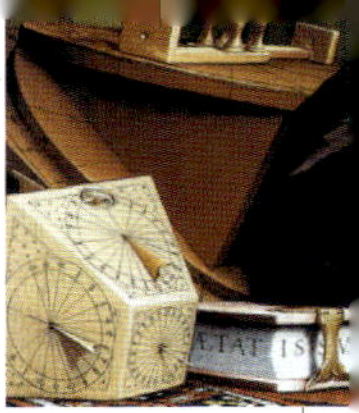

1530 beauftragt König Franz I. den italienischen Maler Rosso Fiorentino mit der Ausschmückung seines Landschlosses. Die Ankunft des Künstlers löst einen grundlegenden künstlerischen Wandel aus.

Fontainebleau

Nach dem *Sacco di Roma* im Jahr 1527 durch die kaiserlichen Truppen und der anschließenden Belagerung von Florenz 1530 verlassen zahlreiche Künstler Italien. Für König Franz I., der schon zuvor italienische Maler und Architekten an seinen Hof eingeladen hatte, ist dies eine gute Gelegenheit, die Künstler durch attraktive Aufträge in der Bauhütte seines Schlosses Fontainebleau dauerhaft zu binden. Rosso Fiorentino arbeitet in Fontainebleau von 1530 bis zu seinem Tod (1540), Primaticcio lässt sich 1532 hier nieder, Niccolò dell'Abate 1552. Unter Einfluss dieser *Ersten Schule von Fontainebleau* entsteht auch eine herausragende Schule französischer Meister, in der sich der Porträtist François Clouet und die Bildhauer Germain Pilon und Jean Goujon hervortun: Frankreich setzt sich an die Spitze des internationalen Manierismus. In der *Zweiten Schule von Fontainebleau*, bestehend aus einer Gruppe von Künstlern, die ab 1590 an der Innenausstattung des Schlosses Fontainebleau arbeiten, gewinnt die Malerei wieder größere Bedeutung. Es beginnt eine besondere Phase für die Kunst: Einerseits ist eine Wiederaufnahme antiker Vorbilder zu beobachten – in den Posen der Personen, in den lateinischen Versen, die mitunter die Bilder kommentieren, und in den Themen –, andererseits fällt die besondere Vorliebe für erotische Sujets auf. Themen, Stile und Eigenarten der Werke sind sich so ähnlich, dass es manchmal schwierig ist, die einzelnen Maler voneinander zu unterscheiden. Die Schule von Fontainebleau mit ihren Themen aus der antiken Mythologie und Kultur verschließt sich dem Realismus, um den Zauber einer Kunst des Wunderbaren zu pflegen.

1525: Niederlage Franz' I. in der Schlacht bei Pavia
1530: Rosso Fiorentino arbeitet in Fontainebleau
1534–37: Gestaltung der Galerie Franz' I. durch Rosso Fiorentino und Primaticcio
1540: Tod Rosso Fiorentinos
1547: Tod Franz' I.
1552: Ankunft Niccolò dell'Abates in Fontainebleau

▼ Francesco Primaticcio, Malerei und Stuck, 1541–44, Fontainebleau, Schloss.

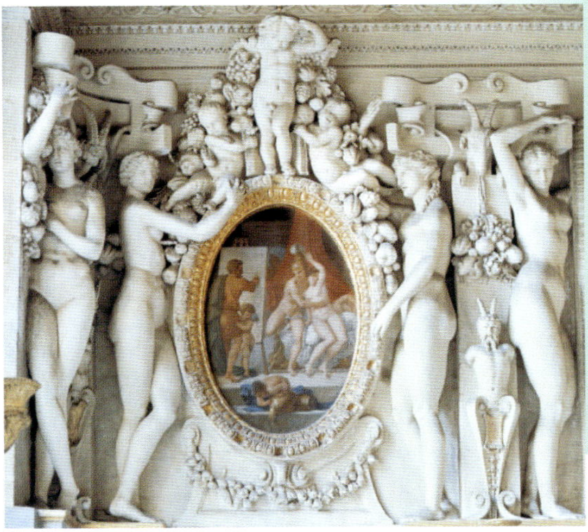

Die Erdgöttin Tellus und der Meeresgott Neptun sind Personifikationen der Elemente, denen das Salz seine Herkunft verdankt.

Neptun ist die Personifikation des Meeres.

Ist die »Saliera« ein Meisterwerk der Goldschmiedekunst oder eine kleine Skulptur? Das »Salzfass« ist zwar in teilweise emailliertem Gold (und Ebenholz) mit ausgesuchter Aufmerksamkeit auf die Details ausgeführt, es ist aber doch Ergebnis einer monumentalen Auffassung von Kunst.

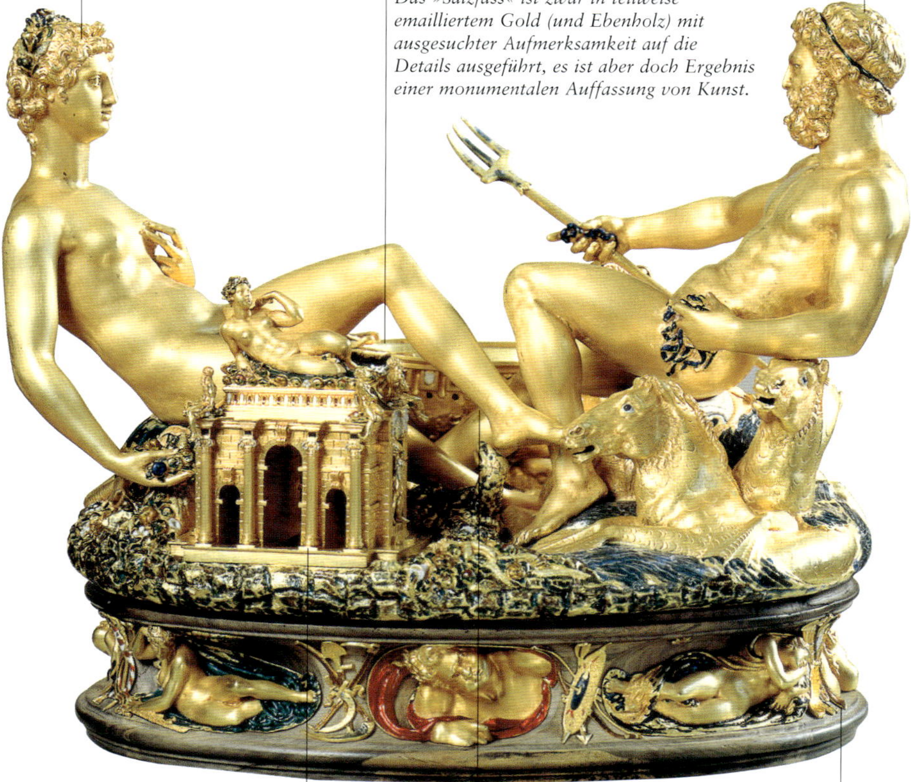

Seitlich der allegorischen Figuren von Erde und Meer finden sich ein Tempelchen und eine Muschel, die dazu bestimmt sind, Pfeffer und Salz aufzunehmen.

Wie Cellini in seiner Autobiographie schreibt, überschneiden sich die Beine der beiden Figuren so, wie Land und Meer entlang einer buchtenreichen Küste ineinander greifen, »so habe ich ihnen diese Anmut verliehen«.

Der hochberühmte Gebrauchsgegenstand ist ein Symbol für die Internationalität der europäischen Höfe der Hochrenaissance: von einem Florentiner geschaffen, im Fontainebleau von Franz I. entstanden, dem Hof der Habsburger von Österreich geschenkt, gelangte die Saliera schließlich in die Kunstkammer von Schloss Ambras bei Innsbruck.

▲ Benvenuto Cellini, *Salzfass für Franz I.*, 1540–43, Wien, Kunsthistorisches Museum.

Das häusliche Detail der Zofe im Zimmer, die am Kamin näht, steht in lebhaftem Kontrast zur idealisierten Szene im Vordergrund.

Die Szenerie mit den nackten Frauen in der Badewanne und den schweren Vorhängen ist der intimen Situation der »Dame im Bade« im Gemälde des François Clouet nachempfunden (s. S. 278).

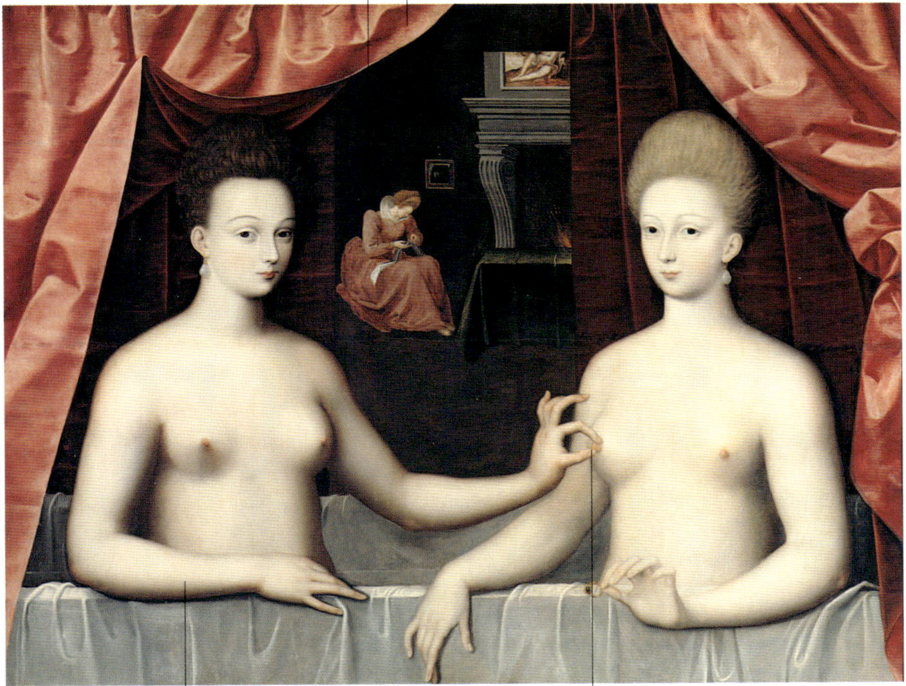

Das Bild erscheint kalligraphisch, intellektuell, symbolisch und doch gleichzeitig sinnlich.

Das Werk eines anonymen Meisters der Zweiten Schule von Fontainebleau *ist bekannt als Doppelporträt von Gabrielle d'Estrées (Mätresse Königs Heinrich IV.) und ihrer Schwester, die sie in die Brust kneift.*

▲ Maler der Schule von Fontainebleau, *Gabrielle d'Estrées und ihre Schwester,* um 1592, Paris, Musée du Louvre.

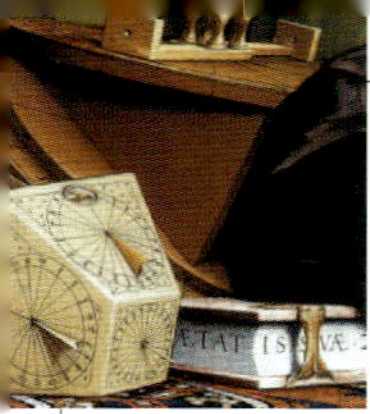

Die Loire-Schlösser gehören zu den bedeutendsten Beispielen der Maniera moderna, *sowohl was die Architektur, als auch was ihre Ausschmückung und die Gartenkunst betrifft.*

Loire-Schlösser

1515: Bau des Schlosses Chenonceaux
1515–24: Arbeiten im Schloss von Blois, dem größten der Loire-Schlösser
1519: Leonardo da Vinci stirbt im Schloss Cloux bei Amboise; Baubeginn von Schloss Chambord
1527: Bau von Schloss Azay-le-Rideau
1534: Abschluss der Arbeiten in Chambord
1550: Philibert de l'Orme beginnt mit dem Bau von Schloss Anet.
1559: Diana von Poitiers muss das Schloss Chenonceaux an Katharina von Medici abtreten.
1560: Katharina von Medici lässt das gotische Schloss Chaumont in Renaissanceformen erneuern; der Herzog von Guise erweitert das Schloss Amboise.
1589: König Heinrich III. wird in Blois ermordet.

König Franz I., der in Amboise den betagten Leonardo da Vinci beherbergt, ist der erste Herrscher eines großen europäischen Staates, der eine künstlerische Wende im Sinn der *Maniera moderna* fördert. Herausragend bei der gestalterischen Entwicklung sind die Königsschlösser entlang der Loire. Neben dem Schloss Blois ist das berühmteste das Schloss Chambord, das Franz I. zwischen 1519 und 1534 als Ausgangspunkt für seine Treibjagden errichten lässt und das als typisches Beispiel für die Vermischung von französischer Tradition und italienischen Einflüssen gilt. Die beeindruckenden zylindrischen Türme gehen auf die Architektur mittelalterlicher Burgen zurück, hier allerdings haben sie dank einer eleganten Renaissance-Ausschmückung und einer Loggienfassade nichts Wehrhaftes mehr. Ein charakteristisches Element sind die abfallenden Dächer mit Mansarden: Die einander abwechselnden Materialien, vor allem Schiefer und Tuff, verleihen dem Gebäude einen zarten Farbton. Das Dach mit einem Wald von Türmchen, Kaminen, Giebeln, Bekrönungen ist eine Art Variation des gotischen Motivs der Fialen. Die manieristische Vorliebe für monumentale Malerei und Bildhauerei (umgesetzt bei Brunnen und Gartenskulpturen) führt zum Niedergang der Goldschmiedewerkstätten, der Teppichwebereien und anderer Manufakturen, die das Zeitalter der höfischen Gotik prägten.

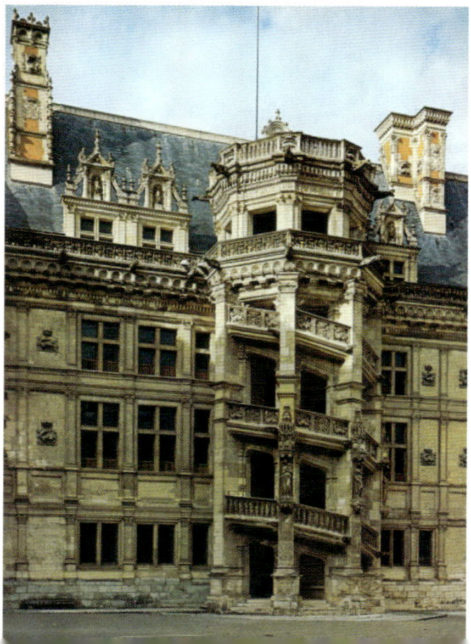

► Schloss Blois, Außenansicht des achteckigen Treppenturms im Renaissance-Trakt von Franz I.

Stilistisches Vorbild ist Benvenuto Cellinis Portal-Lünette einer liegenden Nymphe für Fontainebleau, die sich heute ebenfalls im Louvre befindet.

Die schlanke Gestalt Dianas zeigt das Interesse des (in Rom ausgebildeten) Bildhauers an antiken Vorbildern, ohne die manieristischen Verrenkungen.

Die Figur der Diana, der Göttin der Jagd, passte nicht nur in das von Wäldern umgebene Landschloss, sondern stellte auch den Bezug zu Diana von Poitiers, der Geliebten König Heinrichs II. und Eigentümerin von Schloss Anet her.

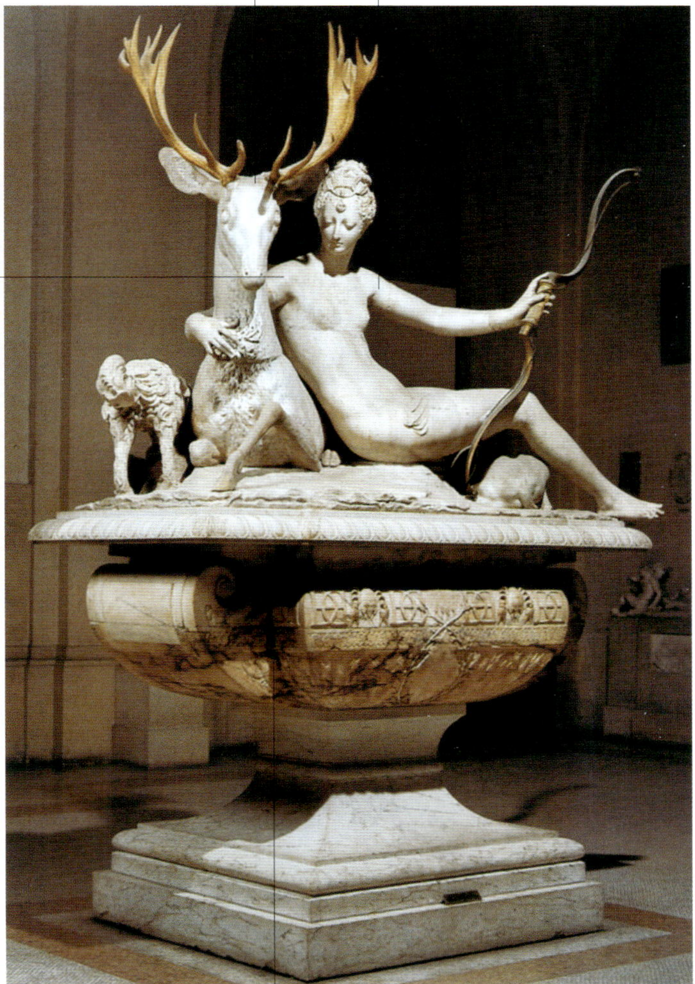

▲ Ponce Jacquiot (zugeschrieben), *Diana*, von einem Brunnen von Schloss Anet, 1550–60, Paris, Musée du Louvre.

Auf dem eleganten Sockel erscheinen verschlungen die Initialen Dianas und Heinrichs.

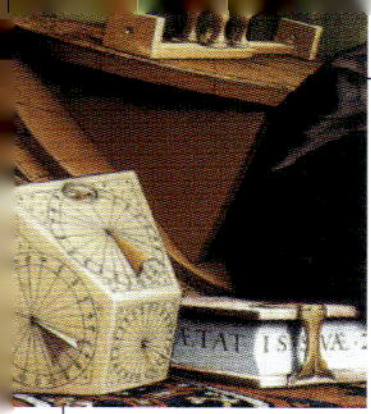

Im 16. Jh. entwickelt sich England zu einer wichtigen Handels- und Seemacht. Im Bereich der Kunst erlangt die Porträtmalerei besondere Bedeutung.

London

1503–19: Errichtung der Chapel of Henry VII. in der Westminster Abbey
1509: Heinrich VIII. Tudor besteigt den Thron.
1516: Thomas Morus schreibt *Utopia.*
1522: Friede zwischen Heinrich VIII. und König Franz I. von Frankreich
1536: Der *Act of Union* besiegelt die Vereinigung von England und Wales.
1547: Tod Heinrichs VIII.
1547–53: Eduard VI.
1553–58: Katholische Restauration unter Maria I. Tudor (»Bloody Mary«), eine Tochter Heinrichs VIII.
1558–1603: Elisabeth I.
1587: Maria Stuart, die Königin von Schottland, wird hingerichtet.
1588: Seesieg über die Armada Philipps II. von Spanien
1598: Bau des Theaters *The Globe* in London
1600: Gründung der Britischen Ostindien-Kompanie; Shakespeare schreibt den *Hamlet.*

Die eindrucksvolle Gestalt Heinrichs VIII. lenkt über die gesamte erste Hälfte des 16. Jh. die Geschicke Englands; in dieser Zeit betritt England die Bühne der Geschichte als eine Seemacht, deren Einfluss sowohl bis nach Nordamerika als auch bis nach Indien reicht. Das 16. Jh., das mit Shakespeare seinen kulturellen Höhepunkt erreicht, ist durch eine dramatische Abfolge von Spaltungen und Bürgerkriegen geprägt: Unter dem Vorwand, der Papst verweigere die Einwilligung in seine Scheidung, provoziert der König die Abspaltung von der römischen Kirche. Es kommt zu einer ersten Phase der Verfolgung, die in der Enthauptung Thomas Morus' gipfelt, es folgen die Auflösung aller Klöster zwischen 1535 und 1540, die Kämpfe um den Thron zwischen den beiden Halbschwestern Maria und Elisabeth, die Enthauptung Maria Stuarts, der abgesetzten Königin von Schottland, usw. Trotzdem beginnt die Tudor-Zeit mit dem letzten Aufblühen der Gotik. Dann entwickelt sich eine der originellsten Versionen der Renaissance: Es werden große Herrschaftshäuser errichtet (auf Hampton Court folgt im Jahre 1555 die Errichtung von Burghley House, dem vielleicht wichtigsten Landsitz der Tudor-Zeit), und es entfaltet sich eine Malschule, die sich besonders dem Porträt widmet. Dem außergewöhnlichen Schaffen von Hans Holbein für den Hof von Heinrich VIII. folgt die Zeit, die vom Holländer Eworth geprägt ist, und schließlich der Erfolg von Nicholas Hilliard, der Elisabeth I. porträtiert und der erste bedeutende in England geborene und ausgebildete Maler ist.

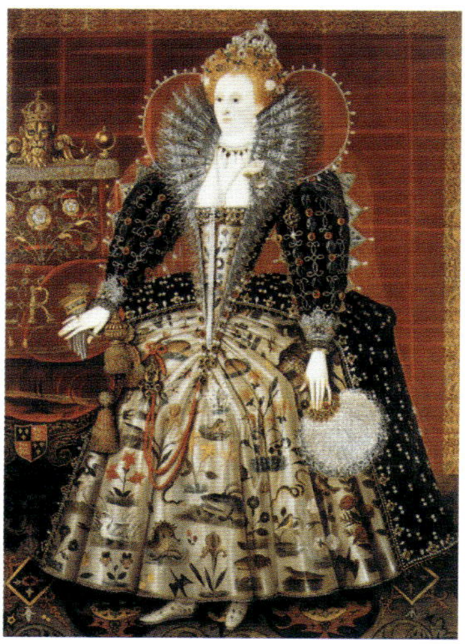

► Nicholas Hilliard (Werkstatt), *Königin Elisabeth I.*, um 1599, Hardwick Hall.

Die Wände sind von großen Fenstern durchbrochen und wirken dadurch weniger massiv.

Beeindruckend ist der Anblick des größten Fächergewölbes der Welt.

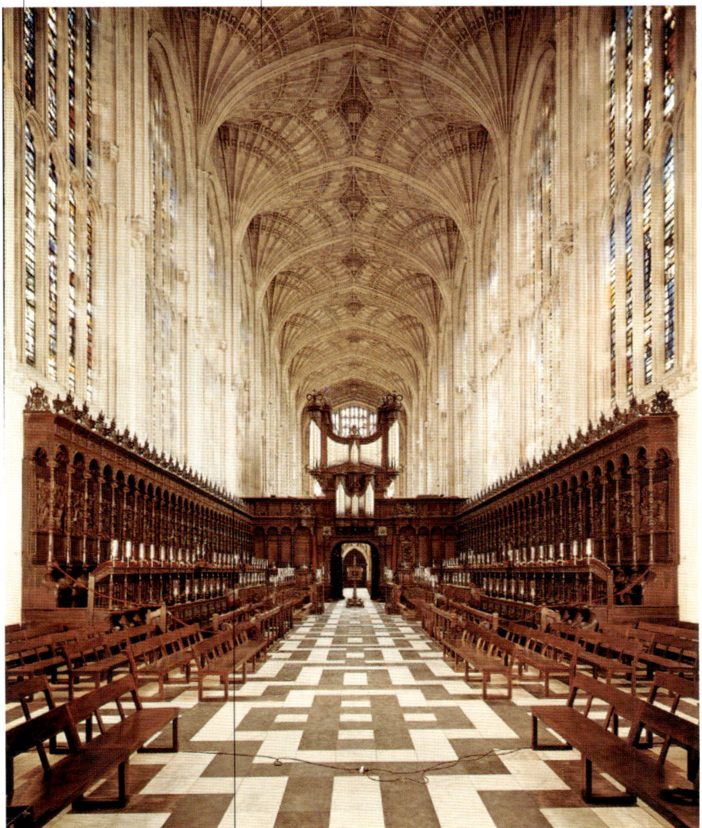

Die Kapelle belegt das Weiterbestehen des gotischen Stils bis zum Beginn des 16. Jh. Eine ähnliche Architektur zeigt die Kapelle Heinrichs VII. in Londons Westminster Abbey von William Vertue.

▲ John Wastell,
Gewölbe und Ausstattung der Kapelle des King's College in Cambridge, 1508–15.

Der König ist in Frontalansicht zu sehen, und der Ausschnitt ist so gewählt, dass er die gesamte verfügbare Fläche einnimmt; der rechte Ellbogen ist angehoben, als wollte er sich noch mehr Raum verschaffen.

Das Gesicht lässt die unerschöpfliche sinnliche Kraft und den Willen zur Macht erkennen, typische Charakterzüge von Heinrich VIII.

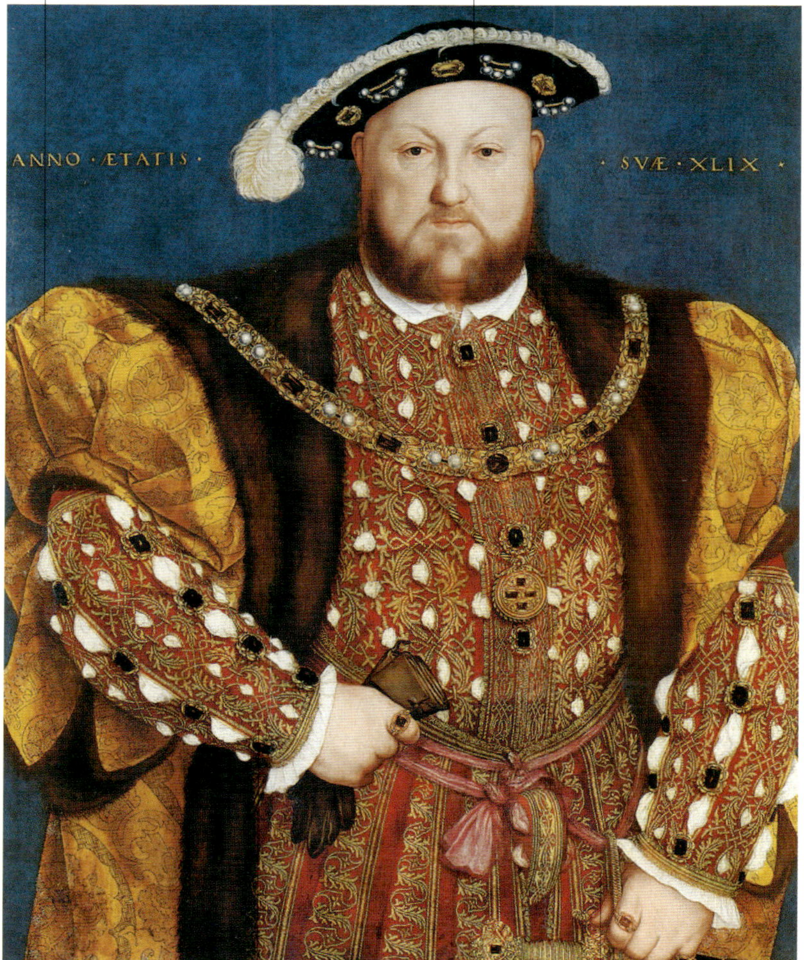

▲ Hans Holbein d. J., *Porträt von Heinrich VIII.*, 1539/40, Rom, Palazzo Barberini, Galleria Nazionale d'Arte Antica.

Der König trägt ein prächtiges Gewand, das für seine vierte Vermählung gefertigt wurde; die Hochzeit mit Anna von Kleve fand am 6. Januar 1540 statt.

Es ist wahrscheinlich das letzte Porträt Heinrichs VIII. von der Hand Holbeins. Es diente als Vorlage für zahlreiche Repliken.

Die himmlische Intervention erfolgt nicht mittels der traditionellen Figur eines Heiligen oder der Gottesmutter, sondern mittels des personifizierten Friedens und der Götter des Olymp.

Der geborene Niederländer Eworth ist einer der bedeutendsten Porträtmaler des 16. Jh. in England. Er ist das Bindeglied zwischen Holbein und Hilliard.

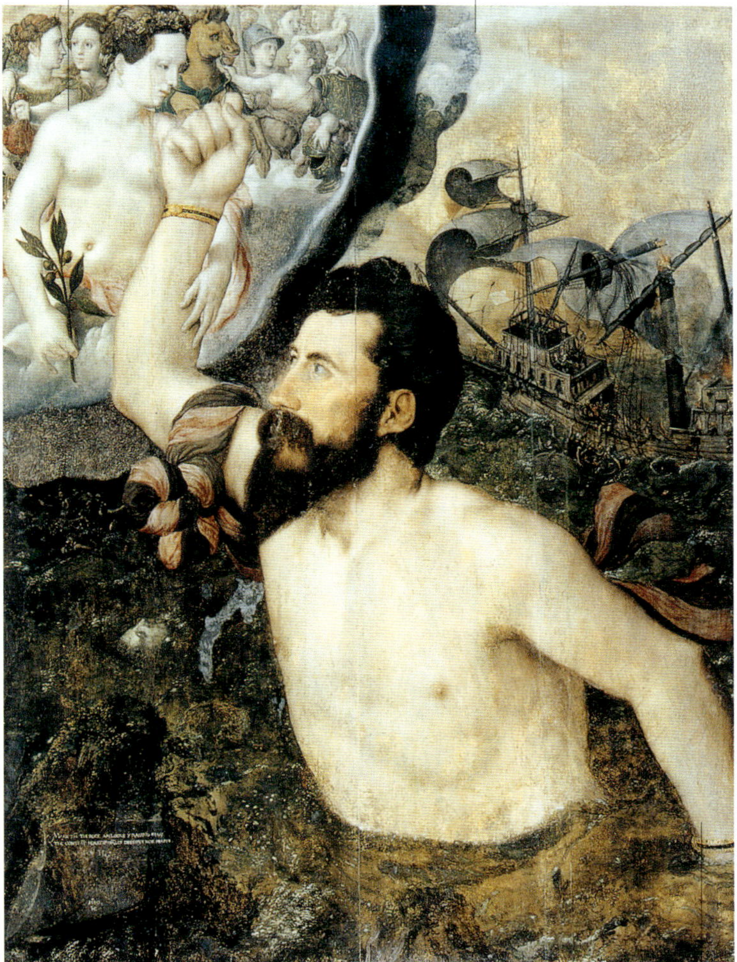

Der schiffbrüchige Sir John Luttrell rettet sich dank seiner herkulischen Gestalt und dank seiner Willenskraft, gestärkt durch eine göttliche Vision. Einer neueren Interpretation zufolge verweist das Bild weniger auf die Rettung eines Einzelnen als auf die Hoffnung auf Frieden und Versöhnung zwischen den europäischen Mächten.

▲ Hans Eworth, *Allegorisches Porträt von Sir John Luttrell*, 1550, Dunster Castle, Sammlung Luttrell.

Man sieht die neurotische Erstarrung der Macht, die einen frösteln lässt: Das Bildnis der Königin erscheint wie ziseliert, ähnlich wie die Porträts der Medici von Bronzino.

Das Porträt stammt aus der Zeit der kurzen, unglücklichen Ehe mit dem Prinzen von Spanien, dem späteren Philipp II.

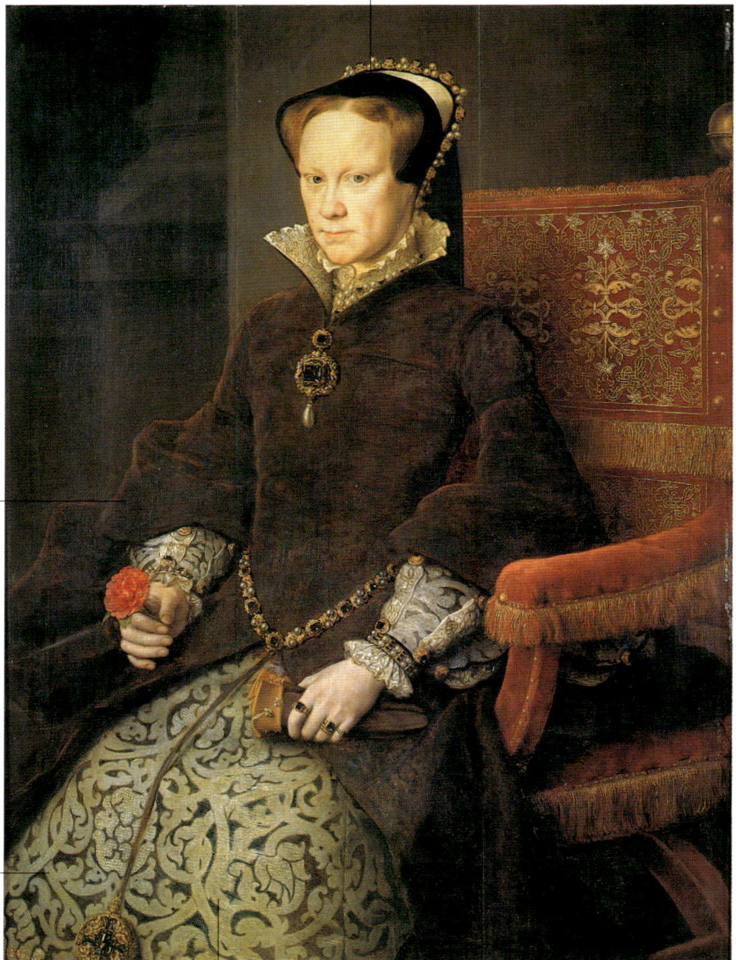

Dank der graphischen Klarheit von Anthonis Mor erscheint die Königin streng und unversöhnlich, als verdiene sie den Beinamen »Bloody Mary«, mit dem sie in die Geschichte eingegangen ist.

Das Scheitern der Ehe mit Philipp II. von Spanien und die Niederlage im Krieg mit den Franzosen radikalisiert die anfänglich moderate Königin: Mit unerbittlicher Härte setzt sie gemeinsam mit Kardinal Reginald Pole die katholische Restauration durch.

▲ Anthonis Mor,
Porträt der Königin Maria I. Tudor, 1554,
Madrid, Museo del Prado.

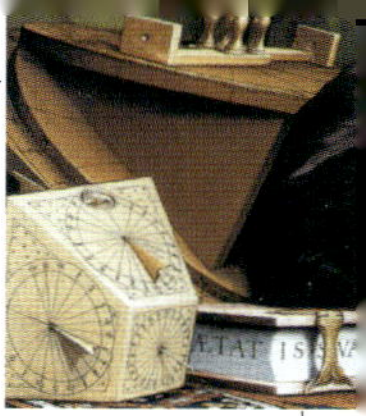

Im 16. Jh. entstehen in Schottland bedeutende Bauten, und es beginnt ein Prozess, der nach dem Tod Elisabeths I. von England (1603) zur Vereinigung der beiden Kronen führt.

Edinburgh

1503 beginnt mit der Vermählung Jakobs IV. Stuart, König von Schottland, und Margaret Tudor, Tochter des englischen Königs Heinrich VII., ein Jahrhundert der Auseinandersetzungen zwischen den Tudors und den Stuarts. Der Anspruch auf den Thron wird zum beherrschenden Thema in der Politik Schottlands bis zu den dramatischen Auseinandersetzungen zwischen Maria Stuart (Tochter Jakobs V.) und Elisabeth I. von England. 1529 wird in Edinburgh die Residenz Jakobs V. Stuart und seiner französischen Frau Maria von Lothringen, der Palast Holyroodhouse, errichtet, der ein gutes Beispiel für die Einführung neuer Stil- und Wohnformen in die Residenzen des schottischen Adels ist. Ab 1560, als der Reformator John Knox nach Edinburgh kommt, stellt sich unabwendbar die Konfessionsfrage. Die Protestanten verabschieden die *Confessio Scotica,* die katholische Königin Maria Stuart gerät zwischen die Fronten der Anhänger und der Gegner der protestantischen Elisabeth I. Die Niederlage der Truppen Maria Stuarts bei Langside besiegelt ihren Sturz, 20 Jahre lang ist sie die Gefangene Elisabeths I. bis sie schließlich in London hingerichtet wird.

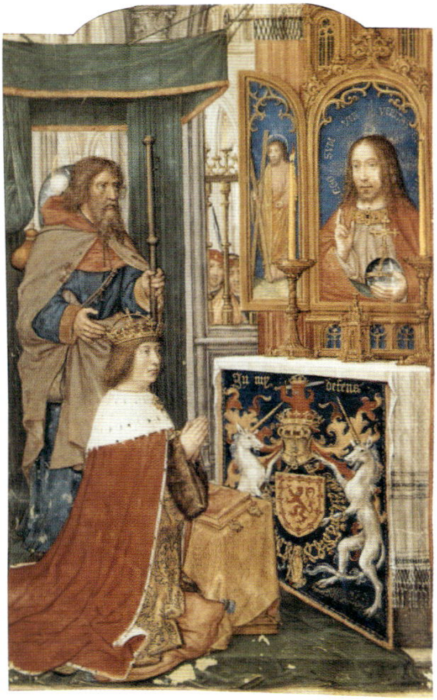

► Meister Jakobs IV., *Jakob IV., König von Schottland, im Gebet,* 1502/03, Wien, Österreichische Nationalbibliothek.

1513: Niederlage der Schotten und Tod des schottischen Königs in der Schlacht von Flodden Field gegen England
1538: König Jakob V. heiratet in Notre-Dame in Paris Marie de Guise.
1542: Tod Jakobs V., neue Königin ist die erst 6 Tage alte Tochter Maria Stuart
1548: Maria Stuart, die durch ein Heiratsversprechen mit dem französischen Dauphin verbunden ist, geht nach Paris, 1558 findet die Hochzeit statt.
1560: Der Reformator John Knox gründet die presbyterianische Kirche.
1561: Maria Stuart kehrt als Witwe nach Schottland zurück.
1567: Maria Stuart wird zur Abdankung gezwungen, Nachfolger wird ihr Sohn Jakob VI.
1568: Maria Stuart flieht vor einer Adelsrevolte zu Königin Elisabeth I. nach England.
1587: Hinrichtung Maria Stuarts
1603: Jakob VI. von Schottland wird als Jakob I. auch König von England und Irland.

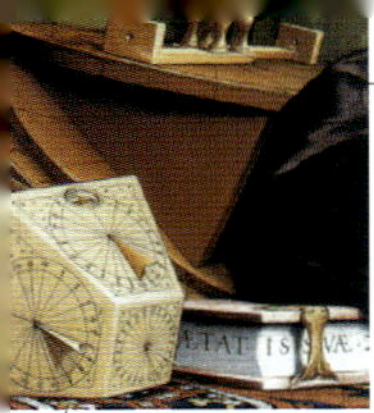

Vor der Vereinigung der iberischen Kronen (1580) erlebt Portugal sein Goldenes Zeitalter, beflügelt von den Eroberungen in Übersee und vom Erfolg des phantasiereichen spätgotischen Stils.

Lissabon

1500: Pedro Alvarez Cabral entdeckt Brasilien, das zu einer Kolonie Portugals wird.
1501: König Emanuel gründet das Hieronymitenkloster in Belém.
1502: Vasco da Gama gründet eine portugiesische Kolonie in Indien.
1510: Die Portugiesen nehmen Goa ein.
1515: König Emanuel lässt im Tejo den Torre de Belém errichten.
1520: Ferdinand Magellan umsegelt das Kap Horn, portugiesische Kaufleute lassen sich in China nieder.
1542: Königin Katharina von Österreich, die Frau von João III., lässt den Chor der Klosterkirche von Belém zum Panteão Real (königliche Grabstätte) umbauen.
1578: König Sebastião I. wird in Marokko ermordet.
1580: Personalunion der Könige von Spanien und Portugal
1589: Lissabon wird von den Engländern angegriffen.

Die Umsegelung Afrikas durch Vasco da Gama (1498) und die Landung Pedro Alvarez Cabrals in Brasilien bezeichnen den Höhepunkt der geographischen Entdeckungen und der Expansion des portugiesischen Handelsimperiums. Auf der soliden Grundlage politischer Vereinbarungen und dank des Scharfsinns der Kommandanten der Handelsflotten wird Portugal im Verlauf weniger Jahrzehnte zum Hauptimporteur aus dem Orient und stürzt unter anderem den Spezereienhandel Venedigs in die Krise. Förderer der Seepolitik ist König Emanuel I. (1495–1521), auf dessen Namen die Bezeichnung Emanuelinischer Stil für die glanzvolle Zeit der Spätgotik verweist. 1511 verändert der Bau eines neuen Königspalastes am Ufer des Tejo (zerstört beim Erdbeben des Jahres 1755) die urbane Anlage der portugiesischen Hauptstadt grundlegend. König Emanuel gibt zwei Bauten in Auftrag, die zu Wahrzeichen für den schlanken spätgotischen Stil Portugals werden, der auch maurische Reminiszenzen aufnimmt: das Hieronymitenkloster Mosteiro dos Jeròminos de Belém, errichtet von Diogo Boytac und João de Castilho, und den Torre de Belém, einen Votivturm im Flusslauf. Die Mauerflächen beherbergen zahllose originelle Dekorationselemente, die auf die Seefahrt verweisen: Taue, Sextanten, Armillarsphären, Anker, Segel, Karavellen, nautische Instrumente und exotische Tiere verdichten sich vor allem um Fenster und Portale. Der Emanuelinische Stil entwickelt sich auch nach dem Tod des Königs (1521) weiter; ab den 1540er Jahren gewinnen italienische Einflüsse an Bedeutung.

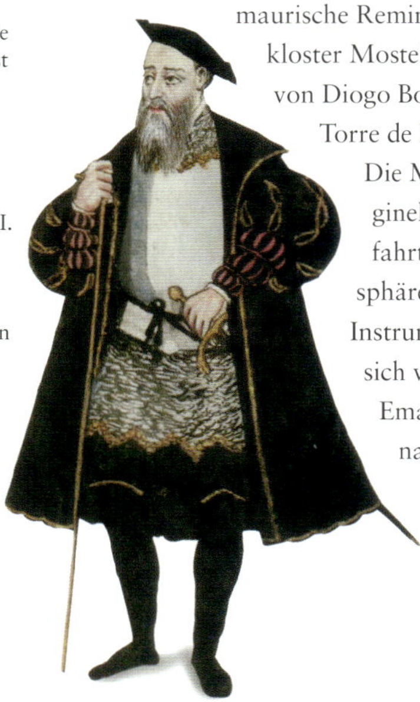

Der Schmuck der Fenster und Gurtgesimse nimmt Bezug auf Gerätschaften der Seefahrt, wie Taue und Armillarsphären.

Der obere Teil des Turms beherbergt eine Votivkapelle, die der Gottesmutter geweiht ist, die von den Seefahrern angerufen wurde; die Untergeschosse, unter dem Wasserspiegel des Flusses angelegt, wurden lange Zeit als Gefängnis benutzt.

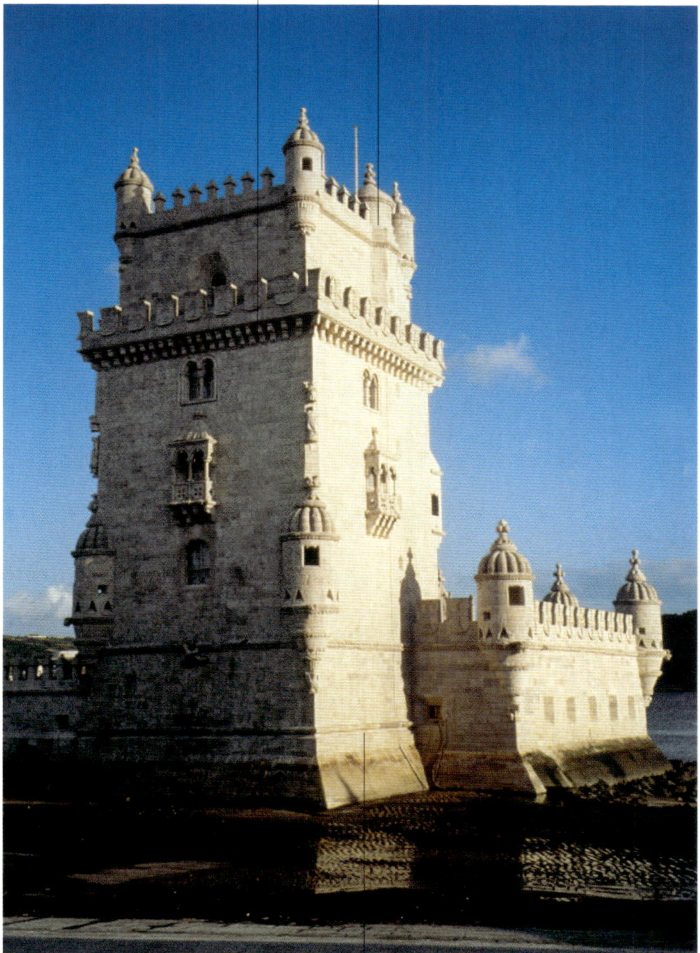

▲ Torre de Belém in Lissabon, 1515–21.

◄ Porträt von Vasco da Gama (Ausschnitt), aus dem *Livro de Lizarte de Abreu*, 1558–64, New York, Pierpont Morgan Library.

Der Turm im Flusslauf des Tejo ist ein typisches Beispiel für den glanzvollen spätgotischen Emanuelinischen Stil. Er war der symbolische Ausgangspunkt für die portugiesischen Seefahrten.

Italien

Die politische Kleinteiligkeit, die die außergewöhnliche Blüte des italienischen Humanismus getragen hatte, hält der geschichtlichen Entwicklung nicht stand: Mailand und Neapel fallen in ausländische Hände und werden nach harten Kämpfen Teile des Königreichs Spanien; Rom und Florenz erleiden Plünderung und Belagerung; Venedig erlebt zwar, was Kunst und Architektur betrifft, ein spektakuläres Jahrhundert, muss aber die Angriffe der Liga von Cambrai und den Vormarsch der Türken abwehren. Kleine Hauptstädte alter Herzogtümer wie Ferrara, Mantua und Urbino erscheinen wie kostbare Relikte einer Vergangenheit, die unweigerlich dem Untergang geweiht ist. Auf der anderen Seite gelingt es Rom durch das Konzil von Trient und die Gegenreformation, die Krise der Kirche zu überwinden. Es gewinnt als symbolisches Zentrum der katholischen Welt und als Anziehungspunkt für internationale Künstler wieder an Bedeutung. Die politische und wirtschaftliche Entwicklung bewirken den Niedergang der Bedeutung Italiens in Europa; die einzige Ausnahme neben dem Rom der Päpste stellt die Finanzmacht Genua dar. Der Kunstgeschmack in ganz Europa feiert dagegen stürmisch die italienischen Vorbilder. Einzigartig ist die Konzentration großer Meister, die fast die gesamte Malerei des 16. Jh. prägen: Raffael, Michelangelo und Tizian (um nur die klangvollsten Namen zu nennen) werden zum absoluten Vorbild für die Maler der Hochrenaissance und des Manierismus, und die Studienreise nach Italien wird zur unbedingten Pflicht eines jeden, der den Beruf des Malers, Bildhauers oder Architekten ins Auge fasst; die Autorität der italienischen Kunsttheoretiker ist absolut; schließlich holen alle europäischen Herrscher Künstler an ihre Höfe, die aus Italien stammen, und erwerben Kunstwerke italienischer Maler.

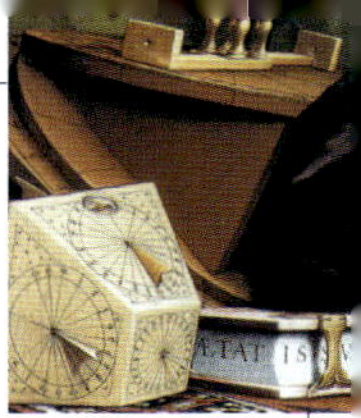

Die ersten Jahrzehnte des 16. Jh. bringen Rom größten künstlerischen Glanz, aber auch Luthers Reformation und die Plünderung durch die Landsknechte im Sacco di Roma *(1527).*

Rom 1500–1534

1503 wird Giuliano della Rovere zum Papst gewählt und nimmt den Namen Julius II. an. Sein Pontifikat (1503–13) ist in politischer und finanzieller Hinsicht desaströs, doch verliert unter ihm Florenz den Rang als Hauptstadt der Kunst: Bramante plant den Neubau des Petersdoms, Michelangelo freskiert das Deckengewölbe der Sixtinischen Kapelle und Raffael stattet die Stanzen mit Wandgemälden aus. 1513 stirbt Julius II., neuer Papst wird Giovanni de' Medici, Sohn von Lorenz d. Prächtigen, der sich Leo X. nennt. Raffael setzt seine Arbeiten im Vatikan fort, Michelangelo arbeitet am Grabmal von Julius II. Der frühe Tod Raffaels (1520) fällt zusammen mit den Anfängen der lutherischen Reformation. Nach dem Tod Leos X. (1521) löst der strenge Papst Hadrian VI. aus Utrecht die wichtigsten Bauhütten auf und erwägt die Zerstörung der Fresken Michelangelos in der Sixtinischen Kapelle. Im November 1523 besteigt Giulio de' Medici als Clemens VII. den Papstthron. Giulio Romano vollendet die vierte Stanze im Vatikan und geht an den Hof der Gonzaga in Mantua. Gleichzeitig kommen Künstler aus anderen Regionen nach Rom, wie Parmigianino, Rosso Fiorentino und Jacopo Sansovino. Diese Epoche wird 1527 abrupt durch den *Sacco di Roma,* die Plünderung der Stadt durch die Söldner Karls V., unterbrochen. Nahezu alle Künstler verlassen die Stadt mit Ausnahme von Sebastiano del Piombo.

1503: Tod Papst Alexanders VI. Borgia, Nachfolger wird Giuliano della Rovere, der sich Julius II. nennt.
1506: Bramante beginnt mit dem Neubau von St. Peter.
1508: Michelangelo und Raffael arbeiten im Vatikan.
1513: Giovanni Medici wird Papst Leo X.
1520: Leo X. unterzeichnet die Bannandrohungsbulle gegen Luther, die Luther in Wittenberg verbrennt.
1522–23: Hadrian VI. verfolgt eine strenge Kunstpolitik.
1523: Giulio de' Medici wird zum Papst gewählt und nennt sich Clemens VII.
1527: *Sacco di Roma*
1530: Karl V. empfängt aus der Hand des Papstes die Kaiserkrone; der Kaiser drängt auf die Einberufung eines Allgemeinen Konzils.

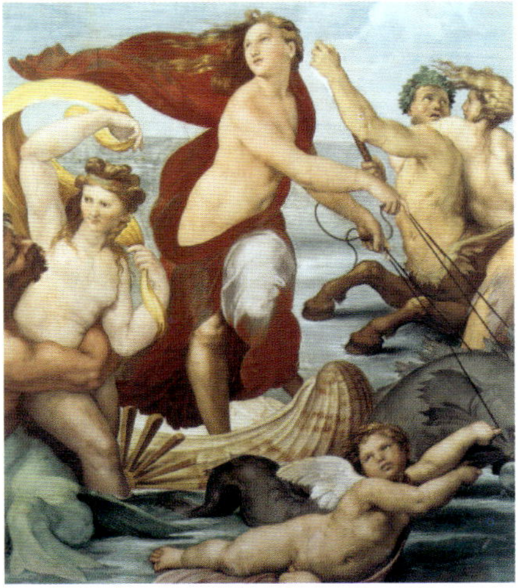

◄ Raffael, *Galatea,* 1512, Rom, Villa Farnesina.

Im Hintergrund stellt Michelangelo den »großen Fisch« dar, der Jonas verschlang und nach drei Tagen lebend wieder ausspie; die symbolische »Auferstehung« macht Jonas zu einem der wichtigsten Vorläufer Christi im Alten Testament.

Ein absichtlich von der Renovierung ausgespartes Feld dokumentiert den Farbzustand der Fresken vor der Reinigung, die 1994 abgeschlossen wurde.

Michelangelo erfindet für Jonas eine neuartige und gewagte Pose, die die kräftige Muskulatur des jungen Propheten zur Geltung bringt und seine Funktion als Verbindungsglied zwischen dem Gewölbe und der darunter liegenden Wand hervorhebt.

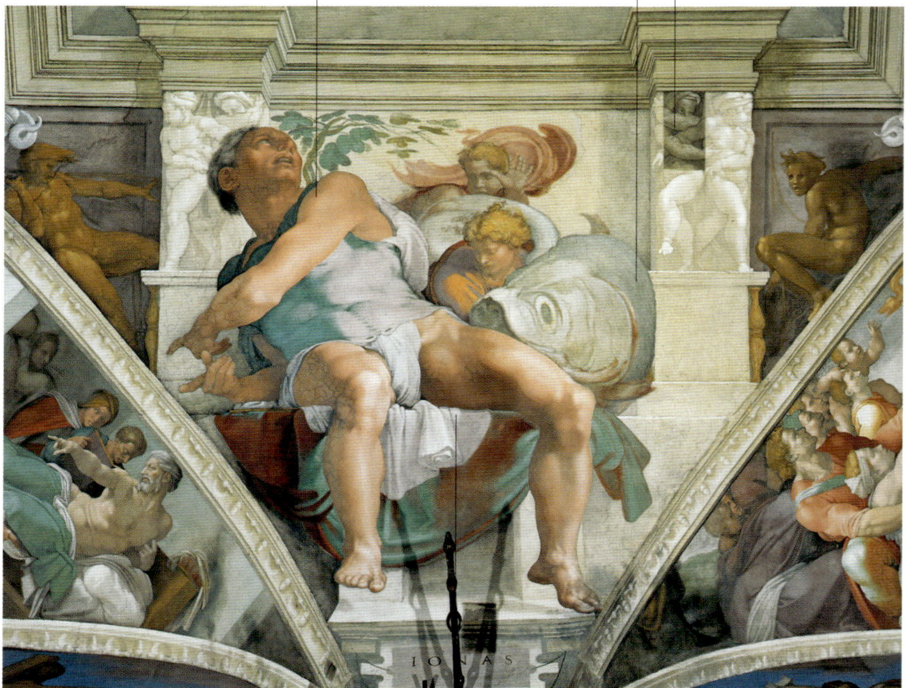

Jonas ist eine der riesigen Prophetenfiguren entlang dem äußeren Rand des Gewölbes; der Prophet befindet sich über der Altarwand der Kapelle, auf die Michelangelo Jahrzehnte später Das Jüngste Gericht *malte.*

▲ Michelangelo,
Jonas, 1508–12,
Rom, Palazzi Vaticani, Sixtinische Kapelle.

Neben Leo X. erscheint sein Vetter Giulio de' Medici, der künftige Papst Clemens VII. Das Bild, das scheinbar privaten Charakter hat, wurde zum Prototyp für Gruppenbildnisse.

Der Papst sitzt ruhig auf einem eleganten Stuhl. Seine friedliche, gelassene Haltung ist ein Grund dafür, dass er der durch Luther eingeleiteten Krise nicht rechtzeitig und mit nötiger Energie begegnet, sondern sie vorschnell als »Mönchsgezänk« abtut.

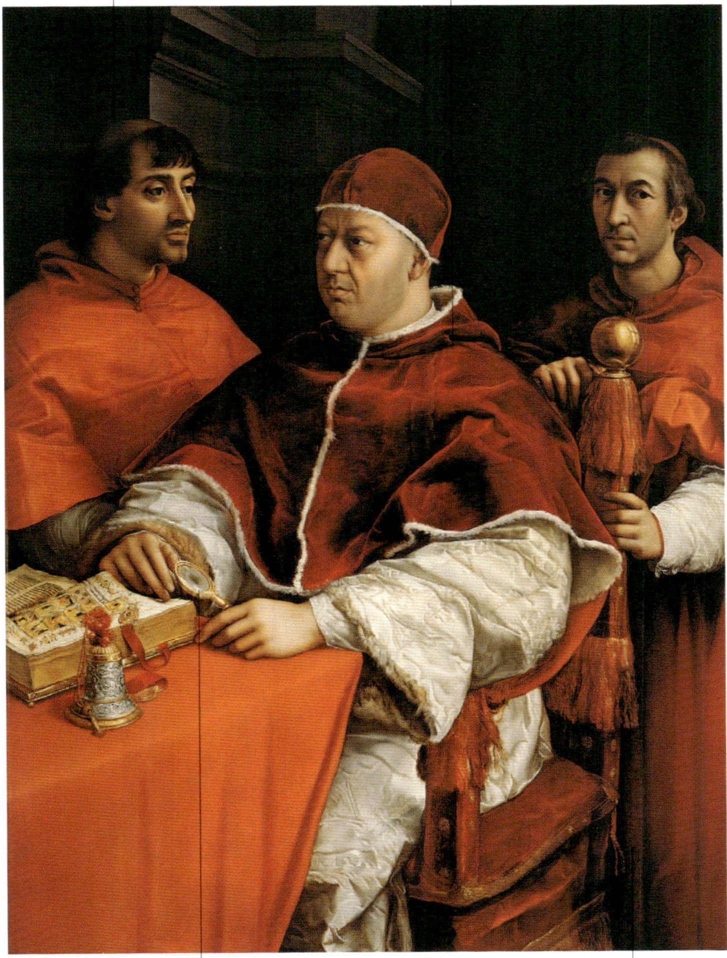

Leo X., ein Sohn von Lorenzo il Magnifico, Kunstliebhaber, Mäzen und Sammler, wird von Raffael porträtiert, als er eine wunderschöne, mit Miniaturen verzierte Bibel vor sich liegen hat und ein Vergrößerungsglas in Händen hält, um sorgfältig die Verzierungen zu betrachten.

Hinter dem Papst hat Raffael Luigi de' Rossi gemalt, einen der einflussreichsten Kardinäle der römischen Kurie.

▲ Raffael,
Papst Leo X. mit zwei Kardinälen,
um 1517/18, Florenz, Uffizien.

Die halbrunde Apsis, ein wahres Juwel der Renaissance-Architektur, enthüllt mit ihren Nischen die ursprüngliche Bestimmung der Loggia, die darin bestand, die Antikensammlung Kardinal Giuglio de' Medicis aufzunehmen.

Die Fresken, ausgeführt von Raffaels Werkstatt, sind ein berühmtes Beispiel für »Grotesken«-Ornamente, die antike Dekorationen nachahmen wie man sie in den Ruinen (»Grotten«) der Domus aurea *Neros gefunden hat.*

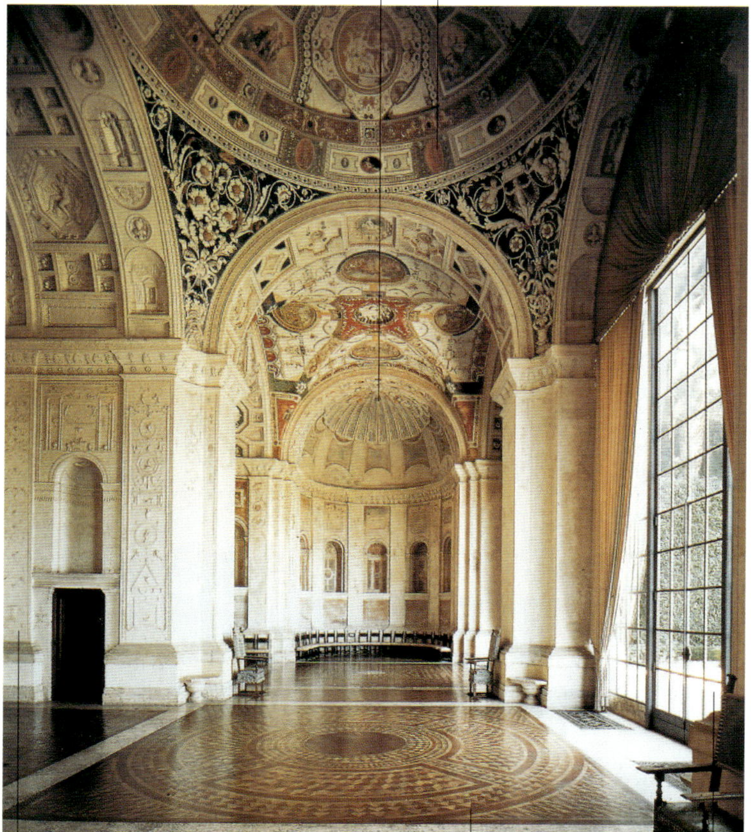

Für die Ausführung der überaus feinen Stuckverzierungen konnte Raffael auf einen großen Spezialisten zählen: Giovanni da Udine.

In der Villa Madama, heute offiziellen Empfängen der Republik Italien vorbehalten, war Raffael als Architekt tätig und leitete die Ausstattungsarbeiten.

Großzügige Fenster lassen das Licht des zauberhaften Gartens ein. Von Raffaels Projekt wurde nur ein kleiner Teil vollendet.

▲ Raffael und Werkstatt, Fresken und Stuck, um 1520, Rom, Villa Madama, Loggia.

Schon als Kardinal ein großzügiger Auftraggeber von Kunstwerken (für ihn errichtet Raffael die Villa Madama) geht Giulio de' Medici auch während seines Pontifikats als Clemens VII. (1523–34)seiner Vorliebe für das Sammeln von Kunst nach und betätigt sich als Mäzen.

Das Porträt zeigt den Papst bartlos, energisch und verhältnismäßig jung. Nach dem Sacco di Roma *erscheint Clemens VII. beunruhigt und jäh gealtert; aufgrund eines Gelübdes rasiert er sich nicht mehr.*

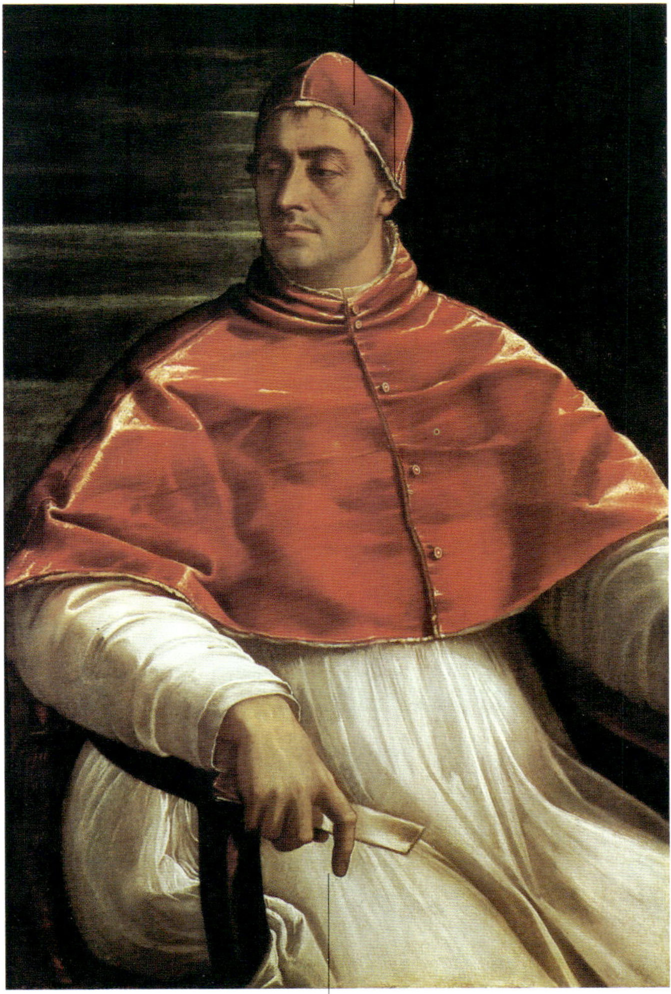

Die breiten und gestreckten Formen sind typisch für Sebastiano del Piombo, der sich als Lieblingsmaler des Papstes behauptet.

▲ Sebastiano del Piombo, *Clemens VII.*, um 1526, Neapel, Museo di Capodimonte.

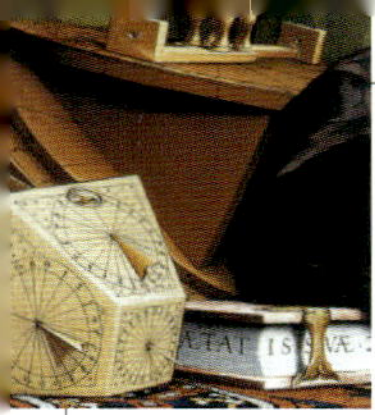

Die religiöse Erneuerung der Kirche findet in der Kuppel des Petersdoms, in der »zeitlosen« Kunst des Spätmanierismus und in den Initiativen Papst Sixtus' V. einen sichtbaren Ausdruck.

Rom 1534–1600

1534: Alessandro Farnese wird zum Papst gewählt und nennt sich Paul III. (1534–49).
1540: Papst Paul III. bestätigt den Jesuitenorden.
1545: Eröffnung des Konzils von Trient
1550–55: Julius III.
1555: Auf Julius III. folgt Papst Marcellus II., der nach einem knappen Monat stirbt, auf ihn folgt Giovanni Pietro Caraffa als Paul IV. (1555–59)
1559–65Pius IV.
1563: Abschluss des Konzils von Trient
1564: Michelangelo stirbt in Rom.
1566–72: Pius V.
1572–85: Gregor XIII.
1582: Reform des Julianischen Kalenders durch die Gregorianische Kalenderreform
1585–90: Sixtus V.
1592: Caravaggio lässt sich in Rom nieder.
1600: Giordano Bruno wird wegen Ketzerei und Magie in Rom hingerichtet.

Das Pontifikat von Paul III. Farnese (1534–49), das mit schwierigen Zeiten für die Kirche einhergeht, bringt eine Rückkehr zu monumentalen Bauwerken. Herausragende Architekten sind Antonio da Sangallo d. J. und Michelangelo, der bei der Neugestaltung des Kapitols sowie in den Bauhütten des Petersdoms und des Palazzo Farnese tätig ist. Die Spätwerke Michelangelos werden dann zum unumgänglichen Ausgangspunkt für alle Künstler, die in der zweiten Hälfte des Jahrhunderts in Rom arbeiten. Mit der Jesuitenkirche Il Gesù entwickelt Vignola den Prototyp der barocken Kirche. Gleichzeitig drückt sich in der Malerei des Spätmanierismus eine neue Frömmigkeitsauffassung aus, die von einer Verinnerlichung des Glaubens geprägt ist. Mit der Wahl von Sixtus V. (1585–90) beginnt für die Stadt eine großartige Phase städtebaulicher Veränderungen. Gemeinsam mit dem Tessiner Architekten Domenico Fontana legt der Papst neue, durch Obelisken markierte Straßenzüge an, die die großen Basiliken mit dem Zentrum der Stadt verbinden. Am Ende des 16. Jh. kommt es in der Malerei zu einer Wiederentdeckung des »Natürlichen«, die vor allem durch das Werk von zwei Künstlern ausgelöst wird, die sich in Rom niederlassen: der aus der Emilia stammende Annibale Carracci und der Lombarde Caravaggio.

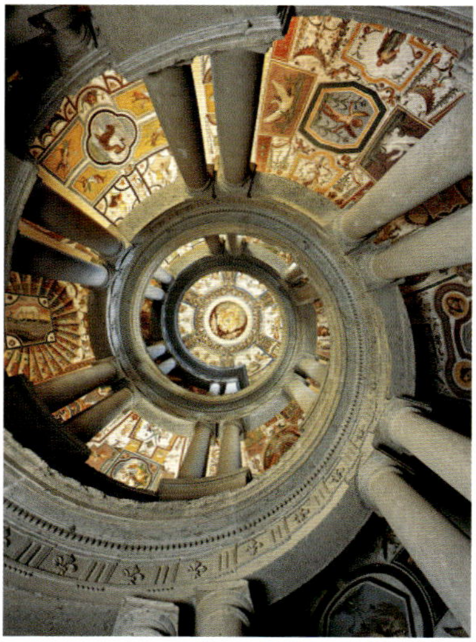

◄ Vignola,
Wendeltreppe, errichtet ab 1559,
Caprarola (Viterbo), Villa Farnese.

Die Szene, die die gesamte Fläche der Altarwand einnimmt, spielt sich in einem tiefblauen Himmel ab. In den beiden oberen Lünetten sind Engelscharen zu sehen, die die Symbole der Passion tragen.

Die riesigen, frei im Himmel schwebende Akte vermitteln einen Eindruck von Instabilität. Dies kann man als Spiegel der religiösen Unsicherheit jener Jahre deuten.

Eine Versammlung von Heiligen, Patriarchen, Aposteln und Märtyrern schart sich um den jugendlichen Christus, der nicht nur als Richter des Jüngsten Gerichts, sondern zugleich als der Erste der Auferstandenen dargestellt zu sein scheint.

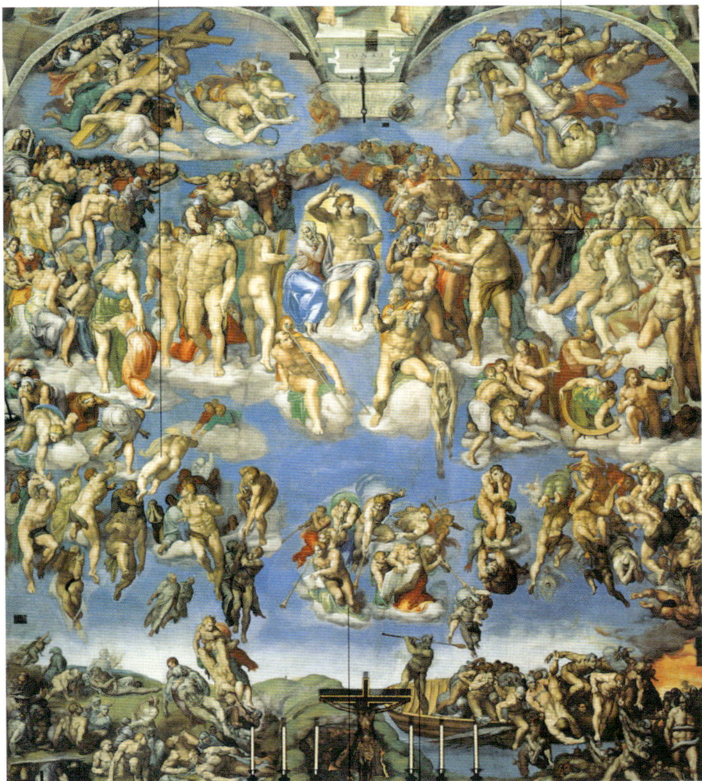

Unter den Heiligen sind Petrus und Paulus hervorgehoben und, rechts vor Christus, der hl. Bartholomäus mit seiner Haut, in der sich ein angstvolles Selbstbildnis Michelangelos verbirgt.

Engel und Teufel streiten sich um die Seelen.

Die Engel blasen die Trompeten, um die Toten ins Leben zurückzurufen.

Dicht über dem Altar erscheint Charon in seinem Boot. Er schlägt mit dem Ruder auf die Verdammten ein und treibt sie so in die Hölle.

▲ Michelangelo, *Das Jüngste Gericht*, 1534–41, Rom, Palazzi Vaticani, Altarwand der Sixtinischen Kapelle.

Angeregt durch das Porträt Leo X. mit zwei Kardinälen *von Raffael (s. S. 215), stellt Tizian den Papst mit seinen Enkeln Alessandro und Ottavio dar. Hinter dem Papst wacht sein mächtiger Enkel, Kardinal Alessandro Farnese.*

Der betagte Papst, knochig und bucklig, wirft einen durchdringenden Blick auf Ottavio, der sich vor ihm verbeugt.

Die Pose des weltlich gekleideten Papstenkels mutet fast wie die Parodie einer der berühmtesten Marmorstatuen der Antike an: des Diskuswerfers von Myron.

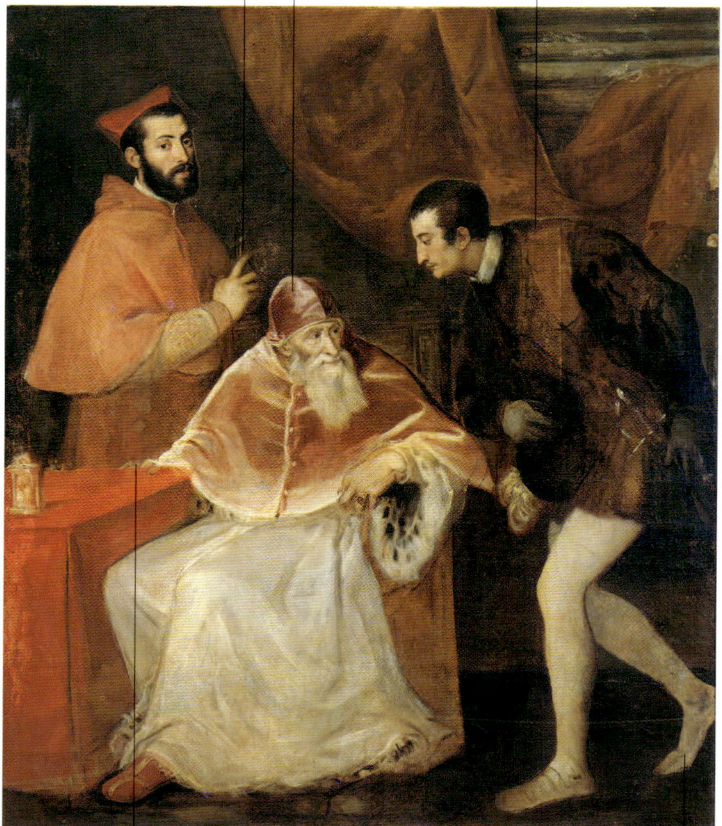

Die schnelle, skizzenhafte Technik, bei der manches Detail unausgeführt bleibt, und die subtile Abstufung der Rot- und Ockertöne, eine koloristische Glanzleistung, sind typisch für die venezianische Maltradition.

Es ist das wichtigste Bild, das Tizian während seines einzigen Aufenthalts in Rom malte, wo er Gelegenheit hatte, sich mit Michelangelo zu treffen und sich mit den Entwicklungen des Manierismus auseinanderzusetzen.

▲ Tizian,
Papst Paul III. mit seinen Nepoten, 1546,
Neapel, Museo di Capodimonte.

Die in Grisaille gemalten Karyatiden an den Seiten der Bildfelder täuschen Stuckverzierungen vor und scheinen so die plastischen Dekorationen der Wände im Gewölbe fortzusetzen.

Die Hauptszene zeigt den Triumphzug von Bacchus und Ariadne: Annibale Carracci vollendet hier den Weg, der ihn von der Malerei »nach der Natur« der Bologneser Jahre zu einer klassizistischen Malerei geführt hat, die prägend für das 17. Jh. wird.

In der Leuchtkraft der Landschaften und Farben nimmt Annibale Carracci die klaren Töne der Malerei Correggios wieder auf.

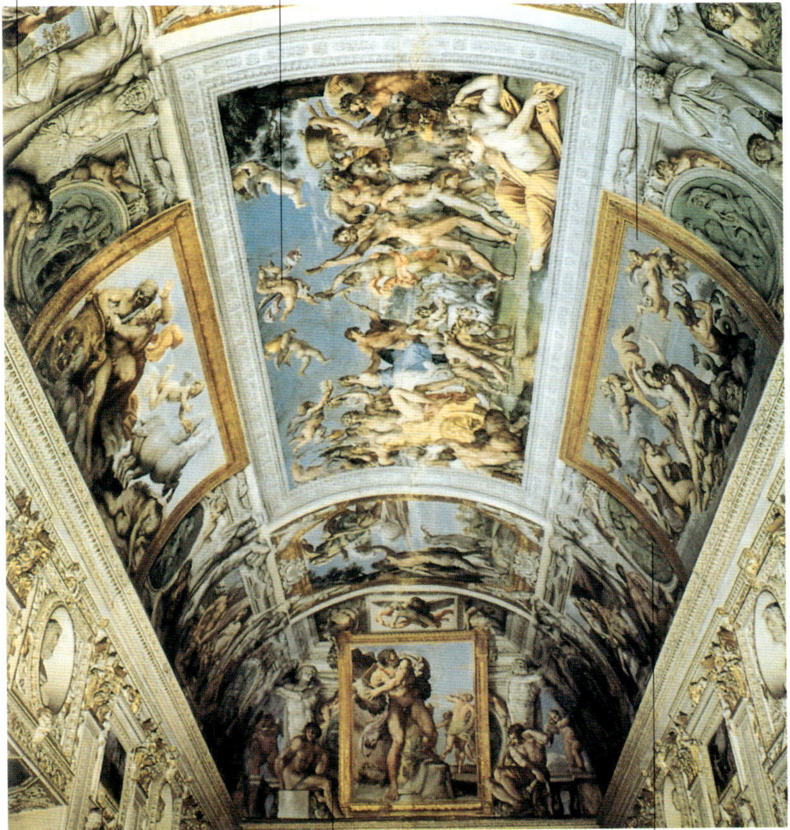

Die Galerie zeigt eine regelrechte Sammlung mythologischer Szenen. Sie ist nur selten zugänglich, da der Palazzo Farnese Sitz der französischen Botschaft ist.

Illusionistische Goldrahmen zwischen vorgetäuschtem Stuck und antikisierenden Motiven umrahmen eine Reihe von Bildfeldern, wodurch im Gewölbe die Illusion einer Bildergalerie entsteht.

▲ Annibale Carracci, Deckenfresken, 1597–1604, Rom, Palazzo Farnese, Galerie.

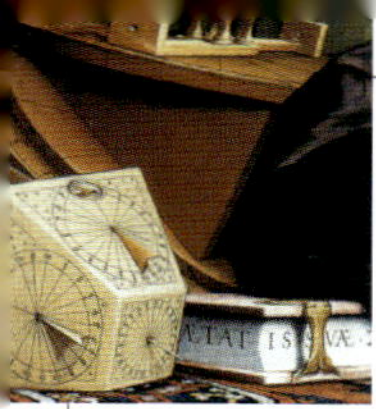

Florenz, Zentrum des Humanismus und der Frührenaissance, gibt zwar seine Rolle als Hauptstadt der Kunst an Rom ab, bringt aber immer noch außerordentliche Kunstwerke hervor.

Florenz

1501–04: Michelangelo schafft im Auftrag des Gonfaloniere Soderini den *David*.
1512: Rückkehr der Medici, die 1494 die Stadt verlassen mussten
1513: Giovanni de' Medici wird Papst Leo X.
1523: Giulio de' Medici wird Papst Clemens. VII.
1527: Die Medici werden erneut vertrieben und es wird die Republik wiederhergestellt.
1529/30: Florenz wird von kaiserlichen Truppen belagert, die Stadt kapituliert; Kaiser Karl V. erhebt Alessandro de' Medici zum Herzog von Florenz.
1537–74: Cosimo I. de' Medici ist Herzog der Toskana, ab 1569 Großherzog.
1550: Erste Auflage der *Vite* von Giorgio Vasari
1574: Tod Cosimos I., Nachfolger wird sein Sohn Francesco
1587: Nach dem Tod Francescos I. wird sein Bruder Ferdinand I. Großherzog.

Anfang des 16. Jh. steht der Gonfaloniere Pier Soderini an der Spitze einer oligarchischen Herrschaft, an seiner Seite wirkt Niccolò Machiavelli als Kanzleisekretär. Dank Aufträgen von starker symbolischer Bedeutung wie Michelangelos *David* und dank des Wettstreits zwischen Leonardo und Michelangelo und der Ankunft Raffaels erfährt die Kunst eine radikale Erneuerung. Schon nach wenigen Jahren kehrt Leonardo jedoch nach Mailand zurück und Michelangelo und Raffael begeben sich nach Rom. Andrea del Sarto bildet mit Pontormo und Rosso Fiorentino eine neue Generation von Künstlern aus. Folgenreich ist die kaiserliche Belagerung von Florenz (1530): Michelangelo geht endgültig nach Rom, Rosso nach Frankreich, Pontormo zieht sich zurück, Andrea del Sarto verstirbt 1531. Karl V. setzt Alessandro de' Medici als Herzog von Florenz ein. Unter seinem Nachfolger Herzog Cosimo I. (1537–74) erholt sich die toskanische Kunst. Der Hofmaler Agnolo Bronzino wird zum Vorbild des internationalen Manierismus. Im Auftrag Cosimos I. erneuern Cellini, Vasari, Buontalenti, Ammannati und Giambologna das Stadtbild. Die Stadt wird dabei zur Bühne der Macht: Der Palazzo Vecchio, die Residenz, wird mit dem neuen Palazzo degli Uffizi verbunden. Von dort führt Corridoio Vasariano über den Ponte Vecchio und den Arno bis zum Palazzo Pitti mit dem neu angelegten Boboli-Garten. Auch die zweite Ausgabe von Vasaris Künstlerbiographien, den *Vite*, 1568, und das majestätische Grabmal für Michelangelo in Santa Croce (1570) sind Teil der großherzoglichen Selbstdarstellung.

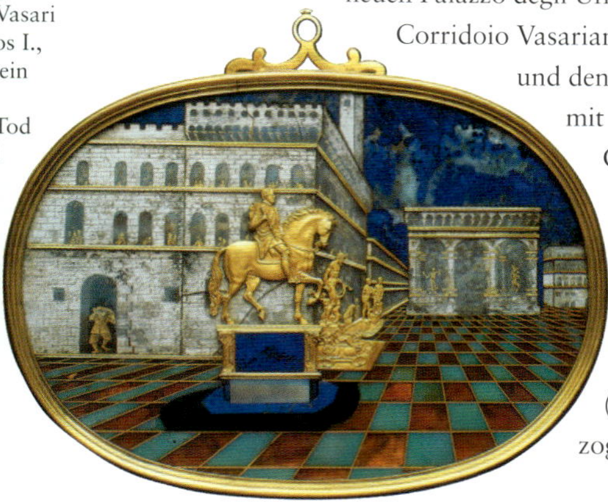

An die Stelle der geordneten, maßvollen Perspektivarchitekturen, die die toskanischen Maler fast bis zum Ende des 15. Jh. einsetzen, tritt hier ein ausgefallener Tempelaltar mit einer Fülle antikisierender Motive

Die Fresken der Kapelle, für deren Ausstattung Filippo Strozzi den Auftrag gab, sind ein Zeugnis für die Abkehr vom Florentiner Humanismus, der auf Gleichgewicht und Harmonie aufgebaut war.

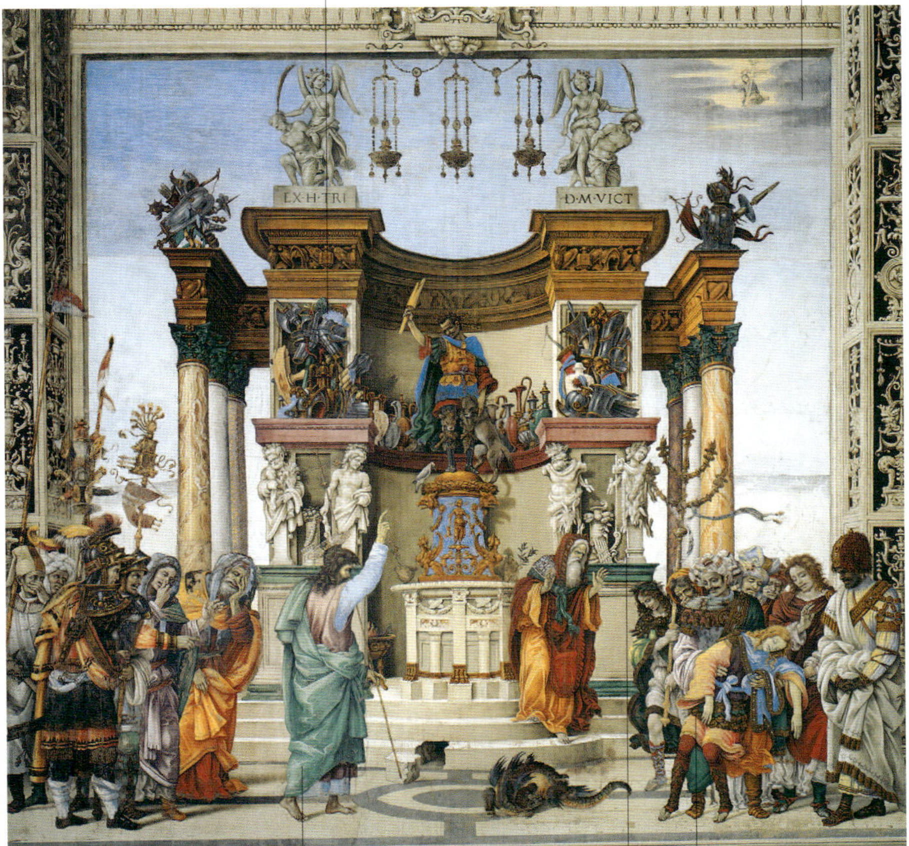

Der hl. Philippus vertreibt einen Drachen, der sich zu Füßen des Altars befindet. Mit seinem pestartigen Atem kann er Gläubige töten.

Das gedrängte Nebeneinander von Skulpturen, Reliefs, Votivgaben, Waffentrophäen und bemalten Statuen, wie auch die Personengruppen erzeugen einen unruhigen Eindruck.

Die rhetorischen Gesten, affektierten Blicke, irrealen Farben und die Trennung zwischen Architektur und Figuren machen Filippino Lippi zum Vorläufer eines neuen Stils.

▲ Filippino Lippi,
Der hl. Philippus scheucht den Drachen aus dem Tempel von Hierapolis, 1502,
Florenz, Santa Maria Novella, Freskenzyklus in der Chorkapelle.

◄ Email-Plakette mit Ansicht der Piazza della Signoria, Ende des 16. Jh., Florenz, Museo degli Argenti.

Die Errichtung der Sagrestia Nuova *mit den Medici-Gräbern als Anbau an die Basilika San Lorenzo ist das bedeutendste künstlerische Unterfangen im Florenz der 1520er Jahre.*

Die Wände sind in eine Vielzahl von Schichten aufgebrochen, vom Hintergrund der Nischen bis zur Dekoration der Sarkophage

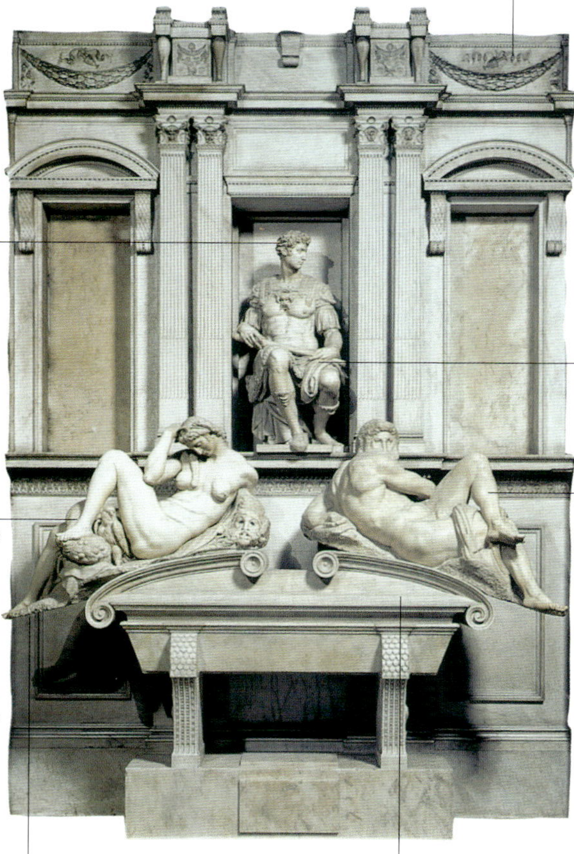

Giuliano, Herzog von Nemours, in »offener« Haltung dargestellt, verkörpert die Vita activa, *das tätige Leben.*

Die wunderschöne Nacht deutet ein Lächeln an, doch Michelangelo hält in einem berühmten Vierzeiler fest, dass die augenscheinliche Heiterkeit nichts anderes sei als die Frucht der Hingabe an den Schlaf und das Vergessen.

Der unvollendete Kopf des Tages ragt aus den schweren Muskelmassen eines kraftvollen Körpers hervor.

Aus einer Werknotiz Michelangelos ergibt sich der Grundgedanke der beiden allegorischen Figuren: Tag und Nacht, das heißt die Zeit, haben Giuliano getötet. Nach seinem Tod hat die Zeit jedoch keine Macht mehr über ihn.

▲ ► Michelangelo,
Grabdenkmäler von Lorenzo und Giuliano de' Medici, um 1525,
Florenz, San Lorenzo, Sagrestia Nuova.

Von vier oder zwischenzeitlich sogar sechs geplanten Grabmälern wurden nur diese zwei ausgeführt; sie sind an sich gegenüberliegenden Wänden der Kapelle angebracht.

Der Innenraum, der die gleichen Ausmaße hat wie die Sagrestia Vecchia, *die fast 100 Jahre zuvor von Brunelleschi errichtet wurde, wird bestimmt von einer vibrierenden Spannung zwischen den weißen Wänden, den grauen Steinprofilen und den Skulpturen.*

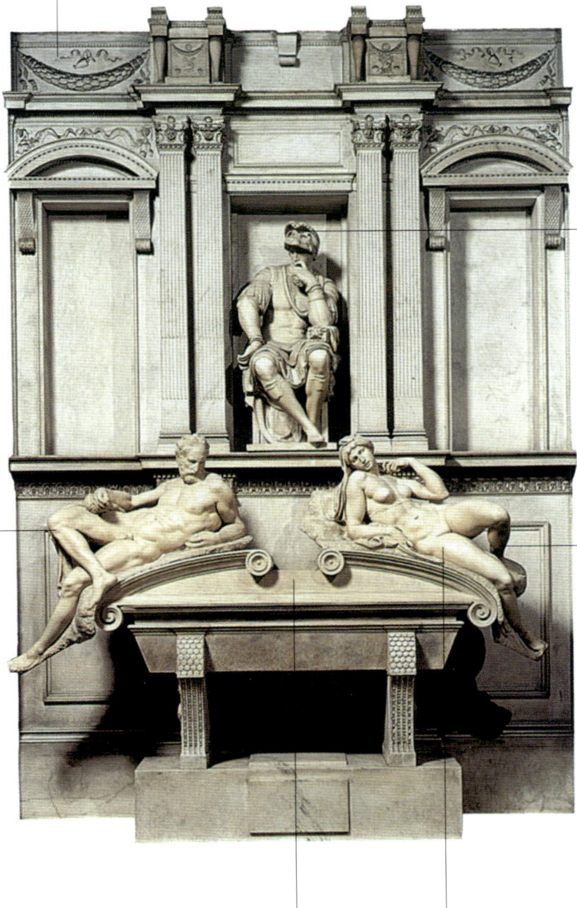

Lorenzo, Herzog von Urbino, in »geschlossener« Haltung wiedergegeben, verkörpert die Vita contemplativa, *das meditative Leben.*

Der Abend liegt düster und müde da. Abenddämmerung und Morgenröte sind Zeiten des Übergangs, die Figuren sind damit auch Allegorien des Zeitflusses.

Welchem Gesamtprogramm die allegorischen Figuren der vier Tageszeiten – Morgen und Abend, Tag und Nacht – folgen, ist kaum noch zu rekonstruieren, weil die Ausstattung nicht vollendet wurde.

Überragt von den Porträt-Statuen der beiden Herzöge, fügen sich die Sarkophage in den Rhythmus der Architektur. In den heutigen Zustand wurde die Kapelle erst 1549 gebracht, unter Mitwirkung Giorgio Vasaris.

Die Morgenröte streckt geziert die Glieder. Stilistisch markieren die Skulpturen den Weg Michelangelos zu seinem Spätstil.

Der Faltenwurf im Hintergrund erinnert an die Bildnisse der Könige von Frankreich, die Rüstung hingegen an die herrschaftiche Porträtmalerei in Spanien. Bronzino greift die Traditionen des offiziellen Porträts auf, des »Staatsporträts«.

Oberkörper und Kopf des Herzogs sind in entgegengesetzter Drehung begriffen und zeichnen die bei den Manieristen so beliebte »Schlangenlinie«; trotzdem bleibt das Bild im Wesentlichen steif.

Cosimo I., seit 1537 Herzog, wird 1569 von Papst Pius V. zum Großherzog der Toskana ernannt; er verlegt die Familienresidenz vom Palazzo Medici aus dem 15. Jh. in der Via Larga in den Palazzo Vecchio, neben dem er ein großes Verwaltungsgebäude errichten lässt, die Uffizien.

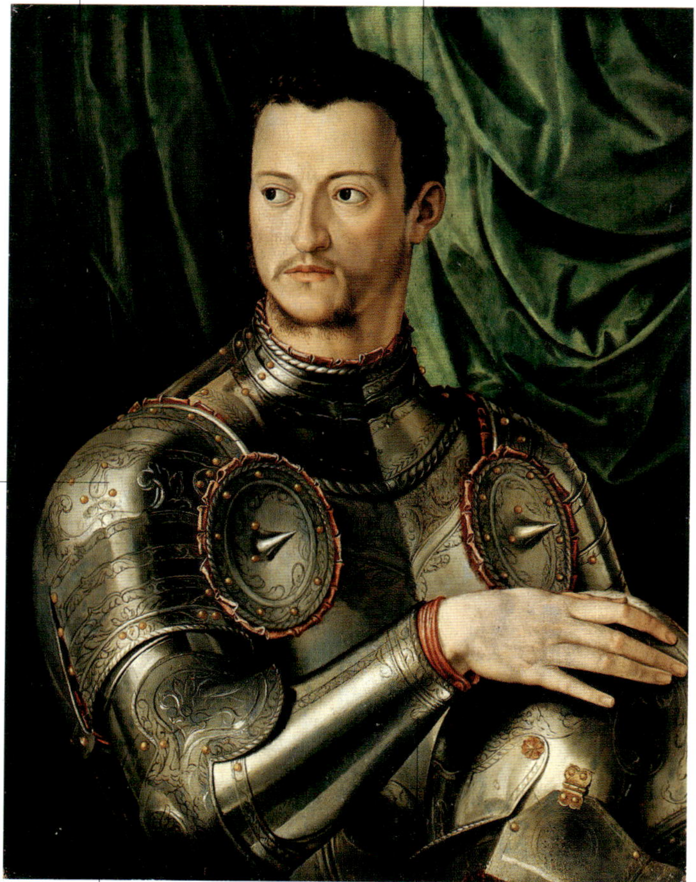

Cosimo betrachtete das Bild als sein offizielles Porträt und ließ zahlreiche Kopien davon herstellen.

Bronzinos außergewöhnliches Können zeigt sich in der Wiedergabe des kalten Schimmers der Rüstung. Das gesamte Bild vermittelt einen Eindruck von gepanzerter, undurchdringlicher Härte.

▲ Agnolo Bronzino, *Cosimo I.*, 1545, Florenz, Uffizien.

Viele der Bilder beziehen sich auf Mythologie und Wissenschaft, Hermetik und Forschung, und spiegeln so den Geschmack von Francesco I., der ein feingeistiger Sammler und leidenschaftlicher Leser alchemistischer und naturwissenschaftlicher Schriften war.

Das private Studiolo des Großherzogs Francesco I., ein kleiner privater Rückzugsort, ist wie ein kostbarer Schrein entworfen und verziert.

Im Studierzimmer, dem Hauptwerk des Florentiner Spätmanierismus, wechseln sich Nischen mit fein gearbeiteten Statuetten, geschaffen von Bildhauern wie Ammannati, Giambologna, Bandini und Vincenzo de' Rossi, mit 34 Bildtafeln ab, bemalt von Giovanni Stradano, Alessandro Allori, Maso di San Friano, Santi di Tito, Girolamo Macchietti, Mirabello Cavalori und Jacopo Zucchi.

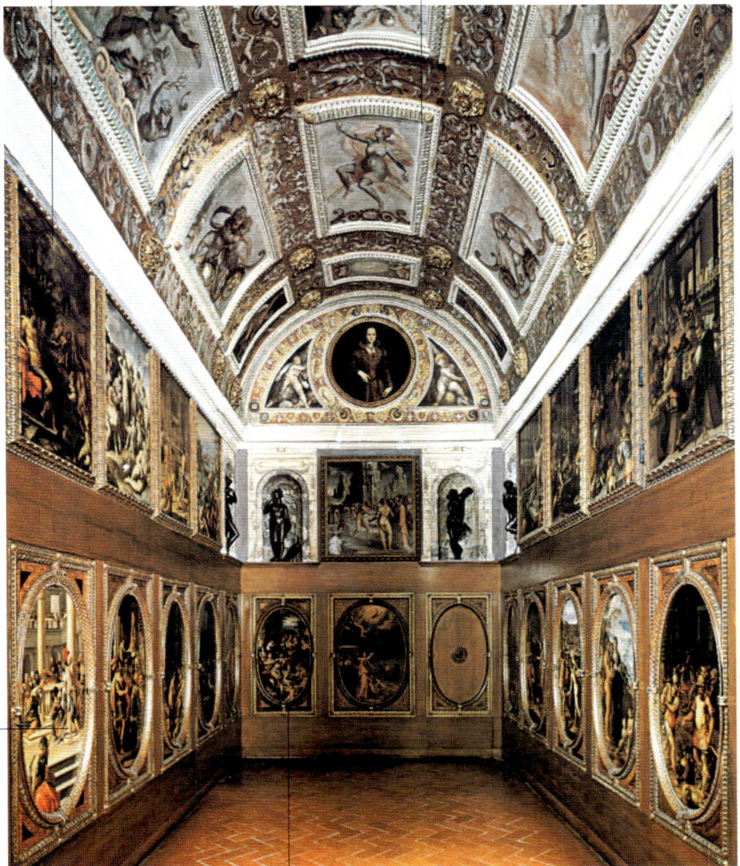

Der Palazzo Vecchio ist die Hauptwirkungsstätte der Florentiner Künstler in der 2. Hälfte des 16. Jh. Den Ausstattungen Bronzinos und Salviatis für Cosimo I. aus den 1540er Jahren folgen in den 60ern die radikalen Erneuerungsarbeiten unter der Leitung Vasaris: die Prunktreppe, die bemalte Kassettendecke im Saal der Fünfhundert und die Stuckverzierung im Hof.

▲ Studiolo Francescos I., 1570, Florenz, Palazzo Vecchio.

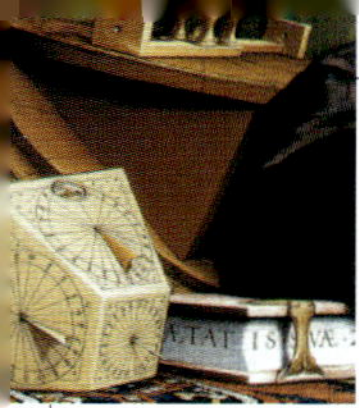

In der 1. Hälfte des 16. Jh. drückt sich Sienas stolze Unabhängigkeit in umfangreichen Aufträgen an bedeutende Künstler aus. Zur Jahrhundertmitte bricht die kulturelle Tradition der Stadt ab.

Siena

1487–1512: Signoria des Pandolfo Petrucci
1502–09: Pinturicchio malt die Piccolomini-Bibliothek im Dom aus.
1512: Siena stellt sich unter den Schutz von Karl V.
1526: Sodoma malt die Katharinenkapelle von San Domenico aus.
1529–35: Im Palazzo Pubblico entstehen Fresken von Beccafumi.
1530: Kaiser Karl V. zieht in Siena ein und stellt eine Räteregierung auf.
1552: Die Bürger jagen die Kaisertreuen aus der Stadt und verbünden sich mit den verbannten republikanischen Florentinern.
1555: Söldner unter Führung der Florentiner belagern und zerstören Siena.
1557: Der König von Spanien Philipp II. gibt Siena Cosimo I. de' Medici als Lehen.
1560: Baldassare Lanci beginnt mit dem Bau der Fortezza Medicea.

Siena ist eine freie republikanische Stadt, bis 1487 der Ratsherr Pandolfo Petrucci die Herrschaft ergreift. Unter ihm erlebt die Stadt einen Aufschwung. Der Dom ist die Hauptbauhütte Sienas. 1501 besiegelt Michelangelo einen Vertrag über 15 Marmorstatuen für den Piccolomini-Altar (nur vier werden geschaffen), 1502 freskiert Pinturicchio die elegante Piccolomini-Bibliothek, wobei er sich teilweise an Zeichnungen von Raffael orientiert. Außerdem schreiten die Arbeiten an den mosaikartig gestalteten Bildern des Marmorfußbodens der Kathedrale voran. Unterdessen kommt der Piemontese Giovanni Antonio Bazzi, genannt Sodoma, nach Siena und bringt einen leonardesken Stil in die Stadt. Der Sieneser Maler und Bronzebildhauer Domenico Beccafumi arbeitet fast ununterbrochen 40 Jahre lang in seiner Stadt und experimentiert hier mit Licht-, Farb-, und Ausdruckseffekten. Er stirbt 1551. Zu dieser Zeit gerät Siena ins Visier Cosimos I. de' Medici. Im März des Jahres 1553 wird die Stadt von einem Heer aus Spaniern, Deutschen und Florentinern umzingelt. 1557 wird Siena in das Herzogtum der Toskana eingegliedert und die künstlerische Geschichte Sienas bricht jäh ab.

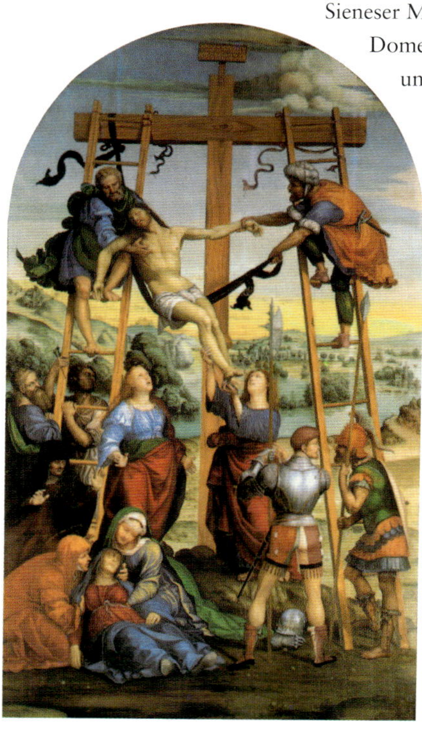

► Sodoma, *Kreuzabnahme*, 1505, Siena, Pinacoteca Nazionale.

Die Ruinen und die wilde Natur vor dem gewittrigen Himmel verleihen der Szene eine gewisse Dramatik.

Das unterirdische Geschehen mit dem auferstandenen Christus, der die Patriarchen aus der Vorhölle befreit, veranlasst Beccafumi, strahlende Lichter von großer suggestiver Wirkung zu setzen.

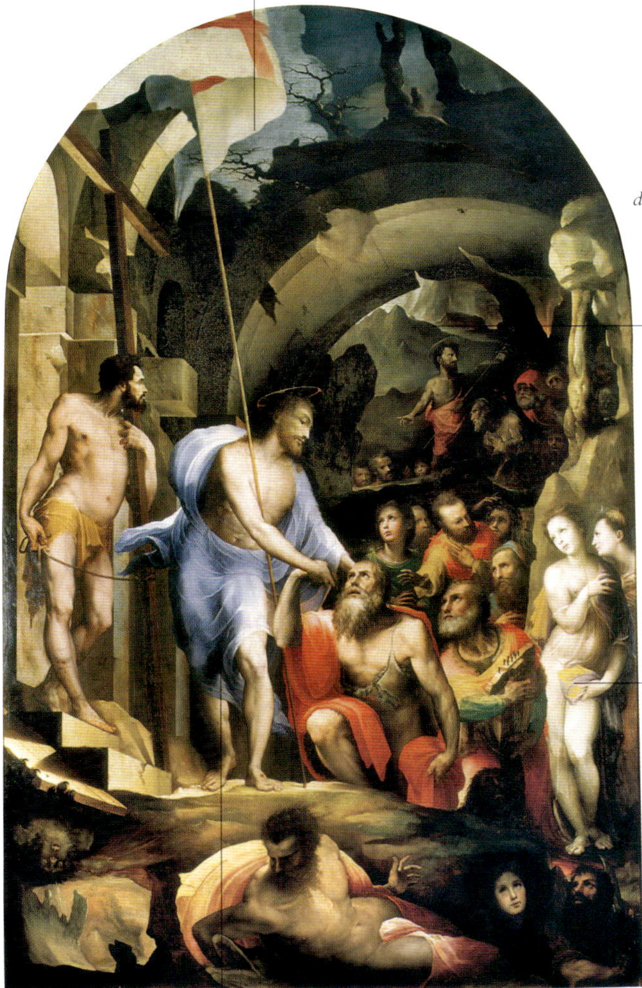

Beccafumi schafft sehr persönliche, verhaltene und zugleich eindringliche Varianten der für den Manierismus typischen Formen und Posen.

Die Figur Christi verrät, wie viele weitere Figuren des Gemäldes, das sorgfältige Studium der Werke Michelangelos. Beccafumi greift die Monumentalität von dessen Figuren auf, verleiht ihnen jedoch zugleich eine gewisse Eleganz.

▲ Domenico Beccafumi, *Christus in der Vorhölle*, um 1528, Siena, Pinacoteca Nazionale.

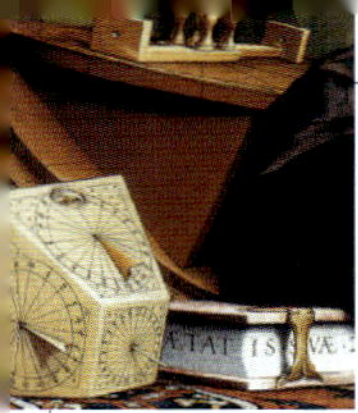

Die Welt blickt auf die »triumphierendste Stadt des Universums« mit einer neidvollen Bewunderung für das Handelsimperium, die Diplomatie und die Wunder der Kunst und der Architektur.

Venedig

1508: Die Liga von Cambrai bildet eine Allianz gegen Venedig.
1509: Der Papst verhängt über Venedig das Interdikt; Venedig wird bei Agnadello vernichtend geschlagen.
1516: Im Vertrag von Noyon erhält Venedig fast alle verlorenen Gebiete zurück.
1523: Andrea Gritti wird zum Dogen gewählt. Er erklärt die *Renovatio urbis*, die Erneuerung der Stadt, zum Ziel.
1540: Venedig verliert seine Gebiete in der Ägäis und in der Adria an die Türken.
1571: Sieg der Heiligen Liga über die türkische Seestreitmacht in der Seeschlacht bei Lepanto
1573: Trotz des Sieges von 1571 muss Venedig in den nachfolgenden Verhandlungen Zypern an die Türken abtreten.
1576: Ein Viertel der Einwohner fällt der Pest zum Opfer, darunter Tizian.
1577: Ein Brand verwüstet den Dogenpalast.

Unabhängigkeit und Prunk der Serenissima spiegeln sich im Stadtbild und in einer einzigartigen Malschule. Giovanni Bellini ist der Lehrer einer Malergeneration (Giorgione, Tizian, Lotto, Sebastiano del Piombo), die die Möglichkeiten der Licht- und Farbgestaltung erprobt. Der ehrgeizige Andrea Gritti, der 1523 zum Dogen gewählt wird, verleiht der Stadt mit einem gut durchdachten Bau- und Ausschmückungsplan ein neues, dynamischeres Image. Mit der Ankunft von Sansovino in Venedig werden die Maßstäbe des Klassizismus zum Stilelement einer Architektur der Macht. Die Kunstszene wird Jahrzehnte lang von Tizian dominiert, doch um die Mitte des Jahrhunderts verbreiten sich allmählich auch Bilder, die dem toskanisch-römischen Manierismus verpflichtet sind. Unter den jungen Künstlern tun sich besonders Paolo Veronese und Jacopo Tintoretto hervor. In den 1560er Jahren wächst die Einwohnerzahl auf über 170 000 (heute beträgt sie kaum die Hälfte). Das Aussehen der Stadt entwickelt sich rasant. Palladio schafft den großen Klosterkomplex von San Giorgio Maggiore, während etliche prägnante Bauwerke Sansovinos entstehen. 1570 attackiert das Osmanische Reich die venezianischen Hoheitsgebiete am östlichen Mittelmeer. Der Sieg in der Seeschlacht von Lepanto (1571) hat nur noch symbolischen Wert: der venezianisch-osmanische Sonderfriede besiegelt den Verlust Zyperns. 1577 beendet ein Brand, der den Dogenpalast zerstört, eine Epoche.

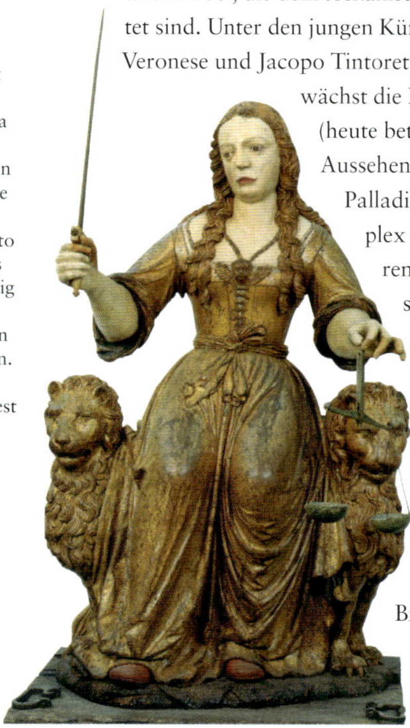

Das enorme, über 7 m hohe Tafelbild, wird 1518 über dem Hauptaltar der gotischen Franziskanerkirche aufgehängt, ein Zeichen dafür, dass Tizian die Vorherrschaft über die venezianische Kunst errungen hat.

Der Schriftsteller Ludovico Dolce schreibt in einem Traktat (1557): »Die unbeholfenen Maler und der dumme Pöbel, die bislang nichts anderes gesehen hatten als die toten, kalten Dinge der Bellinis und Vivarinis, ohne Erhebung und Bewegung, sagten viel Schlechtes über besagtes Gemälde.«

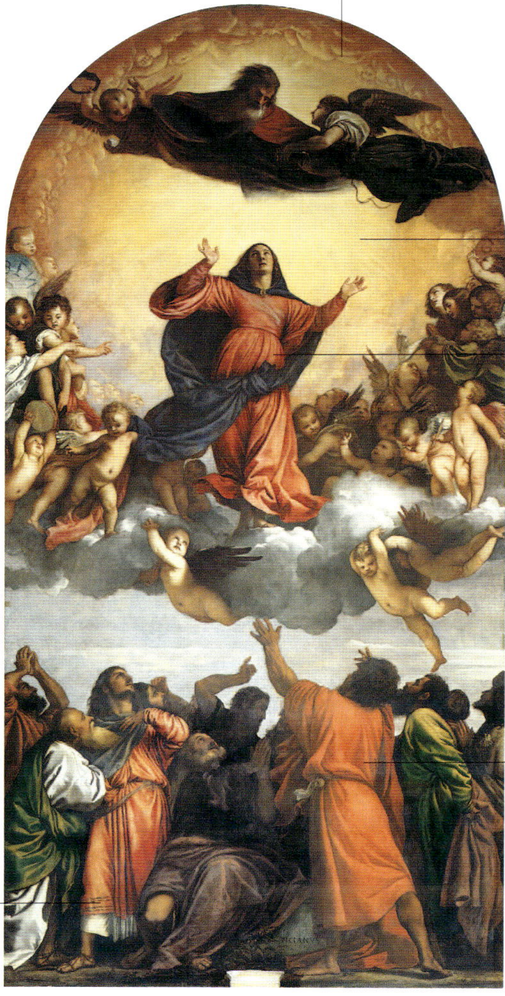

Die Aufwärtsbewegung der Gottesmutter wird gesteigert von der Drehung der Figur, vom Kreis der Engel um sie herum und von der Figur von Gott Vater, die leicht aus der Mittelachse gerückt ist.

Für die monumentalen Figuren der Apostel hat sich Tizian augenscheinlich nicht mehr von antiken Statuen, sondern auch von den Fischern der Lagune inspirieren lassen.

Vor allem dank der Strahlkraft der Farbe gelingt es Tizian die drei übereinanderliegenden Ebenen des Geschehens zu verbinden.

◀ Venezianischer Holzschnitzer,
Allegorie Venedigs als Bild der Gerechtigkeit,
Statue für den Bucentaur (»goldene Barke«),
das Prunkschiff des Dogen Andrea Gritti, 1525,
Venedig, Museo Navale.

▲ Tizian,
Himmelfahrt Marias (Assunta), 1516–18,
Venedig, Basilika Santa Maria
Gloriosa dei Frari.

Andrea Gritti, der 1523 zum Dogen gewählt wurde und 1538 verstorben ist, ist verantwortlich für die klassizistische Prägung, die die venezianische Architektur der Hochrenaissance auszeichnet.

Die dynamische Körperdrehung, die sich so völlig von den offiziellen Posen unterscheidet, soll – in einer Art Gedenkbild – an den Tatendrang und die Entschlusskraft des Dogen erinnern. Wie in seinen Porträts anderer großer Vertreter der internationalen Politik, gelingt es Tizian die Persönlichkeit der Porträtierten zu erfassen.

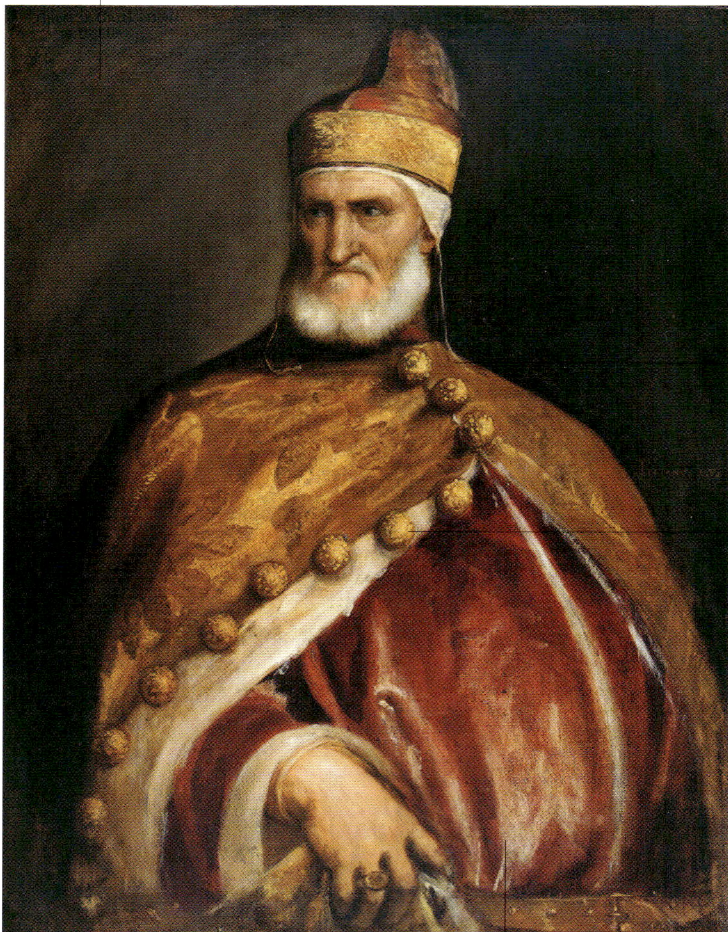

Das Porträt, das die gewollt unebene und körnige Oberfläche des Malgrunds unangetastet lässt, wurde einige Jahre nach Grittis Tod ausgeführt.

Der außergewöhnliche Farbauftrag mit breiten Pinselstrichen wird als »non finito« bezeichnet. Tizian geht mit der Farbe in einer ähnlichen Weise um wie Michelangelo mit Marmor.

▲ Tizian,
Der Doge Andrea Gritti (posthum), um 1540,
Washington, National Gallery.

Das Gemälde, das sich ursprünglich in San Pietro Martire in Murano befand, ist es eines der zahlreichen Kunstwerke, die den Sieg der christlichen gegen die osmanische Flotte im Jahr 1571 feiern.

Noch ist der Ausgang ungewiss, und die Gruppe der Heiligen von Venedig bittet die Jungfrau Maria um Hilfe in der Schlacht.

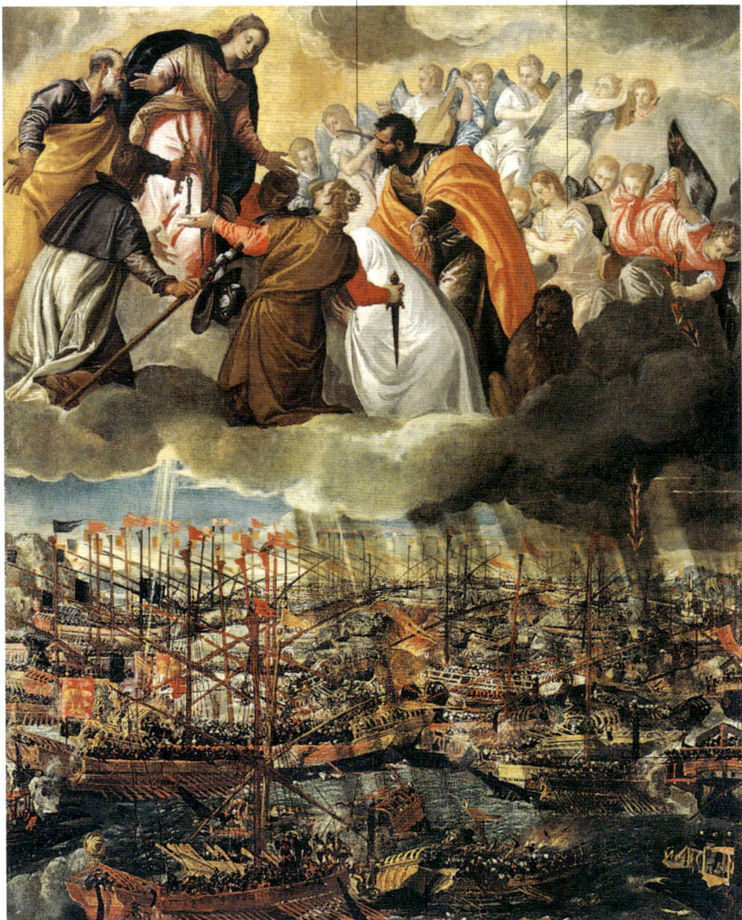

Die himmlischen Heerscharen kämpfen an der Seite der Christen: Die Engel schleudern Pfeile, die zu Blitzen werden.

Die eigentliche Schlacht ist in der unteren Bildhälfte dargestellt. Christliche Galeeren – sie waren ungefähr zur Hälfte venezianisch – und türkische Feluken stoßen chaotisch aufeinander.

▲ Paolo Veronese, *Seeschlacht bei Lepanto*, 1571, Venedig, Gallerie dell'Accademia.

Trotz des Sieges in der Seeschlacht endet der Krieg mit einer Niederlage für Venedig, das die Insel Zypern an die Türken abtreten muss.

Ein göttliches goldenes Licht dringt durch ein Dach aus Balken, die Tintoretto dazu nutzt, dem Bildraum Tiefe zu verleihen.

Die Anbetung der Hirten *ist eine der berühmtesten Szenen des Zyklus mit biblischen Themen an den Wänden des großen Renaissance-Saals.*

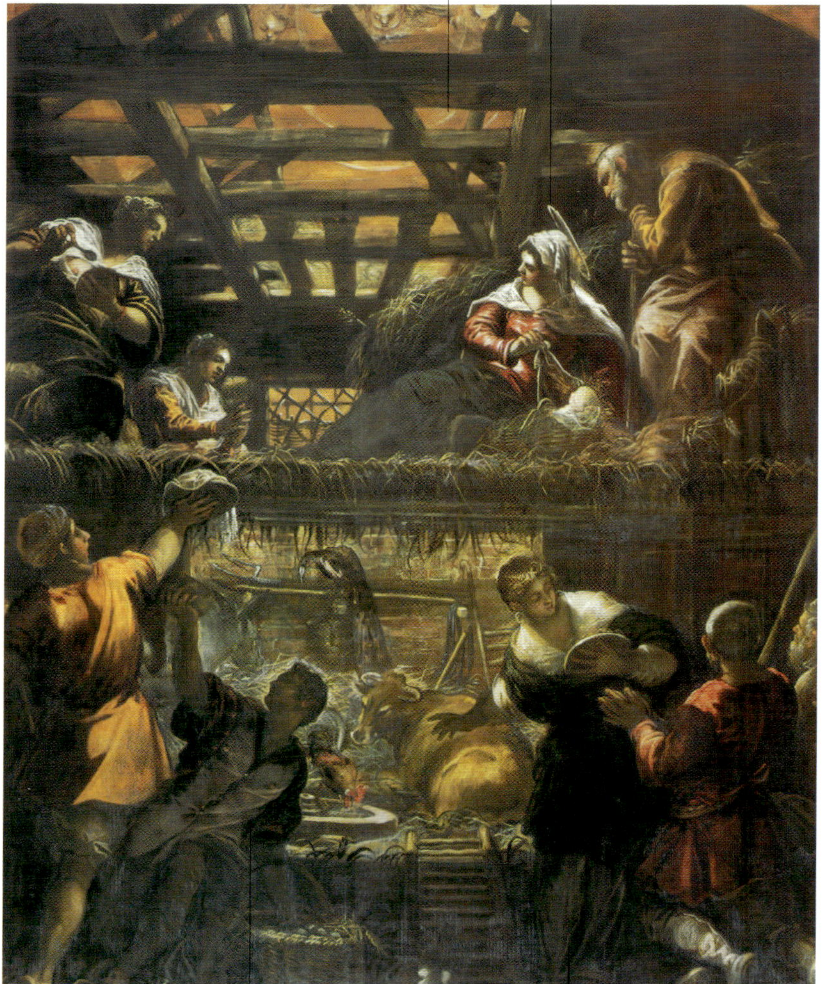

▲ Jacopo Tintoretto, *Anbetung der Hirten*, 1577/78, Venedig, Scuola Grande di San Rocco.

Den Bilderzyklus im oberen Saal der Scuola di San Rocco, bestehend aus 30 Gemälden, schuf Tintoretto von 1577 bis 1581; zeitgleich begann er mit den Bildern für die Neuausschmückung des Dogenpalastes nach dem Brand von 1577.

Der zweistöckige Stall ist eine außergewöhnliche, mit der Perspektive spielende Bilderfindung Tintorettos: Unten kommen die Hirten herbei, oben befindet sich die Heilige Familie.

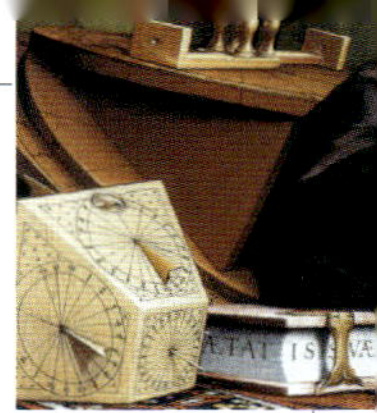

In der Poebene entwickelt sich ein »dritter Weg« der Kunst, eine Alternative sowohl zum mittelitalienischen Manierismus als auch zum venezianischen Kolorismus.

Lombardei

In vielen Städten Norditaliens ist eine eigenständige Entwicklung der Kunst zu beobachten. Lorenzo Lotto in Bergamo, Gaudenzio Ferrari in Varallo, Correggio in Parma, Giovanni Antonio da Pordenone in Cremona und Piacenza sowie die Maler aus Brescia und Bologna bilden keine einheitliche Schule, sondern prägen eigene Stile aus. In Brescia und Bergamo, die seit langem zur Republik Venedig gehören, entwickelt sich eine örtlich begrenzte figurative Kunst, die auf die leidenschaftliche Erforschung der Wirklichkeit, auf die Liebe zum Alltäglichen und auf die Fähigkeit, melancholische und unruhige Befindlichkeiten zu erkunden, ausgerichtet ist. Gaudenzio Ferraris Werke in den 40 Kapellen des Sacromonte zu Varallo sind eine außergewöhnliche Kombination von Volksfrömmigkeit und höchst aktuellen formalen Lösungen: die Verbindung von Skulptur und Malerei. Die Malerei in Parma schwankt zwischen der Weichheit Correggios und der intellektuellen Suche Parmigianinos. In Bologna schließlich wird der Einfluss Peruginos und Raffaels zurückgedrängt. Anlässlich der feierlichen Krönung Karls V. (1530) kommen Künstler aus verschiedenen Regionen in die Stadt, darunter Michelangelo und Tizian, und schaffen eine Art Bestandsaufnahme der Malerei der Hochrenaissance. Das »gelehrte« Bologna wird zu einem Zentrum für Sammler und für Gespräche über die Kunst.

1513: Lorenzo Lotto lässt sich in Bergamo nieder; Gaudenzio Ferrari malt Fresken in der Kirche Santa Maria delle Grazie in Varallo.
1521: Piacenza fällt an den Kirchenstaat.
1522: Das *Polyptychon Averoldi* von Tizian trifft in Brescia ein und wird zum Bezugspunkt für die örtliche Schule.
1530: Feierliche Krönung Karls V. zum Kaiser des Heiligen Römischen Reiches durch den Papst in Bologna
1534: Tod Correggios
1545: Das Herzogtum Parma wird für das Haus Farnese geschaffen und 1556 mit dem Herzogtum Piacenza verbunden.
1547: Das Konzil von Trient wird provisorisch nach Bologna verlegt.
1582: Die Carracci gründen in Bologna die Accademia dei Desiderosi

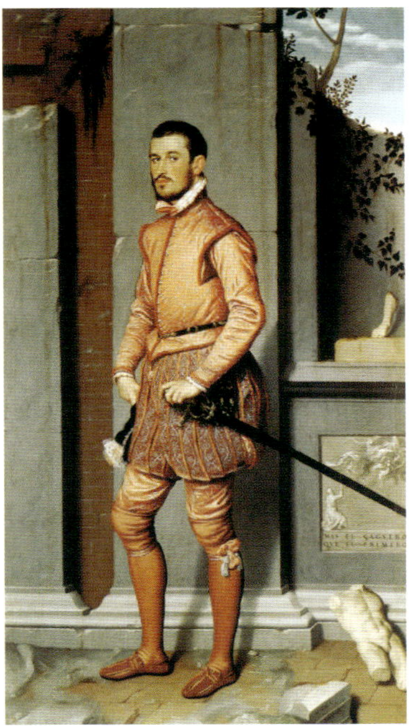

◀ Giovan Battista Moroni, *Gian Gerolamo Grumelli (Der Kavalier in Rosa)*, 1560, Bergamo, Palazzo Moroni.

Das Bild nimmt die große Wand der Innenfassade des Doms ein und ist die beeindruckendste Szene des Passionszyklus, den der Maler aus Friaul gemeinsam mit anderen Künstlern gemalt hat.

Durch das Personengewirr, durch die ausladenden Gesten und durch die teils verzerrten Gesichter erzeugt Pordenone eine dramatische und ergreifende theatralische Stimmung.

Die düstere und gewittrige Atmosphäre wird durch grelle Lichteffekte hervorgehoben; die drei Kreuze sind asymmetrisch und schräg angebracht.

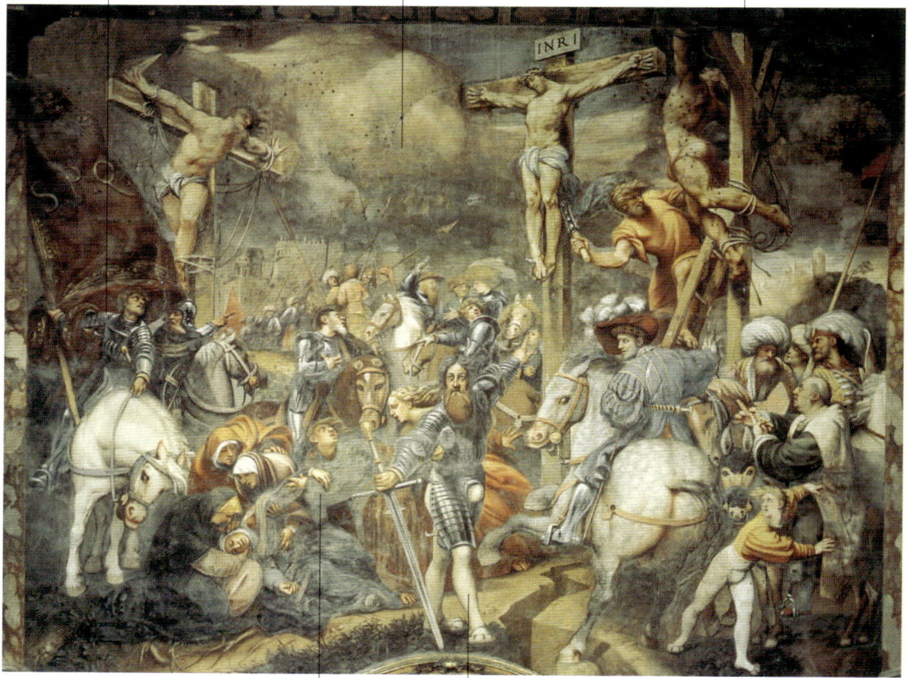

Der ausgeprägte Expressionismus und das volkstümliche Pathos erinnern an den Geist der Sacri Monti, *der Heiligen Berge der Voralpen.*

Die Menge bewegt sich ungeordnet, die Pferde, stark perspektivisch verkürzt, wirken ungezügelt. Die Achse, um die sich die gesamte Komposition dreht, ist der riesige Landsknecht in der Mitte.

▲ Pordenone,
Kreuzigung, 1520–22,
Cremona, Dom.

Die natürliche, lichtdurchflutete Atmosphäre ist stark von den pastoralen elegischen Kompositionen Giorgiones beeinflusst.

Savoldo achtet sehr auf die Psychologie der Beziehungen zwischen den Personen.

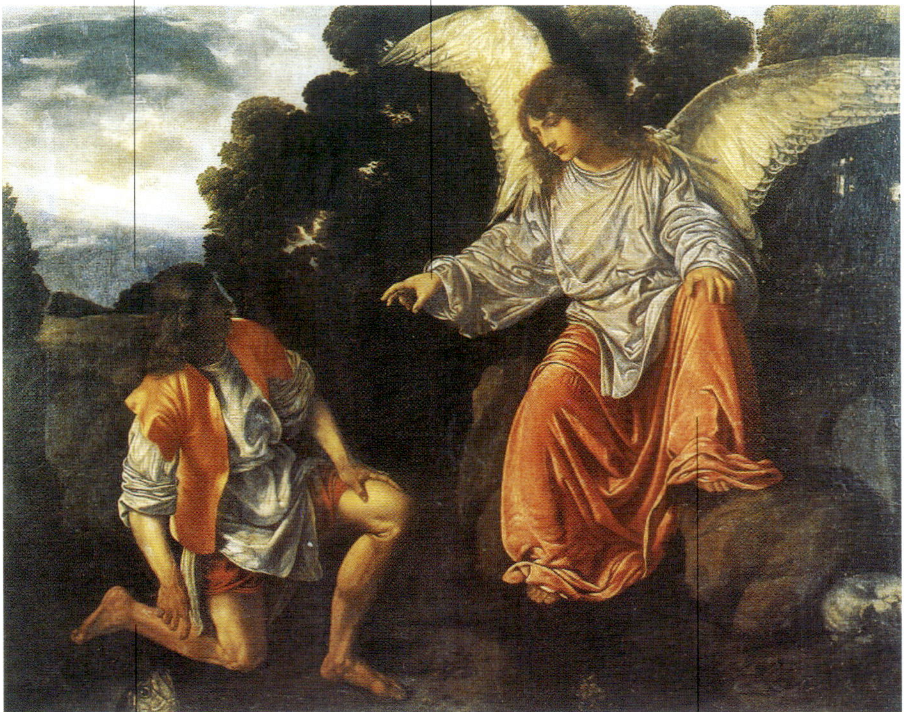

Die Figur des Tobias entspricht dem unverblümten, unverstellten, aber nie vulgären Realismus, der für die Malerei in Brescia im 16. Jh. typisch ist.

Das üppige Falten werfende Gewand zeigt zarte Lichtreflexe, also ob es aus Seide wäre. Der Engel erinnert an die Darstellung Gabriels, die Tizian wenige Jahre zuvor schuf.

▲ Giovan Gerolamo Savoldo, *Tobias und der Engel*, um 1527, Rom, Galleria Borghese.

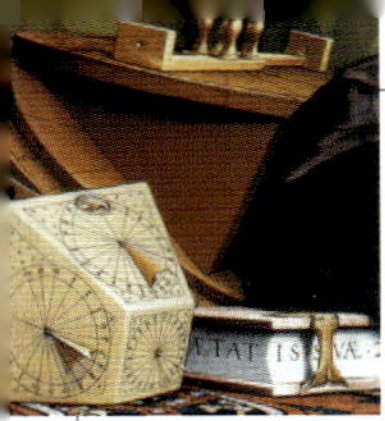

Drei kleine Hauptstädte behaupten geschickt ihre Eigenständigkeit, nicht zuletzt dank einer klugen Kunstpolitik. Dennoch beginnt langsam der Niedergang der italienischen Renaissance-Höfe.

Mantua, Ferrara und Urbino

1502: Lucrezia Borgia, Tochter des Papstes Alexander VI., heiratet Alfonso d'Este.
1505: Alfonso I. d'Este wird Herzog von Ferrara, Modena, Reggio; Isabella d'Este ist seine Schwester.
1508: Mit dem Tod Guidobaldos da Montefeltro erlischt in Urbino die Dynastie der Montefeltro; sein Nachfolger wird Francesco Maria della Rovere, der 1515 Eleonora Gonzaga heiratet.
1519: Federico II. Gonzaga, Sohn der Isabella d'Este, wird Herzog in Mantua.
1534: Nach dem Tod Alfonsos I. d'Este wird sein Sohn Ercole II. Herzog von Ferrara, Modena, Reggio; der Hof in Ferrara wird zum Zufluchtsort religiös Verfolgter aus Mitteleuropa.
1598: Nach dem Tod Alfonsos II. d'Este zieht Papst Clemens VIII. Ferrara 1598 als Lehen ein und gliedert es dem Kirchenstaat ein.

In Mantua fördert Isabella d'Este Kunst und Kultur. Ihr Briefwechsel mit verschiedenen Malern ist ein außergewöhnliches Zeugnis einer Beziehung zwischen Auftraggebern und Künstlern. Das Studiolo der Marchesa beherbergt einen Gemäldezyklus (heute im Louvre) von Mantegna, Perugino, Lorenzo Costa und Correggio. Wie ihr Bruder Alfonso d'Este, Herzog von Ferrara, ist auch Isabella Auftraggeberin Tizians, der sie und ihren Sohn Federico II. porträtiert. 1524 kommt Giulio Romano nach Mantua: Sein Palazzo del Tè (1527–34) zeigt eine Reihe architektonischer und dekorativer Neuerungen. Der wichtigste Meister in Ferrara ist Dosso Dossi. Die Anwesenheit Ludovico Ariostos begünstigt das kulturelle Klima in der Stadt. Dossi wirkt bei der Ausschmückung des 1598 zerstörten *Camerino* des Alfonso d'Este mit, für das Tizian die wunderbaren *Bacchanalien* schafft. In Urbino löst 1508 das Geschlecht der della Rovere die Montefeltro ab. Der Hof gilt als erhabenes Vorbild für Eleganz und Geschmack. Tizian malt einige seiner Hauptwerke für die della Rovere und die Herstellung der in ganz Italien berühmten *Majolika* erreicht ihren Höhepunkt. Gegen Ende des Jahrhunderts schafft hier Federico Barocci seine Werke, die die Malerei des folgenden Jahrhunderts entscheidend beeinflussen.

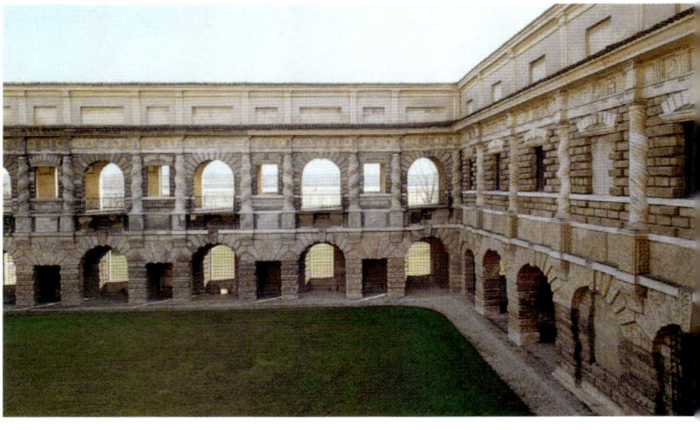

► Giulio Romano, Reithof des Palazzo Ducale, um 1538/39, Mantua.

Isabella, eine schillernde Persönlichkeit der Renaissance, eine überaus feinsinnige Auftraggeberin und die Begründerinder Sammlungen der Gonzaga, war die Schwester des Herzogs von Ferrara, Alfonso d'Este, und der Herzogin von Mailand, Beatrice d'Este, der Ehefrau von Ludovico il Moro.

Mit anmutiger Bescheidenheit schrieb Isabella d'Este über das Porträt: »Unser Bildnis aus Tizians Hand gefällt uns in einer Weise, dass wir fürchten, in jenem Alter, welches es darstellt, nicht von jener Schönheit gewesen zu sein, die es enthält.«

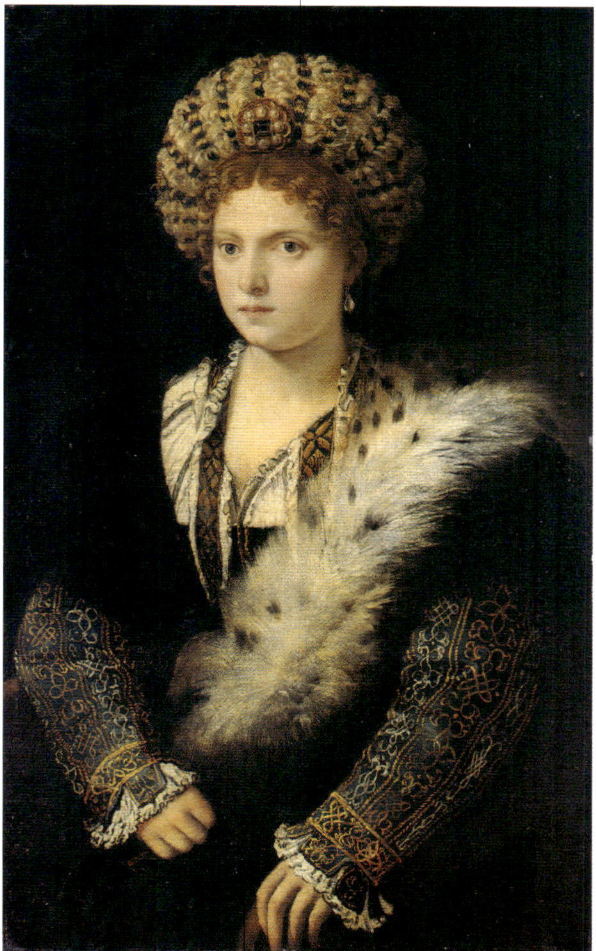

▲ Tizian, *Isabella d'Este, Herzogin von Mantua*, 1536, Wien, Kunsthistorisches Museum.

Zur Entstehungszeit ist die Marchesa über 50 Jahre alt; sie lässt Tizian ein Porträt zukommen, das drei Jahrzehnte früher entstanden ist, mit der Bitte, es als Vorlage zu benutzen.

Auch Alfonso d'Este lässt seinen Raum nach einem ausgefeilten ikonographischen Programm gestalten, doch anders als seine Schwester, die verschiedene Themen der Kunst und der Liebe bevorzugt, wählt er ein einziges mythologisches Thema: den Gott Bacchus.

In diesem Gemälde, dem dritten und letzten im Zyklus Tizians, wird die Ankunft des Bacchus auf der Insel Andros mit einem Fest des Weins und der Liebe gefeiert.

Tizian arbeitet bis 1529 am Zyklus; zuletzt passt er Giovanni Bellinis Götterfest *seinen Werken an.*

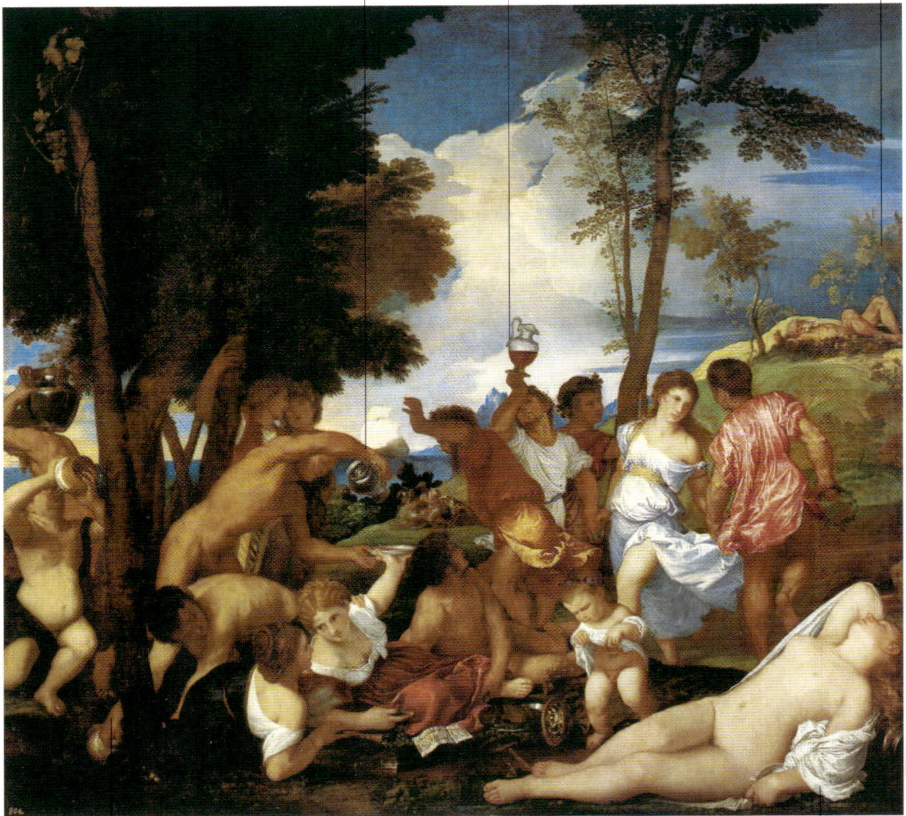

Tizians Bacchanalien-Zyklus, *Höhepunkt seiner mythologischen Malerei, bildete den Kern des 1598 zerstörten Privatraums, dessen Wände mit Alabaster verkleidet und dessen Decke vergoldet war.*

Die funkelnden Farben, die freudige, aber nicht vulgäre Sinnlichkeit und das warme Licht machen das Gemälde zu einem der Höhepunkte profaner Malerei aller Zeiten.

▲ Tizian,
Bacchanal oder Die Andrier, 1523/24,
Madrid, Museo del Prado.

Die leuchtenden Farben und Stimmungen der venezianischen Kunst verbinden sich mit den phantasievollen und allegorischen Themen der Schule von Ferrara.

Lange Zeit sah man in dieser Figur die böse Zauberin Circe aus der Odyssee. *Heute jedoch wird sie mit der wohlwollenden Zauberin Melissa identifiziert, die von Ariost im* Orlando Furioso *besungen wird.*

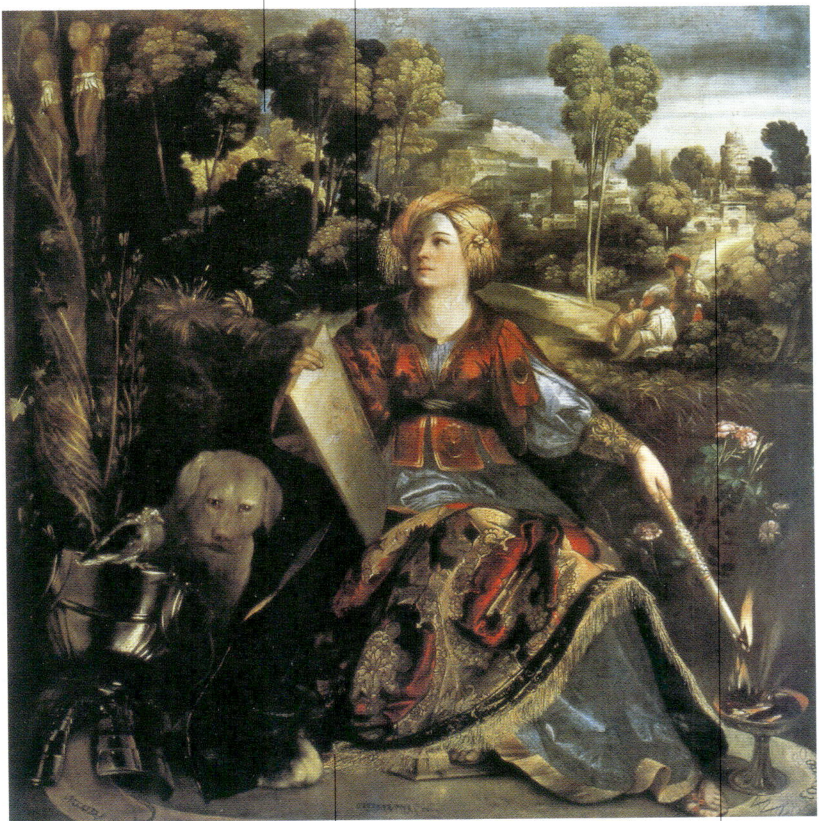

Dosso Dossi gibt ein überzeugendes Beispiel seiner Vielseitigkeit und seiner brillanten Farbgebung, indem er die leuchtende Rüstung und das reiche Brokatgewand nebeneinander stellt.

Die Landschaft steht noch ganz unter dem Einfluss Giorgiones, bei dem Dosso Dossi eine entscheidende Phase seiner Ausbildung erhielt.

▲ Dosso Dossi,
Melissa (oder Circe), 1522–24,
Rom, Galleria Borghese.

Im Gegensatz zur Venus *in Dresden, die von Giorgione begonnen und von Tizian vollendet wurde, schläft das Mädchen nicht, sondern richtet ihren Blick fest auf den Betrachter.*

Die Mägde im Hintergrund, die in einer Truhe stöbern, sind ein realistisches Detail aus der Alltagswelt.

Die Geste der linken Hand ist zweideutig. Es bleibt dem Betrachter überlassen, ob es sich um eine Pose artiger Sittsamkeit oder im Gegenteil um eine offen erotische Berührung handelt.

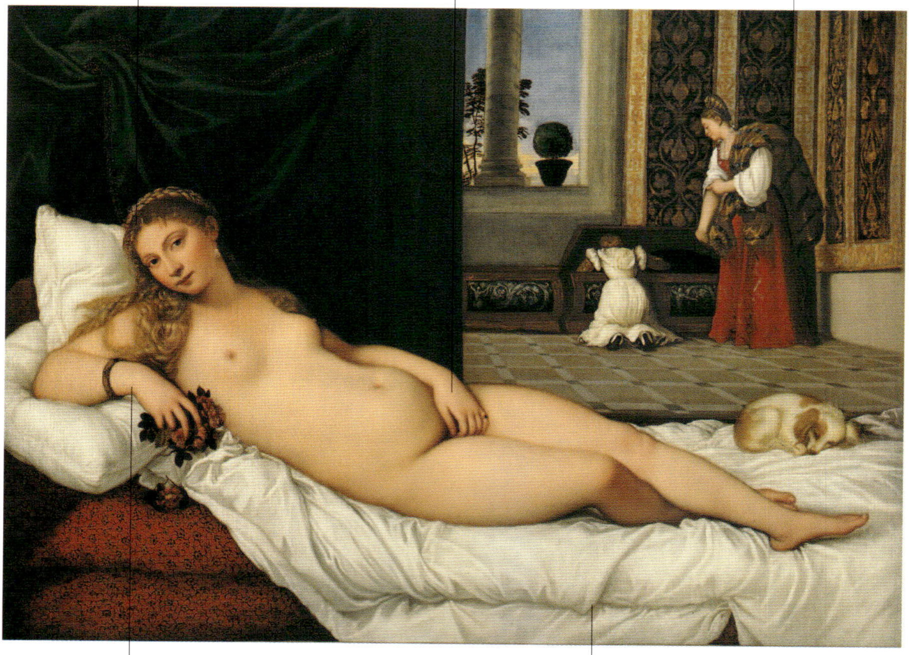

»... eine jugendliche Venus mit Blumen und einigen sehr zarten und wohl ausgeführten Tüchern ...«: Vasari bewundert mehr die kunstvolle Ausführung der Stoffe als die weibliche Gestalt. Vermutlich handelt es sich um das Aktbildnis einer Kurtisane, das erst nachträglich Venus betitelt wurde.

Das Gemälde wurde 1536 von Guidobaldo della Rovere, dem Herzog von Urbino, in Auftrag gegeben (oder von ihm 1538 erworben), und fand außerordentlich viel Beifall, was zahllose Kopien bezeugen.

▲ Tizian,
Venus von Urbino, 1538,
Florenz, Uffizien.

Die zarten wie mit Pastellfarben ausgeführten Inkarnate, sind charakteristisch für Baroccis Gemälde.

Die Pose ist augenfällig Tizians Porträt Philipp II. in Rüstung *nachempfunden. Francesco Maria II. della Rovere wollte dem spaniscen König, der in der Seeschlacht von Lepanto tapfer gekämpft hatte, in allem nacheifern und erhielt für seine Treue zu Spanien den Beinamen »Seele von Spanien«.*

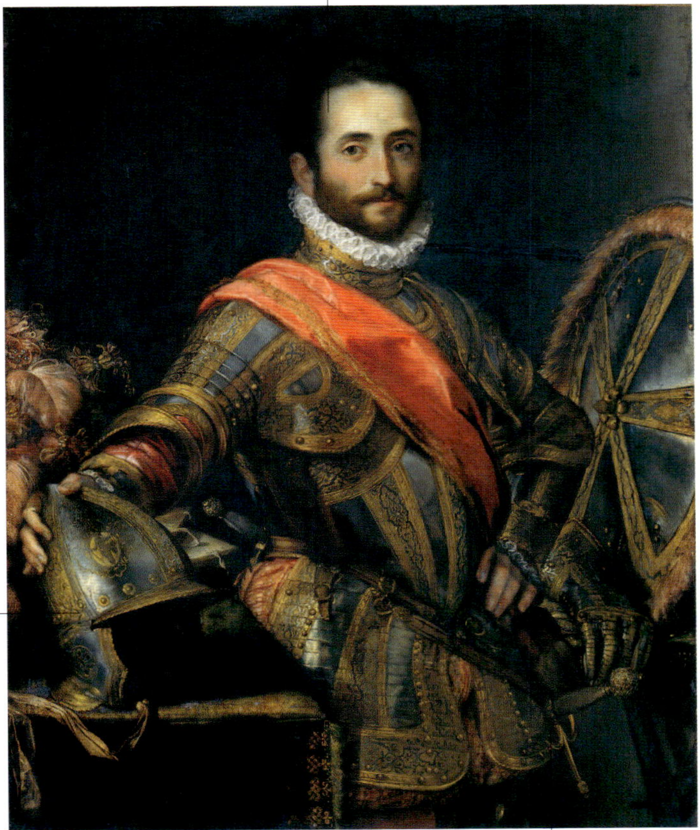

Barocci, der letzte große Maler aus Urbino, hat Tizians Bildnisse von den della Rovere vor Augen, verleiht dem Porträt aber einen schwer zu fassenden Ausdruck von Melancholie: Das Bild spiegelt in gewisser Weise den allmählichen Niedergang der kleinen italienischen Signorien.

▲ Federico Barocci,
Francesco Maria II. della Rovere, 1572,
Florenz, Uffizien.

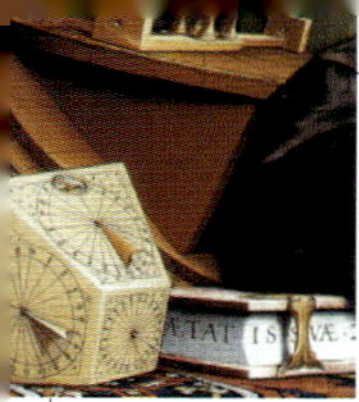

Genua, »la Superba«, ist ein Sonderfall in der politischen Landschaft Italiens: ein unabhängiger Staat, fast ohne Hinterland, militärisch nicht sehr mächtig, aber finanziell eine Großmacht.

Genua

1512: Vertreibung der Franzosen aus der Stadt
1521–28: Wechselnde Bündnisse mit Frankreich und Spanien
1528: Der Doge Andrea Doria reformiert die Verfassung und stellt die Stadt unter kaiserlichen Schutz.
1559: Friede von Cateau-Cambrésis zwischen Frankreich und Spanien; Genua erhält Korsika zurück.
1560: Tod Andrea Dorias
1596: Genuas Bankiers protestieren gegen die wiederholten Staatsbankrotte Philipps II.

Im ersten Viertel des 16. Jh. nimmt Genua an der Seite Frankreichs an den Kriegen um die Vorherrschaft über das nördliche Italien teil. Im gesamten Westen und in Genua bleibt der provenzalische Einfluss der Brüder Brea vorherrschend, daneben verbreiten sich auch lombardische und leonardeske Einflüsse. Mit der Ankunft von Meistern wie Gérard David (1506) und Joos van Cleve setzt sich die historische Verbindung zwischen Genua und Flandern fort. Der Stil der Altarbilder ändert sich langsam, als das monumentale Altarbild Giulio Romanos mit dem Martyrium des heiligen Stephanus (1520) in Santo Stefano in Genua angebracht wird, ein Gemälde, das sich an Raffaels Spätstil orientiert. 1528 übernimmt Andrea Doria die Macht, reformiert die politische Ordnung und erneuert die diplomatischen und finanziellen Vereinbarungen mit Spanien. Die genuesischen Bankiers werden Hauptgeldgeber Karls V. Andrea Doria verleiht Genua, dem neuen politischen und administrativen Kurs entsprechend, ein »modernes« Stadtbild. Schwerpunkt der künstlerischen Unternehmungen ist der Palazzo del Principe, deren Austattung Perino del Vaga leitet. Er findet zu ähnlichen, an der Antike orientierten Audrucksformen wie Giulio Romano im Palazzo del Tè in Mantua. Ab der Mitte des 16. Jh. spiegelt sich Genuas außerordentlicher wirtschaftlicher Erfolg in den herrschaftlichen von Galeazzo Alessi entworfenen Residenzen, die sich entlang der spektakulären Strada Nuova reihen. Mit diesen Palästen, privilegierte Wohnorte der Aristokratie Genuas, beginnt eine Zeit großer profaner Dekorationen. Gleichzeitig nimmt mit Luca Cambiaso eine eigenständige Malschule Gestalt an.

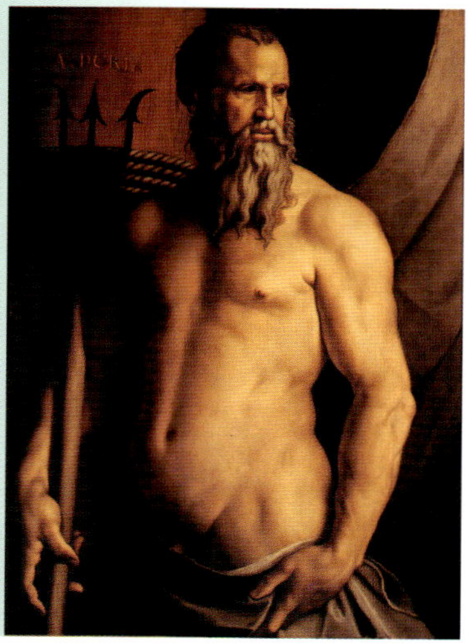

◄ Agnolo Bronzino,
Andrea Doria als Neptun, um 1540,
Mailand, Pinacoteca di Brera.

Der Bildaufbau lässt sich mit dem themengleichen Gemälde von Giulio Romano in Mantua (s. S. 52/53) vergleichen: Perino und Giulio gehörten in ihrer Jugend zu den herausragendsten Schülern Raffaels.

Der Auftrag von Andrea Doria fällt in die Zeit, als sich der Manierismus durch die Zerstreuung der Künstler aus Rom nach dem Sacco di Roma *(1527) über ganz Europa zu verbreiten beginnt. Die Körper der besiegten Giganten sind eine Ansammlung typisch manieristischer Posen.*

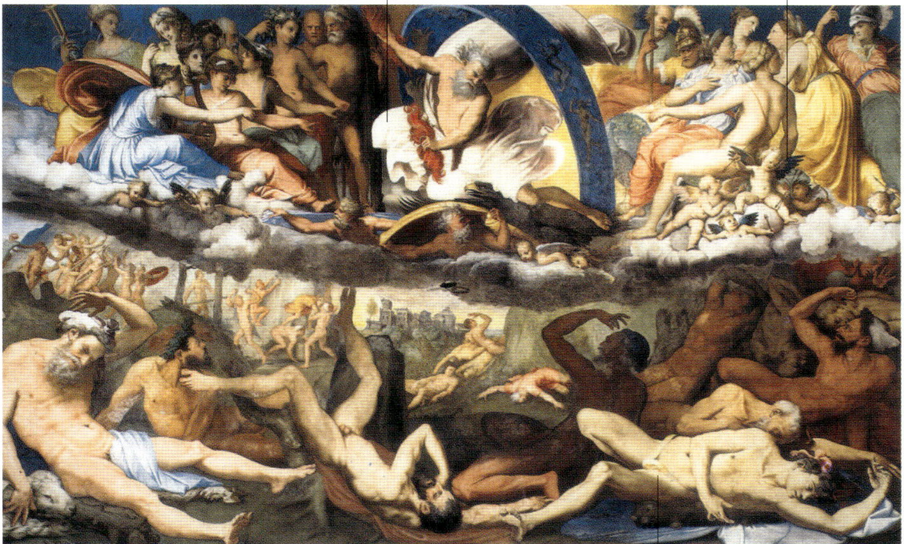

Nach Giorgio Vasari stellt del Vaga jene Szene dar »als Zeus die Giganten mit Blitzen tötete, und es gibt dort viele Nackte, übernatürlich groß und sehr schön. Und genauso im Himmel alle Götter, die wegen der erschreckenden und furchtbaren Donner die lebendigsten und seltsamsten Bewegungen machen.«

▲ Perino del Vaga,
Sturz der Giganten, 1530,
Genua, Palazzo del Principe.

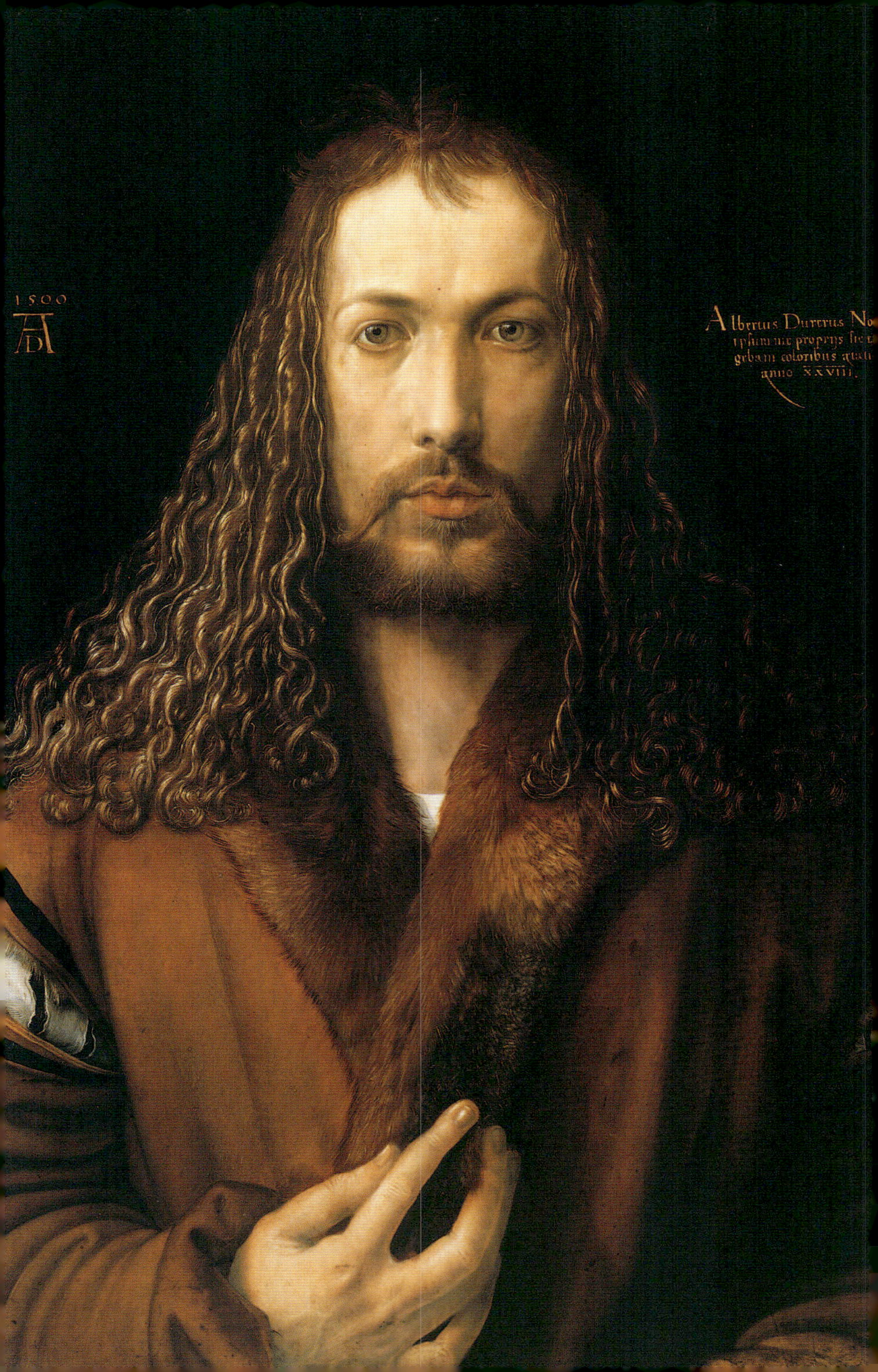

1500
Albertus Durerus
ipsum me proprys sic
gebam coloribus
anno XXVIII.

Die bedeutendsten Künstler

Pieter Aertsen
Albrecht Altdorfer
Andrea del Sarto
Giuseppe Arcimboldo
Hans Baldung Grien
Federico Barocci
Jacopo Bassano
Alonso Berruguete
Hieronymus Bosch
Agnolo Bronzino
Pieter Bruegel der Ältere
Hans Burgkmair
Antoine Caron
Annibale Carracci
Benvenuto Cellini
Jean und François Clouet
Correggio
Jean Cousin der Ältere
Lucas Cranach der Ältere
Luis de Morales
Adriaen de Vries
Dosso Dossi
Albrecht Dürer
Gaudenzio Ferrari
Frans Floris
Fra Bartolomeo
Giambologna
Giorgione
Giulio Romano
El Greco
Matthias Grünewald
Joseph Heintz
Nicholas Hilliard
Hans Holbein der Jüngere
Lorenzo Lotto
Lucas van Leyden
Mabuse
Quentin Massys
Michelangelo
Anthonis Mor
Parmigianino
Joachim Patinir
Germain Pilon
Pontormo
Francesco Primaticcio
Raffaello
Ligier Richier
Tilman Riemenschneider
Rosso Fiorentino
Jacopo Sansovino
Giovan Gerolamo Savoldo
Sebastiano del Piombo
Bartholomäus Spranger
Tintoretto
Tizian
Joos van Cleve
Maerten van Heemskerk
Jan van Scorel
Paolo Veronese
Peter und Hermann Vischer

◄ Albrecht Dürer,
Selbstbildnis im Pelzrock, 1500,
München, Alte Pinakothek.

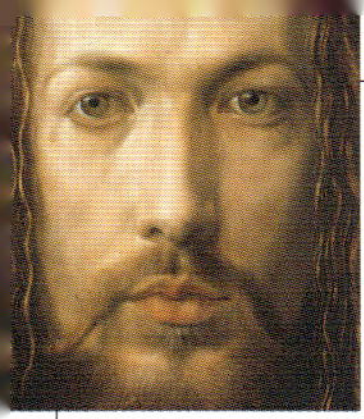

Aertsen vollzieht mit Originalität den Stilwandel der zweiten Jahrhunderthälfte: Seine realistischen Bilder sind bei internationalen Sammlern gefragt und finden in ganz Europa Verbreitung.

Pieter Aertsen

Niederländischer Maler
* um 1507 Amsterdam
† 1575 ebd.

Wirkungsstätte
Antwerpen

Werke
Christus im Haus von Marta und Maria (mehrere Ausführungen); Küchen- und Marktszenen

Verbindungen
mit Meistern aus Antwerpen, darunter Pieter Bruegel. Seine Werke finden Verbreitung in Italien und beeinflussen insbesondere die Schule von Genua.

Pieter Aertsen wurde in Amsterdam geboren und ist dort auch gestorben, hat aber einen großen Teil seines Lebens in Antwerpen verbracht. Dort ist er ab 1535 tätig und bildet eine interessante Schule, aus der sein Neffe und Nachfolger Joachim Beuckelaer hervorgeht. Im Unterschied zu den meisten Malern der Antwerpener Spätrenaissance passt er sich nicht dem verbreiteten italianisierenden Geschmack an, sondern führt volkstümliche Themen in die Malerei ein. Mit seinen realistischen Bildern wird er zum unmittelbaren Vorläufer von Pieter Bruegel und zum Pionier der neuen Gattung des Stilllebens: Innovativ setzt er Handlungen in den Bildhintergrund und üppige Märkte oder gut ausgestattete Küchen in den Vordergrund. Personen und Themen der Bibel dienen als Vorwand und werden nur erzählt, um realistische Alltagsszenen darzustellen, ähnlich wie im folgenden Jahrhundert in den *Bodegones* des jungen Velázquez oder in den ersten Werken Vermeers. Märkte und Küchen werden bei Aertsen schließlich zu einem eigenständigen Thema. Damit begründet er die Gattung der Genre-Malerei, die sich im Laufe des Jahrhunderts durchsetzt und in die Sammlungen ganz Europas vordrängt. Um 1560 kehrt Aertsen nach Amsterdam zurück und prägt mit seinem Realismus die örtliche Schule. Viele seiner Altarbilder werden während des Bildersturms zerstört.

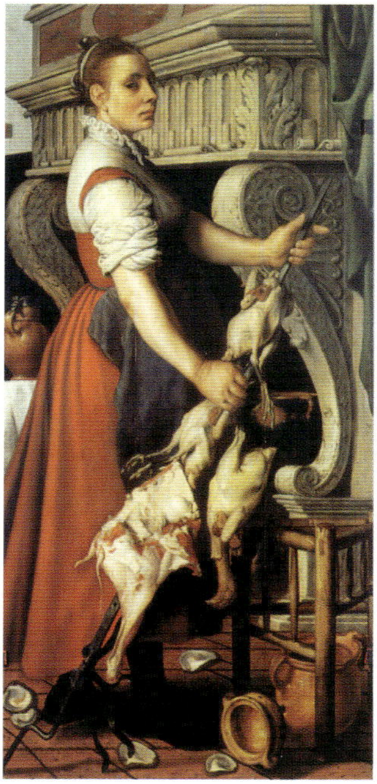

► Pieter Aertsen, *Die Köchin*, 1550, Genua, Galleria di Palazzo Bianco.

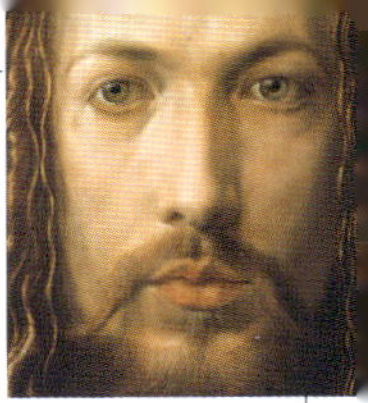

Altdorfer ist der bedeutendste Maler der Donauschule, eines Malstils, der zu Beginn des Jahrhunderts im Donauraum aufkam und ein neues Naturgefühl zum Ausdruck brachte.

Albrecht Altdorfer

Albrecht Altdorfer war in der Lehre bei seinem Vater Ulrich, von dem er die Vorliebe für kleinste Details übernahm. Vermutlich unternahm er eine Reise nach Norditalien bevor er sich in Regensburg niederließ. Sein Stil geht später von der Detailgenauigkeit über zu einer Neigung zur Monumentalität. Charakteristisch ist seine Aufmerksamkeit für die Wiedergabe der Natur, die ihn dahin führt, dass er Landschaften malt, auf denen keine Figuren mehr dargestellt sind. 1513 wird Altdorfer von Kaiser Maximilian nach Innsbruck gerufen und erhält mehrere Aufträge des Hofes. Im Lauf der 1520er Jahre, in der schwierigen Zeit der beginnenden Reformation, ist er vor allem als Architekt öffentlicher Bauten beschäftigt. In den Bildern dieser Zeit ist eine besondere Aufmerksamkeit für perspektivische und architektonische Zusammenhänge zu bemerken. Altdorfer erlangt beträchtlichen Wohlstand, erwirbt gesellschaftliches Ansehen und betätigt sich auch in der Politik. Er wird Mitglied des Rats und erhält als Stadtbaumeister den Auftrag zur Befestigung der Stadt Regensburg. 1528 soll er Bürgermeister werden, verzichtet aber auf das Amt, weil er für Herzog Wilhelm IV. von Bayern an der *Schlacht bei Issus (Alexanderschlacht)* arbeitet. In den folgenden Jahren malt er nur noch wenige Bilder, was wohl mit den Unruhen in Folge der Reformation zusammenhängt.

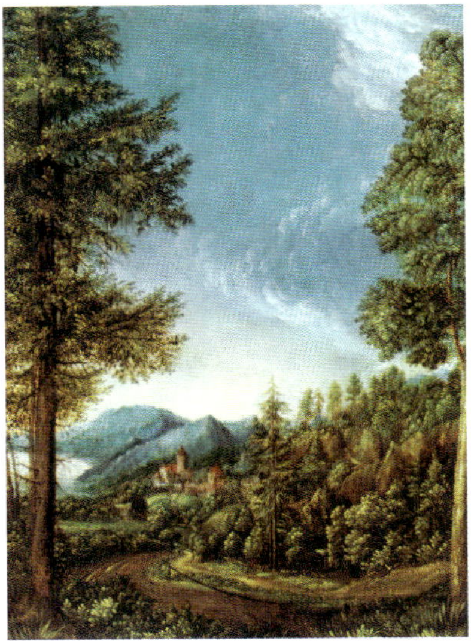

Deutscher Maler, Graphiker und Baumeister

Hauptmeister der Donauschule

* um 1480 Regensburg oder Altdorf
† 1538 Regensburg

Wirkungsstätte
Regensburg

Reisen
Reisen und Aufenthalte in Süddeutschland und Tirol; möglich ist auch eine Reise in die Lombardei.

Werke
Tafeln mit der Passion Christi, 1509–16, Stift St. Florian bei Linz; *Drachenkampf des hl. Georg*, 1510, München, Alte Pinakothek; *Die Schlacht bei Issus (Alexanderschlacht)*, 1529, München, Alte Pinakothek

Verbindungen
In Innsbruck Kontakte mit Dürer und Burgkmair; möglicherweise mit italienischen Meistern, darunter Leonardo

◄ Albrecht Altdorfer, *Donaulandschaft mit Schloss Wörth bei Regensburg*, um 1520, München, Alte Pinakothek.

Altdorfer hat verschiedene Aufträge als Architekt ausgeführt; seine Vielseitigkeit zeigt sich in der komplexen, originellen Architektur der Kirche, in die die Geburt Marias verlegt ist.

Ein Reigen von kleinen Engeln betont die räumliche Tiefe und die Perspektive des Bildes.

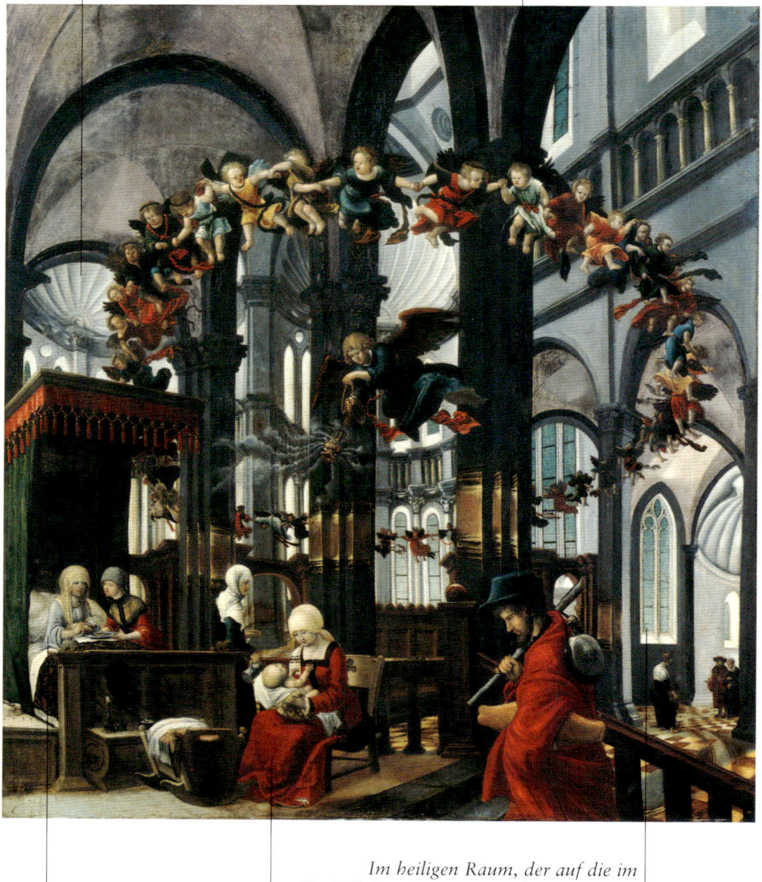

Im Mittelgrund ist die hl. Anna im Bett nach der Geburt von Maria dargestellt.

Im heiligen Raum, der auf die im Katholizismus betonte Analogie zwischen Maria und der Kirche verweist, stehen architektonische Elemente der Romanik (der Umgang, die Emporen mit den Säulchen), der Gotik (Spitzbogenfenster) und der Renaissance (Tonnengewölbe, muschelförmige Nischen) nebeneinander.

▲ Albrecht Altdorfer, *Geburt Marias*, um 1520, München, Alte Pinakothek.

Das Neugeborene, die Tochter Maria, liegt im Arm der Hebamme; im Vordergrund betritt Joachim, der Vater von Maria, die Szene.

Für den Zyklus der »Historien« wird Altdorfer das Thema der Entscheidungsschlacht zwischen dem Makedonier Alexander d. Gr. und dem König der Perser Darius (333 v. Chr.) anvertraut.

Herzog Wilhelm IV. von Bayern und seine Gattin Jacobaea von Baden haben mehrere Maler mit der Ausführung von zwei Bildserien beauftragt, auf denen berühmte Helden und berühmte Frauen dargestellt werden sollten. Die Bildthemen hat möglicherweise der Humanist und Hofgeschichtsschreiber Johannes Aventinus vorgegeben.

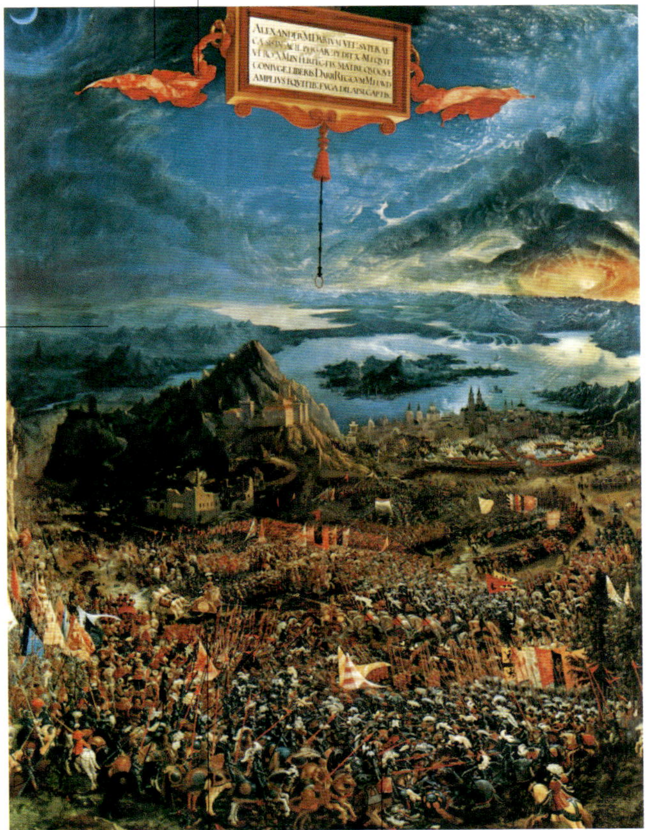

Die Landschaft, eine der faszinierendsten der gesamten Kunstgeschichte, wurde wohl unter Verwendung von kartographischem Material konzipiert, aber vielleicht auch von der Gegend um Salzburg; eindrucksvoll ist die Darstellung des Sonnenuntergangs hinter einer Bergkette, während links oben schon die Mondsichel am Himmel leuchtet.

Überraschend ist die Ordnung auf dem zunächst unüberschaubar erscheinenden Schlachtfeld: Aufmarsch, Truppenbewegungen und Heerlager sind deutlich unterscheidbar; Alexander d. Gr., in goldener Rüstung, nimmt die Verfolgung des auf einem Dreigespann davoneilenden Darius auf.

Das Werk entstand in einer Zeit grausamer Schlachten in Europa; der Sieg des »Griechen« Alexander über den »Orientalen« Darius konnte auch als Anspielung auf die aktuellen Türkenkriege gesehen werden.

▲ Albrecht Altdorfer,
Die Schlacht bei Issus (»Alexanderschlacht«), 1529,
München, Alte Pinakothek.

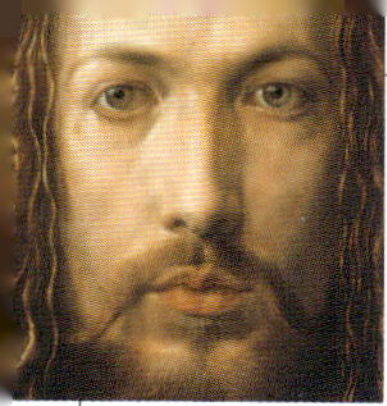

Andrea del Sarto ist einer der bedeutendsten Maler der Florentiner Schule. Er greift den »modernen« Geist auf, noch ohne die Übertreibungen der ersten Manieristen, die seine Schüler waren.

Andrea del Sarto

Andrea d'Agnolo
Italienischer Maler
Florentinische Schule
* 1486 Florenz
† 1531 ebd.

Wirkungsstätte
Florenz

Reisen
Als Jugendlicher zwei Reisen nach Rom, eine Reise nach Venedig. Ein Jahr (1518/19) Aufenthalt am Hof des französischen Königs Franz I.

Werke
Fresken in Florenz: Chiostro dello Scalzo, 1515; mehrere Werke in Santissima Annunziata; *Cenacolo di San Salvi*, 1529

Verbindungen
Bezugspunkt für Generationen von Florentiner Künstlern; Schüler von Piero di Cosimo, beeinflusst von Leonardo da Vinci und Fra Bartolomeo; Lehrer von Pontormo und Rosso Fiorentino

Andrea d'Agnolo wurde von Giorgio Vasari als »Maler ohne Fehler« gelobt, was angesichts der Vielfalt der Themen und der formalen Fähigkeiten des Florentiner Meisters wohl noch zu wenig ist. Der Sohn eines Schneiders (daher sein Beiname »del Sarto«), der seine Ausbildung bei Piero di Cosimo erhält, erweist sich früh als geschickter Kopist, der sich die Technik der großen Maler aneignet. 1508 eröffnet er eine eigene Werkstatt. Der gleichzeitige Weggang von Michelangelo, Leonardo und Raffael aus Florenz ist für den erst 22 Jahre alte Andrea eine Chance. 1509 erhält er seinen ersten bedeutenden Auftrag, den Freskenzyklus für das Atrium (Chiostro dei Voti) der Servitenkirche Santissima Annunziata. Nach einer Reise nach Rom, wo er Raffael kennen lernt und die Werke Michelangelos und Sansovinos studiert, beginnt Andrea die Ausstattung des Kreuzgangs (Chiostro dello Scalzo) in Santissima Annunziata. Die ursprünglich monochromen Fresken sind für die Entwicklung der Zeichnung im frühen 16. Jh. in Florenz von grundlegender Bedeutung. Sein vornehmer, exakter und ausgeglichener Stil beeinflusst eine ganze Generation aufstrebender Künstler, zu denen auch Pontormo und Rosso Fiorentino gehören. In den 1520er Jahren wird sein Stil immer andächtiger, zugleich erprobt er die Ausdruckskraft der Farbe. Sein Meisterwerk ist das *Abendmahl* für das Kloster San Salvi bei Florenz *(Cenacolo di San Salvi)*.

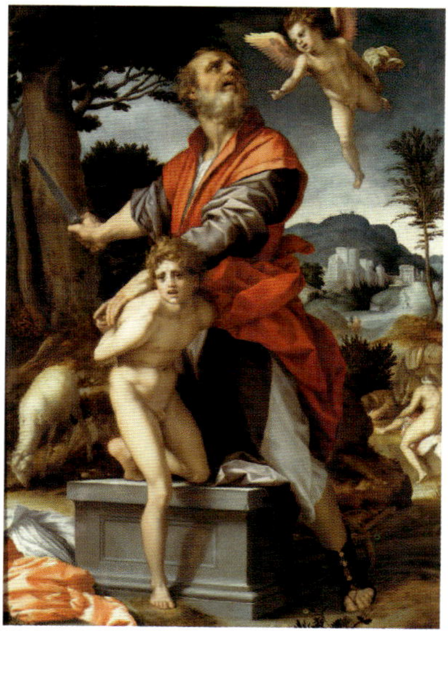

► Andrea del Sarto, *Opferung Isaaks*, um 1529, Madrid, Museo del Prado.

Der Bildaufbau greift das traditionelle Dreieck-Schema der Sacra Conversazione *des 15. Jh. auf.*

Die kraftvolle Pose und die muskulöse Erscheinung des hl. Johannes den Evangelisten sind von den Werken Michelangelos beeinflusst.

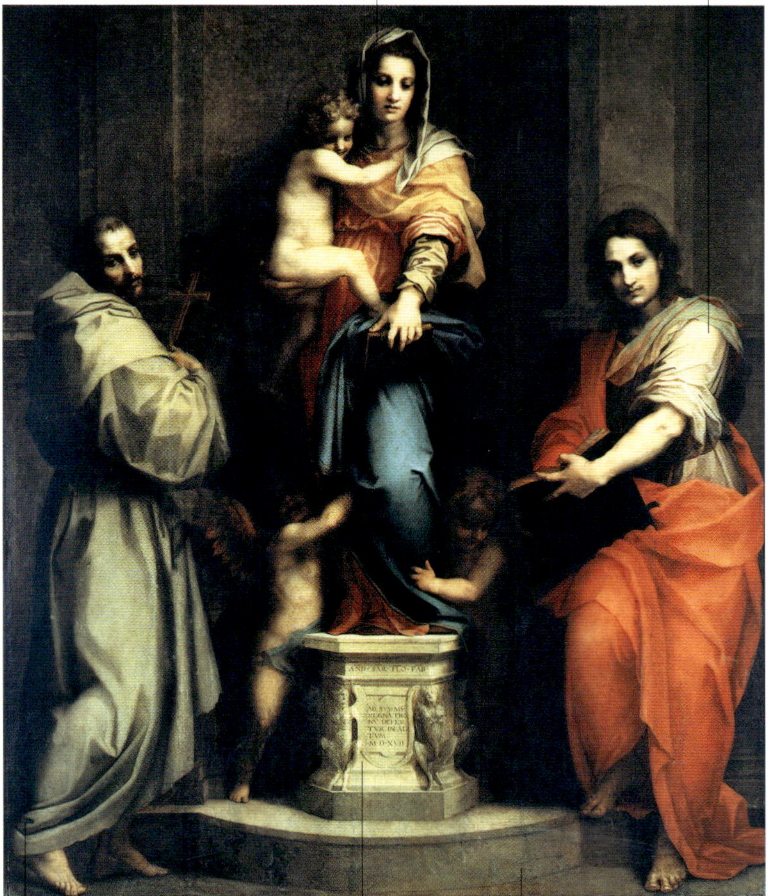

Die Figuren nehmen lebhafte Posen ein, aber ohne exaltierte Körperdrehungen. Die Modellierung durch weiche Übergänge im Sfumato *erinnert an Leonardo.*

Das Bild entstand im Auftrag der Franziskanerinnen von San Francesco dei Medici.

Das Bild ist nach den Figuren benannt, die den Sockel schmücken: Vasari hat sie Harpyien genannt, sie sind aber eher Sphingen, Symbol der Weisheit des Altertums, die den Sockel für den christlichen Glauben bilden.

▲ Andrea del Sarto, *Harpyien-Madonna*, 1517, Florenz, Uffizien.

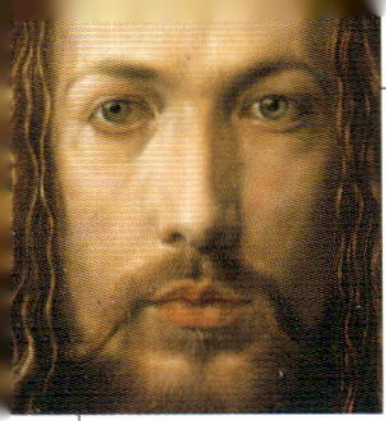

Die »zusammengesetzten Köpfe«, virtuoser Ausdruck des Manierismus und Zeugnis eines außergewöhnlichen Talents, gehören zu den unverwechselbaren Schöpfungen des 16. Jh.

Giuseppe Arcimboldo

auch: Arcimboldi

Italienischer Maler

* 1527 Mailand
† 1593 ebd.

Wirkungsstätten
Mailand, dann Prag (1562–87) und wiederum Mailand

Reisen
Als Berater von Rudolf II. mehrere Reisen zum Erwerb von Kunstwerken und Kuriositäten der Natur

Werke
Zyklus der *Vier Jahreszeiten* (1563) und der *Vier Elemente; Rudolf II. als Vertumnus*, 1591, Stockholm, Skoklosters Slott (s. S. 58)

Verbindungen
in Mailand mit Künstlern des Kreises um Lomazzo und Figino; in Prag mit dem Künstlerkreis um Rudolf II.

Seine Jugendwerke entstehen im Umfeld der wenig spektatkulären lombardischen Schule und lassen nicht ahnen, welch höchst originelle Entwicklung der Künstler nehmen wird. 1562 wird Arcimboldo nach Prag gerufen, wo er seiner Phantasie freien Lauf lässt und allegorische Porträts malt, die sich aus der Zusammenstellung verschiedener Objekte wie Tiere, Früchte, Blumen oder anderer Elemente der Natur ergeben. Arcimboldos Arbeiten, die sowohl als Vorläufer des Surrealismus gesehen, als auch auf eine amüsante aber singuläre Extravaganz reduziert wurden, werden zunehmend als Phänomen einer Zeit gewertet, in der sowohl von Seiten der Raritäten-Sammler als auch von Seiten der Gelehrten eine neues Interesse an der Natur festzustellen ist. Arcimboldo geht im Übrigen von den Gedanken und Zeichnungen Leonardos aus, die in Mailand gut bekannt waren. Für den Hof in Prag entwirft er Kostüme sowie Fest- und Theaterdekorationen. Kaiser Rudolf II. beauftragt ihn mit der Beobachtung des internationalen Marktes für Kunstwerke und mit dem Erwerb von Objekten für seine Kunst- und Wunderkammer und gibt ihm Aufträge zu mehreren thematischen Zyklen mit komplexen Allegorien. 1587 kehrt Arcimboldo nach Mailand zurück, ohne die Verbindung mit dem Kaiser aufzugeben, dem er das berühmte Porträt *Rudolf II. als Gott Vertumnus* schickt. Als Dank zeichnet Rudolf II. den Maler mit der Würde eines Pfalzgrafen aus.

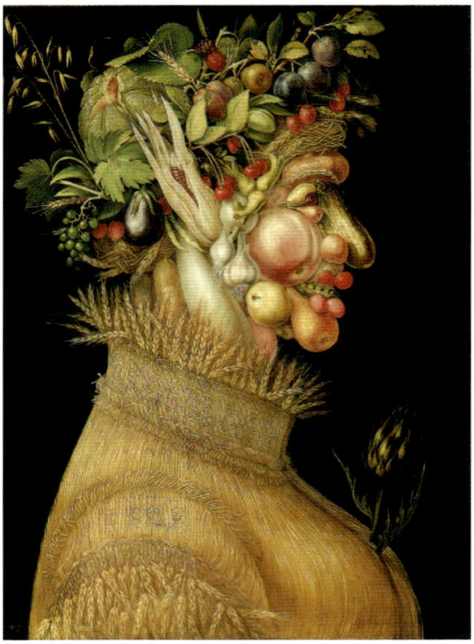

► Giuseppe Arcimboldo, *Der Sommer,* 1563, Wien, Kunsthistorisches Museum.

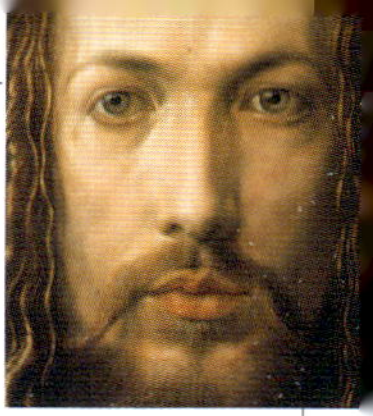

Einige Jahre lang wahrt Baldung Grien die Balance zwischen dem höfischen »gotischen« deutschen Erbe und der mit dem italienischen Humanismus verbundenen Monumentalität.

Hans Baldung Grien

Hans Baldung kommt als Kind nach Straßburg und erhält dort seine Ausbildung. Straßburg bleibt Zeit seines Lebens sein bevorzugter Wohnort. 1503 geht er nach Nürnberg, nimmt Verbindung mit Dürer auf und wird dessen begabtester Schüler und einer seiner engsten Freunde. Während seiner Reise nach Venedig vertraut Dürer ihm seine Werkstatt an. Nach seiner Rückkehr nach Straßburg fertigt Baldung ab 1509 Illustrationen zu Marien-Traktaten an, malt nackte, vom Tod bedrohte Mädchen, die sich im Spiegel betrachten, Märchenritter, die in die Wälder galoppieren, und Christus im Grab. 1510 beginnt er sich Themen zu widmen, die mit der Darstellung des weiblichen Körpers verbunden sind, von monströsen und verführerischen Hexen bis zu allegorischen Figuren. 1512 beginnt er mit der *Marienkrönung* für den Hochaltar des Freiburger Münsters. Vier Jahre, bis zur Aufstellung 1516, lebt er in Freiburg und widmet sich diesem Werk. Im Frühjahr 1517 kehrt er nach Straßburg zurück. Dort hat sich das Klima gewandelt: Es werden Stimmen laut, die nach einer Kirchenreform rufen, und Baldung gehört zu den ersten, die den Aufrufen Luthers Gehör schenken. Die religiösen Themen treten nun in seinem Werk zurück, an ihre Stelle treten Allegorien und moralisierende Themen, außerdem Illustrationen von Büchern und Darstellungen von seinem Lieblingsthema: den Hexen.

Hans Baldung

Deutscher Maler, Zeichner und Kupferstecher

* 1484/85 Schwäbisch Gmünd

† 1545 Straßburg

Wirkungsstätten
Straßburg; Aufenthalte in Nürnberg (1503–09) und Freiburg (1512–16)

Werke
Hochaltar mit *Marienkrönung* im Freiburger Münster

Verbindungen
Mitarbeiter von Dürer in Nürnberg; Verbindung mit Grünewald

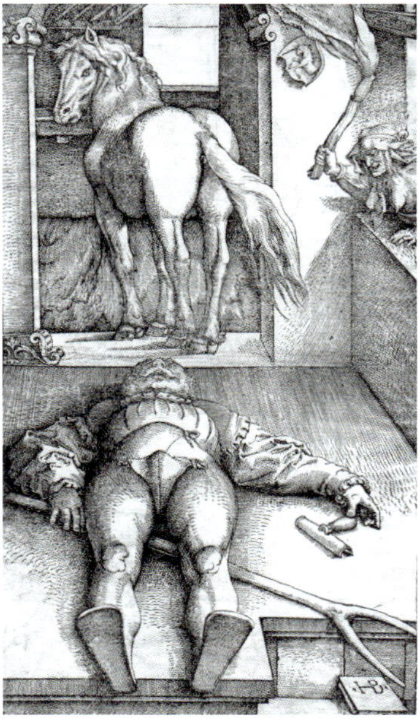

◄ Hans Baldung Grien, *Der verhexte Stallknecht*, um 1540.

Dank eines magischen Lichts, das im Dunkel aufleuchtet, schafft Baldung Grien ein anrührendes Bild der Geburt Christi.

Das Bild entsteht kurz vor der Hinwendung des Malers zu Luther, die ihn dazu führt, die religiösen Themen aufzugeben.

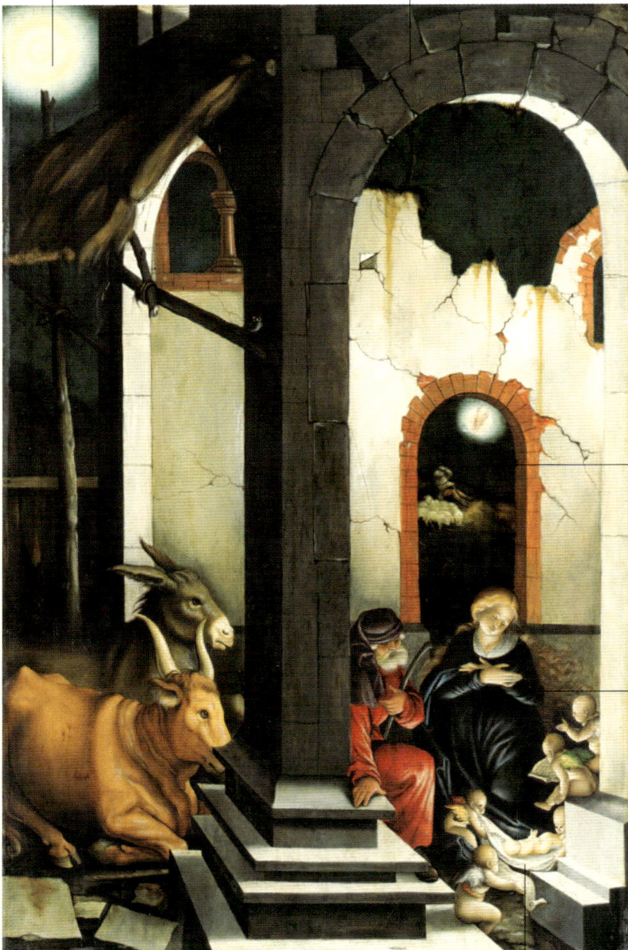

Im Hintergrund ist die Verkündigung an die Hirten zu sehen.

Maria nimmt, die Hände über der Brust verschränkt, eine Gebetshaltung ein, das Gesicht umspielt ein zartes Lächeln.

Alle Blicke, auch die der Tiere und der kleinen Engelfiguren, die Maria behilflich sind, sind auf das Kind gerichtet. Alles ist Schweigen, Schatten, Geheimnis, schwebender Zauber, zärtliche Vertrautheit.

▲ Hans Baldung Grien, *Geburt Christi*, 1520, München, Alte Pinakothek.

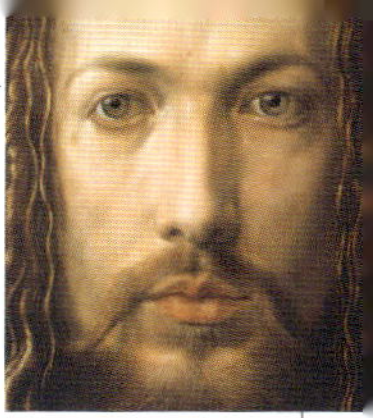

Der Maler aus den Marken bildet ein Bindeglied zwischen den großen Meistern des 16. Jh. und der neuen Kunst des 17. Jh. von den Carracci bis Rubens.

Federico Barocci

Während seiner Lehrzeit wird Federico Barocci geprägt vom künstlerischen Erbe von Urbino, besonders von Raffael. In seinen Jugendwerken sind der Einfluss Correggios und der venezianischen Farbgebung spürbar. Nach einem Aufenthalt in Rom, wo er im Vatikan arbeitet und sich mit der manieristischen Malerei auseinandersetzt, kehrt er 1565 aus gesundheitlichen Gründen nach Urbino zurück. Vom Hof der della Rovere aus übt er entscheidenden Einfluss auf die Malerei der Spätrenaissance aus. Seine Gemälde scheinen einer Kunstauffassung und einer Frömmigkeit zu entsprechen, die sich nach dem Konzil von Trient in religiösen Kreisen weit verbreitet. Die Kompositionen Baroccis sind einfach und direkt, mit Details von bewegender Alltäglichkeit (Kinder, Gegenstände, Einrichtung, Haustiere), die die Malerei der Carracci vorwegnehmen. In den ehrgeizigeren, zwischen den 1560er und 1580er Jahren gemalten Bildern ist eine Suche nach immer weiteren Raumwirkungen spürbar, während in den Altartafeln und Andachtsbildern des Spätwerks wie der *Apostelkommunion* im Dom von Urbino (1599) sich stilistische Merkmale abzeichnen, die die barocke Kunst vorwegnehmen. Ein bemerkenswerter Aspekt des Schaffens von Barocci sind seine Porträts und Pastellzeichnungen. Barocci erfreute sich eines internationalen Rufs: Er stand in Verbindung mit dem Prager Kreis um Rudolf II. und der Herzog von Urbino schickte seine Werke als Geschenke an fürstliche Sammler verschiedener Länder.

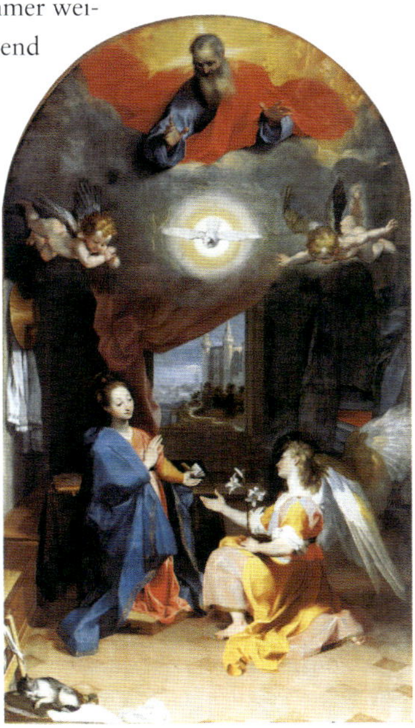

Federico Fiori

Italienischer Maler

* um 1535 Urbino
† 1612 ebd.

Wirkungsstätte
Urbino

Reisen
Wahrscheinlich ist eine Studienreise des Jugendlichen in die Emilia (Bologna, Parma) und nach Venedig. Studienaufenthalt in Rom; mehrere Reisen in den Marken, in Umbrien und in der Emilia

Werke
Grablegung, 1569, Perugia, Dom; *Madonna del Popolo,* 1579, Florenz, Uffizien; *Martyrium des hl. Vitalis,* 1583, Mailand, Pinacoteca di Brera

Verbindungen
Trotz seines abgeschiedenen Lebens hat er direkte und indirekte Kontakte zu den wichtigsten italienischen Malern seiner Zeit.

◄ Federico Barocci, *Verkündigung an Maria,* 1592–96, Perugia, Santa Maria degli Angeli.

Die Haltung Christi nimmt Rubens auf, als er 40 Jahre später das gleiche Thema für die Kathedrale von Antwerpen malt.

Ein Windstoß wirbelt die Gewänder und damit die Umrisslinien auf.

Die Darstellung greift Motive einer fast 50 Jahre zuvor von Rosso Fiorentino in Volterra gemalten Tafel auf, allerdings mit einem Gefühlsausdruck, der sich stark von dessen kühlem Ton unterscheidet.

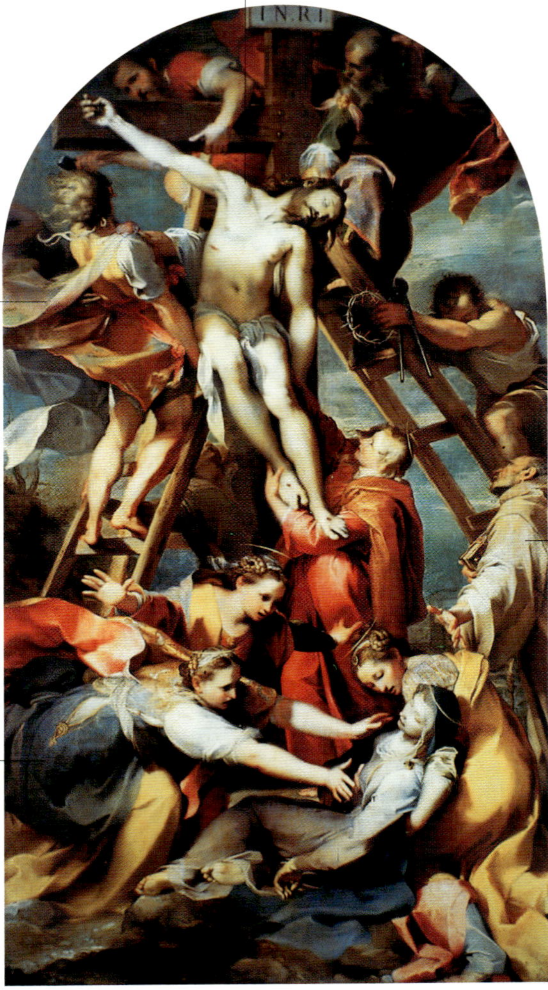

Mit ausdrucksstarker und zugleich sinnlicher Emphase neigen sich die frommen Frauen nach vorne, um die ohnmächtig gewordene Maria aufzufangen.

Barocci ist besonders beliebt bei Orden und Bruderschaften, die eine Erneuerung der katholischen Kirche anstreben; die narrative Klarheit und die Gefühlswelt seiner Werke liegen völlig auf der Linie einer neuen Frömmigkeit, die von einer Verinnerlichung des Glaubens geprägt ist.

▲ Federico Barocci, *Verkündigung an Maria*, 1592–96, Perugia, Santa Maria degli Angeli.

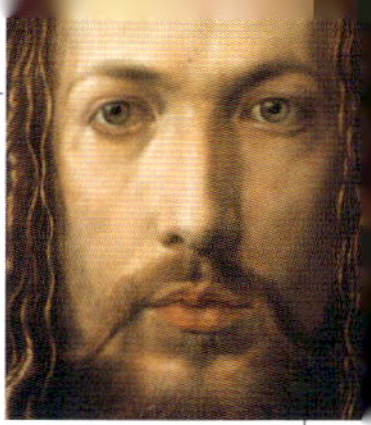

Jacopo Bassano ist auf der Höhe der fortschrittlichsten Entwicklungen und zeigt die Fähigkeit, »provinzielle« Werke von starker Ausdruckskraft zu schaffen.

Jacopo Bassano

Jacopo da Ponte
Italienischer Maler
Venezianische Schule
* um 1510 Bassano del Grappa
† 1592 ebd.

Wirkungsstätte
Bassano del Grappa

Reisen
Aufenthalte in Venedig und weiteren Orten Venetiens

Werke
Kreuzigung, 1562/63, Treviso, Museo Civico; *Der hl. Valentin tauft die hl. Lucilla*, 1575, Bassano, Museo Civico

Verbindungen
mit den wichtigsten venezianischen Malern und mit El Greco

Jacopo ist die Hauptfigur einer großen Künstlerfamilie. Seine Lehrzeit verbringt er in seiner Geburtsstadt bei seinem Vater Francesco il Vecchio. Nach einem Aufenthalt in Venedig löst er sich um 1535 von der väterlichen Tradition. Ohne je die wirkungsvolle einfache Erzählweise der Provinz aufzugeben, verarbeitet er in den folgenden Jahren eine Fülle von Einflüssen: Drucke und Zeichnungen von Künstlern aus dem Norden und der römischen Renaissance prägen ihn genauso wie seine Kontakte zu Salviati, Parmigianino und der Manierismus im Allgemeinen, wobei seine innere Neigung zum alltäglichen Realismus einen beständigen Hintergrund bildet. Obwohl er immer in der Provinz arbeitet, verfügt der Maler über ein figuratives Vokabular, das mit dem Veroneses und Tintorettos vergleichbar ist; die Entwicklung seines Stils ist konstant. Drastische Szenen und Personen stehen neben Studien zu Farbe und Licht, die eine oft magisch-unwirkliche Farbgebung entwickeln. In den 1560er Jahren lehnt Jacopo sich enger Tizian an, wie die feierlichen und dramatischen Altartafeln mit ihren langen und zerfaserten Pinselstrichen – die wie Wegbereiter der Malerei El Grecos wirken – zeigen. In den letzten Jahren schafft er, in Kenntnis der Entwicklung der internationalen Sammlertätigkeit, Genre-Bilder wie den Zyklus der Jahreszeiten, von dem er, unter Mitarbeit seiner vier Söhne, mehrere Repliken geschaffen hat.

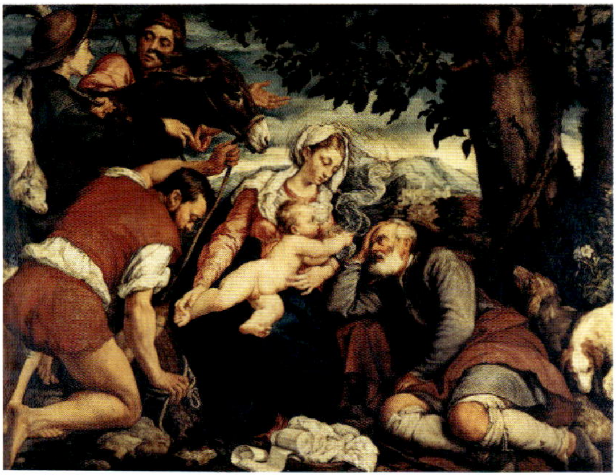

◄ Jacopo Bassano, *Ruhe auf der Flucht nach Ägypten*, 1547, Mailand, Pinacoteca Ambrosiana.

Die diagonale Anordnung der Gebäude erinnert an architektonische Prospekte wie sie in Abhandlungen zur Gestaltung von Theaterbühnen propagiert werden.

Die genau und sorgfältig ausgeführten Details steigern den Realismus des Werks.

Ein charakteristisches Merkmal der gesamten Malerei Bassanos ist die Anwesenheit von einfachen Gestalten aus dem Volk.

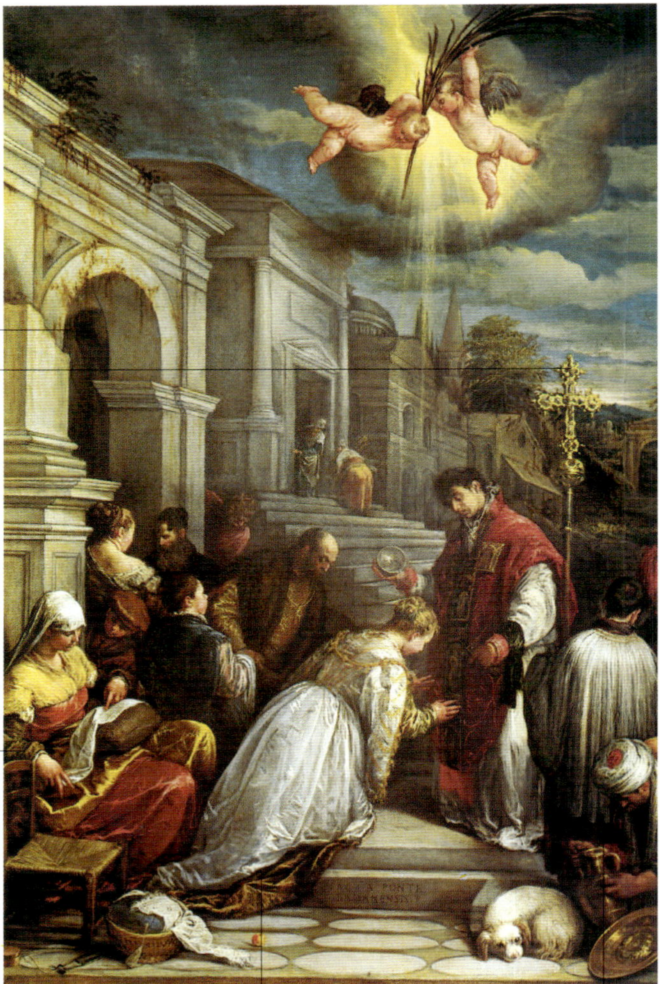

Die durch Licht und Farbe leuchtenden Hauptfiguren entsprechen dem feierlichen Stil der venezianischen Malerei des 16. Jh.

Obwohl der Altar an einem Ort in der Provinz stand, wurde das Bild über die Jahrhunderte hin als »Wunder« der Farbe bestaunt; Giovan Battista Tiepolo schreibt, dass er in dem Gemälde ein weißes Tuch gesehen habe, das schwarz schien.

▲ Jacopo Bassano,
Der hl. Valentin tauft die hl. Lucilla, 1575,
Bassano del Grappa (Vicenza), Museo Civico.

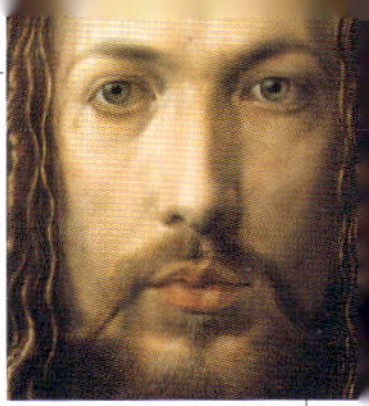

Berruguete ist zwar auch als Maler tätig, vor allem aber ist er ein großer Bildhauer. In Holz und Alabaster verleiht er der spanischen Frömmigkeit in den unruhigen Formen des Manierismus Ausdruck.

Alonso Berruguete

Nach der ersten Ausbildung beim Vater Pedro Berruguete (der am Hof Federicos da Montefeltro in Urbino tätig war und die Renaissancemalerei in Spanien begründete) geht Alonso um 1505, keine 20 Jahre alt, nach Italien. Er verbringt einige Jahre in Rom, ab 1508 ist er in Florenz. Dort erlebt er die epochalen Entwicklungen der Kunst um 1510 und findet Gefallen an gelängten, expressiv aufgeladenen Formen mit oft unnatürlichem Aussehen. In dieser Periode entstehen protomanieristische Bilder wie *Salome mit dem Haupt des Täufers* (in den Uffizien). 1517/18 kehrt Berruguete nach Spanien zurück und wird Hofmaler Karls I. (des künftigen Kaisers Karl V.) in Saragossa. Vier Jahre arbeitet er mit dem Bildhauer Felipe Bigarny zusammen und wechselt allmählich von der Malerei (die er nie ganz aufgibt) zur Bildhauerei über. Ein Freskenzyklus für die Capilla Real von Granada wird geplant, aber nicht ausgeführt. Anschließend lässt Alonso sich in Valladolid nieder, wo er ein Retabel in geschnitztem, bemaltem und vergoldetem Holz für die Kirche San Benito el Real schafft (1527–32), das stark durch bühnenbildnerische Elemente geprägt ist, durch die Vielfalt der Details und der Figuren jedoch ein wenig überladen wirkt. Schließlich übersiedelt er nach Toledo, wo er zahlreiche Schüler um sich sammelt, darunter Bildhauer aus Flandern und Holland. In der Kathedrale führt er das Chorgestühl aus, dann eine Gruppe der Verklärung, die durch expressive Pathetik und eine spektakuläre Wirkung geprägt ist.

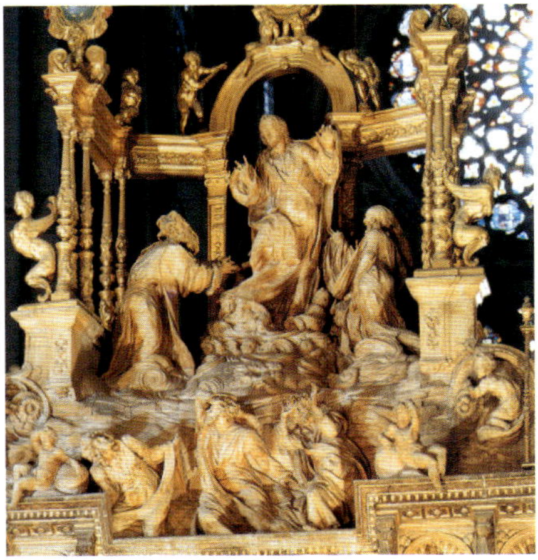

Spanischer Bildhauer und Maler

* um 1488 Paredes da Nava
† 1561 Toledo

Wirkungsstätten
Valladolid, 1523–39, und Toledo, ab 1539

Reisen
Mehrere Reisen in Spanien nach Saragossa, Granada, Oviedo, Ubeda; Aufenthalte in Rom und Florenz

Werke
Anbetung der Könige, 1527–32, Valladolid, Museo Nacional de Escultura; *Verklärung Christi*, 1543–48, Toledo, Kathedrale

Verbindungen
Sohn des Malers Pedro Berruguete; steht in direkter Verbindung mit italienischen Künstlern in Florenz (Leonardo da Vinci, Raffael, Michelangelo); in Spanien arbeitet er mit dem Bildhauer Felipe Bigarny zusammen.

◄ Alonso Berruguete, *Verklärung Christi*, 1543–48, Toledo, Kathedrale.

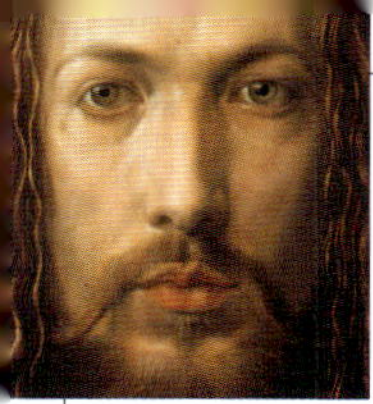

Hieronymus Bosch malt phantastische und surreale Bilder, die häufig Laster, Narrheit oder Triebe des Menschen zum Thema haben, und manchmal Sprichwörter.

Hieronymus Bosch

Iheronimus van Aken
Niederländischer Maler
* um 1450 's-Hertogenbosch
† 1516 ebd.

Wirkungsstätte
's-Hertogenbosch

Reisen
Venedig und Norditalien (1500–03)

Werke
Triptychen *Garten der Lüste* und *Heuwagen*, Madrid, Museo del Prado; Triptychon der *Versuchung des hl. Antonius*, Lissabon, Museo Nacional

Verbindungen
Bosch lebt im Wesentlichen zurückgezogen, ist aber gut informiert über die Entwicklung der flämischen und deutschen Malerei (auch über Stiche). Auf der Italienreise lernt er Werke von Malern wie Leonardo da Vinci und Giovanni Bellini kennen.

Hieronymus Bosch lebt und arbeitet in seiner Geburtsstadt, die ein bedeutendes kulturelles Zentrum der nördlichen Niederlande ist. Er tritt in die Fußstapfen seines Vaters und Großvaters, die beide Maler waren. Im Jahr 1480 – er ist jetzt Freimeister und Inhaber einer Werkstatt mit zahlreichen Mitarbeitern – nimmt er Kontakt mit der Bruderschaft Unserer Lieben Frau auf, deren Mitglied er 1486/87 wird. An der Schwelle zum neuen Jh. entstehen die großen Triptychen *Heuwagen* und *Garten der Lüste* (beide im Prado), deren ursprüngliche Bestimmung nicht bekannt ist. Zwischen 1500 und 1503 reist er vermutlich nach Venedig, wo er bedeutende Bilder hinterlässt. Dank des Kontakts zur italienischen Malerei und zu Dürer bereichert sich sein Stil, wie an den Neuerungen im Bildaufbau, den weiten Landschaften und an den Farbeffekten erkennbar ist. Zeugnisse hierfür sind die *Versuchung des hl. Antonius* (Lissabon) und das Triptychon mit der *Anbetung der Könige (Epiphanie,* im Prado). 1503/04 kehrt Bosch in seine Heimatstadt zurück: Er ist jetzt in ganz Europa berühmt und führt abwechselnd kleinere Arbeiten für die Bruderschaft Unserer Lieben Frau und Aufträge von ausländischen Sammlern aus. Ein Kennzeichen seines Spätstils ist der Verzicht auf weite Landschaften und die Vielzahl kleiner Figuren. Er malt nun mehr religiöse Bilder mit einer gedrängten und monumentalen Bildanlage und Personen in Halbfigur.

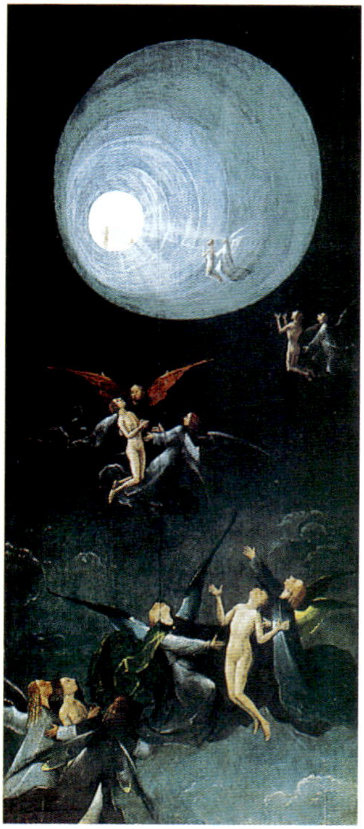

► Hieronymus Bosch, *Aufstieg in das himmlische Paradies,* 1500–03, Venedig, Palazzo Ducale.

Das Bild ist die Mitteltafel eines Triptychons, auf den Seitentafeln sind das irdische Paradies und die Hölle dargestellt.

Die Gestaltung der Felsen im Hintergrund und die geflügelten Geschöpfe am Himmel verweisen auf eine Situation beständiger und außergewöhnlicher Transformation.

Lange Zeit wurde das Bild als Warnung vor der Sünde der Wollust interpretiert. Neuere Deutungen sehen in ihm das utopische Traumbild eines Liebes-Paradieses.

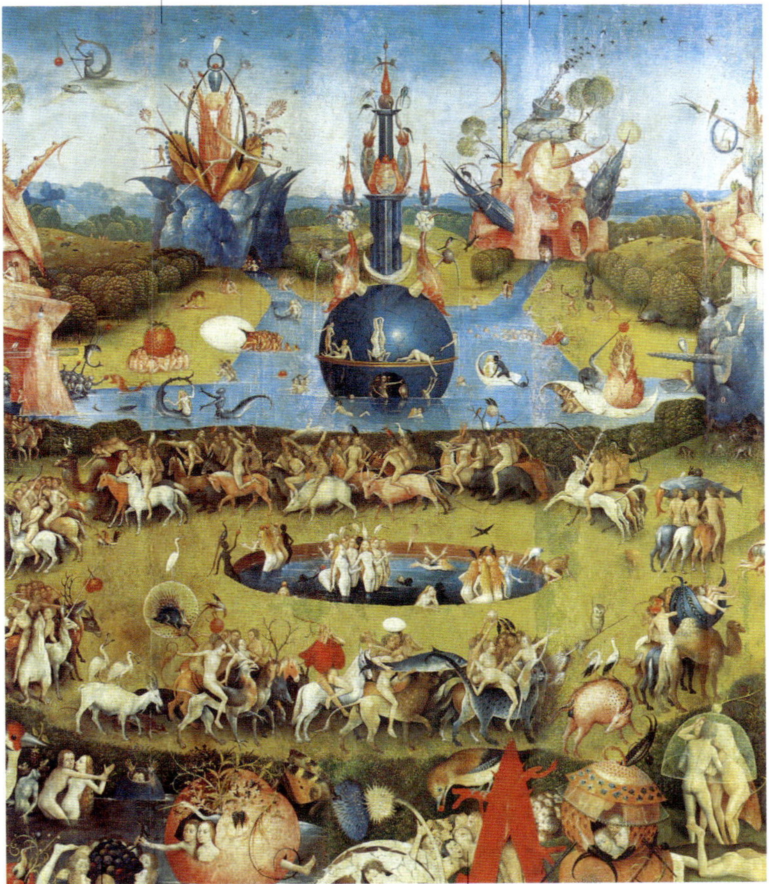

Viele Details – wie die Früchte des Waldes oder die Vögel sind in überdimensionaler Größe dargestellt, was als Hinweis auf einen der Natur entfremdeten, sündhaften Zustand gedeutet werden kann.

Im Licht einer weiten Landschaft spielen sich die Szenen auf drei übereinandergestaffelten schrägen Ebenen ab, ansteigenden Bühnen vergleichbar; das Bild ist mit Hunderten nackter Menschen bevölkert, mit Tieren und monströsen Geschöpfen. Es enthält Verweise auf die Früchte der Erde (Erdbeeren, rote Beeren) und auf die Alchemie.

▲ Hieronymus Bosch, *Der Garten der Lüste* (Ausschnitt), Mitteltafel des Triptychons, 1503/04, Madrid, Museo del Prado.

Ein flämisches Sprichwort lautet: Die Welt ist ein Heuhaufen, jeder nimmt sich davon, was er erhaschen kann.

Gut und Böse sind untrennbar miteinander verbunden; unter der Gestalt des Schöpfers stürzen die rebellischen Engel nach unten, dargestellt als Insekten, Echsen und Fischwesen.

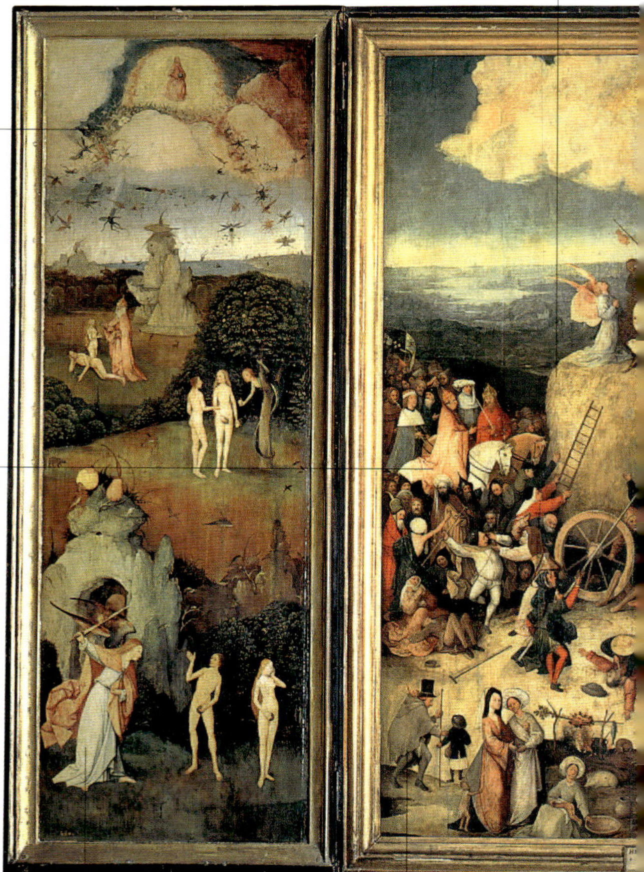

Eine Menge drängt sich zusammen, die einzelnen Personen raufen und balgen sich und geraten bei ihrem Versuch, an den Wagen heranzukommen, unter die Räder; selbst Papst und Kaiser, festlich gekleidet und zu Pferd, nehmen an diesem Treiben teil und folgen dem Wagen.

▲ Hieronymus Bosch, Triptychon *Der Heuwagen*, 1500–02, Madrid, Museo del Prado.

Verjagt vom Engel, verlassen Adam und Eva das Paradies, und es beginnt die Geschichte der Menschheit.

Der kulturelle Hintergrund für die Bilder von Bosch sind volkstümliche Sprichwörter, humanistische Lehren, religiöse Überzeugungen, Alchemie und Wissenschaft.

Oben auf dem Heu sitzt ein Liebespaar, ein weiteres Paar küsst sich im Busch dahinter; das Liebespaar spielt und singt, und der Teufel bläst dazu die Schalmei, während ein Engel resigniert ein Gebet zum Himmel richtet.

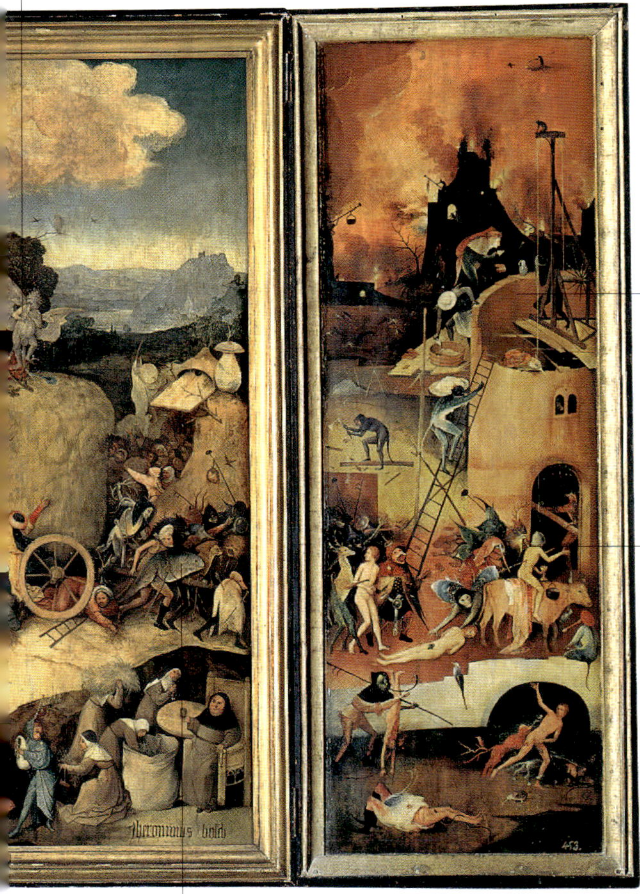

Teufel als Maurer errichten Bauten für die ankommenden Verdammten.

Die von den irdischen Freuden verderbte Menschheit, die als Beute des Wahnsinns unausweichlich den Weg zur ewigen Verdammnis beschreitet, ist das bevorzugte Thema von Bosch.

Bosch geißelt mit bitterem Humor den Gang der Menschheit, die von der Gier nach Geld, Gütern und Macht geblendet ist, in den Untergang; keiner nimmt wahr (und auf den ersten Blick auch nicht der Betrachter), dass der Wagen von grinsenden Dämonen gezogen wird und dass sein Ziel das Feuer der Hölle ist.

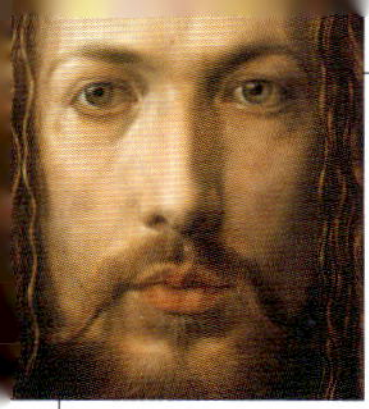

Agnolo Bronzinos Werk spiegelt die Entwicklung des Manierismus, von der anfänglichen Rebellion gegen die malerische Tradition bis zum enigmatischen Stil einer aristokratischen Kultur.

Agnolo Bronzino

Agnolo Tori, auch gen. Agnolo di Cosimo

Italienischer Maler

Florentiner Schule

* 1503 Monticelli (bei Florenz)
† 1572 Florenz

Wirkungsstätte
Florenz

Reisen
Aufenthalt in Pesaro und Urbino am Hof der della Rovere; kurze Reise nach Rom 1548

Werke
Fresken in der Kapelle der Eleonora von Toledo, 1543, Florenz, Palazzo Vecchio; zahlreiche Porträts

Verbindungen
Als Schüler von Pontormo hat er intensive Beziehungen mit allen florentinischen Künstlern seiner Zeit, von Andrea del Sarto bis Vasari; in Pesaro arbeitet er neben Dosso Dossi.

Als Schüler und Mitarbeiter von Pontormo arbeitet Angelo Bronzino in den 1520er Jahren an bedeutenden florentinischen Ausstattungen mit, von den Fresken in der Kartause von Galluzzo bis zur Ausmalung der Cappella Capponi in Santa Felicità. 1530 wird er an den Hof der della Rovere in Urbino gerufen. Er malt Fresken in der Villa dell'Imperiale bei Pesaro und wendet sich der Porträtmalerei zu, wobei er zu seinem eigenen Stil findet, der sich von dem Pontormos durch eine kompakte, emailartige Wiedergabe der Farbe unterscheidet. Nach der Rückkehr in die Heimat wird er mit der Festdekorationen für die Hochzeit Cosimos I. mit Eleonora von Toledo (1539) beauftragt. Auch aufgrund seiner literarischen Begabung ist er bald ein bevorzugter Maler der Medici und der florentinischen Aristokratie und prägt die Entwicklung des europäischen Manierismus. Eine große *Kreuzabnahme* von ihm schickt Cosimo I. an den Kardinal Granvelle, den mächtigen Minister Karls V. In Bronzinos Arbeit stehen Porträts neben der Leitung von Ausstattungsarbeiten, zu denen die Fresken in den mediceischen Villen oder die Einrichtung der privaten Räume im Palazzo Vecchio ebenso zählen wie die Lieferung von Kartons für die großherzogliche Bildweberei. Ab 1560 malt Bronzino zunehmend Bilder mit religiösen Themen, wobei er bemüht ist, komplexe Ikonographien mit den Vorstellungen der Kirche in Einklang zu bringen.

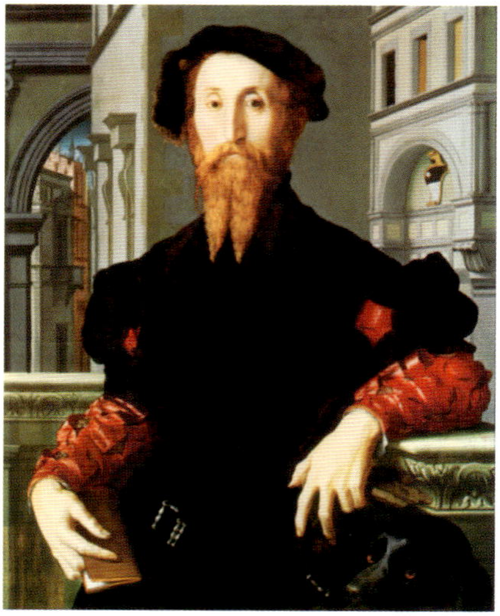

► Agnolo Bronzino, *Bartolomeo Pianciatichi*, um 1540, Florenz, Uffizien.

Dargestellt sind die verschiedenen »Gesichter« der Liebe. Pfeil und Apfel in den Händen der Venus symbolisieren die gefährliche und die süße Liebe.

Im Hintergrund der »positiven« Gestalten sind ihre »Gegenfiguren« dargestellt: die rasende Eifersucht hinter Amor, der monströse Betrug hinter dem Spiel, während die Wahrheit und die Zeit sich anschicken, die Schönheit der Venus mit einem Schleier zu bedecken.

Die drei Hauptfiguren sind Venus, Amor und der lachende Putto, der das Spiel verkörpert.

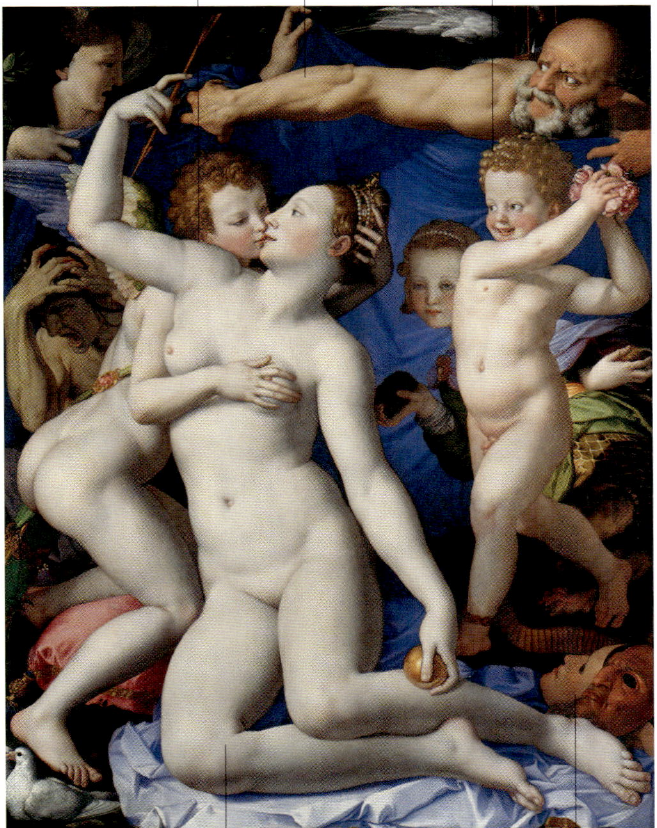

Das verworrene Motiv wird in formal vollendeter Weise dargeboten, mit emailartigem glattem Farbauftrag.

Die hohlen Masken verweisen auf die symbolische Bedeutung: Man muss zu enthüllen versuchen, was sich hinter der Erscheinung verbirgt.

▲ Agnolo Bronzino,
Allegorie der Liebe (Venus und Cupido), um 1545,
London, National Gallery.

Der kleine Giovanni, Sohn von Eleonora von Toledo und Cosimo I. starb noch als Kind. Er blickt mit großen aufgerissenen Augen auf den Betrachter.

Von einem kompakten, glatten und wie Lapislazuli leuchtenden Hintergrund hebt sich bewegungslos die feierlich in sich gekehrte Großherzogin ab.

Vornehmheit, Selbstkontrolle, Gesetztheit, Strenge, Distanz: Jedes Gefühl wird hinter der unbeweglichen Maske der Aristokratie verborgen.

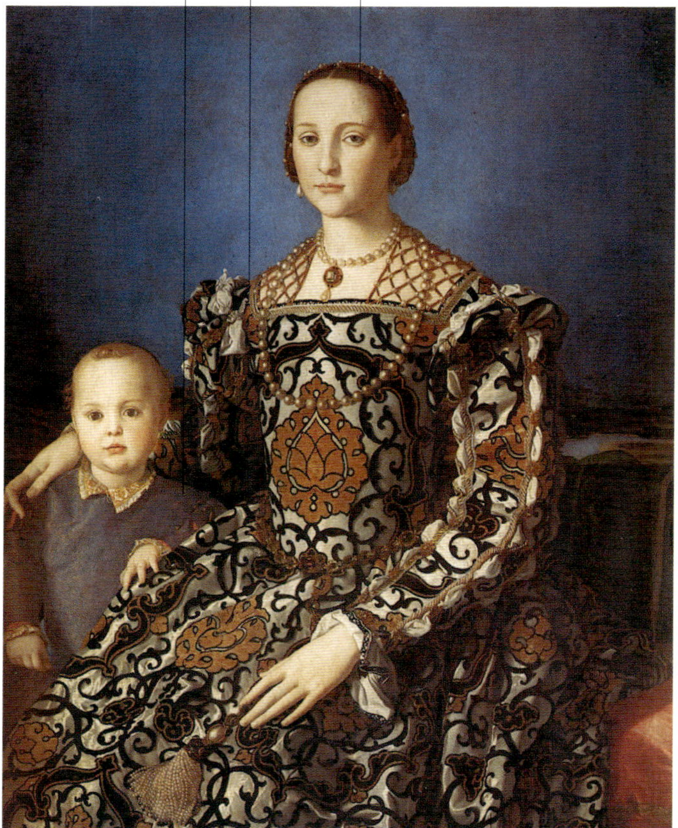

▲ Agnolo Bronzino, *Eleonora von Toledo mit ihrem Sohn Giovanni*, 1545/46, Florenz, Uffizien.

Bei einer Untersuchung des Grabes der Eleonora von Toledo wurden Stoffreste des Kleides gefunden, das sie auf dem Porträt trägt.

Aus Anlass der Hochzeit von Cosimo I. de' Medici mit Eleonora von Toledo wurde Bronzino zum Hausmaler der Medici ernannt.

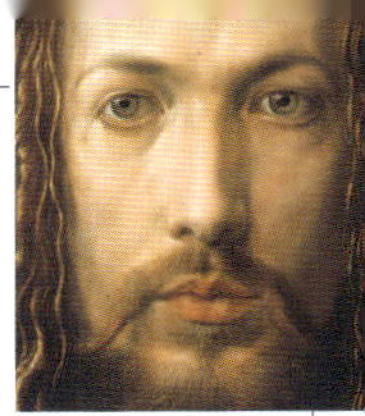

Bruegel malt den Lauf der Jahreszeiten und die Natur als Hintergrund allen Geschehens, der Sorgen des Alltags, des menschlichen Handelns und der ländlichen Poesie.

Pieter Bruegel der Ältere

Zur Biographie Pieter Bruegels d. Ä. gibt es nur wenig gesicherte Daten. Das erste Dokument, in dem er erwähnt wird, ist seine Einschreibung in die Malergilde von Antwerpen (1551). Die klassische Ausrichtung dieser Malerschule bleibt ihm fremd und ebenso die italienische Renaissancemalerei, die er bei einer Reise nach Italien zwischen 1552 und 1556 genauer kennen lernt. Seine künstlerische Laufbahn ruht auf drei Pfeilern: Er ist tätig als Zeichner, Stecher und Maler. Seine Gemälde sind geprägt von der volkstümlichen Kultur der Sprichwörter, von seinem Naturempfinden, von einer nüchternen Ironie in Bezug auf den Menschen und die Welt und von dem Willen, jedes Ereignis, auch die Historien der Bibel, auf die einfache aber zugleich poetische Banalität der Existenz zu beziehen. Nach seiner Heirat zieht Bruegel nach Brüssel, wo 1564 sein erster Sohn Pieter geboren wird, der später das Werk des Vaters fortsetzt, während der zweite, 1568 geborene Sohn Jan zu einem der größten Meister des Stilllebens wird. Auf das Jahr 1565 geht Bruegels anspruchvollster und komplexester Bilderzyklus zurück, der Zyklus der *Jahreszeiten* oder der *Monate,* von dem fünf Bilder erhalten sind. Bruegel ist nun eine anerkannte Persönlichkeit, sein Stil ändert sich zum Monumentalen, Großfigurigen wie in den Szenen des bäuerlichen Lebens im Kunsthistorischen Museum in Wien. Bruegel stirbt, noch jung, 1569 in Brüssel.

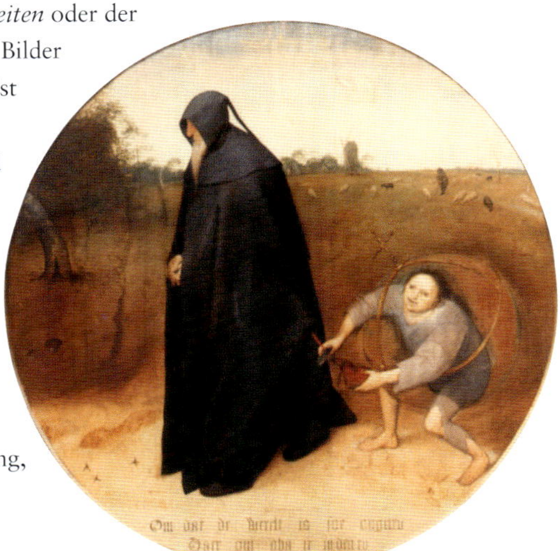

genannt »Bauern-Bruegel«
Flämischer Maler
* 1525/30 Brüssel
† 1569 ebd.

Wirkungsstätten
Antwerpen, Brüssel

Reisen
Lange Italienreise, von den Alpen bis Neapel, von 1552 bis 1556

Werke
Zyklus der *Jahreszeitenbilder*, um 1565, heute in Wien, New York und einer Privatsammlung; *Bauernhochzeit,* um 1568, Wien, Kunsthistorisches Museum

Verbindungen
Obwohl er der Malergilde von Antwerpen angehört, verschließt er sich dem italianisierenden Einfluss und folgt der Tradition von Bosch. Seine Söhne Pieter d. J. (gen. Höllen-Bruegel) und Jan d. Ä. (gen. Samt- oder Blumen-Bruegel) werden geschätzte Maler.

◄ Pieter Bruegel d. Ä., *Die Treulosigkeit der Welt,* um 1565, Neapel, Museo di Capodimonte.

Kaum ein anderes Kunstwerk vermittelt so eindringlich ein Gefühl kalter Luft und kommenden Schnees. Die ausgedörrten Zweige der kahlen Bäume bilden einen schwarzen Schirm vor dem kompakten Hintergrund des Himmels.

Die Erinnerung an die verschneiten Gipfel und die felsigen Bergspitzen der Alpen nimmt Form an auf einem Bild, in dem Wirklichkeit und Phantasie sich auf beeindruckende Weise verbinden.

Unten, im Talgrund, liegt zu Füßen der Berge, wie hingekauert, ein kleines Dorf.

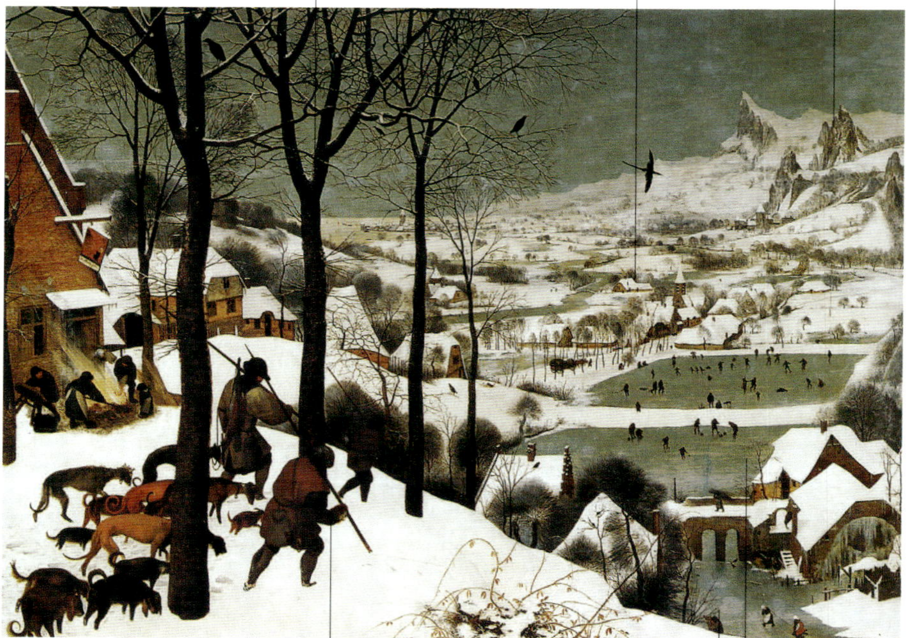

Bruegel legt den Bildaufbau so an, dass er einen bezüglich des Vordergrunds sehr hohen Blickpunkt auf die Weite der Landschaft wählt und sich auf den wesentlichen Kontrast zwischen dem weißen Schnee und den schwarzen Umrissen der Personen, der Bäume und der Gebäude konzentriert.

Es ist das berühmteste der Jahreszeitenbilder, *die in großzügig angelegten Szenen verschiedene Phasen des Jahres und die entsprechenden Tätigkeiten des Menschen festhalten; der Zyklus war ursprünglich wohl für eine friesartige Aufhängung konzipiert.*

Die Spiele der Kinder auf dem zugefrorenen Teich bringen ein Moment der Fröhlichkeit in die Szenerie.

▲ Pieter Bruegel d. Ä.,
Die Jäger im Schnee (Winter), 1565,
Wien, Kunsthistorisches Museum.

Das Werk entstand kurz vor Bruegels frühem Tod.

Die Braut, lächelnd, pummelig und verlegen, sitzt in der Mitte der Tafel vor einem grünen Tuch als Wandbehang unter der papierenen Brautkrone; an ihrer Seite die Mutter und die Schwiegermutter; der Mann auf dem besseren Sitz mit Rückenlehne könnte der Vater sein, man hat in ihm aber auch den Notar gesehen.

Manche sehen in dem jungen Mann mit den Stielaugen, der sich vollstopft, den Bräutigam; nach anderen fehlt der Bräutigam auf dem Bild, weil er erst am Abend der Hochzeit mit der Braut zusammengeführt wird.

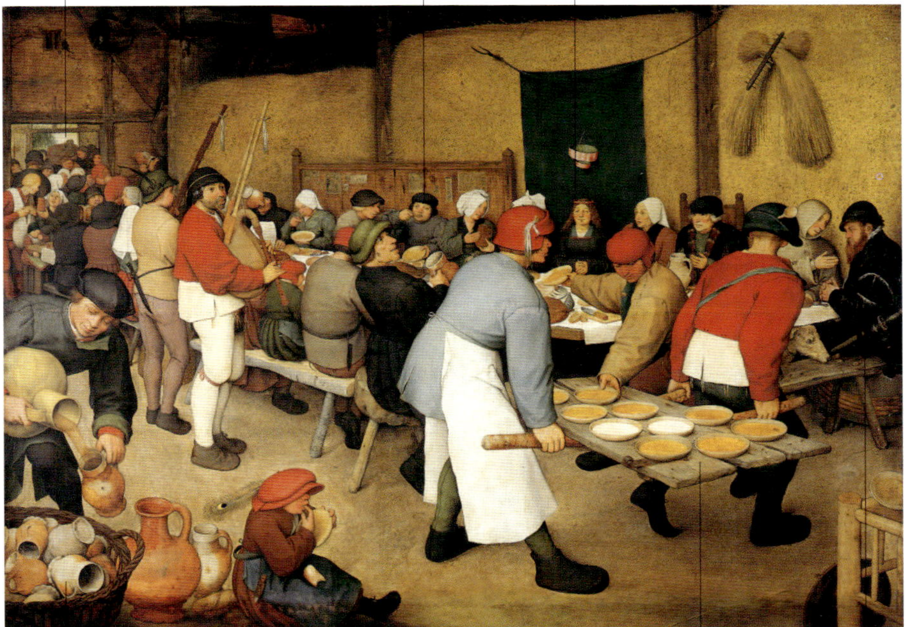

Die Krüge mit den Getränken erinnern an Darstellungen der Hochzeit von Kana; das Bild Bruegels ist eine Art weltliche und realistische Version des biblischen Themas.

Der Festschmaus ist eine Art Schlaraffenland nach Hausmacherart; die Tischgenossen greifen nach den Tellern, die die Gehilfen heranbringen, und scheinen die Gerichte, die ständig und großzügig angeboten werden, mit den Augen zu verschlingen.

Ganz rechts, auf dem umgedrehten Bottich als Notsitz, sitzt ein fein gekleideter Herr, vielleicht ein Selbstporträt des Malers.

▲ Pieter Bruegel d. Ä., *Bauernhochzeit*, um 1568, Wien, Kunsthistorisches Museum.

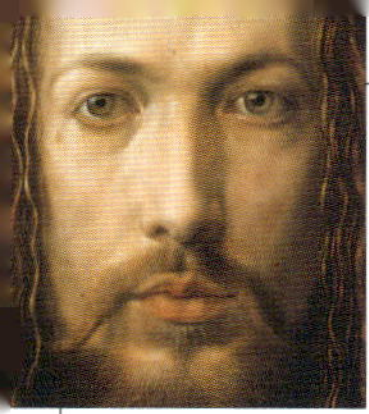

Burgkmair ist der Hauptvertreter der Augsburger Malerschule in der Zeit, als die Stadt, gefördert vom Bankhaus Fugger, in voller wirtschaftlicher Blüte steht.

Hans Burgkmair

Deutscher Maler und Zeichner für den Holzschnitt

* 1473 Augsburg
† 1531 ebd.

Wirkungsstätte
Augsburg

Reisen
in das Rheinland, die Niederlande, zweimal nach Italien (Venedig und Lombardei); 1512–19 ist er oft in Innsbruck, beauftragt mit Arbeiten für Kaiser Maximilian I.

Werke
Johannes-Altar, Triptychon, 1518, München, Alte Pinakothek; *Schlacht bei Cannae,* 1529, München, Alte Pinakothek

Verbindungen
Schüler von Martin Schongauer; zusammen mit Altdorfer und Dürer Arbeiten für Kaiser Maximilian. In Augsburg teilt er sich die künstlerische Vorrangstellung mit den Holbeins.

Nach seiner Lehrzeit in Colmar bei Martin Schongauer wird Hans Burgkmair 1498 in die Augsburger Malerzunft aufgenommen und übernimmt die väterliche Werkstatt. Er ist ursprünglich auf Porträts spezialisiert (u.a. fertigt er ein posthumes Porträt von Martin Schongauer an), erweitert dann aber die Palette seiner Themen, Techniken und Formate. Seine Arbeit in der Heimatstadt unterbricht er mit mehreren Reisen. Wie der Zyklus der Basilika-Bilder zeigt, den er ab 1500 für das Kloster St. Katharina in Augsburg malt, entwickelt er ein bemerkenswertes Interesse für perspektivische Architekturdarstellungen. Landschaftshintergründe, wie sie in der zeitgenössischen Donauschule typisch sind, kommen bei ihm seltener vor. Er erhält Aufträge von Kaiser Maximilian von Habsburg und arbeitet neben Altdorfer und Dürer für die Stiche der *Ehrenpforte*. Mehrmals reist er nach Italien, 1507 nach Venedig und um 1518 in die Po-Ebene. Sein durch die Anregungen der venezianischen Malerei bereicherter Stil erscheint strenger als der der Donauschule und zeigt eine eindrucksvolle und dramatische Monumentalität. 1518 lässt sich Burgkmair fest in Augsburg nieder und malt das berühmte Triptychon des *Johannes-Altars*. Gleichzeitig interessiert er sich für die Ideen der Reformation. Zu seinen Auftraggebern zählen Herzog Wilhelm IV. von Bayern und das Bankhaus der Fugger.

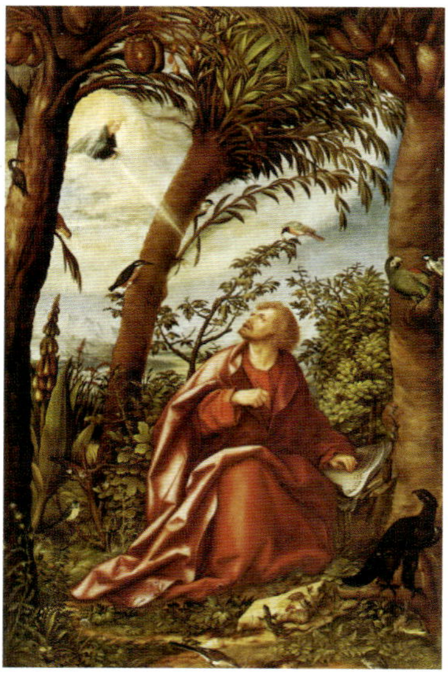

► Hans Burgkmair, *Johannes der Evangelist auf Patmos,* Mitteltafel vom *Johannes-Altar,* 1518, München, Alte Pinakothek.

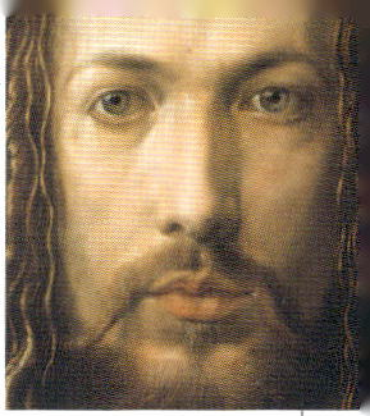

Antoine Caron ist dank der eleganten und spritzigen Art, mit der er geistig überfrachtete Sujets entzaubert, einer der unterhaltsamsten Interpreten des internationalen Manierismus.

Antoine Caron

Nach einer Lehre in seiner Heimatstadt als Glasmaler wird Antoine Caron 1540 als Gehilfe von Primaticcio in Fontainebleau tätig. Er erlebt die Blüte der *Ersten Schule von Fontainebleau*, deren Vertreter die Aufträge Königs Franz I. ausführen. Die ersten eigenständigen Werke, die von ihm bekannt sind, datieren allerdings erst um 1560, in die Spätphase der *Ersten Schule*, die durch die phantasiereichen Bilder des Niccolò dell'Abate geprägt ist. Caron wird als Hofmaler der Königinmutter Katharina von Medici und der Könige Karl IX. und Heinrich III. zur Schlüsselfigur des französischen Manierismus. Neben seiner Tätigkeit als Maler, erstellt er Kartons für Wandteppiche und Zeichnungen für Ausstattung und Skulpturen, illustriert Handschriften und entwirft zahlreiche Festdekorationen für das höfische Zeremoniell. Diese vielfältigen Tätigkeiten erklären, warum er nur wenige Gemälde hinterlassen hat. Im Werk Carons spiegelt sich die Entwicklung von der *Ersten* zur *Zweiten Schule von Fontainebleau:* In seinem Spätwerk versetzt er Themen unterschiedlicher Art (von der Historie bis zur Allegorie) in eine irreale phantasievolle Welt. Rastlose Menschen bewegen sich vor dem Hintergrund klassischer Bauten und bringen die Sehnsucht nach Neuem, die Nostalgie und jenes Empfinden des Unbehagens und der Unruhe zum Ausdruck, die für das ausgehende 16. Jh. typisch sind.

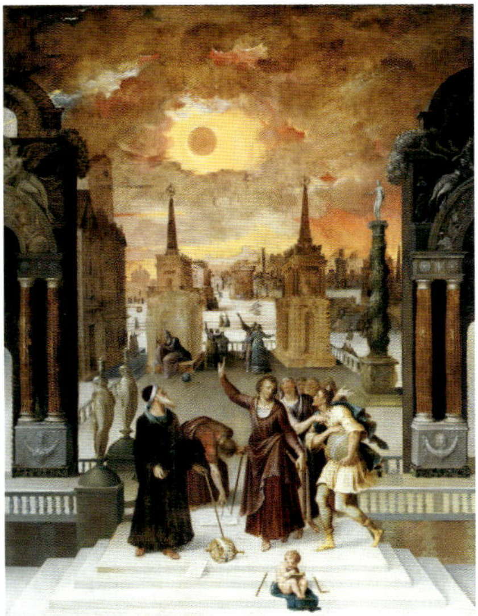

Französischer Maler

Vertreter der Schule von Fontainebleau

* 1521 Beauvais
† 1599 Paris

Wirkungsstätten
Fontainebleau und Paris

Reisen
Er folgt den Stationen des französischen Hofes zwischen den Residenzen auf dem Land und Paris.

Werke
Das Massaker unter den Triumvirn, 1566, Paris, Musée du Louvre; *Augustus und die Sibylle von Tibur*, um 1571, Paris, Musée du Louvre.

Verbindungen
Primaticcio, Niccolò dell'Abate, Jean Cousin und die Künstler der Schule von Fontainebleau

◄ Antoine Caron, *Dionysius Areopagita bekehrt die heidnischen Philosophen*, 1570, Los Angeles, The J. Paul Getty Museum.

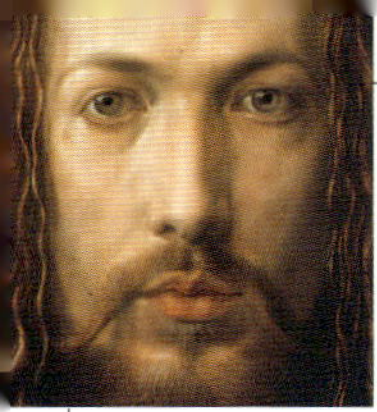

Correggio und Raffael, die Antike und Barocci, Veronese und die Natur: Annibale Carracci führt diese Einflüsse zu einem expressiven und zugleich beherrschten Stil zusammen.

Annibale Carracci

Italienischer Maler
* 1560 Bologna
† 1609 Rom

Wirkungsstätten
Bologna, später Rom

Reisen
Wichtiger Aufenthalt in Venedig um 1587

Werke
Kreuzigung, 1583, Bologna, Santa Maria della Carità; Galerie im Palazzo Farnese, Rom, 1595–98

Verbindungen
mit den venezianischen Malern, insbesondere mit Veronese; Kontakte zu Barocci; in Rom Begegnung mit den aufstrebenden jungen Malern, die für das 17. Jh. bedeutend werden: Caravaggio, Rubens, Guido Reni

Annibale Carracci geht vermutlich zusammen mit seinem Bruder Agostino in der Werkstaat seines Vetters Ludovico Carracci in Bologna in die Lehre: Annibale legt bald die intellektuellen und kühlen Formeln des Manierismus ab und kehrt zu einem einfacheren Stil zurück. Er stellt ungewöhnliche Themen wie Metzgereien oder Leute aus dem Volk beim Essen dar. Während verschiedener Reisen nach Parma und Venedig um 1585 studiert Caracci den Stil Tizians, Veroneses und Correggios, den er gewissermaßen wiederentdeckt. Gemeinsam mit Ludivco und Agostino gründet er in Bologna die »Accademia degli Incamminati« (»der auf den rechten Weg Gebrachten«), einen Vorläufer der Kunstakademien, in der eine Vielzahl später hochberühmter Künstler wie Reni, Domenichino und Albani ausgebildet werden. Im Jahr 1600 wird er von Kardinal Farnese nach Rom berufen. Dort stößt der eklektische Akademismus Carraccis auf den Spätmanierismus, eine erneuerte sakrale Kunst (Barocci) und den Realismus Caravaggios. Annibale studiert mit Eifer die antike Kunst und stattet das Gewölbe der Galerie des Palazzo Farnese mit mythologischen Fresken aus. Hier und bei den Landschaften in den Lünetten der Galleria Doria Pamphili arbeitet er mit mehreren jungen Gehilfen. Erschüttert über die geringe Bezahlung seiner Arbeit im Palazzo Farnese wird er schwermütig und stirbt früh. Seine Werke begründen die klassizistische Strömung der Barockmalerei.

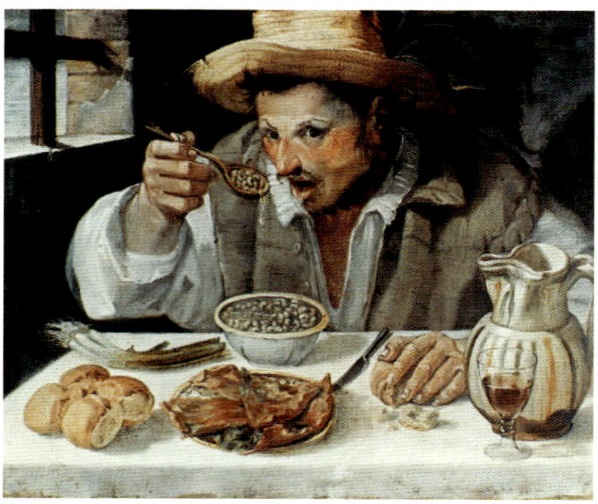

► Annibale Carracci, *Der Bohnenesser*, 1584, Rom, Gallerie Colonna.

Das Bild hat großen Erfolg bei den fürstlichen Kunstsammlern, weswegen Annibale Carracci mehrere Repliken davon anfertigt.

Die Haltung des Adonis ist ein Beispiel für den klassischen Kontrapost, aber ohne die in Szene gesetzten Verdrehungen des Manierismus.

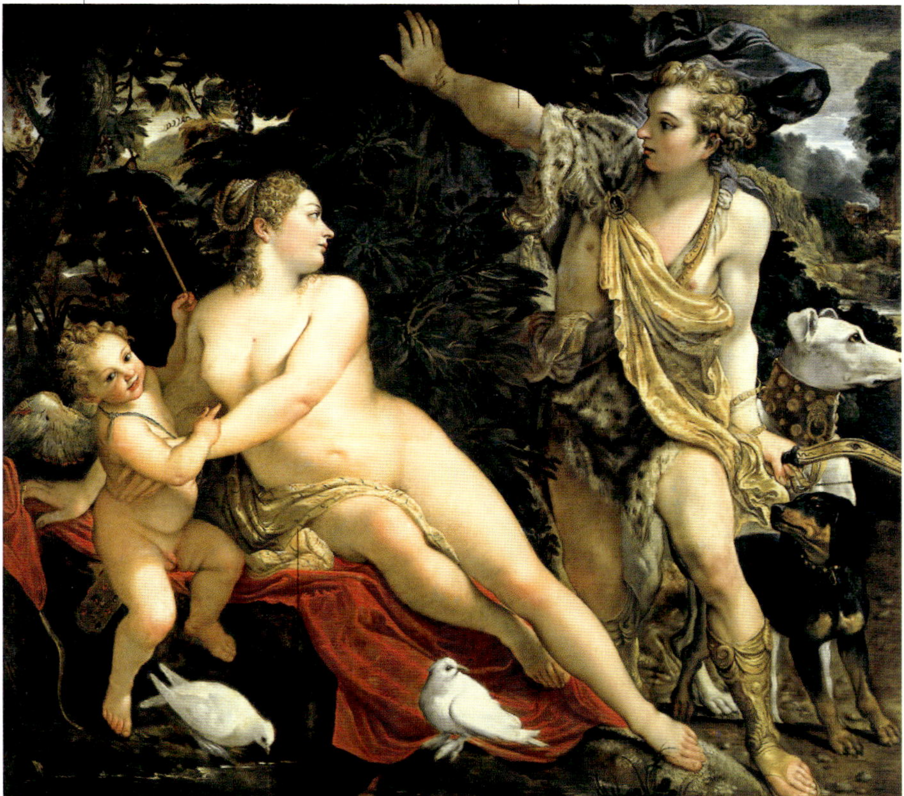

Der leuchtende weibliche Akt knüpft an die Tradition venezianischer Malerei des 16. Jh.

Das Bild entsteht gleichzeitig mit dem Beginn der Arbeiten in der Galleria Farnese, dem großen Meisterwerk Carraccis in Rom, und zeigt seine stilistische Hinwendung zu einer klassizistischen Malerei an.

▲ Annibale Carracci, *Venus und Adonis*, um 1595, Wien, Kunsthistorisches Museum.

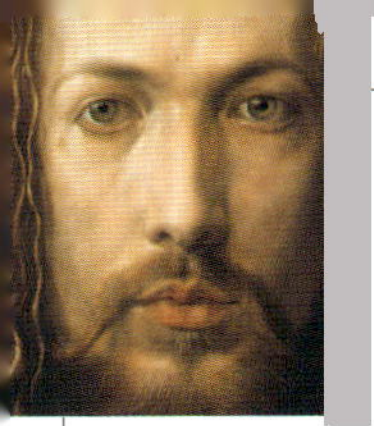

Cellini gehört zu den größten Goldschmieden aller Zeiten, ist aber auch ein hervorragender Bildhauer und ein brillanter Schriftsteller, wie seine Autobiographie zeigt.

Benvenuto Cellini

Italienischer Goldschmied, Medailleur und Bildhauer

* 1500 Florenz
† 1571 ebd.

Wirkungsstätten
Rom, Fontainebleau, Florenz

Werke
Salzfass für Franz I., 1543, Wien, Kunsthistorisches Museum; *Perseus*, (vollendet) 1554, Florenz, Loggia dei Lanzi

Verbindungen
mit allen wichtigen Meistern von der französischen Schule bis zu den Manieristen des großherzoglichen Florenz

In seiner Autobiographie *Vita scritta da lui medesimo*, die Goethe ins Deutsche übersetzte, schildert Benvenuto Cellini romanhaft und vielleicht ein wenig übertrieben schillernd (berühmt sind die Seiten über den *Sacco di Roma*) sein Leben und seine Wirken als Künstler. Zugleich liefert er eine Geschichte der italienischen Kunst des 16.Jh., vom Prunk der Hochrenaissance bis zum internationalen Manierismus, und bezeugt, wie die Kunst nach der Jahrhundertmitte im großherzoglichen Florenz zu ihrer Blüte zurückfindet. Nach einer ersten Tätigkeit in Rom, die noch ganz der Goldschmiedekunst gewidmet ist, begibt sich Cellini zunächst zu Franz I. nach Fontainebleau (1540–45). Hier fertigt er das berühmte Salzfass in Gold und Email und wird ein Protagonist des höfischen Manierismus. Er versucht sich zum ersten Mal und erfolgreich an einer monumentalen Skulptur: der großen Bronze der *Diana* (heute im Louvre). Zurück in Florenz, beginnt er mit der Ausführung des *Perseus* für die Loggia dei Lanzi, Beispiel einer außergewöhnlichen technischen Virtuosität, die im intellektuellen Umkreis des Großherzogs Cosimo I. besonders geschätzt wird. Für dessen Hof schafft Cellini bemerkenswerte Skulpturen in Marmor und Bronze wie die Büste von Cosimo I. Auch dank seiner Tätigkeit als Schriftsteller und Kunsttheoretiker (außer der Autobiographie ist er Autor von zwei Abhandlungen über die Skulptur und die Goldschmiedekunst) nimmt Cellini in der Mitte des 16.Jh. international eine Schlüsselstellung in der Bildhauerkunst ein.

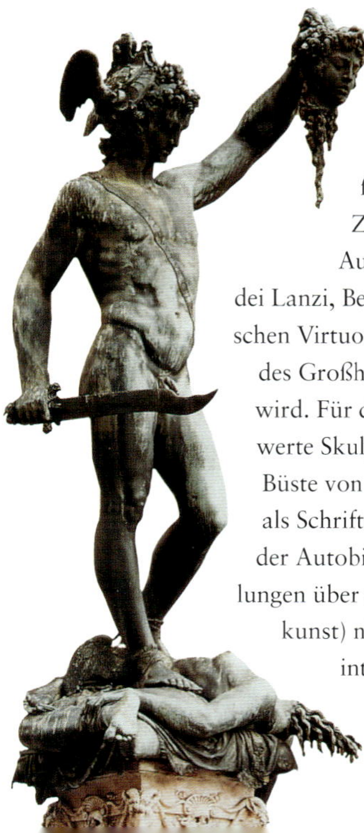

► Benvenuto Cellini, *Perseus*, (vollendet) 1554, Florenz, Piazza della Signoria, Loggia dei Lanzi.

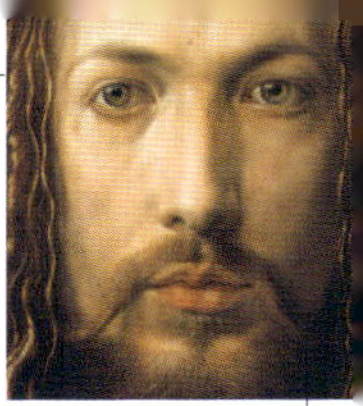

Jean und François Clouet nehmen für die Kunst am französischen Hof über Jahrzehnte eine Schlüsselstellung ein. Sie markieren den Übergang von der Renaissance zum Manierismus von Fontainebleau.

Jean und François Clouet

Jean und François Clouet sind der exemplarische Fall einer Dynastie von Hofmalern, bei der das Amt direkt vom Vater auf den Sohn übergeht. Jean Clouet ist Maler und Miniaturist flämischen Ursprungs. Am Hof von Franz I. setzt er sich als Porträtist durch. 1553 erhält er den Titel *peintre et valet de chambre* (Maler und Kammerdiener) des Königs. Seine Porträts von Franz I. und Guillaume Budé zählen zu den Meisterwerken der höfischen Porträtkunst. Beachtlich ist die Reihe von kleinformatigen Porträts, sog. *Crayons,* ausgeführt als kolorierte Kohlezeichnungen, die Persönlichkeiten am Hof Franz' I. darstellen. Sie zeigen neben nordischen Einflüssen auch Ähnlichkeiten mit dem Werk Leonardo da Vincis (der von 1516–19 Gast Franz' I. war), besonders in der Weichheit der Umrisse und im Gebrauch des *Chiaroscuro.* 1541 folgt François seinem Vater im Amt des Hofmalers. Als Porträtist, Maler von mythologischen Bildern im Stil des Manierismus der *Ersten Schule von Fontainebleau* und von galanten Genreszenen wählt er im Gegensatz zur kühlen chromatischen Tonalität seines Vaters eine wärmere Farbpalette, wie an dem Porträt *Franz I. zu Pferde* zu erkennen ist. Das Werk François Clouets folgt den Entwicklungen der *Schule von Fontainebleau.* Er schafft neben höfischen und idealisierten Porträts Bilder voller symbolischer und erotischer Andeutungen, wie es für die *Zweite Schule von Fontainebleau* typisch ist.

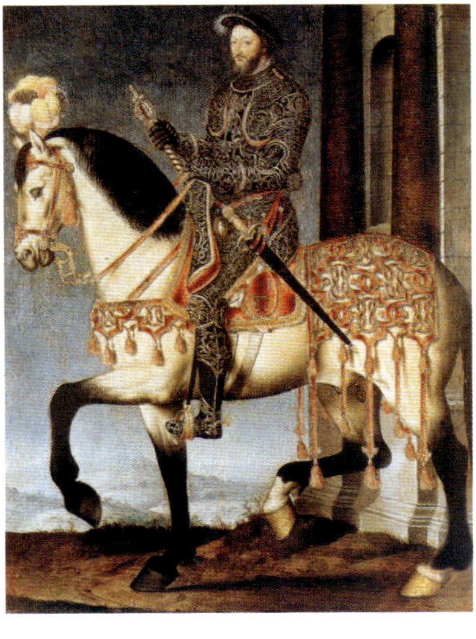

Französische Malerfamilie

Jean Clouet (auch: Jean Janet):
* um 1485 Brüssel
† 1540 Paris

François Clouet:
* um 1510 Tours
† 1572 Paris

Wirkungsstätte
Paris

Reisen
mit dem Hof und zur Ausführung von Porträts

Werke
Beide: Zahlreiche *Crayons* (Porträts in schwarzer Kreide); Jean Clouet: *Franz I.,* 1525, Paris, Musée du Louvre; François Clouet: *Badende Dame,* um 1570, Washington, National Gallery

Verbindungen
mit allen Künstlern der Schule von Fontainebleau

◄ François Clouet, *Reiterbildnis Franz I. von Frankreich,* um 1540, Florenz, Uffizien.

Die Magd hinter dem Vorhang hat ihr berühmtes Vorbild in der Venus von Urbino *Tizians; ein Fenster gibt den Blick in einen Garten frei.*

Die Idealisierung der sinnierenden jungen Protagonistin steht im Gegensatz zu dem typisch flämischen Realismus der übrigen Elemente – vom Stillleben im Vordergrund bis zum Blick auf den Raum mit der Dienerin im Hintergrund.

Das Bild mit seinem betont asymmetrischem Aufbau weist eine komplexe Staffelung in drei Ebenen auf, die den Blick des Betrachters nach links in die Tiefe zieht.

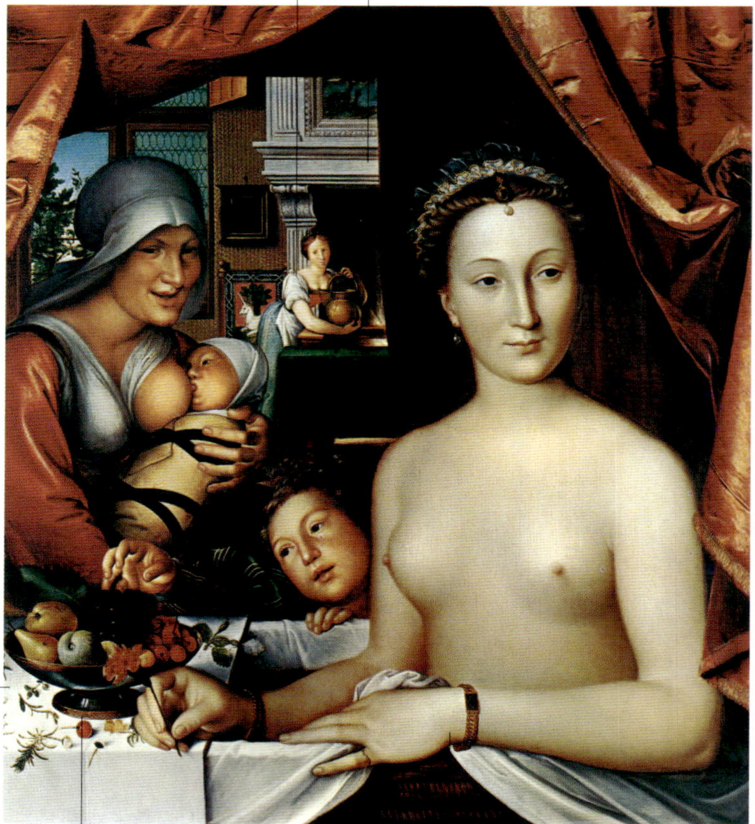

Die ländliche, aber nicht plumpe Amme, die ein Neugeborenes stillt, bildet einen lebhaften Kontrast zum statischen Akt. In der Mitte streckt ein Kind seine Hand nach dem Fruchtkorb aus.

Durch die geöffneten schweren Vorhänge wird der Blick frei auf die nackte Frau in einer Badewanne. Die helle Aktfigur wird durch das Dunkel dahinter besonders hervorgehoben.

▲ François Clouet,
Dame im Bade (Diana von Poitiers), um 1570,
Washington, National Gallery.

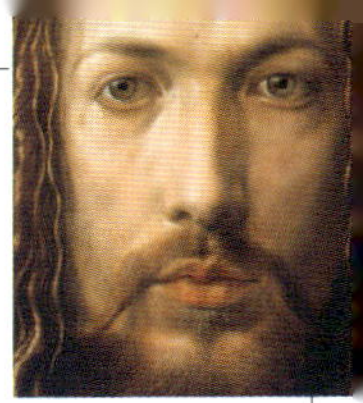

Im ruhigen Parma entwickelt Correggio, frei von der direkten Auseinandersetzung mit anderen großen Meistern, einen »dritten Weg« der Renaissance, der auf die Malerei des Barock vorausweist.

Correggio

Correggio erhält seine Ausbildung in Mantua, während der letzten Lebensjahre Mantegnas als sich ein weicher, von Raffael geprägten Stil verbreitet. Er nimmt Anregungen Leonardos und der venezianischen Malerei auf, besonders den Einsatz des atmosphärischen *Sfumato* und der weichen Farbgebung. Diese verschiedenen Einflüsse sind schon in den Jugendwerken Correggios feststellbar, unter denen die Camera della Badessa im Kloster San Paolo (1519) hervorsticht. Die originellen ikonographischen Bilderfindungen, die durch ein feines Gespür für Ausdruck und Farbe bestechen, nehmen den außergewöhnlichen Zyklus in der Kirche San Giovanni Evangelista in Parma vorweg. Correggio beginnt hier mit dem Fresko in der Kuppel (1520/21) und setzt seine Arbeit später in den anderen Teilen der Kirche mit Hilfe von Schülern fort. In den 1520er Jahren folgen Altarbilder von großartiger Komposition. Sein Meisterwerk ist die *Himmelfahrt Marias* in der Kuppel des Doms von Parma, ein Wunder der Perspektive. In den letzen Jahren seines Lebens malt Correggio zwei Tafeln für das Studiolo der Isabella d'Este (Louvre) und den Zyklus der *Liebschaften des Zeus* (Wien, Berlin und Galleria Borghese, Rom) für deren Sohn Federico Gonzaga. Correggio setzt der Explosion der Farbe in der venezianischen Malerei und dem toskanisch-römischen Manierismus einen fließenden, lichtvollen Stil entgegen, der den Betrachter dank der Zartheit im Ausdruck und dank des staunenswerten perspektivischen Mutes einnimmt.

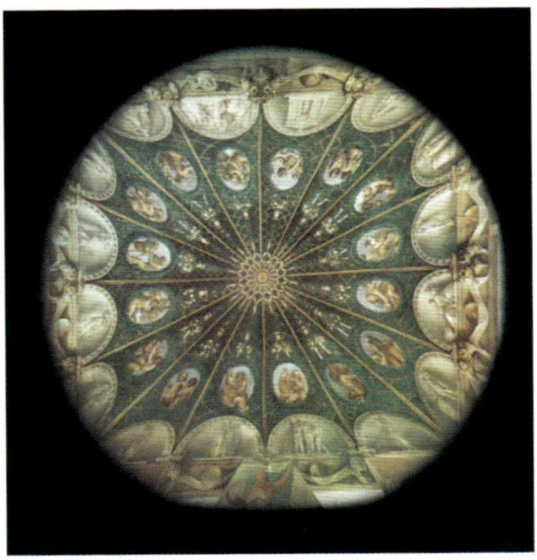

Antonio Allegri

Italienischer Maler

* um 1489 Correggio (bei Modena)
† 1534 ebd.

Wirkungsstätte
Parma

Reisen
Mehrere Reisen in Norditalien; wahrscheinlich, aber nicht dokumentiert, ein Aufenthalt in Rom

Werke
Fresken in Parma: Camera della Badessa, 1519; Kuppel von San Giovanni Evangelista, 1521; Kuppel des Doms, 1528

Verbindungen
Schüler von Mantegna; steht in Verbindung mit den wichtigen Malern Norditaliens von Leonardo da Vinci bis Lotto, von Tizian bis Gaudenzio Ferrari. Unter seinen Schülern sticht Parmigianino hervor.

◄ Correggio, Decke der Camera della Badessa, 1519, Parma, Kloster San Paolo.

Die jugendliche Gestalt des Amor, der auf dem Bett Danaes sitzt, fügt dem Bild einen weiteren erotischen Akzent hinzu.

Das Licht, das weich die Nacktheit Danaes modelliert, ist ein schönes Beispiel des für Correggio typischen sinnlichen Ausdrucks.

Das Bild zeigt eine mythologische Episode: Jupiter verwandelt sich in einen Goldregen, um sich mit der schönen Danae zu vereinigen, die in einem Turm eingeschlossen ist.

Danaes Gesichtszüge und der zarte Einsatz des Sfumato belegen das intensive Studium der Werke Leonardos.

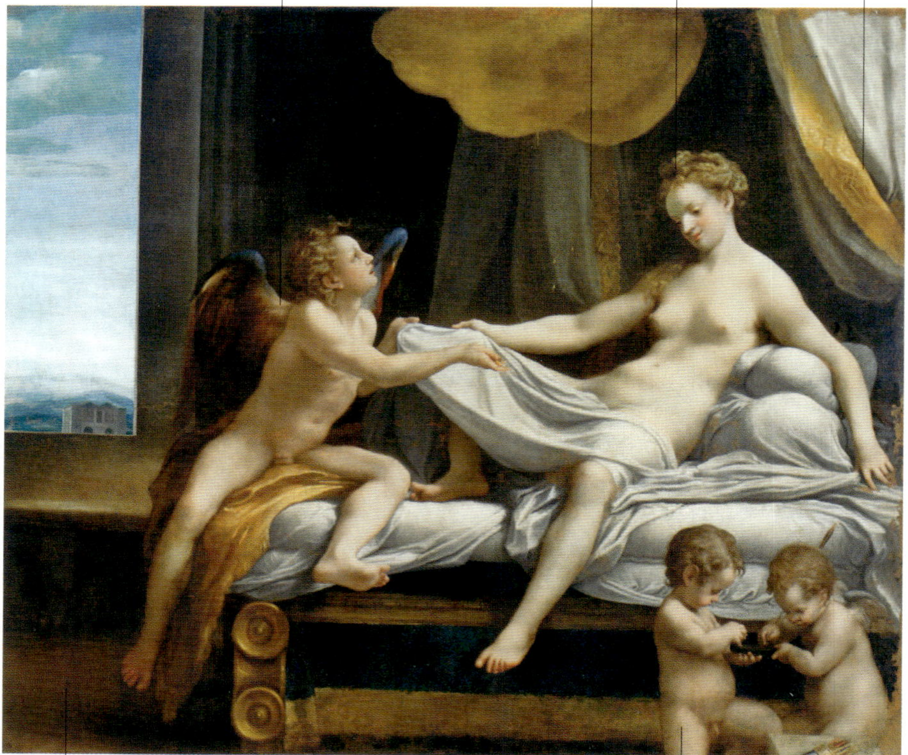

Das Bild gehört zu dem Zyklus von vier Liebschaften Jupiters, *die Correggio für Federico Gonzaga gemalt hat.*

Die beiden Amoretten sind ein Bild von bewundernswerter Frische: Einer geflügelt, der andere nicht, verkörpern sie die himmlische und die irdische Liebe. Sie sind dabei, die Spitzen ihrer Liebespfeile zu prüfen.

▲ Correggio,
Danae, 1531/32,
Rom, Galleria Borghese.

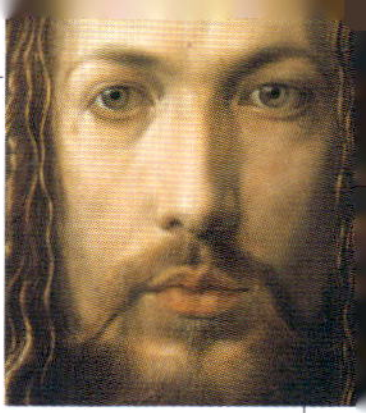

Cousin setzt die Tradition der vielseitigen Hofkünstler fort: Er ist Maler, Holzschneider, Schriftsteller und liefert Zeichnungen für Skulpturen, Glasfenster, Festdekorationen, Gobelins und Stickereien.

Jean Cousin der Ältere

Jean Cousin beginnt seine Tätigkeit im heimatlichen Burgund mit den Entwürfen für die Glasfenster der Kathedrale von Sens und für weitere Kirchen der Region. 1532 fertigt er Kartons für das Glasfenster der Kapelle des Schlosses von Fleurigny, das von dem Pariser Meister Jean Chastellain ausgeführt wird; damit erlangt er große Bedeutung für die Entwicklung des Manierismus am französischen Hof. Ab 1539 ist seine Anwesenheit in Paris dokumentiert, wo er zahlreiche Kartons und graphische Entwürfe für Festdekorationen und Glasfenster ausführt. 1549 entsteht der Zyklus der sechs Tafeln mit *Szenen aus dem Leben des hl. Germanus von Auxerre* unter Mitarbeit von Louis Dubreuil. Das bekannteste malerische Werk aus dieser Zeit ist *Eva prima Pandora,* eine originelle Verbindung von Mythologie und christlicher Thematik. Da seine Zeichnungen meist als Vorlagen für Werke in anderen Techniken (Stickereien, Messgewänder, Goldschmiedearbeiten, Miniaturen) dienen, gibt es nur wenige eigenständige Werke, anhand derer man seinen Stil analysieren kann, wie die *Barmherzigkeit* in Montpellier. Einige wichtige Werke, die in den Quellen genannt werden, sind nicht verloren, bei anderen hat sein Sohn Jean Cousin d. J. mitgearbeitet und es ist schwer, seinen Anteil zu bestimmen.

Französischer Maler, Bildhauer und Holzschneider

* um 1500 Soucy (bei Sens)
† um 1560 Paris

Wirkungsstätte
Paris

Reisen
Ausbildung und anschließend mehrere Reisen in Burgund

Werke
Glasfenster mit *Augustus und die Sibylle,* 1532, Fleurigny, Schlosskapelle; *Eva prima Pandora,* um 1549, Paris, Musée du Louvre

Verbindungen
zu den französischen Meistern der Renaissance (dokumentiert ist die Verbindung mit dem Bildhauer Jean Goujon); sein Sohn ist der Maler und Stecher Jean Cousin d. J., der seinen Stil fortsetzt.

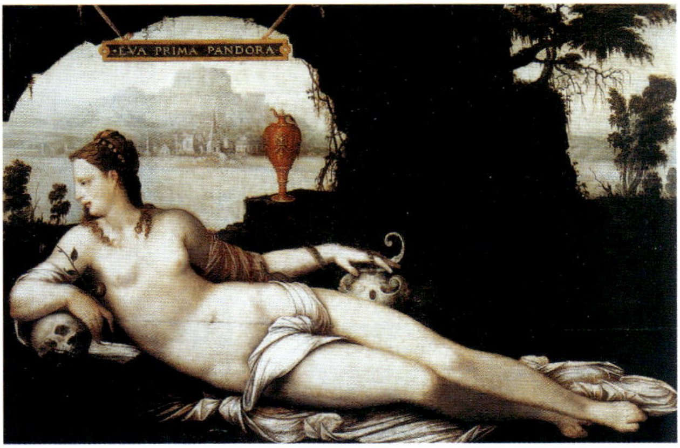

◄ Jean Cousin d. Ä., *Eva prima Pandora,* um 1549, Paris, Musée du Louvre.

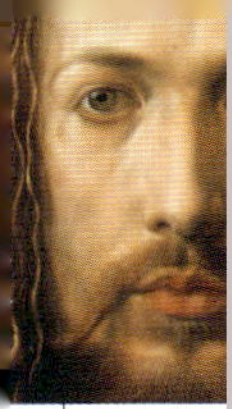

Lucas Cranach verlegt klassische Mythen und religiöse Szenen in das Deutschland der Reformation. Sein unruhiger Stil entwickelt sich zu einer linearen fast abstrakten Eleganz.

Lucas Cranach der Ältere

Deutscher Maler
* 1472 Kronach
† 1553 Weimar

Wirkungsstätte
Wittenberg

Reisen
In der Jugendzeit längere Reise durch Süddeutschland und Tirol

Werke
Doppelporträt des Johannes Cuspinian und seiner Frau Anna Putsch, 1502/03, Winterthur, Sammlung Oskar Reinhart; mehrere Versionen von *Judith und Holofernes* und Porträts von *Martin Luther* und *Katharina von Bora*

Verbindungen
Intensiver Dialog mit Altdorfer und Dürer, vor allem in der Jugend und ersten Reifezeit

Lucas Cranach wird als Sohn eines Malers in Kronach geboren und lernt wohl in der Werkstatt seines Vaters. 1498 geht er auf Reisen, die ihn durch Süddeutschland und nach Wien führen, wo er die Anfänge der Donauschule prägt. 1505 lädt ihn Kurfürst Friedrich der Weise von Sachsen nach Wittenberg ein und stellt ihn als Hofmaler ein. Cranach unterhält eine große Werkstatt und arbeitet fast 50 Jahre lang, bis zu seinem Tod, für den sächsischen Hof. Er ist einer der produktivsten Maler der deutschen Renaissance. 1508 verleiht ihm der Kurfürst ein Emblem mit geflügelter Schlange als Familienwappen. In der Folgezeit übernimmt er mehrmals politische Ämter im Ratsstuhl und ist Bürgermeister Wittenbergs. Cranachs Stil wandelt sich vom narrativ-expressionistischen Frühwerk zu einer fast graphisch abstrakten Intellektualität der Spätzeit. Cranach ist in mehreren Bereichen tätig, neben der Malerei vor allem in der Gravierkunst bzw. dem Kupferstich. Er schafft Altarbilder und klassische Akte, Porträts, moralische Allegorien und Jagdszenen. Mit Luther befreundet, schließt er sich als einer der ersten Künstler der Reformation an. Er porträtiert Luther, Luthers Frau Katharina von Bora und Melanchthon und sorgt für die Verbreitung dieser Porträts, und er malt Bilder mit Themen der reformatorischen Theologie. Außerdem stellt er zahlreiche Stiche zur Illustration der von Luther ins Deutsche übersetzten Bibel her.

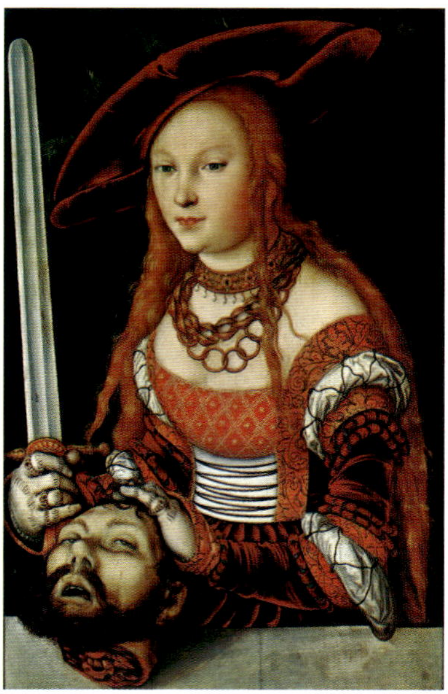

► Lucas Cranach d. Ä., *Judith mit dem Haupt des Holofernes*, um 1530, Wien, Kunsthistorisches Museum.

Auf dem bewaldeten Felsen zeigt sich der Hirsch mit dem Kreuz im Geweih; das Geweih ragt effektvoll in den Himmel ebenso wie der knorrige Ast darunter.

In der für die Donauschule typischen Art hat die Landschaft eine herausgehobene Bedeutung; ihre Schilderung nimmt zunehmend größere Bildbereiche ein.

Das Bild stammt noch aus der Zeit vor der Reformation, der sich Lucas Cranach, der mit Martin Luther befreundet ist, als einer der ersten Künstler anschließt.

Der Heilige ist als junger Edelmann zeitgenössisch gekleidet, ein reicher Ritter in neuester Mode; Cranach neigt dazu, die Themen seiner Bilder, seien sie religiösen oder mythologischen Inhalts, in seine Zeit zu versetzen.

Die Darstellung der Jagdhunde und des Pferdes stehen noch in der Tradition der höfischen Spätgotik.

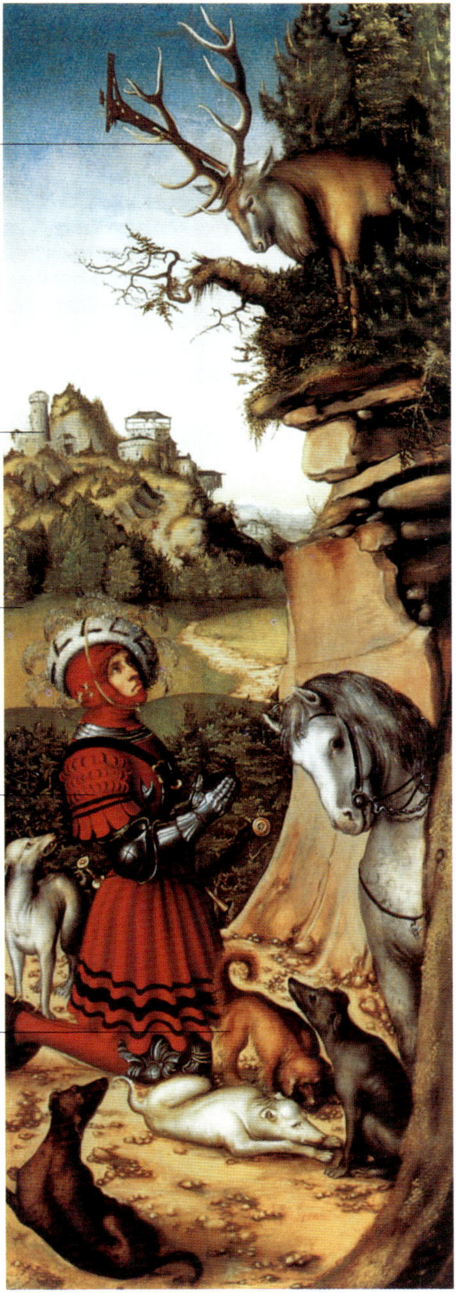

► Lucas Cranach d. Ä.,
Hl. Eustachius, um 1515,
Wien, Liechtenstein Museum.

Der Übergang von der Charakterisierung der Personen (in Bewegung, aggressiv, fast schelmisch der Mann; weich, mit einer Spur von Verschlagenheit die Frau) zur email-artigen Grandiosität der Gewänder in den Farben der Wappen, ist fließend.

Es ist interessant zu beobachten, wie rasch sich in der deutschen Kunst das ganzfigurige Porträt verbreitet, während es in Italien nur zögernd aufgenommen wird und sich erst mit Tizian durchsetzt.

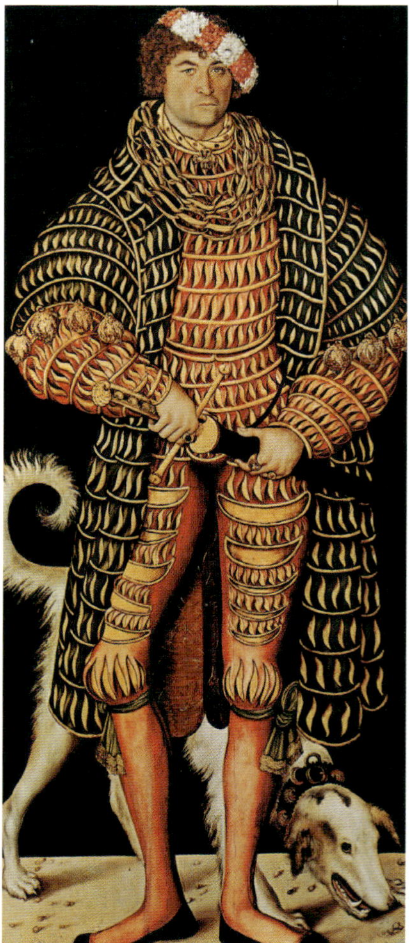

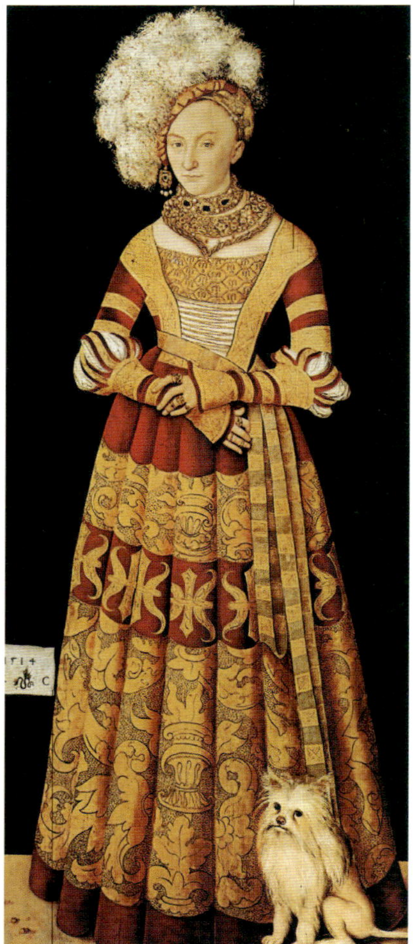

▲ Lucas Cranach d. Ä.,
Herzog Heinrich d. Fromme und seine Frau Katharina von Mecklenburg, 1514,
Dresden, Gemäldegalerie.

Das Doppelbildnis des sächsischen Fürstenpaars ist zugleich Porträt und Wappenbild.

Das Täfelchen trägt das Datum und die Initialen Cranachs, zusammen mit dem Profil eines kleinen Drachens, ein Emblem, das zum Markenzeichen des Künstlers wurde.

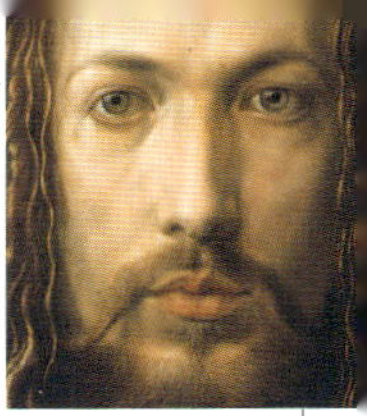

Der einflussreichste spanische Maler der Jahrhundertmitte tritt mit der intensiven Frömmigkeit seiner Bilder an die Seite der großen Mystiker seines Landes.

Luis de Morales

Die Bilder von Luis de Morales zeigen eine so große Vielfalt möglicher stilistischer Einflüsse, dass eine Studienreise nach Italien anzunehmen ist. Die Anmut eines Raffael, das *Chiaroscuro* und das *Sfumato* eines Leonardo, die anatomischen Verkürzungen der Manieristen könnten ihm allerdings genauso durch (gemalte oder gedruckte) Vorbilder bekannt geworden sein oder durch die Vermittlung anderer spanischer Künstler wie Alonso Berruguete. Sein Stil scheint auch durch flämische Einflüsse geprägt zu sein, wie sich beispielsweise im pathetischen Ausdruck seiner *Ecce-Homo*-Darstellungen und seiner Madonnen mit Kind zeigt. Nach der Lehrzeit in Sevilla, wahrscheinlich bei Pedro de Campaña, wurde Luis de Morales von Philipp II. in die Werkstatt des Escorial berufen, wo er aber nur kurz bleibt. Großen Erfolg haben seine Polyptychen für Salamanca, Palencia, Evora und andere kleinere Orte, entstanden zwischen 1560 und 1580, die den im gegenreformatorischen Spanien verbreiteten Mystizismus spiegeln. Zwar malt er bevorzugt religiöse Bilder, aber er ist auch ein solider nüchterner Porträtmaler. Zu seiner Zeit wurde er als einer der größten Künstler geschätzt und »El Divino«, der Göttliche, genannt. Dennoch starb er arm, was ihn zu einer symbolischen Gestalt volkstümlicher Legenden werden ließ. Seine Werke haben eine breite Nachwirkung in der religiösen Malerei Spaniens im 17. Jh.

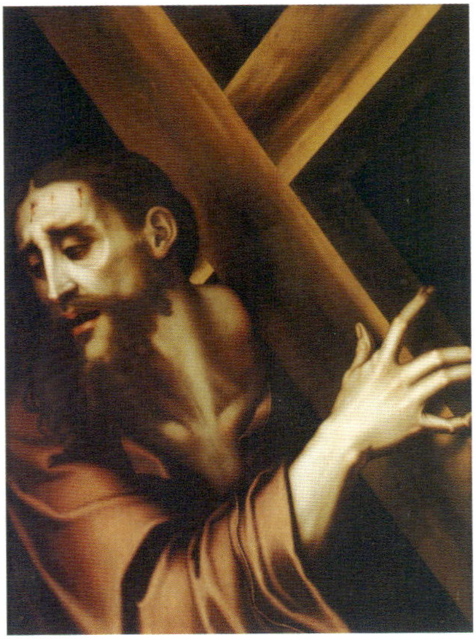

Spanischer Maler
* um 1510 Badajoz
† 1586 ebd.

Wirkungsstätten
Badajoz und Estremadura

Reisen
Außer verschiedenen Aufenthalten auf der iberischen Halbinsel (vor allem in Kastilien und Andalusien) wird eine Reise nach Italien angenommen, die aber nicht dokumentiert ist.

Werke
Es gibt jeweils mehrere Versionen seiner bevorzugten Themen: *Ecce Homo, Maria mit dem Kind, Pietà*

Verbindungen
Schüler von Pedro de Campaña; interessante stilistische Bezüge gibt es zu Beccafumi, Sebastiano del Piombo und zum florentinischen Manierismus.

◄ Lius de Morales, *Der Nazarener,* 1566, Valencia, Real Collegio del Patriarca.

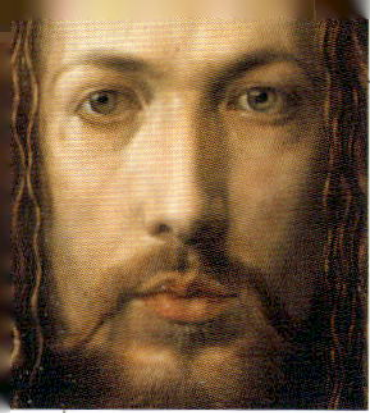

Der virtuose und gebildete flämische Bildhauer führt die Bronzeskulptur im Prag Rudolfs II. zu höchster Vollendung und bildet den Höhepunkt des internationalen Manierismus.

Adriaen de Vries

in Italien: Adriano Fiammingo

Niederländischer Bildhauer

* um 1545 Den Haag
† 1626 Prag

Wirkungsstätten
Augsburg und Prag

Reisen
Lehrzeit und erste Tätigkeit in Italien (Florenz, Mailand, Turin); Reisen und Aufträge in Deutschland und Dänemark

Werke
Brunnen in Augsburg; Bronzefiguren für das Palais Wallensteins in Prag, heute in Drottningholm

Verbindungen
Schüler Giambolognas; am Hof Rudolfs II. in Prag Verbindung mit Hans von Aachen, Arcimboldo, Spranger, Heintz; in Augsburg mit dem Architekten Elias Holl

Als Schüler von Giambologna in Florenz macht Adriano Fiammingo, wie er in Italien genannt wird, rasch Karriere. Er erhält namhafte Aufträge von ehrgeizigen Städten und vornehmen Fürstenhöfen von Turin bis Skandinavien, von Bayern bis Prag. 1586 verlässt er Florenz und geht nach Mailand, wo er etwa zwei Jahre zusammen mit Pompeo Leoni an der Ausführung von Bronze-Statuen arbeitet, die Philipp II. von Spanien für den Escorial in Auftrag gegeben hat. 1588 macht Adriaen de Vries sich selbstständig. Nach einer kurzen Station am Hof der Savoyer in Turin folgt sein erster Aufenthalt in Prag, der fünf Jahre, von 1589–94, dauert. Großartig und meisterhaft gestaltet sind die beiden großen städtischen Brunnen in Augsburg (*Merkurbrunnen*, vollendet 1599, und *Herkulesbrunnen*, 1602). Eine grandiose Schöpfung ist auch der *Neptun-Brunnen* (1616–23), den er im Auftrag von König Christian IV. von Dänemark für das Schloss Frederiksborg schafft, der aber 1659 von schwedischen Truppen abgerissen wird (Fragmente heute im Nationalmuseum Stockholm). Ab 1602 lebt Adriaen de Vries als kaiserlicher Kammerbildhauer am Hof Rudolfs II. in Prag. Nach dem Tod des Kaisers (1612) führt er Bronzen für das Palais Wallenstein in Prag und für die Kirchen von Bückeburg und Stadthagen aus.

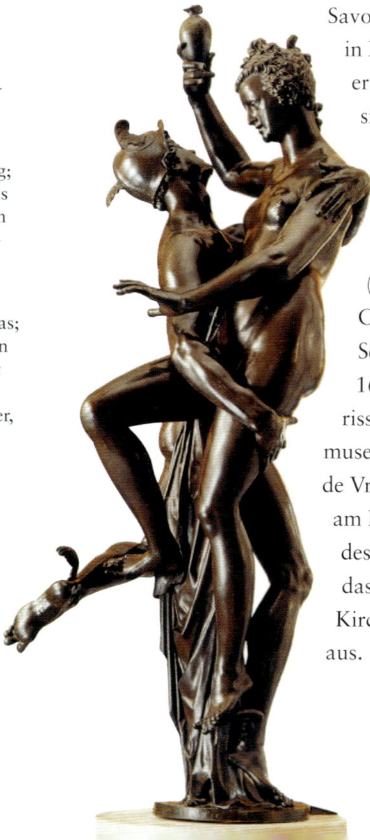

► Adriaen de Vries, *Merkur und Psyche*, 1593, Paris, Musée du Louvre.

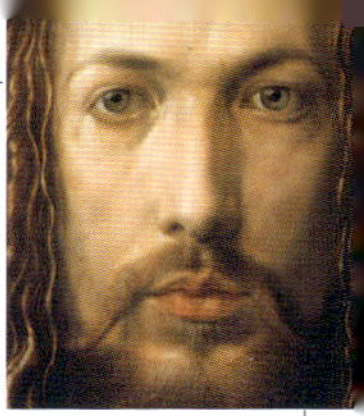

In der reizvollen Stadt Ferrara, deren Blütezeit mit dem 16. Jh. zu Ende geht, steigt Dosso Dossi, voll Phantasie und Verlangen, sich in Bildern auszudrücken, zum bedeutendsten Maler auf.

Dosso Dossi

Datum und Ort der Geburt von Dosso Dossi, Hauptvertreter der Schule von Ferrara, sind nicht bekannt. Erster stilistischer Bezugspunkt in seiner Ausbildung ist die Kunst Venedigs, daneben tritt aber sogleich die expressive Tradition der Schule von Ferrara und eine individuelle Neigung zum Narrativen. Die Jugendwerke mit mythologischen Themen knüpfen an Giorgione an, beziehen sich auf die antike Kunst und nehmen Anregungen Raffaels auf. Um 1510 ist Dossi in Mantua tätig, 1514 wird er Hofmaler in Ferrara, zu der Zeit, als Ludovico Ariosto dort Hofdichter ist. In seiner Funktion als Hofmaler ist Dossi auch als Dekorateur für die höfischen Feste und Theateraufführungen sowie als Raumausstatter tätig. Seine Bilder schmücken, neben den Meisterwerken Giovanni Bellinis und Tizians, das *Camerino* des Herzogs Alfonso I. d'Este (heute in der Galleria Estense in Modena). Dank zahlreicher Reisen (vor allem nach Venedig, aber auch nach Florenz und Rom) ist er stets in Kenntnis der Entwicklung der zeitgenössischen Malerei. Auch steht er in intensivem Austausch mit Tizian. Während der langen Tätigkeit am Hof der Este arbeitet er an Altarbildern (manchmal in Zusammenarbeit mit Garafalo) und an Dekorationszyklen mit literarischen oder mythologischen Themen. Um 1530 malt er die Fresken in der Villa Imperiale in Pesaro und im Castello di Buonconsiglio in Trient, wo er mit Romanino in Kontakt tritt. In den letzten Jahren verstärken sich die Hell-Dunkel-Kontraste und die symbolischen Verweise in seinem Werk.

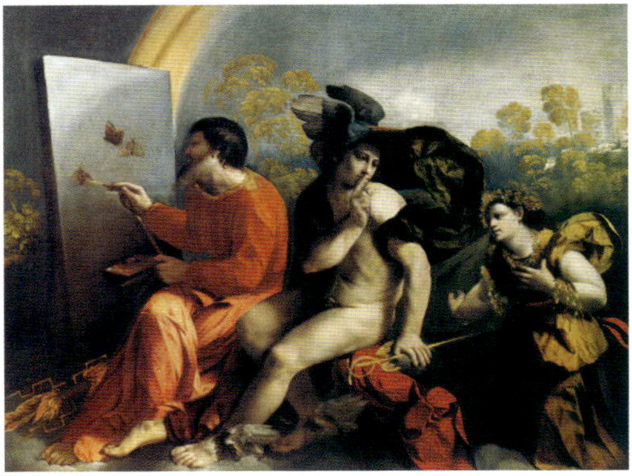

Giovanni de' Luteri

Italienischer Maler
Schule von Ferrara

* um 1486 Tramuschio (Mirandola) (?)
† 1542 Ferrara

Wirkungsstätte
Ferrara

Reisen
Aufenthalte in Mantua, Rom und Venedig; Tätigkeit in Pesaro und Trient

Werke
Polyptychon *Costabili,* ab 1514, Ferrara, Pinacoteca Nazionale; *Melissa,* 1516, Rom, Galleria Borghese; Fresken im Castello di Buonconsiglio in Trient, 1531/32

Verbindungen
In Venedig Begegnung mit Giorgione; in Ferrara misst er sich mit Tizian; in Pesaro Arbeit an der Seite Gerolamo Gengas, in Trient mit Gerolamo Romanino. Sein jüngerer Bruder Battista ist ebenfalls Maler am Hof der Este.

◄ Dosso Dossi, *Jupiter, Merkur und Virtus,* um 1523/24, Krakau, Sammlung Lanckoronski

Die Amoretten, die Liebespfeile abschießen, erinnern stark an Raffael: Dossi greift auf Vorbilder zurück, die er frei variiert.

Die in Rot und Grün gekleidete Frau hatte Dossi übermalt. Sie wurde erst kürzlich durch eine Restaurierung wieder sichtbar gemacht.

Der prächtige Zitronenbaum erinnert an die Naturdarstellung der Bacchanalien, *die Tizian für Ferrara gemalt hat.*

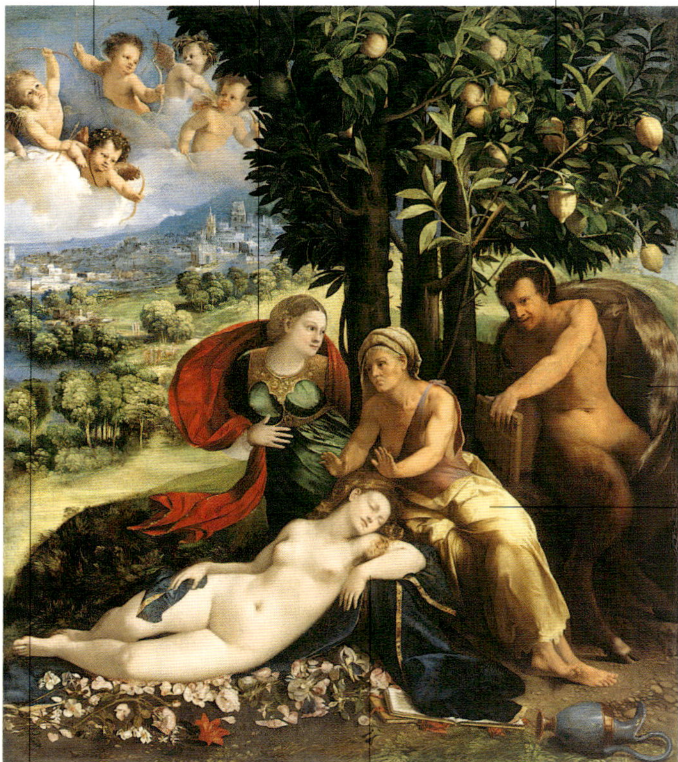

Die einzige klar identifizierbare Gestalt auf dem ansonsten komplexen und schwierig zu entschlüsselnden Bild ist der Gott Pan.

Die alte Frau, die über den Schlaf des Mädchens wacht, wurde als Gaia, die Personifikation der Erde, gedeutet.

Mit der Landschaft, die zwischen Gold- und Blautönen changiert, erweist Dossi Giorgione, dessen aufmerksamer Schüler er in seiner Jugend war, seine Ehrerbietung.

Die wunderschöne nackte junge Frau könnte die Nymphe Echo sein, in die Pan verliebt war; aber der literarische Bezug tritt in den Hintergrund gegenüber der Schönheit der Komposition in leuchtenden Farben und mit einer unwiderstehlichen Lebendigkeit.

▲ Dosso Dossi,
Mythologische Allegorie (Pan und die Nymphe), um 1529/30,
Los Angeles, The J. Paul Getty Museum.

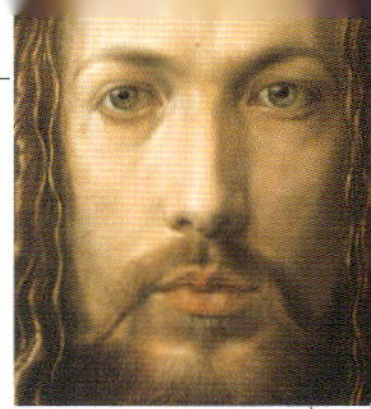

Der größte deutsche Künstler ist ein »Universalkünstler«, offen für die verschiedensten Themen, Formate und Techniken. Er bereichert die Kunst mit umwälzenden Neuerungen.

Albrecht Dürer

Nach einer Goldschmiedelehre bei seinem Vater und einigen Monaten in der Werkstatt des Nürnberger Malers Michael Wolgemut schickt ihn sein Vater auf Wanderschaft (1490–94): Er hält sich in Basel auf und geht dann nach Colmar im Elsass, um bei Martin Schongauer zu lernen, der jedoch, als er 1492 ankommt, schon verstorben ist. Gleichwohl studiert er dessen Stiche und Bilder in der von den Brüdern fortgeführten Werkstatt. In Straßburg trifft er Hans Baldung Grien, mit dem er eine lang andauernde Freundschaft knüpft. Nach einer ersten Reise nach Italien und Venedig 1494/95 beginnt er in Nürnberg als Maler und Stecher zu arbeiten, u.a. im Dienst Kaiser Maximilians I. von Habsburg. 1505–07 folgt eine zweite Italienreise, bei der er die Renaissancekultur auf ihrem Höhepunkt erlebt. Er hält sich länger in Venedig auf, wo sich der Stil der Malerei von der Tradition der Bellini und Carpaccios zur neuen Generation von Giorgione, Lorenzo Lotto und Tizian wandelt. Die Bilder Dürers zeigen nun unter Beibehaltung der für ihn typischen zeichnerischen Exaktheit ein neues Interesse für Monumentalität und Perspektive. 1520/21 führt ihn eine letzte Reise nach Antwerpen und in die Niederlande, während der es zu Begegnungen mit vielen großen Kollegen und humanistischen Gelehrten kommt. Während der letzten Lebensjahre sucht Dürer in den reformatorischen Wirren einen eigenen Standpunkt zu finden. Seine Kunst wird tief religiös. In dieser Zeit verfasst Dürer auch mehrere kunsttheoretische Schriften.

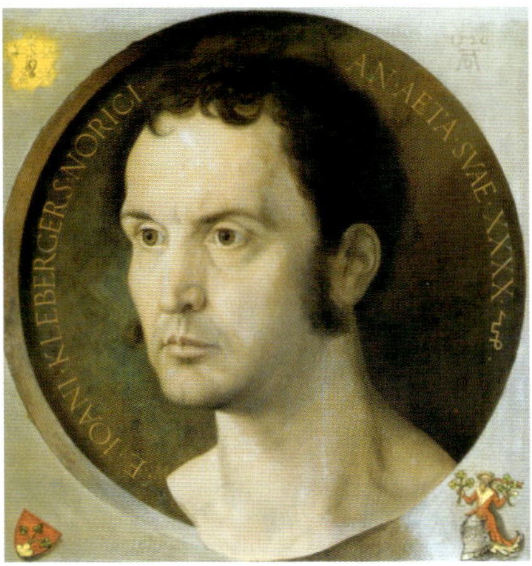

Deutscher Maler, Graphiker, Zeichner und Kunsttheoretiker

* 1471 Nürnberg
† 1528 ebd.

Wirkungsstätte
Nürnberg

Reisen
Süddeutschland (Oberrhein), 1490–94; zwei Italienreisen, bes. Venedig, 1494/95, 1505–07; Reise nach Flandern und in die Niederlande, 1520/21

Werke
Allerheiligenbild, 1511, Wien, Kunsthistorisches Museum; *Die Vier Apostel*, 1526, München, Alte Pinakothek

Verbindungen
Kontakt mit allen deutschen Künstlern seiner Zeit (Grünewald, Cranach, Altdorfer, Baldung Grien); in Italien mit Giovanni Bellini und vielleicht mit Leonardo da Vinci; in den Niederlanden mit Patinir, Lucas van Leyden, Mabuse, Massys (Werkstatt)

◄ Albrecht Dürer, *Johannes Kleberger*, 1526, Wien, Kunsthistorisches Museum.

Die himmlische Gemeinschaft der Heiligen ist um die Dreifaltigkeit versammelt, die der Tradition des Nordens entsprechend als »Gnadenstuhl« dargestellt ist, mit Gott Vater, der das Kreuz mit Christus hält, und der Taube des Heiligen Geists über ihm.

Viele der Gestalten (Patriarchen, Propheten und Könige des Alten Testaments auf der rechten, Jungfrauen und Märtyrerinnen auf der linken Seite) sind durch ihre Attribute identifizierbar.

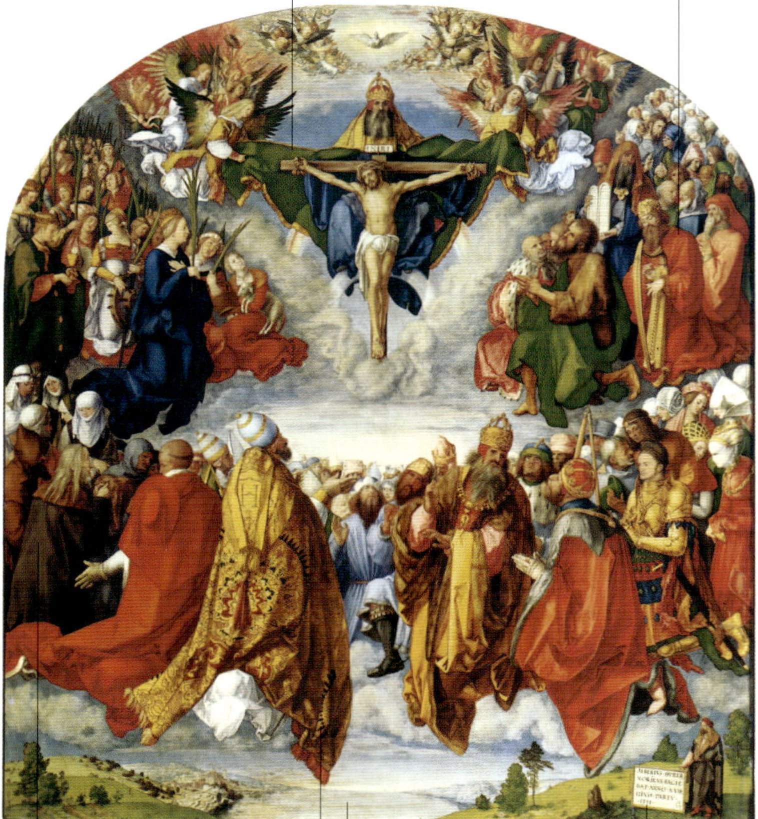

Die Tafel war bestimmt als Altarbild für die Allerheiligenkapelle des Zwölfbrüderhauses in Nürnberg, einer Stiftung des Matthäus Landauer, der am linken Bildrand dargestellt ist.

Die Landschaft mit der weiten Bucht eines hellen, stillen Sees ist vielleicht eine Erinnerung an den Garda-See, an dem Dürer auf seinen Reisen nach Italien Station gemacht hat.

Am unteren Bildrand bildet sich Dürer selbst ab mit einer Inschriftentafel, die ihn als Autor des Werks nennt.

▲ Albrecht Dürer,
Allerheiligenbild (Anbetung der Hl. Dreifaltigkeit), 1511,
Wien, Kunsthistorisches Museum.

Das Bild zeigt die Vereinigung der irdischen Christenheit mit Papst, Kaiser, den Ständen und den Stiftern des Altars mit der himmlischen Gemeinschaft der Heiligen, angeführt von Maria und Johannes, in der Anbetung der Dreifaltigkeit zur »Gemeinschaft aller Heiligen« nach dem Jüngsten Gericht.

Dürer hat die beiden Tafeln dem Rat seiner Vaterstadt Nürnberg vermacht, wo sie im Rathaus ausgestellt wurden.

Der Tradition nach könnte es sich um die Seitenflügel eines Triptychons handeln, Dürer hat die Tafeln jedoch völlig innovativ als für sich stehende Werke geschaffen.

Die beiden Paare stellen Johannes den Evangelisten und Petrus auf der linken und Markus und Paulus auf der rechten Tafel dar; die Figuren verkörpern zudem die vier Temperamente.

Johannes verkörpert den Sanguiniker (heiter, aktiv), Petrus den Phlegmatiker (schwermütig, passiv).

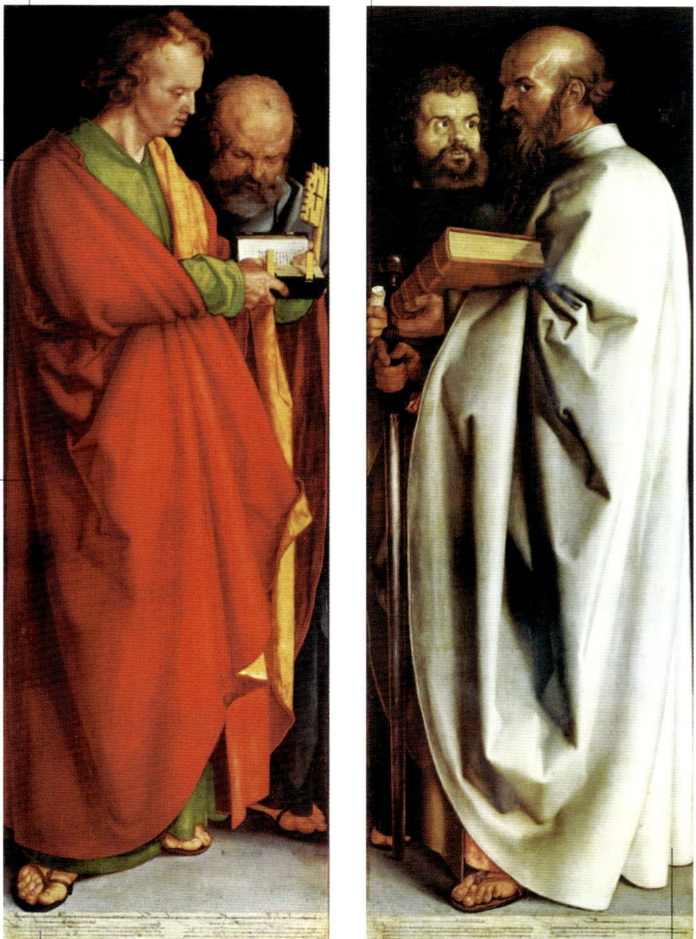

Mahnende Worte auf den Inschriften zu Füßen der Apostel wenden sich gegen falsche Propheten, verderbliche Sekten und gegen die Christusleugner. 1525 hatte der Rat der Stadt Nürnberg beschlossen, die Reformation einzuführen.

Markus verkörpert den Choleriker (reizbar), Paulus den Melancholiker (traurig, nachdenklich). Paulus, Lieblingsapostel Luthers, dominiert mit seiner Monumentalität die Komposition.

▲ Albrecht Dürer,
Die Vier Apostel, 1526,
München, Alte Pinakothek.

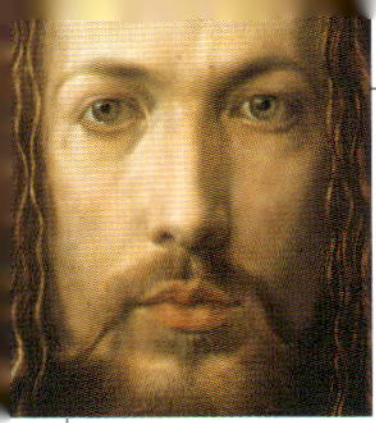

Gaudenzio Ferrari überwindet den Dualismus Venedig – Florenz, der die italienische Kunst beherrscht, mit der leidenschaftlichen Intensität seiner Werke.

Gaudenzio Ferrari

Italienischer Maler und Bildhauer

Piemontesische Malerschule

* 1475/80 Valduggia (bei Biella)
† 1546 Mailand

Wirkungsstätten
Varallo Sesia, Vercelli (1527–37), Mailand

Reisen
in der Jugend wahrscheinlich nach Rom

Werke
Fresken und Figuren in der Kapelle der Anbetung der Hirten und der Kreuzigung auf dem *Sacro Monte* von Varallo, 1517–24; Fresken und Altarbild in San Cristoforo in Vercelli

Verbindungen
Zahlreiche Kontakte, die allerdings nicht immer dokumentiert sind: Bramantino, Leonardo da Vinci, Perugino, vielleicht Raffael; Lotto, Correggio, Savoldo, Tizian und vermutlich Holbein

Angetrieben von einem mitreißenden und tief bewegten volkstümlichen Glauben, zugleich ein aufmerksamer Interpret aktueller bildnerischer Entwicklungen, wird Gaudenzio Ferrari der Schöpfer einer besonderen Kunstgattung: des *Sacro Monte,* einer Nachbildung der heiligen Orte in Jerusalem. Die Kombination von Landschaft, Architektur, Malerei und Skulptur macht aus einem über Varallo gelegenen Gebäude ein Werk der »totalen Kunst«, das schnell Pilgerziel wird und große Bedeutung für die Gegenreformation erlangt. Die Eigentümlichkeit von Ferraris Stil zeigt sich schon in den Fresken der Chorwand von Santa Maria delle Grazie in Varallo (1513), die auf die beiden Kapellen des *Sacro Monte* (mit der *Anbetung der Hirten* und der *Kreuzigung)* voraus weisen, für die Ferrari sowohl die Skulpturen als auch die Fresken schafft. Sein Stil nimmt vielfältige Anregungen auf, da er mit allen bedeutenden Künstlern Norditaliens in Verbindung steht (beachtenswert sind die Übereinstimmungen mit dem Schaffen Lorenzo Lottos in Bergamo zu Beginn der 1520er Jahre). Auch Einflüsse aus dem Norden, beispielsweise die Stiche Dürers, sind bei ihm erkennbar. Nach Vollendung des *Sacro Monte* von Varallo betätigt Ferrari sich ausschließlich als Maler. Eine große Breitenwirkung erreicht er mit Werken wie den Fresken und dem Altar von San Cristoforo in Vercelli (1529–34), den *Musizierenden Engeln* in der Kuppel der Kirche zu Saronno (1534–36) und den späten Mailänder Bildern.

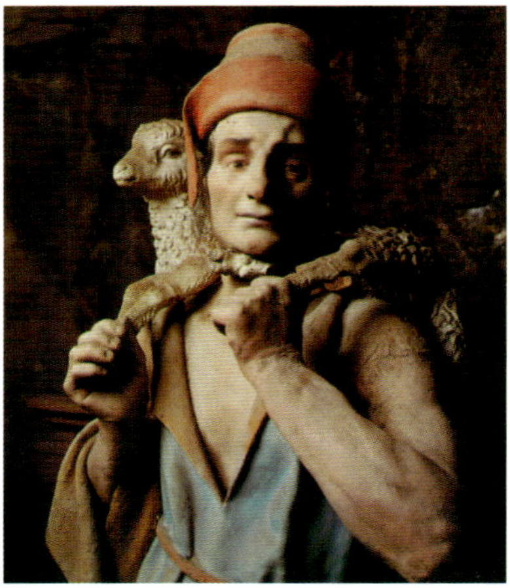

► Gaudenzio Ferrari, *Hirte,* Kapelle der Anbetung der Hirten, 1520, Varallo Sesia, Sacro Monte.

Die Sorgfalt, mit der die Diener und deskriptive Details dargestellt sind, geben der Szene eine realistische Note.

Nur die frontale Darstellung Christi erinnert noch an das Abendmahl *von Leonardo da Vinci, das für ein halbes Jahrhundert in der Lombardei Maßstäbe für Darstellungen des Letzten Abendmahls gesetzt hatte.*

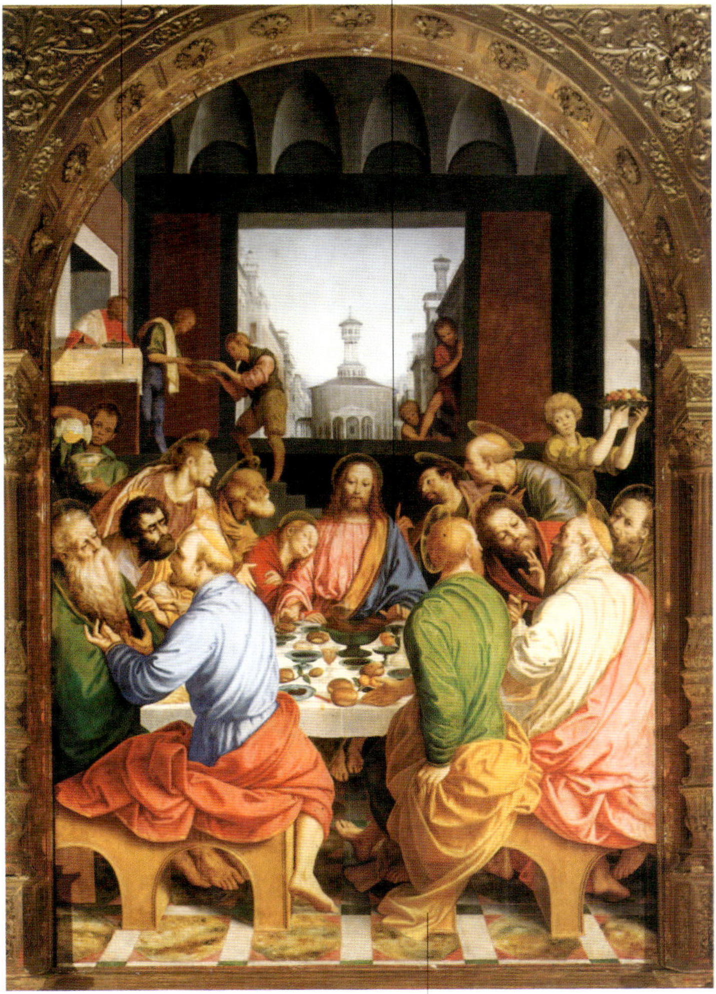

▲ Gaudenzio Ferrari, *Letztes Abendmahl*, 1542/43, Mailand, Santa Maria della Passione.

Die Apostel sind um einen schmalen viereckigen Tisch angeordnet. Der Maler ließ sich von Stichen Dürers anregen, seine Komposition ist jedoch eigenständig.

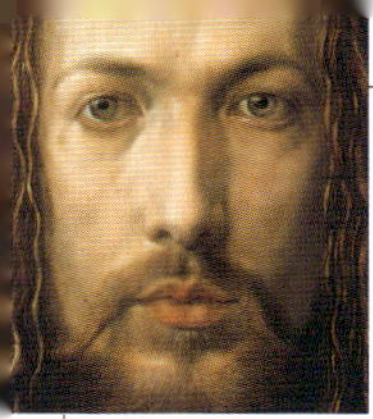

Frans Floris bietet eine verfeinerte, aktualisierte und intellektuelle Version der italienischen Vorbilder und Themen und ist der führende Vertreter der italianisierenden Malerei in Antwerpen.

Frans Floris

Frans de Vriendt
Flämischer Maler
* 1519/20 Antwerpen
† 1570 ebd.

Wirkungsstätte
Antwerpen

Reisen
Langer Aufenthalt in Italien (um 1542–46): Rom, Genua, Mantua und Venedig

Werke
Engelssturz, 1554, Antwerpen, Koninklijk Museum voor Schone Kunsten; *Fest der Götter,* 1561, Stockholm, Nationalmuseum

Verbindungen
Schüler von Lambert Lombard in Lüttich; enge Beziehungen zu den italienischen Manieristen (Giulio Romano, Perino del Vaga, Francesco Salviati) und natürlich mit der Schule von Antwerpen; der Bildhauer, Baumeister und Ornamentzeichner Cornelis Floris ist sein Bruder.

In der Schule von Antwerpen ist Frans Floris gewissermaßen ein Verbindungsglied zwischen der Generation der italianisierenden Maler (Mabuse, Massys, van Cleve, Coecke) und Rubens. Er ist Schüler Lambert Lombards in Lüttich, bei dem er wohl zum ersten Mal mit italienischer Kunst in Berührung kommt, kehrt dann zurück nach Antwerpen und wird Mitglied der dortigen Malergilde. Unmittelbar darauf bricht er zu einer langen Reise nach Italien mit Aufenthalten in Genua (ein für Antwerpener fast obligatorisches Ziel), Mantua und Rom auf, wo er begeistert die Werke der modernen (Raffael, Michelangelo, Giulio Romano, Perino del Vaga) und der antiken Kunst betrachtet und skizziert. 1546 kehrt Floris nach Antwerpen zurück und eröffnet eine Werkstatt mit zahlreichen Mitarbeitern. Mit seinem monumentalen Stil, der auch in der Wahl mythologischer und allegorischer Themen ausdrücklich an die italienische Malerei anknüpft, findet er zahlreiche Auftraggeber. Stilistisch vom europäischen Manierismus geprägt, sind in seinen späteren Werken auch Aspekte eines Alltags-Realismus zu bemerken, wie er sich in der Schule von Antwerpen entwickelt. Einige bedeutende religiöse Werke, darunter die *Aufnahme Marias in den Himmel* für die Kathedrale, wurden während des Bildersturms zerstört, der wenige Jahre nach Floris' Tod über Antwerpen hereinbrach.

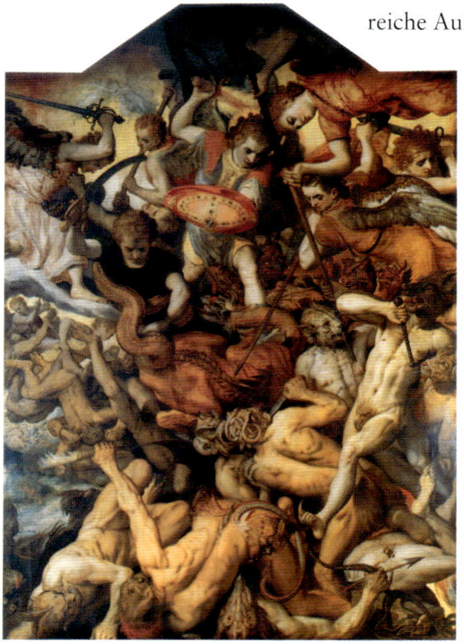

► Frans Floris, *Engelssturz,* 1554, Antwerpen, Koninklijk Museum voor Schone Kunsten.

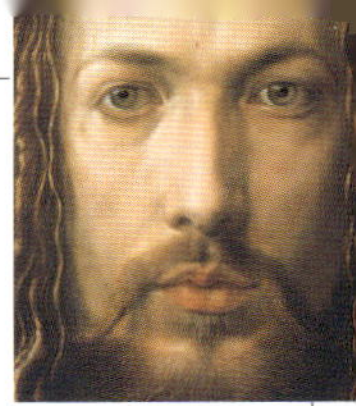

Fra Bartolomeo ist einer der Protagonisten des frühen 16. Jh. in Florenz; er malt Altar- und Andachtsbilder, von deren feierlich strengem und klaren Stil auch Raffael beeindruckt ist.

Fra Bartolomeo

Fra Bartolomeo geht zusammen mit Piero di Cosimo bei Cosimo Rosselli in die Lehre und arbeitet anschließend mit Mariotto Albertinelli in einer eigenen Werkstatt. Er hört die Predigten von Savonarola, wird sein Anhänger und gerät in eine tiefe Krise. 1500 hört er mit dem Malen auf und wird Dominikanermönch. 1504 wendet er sich wieder der Kunst zu, eröffnet ein Atelier im Kloster San Marco und erneuert seine Freundschaft mit Albertinelli. Mit der *Vision des hl. Bernhard* (1504) für die Kirche der Badia orientiert er sich neu und nimmt, was die Darstellung der Atmosphäre betrifft, Anregungen Leonardo da Vincis auf. 1508 begibt er sich nach Venedig, und in Folge dieser Reise werden seine Farben wärmer und satter. 1510 gehört er dem Kreis an, der von dem Gonfaloniere Pier Soderini, Aufträge mit politischen Hintergründen erhält (unvollendetes Altarbild der *Unbefleckten Empfängnis,* heute in der Accademia in Florenz). Die weitere Entwicklung Fra Bartolomeos ist gekennzeichnet durch eine mystische Monumentalität (Beispiele sind die Gemälde der Apostel *Petrus und Paulus,* 1513 in Rom gemalt, jetzt in der Pinacoteca Vaticana) und einer sensiblen Wiedergabe von Natur und Landschaft. Das stilistische Erbe Fra Bartolomeos wird weitergegeben von Künstlern wie Frater Paolino da Pistoia und Schwester Plautilla Nelli (eine der ersten Malerinnen), die wie er dem Dominikanerorden angehören und bei ihrer Arbeit für verschiedene Klöster in der Toskana seine Zeichnungen und Bildvorlagen aufgreifen und weiterführen.

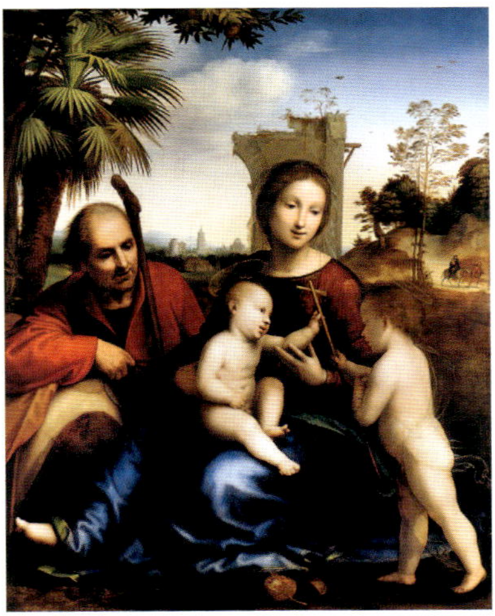

Bartolomeo di Paolo del Fattorino, auch: Bartolom(m)eo della Porta

Italienischer Maler Florentiner Schule

* 1472 Savignano (Prato)
† 1517 Florenz

Wirkungsstätte
Florenz

Reisen
Aufenthalte in Venedig (1508) und Rom (1513)

Werke
Vision des hl. Bernhard, 1504, Florenz, Uffizien; *Gott Vater mit der hl. Maria Magdalena und der hl. Katharina,* 1509, Lucca, Museo di Villa Guinigi

Verbindungen
mit vielen Florentiner Malern, besonders mit Cosimo Rosselli und Raffael. Ein großer Teil seiner Tätigkeit spielt sich im Kloster San Marco in Florenz ab.

◄ Fra Bartolomeo, *Ruhe auf der Flucht nach Ägypten,* 1509, Los Angeles, The J. Paul Getty Museum.

Die beeindruckende Gestalt von Gott Vater ist eine grandiose Erscheinung; die Verwendung weniger Farben steigert die Wirkung.

Die Engel lassen den Einfluss Peruginos, aber auch die Unterschiede zu seinem Stil erkennen.

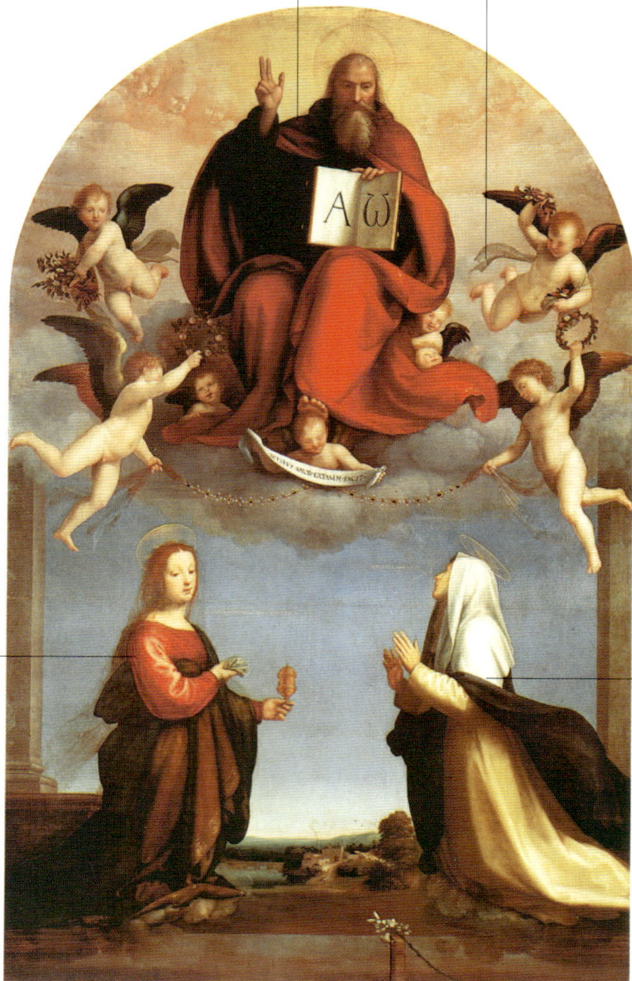

Fra Bartolomeo greift als einer der ersten Florentiner Maler das Sfumato *Leonardo da Vincis auf. Das Salbgefäß ist das Attribut der hl. Maria Magdalena.*

Aufgrund des tiefen Horizonts stehen die beiden Frauen fast wie Silhouetten vor dem blassen Hintergrund des Himmels.

▲ Fra Bartolomeo,
Gott Vater mit der hl. Maria Magdalena und der hl. Katharina, 1509,
Lucca, Museo di Villa Guinigi.

Fra Bartolomeo platziert gerne Gegenstände im Vordergrund, die einen Trompe-l'oeil-*Effekt bewirken, hier eine Lilie, das Attribut der hl. Katharina.*

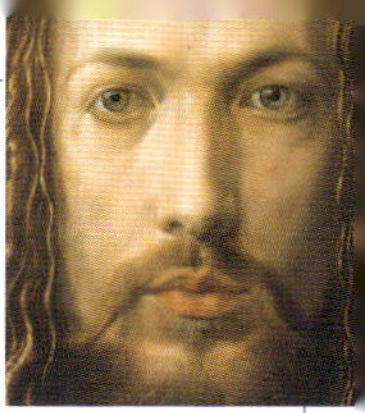

Giambologna ist der bedeutendste Bildhauer des Manierismus. Sein Ruhm zog einen internationalen Schülerkreis nach Florenz, der seinen Stil über ganz Europa verbreitete.

Giambologna

Giambologna absolviert seine Lehre bei dem Bildhauer Jacques Dubroeucq in Mons und eignet sich dabei die vollkommene Beherrschung der verschiedensten Techniken an. 1550 begibt er sich auf die inzwischen unumgänglich gewordene Bildungsreise nach Rom, wo er vor allem durch die Statuen Michelangelos geprägt wird. Auf dem Rückweg wird er eingeladen, sich in Florenz niederzulassen, und bleibt dann auf Dauer in der Stadt und am Hof der Medici. Er erhält Aufträge von Cosimo I. de' Medici und spielt während der gesamten 2. Hälfte des Jahrhunderts in der Florentiner Kunstszene eine entscheidende Rolle. Ab 1561 bezieht er ein regelmäßiges Einkommen von der herzoglichen Verwaltung. Er leitet die repräsentative Ausstattung der Signoria mit Bildwerken auf öffentlichen Plätzen (auf denen er Reiterstandbilder und Skulpturengruppen aufstellt, beginnend mit der Piazza della Signoria in Florenz) ebenso wie in den privateren Bereichen *(Venus-Brunnen* in der *Grotta del Buontalenti,* Boboli-Garten). Die Palette seiner Werke reicht von feinsten Kleinbronzen mit mythologischen Themen, die manchmal in zahlreichen Exemplaren hergestellt werden, über witzige und realistische Tiere (z. B. im Bargello) bis zu kolossalen allegorischen Skulpturen wie dem riesigen *Apennin* im Garten der Medici-Villa in Pratolino bei Prato. Giambologna wird an den verschiedenen Höfen Europas bewundert und nachgeahmt. Er selbst führt auch in anderen Städten spektakuläre Werke aus wie etwa den *Neptun-Brunnen* in Bologna.

Jean Boulogne
auch: Giovanni Bologna

Italienischer Bildhauer flämischer Herkunft

* 1529 Douai
† 1608 Florenz

Wirkungsstätte
Florenz

Reisen
1550 nach Rom

Werke
Neptun-Brunnen in Bologna, 1563–66; *Merkur,* 1580, Florenz, Museo del Bargello

Verbindungen
Als zentrale Gestalt des internationalen Manierismus steht Giambologna mit allen Künstlern von Florenz und mit internationalen Bildhauern wie Adriaen de Vries in Verbindung.

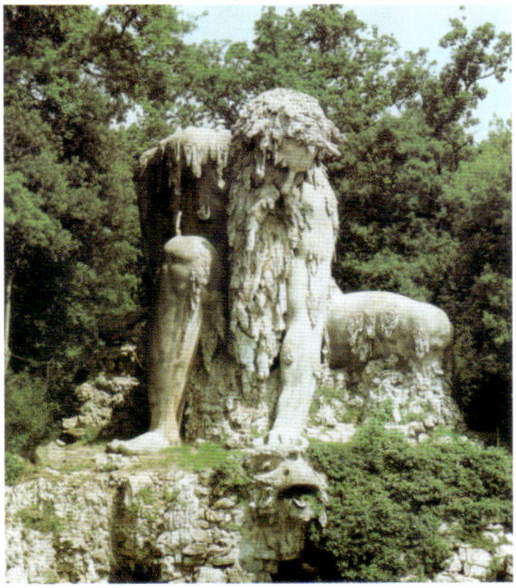

◄ Giambologna, *Kolossalstatue des Apennin,* 1569–81, Pratolino bei Prato (Florenz), Villa Medici.

Der erhobene Finger vollendet den unablässig sich drehenden und schraubenden Bewegungsduktus der Figur.

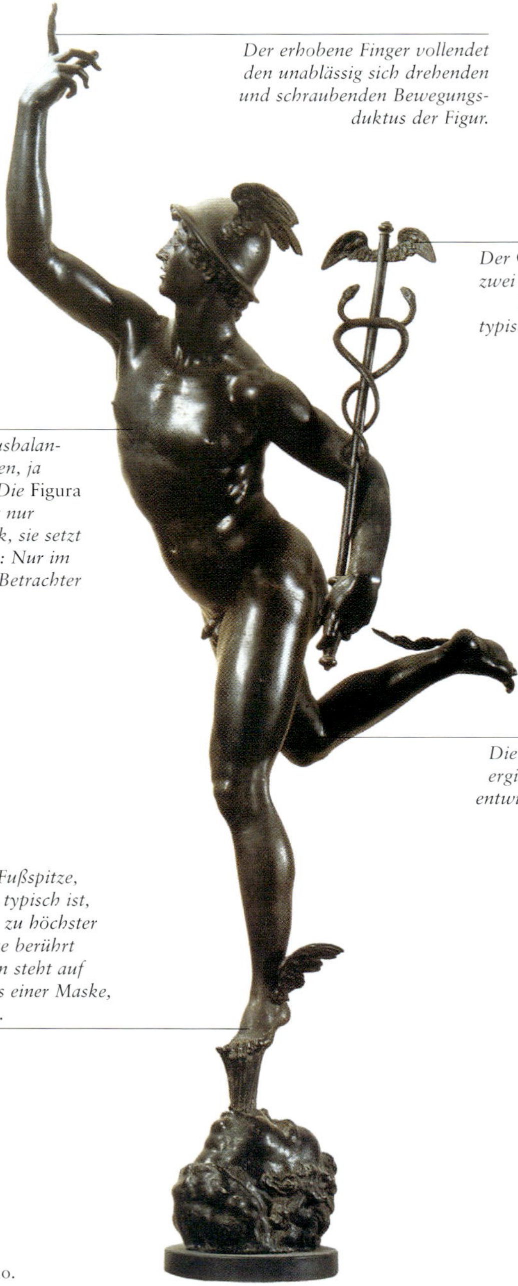

Der Caduceus, *ein Stab mit zwei Flügeln und sich überkreuzenden Schlangen, typisches Attribut Merkurs, betont zusätzlich die Vertikale.*

Die ganze Figur ist so ausbalanciert, dass sie zu schweben, ja davonzufliegen scheint. Die Figura serpentinata *bringt nicht nur Bewegung zum Ausdruck, sie setzt auch Bewegung in Gang: Nur im Umschreiten erfasst der Betrachter die Plastik vollkommen.*

Die vollkommene Balance ergibt sich aus der Weiterentwicklung des klassischen Kontraposts.

Die Abstützung auf der Fußspitze, die für den Manierismus typisch ist, gibt hier die Gelegenheit zu höchster Virtuosität. Die Fußspitze berührt nicht den Boden, sondern steht auf einem Luftstrom, der aus einer Maske, dem Westwind entweicht.

▲ Giambologna,
Merkur, 1580,
Florenz, Museo del Bargello.

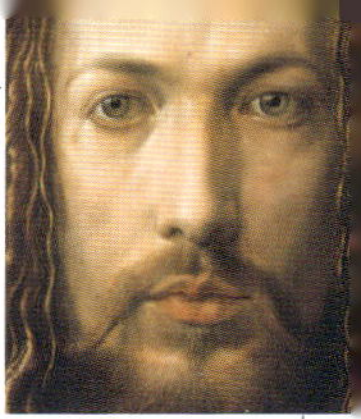

Giorgione ist der geniale Interpret für ein gebildetes Milieu, das eine verschlüsselte Sprache und symbolische Verweise schätzt und sich für die atmosphärische Wirkung der Landschaft begeistert.

Giorgione

Giorgione, der Schüler Giovanni Bellinis war, nimmt bereitwillig die Impulse auf, die »Fremde«, wie Leonardo und Dürer, nach Venedig bringen. Sein gesamtes Werk entsteht im ersten Jahrzehnt des 16. Jh.; sein Schaffen währt nur kurz, da er früh einer Pestepidemie zum Opfer fällt. Dennoch ist es möglich seine stilistische Entwicklung zu verfolgen, die von den ersten, noch stark von Bellini geprägten Werken ausgeht. Ein Wendepunkt ist das Altarbild im Dom von Castelfranco Veneto (1504), das einzige Altarbild Giorgiones. Die traditionelle Anlage der *Sacra Conversazione* wird hier von einer weiten Landschaft hinterfangen und in ein naturalistisches Licht getaucht. Giorgione betreibt eine florierende Werkstatt. 1508 malt er zusammen mit Tizian das Außenfresko für den Fondaco dei Tedeschi, die Niederlassung der deutschen Kaufleute am Ufer des Canal Grande, von dem nur wenige Fragmente erhalten sind. Mehr Glück ist seinen kleinformatigen Werken beschieden, die für patrizische Sammlungen bestimmt sind. Besonders gefragt sind seine Porträts und Darstellungen religiöser Themen, die er vor weite Naturhintergründe setzt. Auch weltliche Themen und moralisierende Bilder, Allegorien der »drei Lebensalter«, Konzertszenen, weibliche Halbfiguren und mythologische oder literarische Themen kommen bei ihm vor. Nach seinem Tod werden einige unvollendete Werke von seinen begabtesten Schülern, Tizian und Sebastiano del Piombo, vollendet.

Giorgio da Castelfranco

Italienischer Maler
Venezianische Schule

* 1477/78 Castelfranco Veneto (bei Treviso)
† 1510 Venedig

Wirkungsstätte
Venedig

Werke
Thronende Madonna mit dem hl. Franziskus und der hl. Liberale, um 1504, Castelfranco Veneto, San Liberale; *Das Gewitter,* um 1506, Venedig, Gallerie dell'Accademia; *Die drei Philosophen,* um 1508/09, Wien, Kunsthistorisches Museum

Verbindungen
Schüler von Giovanni Bellini, Kontakt zu Leonardo da Vinci und Dürer in Venedig; Lehrer von Tizian und Sebastiano del Piombo

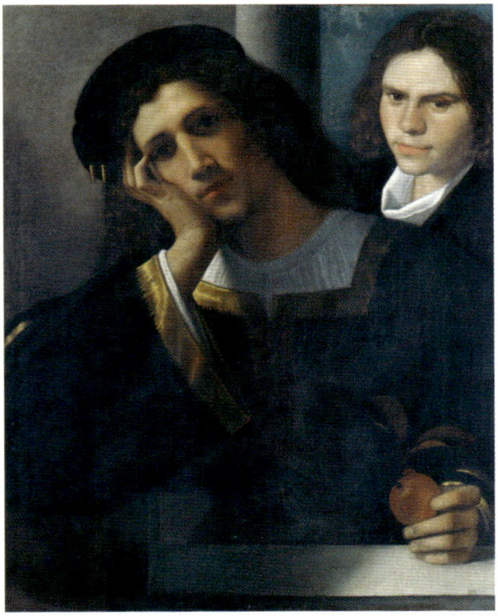

◄ Giorgione, *Doppelporträt,* um 1508, Rom, Museo di Palazzo Venezia.

Der schlanke und weiche Körper der Venus *von Giorgione ist der Prototyp für das höchst erfolgreiche Genre des entspannten weiblichen Aktes, der in der Renaissance und vor allem in Venedig weite Verbreitung findet.*

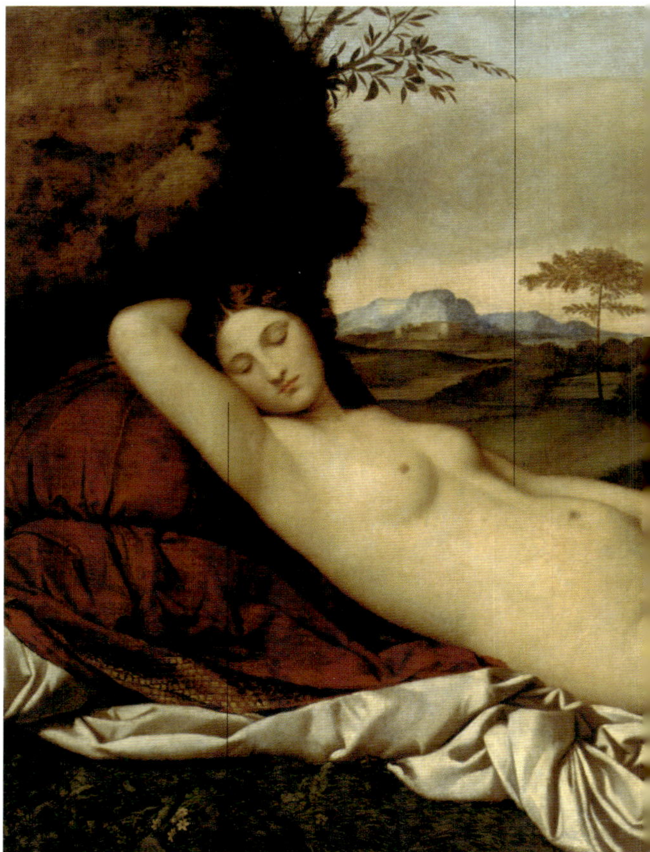

Venus ruht bzw. schlummert, im Unterschied zu den Akten von Tizian, die den Betrachter, oft verführerisch, anblicken. Sie befindet sich völlig im Einklang mit der sie umgebenden Natur.

▲ Giorgione (vollendet von Tizian),
Ruhende Venus, um 1508,
Dresden, Gemäldegalerie Alte Meister.

Die ländliche Gebäudegruppe auf der Anhöhe bildet einen anschaulichen Kontrast zur idealisierten Schönheit des Frauenaktes.

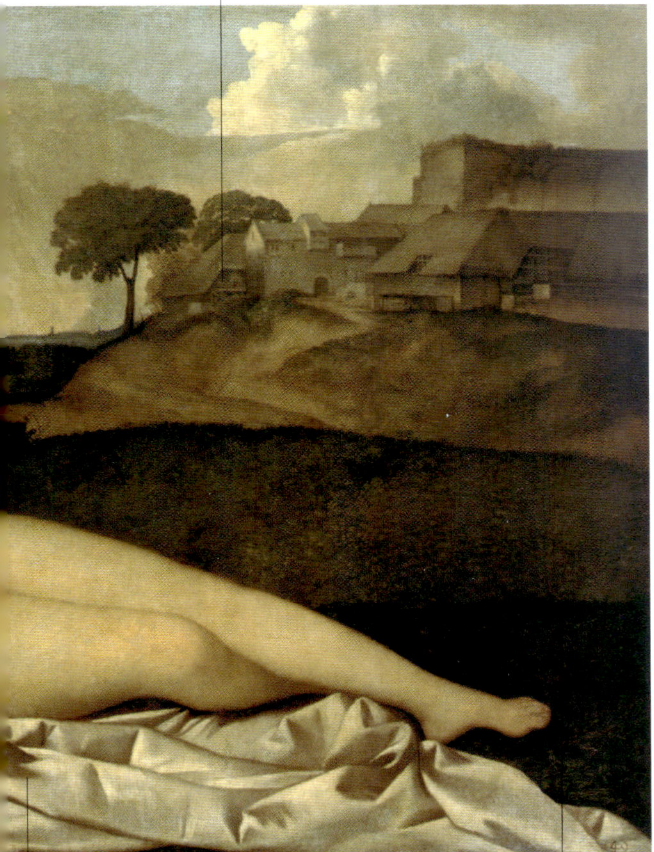

Das Tuch in Weiß und Rot mit leuchtenden Reflexen wurde von Tizian hinzugefügt, der das Bild zu Ende geführt hat, das wegen des frühen und plötzlichen Todes von Giorgione unvollendet geblieben war.

Radiographische Untersuchungen haben gezeigt, dass hier ein Amorknabe dargestellt war, der vermutlich von Giorgione skizziert und von Tizian übermalt wurde.

Das Bild ist eines der faszinierendsten und geheimnisvollsten Bilder der Renaissance. Es zeigt drei Männer, unterschieden nach Alter, Kleidung und Aussehen, an einem Waldrand.

Alle Gestalten Giorgiones widersetzen sich einer eindeutigen Identifizierung mittels der traditionellen Ikonographie oder literarischer Ableitung. Entsprechend unterschiedlich und spekulativ fallen die Interpretationen des Gemäldes aus.

Dieses Meisterwerk des Tonalismo *erfasst in unübertrefflicher Weise die Durchsichtigkeit der Atmosphäre, den Zauber des Himmels und die Fülle der Natur.*

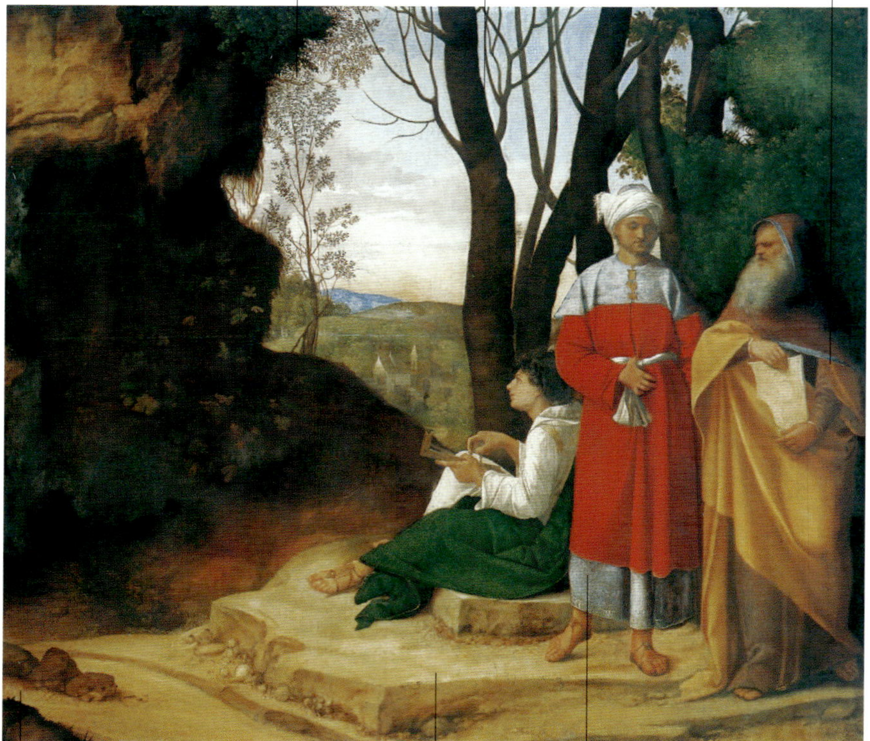

Im Zeitalter der großen Entdeckungen und zu einer Zeit, in der die Unzufriedenheit, die zur Kirchenspaltung führt, immer stärker wird, werden die Philosophen *zum Symbol dreier Seelenzustände, zu Momenten der Reise nach innen, die dem Menschen durch die verschiedenen Lebensstufen hindurch aufgegeben ist.*

Man hat in den drei Männern eine Darstellung der drei Lebensalter gesehen, Vertreter dreier philosophischer Richtungen oder mathematischer Schulen und auch der Heiligen Drei Könige.

Der Jüngste blickt aufmerksam in die Landschaft, wie in Erwartung einer Offenbarung, während die anderen beiden ihre Beobachtungen austauschen.

▲ Giorgione,
Die drei Philosophen, um 1508/09,
Wien, Kunsthistorisches Museum.

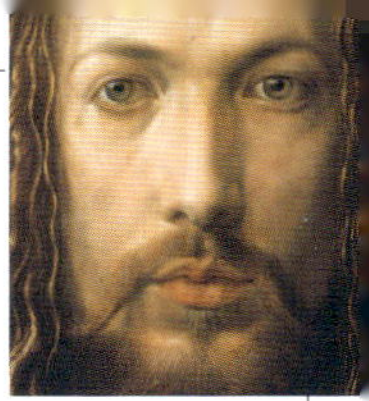

Giulio Romano entwirft erstaunliche Bauten mit gewagten perspektivischen Lösungen in vollendetem Illusionismus, er kombiniert Stuck und Fresken und schafft damit Glanzstücke des Manierismus.

Giulio Romano

Giulio Pippi, genannt Romano, ist ein namhafter Architekt und meisterlicher Arrangeur großer Festlichkeiten. Seine Lehrzeit verbringt er in der Werkstatt Raffaels, wo er auch seine ersten eigenen Bilder malt. Er wird Raffaels zuverlässigster Mitarbeiter bei der Ausführung der Zyklen in den Stanzen, in den Loggien des Vatikans, in der Farnesina und in der Villa Madama. Nach dem Tod Raffaels (1520) übernimmt Giulio Romano die Leitung der Werkstatt und vollendet dessen Aufträge (z. B. in der Sala di Constantino im Vatikan). Für seine eigenen Werke sind eine ausgeprägte Plastizität und metallisch-glänzende Farben charakteristisch. Daneben zeigen sie die Tendenz zu ausdrucksvollen, den Manierismus ankündigenden Gesten. 1524 geht er auf Einladung Baldassar Castigliones nach Mantua und wird führender Vertreter der letzten Phase der Renaissance-Hofkunst in Italien. Die nächsten 20 Jahre errichtet oder verändert er bedeutende städtische und kirchliche Gebäude in Mantua und im Umland. Am bekanntesten ist der weitläufige Palazzo del Te (1525–35), das Lustschloss Federico Gonzagas, eines der Hauptwerke des europäischen Manierismus. Der Palazzo del Te bietet charakteristische Neuerungen sowohl hinsichtlich der Architektur wie der Ausstattung. Mit einer gut organisierten Werkstatt koordiniert Giulio Romano die Ausstattung des Appartamento di Troia im Palazzo Ducale (1536–38), des Doms von Mantua und der Abteikirche San Benedetto Po.

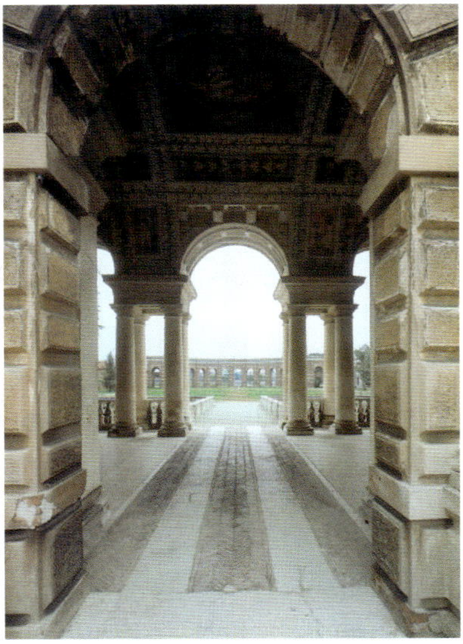

Giulio di Pietro Gianuzzi
auch: Giulio Pippi

Italienischer Maler und Baumeister

* 1499 Rom
† 1546 Mantua

Wirkungsstätten
Rom, später Mantua

Werke
Martyrium des hl. Stephanus, 1523, Genua, Santo Stefano; verschiedene Arbeiten in Mantua, besonders im Palazzo Ducale und im Palazzo del Te, 1525–35

Verbindungen
Schüler von Raffael; in Rom Kontakt zu allen großen Meistern, die im Vatikan tätig sind; in Mantua zählt Primaticcio zu seinen wichtigsten Mitarbeitern.

◄ Giulio Romano, Eingang zum Ehrenhof des Palazzo del Te in Mantua, 1527–34.

Eine große und effiziente Equipe von Mitarbeitern setzt die Vorzeichnungen Giulio Romanos in Fresken um; die Qualität der Arbeit lässt jedoch vermuten, dass er bei der Ausführung auch selbst mitgewirkt hat.

Während sich entlang der Wände eine helle, friesartige Malerei ohne Rahmungen entfaltet, ist die Decke in Bildfelder aufgeteilt. Die Darstellungen dort sind reich an perspektivischen Effekten und überraschenden Lichtspielen.

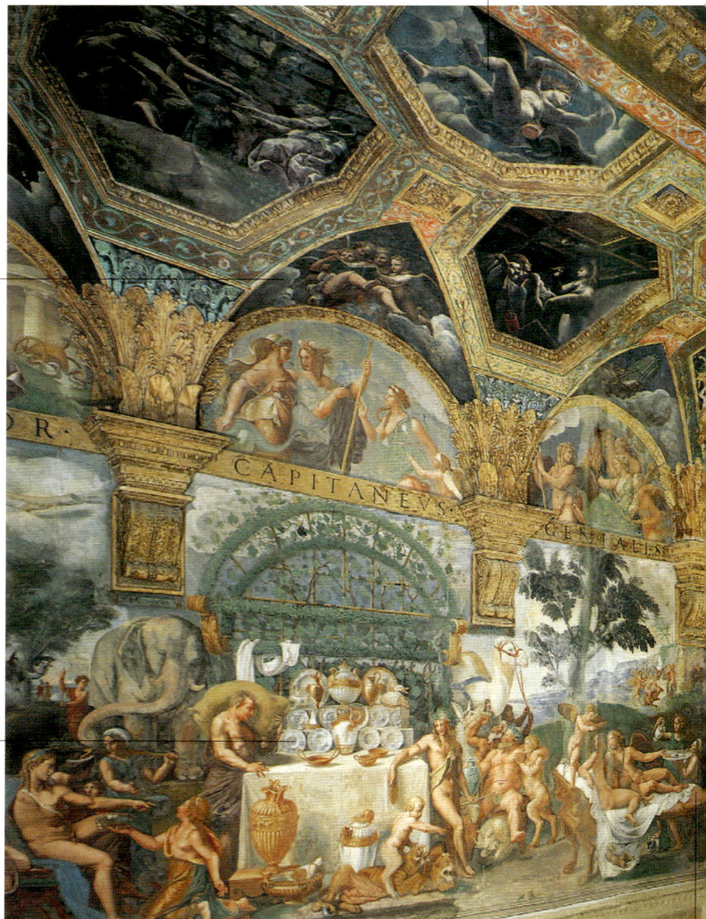

Die deskriptiven Details sind sehr sorgfältig ausgeführt, sie sollen ein lebendiges und glaubhaftes Bild des prächtigen Hofes der Gonzaga vermitteln. Jenseits der einzelnen Sujets des Saales bleibt die Verherrlichung der Dynastie das Leitthema der Fresken.

▲ Giulio Romano,
Die Hochzeit von Amor und Psyche,
um 1530, Mantua, Palazzo del Te,
Saal von Amor und Psyche.

Die beiden Protagonisten, die Verlobten Amor und Psyche, sind auf dem Brautbett dargestellt, aber in der weit ausgedehnten und überfüllten Szene sind sie nicht besonders hervorgehoben.

Jeder Saal des Palastes ist unterschiedlich hinsichtlich Dimension, Gliederung und Ausschmückung; es soll sich von Raum zu Raum jedes Mal erneut ein Gefühl der Überraschung und der Illusion einstellen.

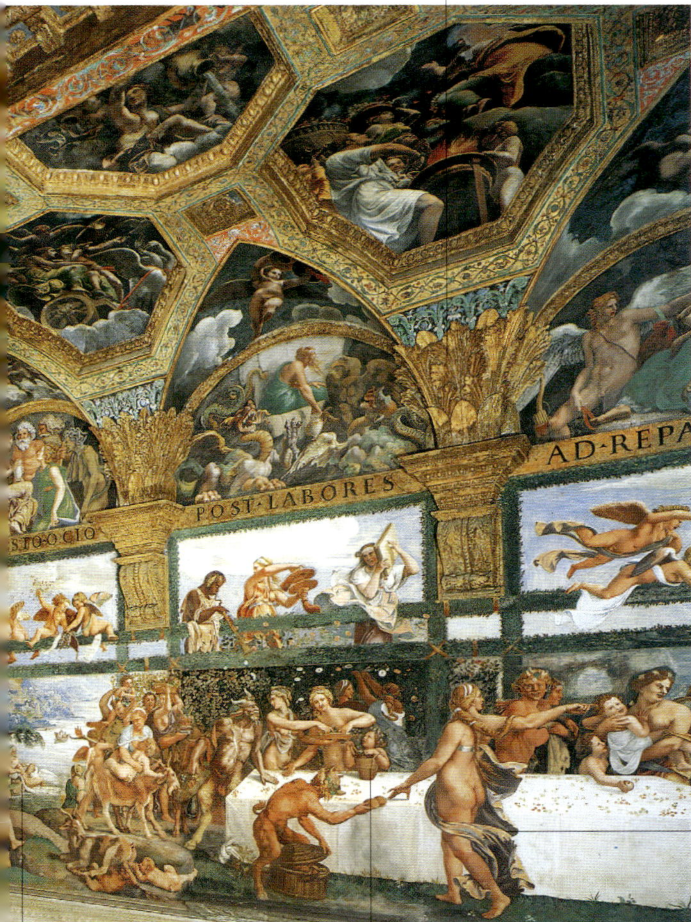

Überall sind sinnliche Akte und Posen a serpentina *zu entdecken, die im Manierismus so geschätzt werden.*

Die weiten Ausblicke in die Landschaften verleihen dem Bild Leuchtkraft und ein Moment der Ruhe.

Thema des Saals sind die verschiedenen Stadien des Hochzeitsfestes von Amor und Psyche, an dem Menschen, Götter, Tiere aller Art und Satyrn teilnehmen.

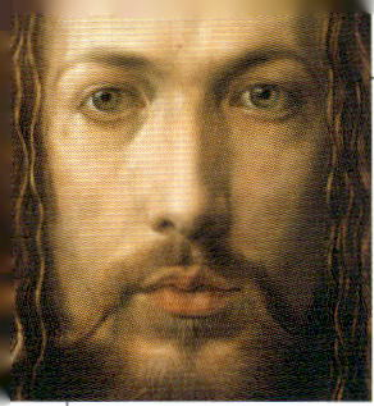

Unvergleichliche Lichteffekte, phosphoreszierende Farben, mystisches Pathos: El Greco ist im Panorama der europäischen Kunst eine wirklich einzigartige Erscheinung.

El Greco

Domenikos Theotokopoulos

Spanischer Maler griechischer Herkunft

* um 1541 Fodele bei Heraklion, Kreta
† 1614 Toledo

Wirkungsstätte
Toledo

Reisen
Aufenthalt in Italien: Venedig und Rom

Werke
Das Begräbnis des Grafen von Orgaz, 1586–88, Toledo, San Tomé; *Entkleidung Christi,* 1577–79, Toledo, Kathedrale

Verbindungen
Nach der Ausbildung auf Kreta intensive Beziehungen mit italienischen und vor allem venezianischen Künstlern (Tizian, Tintoretto, Bassano) und mit dem Buchmaler Giulio Clovio

Seine Ausbildung erhält El Greco wahrscheinlich bei dem Ikonenmaler Michael Damaskinos auf Kreta, und schon 1560 wird er in seiner Heimat »Malermeister« genannt. Er zieht kurz darauf nach Venedig (Kreta gehört zu dieser Zeit zur Republik Venedig) und tritt mit den großen Künstlern der Renaissance in Verbindung: Tizian, Tintoretto und Jacopo Bassano werden für seinen Stil bestimmend. El Greco entwickelt ein besonderes Gespür für die Farbgebung und zeigt in seinen frühen Werken, dass er den komplexen perspektivischen Bildaufbau von Tintoretto mit besonderer Aufmerksamkeit studiert hat. Um 1572 ist der noch junge Maler in Rom, wo er sich mit den Werken Michelangelos auseinandersetzt und sich in der Accademia di San Luca einschreibt. 1577 kommt er nach Toledo, in die Stadt, die seine Wahlheimat wird, und wo er, aufgrund seiner Herkunft, El Greco genannt wird und bald große Bekanntheit erlangt. Die ersten in Spanien entstanden Bilder (wie die *Dreifaltigkeit* von 1579, heute im Prado) sind noch von der italienischen Malerei des 16. Jh. beeinflusst und stellen kompakte, anatomisch korrekt geformte menschliche Körper dar. Dann aber nehmen seine Gemälde mit unnatürlich gelängten Figuren und einer grellen Farbgebung visionäre Züge an. Die Werke aus der Zeit um die Jahrhundertwende sind von einer beispiellosen Expressivität, gemalt in einem halluzinatorischen, magischen Stil höchster Anspannung.

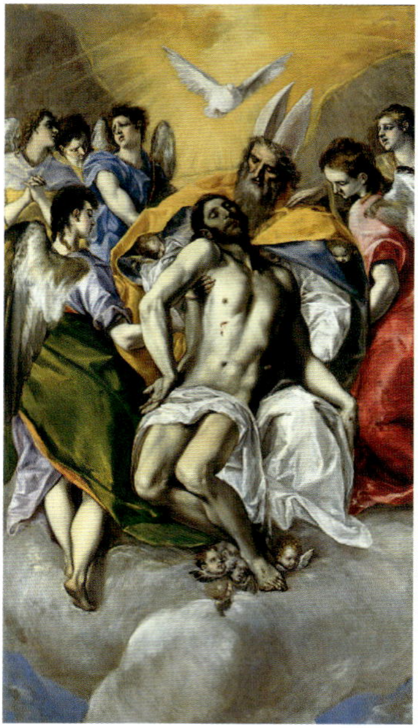

► El Greco, *Dreifaltigkeit,* 1577–79, Madrid, Museo del Prado.

Das Bild enthält Bezüge zur Mystik byzantinischer Ikonen, zu den Farben Tizians, zu den Werken von Michelangelo und Raffael, zu den magischen Lichteffekten von Tintoretto und Jacopo Bassano, den gestischen Verformungen des Manierismus und vielleicht sogar zu den Bildern Dürers; und dennoch entsteht ein neues Werk und nicht ein Nebeneinander von Vorbildern.

Die Teilnehmer an der Begräbniszeremonie sahen, so der Bericht, wie der Himmel aufriss und die leuchtende Herrlichkeit Christi, umgeben von Heiligen und Engeln, erschien.

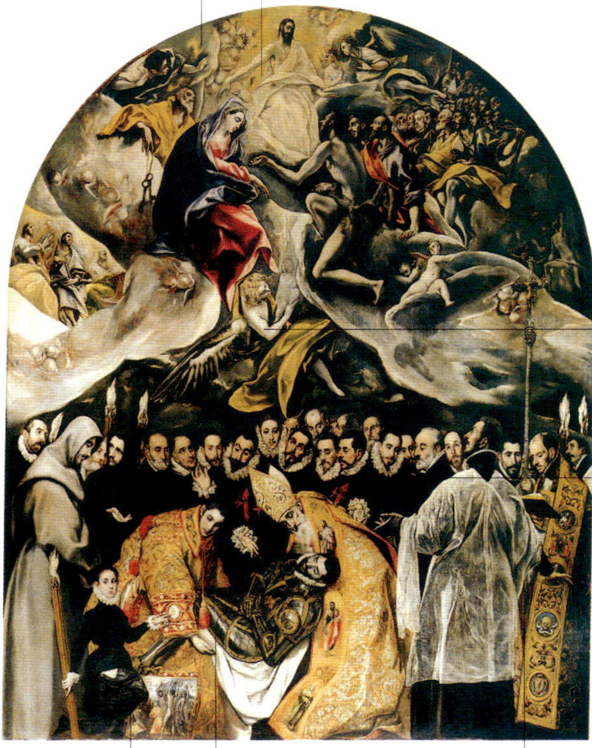

Ein Engel trägt die Seele des Grafen zum Himmel; er verbindet die beiden Teile des Gemäldes, den irdischen Bereich und die himmlische Erscheinung.

Über das ganze Bild verläuft eine zuckende Unruhe, die den Ausdruck der Gesichter fiebrig macht, die Hände unruhig, die Augen feucht, besonders in der Reihe der schwarz gekleideten Männer.

Das Kind im Vordergrund ist wahrscheinlich Jorge Manuel, der Sohn des Malers.

▲ El Greco,
Das Begräbnis des Grafen von Orgaz, 1586–88,
Toledo, San Tomé.

Das große Altarbild, das in der kleinen Kirche verblieben ist, für die es gemalt wurde, stellt ein Wunder dar, das sich im 14. Jh. ereignet hat. Beim Tod des frommen Don Gonzalez Ruiz, Herrn von Orgaz, sollen die hll. Stephanus und Augustinus erschienen sein und bei der Grablegung assistiert haben.

Innerhalb eines großartigen und klar konzipierten Bildaufbaus verfügt El Greco souverän über die malerische Materie und glänzt durch überraschende Effekte, wie das transparente Chorhemd des Priesters.

In den virtuosen Posen der fliegenden Engel zeigt sich noch einmal der Einfluss des Manierismus, der zur Entstehungszeit des Gemäldes schwächer wird.

Das ungewöhnliche Format (mehr als doppelt so hoch wie breit) kommt El Grecos unnatürlich gelängten Figuren entgegen.

Entsprechend den Forderungen der zeitgenössischen Kunsttheorie zeigt El Greco die verschiedenen Reaktionen auf das heilige Geschehen: Überraschung, Gebet, Zärtlichkeit, Diskussion.

Das Lamm mit den gebundenen Füßen ist kein Hirtenmotiv, sondern verweist auf das Opfer Christi, das »mystische Lamm«, das auf den Andachtsbildern des 17. Jh. häufig zu sehen ist.

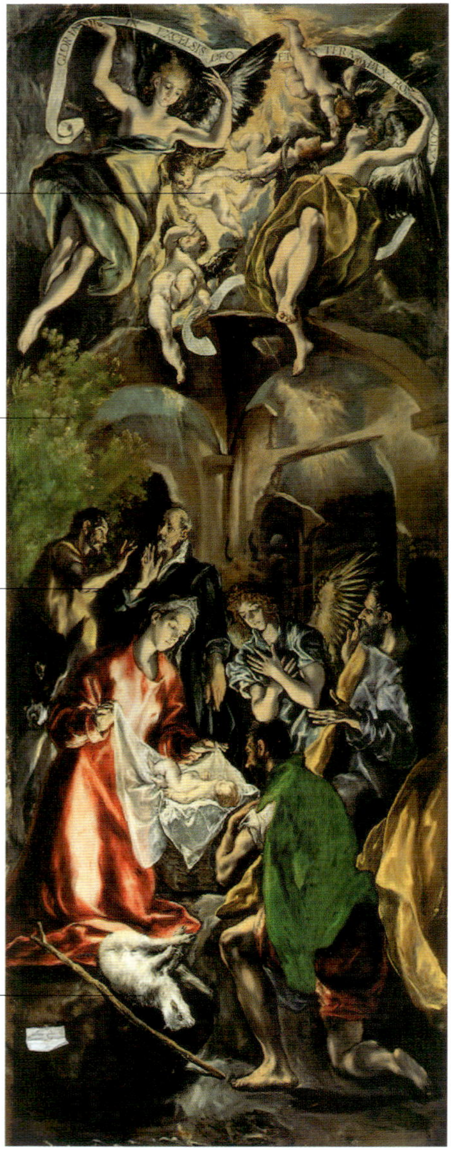

▲ El Greco,
Anbetung der Hirten, 1598/99,
Bukarest, Nationalmuseum der Kunst.

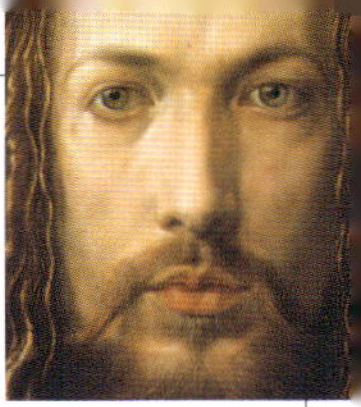

Die Werke von Grünewald sind ausdrucksvolles Zeugnis einer dramatischen Zeit, erlebt von einem Menschen, der in die Krisen der Erneuerung von Religion und Gesellschaft verstrickt ist.

Matthias Grünewald

Über das Leben Matthias Grünewalds vor 1505 gibt es keine dokumentarischen Nachrichten. In diesem Jahr erhält er den Auftrag, einen Epitaph in Aschaffenburg zu malen. Ab 1510 arbeitet er abwechselnd in Mainz und Frankfurt als Maler und als Ingenieur für Hydraulik. 1511 wird ihm der Titel eines Hofkünstlers vom Erzbischof von Mainz Uriel von Memmingen verliehen. Im Jahr darauf beginnt er mit dem *Isenheimer Altar* (heute in Colmar), den er 1516 vollendet. In diesem Jahr tritt Grünewald in den Dienst von Kardinal Albrecht von Brandenburg, Kurfürst und Erzbischof von Mainz, Auftraggeber auch von Dürer, Cranach und Holbein, mit denen ihn fortan engere Kontakte verbinden. 1520 nimmt Grünewald mit Dürer an der Krönung Karls V. in Aachen teil. Nach der Niederschlagung des Bauernaufstandes unter Führung Thomas Müntzers ist auch Grünewald von Repressionen betroffen. Er flieht nach Frankfurt, wo er aufhört zu malen und sich dem Farbenhandel und der Herstellung pharmazeutischer Seifen widmet. 1527, ein Jahr vor seinem Tod, ist er in Halle, wo er als Ingenieur der Hydraulik arbeitet. Im Nachlass finden sich prunkvolle Kleider aus kostbarem Material und, verschlossen in einer versiegelten Kassette, lutherische Schriften. In seiner Oper *Mathis der Maler* schildert Paul Hindemith das tragische Leben des Malers.

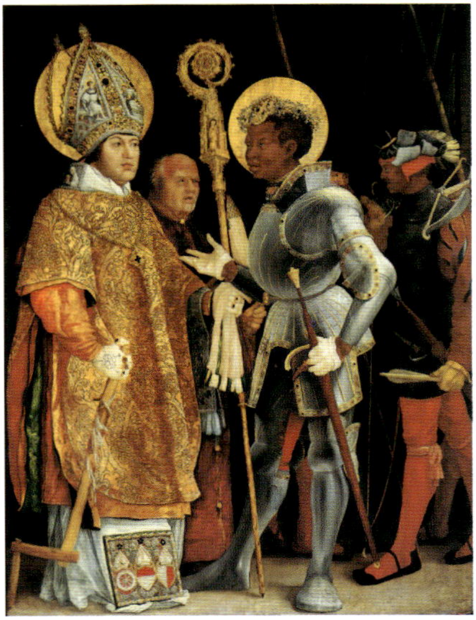

Mathis N(e)ithart; Mathis Gothart Nithart

Deutscher Maler, Zeichner, Bau- und Wasserkunstmeister

* um 1475/80 Würzburg
† 1528 Halle

Wirkungsstätten
Mainz, Frankfurt, Halle

Reisen
Aufenthalte in mehreren deutschen Städten: Aschaffenburg, Isenheim; Reise nach Aachen zur Krönung von Karl V.

Werke
Isenheimer Altar, 1516, Colmar, Musée d'Unterlinden; *Gottesmutter mit Kind (Stuppacher Madonna),* 1517–19, Stuppach, Pfarrkirche

Verbindungen
Begegnung mit Dürer in Aachen

◄ Matthias Grünewald, *Die Heiligen Erasmus und Mauritius*, um 1524, München, Alte Pinakothek.

Seit der Wiederentdeckung nach dem Ersten Weltkrieg gilt der Isenheimer Altar *als eines der größten Meisterwerke der deutschen Kunst. Als Vorbild für die Künstler des deutschen Expressionismus wurde er in der Zeit des Nationalsozialismus der »entarteten Kunst« zugeordnet.*

Das weiße Kleid von Maria und das grelle Rot von Johannes d. Evangelisten heben sich lebhaft vom nachtschwarzen Hintergrund des Gewitterhimmels ab.

Am Fuß des Kreuzes kniet Maria Magdalena, die klagend die Arme hochstreckt.

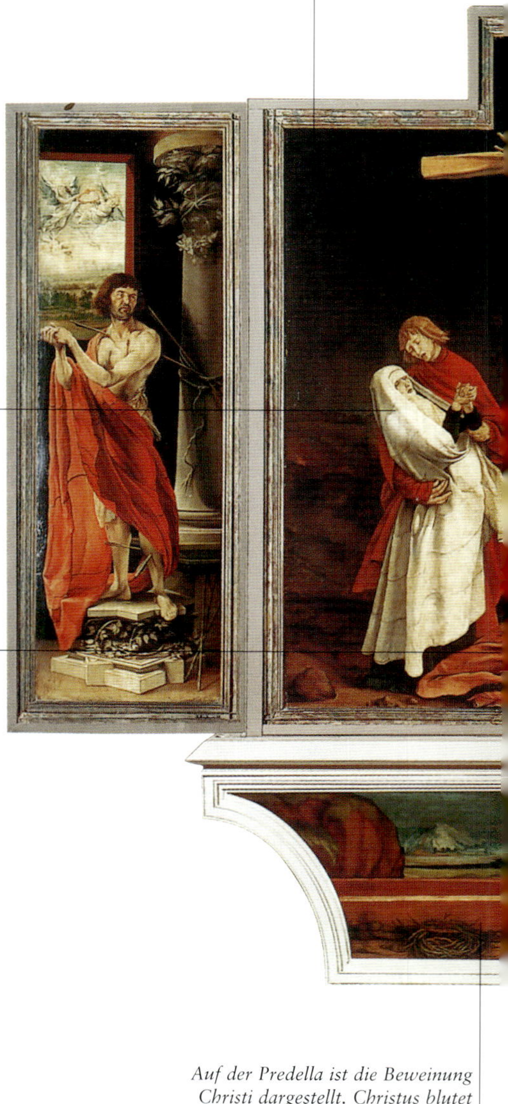

Auf der Predella ist die Beweinung Christi dargestellt. Christus blutet noch aus seinen unzähligen Wunden.

► Matthias Grünewald,
Erste Schauseite des *Isenheimer Altars*, 1516,
Colmar, Musée d'Unterlinden.

Der gewaltige disproportionierte Leib Christi ist durchlöchert von Wunden, er hängt fahl, geschunden, mit tief herabgesunkenem Haupt am durchgebogenen Balken. Hände und Füße sind durchbohrt von den Nägeln, die in das grobe und knorrige Holz geschlagen wurden.

Die Tafeln Grünewalds bildeten ursprünglich die Flügel eines großen Schreins, den Nicolas Hagenauer kurz nach 1500 für Jean d'Orlier, Prior des Hospitalordens der Antoniter von Isenheim, geschnitzt hat. Dessen Nachfolger, der Sizilianer Guido Guersi, gab die Tafeln bei Grünewald in Auftrag

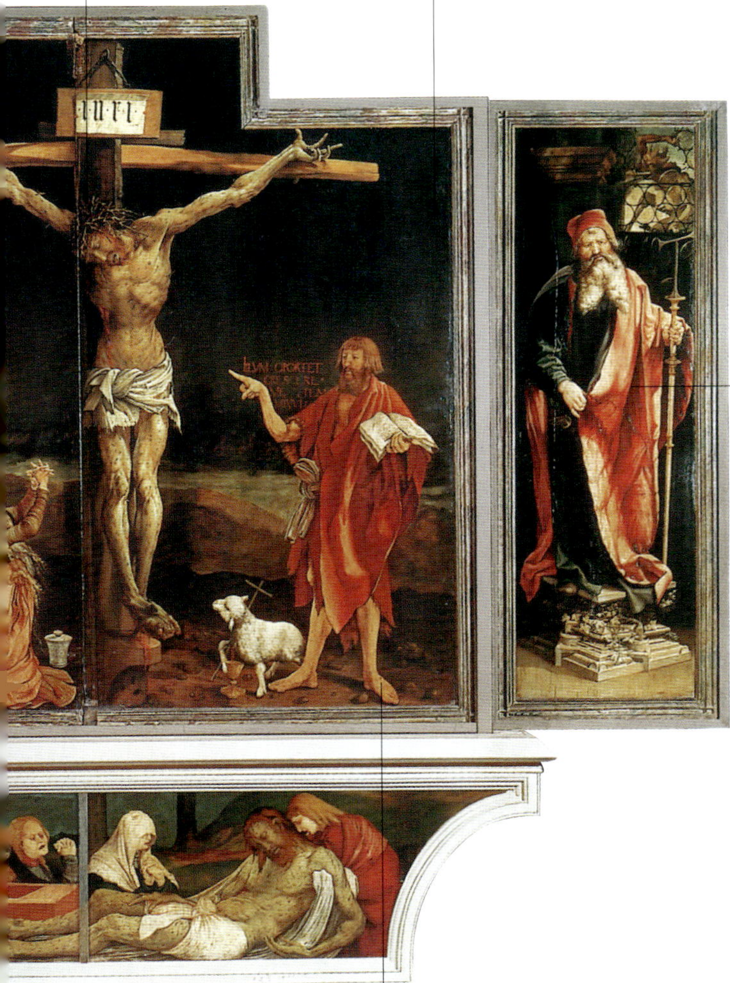

Auf den Seitentafeln sind der hl. Antonius, Abt und Eremit und Schutzpatron der Antoniter, und der hl. Sebastian dargestellt; beide wurden gegen Krankheiten und Geschwüre angerufen.

Ungewöhnlich ist der monumentale Johannes d.T., mit dem mystischen Lamm; er verweist auf Christus mit den Worten: »Er muss wachsen, ich aber muss abnehmen« (Joh. 3,30)

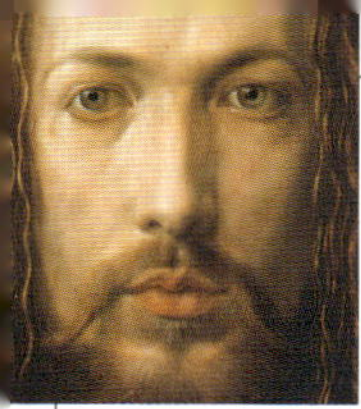

Im Chor der in Prag versammelten Künstler zeichnet sich Joseph Heintz durch eine freimütige Sinnlichkeit und eine feine und glänzende Technik aus.

Joseph Heintz

Schweizerischer Maler
* 1564 Basel
† 1609 Prag

Wirkungsstätte
Prag

Reisen
Längerer Aufenthalt in Rom

Werke
Der Sturz des Phaeton, 1596, Leipzig, Museum der Bildenden Künste; *Satyrn und Nymphen,* 1599, München, Alte Pinakothek

Verbindungen
in Rom mit den Malern des Spätmanierismus; in Prag gehört er zu dem Künstlerkreis um Rudolf II. (Hans von Aachen, Spranger, Arcimboldo, de Vries).

Joseph Heintz absolviert seine Lehre in Basel. In seinen frühen Werken ist er von Holbein d. J. geprägt, vor allem von dessen monumentalen Wandgemälden mit klassischen Szenen und dessen großen Figuren an den Fassaden der Häuser. Angeregt durch die italienisch geprägte Kunst Süddeutschlands, geht er mit 20 Jahren nach Rom, wo er sich mit dem Manierismus auseinandersetzt. 1591 wird er als Kammermaler Kaiser Rudolfs II. von Habsburg nach Prag berufen. Zusammen mit Bartholomäus Spranger und Hans von Aachen wird er einer der Protagonisten des eklektischen Kreises um Rudolf II. und lässt sich endgültig in Prag nieder. Typisch für den sinnlichen und gebildeten Geschmack des Kaisers sind die auf Kupfer gemalten mythologischen Bilder mit zahlreichen Frauenakten. Die besondere Technik des Malens auf Kupfer erfordert eine genaue Ausführung und bringt emailartige lebhafte Farben hervor. Zusammen mit den Prager Sammlungen wurden die Werke Heintz' bei der Eroberung Prags durch die schwedischen Truppen im Dreissigjährigen Krieg zu einem großen Teil zerstört. Heintz war nicht nur als Maler, sondern auch als Architekt und als Dekorateur tätig, teilweise in Zusammenarbeit mit Elias Holl, dem bedeutendsten Baumeister städtischer Bauten der Spätrenaissance in Süddeutschland, insbesondere im reichen Augsburg.

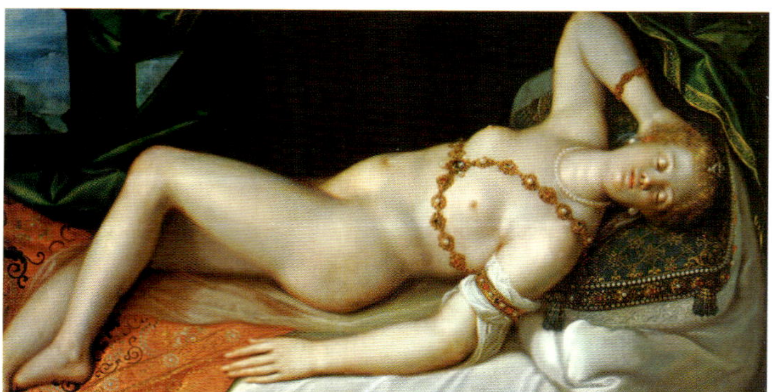

► Joseph Heintz, *Liegender weiblicher Akt,* um 1600, Wien, Kunsthistorisches Museum.

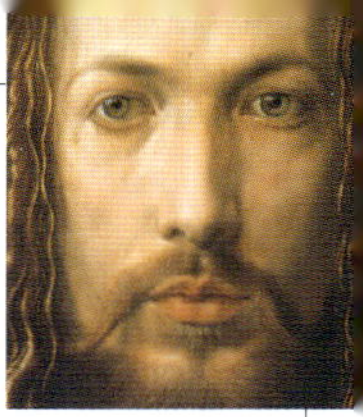

Mit den aristokratischen, gekünstelten und zugleich leidenschaftlichen Porträts von Hilliard verbindet sich das Bild des elisabethanischen Englands zu Zeiten Shakespeares.

Nicholas Hilliard

Dem Fehlen einer englischen Schule der »Historienmalerei« (mit religiösen, mythologischen oder narrativen Sujets, nicht nur in der Tudor-Zeit, sondern auch später) steht eine brillante Porträt-Tradition gegenüber, die durch den langen Aufenthalt von Hans Holbein d. J. am Hof von Heinrich VIII. begründet wird. Nicholas Hilliard, der bedeutendste Porträtmaler der elisabethanischen Epoche, macht zunächst eine Ausbildung als Goldschmied. Dies spiegelt sich in seiner äußerst feinen Zeichnung, und auch darin, dass er für seine Miniaturporträts auf Pergament, die seine größte Stärke sind, selbst Fassungen ausführt. Neben Holbein ist Hilliard von Hans Eworth geprägt, einem niederländischen Porträtisten, der nach der Jahrhundertmitte in London tätig ist. Hilliard ist mit der Miniaturmalerei in einer Kunstgattung aktiv, die dem Ende entgegensieht. Er hat gute Kenntnisse der Hofkunst des 16. Jh., etwa der *Crayons* mit den Bildnissen der französischen Hocharistokratie der Clouets. Hilliards Porträts der Personen vom Hof Elisabeths I., beginnend mit der Königin selbst, geben in der strengen Bewegungslosigkeit der Posen, in der genauen Beschreibung der modischen Details und der Accessoires, im Ausdruck, der von einer aristokratischen Melancholie und von literarischen Reminiszenzen bestimmt ist, ein lebendiges Bild der Epoche. Wahrscheinlich hat Hilliard, der feinsinnige Intellektuelle, auch eine kleine Abhandlung über die Miniaturmalerei verfasst, deren Autor anonym blieb und die erst im 20. Jh. veröffentlicht wurde.

Englischer Maler und Goldschmied

* um 1547 Exeter
† 1619 London

Wirkungsstätte
London

Werke
Miniaturporträts: *Francis Drake*, um 1585, Greenwich, National Maritime Museum; *Jüngling unter Rosen*, 1587, London, Victoria and Albert Museum

Verbindungen
Stilistische Bezüge zu François Clouet

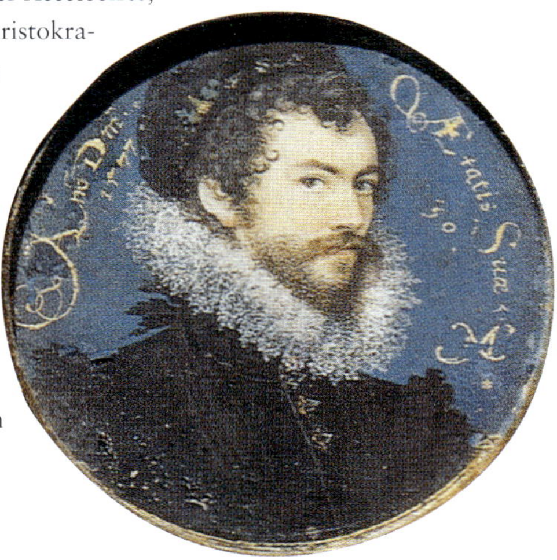

◄ Nicholas Hilliard, *Selbstporträt im Alter von 30 Jahren*, 1577, London, Victoria and Albert Museum.

Die feinen Miniaturporträts von Nicholas Hilliard sind ein einzigartiger Ausdruck der englischen Tudor-Zeit.

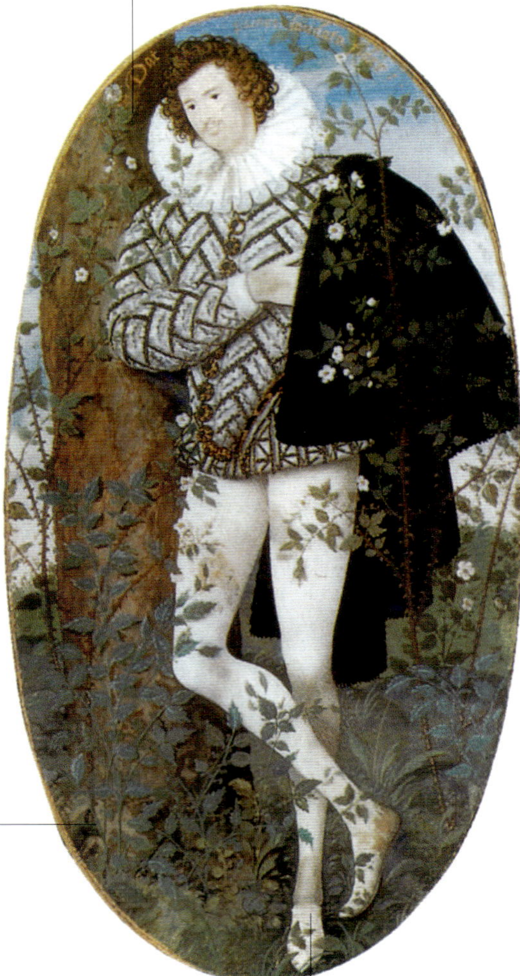

Trotz der kleinen Abmessungen beschwören Porträts wie dieses die elisabethanische Atmosphäre, die von der Etikette des Hofes genauso wie von der »sportlichen« Ungezwungenheit des Adels geprägt war.

Die Liebe zur Gartenkunst wird auf den Landsitzen der britannischen Aristokratie geradezu sprichwörtlich.

Die übereinander geschlagenen Beine und der gedankenvolle Gesichtsausdruck unterscheiden diesen jungen englischen Adeligen von seinen Zeitgenossen auf dem Kontinent, die in den Haltungen des Manierismus porträtiert wurden.

▲ Nicholas Hilliard,
Jüngling unter Rosen, 1587,
London, Victoria and Albert Museum.

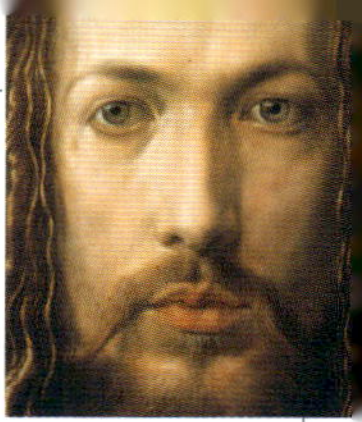

Aufgrund seines außergewöhnlichen Gefühls für Plastizität, eines psychologischen Einfühlungsvermögens und untrüglichen Realitätssinns ist Holbein einer der größten Porträtisten der Renaissance.

Hans Holbein der Jüngere

Der Sohn und Schüler Hans Holbeins d. Ä. geht in seiner Geburtsstadt Augsburg in die Lehre. 1516 macht er sich zusammen mit seinem Bruder Ambrosius selbstständig, zuerst in Basel, dann in Luzern (1517–19). Nach einer Studienreise in die Lombardei zeigt sich der Einfluss Leonardo da Vincis, vor allem bei seinen weiblichen Halbfiguren und in den ersten Porträts, die schon Holbeins Meisterschaft in der psychologischen Durchdringung und der genauen Wiedergabe der physischen Erscheinung der Personen zeigen, wie etwa das Porträt des *Erasmus von Rotterdam*. In den 1520er Jahren malt Holbein hauptsächlich religiöse Themen und schafft Kartons für Glasfenster. Seine religiösen Werke zeigen einerseits eine ruhige, gelassene Monumentalität, wie sie in der zeitgenössischen italienischen Kunst zu finden ist, und andererseits einen ausgeprägten Realismus, eine analytische, fast schon obsessive Durchgestaltung der deskriptiven Details. Daneben sind Einflüsse der expressiven Werke Grünewalds zu erkennen. 1526–28 hält er sich erstmals in England auf, befürwortet und gefördert durch den Intellektuellen Thomas Morus. Es folgen Außenfresken in Basel und eine Reise nach Italien, während Holbein sich mit den Porträts Lorenzo Lottos auseinandersetzt. Die Ausbreitung der Reformation führt dazu, dass Holbein 1531 endgültig nach London übersiedelt. Ab 1536 (dem Jahr der Heirat von Heinrich VIII. mit Jane Seymour) ist er Porträtist des Hofes und der englischen Aristokratie. 1543 stirbt er bei einer Pestepidemie.

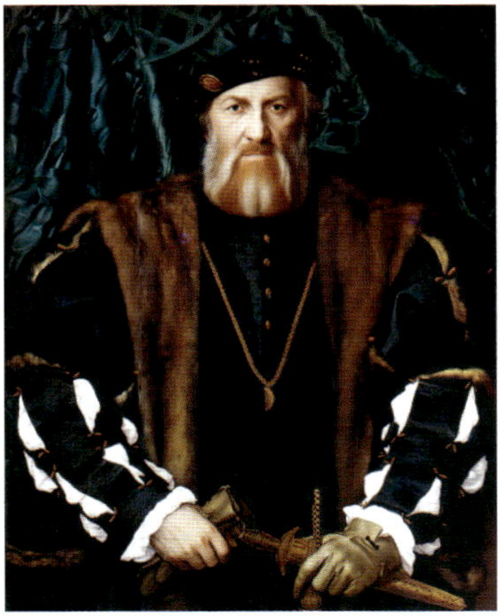

Deutscher Maler und Zeichner

* 1497/98 Augsburg
† 1543 London

Wirkungsstätte
London, 1526–28, und ab 1531

Reisen
In der Jugend Aufenthalte in Basel und Luzern, wahrscheinlich zwei Reisen in die Lombardei (Mailand und Bergamo)

Werke
Der tote Christus im Grabe, um 1521/22, Basel, Kunstmuseum; *Erasmus von Rotterdam*, 1523, Paris, Musée du Louvre; *Die Gesandten*, 1533, London, National Gallery

Verbindungen
Als Augsburger hat Holbein Kontakte mit den Künstlern in Süddeutschland (Dürer), im Rheinland und im Elsass, in der Lombardei mit Malern in der Nachfolge Leonardos und mit Lotto.

◄ Hans Holbein d. J., *Charles de Soliers, Sieur de Morette*, 1534/1535, Dresden, Gemäldegalerie Alte Meister.

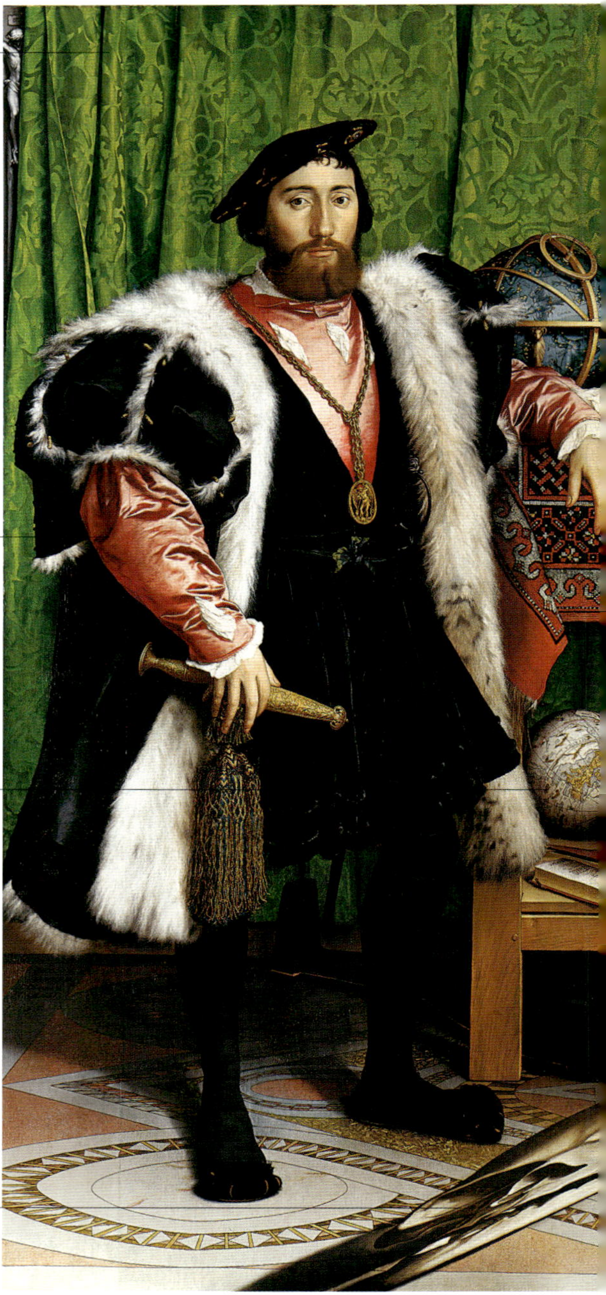

Das Bild entsteht anlässlich des Besuchs von Georges de Selve bei seinem Freund Jean de Dinteville in London zu Ostern 1533. Die beiden jungen Männer, 25 und 29 Jahre alt, stehen am Beginn einer großen diplomatischen Karriere.

Jean de Dintville, französischer Botschafter in London, Herr von Polisy, war einer der geschätztesten Mitarbeiter des französischen Königs Franz I. in internationalen Angelegenheiten.

Am Höhepunkt seiner Karriere entfaltet Holbein seine Fähigkeit der psychologischen Einfühlung und der genauesten Wiedergabe der Wirklichkeit.

Der zunächst eigenartig erscheinende Gegenstand im Vordergrund ist der Schädel eines Menschen in einer Anamorphosis genannten optischen Deformation, die auch Leonardo da Vinci eingesetzt hat.

► Hans Holbein d. J., *Die Gesandten*, 1533, London, National Gallery.

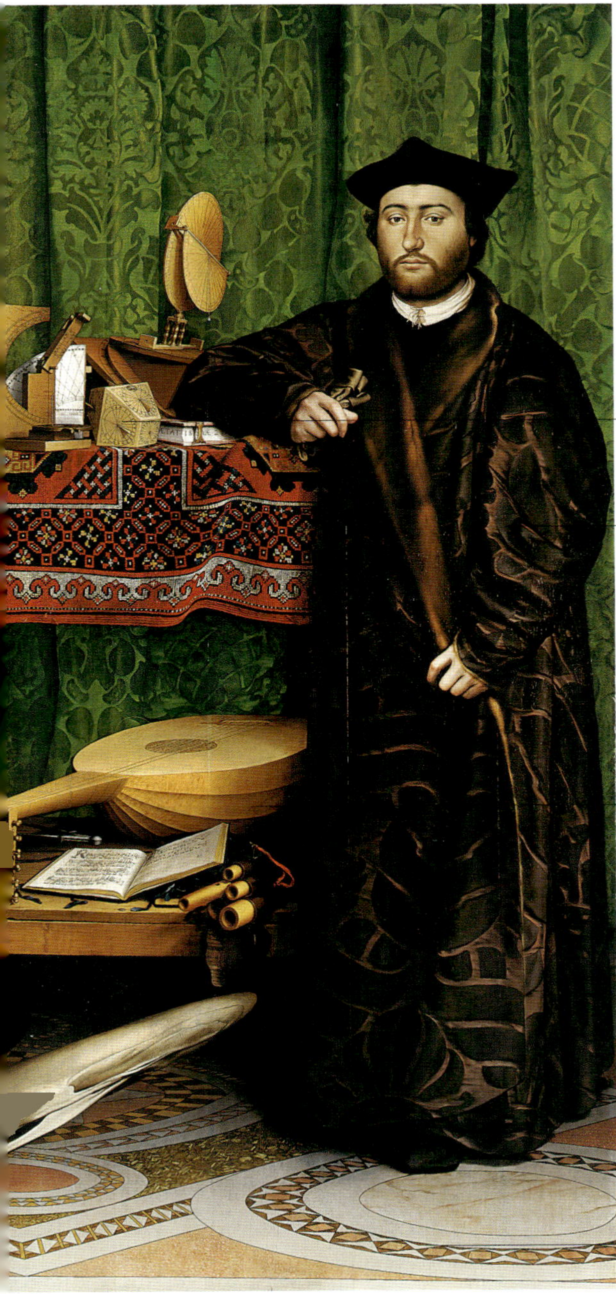

Auf dem Pult, auf das die beiden Diplomaten sich mit lässiger Eleganz stützen, liegen auf einem anatolischen Teppich mit geometrischen Mustern aufgereiht Bücher sowie Musikinstrumente und wissenschaftliche Instrumente mit symbolischer Bedeutung.

Georges de Selve, in der gepflegten, aber zugleich auch vornehmen Kleidung eines Klerikers, hatte schon in jungen Jahren die Bischofswürde erlangt; er war beim Heiligen Stuhl akkreditiert und wurde Botschafter in Venedig. Er setzte sich ein für die Aussöhnung von Katholiken und Protestanten.

Leitthema des Bildes ist die Vergänglichkeit der Schönheit, der Kunst und der Eintracht.

Ein Hinweis auf London ist die genaue Wiedergabe des Mosaikbodens der Abtei Westminster.

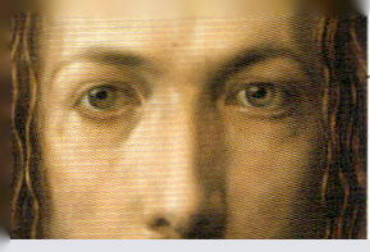

In Bergamo feiert Lotto Erfolge, in Venedig steht er im Schatten Tizians. Der große Porträtist beendet sein Leben verarmt als Laienbruder.

Lorenzo Lotto

Italienischer Maler
* um 1480 Venedig
† 1556 Loreto

Wirkungsstätten
Venedig; Bergamo, Marken

Reisen
Aufenthalte in Treviso, Rom (1508–10), Bergamo (1513–26) und wiederholt in den Marken

Werke
Sacra Conversazione, 1513, Bergamo, San Bartolomeo; Fresken im Oratorio Suardi, 1524, Trescore Balnerario, Bergamo; *Verkündigung*, 1527, Recanati, Pinacoteca Comunale

Verbindungen
mit dem Venedig Giorgiones und Tizians, dem Rom Raffaels, der Lombardei nach Leonardo

Nach der Lehrzeit bei Giovanni Bellini entwickelt Lorenzo Lotto früh eine Neigung zur Porträtmalerei. In seinen Altarbildern zeigt sich ein neuer Umgang mit Licht und in Bezug auf den *Disegno* Einflüsse der nördlichen Malerei. Nach zwei Aufenthalten in den Marken, zwischen denen eine leidvolle Erfahrung in Rom an der Seite von Raffael liegt (1508–10), lässt er sich 1513–26 in Bergamo nieder. Hier setzt er sich mit dem Werk Gaudenzio Ferraris und Correggios, aber auch erneut mit der nordischen Kunst auseinander, versucht sich in verschiedenen expressiven Techniken und intensiviert seine Bemühungen im Bereich der Porträtmalerei. Während der 1520er Jahre malt Lotto auch Werke, die eine gewisse Nähe zu protestantischen Ideen erkennen lassen, aber seine religiöse Haltung bleibt unklar. 1526 kehrt er nach Venedig zurück. Das venezianische Umfeld, das von Tizian beherrscht wird, nimmt ihn jedoch nur ungnädig auf. So hält Lotto die Beziehungen mit den Marken aufrecht. Kurz nach seiner Rückkehr nach Venedig schickt er das Altarbild der *hl. Lucia* nach Jesi und nach Recanati die *Verkündigung*, ein schönes Beispiel für den psychologischen Dynamismus seiner Malerei. 1542 malt er für die Basilika Giovanni e Paolo die *Almosenspende des hl. Antonius*, eines seiner wenigen Bilder für eine Kirche in Venedig. 1549 übersiedelt Lorenzo Lotto verarmt in die Marken. Er beschließt sein Leben als Laienbruder der Santa Casa von Loreto.

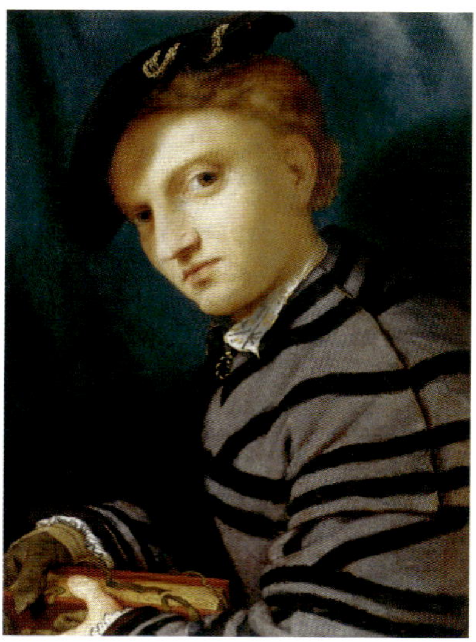

► Lorenzo Lotto, *Porträt eines Jungen mit Buch*, um 1526, Mailand, Castello Sforzesco, Pinacoteca.

Die Alltagsgegenstände sind sorgfältig ausgeführt, als sollte der Kontrast zwischen dem ruhigen Ablauf des Lebens und der Erschütterung durch die Erscheinung des Engels betont werden.

Gott Vater zeigt sich in einer Wolke und beugt sich in die Vorhalle des Zimmers von Maria.

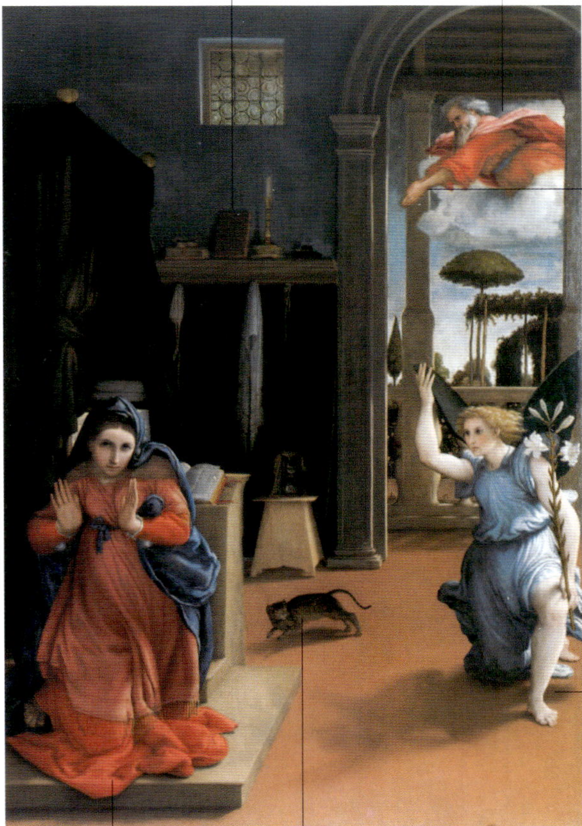

Die Geste Gott Vaters wird durch die Stütze des Dachs bis zur Hand Gabriels verlängert.

Die kräftige Gestalt Gabriels, des Engels der Verkündigung, wirft einen Schatten auf den Fußboden.

Ein Schauer des Erschreckens durchfährt die Szene und überträgt sich von der ungeschützten, fragilen Gestalt Marias auf die diabolische Katze, die mit gekrümmtem Rücken wegläuft.

Lottos Befähigung zu psychologisierenden Darstellungen kommt in der erschrockenen Geste Marias zum Ausdruck, die ihre Lektüre unterbricht, auf die Knie fällt und sich an den Betrachter zu wenden scheint.

▲ Lorenzo Lotto, *Verkündigung*, um 1527, Recanati (Ancona), Pinacoteca Comunale.

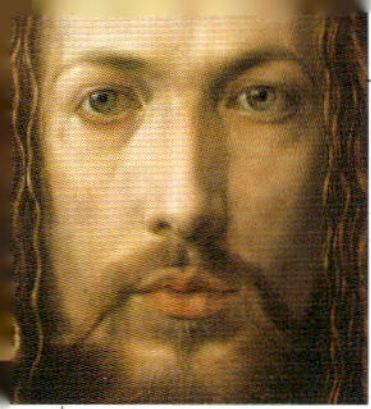

Der großartige Kupferstecher, Zeichner und Maler, trägt zur Verbreitung der Renaissancekunst nördlich der Alpen bei und macht aus Leiden eine »kleine Hauptstadt« des internationalen Dialogs.

Lucas van Leyden

Lucas Hugenszoon van Leyden

Niederländischer Maler, Kupferstecher und Zeichner

* um 1494 Leiden
† 1533 ebd.

Wirkungsstätte
Leiden

Reisen
Antwerpen, 1521/22; Flussreise zusammen mit Mabuse durch Zeeland, Flandern und Brabant, 1527

Werke
Versuchung des hl. Antonius, 1509, Brüssel, Musées Royaux des Beaux-Arts; *Maria mit dem Kind, der hl. Magdalena und einem Stifter,* 1522, München, Alte Pinakothek; Triptychon *Jüngstes Gericht,* 1527, Leiden, Museum »de Lakenhal«

Verbindungen
Kontakt zur örtlichen Schule in Antwerpen; Freundschaft mit Dürer

Lucas van Leyden absolviert seine Lehrzeit in der südholländischen Stadt Leiden in der Werkstatt Cornelis Engelbrechtsz', des besten örtlichen Künstlers. Begabt mit einem außergewöhnlichen Talent für die Zeichnung beginnt er, noch keine 20 Jahre alt, als Kupferstecher und erreicht bald, was die technische Fertigkeit, den Erfindungsgeist und die graphische Präzision betrifft, ein Niveau, das mit dem Dürers vergleichbar ist. Neben biblischen Themen stellt er auch Personen und Situationen aus der Alltagswelt dar. Nach einem Aufenthalt in Antwerpen 1521/22 zeigt sein Stil Einflüsse der dortigen italianisierenden Kunst. Gleichzeitig strebt Lucas dem Humanismus seines engen Freundes Dürer nach. In der Folgezeit schafft er immer freiere Kompositionen, in denen die Personen nicht um eine zentrale Szene angeordnet sind, wie etwa in den großen Triptychen der reiferen Phase, der *Anbetung des goldenen Kalbes* in Amsterdam und dem *Jüngsten Gericht* in Leiden. 1527 macht er in Begleitung von Mabuse auf einem Hausboot eine Reise nach Flandern, Zeeland und Brabant. An Tuberkolse erkrankt kehrt er nach Leiden zurück und ist für die letzten sechs Jahre seines Lebens ans Bett gefesselt.

► Lucas van Leyden, *Junges Paar,* um 1527, Straßburg, Musée des Beaux-Arts.

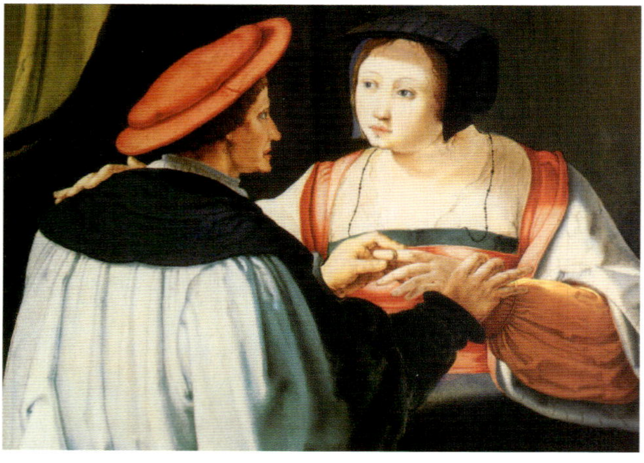

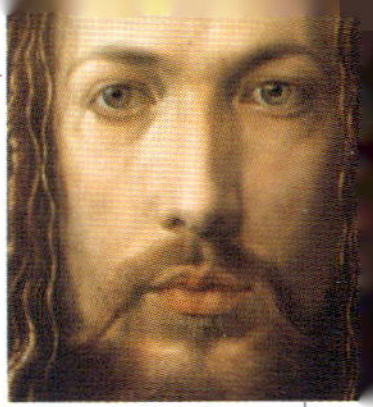

Mabuse ist einer der einflussreichsten Künstler des frühen 16. Jh. nördlich der Alpen. Er beeindruckt durch die Variationsbreite seiner Themen und den Reichtum seiner Bilderfindungen.

Mabuse

Der Name Mabuse ist wohl von der alten Namensform seines Geburtsortes Maubeuge abgeleitet. 1503 schreibt sich Mabuse als Freimeister in der Lukasgilde Antwerpen ein. 1508/09 unternimmt er mit seinem Dienstherrn Herzog Philipp von Burgund eine Reise nach Rom. Sein früher Stil ist noch von der Tradition der flämischen Malerei des 15. Jh. geprägt, zeigt aber zugleich schon eine Kenntnis der italienischen Renaissancemalerei, was sich nicht nur im Umgang mit der Perspektive, sondern auch in der Monumentalität der Figuren, in der Behandlung des Lichts, und im Verhältnis der Personen zu ihrer Umgebung zeigt. Die frühen Werke wie das *Malvagna-Triptychon* (1510, Palermo, Galleria Regionale della Sicilia) und die verschiedenen Versionen von *Der hl. Lukas malt die Madonna* zeigen eine Fülle von dekorativen Details und einen ornamentalen Reichtum, Charakteristika, die die Spätgotik und den beginnenden Manierismus zu verbinden scheinen. »Moderner« und von einem lebendigen Realismus geprägt, sind die Werke mit mythologischen Themen wie *Neptun und Amphitrite* (1516, Berlin) oder die späte *Danae* (1527, München). 1527 unternimmt Mabuse mit Lucas van Leyden eine Flussreise auf einem Hausboot in die wichtigsten Städte von Flandern, Brabant und Zeeland. Mabuse, der an den Höfen von Burgund, Dänemark und Habsburgs gefragt ist, schafft neben eindringlichen Porträts komplexe Kompositionen, die häufig Bauwerke italienischer Prägung zeigen.

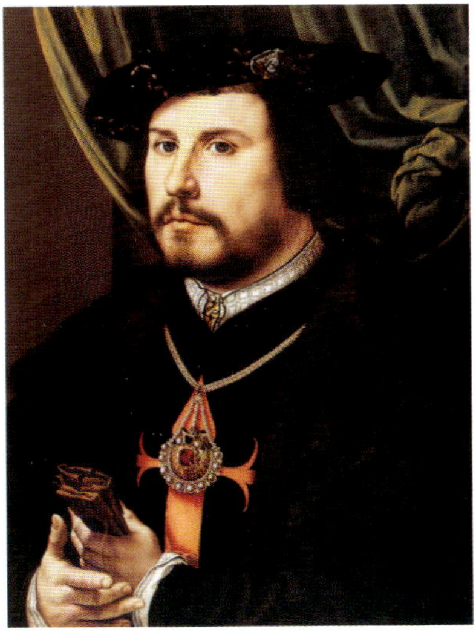

Jan Gossaert, Joannes Malbodius

Flämischer Maler

* um 1478 Maubeuge
† 1532 Breda

Wirkungsstätte
Antwerpen

Reisen
1508 nach Rom; Aufenthalte in Mechelen und anderen flämisch-holländischen Orten (Middelburg, Utrecht); Flussreise zusammen mit Lucas van Leyden, 1527

Werke
Der hl. Lukas malt die Madonna, um 1520, Wien, Kunsthistorisches Museum; *Danae,* 1527, München, Alte Pinakothek

Verbindungen
Intensive Kontakte zu den Hauptvertretern des nördlichen Humanismus, darunter Dürer und Lucas van Leyden

◄ Mabuse, *Porträt von Francisco de los Cobos, Staatssekretär Karls V.,* 1530–32, Los Angeles, The J. Paul Getty Museum.

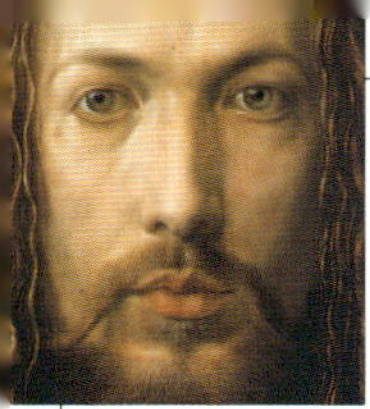

Der vielseitige Quentin Massys wurzelt in der Tradition der altniederländischen Malerei, öffnet sich aber den neuen Tendenzen der Kunst von Leonardo da Vinci bis Dürer.

Quentin Massys

auch: Quentin Metsys
Flämischer Maler

* 1466 Löwen
† 1530 Antwerpen

Wirkungsstätte
Antwerpen

Reisen
nach Italien: Mailand und Venedig

Werke
Annen-Altar, 1509, Brüssel, Musées Royaux des Beaux-Arts; *Der Geldwechsler und seine Frau,* 1514, Paris, Musée du Louvre

Verbindungen
In der Schule von Antwerpen Kontakte zu Holbein, Lucas van Leyden, Bosch und Dürer, brüderliche Freundschaft mit Patinir

Nach einer Lehre in seiner Geburtsstadt Löwen zuerst bei seinem Vater Josse, einem bekannten Schmied und Uhrmacher, dann in der Werkstatt von Dierick Bouts, kommt Quentin Massys erst spät zur Malerei. Seine Jugendzeit fällt noch mit der letzten Phase der altniederländischen Malerei zusammen. Massys wird zwar im Laufe seiner Karriere Wegbereiter der neuen italienisch geprägten Antwerpener Malerei des frühen 16. Jh., er bleibt aber zugleich der großen Tradition van der Weydens und Memlings verhaftet. Seine frühere Tätigkeit als Kunstschmied spiegelt sich in dem Hämmerchen, das Massys manchmal als Signatur verwendet. 1491 wird er als Freimeister in die Malergilde von Antwerpen aufgenommen und ist bald der bedeutendste Maler der örtlichen Schule. Häufig erhält er Aufträge von Seiten der Handwerkerzünfte von Antwerpen und Löwen. Im ersten Jahrzehnt des 16. Jh. reist er nach Italien, wo er sich vor allem mit der Kunst Leonardos auseinandersetzt. Sein Stil wird reicher und Massys öffnet sich humanistischen Ideen. 1517 lernt er über Pieter Gillis die Humanisten Erasmus von Rotterdam und Thomas Morus kennen. 1521 erwirbt er ein Haus im Zentrum Antwerpens und stattet es luxuriös aus, ein deutlicher Beleg dafür, dass seine Malerei auch wirtschaftlich erfolgreich war.

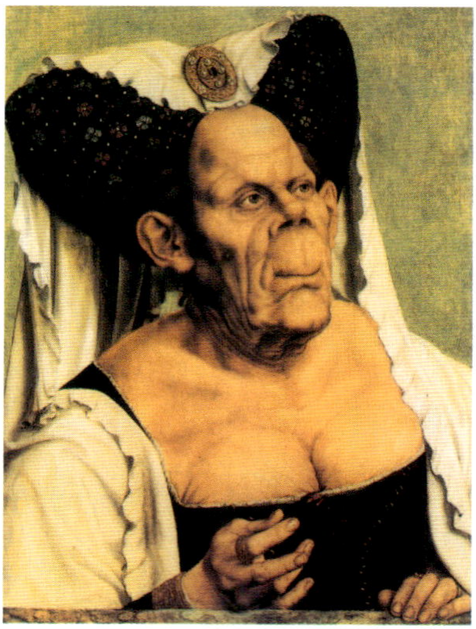

◄ Quentin Massys, *Porträt einer hässlichen Frau (Die Königin von Tripolis),* um 1513, London, National Gallery.

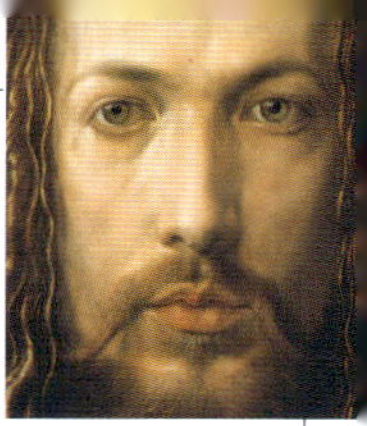

Michelangelo verkörpert das Ideal der Renaissance auf ihrem Höhepunkt und wird Zeuge ihrer Krise; er beherrscht und prägt das 16. Jh. als Bildhauer, Architekt, Maler und Dichter.

Michelangelo

Als Schüler Ghirlandaios beginnt Michelangelo seine Karriere in einem Umfeld, das sich, gefördert von Lorenzo il Magnifico, intensiv mit der Antike auseinandersetzt. Mit der *Pietà* für St. Peter in Rom brechen Jahre wechselnder Aufenthalte in Florenz und Rom mit Aufträgen der Päpste oder des Hauses Medici, der römischen Kurie oder der Signoria von Florenz an. Nach der Ausführung des *David*, vollendet 1504, misst Michelangelo sich in der *Schlacht von Cascina* mit Leonardo da Vinci. Von Papst Julius II. nach Rom gerufen, beginnt er mit den Arbeiten für das kolossale Grabmal des Papstes und mit den Fresken im Gewölbe der Sixtinischen Kapelle, einer Verherrlichung der Schöpfung Gottes und der Geschichte der Menschheit. Nach der Vollendung der Fresken 1512 wendet sich Michelangelo wieder der Skulptur zu und arbeitet an dem (veränderten) Grabmalsprojekt des Papstes (Statue des *Mose* und der *Sklaven*). Für den 1513 neu gewählten Papst Leo X. Medici entwirft er in Florenz die Fassade von San Lorenzo und die Sagrestia Nuova mit den Medici-Gräbern. 1534 greift er wieder zum Pinsel und beginnt mit dem *Jüngsten Gericht* in der Sixtinischen Kapelle. Es folgen die großartigen architektonischen Spätwerke wie die Kuppel von St. Peter und die Piazza del Campidoglio in Rom und die beiden Marmorskulpturen der *Pietà* (Museo dell' Opera del Duomo, Florenz und Castello Sforzesco, Mailand).

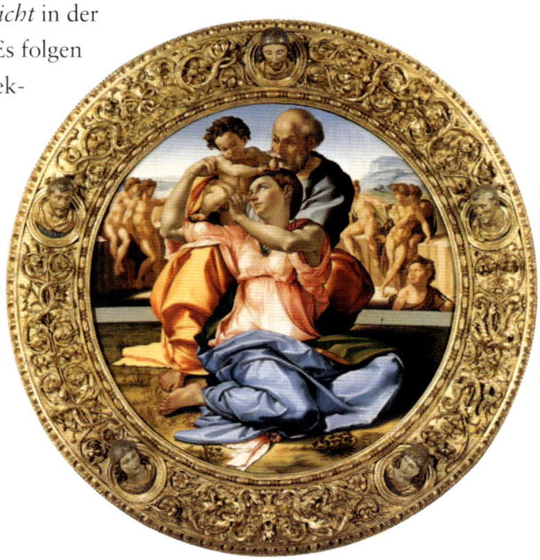

Michelangelo Buonarrotti

Italienischer Bildhauer, Maler und Architekt

* 1475 Caprese
† 1564 Rom

Wirkungsstätten
Florenz und Rom (wo er sich 1534 niederlässt)

Reisen
Kurze Aufenthalte in verschiedenen Städten (Venedig, Bologna, Siena)

Werke
David, 1501–04, Florenz, Galleria dell'Accademia; Fresken der Sixtinischen Kapelle, Rom, 1508–12 und 1537–41; Medici-Gräber, ab 1519, Florenz, San Lorenzo, Nuova Sagrestia

Verbindungen
Er ist die zentrale Gestalt der italienischen Renaissance. In bestimmten Zeiten Rivale von Leonardo, Raffael und Tizian. Einige Zeichnungen haben Sebastiano del Piombo und Pontormo als Bilder ausgeführt.

◄ Michelangelo, *Tondo Doni*, 1504, Florenz, Uffizien.

Adam erhebt langsam den Körper von einem hügeligen Felsen; der Kopf ist dem Schöpfer zugewandt, der linke Arm stützt sich auf das Knie, der ausgestreckte Finger ist noch kraftlos, im Gegensatz zum ausgestreckten Finger Gottes. Zwischen Adam und dem Schöpfer erfolgt ein Austausch des Blicks, des Willens, der Kraft.

Über den trennenden Raum hinweg, springt vom Finger Gottes der Lebensfunke auf den Finger Adams über.

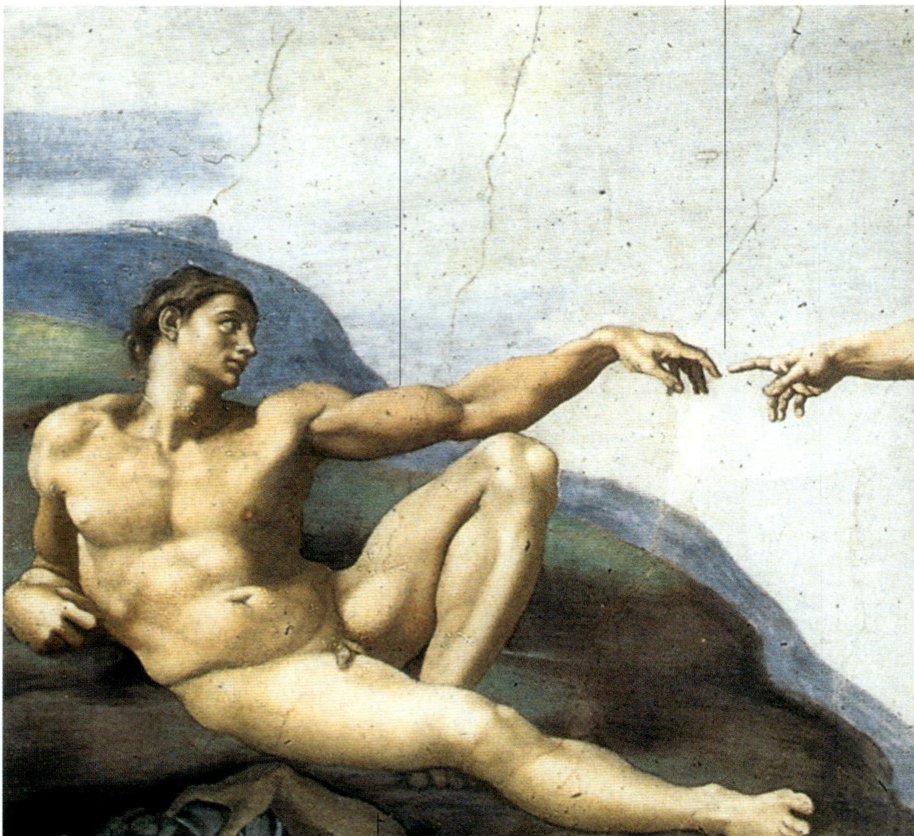

Diese berühmte Szene ist das Schüsselbild der gesamten Decke. In einem ewigen Moment, in der Leere schwebend, wird ein Wesen zum Leben erweckt, das geschaffen wurde nach dem Bild und Gleichnis Gottes. Alle weiteren Szenen sind Folgen dieses schicksalhaften Aktes.

▲ Michelangelo,
Die Erschaffung Adams, 1508–12,
Rom, Gewölbe der Sixtinischen Kapelle.

Der unabänderliche Wille und die Macht Gott Vaters beherrschen das Gewölbe. Der Schöpfer durchmisst im Flug die Räume der Decke. Jede Geste ist ein Befehl, jeder Augenblick eine Explosion von Kraft und der Höhepunkt ist diese Szene der Erschaffung Adams.

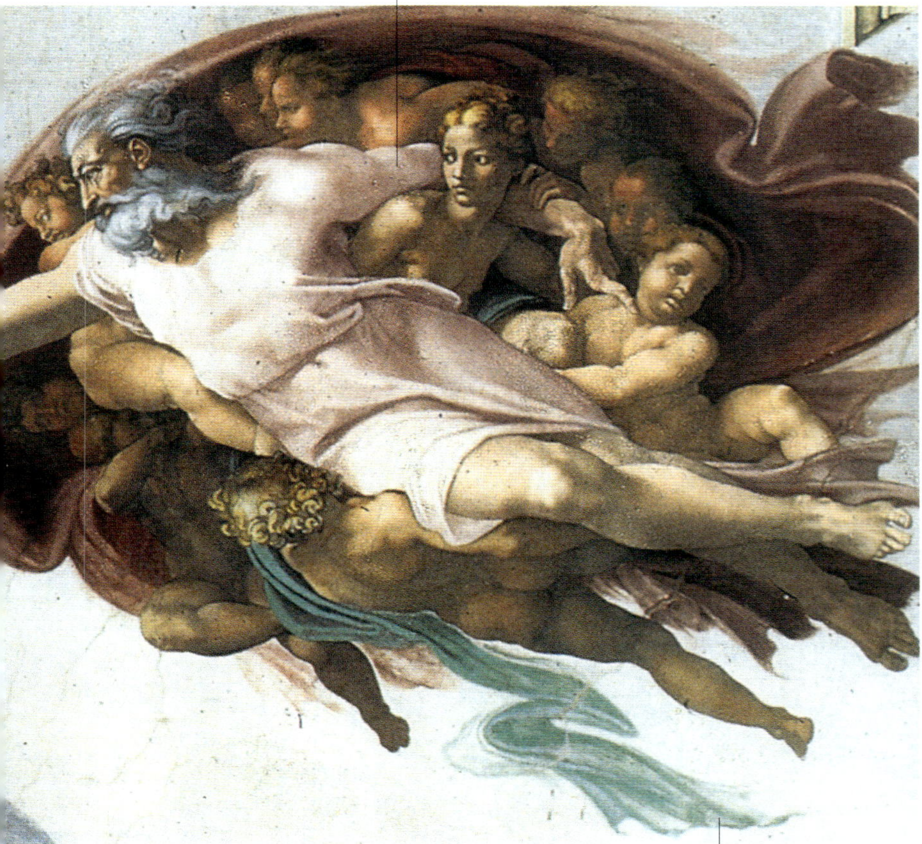

Gerahmt von den paarweise angeordneten Ignudi *bilden die Szenen aus den ersten Kapiteln der* Genesis *die Hauptachse des Gewölbes der Sixtinischen Kapelle (s. S. 98/99).*

Die Gestalt des Nikodemus, Spitze und Stütze der gesamten pyramidalen Gruppe, ist ein Selbstporträt des über 70-jährigen Michelangelos mit leidendem Gesichtsausdruck.

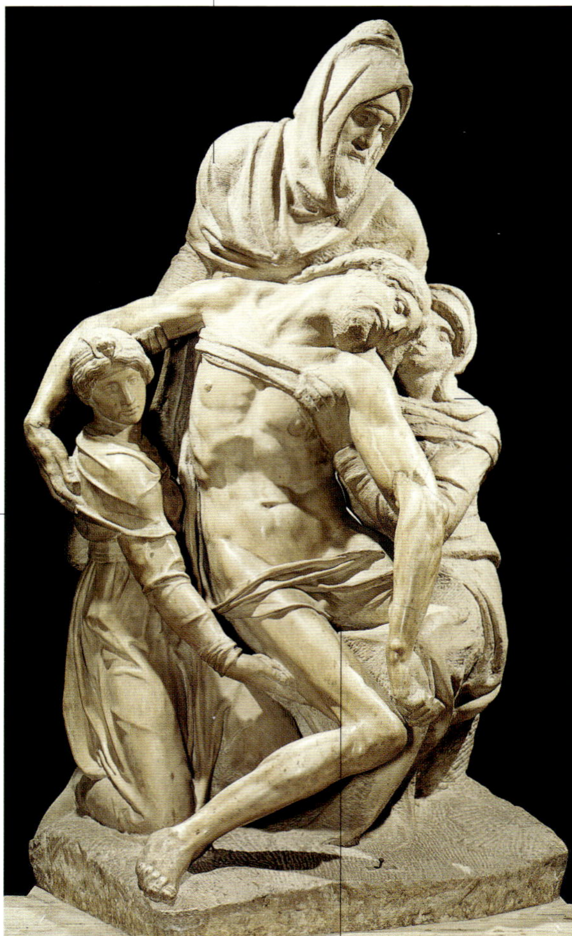

Der Kontrast zwischen dem fast groben Gesicht Marias und dem glatten Arm Christi ist ein Beispiel für die Wirkung des »non finito«, des »Unvollendeten«, der Technik, die Michelangelo bei den Skulpturen seiner Reifezeit und seines Spätwerks einsetzt.

Die Figur der Maria Magdalena wurde nachträglich von Tiberio Calcagni angefügt; Michelangelo hat die Skulptur, die er vielleicht für sein eigenes Grabmal schaffen wollte, nicht vollendet.

Möglicherweise war die starke autobiographische Einfühlung ein Grund, warum Michelangelo mit dem Ergebnis unzufrieden war. Er hat mit dem Hammer auf die Skulptur eingeschlagen und den linken Arm sowie das linke Bein Christi zerschlagen.

▲ Michelangelo,
Pietà (Florentiner Pietà), um 1550,
Florenz, Museo dell'Opera del Duomo.

Maria steht hinter dem Leichnam Christi, den sie nur mit Mühe aufrecht halten kann. Mutter und Sohn sind auf ergreifende Weise eng im Schmerz verbunden.

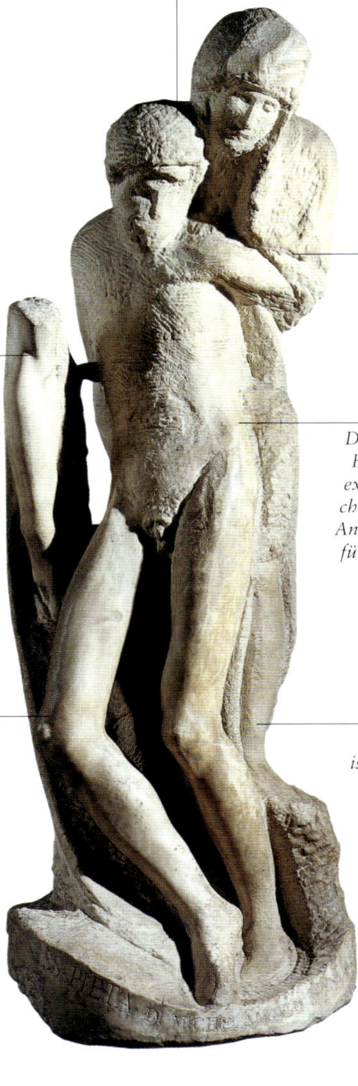

Die Skulptur ist unvollendet; Michelangelo hat bis drei Tage vor seinem Tod daran gearbeitet.

Der Arm links ist der Rest einer vorangehenden Gestaltung der Gruppe, die Michelangelo aufgegeben hat.

Der Aufbau mit den beiden Figuren in der Vertikale ist experimentell, völlig abweichend von der traditionellen Anlage einer Pietà, und auch für Michelangelo selbst neu.

Die letzte von Michelangelo geschaffene Skulptur steigert noch einmal den Gedanken des »non-finito«; die leblosen Beine Christi sind der am weitesten vollendete und polierte Teil des Marmorblocks.

Ein befremdliches Detail ist das nackte Bein Marias, das den Körper Christi zu stützen versucht.

▲ Michelangelo,
Pietà Rondanini, um 1564,
Mailand, Castello Sforzesco,
Sala degli Scarlioni.

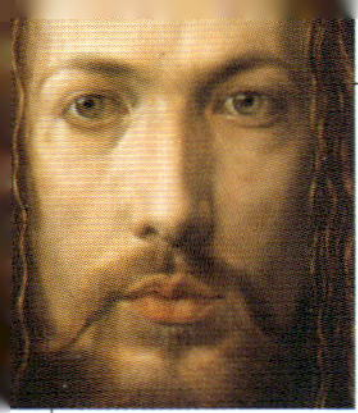

Der auch unter seinem latinisierten Namen Antonio Moro bekannte Maler war berühmt für seine Porträts und an den Höfen Europas von Lissabon bis London gefragt.

Anthonis Mor

auch: Antonio Moro, Anthony More

Niederländischer Maler

* um 1520 Utrecht
† 1576 Antwerpen

Wirkungsstätten
Utrecht und Antwerpen

Reisen
1548 ist er in Augsburg, 1550/51 in Italien, dann in Portugal, Spanien und schließlich 1554 in London.

Werke
Antoine Perrenot de Granvelle, 1549, Wien, Kunsthistorisches Museum; *Hendrick Goltzius,* 1576, Brüssel, Musées Royaux des Beaux-Arts

Verbindungen
Schüler von Jan van Scorel; in Augsburg trifft er Tizian; in Italien hat er Kontakt zu Bronzino und Moroni, in London tritt er das Erbe von Holbein an.

Der Schüler Jan van Scorels, der seit seiner Ausbildung einen italianisierenden Stil zeigt, schreibt sich 1547 als Freimeister in die Malergilde von Antwerpen ein. 1548 begibt er sich zum von Kaiser Karl V. einberufenen Reichstag nach Augsburg, lernt dort Tizian kennen und spezialisiert sich endgültig auf aristokratische Porträts. Die in Augsburg anwesenden Würdenträger, darunter der mächtige Kardinal Granvelle, sind seine ersten Auftraggeber. Mor erfasst mit großer Sensibilität den Geist einer unruhigen und konfliktreichen Zeit und die kühle Gesetztheit und den misstrauischen Dünkel einer internationalen Hocharistokratie, wie sie am Hof Philipps II. herrscht. Auf dem Weg nach Rom, wo er 1550 ankommt, bereist Mor Venetien und die Lombardei und lernt die dortige Porträtkultur kennen. Antonio Moro, wie er in den romanischen Ländern heißt, reist viel und hält sich häufig an den Höfen Madrids, Lissabons und Londons auf. Er tritt das Erbe der großen Porträtisten der ersten Hälfte des Jahrhunderts, von Holbein bis Tizian, an. Es gelingt ihm, sowohl Rang und Bedeutung der Porträtierten zu verdeutlichen als auch ihre Wesenszüge zu erfassen und auf manchmal beängstigende Weise die Einsamkeit der Macht auszudrücken. Nach seiner Rückkehr in die Heimat hält er sich abwechselnd in Utrecht und Antwerpen auf. Hier findet er zu seinem charakteristisch kühlen, eher unpersönlichen Stil.

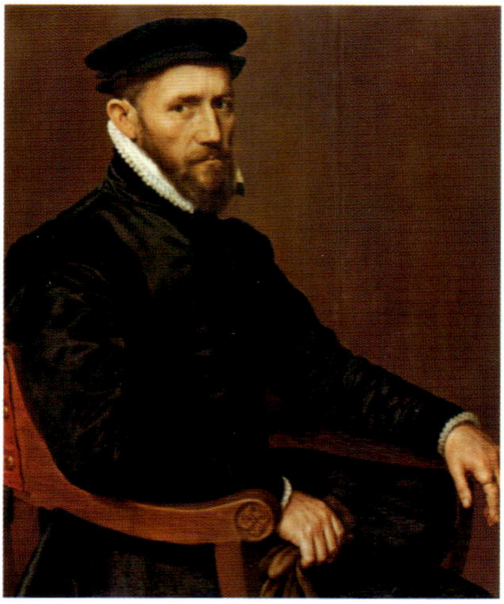

► Anthonis Mor, *Sir Thomas Gresham, Gründer der Londoner Börse,* um 1570, Amsterdam, Rijksmuseum.

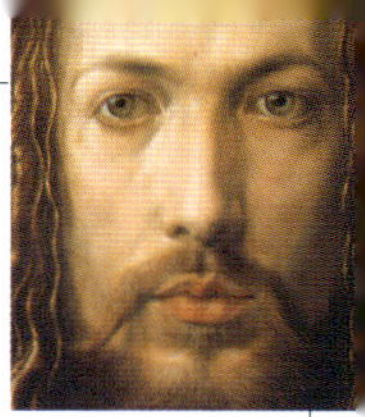

Parmigianino ist eine Art stilistischer Kontrapunkt zu Correggio; er macht Parma während der 1520er und 1530er Jahre zu einer der fortschrittlichsten Stätten der bildenden Kunst.

Parmigianino

Das Talent Parmigianinos, der aus einer Familie mittelmäßiger Maler stammt, wird schon früh sichtbar. Als launischer, selbstständiger Mitarbeiter Correggios an den Fresken der Seitenkapellen von San Giovanni Evangelista in Parma, setzt er sich mit dessen Malerei auseinander. Mit 20 Jahren malt er das *Bad der Diana* im Kastell Fontanellato, Auftakt für eine Reihe von Aufträgen Galeazzo Sanvitales in den folgenden Jahren. 1524 geht er nach Rom und nimmt als »Visitenkarte« eine Probe seiner innovativen Virtuosität mit: das *Selbstbildnis im Konvexspiegel*. Er wird Teil der lebendigen Kunstszene am Hof des Medici-Papstes Clemens VII. und malt Porträts von klarer Bestimmtheit und religiöse Bilder, auf denen sich die nostalgische Bewunderung für die Antike mit raffaelesken Einflüssen und mit immer betonteren Längungen der Körper verbindet. Nach dem *Sacco di Roma* von 1527 verbringt Parmigianino einige Jahre in Bologna, wo er große ausdrucksstarke Altarbilder schafft. 1531 kehrt er nach Parma zurück. Hier beginnt er mit der mühsamen Ausstattung der Kirche Santa Maria della Steccata mit Fresken, die beseelt sind von einem raffinierten und stilisierten Klassizismus. In der sorgfältigen Linienführung, im esoterischen Intellektualismus und in den gewundenen Posen ist eine polemische Abkehr vom weichen Stil Correggios erkennbar. In den letzten Jahren seines kurzen Lebens zieht sich Parmigianino zurück und widmet sich alchemistischen Experimenten; er stirbt jung in ärmlichen Verhältnissen.

Girolamo Francesco Mazzola

Italienischer Maler und Radierer

* 1503 Parma
† 1540 Casalmaggiore

Wirkungsstätten
Parma, Rom, Bologna

Werke
Fresken im Kastell Fontanellato, um 1523; *Madonna mit dem langen Hals*, um 1534, Florenz, Uffizien

Verbindungen
Ständige Auseinandersetzung mit Correggio; in Rom Verbindung zur Schule Raffaels

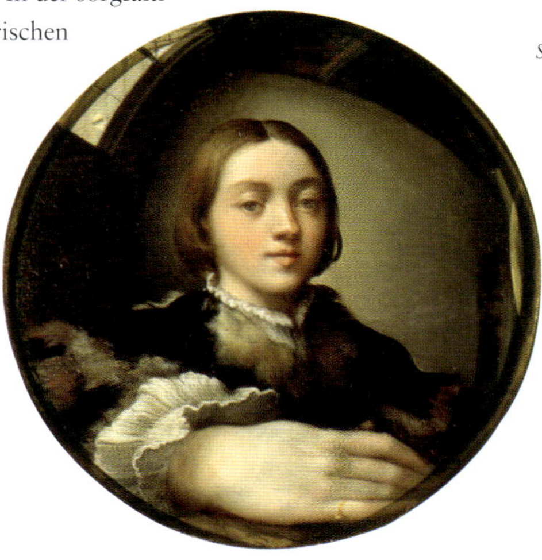

◄ Parmigianino, *Selbstbildnis im Konvexspiegel*, um 1523/24, Wien, Kunsthistorisches Museum.

Die während des römischen Aufenthalts entstandene Tafel zeigt den Einfluss von Michelangelo und Raffael, aber auch das Bemühen, den Ausdruck der Leidenschaften zu steigern.

Über das Spiel der Blicke und der Gesten sucht Parmigianino einen lebhaften und doppelsinnigen Dialog mit dem Betrachter.

Das Bild illustriert eine Vision des hl. Hieronymus, aber Parmigianino dreht die üblichen Begriffe um: Der Heilige, schlummernd, ist im Mittelgrund, der eigentliche Protagonist ist die Vision selbst, mit dem Täufer, der auf Maria mit dem Kind zeigt und den Betrachter zur Teilnahme einlädt.

Die starke Drehung des Täufers im Vordergrund ist ein Beispiel der eindringlichen und originellen Interpretation manieristischer Posen durch Parmigianino.

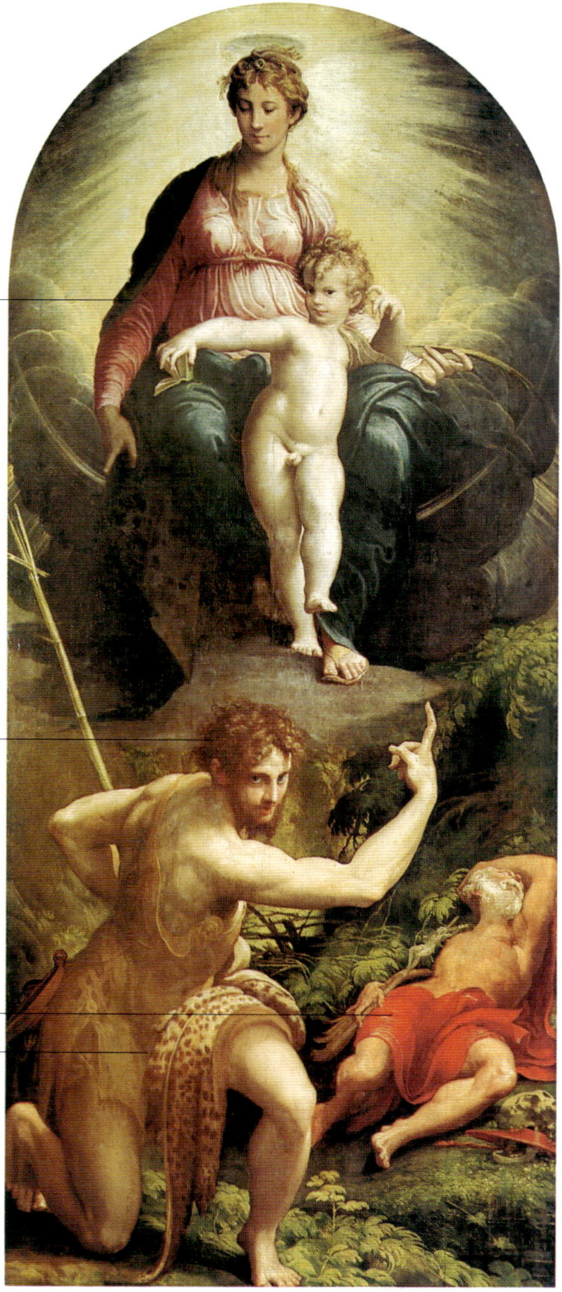

► Parmigianino, *Die Vision des hl. Hieronymus*, 1526/27, London, National Gallery.

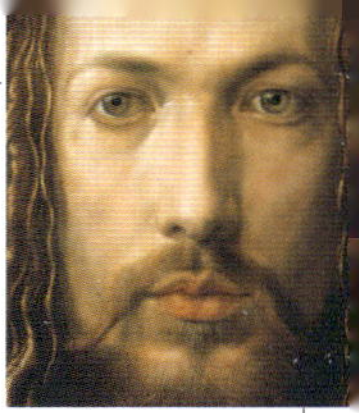

Weite Panoramen, ferne Horizonte, märchenhafte Kombinationen von zerklüfteten Felsen und ausgedehnte Wasserflächen kennzeichnen die »Weltlandschaften« des flämischen Malers.

Joachim Patinir

Die Rekonstruktion des Lebenswegs und Schaffens Joachim Patinirs ist mühsam, da es kaum Dokumente über ihn gibt und da die Trennung zwischen Werken aus seiner Hand und den mittelmäßigen Nachahmungen und Repliken seiner Nachfolger lange Zeit unzulänglich war. Der aus Wallonien stammende Maler geht wahrscheinlich bei Gérard David in Brügge in die Lehre. 1515 wird er in die Antwerpener Malergilde aufgenommen. In jungen Jahren setzt er sich mit den Werken Hieronymus Boschs auseinander. Er greift dessen visionären Stil auf und zeigt wie jener die Fähigkeit, phantastische Szenarien mit realistischen Details zu füllen. Er ist ein Spezialist der Landschaftsmalerei, noch bevor sich diese zu einem eigenen Genre entwickelt, und steht in Verbindung mit den bedeutendsten Antwerpener Meistern, besonders mit Quentin Massys, der in einigen von Patinirs Werken die Figuren ausgeführt haben soll. So mutig und fortschrittlich die Landschaften Patinirs sind, seine Personendarstellungen sind eher mittelmäßig. Sie scheinen oft nur als Vorwand oder Rechtfertigung für die großen Panoramen zu dienen, die der Maler mit gestaffelten satten Blau- und Grüntönen gestaltet und die ihre Wirkung aus dem dramatischen Kontrast zwischen Bereichen mit bewohntem und befriedetem Land und Bereichen mit wüster, bizarrer, menschenleerer Natur erzielen.

auch: Joachim Patenier

Flämischer Maler

* um 1485 Dinant
† 1524 Antwerpen

Wirkungsstätte
Antwerpen

Reisen
Keine dokumentierten Reisen; vielleicht hat er Bosch in s'-Hertogenbosch getroffen.

Werke
Taufe Christi, um 1515, Wien, Kunsthistorisches Museum; *Versuchung des hl. Antonius,* 1520–24, Madrid, Museo del Prado

Verbindungen
Zusammenarbeit mit Gérard David, Quentin Massys und Joos van Cleve. Dokumentiert ist die Wertschätzung von Dürer.

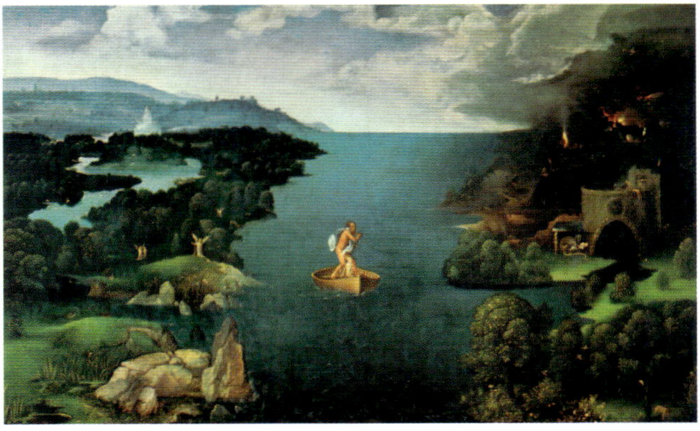

◄ Joachim Patinir, *Überfahrt in die Unterwelt,* um 1522, Madrid, Museo del Prado.

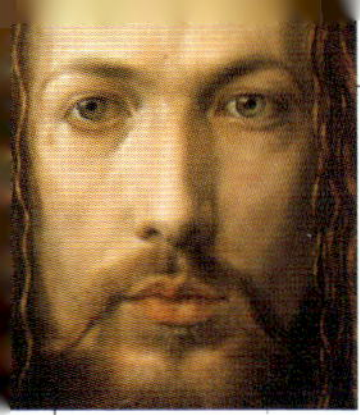

Germain Pilon entwickelt einen neuen Stil für die höfische Skulptur, wobei die katholische Frömmigkeit den manieristischen Intellektualismus abmildert, ohne dass er seine Faszination verliert.

Germain Pilon

Französischer Bildhauer und Medailleur

* 1528 Paris
† 1590 ebd.

Wirkungsstätte
Paris

Reisen
Wahrscheinlich Studienaufenthalt in Nord-Italien

Werke
Drei Grazien für die Urne mit dem Herzen Heinrichs II., 1560–63, Paris, Musée du Louvre; *Grabmal für Heinrich II. und Katharina von Medici*, 1565–73, Saint-Denis, Basilika

Verbindungen
Wahrscheinlich Kontakte mit Leone Leoni; Beziehung zu Primaticcio und der *Zweiten Schule von Fontainebleau*

Als Schüler seines Vaters André Pilon ist Germain, wie alle bedeutenden Meister in der Zeit König Franz' I., durch die *Erste Schule von Fontainebleau* geprägt. Er arbeitet an der Seite Primaticcios und wird einer seiner fähigsten Mitarbeiter. Pilon ist ehrgeizig und begabt, pflegt wichtige Verbindungen und findet eine angesehene Stellung am Hof. 1558 wird er königlicher Bildhauer und entwirft Marmorskulpturen für das Grab Franz' I., die aber nicht ausgeführt werden. Der Durchbruch gelingt ihm mit den Werken, die er im Auftrag Katherinas von Medici schafft, beginnend mit der erlesenen Urne für das Herz ihres verstorbenen Gatten König Heinrich II. (heute im Louvre). Unter der Leitung von Primaticcio führt er die wichtigsten Arbeiten für die sog. Rotunde der Valois in der Basilika Saint-Denis aus. Pilon arbeitet sowohl in Marmor als auch in Bronze, wobei er größten Wert auf die Bearbeitung der Oberflächen und auf die Wiedergabe der Gesichtszüge und der Details der Kleidung legt. 1565 wird ihm die Leitung der Arbeiten an dem monumentalen Doppelgrab Heinrichs II. und Katharinas von Medici anvertraut, das die Herrscher einmal liegend als Tote und einmal, oben auf dem Monument, im Gebet zeigt und an den Seiten mit allegorischen Tugendfiguren geschmückt ist. Es folgen weitere Skulpturengruppen für Saint-Denis, die nun von einer gegenreformatorischen Frömmigkeit beseelt sind, und eine bemerkenswerte Produktion von Gruppen mit religiösen Themen *(Beweinung Christi*, Louvre), von Medaillons und Porträt-Büsten, zuweilen von eindrücklichem, makabrem Realismus.

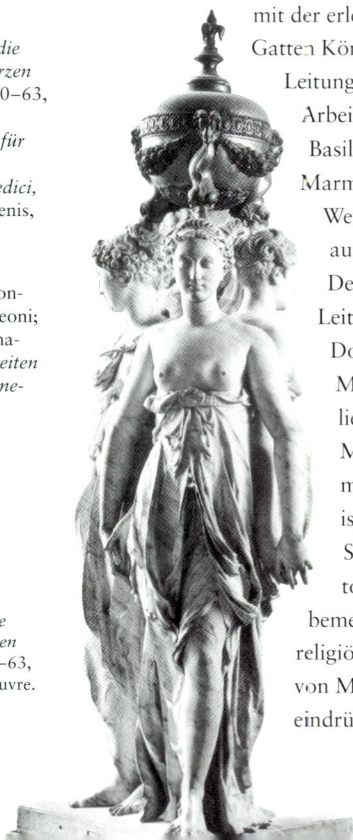

► Germain Pilon, *Drei Grazien für die Urne mit dem Herzen Heinrichs II.*, 1560–63, Paris, Musée du Louvre.

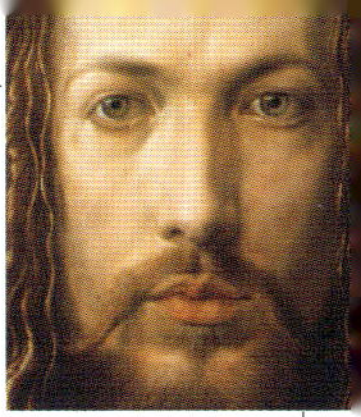

Pontormo gilt neben Rosso Fiorentino als Hauptvertreter der ersten dramatischen und expressiven Phase des Manierismus. Sein »Tagebuch«, 1554–56, ist ein einzigartiges schriftliches Zeugnis.

Pontormo

Nach der Ausbildung bei Andrea del Sarto im lebhaften Florentiner Ambiente zu Beginn des Jahrhunderts, als das Echo der Predigten Savonarolas noch nachhallt und Michelangelo seine ersten Arbeiten ausführt, schafft Pontormo mit den Fresken in Santissima Annunziata und in den Kreuzgängen von Santa Maria Novella seine ersten eigenständigen Werke. Schon hier zeigt sich sein Willen zu einer expressiven Gestaltung der Figuren, die sich an modernen Vorbildern orientieren, wie etwa den Stichen Dürers. Zusammen mit Rosso Fiorentino ist er ein Wegbereiter des Manierismus. Das Haus Medici bezieht ihn in die Ausschmückung der Villa Medici in Poggio a Caiano (1519–21) ein, wenig später entstehen die Fresken in den Lünetten im Kreuzgang der Certosa del Galluzzo. 1526–28 ist er in der Cappella Capponi in Santa Felicità in Florenz beschäftigt: Pontormo führt das Altarbild mit der *Kreuzabnahme* bzw. *Grablegung Christi* aus, das Fresko der *Verkündigung* auf der Seitenwand und drei der vier Tondi mit den Evangelisten im Gewölbe; der vierte Evangelist wird seinem begabten Schüler Bronzino anvertraut. 1536 wird er von Cosimo I. de Medici mit der Ausführung von Fresken in der Villa di Castello beauftragt. 1546 stürzt er sich in eine ungeheure Aufgabe, die Ausschmückung der Apsis von San Lorenzo, der Hauskirche der Medici; er möchte sich mit Michelangelo messen, aber das Ergebnis höchster Anstrengung ist enttäuschend, wie die Entwurfszeichnungen zu den 1739 zerstörten Fresken belegen.

Jacopo Carucci
Italienischer Maler
* 1494 Pontorme bei Empoli
† 1557 Florenz

Wirkungsstätte
Florenz

Reisen
Kurze Aufenthalte in der Toskana

Werke
Lünette mit *Vertumnus und Pomona*, 1521, Poggio a Caiano, Villa Medici; Ausschmückung der Cappella Capponi, 1525, Florenz, Santa Felicità

Verbindungen
Vielleicht Schüler von Leonardo, dann mit Rosso Fiorentino bei Andrea del Sarto; er setzt sich Zeit seines Lebens mit Michelangelo auseinander.

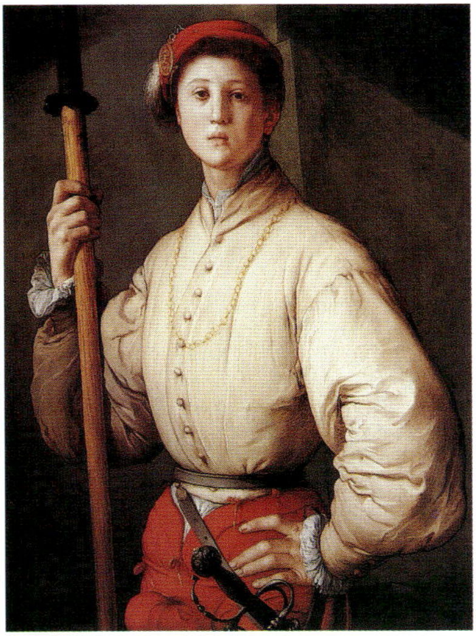

◄ Pontormo, *Cosimo I. de' Medici als Hellebardenträger*, 1529/30, Los Angeles, The J. Paul Getty Museum.

Das Fresko ist eines der wenigen Werke mit einem mythologischen Thema in seiner Produktion, die von Porträts und religiösen Themen beherrscht wird.

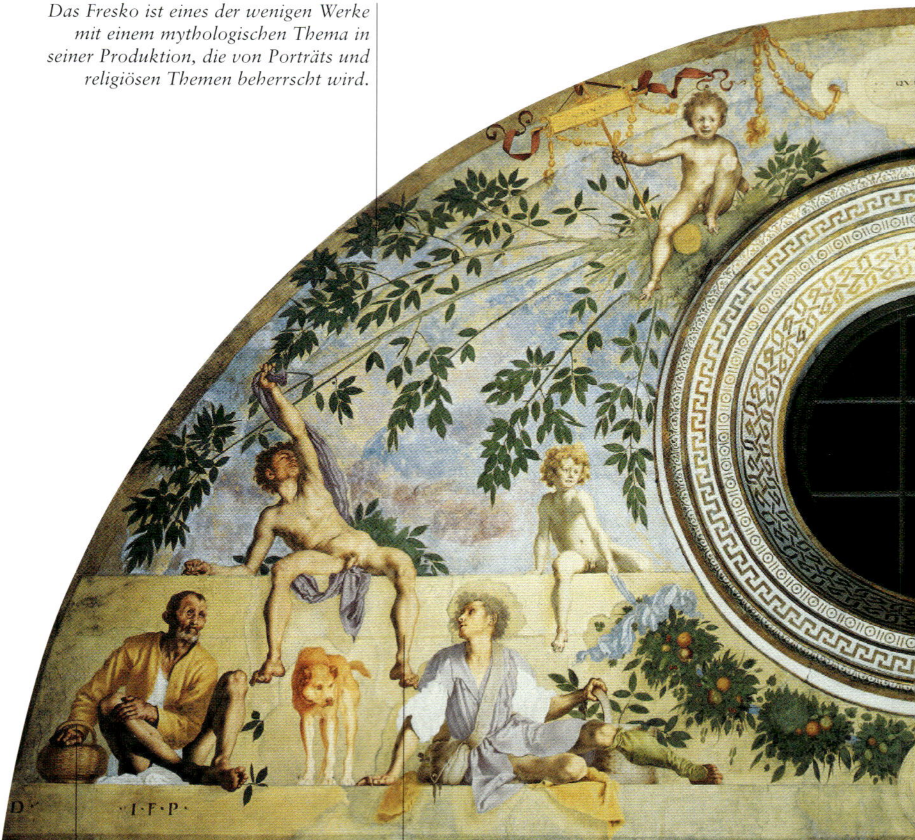

Unerwartet gibt Pontormo hier eine Probe eines menschlichen und engagierten Realismus; das mythologische Sujet tritt weitgehend in den Hintergrund.

Die Bezüge auf Michelangelo, und besonders auf die Sixtinische Kapelle, sind deutlich erkennbar, aber nicht so überzogen wie bei anderen Malern.

▲ Pontormo,
Lünette mit *Vertumnus und Pomona*, 1519–21,
Poggio a Caiano (bei Florenz), Villa Medici.

Der namhafte Auftrag für eine der schönsten Residenzen der Medici war für Pontormo ein Glücksfall; er gestaltet mit großer Freiheit den Raum der Lünette, die in der Mitte von einem Rundfenster durchbrochen wird.

Dank der üblichen sorgfältigen zeichnerischen Vorbereitung (es sind für fast alle Personen genaue Zeichnungen erhalten) verleiht Pontormo jeder Gestalt eine anregende Frische.

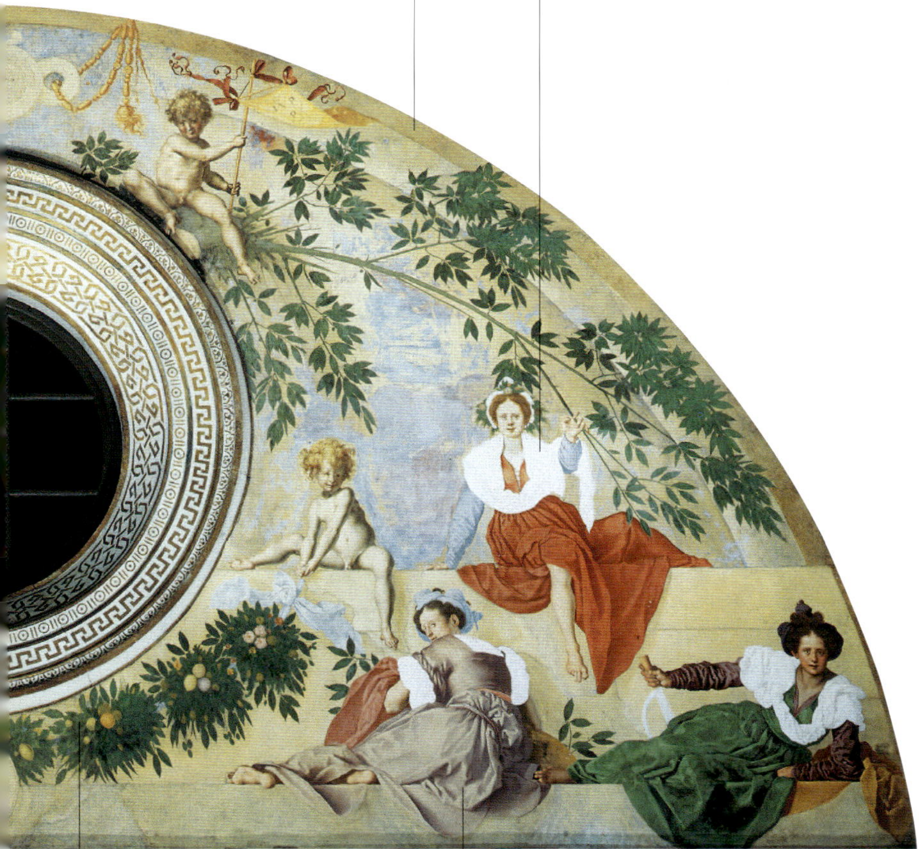

Das Fresko vermittelt ein Gefühl von Weiträumigkeit und Helle, es evoziert einen Nachmittag auf dem Land und das Eintauchen in die Natur, obwohl nur schlichtes Laubwerk sparsam eingesetzt wird.

Die energischen Blicke einiger Figuren, besonders der Frau rechts, richten sich an den Betrachter.

Die ungewohnte Umarmung der zwei Frauen, einmal von vorn und einmal im Profil, mit entgegengesetzten Farben, ist ein verwirrender Trick, der den Betrachter in ein intellektuelles Spiel mit dem Kunstwerk einbezieht.

Pontormo löst sich von jedem ikonographischen Vorbild, er gestaltet eine monumentale urbane, stille, dunkle, fast gespenstige Szenerie.

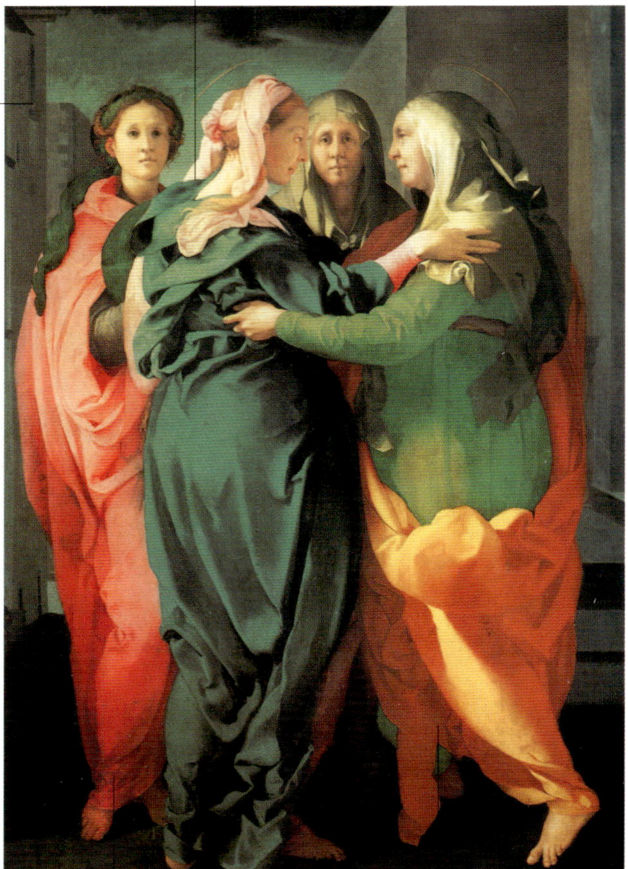

Nachdem der Anspruch des 15. Jh., dass das Bild ein auf die Wirklichkeit geöffnetes »Fenster« sein soll, aufgegeben ist, drängt Pontormo darauf, die Maniera moderna *in Richtung der Schaffung einer »künstlichen Natur« durch den Künstler zu entwickeln.*

Im Vordergrund ist die feierliche Begegnung von Maria und Elisabeth im Profil dargestellt; hinter ihnen tauchen, als eine Art metaphysisches »Doppel«, die gleichen Figuren in Frontalansicht auf, den Blick auf den Betrachter gerichtet.

▲ Pontormo, *Heimsuchung*, 1528/29, Carmignano (bei Florenz), San Michele.

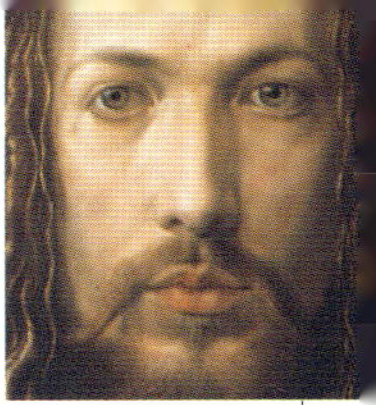

Der Maler, Dekorateur und Baumeister, dem auf allen Gebieten sein außerordentliches zeichnerisches Talent zugute kommt, prägt den Stil und Geschmack seiner Zeit.

Francesco Primaticcio

Als Gehilfe in der Werkstatt Giulio Romanos in Mantua zeichnet Primaticcio sich in der Ausschmückung des Palazzo Ducale und des Palazzo del Te als origineller Gestalter der Stuckfriese aus, die nicht nur einen ornamentalen Zweck, sondern komplementär zu den Fresken auch eine narrative Funktion erfüllen. 1532 geht Primaticcio nach Fontainebleau und tritt in die Dienste König Franz' I. Zusammen mit Rosso Fiorentino obliegt ihm Entwurf und Durchführung der Ausschmückung der Galerie des Schlosses, eine Aufgabe, die sie mit geistreicher Erfindungsgabe lösen. Primaticcio entwickelt die fließende Eleganz von Parmigianino weiter und verbindet sie mit der kernigen Expressivität Giulio Romanos und der Monumentalität Michelangelos. Beim Tod Rosso Fiorentinos (1540) übernimmt er die Gesamtverantwortung für die Arbeiten. Daneben erhält er den Auftrag, antike Werke anzukaufen oder Abgüsse solcher anfertigen zu lassen, was regelmäßige Reisen nach Italien und einen lebendigen Austausch mit den dortigen Künstlern zur Folge hat. Unter Mitarbeit von Niccolò dell'Abate, den er nach Fontainebleau holt, stattet er die *Galerie d'Ulysse* aus. Nach einer problematischen Zeit während der Herrschaft Heinrichs II. (1547–59) erhält Primaticcio an Stelle von Philibert de l'Orme den Titel des königlichen Architekten und betreut im Auftrag der königlichen Witwe Katharina von Medici den Bau der Grabdenkmäler in der Basilika von Saint-Denis.

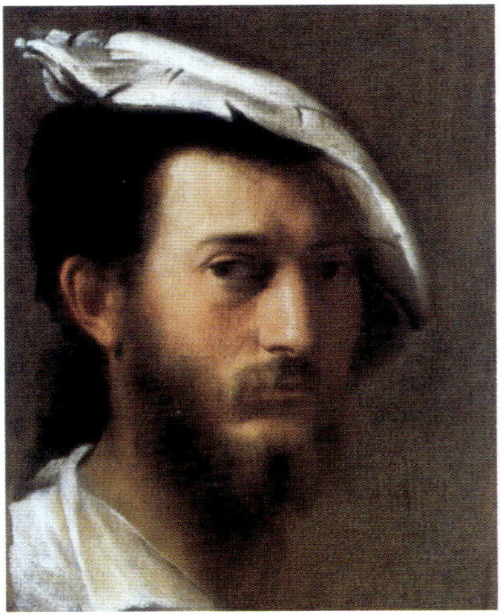

Italienischer Maler, Dekorateur und Baumeister

* 1504 Bologna
† 1570 Paris

Wirkungsstätten
Mantua; Fontainebleau

Reisen
Während der Zeit in Mantua (1526–32) Aufenthalte in Venedig und Bologna; von Fontainebleau aus häufige Besuche in Italien (Bologna, Rom, Mailand, Ferrara, Mantua)

Werke
Stuck im Palazzo del Te in Mantua; Fresken in Fontainebleau; *Odysseus und Penelope*, um 1545, Toledo (Ohio), Museum of Art

Verbindungen
Zusammenarbeit mit Giulio Romano in Mantua; in Frankreich Kontakte zu den französischen Meistern (von Clouet bis Goujon, von Cousin bis Pilon) und mit den Italienern Rosso Fiorentino, Sebastiano Serlio und Niccolò dell'Abate

◄ Francesco Primaticcio, *Selbstporträt*, 1540, Florenz, Uffizien.

Der französische König Franz I. nahm gerne die Rolle des Odysseus an; es kam im 16. Jh. häufig vor, dass die Mächtigen sich als Gestalt der klassischen Antike darstellen ließen.

Die komplizierte Frisur der Penelope und die mit der Situation verbundene erotische Note sind charakteristisch für die Erste Schule von Fontainebleau.

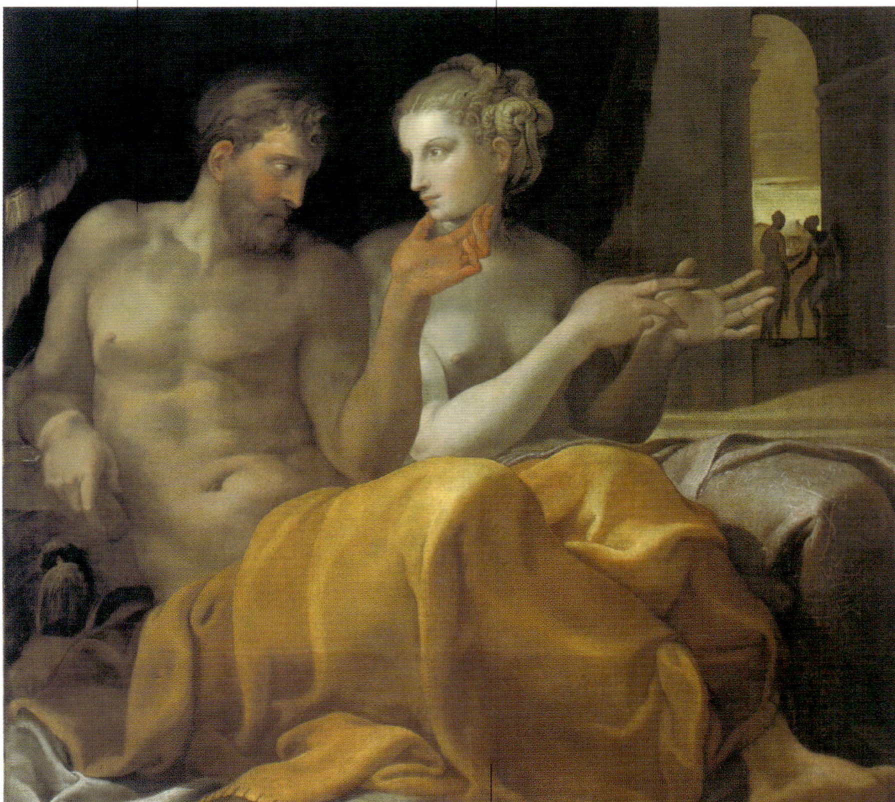

Das Bild ist eines der wenigen Gemälde Primaticcios, die Zerstörung und Neufassung überlebt haben.

▲ Francesco Primaticcio, *Odysseus und Penelope*, um 1545, Toledo (Ohio), Museum of Art.

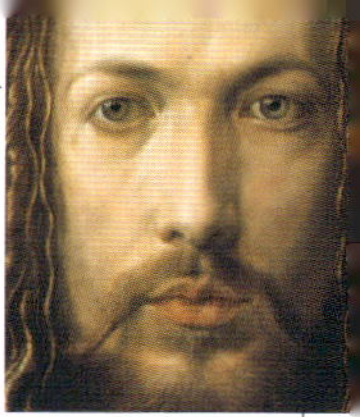

In seinem kurzen Leben hat Raffael zu einer vollendeten graziösen Ausgeglichenheit gefunden, zu einem natürlichen und zugleich idealen Stil und zu einer bezaubernden Schönheit.

Raffael

Der Sohn des Malers und Schriftstellers Giovanni Santi übernimmt noch jung die Werkstatt des Vaters in Urbino und ist mit 16 Jahren schon selbstständiger Meister. Um 1500 geht er nach Perugia und arbeitet in der Werkstatt Peruginos. Die Fähigkeit, Anregungen anderer Künstler aufzunehmen und weiterzuführen, ist kennzeichnend für seine Zeit in Florenz (1504–08). In Auseinandersetzung mit den Werken Michelangelos und Leonardo da Vincis entwickelt der noch junge Künstler einen Stil, der Idealismus, Naturnachahmung und einen zarten Ausdruck miteinander verbindet. 1508 ruft Papst Julius II. ihn nach Rom und beauftragt ihn mit der Ausstattung der Stanzen, der päpstlichen Privatgemächer im Vatikan. Der Zyklus beginnt mit harmonischen Szenen vor symmetrischen Hintergründen in der Stanza della Segnatura (1509–11) und setzt sich in der Stanza d'Eliodoro (1512–14) mit bewegteren Episoden und suggestiven Lichteffekten fort. Gleichzeitig entstehen Altarbilder, Porträts und Fresken wie in der Villa Farnesina, der Villa des Bankiers Agostino Chigi. Unter dem Pontifikat Leos X. übernimmt Raffael die Stelle des Bauleiters von St. Peter und wird zum Konservator der antiken Denkmäler Roms ernannt. Er führt Bauten und Dekorationen aus (Villa Madama, Loggien des Vatikans), deren Themen und Gestaltung den Weg zum Manierismus vorwegnehmen.

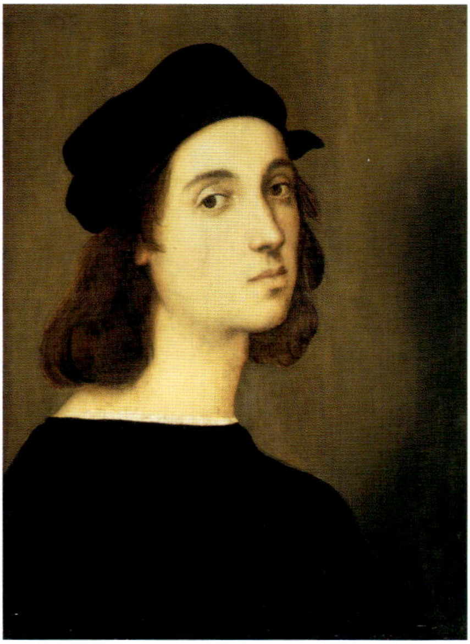

Raffaele Santi (Sanzio)

Italienischer Maler und Baumeister

* 1483 Urbino
† 1520 Rom

Wirkungsstätte
Rom (ab 1508)

Reisen
Mehrere Ortswechsel in den Marken, Umbrien und der Toskana (mit einem wichtigen Aufenthalt in Florenz).

Werke
Vermählung Marias, 1504, Mailand, Pinacoteca di Brera; Fresken in den Stanzen des Vatikan, ab 1508; *Verklärung,* 1520, Rom, Pinacoteca Vaticana

Verbindungen
Wichtig sind die Kontakte zu Perugino in der Jugendzeit, mit Leonardo in Florenz, mit Michelangelo, Bramante und Sebastiano del Piombo in Rom; freundschaftlicher Austausch mit Dürer

◄ Raffael, *Selbstporträt,* 1509, Florenz, Uffizien.

Das Missverständnis einer vorgeblichen Volkstümlichkeit hängt auch mit der ungewöhnlichen Kleidung Marias zusammen, die eine Art Turban trägt und ein vielfarbiges Schultertuch umgelegt hat.

Das Format des Tondo führt zu einer Zusammendrängung aller drei Figuren; die Augen von Mutter und Kind sind auf den Betrachter gerichtet.

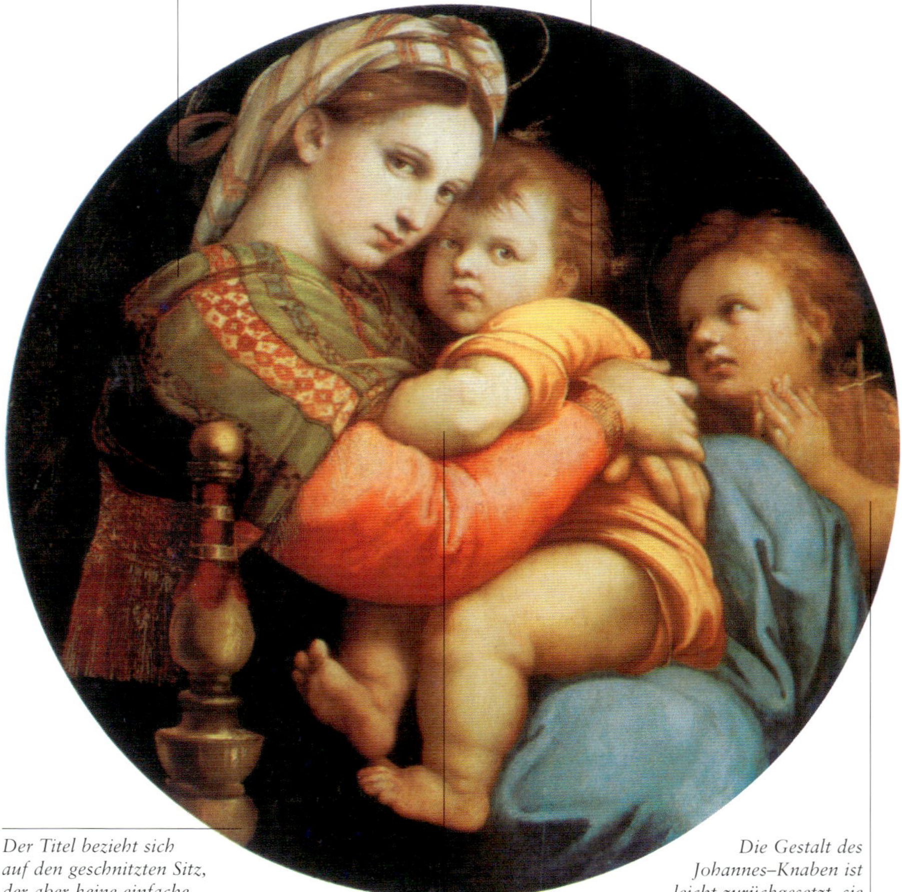

Der Titel bezieht sich auf den geschnitzten Sitz, der aber keine einfache »Seggiola«, kein einfacher »Stuhl« ist, sondern ein elegantes und vornehmes Möbelstück.

Die Gestalt des Johannes-Knaben ist leicht zurückgesetzt, sie bringt die Komposition auf der rechten Seite ins Gleichgewicht.

Drehpunkt der ganzen Gruppe ist der Ellenbogen des Jesuskindes, der mit dem geometrischen Zentrum des Tondo zusammenfällt und sich dem Betrachter entgegenstreckt; auch fällt ein besonderer Lichtstrahl auf ihn.

▲ Raffael,
Madonna della Seggiola, 1513,
Florenz, Palazzo Pitti,
Galleria Palatina.

Die Gruppe der Madonna mit dem Kind zeigt eine schwer übertreffbare Ausgewogenheit zwischen Realismus und Idealisierung, zwischen antiken Vorbildern und Gespür für die Natur.

Das Gesicht Marias erinnert an die Geliebte Raffaels, Margerita Luti, Tochter eines Bäckers aus Siena, der im Viertel Santa Dorotea in Rom ein Geschäft betrieb; Margarita wurde unter ihrem Beinamen »Fornarina« berühmt.

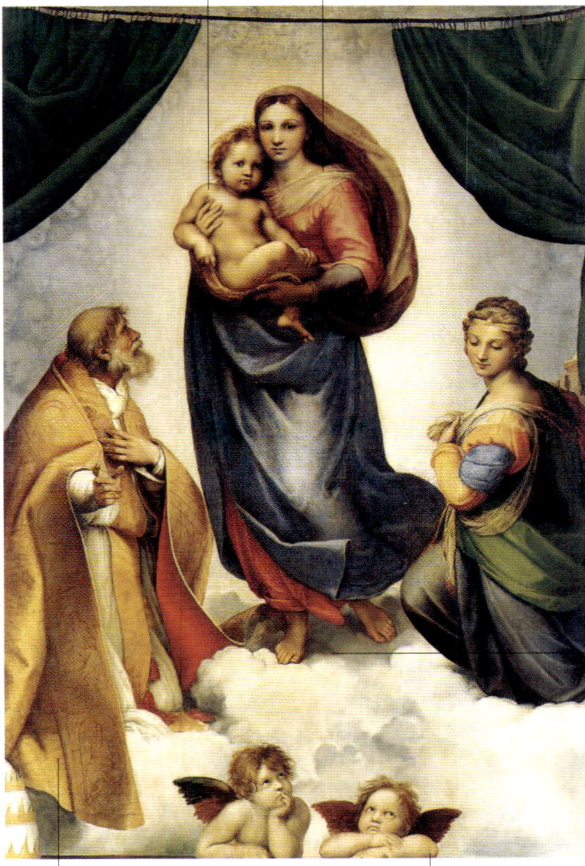

Das Altarbild war in Korrespondenz zum großen Fenster der Apsis angebracht; Raffael schafft die Illusion eines realen Fensters, mit zurückgezogenen Vorhängen und unten einem Gesims.

Auf einem Wolkenteppich (der aus den Gesichtchen von zahllosen Cherubim gebildet wird) scheint Maria voranschreitend sich auf den Betrachter zuzubewegen.

Der Name des Bildes erinnert an den ursprünglichen Standort in der Kirche San Sisto (St. Sixtus) in Piacenza; die Kirche ist die Grabkirche des hl. Sixtus II., der links mit der Tiara zu Füßen dargestellt ist; rechts die hl. Barbara, die zweite Titelheilige der Kirche.

Die berühmten Engelchen, die oft für sich allein reproduziert werden, betonen die Illusion eines Fenstersimses, auf das sie sich zu stützen scheinen.

▲ Raffael,
Sixtinische Madonna, 1515/16,
Dresden, Gemäldegalerie Alte Meister.

Die große Altartafel wurde, zusammen mit der Auferweckung des Lazarus *von Sebastiano del Piombo, von Kardinal Giulio de' Medici für seine Bischofskirche, die Kathedrale von Narbonne, in Auftrag gegeben. Giulio de' Medici wurde 1523 zum Papst gewählt und nahm den Namen Clemens VII. an.*

Im oberen Teil des Bildes ist die mystische Szene der Verklärung Christi dargestellt: Jesus erhebt sich zwischen den Propheten Mose und Elija gen Himmel.

Das Bild blieb in den Randbereichen wegen Raffaels Tod unvollendet. Es wurde bei seinem Begräbnis als »Prospekt« für den Katafalk verwendet.

Das Werk ist geprägt durch den Ausdruck verschiedenster Emotionen und durch innovative Lichteffekte, und dadurch gleichsam ein Bindeglied zwischen Leonardo und Caravaggio.

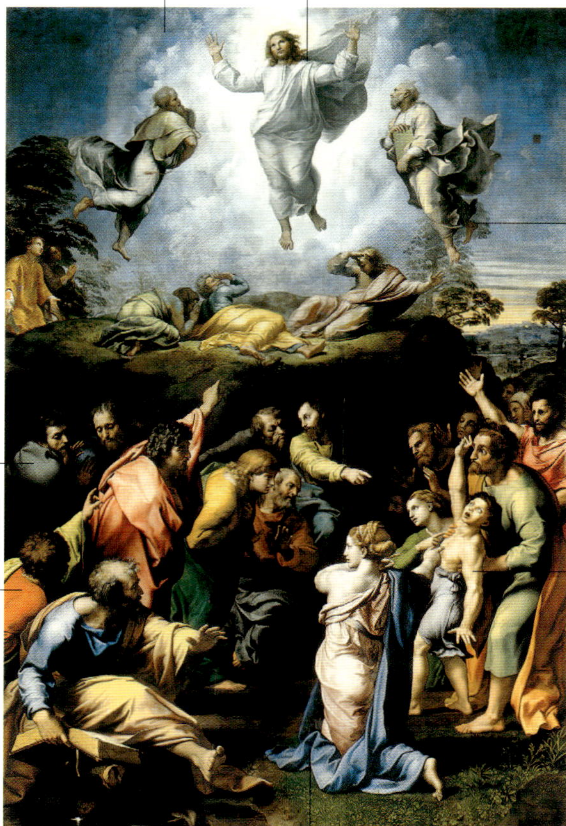

In der unteren Zone weist ein Teil der Figuren auf die Verklärung »oben« auf dem Berg, während die anderen »unten« erfahren müssen, dass sie nicht die Kraft haben, einen besessenen Jungen zu heilen.

Auf ein theatralisches Bühnen–Repertorium der Gesten, des Ausdrucks und der Gefühle zurückgreifenend, verteilt Raffael die beiden simultanen gegensätzlichen Situationen, auf die obere und untere Bildhälfte.

Die Drehung der Frau in der Mitte und der Kontrapost der Gestalt links werden zu höchst bedeutsamen Vorbildern für den Manierismus.

▲ Raffael,
Verklärung Christi, 1520,
Rom, Pinacoteca Vaticana.

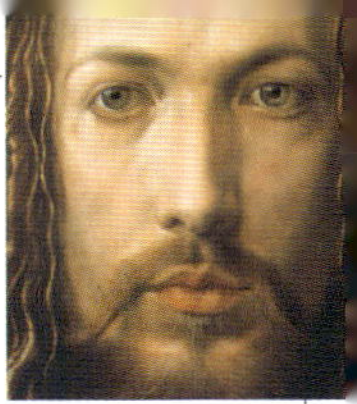

Dieser Schöpfer dramatischer Meisterwerke und gewagter Kreationen, die gotische und barocke Elemente zu verbinden scheinen, ist ein unerbittlicher Zeuge für das Ende der Renaissance.

Ligier Richier

Die Karriere des großen lothringischen Bildhauers Ligier Richier beginnt mit einer langen Ausbildungszeit in Rom, von 1515–20, während der er sich intensiv mit den Werken Michelangelos auseinandersetzt. Zurückgekehrt in die Heimat arbeitet er für bedeutende Auftraggeber. 1531 und 1540 führt er zwei dramatische Monumentalgruppen der Grablegung für die Kirchen von Saint-Mihiel aus, bei denen sich eine noch gotische Virtuosität mit der völligen Beherrschung der Materie und mit einem Gespür für die Mühsal der Gegenwart verbindet. Um 1544 schafft Ligier das Grabmal von René von Nassau, mit dem makabren Skelett, das sich das Herz aus der Brust reißt, ein Werk, das eine Brücke zwischen dem Totentanz des Mittelalters und dem Triumph des Todes im Barock schlägt. Wenige Jahre darauf entsteht der Sarkophag der Philippa von Geldern, der zweiten Frau Renatus' II. von Lothringen, aus weißem und schwarzem Marmor (Kirche der Franziskaner, Nancy). Nachdem er in Bar-le-Duc noch einen Altar geschaffen hat, schließt Richier sich der Reformation an. Er hört praktisch auf zu arbeiten und muss 1564 nach Genf ins Exil gehen, wo er kurz darauf stirbt. Es endet das zerrissene Leben eines Meisters, der in der Hochrenaissance lebt, aber zugleich gotisch und barock wirkt.

Lothringischer Bildhauer

* um 1500 Saint-Mihiel
† 1567 Genf

Wirkungsstätte
Lothringen

Reisen
Langer Bildungsaufenthalt in Rom

Werke
Beweinung Christi, 1531, Saint-Mihiel, St-Etienne; Grabmal von René von Nassau, 1544, Bar-le-Duc, St-Etienne

Verbindungen
Es wird eine Lehrzeit bei Michelangelo vermutet.

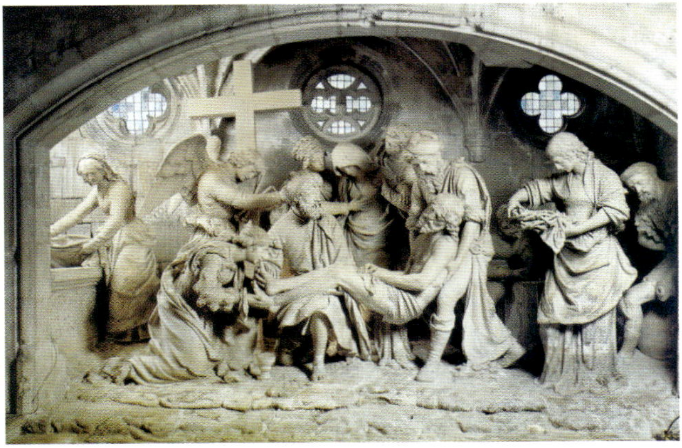

◄ Ligier Richier, *Beweinung Christi*, 1531, Saint-Mihiel, St-Etienne.

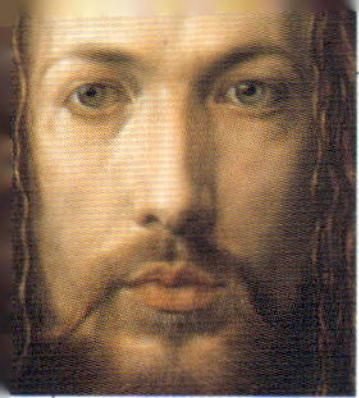

Riemenschneider ist ein sensibler Interpret der Leidenschaften und Gefühle; seine unvergesslichen Meisterwerke bringen die Gattung der Flügel-Schnitzaltäre zu einer letzten Blüte.

Tilman Riemenschneider

Deutscher Bildhauer

* um 1460 Heiligenstadt
† 1531 Würzburg

Wirkungsstätte
Würzburg

Reisen
Zahlreiche Aufenthalte in Süddeutschland, vor allem in Schwaben, im Rheinland und in Franken

Werke
Heilig-Blut-Altar, 1501–05, Rothenburg ob der Tauber, St. Jakob; *Creglinger-Marienaltar,* um 1505, Creglingen, Herrgottskirche; *Grabmal Kaiser Heinrichs II. und seine Gemahlin Kunigunde,* 1499–1513, Bamberg, Dom

Verbindungen
Lehrzeit in der Werkstatt von Jörg Syrlin in Ulm, direkter Kontakt mit Veit Stoß

Tilman (auch Dill) Riemenschneider, der größte Holzschnitzer der deutschen Renaissance, ist ein vielseitiger und dynamischer Künstler. Er macht seine Lehre in Erfurt und Ulm und eignet sich gleiche Fertigkeiten in der Skulptur aus Stein, aus Marmor und aus Holz an. Ein unverwechselbares Merkmal seines Stils ist die Hervorhebung der taktilen und chromatischen Eigenschaften des Materials, das er in seinen natürlichen Farben belässt, unter Verzicht auf die übliche Vergoldung und Polychromie. Diese Eigenheit zeigt sich schon in der ersten Arbeit, dem Altar von Münnerstadt, den er zusammen mit Veit Stoß ausführt. Obwohl seine Stärken in der Holzschnitzerei liegen, arbeitet er auch mit anderen Materialien. Zu den Schnitzaltären von Rothenburg und Kreglingen, die zu den größten Meisterwerken der europäischen Skulptur zwischen Spätgotik und Renaissance gehören, kommen das Grabmal von Kaiser Heinrich II. aus Alabaster (Dom, Bamberg) und Grabmäler und Reliefs aus Kalkstein (Dom, Würzburg). Allen Werken ist die emotionale Anspannung der Personen gemeinsam, die sich in gleichzeitig leidenschaftlichen und vornehm kontrollierten Gesichtszügen und Gesten ausdrückt. Der Lebenslauf von Riemenschneider ist durch den Wechsel zwischen Momenten großen Ruhmes (bestätigt durch den Erfolg der Werkstatt und durch zahlreiche offizielle Aufträge) und schwierigen Zeiten geprägt. 1525 ist Riemenschneider an den Aufständen des Bauernkrieges beteiligt und wird eingesperrt und gefoltert. Er verliert Ämter, Ehren und Teile seines Vermögens und erhält keine Aufträge mehr.

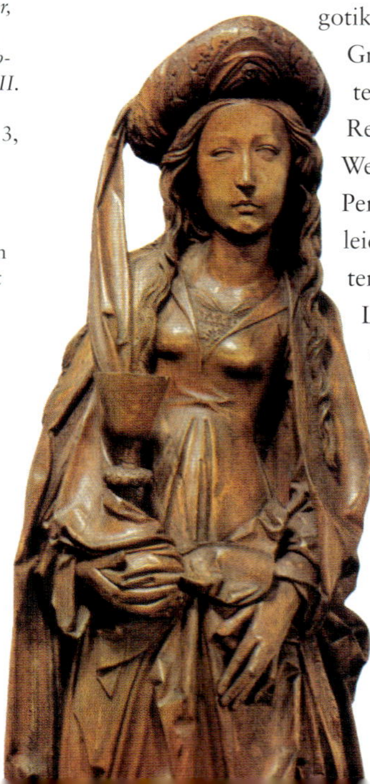

► Tilman Riemenschneider, *Hl. Barbara,* um 1510, München, Bayerisches Nationalmuseum.

Einige Details wie die gotischen Biforien und die Bärte gehören zur Tradition des 15. Jh., aber insgesamt atmet die Komposition den Geist der Renaissance.

Zum ersten Mal »öffnet« Riemenschneider den Hintergrund eines Altarschreins und zeigt eine Reihe von gotischen Biforien und Triforien mit Glasfenstern.

Anders als sein Vorgänger verzichtet Riemenschneider darauf, die Figuren mit lebhaften Farben zu bemalen; er belässt das Holz in seinem honigfarbenen Ton, den er durch einen ölhaltigen Leimüberzug erreicht, und hebt damit die Qualität des Schnitzwerks hervor.

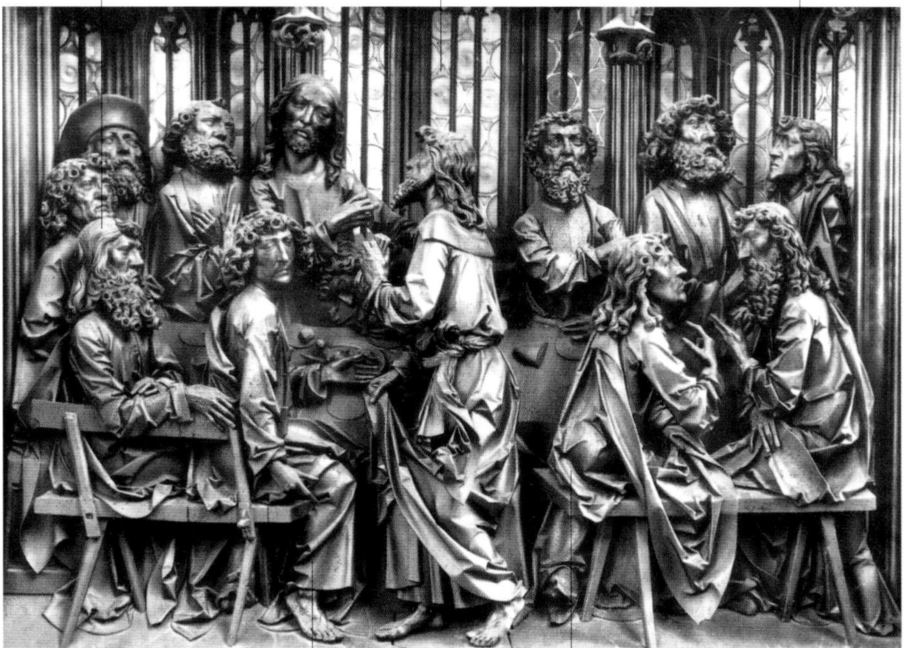

Die vornehme und melancholische Gestalt des Johannes weist auf die Hauptszene mit der Einsetzung des Altarsakraments.

Die Gruppen der Apostel sind aus verschiedenen Blöcken von Lindenholz geschnitzt; mit großer Geschicklichkeit verbirgt Riemenschneider die Fugen und verleiht der Szene eine eindrucksvolle Geschlossenheit.

▲ Tilman Riemenschneider, *Heilig-Blut-Altar, Abendmahl*, 1501–05, Rothenburg ob der Tauber, St. Jakob.

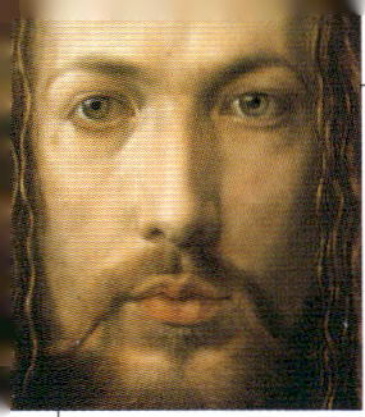

Offen für ein entschieden experimentelles Vorgehen, nimmt Rosso Fiorentino eine Schlüsselstellung für die Verbreitung des Manierismus von Italien nach Europa ein.

Rosso Fiorentino

Giovanni Battista di Jacopo di Guasparre
Italienischer Maler
* 1494 Florenz
† 1540 Fontainebleau

Wirkungsstätten
Florenz, Rom, später Fontainebleau

Werke
Kreuzabnahme, 1521, Volterra, Pinacoteca Comunale; Galerie für König Franz I. im Schloss Fontainebleau, 1534–37

Verbindungen
In Florenz Schüler von Andrea del Sarto, zusammen mit Pontormo; in Rom steht er in Verbindung mit Parmigianino und Giulio Romano; in Fontainebleau arbeitet er mit Primaticcio zusammen.

Der Protagonist der ersten und grundlegenden Phase des Florentiner Manierismus lernt zusammen mit Pontormo in der Werkstatt Andrea del Sartos und debütiert zusammen mit beiden mit den Fresken des sog. Chiostro dei Voti (Vorhof) von Santissima Annunziata. Rossos Figuren haben hier oft bizarre Physiognomien. Die *Kreuzabnahme* von Volterra (1521) ist typisch für seine Deformation der Figuren und seine Farbgebung. Der florentinische Einfluss wird nach wenigen Jahren von der Auseinandersetzung mit Michelangelo und schließlich mit Parmigianino verdrängt. Nach dem *Sacco di Roma* (1527) treten in seinem lebhaften Stil harte Brüche hervor, der Bildaufbau wird noch dramatischer, die Farben werden fahler. 1530 übersiedelt Rosso nach Frankreich. König Franz I. ernennt ihn zum Hofmaler und vertraut ihm die Arbeiten zur Erweiterung und Ausschmückung der Residenz von Fontainebleau an. Rosso steht an der Spitze einer Équipe, zu der auch Primaticcio gehört und die die *Erste Schule von Fontainebleau* bildet. 1532–37 führt er die großartige Galerie von Fontainebleau aus, ein Grundstein für die Verbreitung des Manierismus in Europa.

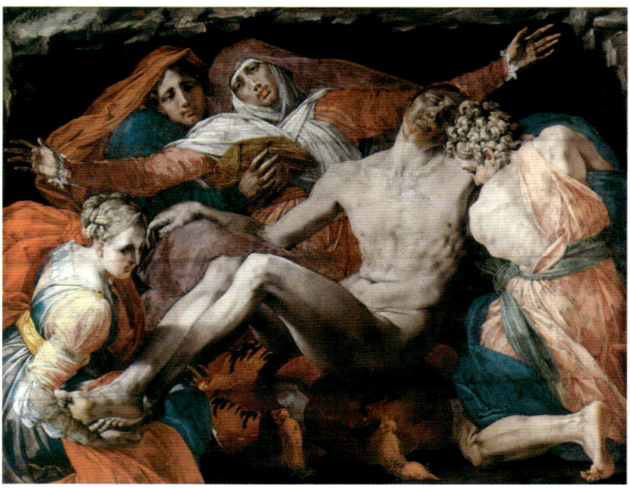

► Rosso Fiorentino, *Pietà,* 1535–38, Paris, Musée du Louvre.

Das große Altarbild ist eines der Hauptwerke des frühen toskanischen Manierismus; aufgrund der gewaltsamen Deformation der Figuren und dem emailartigen Farbenglanz entfaltet es eine Wirkung von erschreckender Aggressivität.

In einem dominanten Gerüst aus Leitern und Brettern verfangen sich versteinerte Personen in theatralisch dramatischen Haltungen.

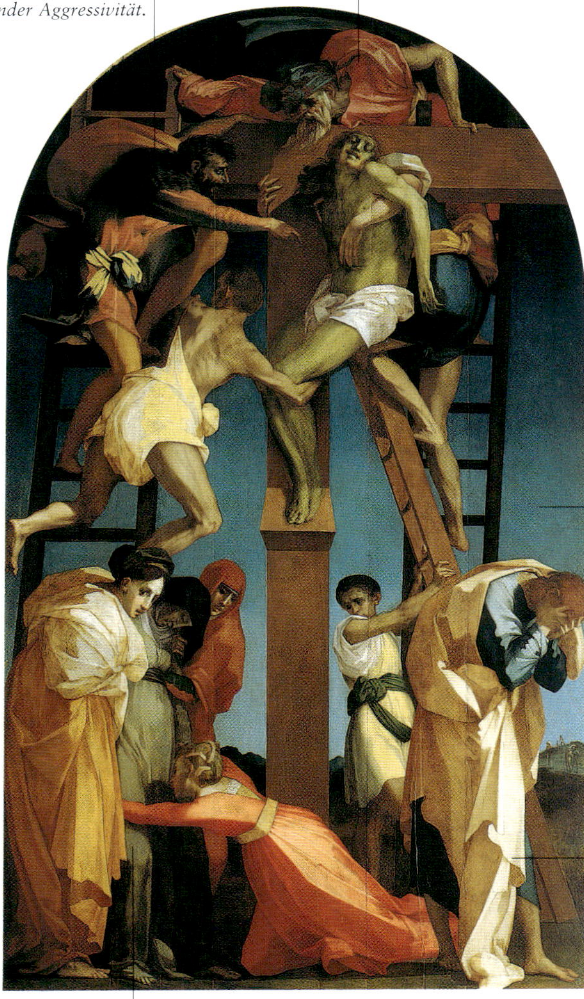

Eindrucksvoll ist der Himmel: fahl, kompakt und schwül wie ein undurchdringliches und unnatürliches Gewölbe aus lackiertem Blei.

Die monumentale und dramatische Gestalt des weinenden hl. Johannes dominiert in der Frauengruppe links die rechte Seite des Bildes.

Maria, die Mutter Jesu, verliert die Sinne; sie wird von zwei Frauen gestützt, während Maria Magdalena ihre Knie umfasst.

▲ Rosso Fiorentino, *Kreuzabnahme*, 1521, Volterra, Pinacoteca Comunale.

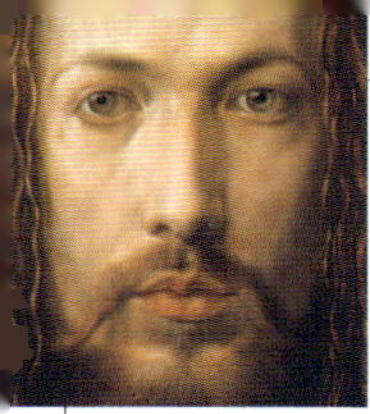

Der explizite Bezug auf das monumentale Bauwesen der Antike wird zur symbolischen Signatur einer politischen Macht, Sansovino zu ihrem Architekten.

Jacopo Sansovino

Jacopo Tatti

Italienischer Baumeister und Bildhauer

* 1486 Florenz
† 1570 Venedig

Wirkungsstätte
Venedig

Reisen
Zwei lange Aufenthalte in Rom (1506–11 und 1517–27)

Werke
Libreria Marciana in Venedig (begonnen 1537); Prunktreppe im Palazzo Ducale von Venedig (1544)

Verbindungen
Lange und enge Freundschaft mit Tizian; Kontakte zu den bedeutendsten Künstlern seiner Zeit wie Raffael, Michelangelo, Andrea del Sarto in Rom und Florenz und zu Tintoretto, Veronese und Alessandro Vittoria in Venedig

Jacopo Tatti, der den Beinamen Sansovino seines Lehrers annimmt, ist einer der wichtigsten Interpreten des strengen Klassizismus der Hochrenaissance. Er tritt zunächst in Florenz auf dem Gebiet der Marmorskulptur hervor, noch geprägt von seinem Lehrer Andrea Sansovino, wie der *Bacchus* von 1512 (Museo del Bargello, Florenz) bezeugt. Während eines langen Aufenthalts in Rom (1516–27) wendet sich Sansovino der Architektur zu. Nach dem *Sacco di Roma* 1527 verlässt er Rom und gelangt fast zufällig nach Venedig, das seine Wahlheimat wird. Ein paar Jahre später wird er als »Protomastro« verantwortlich für die öffentlichen Bauten Venedigs, eine Aufgabe, die er über 40 Jahre innehat. Unter dem Dogen Andrea Gritti wirkt er auf entscheidende Weise an der Verwandlung der Stadt in ein »modernes« Venedig mit. Er errichtet monumentale Bauten von höchstem symbolischem Gehalt, und das an den wichtigsten Plätzen der Stadt, etwa rund um die Piazza San Marco: die Procuratie Nuove, die Loggetta del Campanile, die Libreria Marciana, das Innere des Palazzo Ducale, die Zecca. Sansovino arbeitet auch in Venedig als Bildhauer, wobei er Bronze bevorzugt. In den Reliefs für die Loggetta del Campanile und die Sängerkanzeln für San Marco zeigen sich Ansätze des Manierismus.

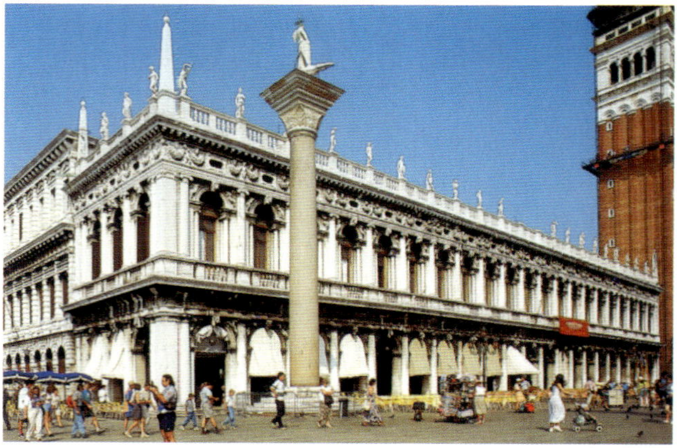

► Jacopo Sansovino, Fassade der Libreria Marciana in Venedig, begonnen 1537.

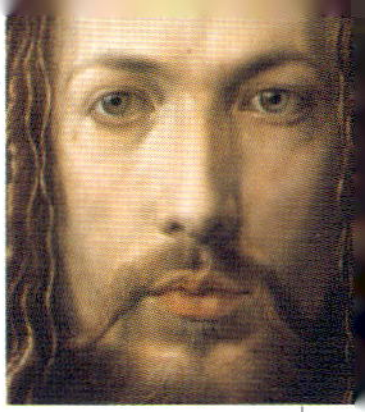

Der Maler aus Brescia, ein Meister der Wiedergabe von Licht und Lichtreflexen, sucht und findet die Balance zwischen venezianischer Farbe und lombardischem Realismus.

Giovan Gerolamo Savoldo

Obwohl Savoldo fast sein ganzes künstlerisches Leben in Venedig verbracht hat, ist es doch richtig, ihn der Schule von Brescia zuzuordnen, sowohl wegen der zahlreichen Aufträge, die er aus seiner Heimatstadt erhält, als auch wegen seines Realismus und wegen der feinfühligen Psychologisierung, die für die Renaissancemaler von Brescia (Romanino, Moretto) und Bergamo (Lotto und später Moroni) kennzeichnend sind. Das Wirken Savoldos in Venetien beginnt um 1520, als er das große Altarbild der Kirche San Nicolò in Treviso vollendet. Die bald folgende *Pala degli Eremiti* (Venedig, Gallerie dell'Accademia) und die großartige *Sacra Conversazione* für die Dominikaner von Pesaro (1524, Mailand, Pinacoteca di Brera) markieren die rasch aufeinander folgenden Etappen seiner Karriere. Neben Altarbildern malt Savoldo Porträts und Andachtsbilder, manchmal in mehreren Versionen wie die *Maria Magdalena* oder die *Ruhe auf der Flucht nach Ägypten*. Die Malerei dieser Phase ist geprägt von Lichteffekten, lebhaften Farben und metallisch schimmernden Effekten. In den 1530er Jahren, in denen er in Mailand Werke für Francesco II. Sforza ausführt, nimmt die Leuchtkraft seiner Farben ab, er findet zu zarteren, gedämpfteren Farben von tiefer und melancholischer Poesie. Die Bilder von Savoldo, wie die beiden Meisterwerke der Pinacoteca Tosio Martinengo in Brescia, das *Bildnis eines jungen Fötenspielers* und die beste Version des öfter ausgeführten Themas der Anbetung der Hirten, gehören zu den bedeutendsten »lombardischen Vorläufern« Caravaggios.

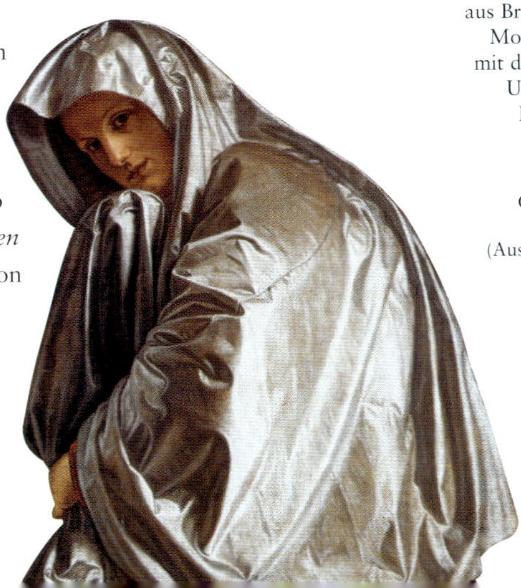

Italienischer Maler
* um 1480/85 Brescia
† um 1548 ebd. oder Venedig

Wirkungsstätte
Venedig

Reisen
Zahlreiche Kontakte zu seiner Geburtsstadt Brescia; 1534 wirkt er in Mailand.

Werke
Madonna mit Heiligen, 1524, Mailand, Pinacoteca di Brera; *Hl. Matthäus mit Engel*, 1534, New York, The Metropolitan Museum of Art

Verbindungen
Ständiger Dialog mit den übrigen Meistern aus Brescia (Romanino, Moretto); verbunden mit der venezianischen Umgebung (Tizian, Lotto, Sansovino)

◄ Giovan Gerolamo Savoldo, *Maria Magdalena* (Ausschnitt), um 1530, London, National Gallery.

Der sich auf die Brüstung stützende Hirte soll den volkstümlichen Charakter der Szene steigen. Die Feinheit in der Ausführung beweist das Können des Malers.

Im fernen Hintergrund zeigt ein Lichtschein am Himmel die Erscheinung des Engels vor den Hirten an; es ist das einzige übernatürliche Element in einem ansonsten gänzlich realistischen Bild.

Eine wirkungsvolle Erfindung ist das Fenster an der Rückwand der Hütte, durch das der bärtige Hirte auf die Szene blickt, während ein zweiter hinter ihm wartet, bis er an der Reihe ist. Es ermöglicht einen Ausblick in die Ferne und einen unerwarteten Lichteinfall.

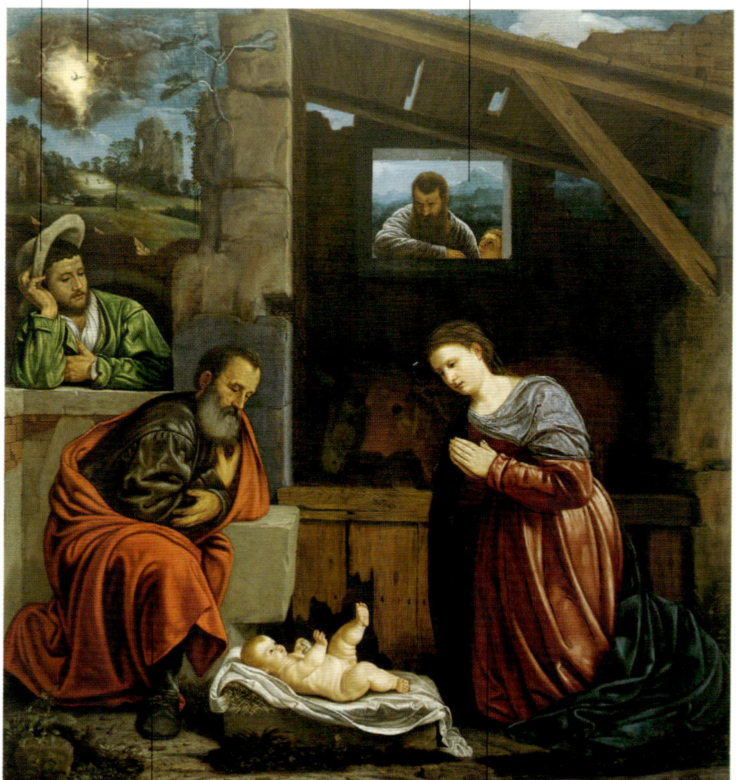

Josef und Maria haben einfache, schlichte, fast bäuerliche Physiognomien; das ärmliche Schuhwerk Josefs ist ein weiteres realistisches Merkmal.

Savoldo, der zwar aus Brescia stammt, sich aber in Venedig niedergelassen hat, lässt einen Lichtstrahl über das Kleid Marias gleiten, wie es typisch ist für die venezianische Malerei.

▲ Giovan Gerolamo Savoldo, *Anbetung der Hirten*, um 1540, Brescia, Pinacoteca Tosio Martinengo.

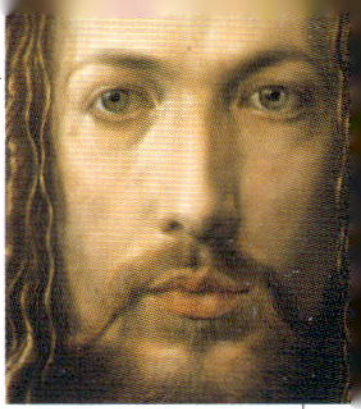

Sebastiano del Piombo, in Venedig und Rom gleichermaßen wirkend, steht mit den größten Künstlern seiner Zeit im Austausch und findet dabei zu einem wirkungsvollen eigenen Stil.

Sebastiano del Piombo

Sebastiano Luciani
Italienischer Maler
* um 1485 Venedig
† 1547 Rom

Wirkungsstätte
Rom

Werke
Orgelflügel für San Bartolomeo di Rialto, 1507/09, Venedig, Gallerie dell'Accademia; *Auferweckung des Lazarus,* 1519, London, National Gallery

Verbindungen
In Venedig mit Giorgione und Tizian; in Rom mit Raffael, Sodoma und Michelangelo

Sebastiano del Piombo erhält seine Ausbildung im Kreis um Giorgione und tritt um 1510 mit bedeutenden Werken in Venedig hervor, wo gerade der Einfluss Giorgiones von Tizian in den Hintergrund gedrängt wird. Der Erfolg Tizians veranlasst Sebastiano, die Einladung des Bankiers Agostino Chigi anzunehmen und 1511 nach Rom zu übersiedeln. Er wird an der Seite von Raffael in die Ausstattung der Farnesina einbezogen und übernimmt die Rolle des Vermittlers zwischen der venezianischen Farbe und der Ausdruckskraft der römischen Schule und besonders Michelangelos, dessen Freund Sebastiano wird. Für die *Auferweckung des Lazarus* (1519), die er in Konkurrenz zur *Verklärung Christi* von Raffael malt, verwendet er Zeichnungen Michelangelos. Auch die dramatische *Pietà* von Viterbo und die Fresken von San Pietro in Montorio *(Geißelung* und weitere Szenen in der Cappella Borgherini, 1517–24) sind Zeugnis eines erklärten *Michelangiolismo*, nicht nur was die männlichen Akte betrifft, sondern auch hinsichtlich einer strengen und dramatischen Frömmigkeit. Die zahlreichen lebendigen Porträts hingegen offenbaren seine venezianische Herkunft. Sebastiano bleibt nach dem *Sacco di Roma* (1527) in der Stadt und erhält 1531 von Papst Clemens VII. den Titel und die Pfründe des päpstlichen Siegelbewahrers, was ihm den Beinamen *del Piombo*, der mit dem Blei(-Siegel), einbringt.

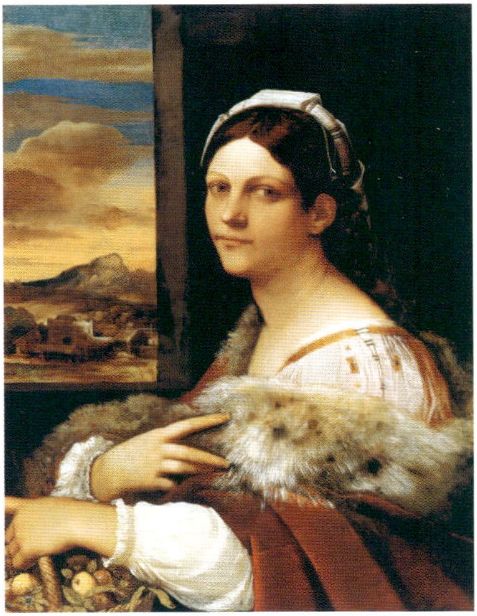

◄ Sebastiano del Piombo, *Bildnis einer jungen Römerin*, um 1513, Stiftung Staatliche Museen Berlin, Gemäldegalerie.

Der Hintergrund, eine Landschaft mit Wolken, die von einem plötzlichen Lichtstrahl aufgerissen werden, wurde eigenständig von Sebastiano ausgeführt, der sich offensichtlich an seine venezianische Lehrzeit erinnert.

Das große Gemälde, als Gegenstück zur Verklärung Christi *Raffaels gemalt, ist Höhe- und leider auch Schlusspunkt des Wettstreits zwischen Raffael und dem Duo Michelangelo-Sebastiano. Beide Gemälde waren von Giulio de' Medici (dem späteren Papst Clemens VII.) für die Kathedrale seines Bischofssitzes Narbonne in Auftrag gegeben worden.*

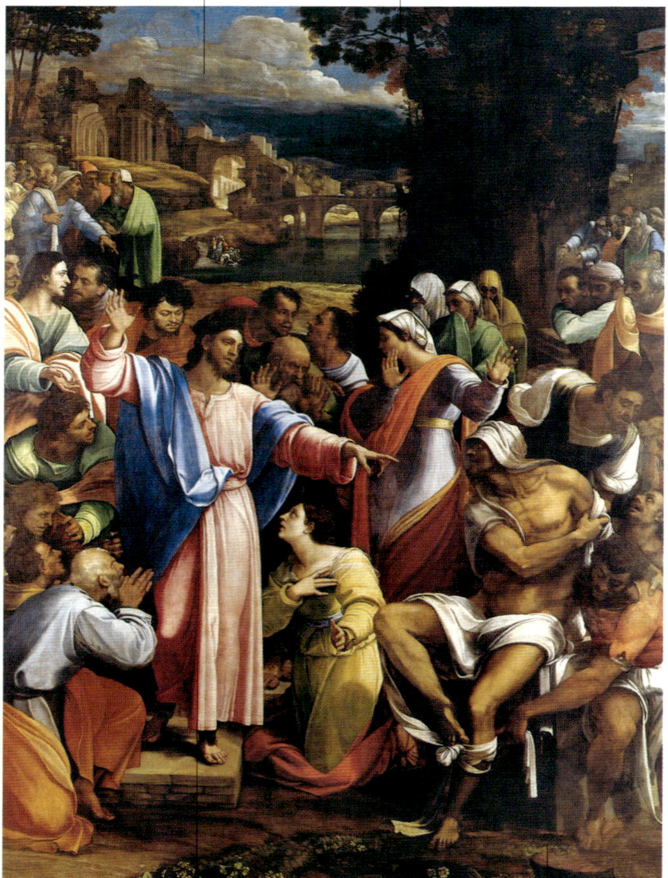

▲ Sebastiano del Piombo, *Auferweckung des Lazarus*, 1517–19, London, National Gallery.

Der Auftrag war nominell an Sebastiano vergeben worden, aber »unter Leitung und Zeichnung bestimmter Partien von Michelangelo«, wie die monumentale Gestalt des Lazarus erkennen lässt.

Trotz der Autorschaft des Duos Sebastiano-Michelangelo folgt das Bild im Aufbau einer erprobten Rhetorik.

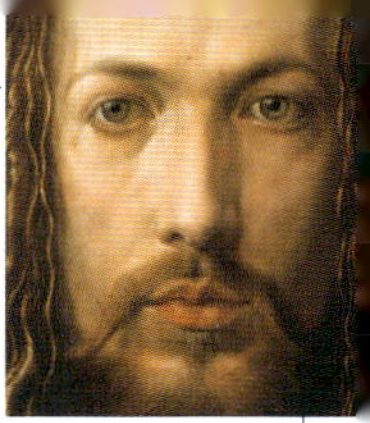

Der Meister des europäischen Spätmanierismus war zunächst Hofmaler von Kaiser Maximilian II. in Wien und dann von Kaiser Rudolf II., dem er 1581 in die Residenz nach Prag folgte.

Bartholomäus Spranger

Nach der Lehrzeit in Antwerpen, in der er vom italianisierenden Stil der Hochrenaissance geprägt wird, unternimmt Spranger 1565 eine Italienreise. Auf seinem Weg über Fontainebleau, Mailand und Parma lernt er die Malerei der *Ersten Schule von Fontainebleau*, von Correggio und Parmigianino kennen. In Rom angekommen, erhält er prestigeträchtige Aufträge von der Familie Farnese, unter anderem für ihre Villa in Caprarola, einem wahren Mikrokosmos des aristokratischen Manierismus. Er vertieft sich in den kalligraphischen und antikisierenden römischen Stil und wird 1570 zum päpstlichen Hofmaler ernannt. Allerdings malt er nur wenige Werke mit religiösen Themen, mythologische und literarische Themen liegen ihm näher. Spranger entwickelt einen Stil intelligenter Raffinesse, an dem die Intellektuellen Gefallen finden, da für die Entschlüsselung der Bilder ihr Kunst- und Bildungswissen gefragt ist. Er bringt zugleich eine unterkühlte Sinnlichkeit zum Ausdruck, die umso provozierender wirkt, je distanzierter sie sich gibt. 1575 geht er an den kaiserlichen Hof in Wien und folgt 1581 Rudolf II. nach Prag. Hier trifft er auf Arcimboldo, Joseph Heintz, Hans von Aachen, auf den Bildhauer Adriaen de Vries und die Mailänder Meister der Gravur und der Goldschmiedekunst. Die Werke, die der Kaiser am meisten schätzt, sind diejenigen, auf denen Spranger, unter dem Vorwand, klassische Mythen zu illustrieren, üppige weibliche Akte in Szene setzt. Die Verbreitung durch Stiche von Goltzius machen diese Bilder berühmt.

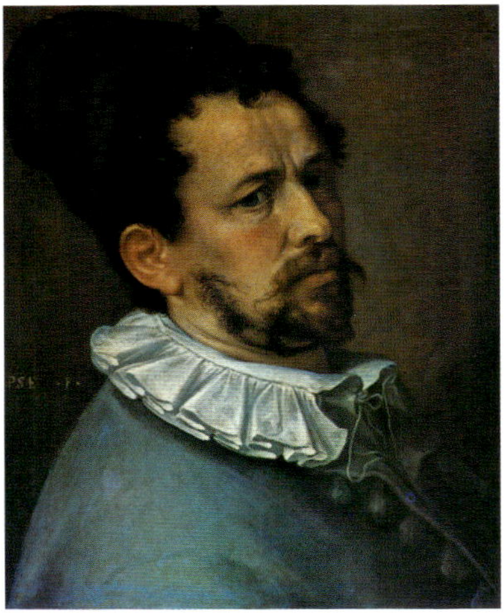

◄ Bartholomäus Spranger, *Selbstbildnis*, 1580–85, Wien, Kunsthistorisches Museum.

Niederländischer Maler

* 1546 Antwerpen
† 1611 Prag

Wirkungsstätten
Rom, später Prag

Reisen
Aufenthalte in Frankreich (Fontainebleau) und in Italien (Mailand, Parma und Rom); er übersiedelt nach Wien (1575–80) und lässt sich anschließend in Prag nieder; kurze Reise in die Niederlande (1602)

Werke
Herakles und Omphale; Hermaphrodit und Salmacis, 1582, Wien, Kunsthistorisches Museum

Verbindungen
In Italien Beschäftigung mit Parmigianino und Correggio; am Hof von Rudolf II. in Prag ist er Mittelpunkt der Prager Schule.

Das Bild gehört zu einem Zyklus mit mythologischen Themen für Kaiser Rudolf II.; es ist inspiriert von den Götterliebschaften, die Ovid in den Metamorphosen *schildert.*

Der Kontrast zwischen dem Meerungeheuer und der hellen und verführerischen Nymphe ist typisch für den Stil des Spätmanierismus am Hof Rudolfs II. in Prag.

Auch der Umgang mit den Farben und die Vorliebe für changierende Töne sind kennzeichnend für den italienischen Spätmanierismus.

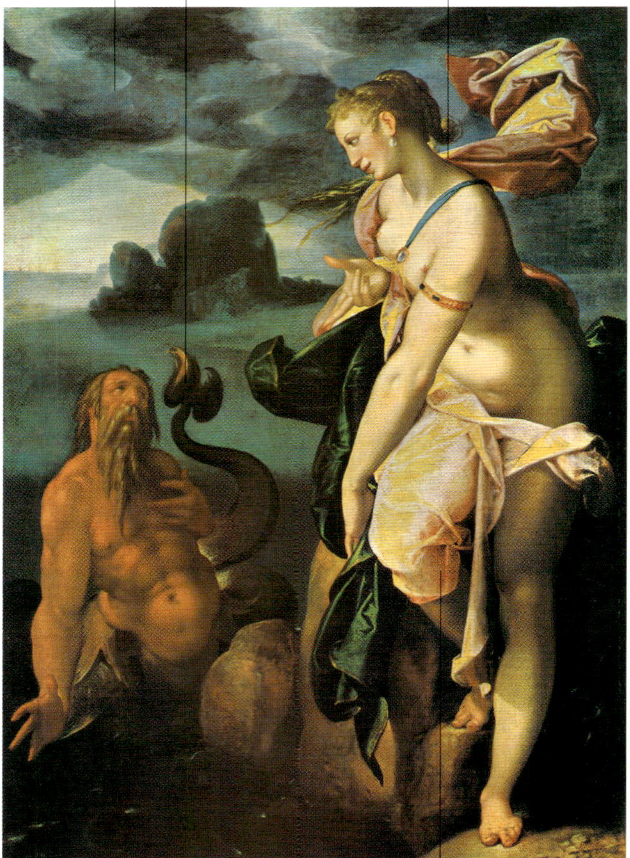

Die starke, aber kalkulierte Sinnlichkeit des Werks ist offensichtlich ein Echo der Malerei Correggios und Parmigianinos; von letzterem übernimmt Spranger die weichen Windungen der gelängten Figuren.

▲ Bartholomäus Spranger, *Glaukos und Skylla*, um 1582, Wien, Kunsthistorisches Museum.

► Tintoretto, *Susanna im Bade*, um 1555, Wien, Kunsthistorisches Museum.

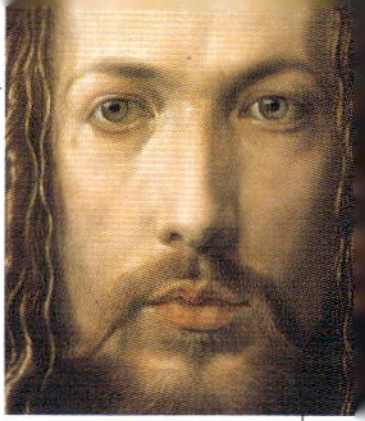

Tintoretto führt, unter Einfluss von Michelangelo und dem Manierismus, große Gesten, muskulöse Körper und waghalsige Perspektiven in die venezianische Malerei ein.

Tintoretto

Jacopo Robusti, Sohn eines Färbers (»Tintore«), erlangt seinen ersten Durchbruch, als er 1548 in der Scuola Grande di San Marco *Der hl. Markus befreit einen Sklaven* signiert. Tizian ist zu dieser Zeit an der Seite Kaiser Karls V. auf dem Reichstag in Augsburg, und vielleicht kann deswegen das Werk des »kleinen Färbers« besonderes Aufsehen erregen. Während der 1550er Jahre malt Tintoretto mit gewandter Pinselführung mythologische und religiöse Szenen, bald in der Art von Veronese *(Susanna im Bade,* um 1555) bald in Posen mit brüsken Körperwendungen. Er schreckt auch nicht vor Aufgaben kolossaler Dimensionen zurück und beginnt 1564 mit der Ausstattung der Scuola di San Rocco mit Dutzenden von Bildern, in denen sich seine Entwicklung von ersten, noch hochtrabenden und überfüllten Szenen über ausdrucksstarke Kompositionen bis zu späten, überraschend visionären Darstellungen spiegelt. Als Leiter einer effizienten Werkstatt führt Tintoretto nicht nur zahlreiche Altarbilder für die Kirchen Venedigs aus, er koordiniert ab 1577 auch die Arbeiten für die Neuausstattung des Palazzo Ducale (nach einem Brand), die ihren Höhepunkt in der unvollendeten Tafel des *Paradieses* in der Sala del Maggior Consiglio, dem Tagungsraum des Großen Rates, findet. Nach dem Tod von Tizian und Veronese sind die inzwischen letzten Werke des alt gewordenen Tintoretto durch ein geheimnisvolles und mystisches Licht geprägt, wie beim *Letzten Abendmahl* von San Giorgio Maggiore.

Jacopo Robusti

Italienischer Maler
Venezianische Schule

* 1519 Venedig
† 1594 ebd.

Wirkungsstätte
Venedig

Werke
Zyklen von Tafelbildern in Venedig: Scuola di San Rocco, Madonna dell'Orto, Palazzo Ducale

Verbindungen
Er gehört der venezianischen Schule an; indirekte Beziehungen mit Künstlern Mittelitaliens wie Michelangelo

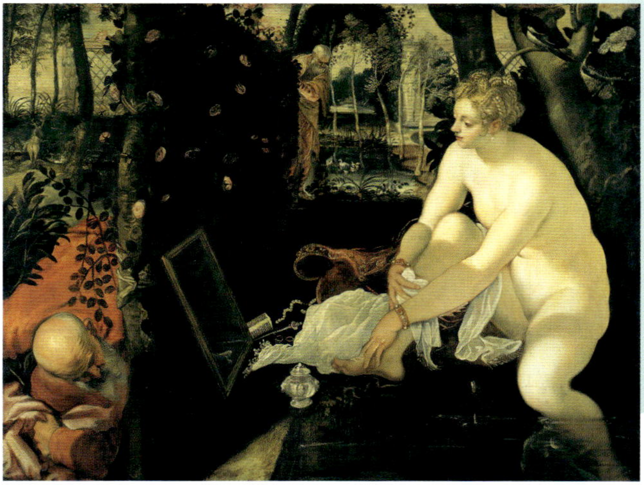

Keine der zahlreichen Personen bemerkt die Erscheinung des hl. Markus, aber alle beobachten verblüfft das wunderbare Zerbrechen der Ketten und Folterinstrumente.

In einer kühnen perspektivischen Verkürzung steigt Markus, der Schutzpatron Venedigs, vom Himmel, um einen Sklaven von den Ketten zu befreien, der gefoltert und getötet werden soll.

Im Hintergrund sind »moderne« Bauten sichtbar, angelehnt an den klassizistischen Stil Sansovinos und der frühen Werke Palladios.

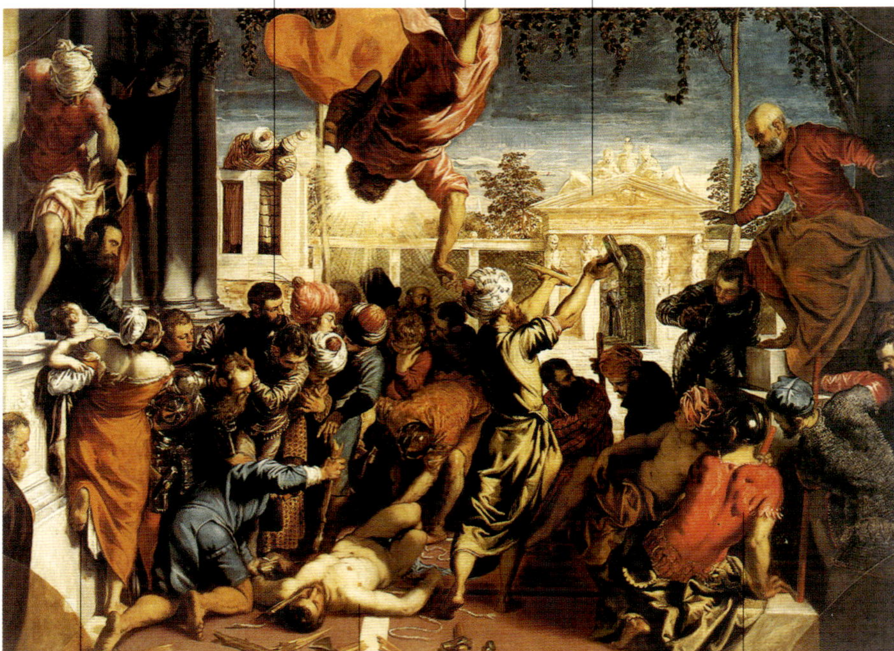

Trotz der manieristischen Posen sind Tintorettos Figuren von großer Konkretheit und Robustheit geprägt.

Der mächtige Körper des Sklaven auf dem Boden bildet gleichsam den perspektivischen Konterpart zum hl. Markus.

Die Wiedergabe der Muskeln einiger Personen wirkt wie eine Illustration des Mottos, das Tintoretto, der Überlieferung nach, in der eigenen Werkstatt angebracht hatte: »Die Zeichnung Michelangelos und die Farbe Tizians«.

▲ Tintoretto,
Der hl. Markus befreit einen Sklaven, 1548,
Venedig, Gallerie dell'Accademia.

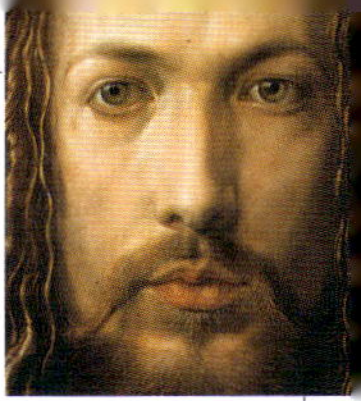

Betrachtet man die Kunst Tizians von den anmutigen und harmonischen Bildern seines Früh- bis zur Dramatik seines Spätwerks, so erlebt man ein ganzes Jahrhundert der Renaissance-Malerei.

Tizian

Trotz der kontinuierlichen Erfolge ist Tizians gesamtes Schaffen geprägt von der ständigen Suche nach neuen Ausdrucksformen, von den unerschöpflichen Bemühungen, im Wettstreit mit der Natur und der Kunst neue Herausforderungen anzunehmen. Als Schüler der Bellini und im Kreis Giorgiones tätig, erobert Tizian dank seines außergewöhnlichen Farbenreichtums und der Dynamik seiner Kompositionen rasch eine Vorrangstellung in der venezianischen Schule. Seit 1516 ist er Staatsmaler der Serenissima, er behält diesen Titel bis zu seinem Tod. Die *Assunta* für die Basilika dei Frari in Venedig von 1518 revolutioniert die Altarbilder. Mit dem Zyklus der *Bacchanalen* für den Herzog Alfonso d'Este beginnt Tizians Tätigkeit für die Höfe. Es folgen Werke für die Gonzaga und später für die della Rovere und die Farnese. 1530 tritt er mit Kaiser Karl V. in Verbindung, der sein vornehmster Auftraggeber wird. Die expressive und bebende Dynamik Tizians wandelt sich um 1540, als der Maler beginnt, sich mit den Manieristen auseinanderzusetzen. 1545/46 hält er sich auf Einladung Papst Pauls III. in Rom auf. Von zwei Reisen nach Deutschland im Gefolge Karls V. kehrt Tizian 1551 nach Venedig zurück. Er widmet sich der Ausführung seiner letzten großen Altarbilder und schafft Gemälde mit mythologischen Themen, die die tragische Situation des Menschen spiegeln. Sein Altersstil ist gekennzeichnet durch einen subtilen und freien Umgang mit der Farbe.

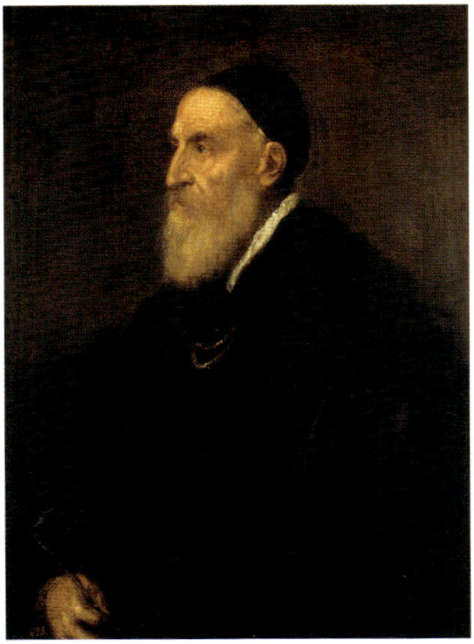

Tiziano Vecellio

Italienischer Maler
Venezianische Schule

* 1485/90 Pieve di Cadore
† 1576 Venedig

Wirkungsstätte
Venedig

Reisen
Aufenthalte in Padua, Ferrara und Mantua; Reise nach Rom 1545/56; an der Seite von Karl V. auf den Reichstagen von Augsburg 1548 und 1551

Werke
Assunta, 1516–18, Venedig, Santa Maria Gloriosa dei Frari; *Karl V. zu Pferd,* 1548, Madrid, Museo del Prado; *Pietà,* 1576, Venedig, Gallerie dell'Accademia

Verbindungen
Als zentrale Gestalt der Renaissance-Malerei ist Tizian für drei Generationen der venezianischen Kunst ein Vorbild; Kontakt mit Michelangelo in Rom, 1545

◄ Tizian, *Selbstporträt,* um 1570, Madrid, Museo del Prado.

In diesem Werk von komplexer allegorischer Bedeutung kommt die lebendige Auseinandersetzung des jungen Malers mit der Antike zum Ausdruck.

Das Bild ist ein großartiges und Glück verheißendes Hochzeitsgeschenk vom einflussreichen venezianischen Patrizier Nicolò Aurelio an seine Braut Laura Bagarotto.

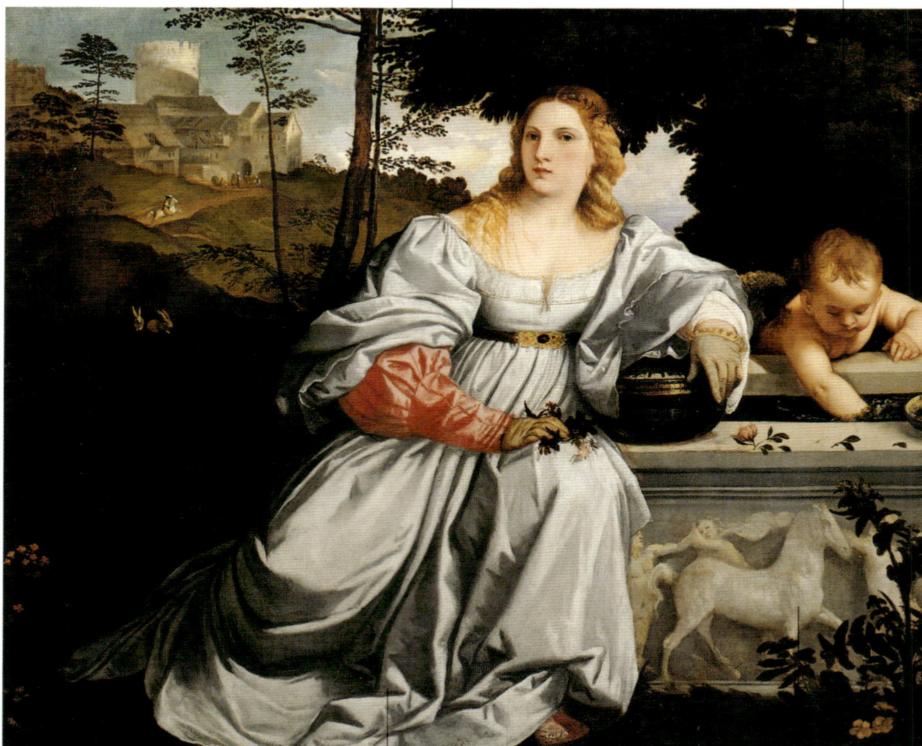

Die beiden jungen Frauen, die einander gleichen wie Zwillinge, sind völlig gegensätzlich gekleidet: Die eine trägt ein prächtiges Gewand, das wie ein Hochzeitskleid wirkt, die andere ist fast nackt.

In dem Bild vermischen sich christliche und heidnische Elemente; Tizian feiert, beeinflusst von der neuplatonischen Philosophie, in der irdischen Schönheit den Reflex der göttlichen Vollkommenheit.

Der bukolischen Heiterkeit der Landschaften Giorgiones setzt Tizian einen sehr bewegten Hintergrund entgegen: Wolken, Wind, Figuren, Tiere, Sträucher und Wasser bilden das unerschöpfliche Universum.

Die bekleidete Frau spielt auf die Liebe in der Ehe an, die nackte Frau auf eine himmlische und ewige Liebe, symbolisiert von der Lampe in ihrer Hand.

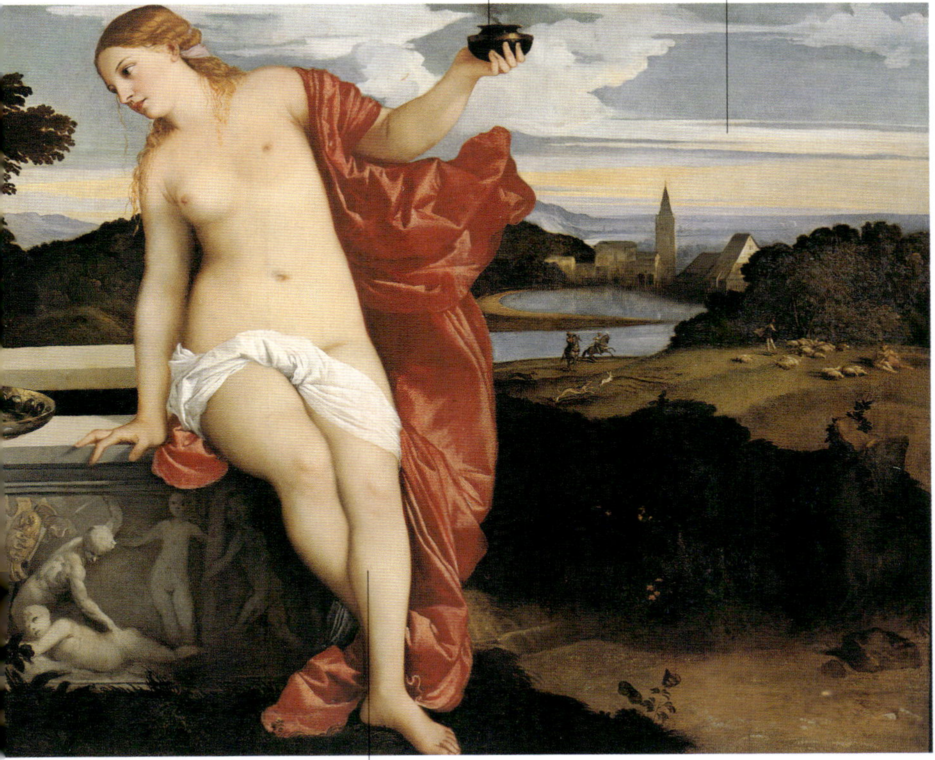

Nach der antiken und mittelalterlichen Tradition verweisen zwei Gestalten, von denen eine nackt und eine bekleidet ist, nicht auf einen Gegensatz (wie der Titel irrtümlich andeutet), sondern auf Komplementarität.

▲ Tizian,
Himmlische und irdische Liebe, 1514,
Rom, Galleria Borghese.

Tizian hat das Gemälde im Auftrag des Bischofs Jacopo Pesaro gemalt; es befindet sich noch an seinem ursprünglichen Bestimmungsort, der Kirche Santa Maria Gloriosa dei Frari.

Der völlig neuartige, monumentale Bildaufbau wird durch die zwei kräftigen Säulen, die über den Bildrand hinausweisen, gesteigert.

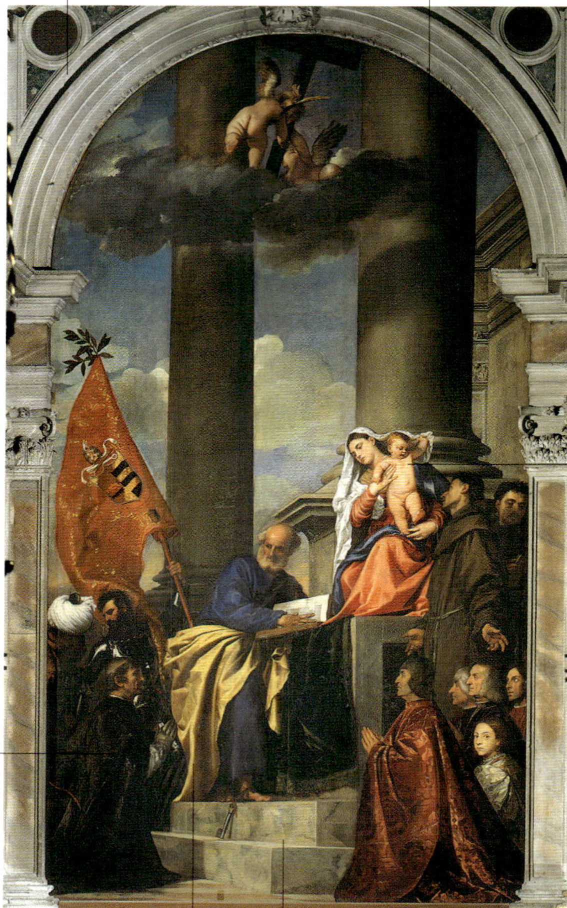

Die Familie Pesaro mit den Schutzpatronen des Hauses, den hll. Petrus, Franziskus und Antonius, wendet sich an die Gottesmutter. Der Bildaufbau revolutioniert das kanonische Dreieck-Schema der Sacra Conversazione.

Wegen der Aufstellung des Altars, im linken Seitenschiff der Franziskanerkirche, versetzt Tizian den Sitz der Gottesmutter aus dem Zentrum nach rechts und verändert so die bis dahin übliche symmetrische Anordnung der Personen.

Die Farben sind sehr hell; sie zeigen eine klare Präferenz für reine Farben und eine deutliche Absage an die gedämpften Töne des Sfumato.

Eine völlige Neuerung ist der Bildaufbau mit der Abkehr von den üblichen geometrischen Strukturen der Altarbilder; die diagonal aufstrebende Bewegungsrichtung wird zum Vorbild für zahlreiche Altäre der nachfolgenden Malergeneration.

▲ Tizian,
Madonna des Hauses Pesaro, 1519–25,
Venedig, Santa Maria Gloriosa dei Frari.

Der schlafende Amor ist Symbol des »sportlichen« Willens des Adonis, der sich der Umarmung der Venus entwindet und zu einer verhängnisvollen Jagd aufbricht.

Das Bild gehört zu einem Zyklus mit mythologischen Themen, der an den spanischen Hof geschickt wurde und dessen Bilder Tizian selbst »Poesien« genannt hat.

Die schnaubenden Jagdhunde haben schon den Geruch der Beute aufgenommen, sie scheinen Adonis in den Wald ziehen zu wollen.

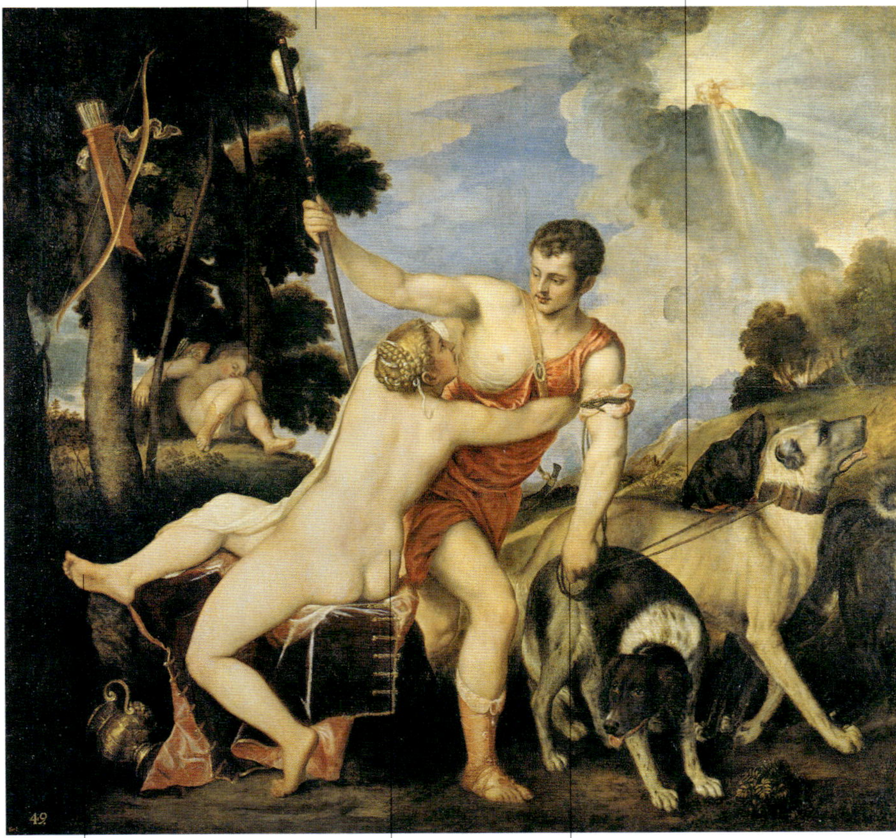

Venus, die eine komplizierte Pose einnimmt, sucht vergeblich Adonis zurückzuhalten, der beim Jagdunfall zu Tode kommen wird.

Adonis nimmt zwar die Stellung des antiken Kontrapost ein, aber Tizian vermeidet jede manieristische übliche Geziertheit.

Gemäß dem Begleitschreiben Tizians an Philipp II. ist die Pose der Venus komplementär zur Frontalansicht der nackten Danae gewählt, damit der König in seiner Sammlung eine gefällige Gegenüberstellung hat.

▲ Tizian,
Venus und Adonis, 1553,
Madrid, Museo del Prado.

An den Bildrändern finden sich gemalte Statuen von Mose und der hellespontischen Sibylle.

Die tragische Szene ist gerahmt von einer Arkade aus Bossenwerk mit einer kleinen Apsis mit Goldmosaik.

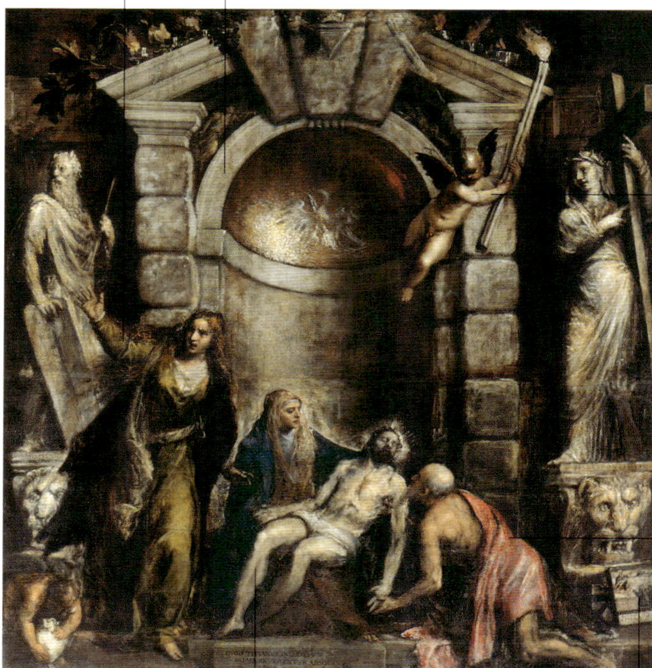

Das Bild war beim Tod Tizians noch nicht ganz vollendet; die wenigen Ergänzungen, wie der Engel mit der Fackel, hat Palma il Giovane gemalt.

Der über 80jährige Tizian hat sich im alten Nikodemus porträtiert: Das Bild war für sein eigenes Grab in der Frari-Kirche bestimmt.

Der Körper Christi, gemartert und hinfällig, ist ein extremes Beispiel für Tizians Malweise mit groben Pinselstrichen.

An der rechten unteren Ecke hat Tizian ein gemaltes ex voto *angebracht: Es zeigt den Maler und seinen Sohn Orazio, wie sie die Gottesmutter um Errettung vor der Pest anflehen; beide sterben während der Epidemie von 1576, Orazio an der Pest, Tizian selbst an einem Fieber.*

▲ Tizian,
Pietà, um 1576,
Venedig, Gallerie dell'Accademia.

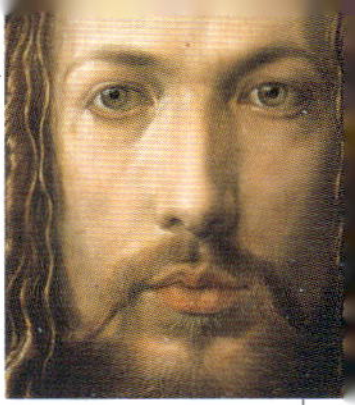

Joos van Cleve nimmt auf zahlreichen Reisen in ganz Europa verschiedenste Einflüsse auf. Sein Werk war prägend für die Entwicklung der Schule von Antwerpen.

Joos van Cleve

Joos van Cleve malt zunächst in altniederländischer Tradition, wird dann aber zu einem bedeutenden Vertreter des internationalen Manierismus. Der Antwerpener Maler nimmt in der Rezeption und zugleich in der internationalen Verbreitung dieses Malstils eine Schlüsselrolle ein. Trotz seiner zahlreichen Reisen behält er seinen Lebensmittelpunkt in Antwerpen. 1511 schreibt er sich in die dortige Malergilde ein und übernimmt in den folgenden Jahren wiederholt deren Vorsitz. Er ist prägend für die Einführung stilistischer und ikonographischer Motive aus Italien in die Antwerpener Malerei. Das Hauptwerk seiner frühen Tätigkeit ist das Triptychon *Tod Marias* (1515, heute in Köln). Um 1520 begibt sich der Maler vermutlich auf eine längere Reise durch Europa. Ein Hauptziel ist Italien. In Genua malt er das Altarbild von Santa Maria della Pace (jetzt im Louvre). Im Laufe zahlreicher weiterer Reisen – in Deutschland, an den Hof von Franz I. von Frankreich, schließlich nach England – reichert sich sein figurativer Stil mit den verschiedensten Einflüssen an: Der Bezug auf Leonardo ist evident vor allem in der Typologie der Gesichter der Madonnen, der Bezug auf Patinir im weiten Horizont felsiger Landschaften, die Vorbildlichkeit Dürers in den vornehmen Porträts, von denen Franz' I. von Frankreich und seine Frau Eleonora d'Austria genannt seien, die 1530, während eines Aufenthalts in Fontainebleau, ausgeführt wurden.

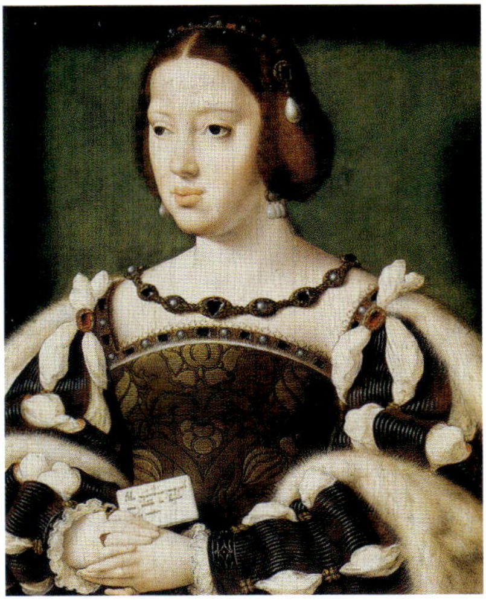

Joos van der Beke
auch: Josse von Cleef

Niederländischer Maler

* um 1490 Kleve
† 1540 Antwerpen

Wirkungsstätte
Antwerpen

Reisen
Zahlreiche Reisen, die jedoch nicht alle dokumentiert sind; in der Jugend Aufenthalte in Kalkar und Brügge, später in Genua und in Fontainebleau

Werke
Triptychon *Tod Marias,* 1515, Köln, Wallraf-Richartz-Museum; *Beweinung Christi,* 1525–27, Paris, Musée du Louvre

Verbindungen
Schüler von Jan Joest, in Brügge lernt er Gérard David kennen; auf seinen Reisen Kontakte mit verschiedenen Malerschulen (in der Nachfolge Leonardos, Fontainebleau), und natürlich mit dem Antwerpener Umfeld (Mabuse, Patinir, Massys)

◄ Joos van Cleve, *Königin Eleonora von Frankreich*, 1530, Wien, Kunsthistorisches Museum.

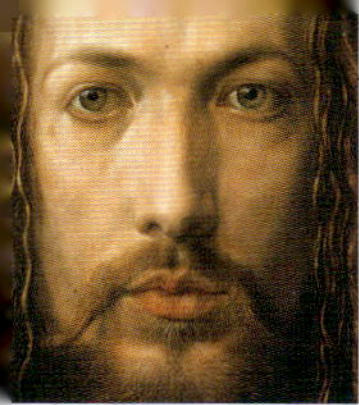

Der Schüler Jan van Scorels ist einer der interessantesten und überraschendsten niederländischen Maler des 16. Jh. Neben Gemälden schuf er auch Entwürfe für Tapisserien und Glasfenster.

Maerten van Heemskerk

Maerten van Veen

Niederländischer Maler und Zeichner

* 1498 Heemskerk
† 1574 Haarlem

Wirkungsstätten
Haarlem, Rom

Reisen
Kontakte zu Antwerpen

Werke
Pieter Jan Foppesz und seine Familie, um 1530, Kassel, Gemäldegalerie Alter Meister; *Venus und Amor*, 1545, Köln, Wallraf-Richartz-Museum

Verbindungen
Während der Jahre in Rom Kontakt zu Michelangelo; Verbindung zu den flämischen (Antwerpen) und holländischen (Utrecht) Künstlerkreisen

Die großen Unterschiede in Stil und Themen im Laufe seiner langen Karriere scheinen das auffälligste Merkmal Maerten van Heemskerks zu sein. Beständig ist allerdings die hervorragende Qualität seiner Zeichnungen: Heemskerck ist einer der größten Meister seiner Zeit in diesem Bereich. Während seiner Tätigkeit in der Werkstatt van Scorels in Haarlem beschäftigt er sich vor allem mit der Porträtmalerei. 1532 bis 1536 lebt Heemskerck in Rom. Die vier Jahre in der Ewigen Stadt machen aus ihm einen der aktuellsten und originellsten Maler nördlich der Alpen. Es gelingt ihm, den Einfluss Raffaels, der in der Schule von Antwerpen vorherrschend ist, mit der plastischen und dramatischen Kraft Michelangelos und der antiken Skulptur zu verbinden. Zurück in der Heimat, pflegt van Heemskerck einen besonderen Manierismus, dessen Kennzeichen eine bündige zeichnerische Erfassung ist, die an Pontormo und Parmigianino erinnert. Neben mythologischen Themen und dramatischen religiösen Szenen schafft er prosaische und ausdrucksstarke Porträts, Stillleben mit überraschenden Details, Landschaftsdarstellungen und Kompositionen, in denen sich die Entstehung der Genre-Malerei ankündigt. Nebenbei entwirft er Tapisserien und Glasfenster.

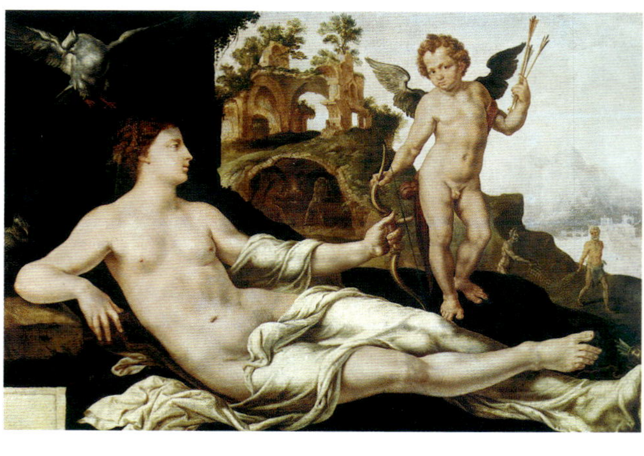

► Maerten van Heemskerck, *Venus und Amor*, 1545, Köln, Wallraf-Richartz-Museum.

Es handelt sich eigentlich um ein »doppeltes« Selbstporträt, das Gegenwart und Vergangenheit verbindet. Der Maler präsentiert sich mit einem leichten Schmunzeln.

Das mit Kletterpflanzen und Sträuchern überwachsene Kolosseum regt zu Reflexionen über die Größe, aber auch über den Niedergang der antiken Bauwerke an.

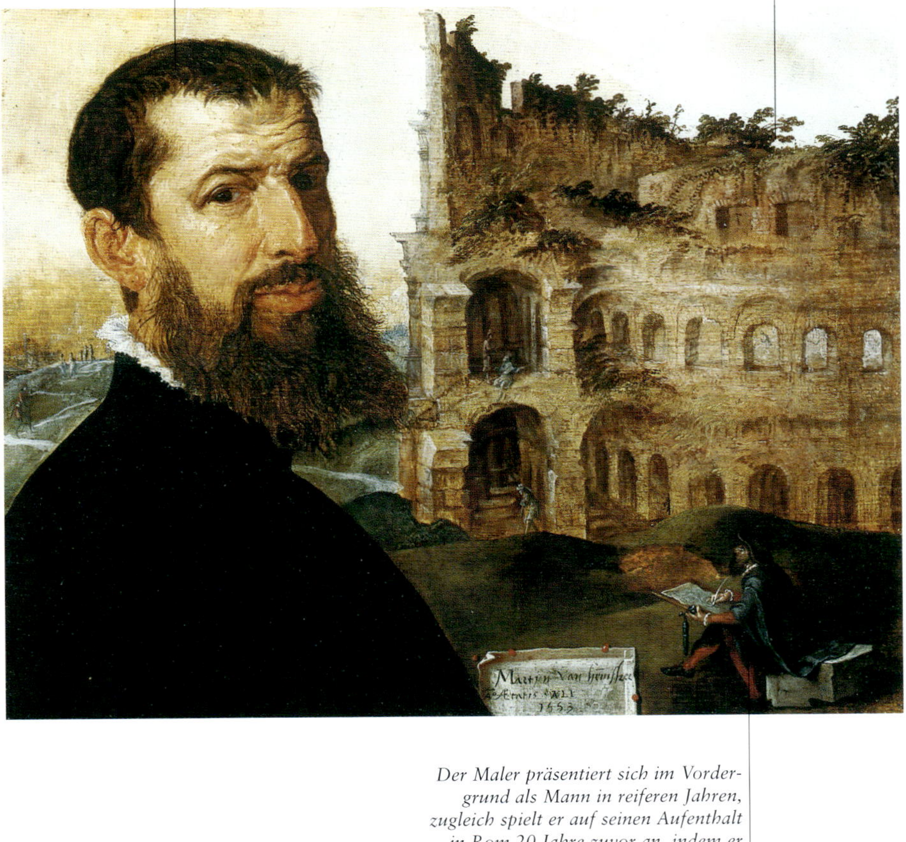

Der Maler präsentiert sich im Vordergrund als Mann in reiferen Jahren, zugleich spielt er auf seinen Aufenthalt in Rom 20 Jahre zuvor an, indem er sich als kleinen Zeichner darstellt, der das riesige Kolosseum in seinen Skizzenblock aufnimmt.

▲ Maerten van Heemskerck,
Selbstporträt vor dem Kolosseum, 1553,
Cambridge, Fitzwilliam Museum.

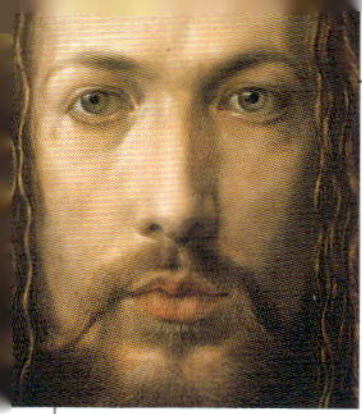

Der Nachfolger Raffaels als Verwalter der päpstlichen Antikensammlung ist ein wichtiger Vermittler der italienischen Renaissancekunst in die nördlichen Niederlande.

Jan van Scorel

Niederländischer Maler
* 1495 Schoorl bei Alkmaar
† 1562 Utrecht

Wirkungsstätten
Haarlem, Rom

Reisen
»Wanderjahre« in der Jugend mit Stationen in Amsterdam, Utrecht; lange Reise durch Deutschland (Nürnberg) und Italien (Venedig und Rom)

Werke
Magdalena, um 1528, Amsterdam, Rijksmuseum

Verbindungen
Er lernt Dürer persönlich kennen, außerdem die venezianischen Meister und Raffael; unter seinen Schülern ragt Maerten van Heemskerck hervor.

Der Beiname Scorel erinnert an seine Heimatstadt Schoorl bei Alkmaar. In Alkmaar, einem kleinen Kunstzentrum, macht Jan van Scorel seine Lehre, und er ergänzt seine Erfahrungen mit Aufenthalten in Amsterdam und Utrecht (1517–19), wo er die Malerei von Mabuse studiert. Bevor er sich in Haarlem niederlässt, reist er durch Europa. Es wird eine lange, vier Jahre dauernde Reise, die ihn bis nach Palästina führt. Etappen sind Nürnberg, wo er Dürer persönlich kennen lernt, Kärnten, Venedig, Jerusalem, Rhodos und vor allem Rom. In der Ewigen Stadt ist sein Landsmann Adrian von Utrecht seit Januar 1522 als Hadrian VI. Papst. Er ernennt van Scorel zum Verwalter der päpstlichen Antikensammlung des Belvedere. Van Scorel setzt sich vor allem mit dem Werk Raffaels und Michelangelos auseinander. Nach der Rückkehr in die Niederlande 1525 verarbeitet er seine vielfältigen Erfahrungen und entwickelt einen Stil, der sich weitgehend von der altniederländischen Tradition löst und vom entstehenden Manierismus geprägt ist. Es ist interessant zu beobachten, wie venezianische Elemente (Giorgione und Tizian) an die Stelle der phantastischen Szenerien von Patinir oder Bosch treten. Van Scorel ist in Alkmaar, Gent, Haarlem und zuletzt in Utrecht tätig, wo er 1562 stirbt.

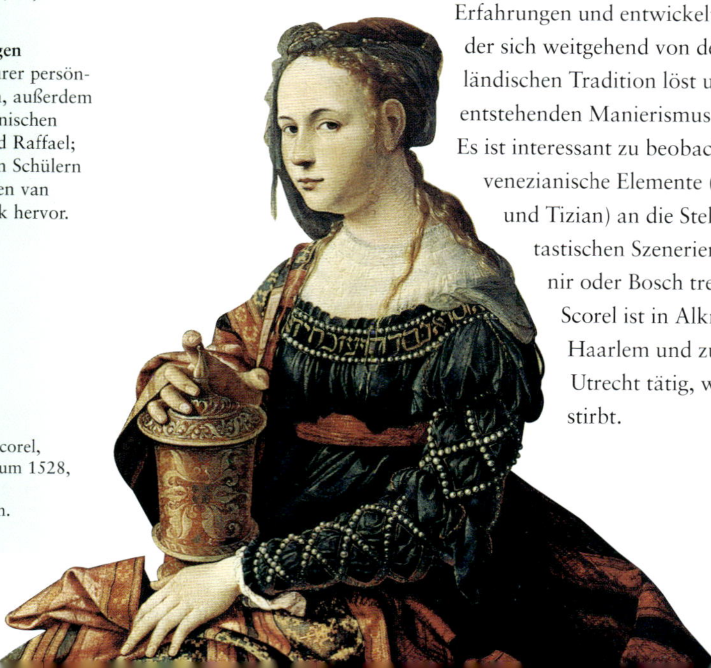

► Jan van Scorel, *Magdalena,* um 1528, Amsterdam, Rijksmuseum.

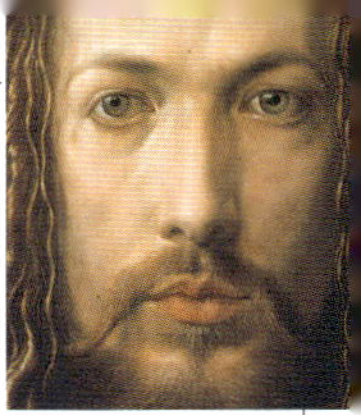

Venedig verdankt der leuchtenden irisierenden Palette Paolo Veroneses die gelungensten Bilder seiner Glorie. Der Maler verwandelt jedes Sujet in eine strahlende festliche Allegorie.

Paolo Veronese

Nach der Lehre in der Werkstatt des Malers Antonio Badile in Verona betritt Paolo Caliari, der nach seinem Geburtsort Veronese genannt wird, 1552 mit der *Pala Giustiniani* für die Kirche San Francesco della Vigna die Bühne der venezianischen Malerei und wird rasch einer der gefragtesten Maler der Stadt. Seine Bilder zeigen eine außergewöhnliche expressive Kraft und zugleich eine einnehmende Lieblichkeit. Der Erfolg Veroneses lässt sich an den zunehmenden Aufträgen in den verschiedensten Bereichen ablesen: Altarbilder, große offizielle Allegorien, Fresken in den Villen auf dem Festland wie die unvergesslichen Zyklen der palladianischen Villa Barbaro in Maser. Die profanen Bilder mit gewinnenden Figuren in kostbaren Gewändern, die oft von einem Hauch verführerischer Sinnlichkeit geprägt sind, haben so großen Erfolg auf dem Markt, dass der Künstler von manchen Gemälden zahlreiche Repliken herstellt. Eines der beliebtesten Sujets Veroneses sind die *Cene*, große Tafelbilder, auf denen religiöse Themen (wie z. B. das *Letzte Abendmahl* oder die *Hochzeit von Kana)* als Anlass für die Darstellung großartiger herrschaftlicher Feste dienen. Das Befremden der Inquisition über das *Gastmahl im Hause des Levi* (1573) bremst allerdings die Produktion dieser Bilder. Die subtile Melancholie, von der die späten Bilder Veroneses bestimmt sind, verleiht vor allem seinen religiösen Werke eine intensive, eindringliche Atmosphäre.

Paolo Caliari

Italienischer Maler
Venezianische Schule

* 1528 Verona
† 1588 Venedig

Wirkungsstätte
Venedig

Reisen
in Venetien

Werke
Fresken in der Villa Barbaro in Maser, um 1560; Gemäldezyklen im Palazzo Ducale in Venedig; *Gastmahl im Hause des Levi,* 1573, Venedig, Gallerie dell'Accademia

Verbindungen
Intensive Verbindungen mit allen venezianischen Malern des Jahrhunderts, insbesondere mit Zelotti, Tizian, Tintoretto, Palladio und dem Bildhauer Alessandro Vittoria

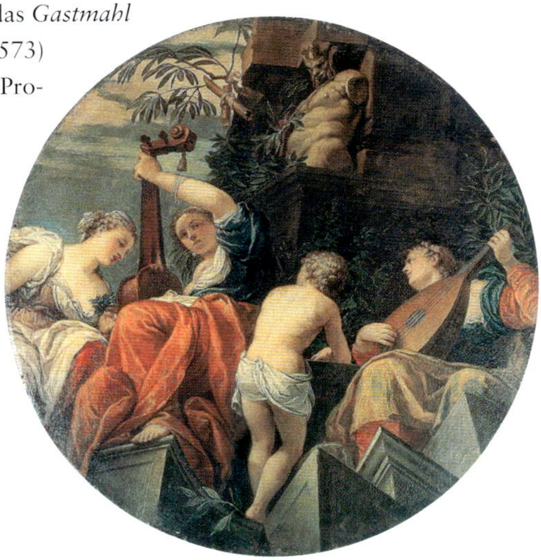

◄ Paolo Veronese, *Die Musik,* 1556/57, Venedig, Libreria Marciana.

Die großen kannelierten Säulen und die Diagonalkomposition sind eine offensichtliche Hommage an die Pesara-Madonna *(s. S. 360), die Tizian etwa 20 Jahre früher gemalt hat.*

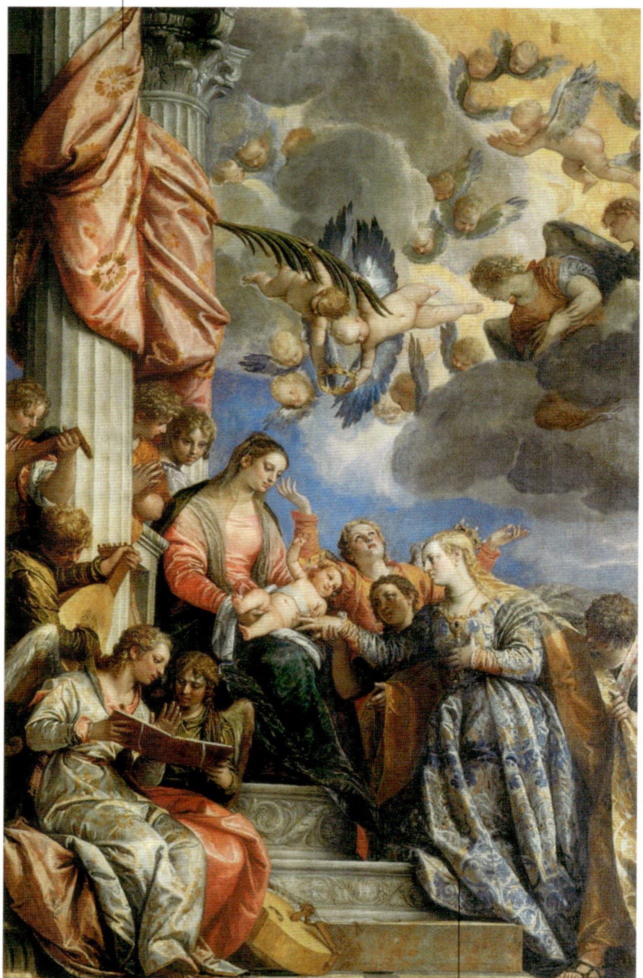

Die Vorliebe Veroneses für helle vibrierende Farben und großartige Lichteffekte führt hier zu einer insgesamt prachtvollen Farbgebung, die schon von den frühen Kommentatoren gerühmt wurde.

Der Schriftsteller Marco Boschini (17. Jh.) äußert zu dem Bild, es wirke, als hätte der Maler Gold, Perlen und Rubine, Smaragde, feinste Saphire und reinste Diamanten eingesetzt.

▲ Paolo Veronese, *Mystische Vermählung der hl. Katharina*, 1575, Venedig, Gallerie dell'Accademia.

Juno, die Königin des antiken Olymp lässt kostbare Geschenke vom Himmel regnen: Ruhm, Frieden, Königtum, Reichtümer.

Das Bild hat einen stark politischen Gehalt: Zu den Geschenken Junos gehört die Camaura, *die typische Kopfbedeckung der Dogen, Symbol ihrer Macht.*

Mit etwa 25 Jahren beginnt Veronese mit diesem Werk seine Jahrzehnte währende Tätigkeit im Dogenpalast, und er wird bald darauf der Hauptverantwortliche für die offiziellen Aufträge der Republik im Bereich der Kunst.

Die Allegorie Venedigs sitzt auf dem Löwen, dem Symbol des hl. Markus, des Schutzheiligen Vendigs; sie ist eine junge blonde Frau von blühender Schönheit.

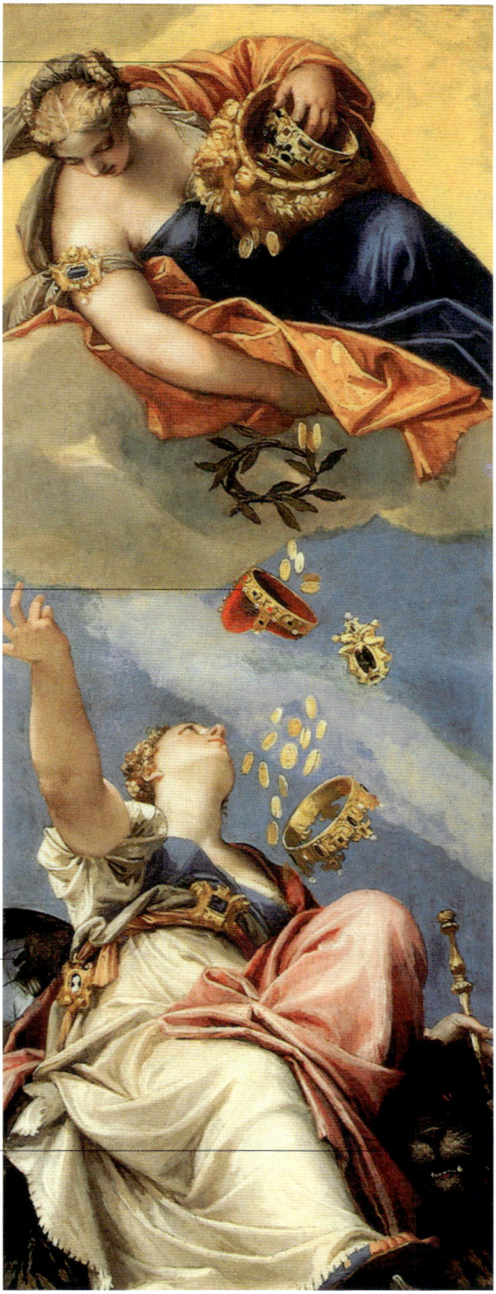

► Paolo Veronese,
Juno streut Gaben über Venetia aus,
1553/54, Venedig, Palazzo Ducale,
Sala del Consiglio dei Dieci.

Drei große Bögen im Stil von Palladio bilden die frons scenae, *das Bühnenbild; es entsteht der Eindruck einer Theateraufführung, verstärkt durch die perspektivischen Hintergründe.*

Die großartige Komposition war bestimmt für das Refektorium des Klosters San Zanipolo. Das Werk wurde bestellt als Ersatz für das Letzte Abendmahl *von Tizian, das 1571 einem Brand zum Opfer gefallen war; die Umgebung des Klosters wurde während des Türkenkriegs für militärische Zwecke genutzt.*

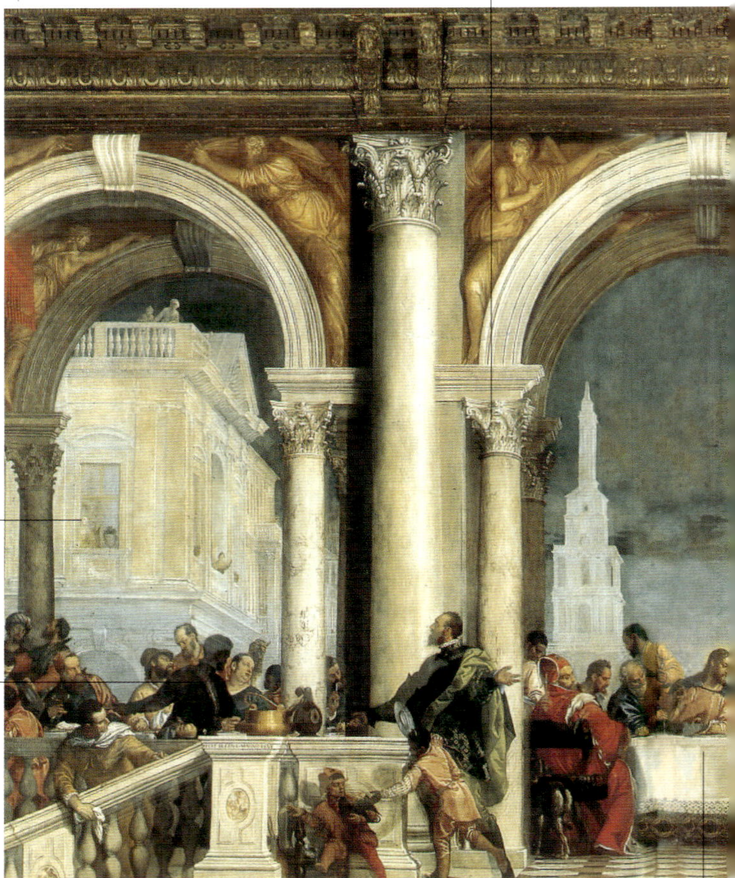

Spektakulär sind die Freitreppen mit den zahlreichen Dienern, Possenreißern und Gästen, die den Eindruck eines festlichen profanen Banketts erwecken.

Neben Christus und den Aposteln bewegen sich in dem riesigen Saal eine Menge von Personen in zeitgenössischen Kleidern und ungezwungenen Haltungen. Eine große Zahl dieser Figuren scheint mit der Erzählung des Evangeliums nichts zu tun zu haben.

▲ Paolo Veronese,
Gastmahl im Hause des Levi, 1573,
Venedig, Gallerie dell'Accademia.

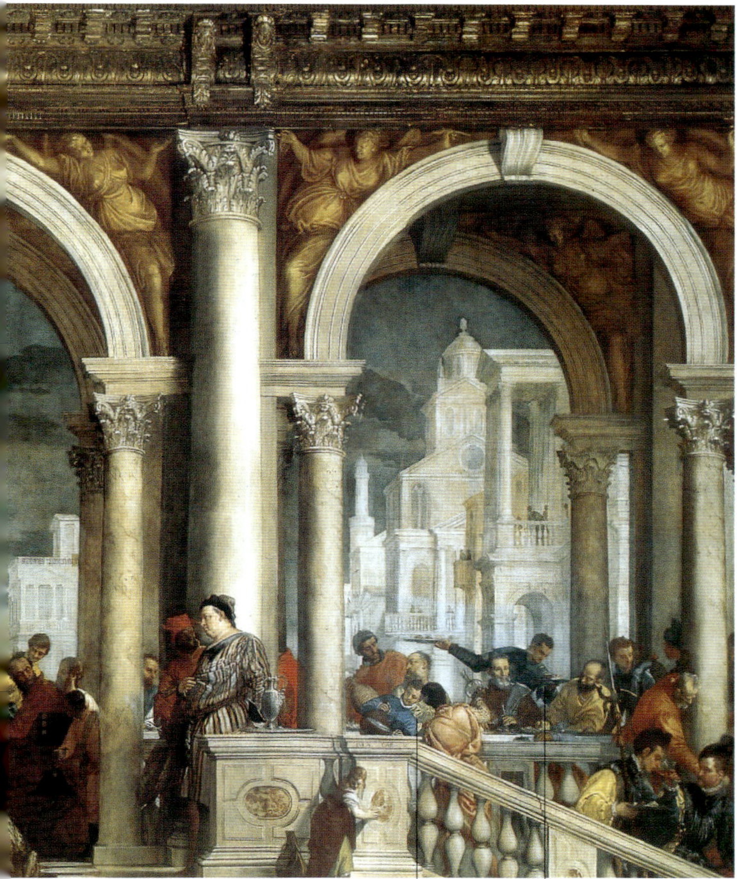

Die Inquisition, die von den Dominikanern von San Zanipolo angerufen wurde, hielt diese Gestaltung für nicht akzeptabel; sie warf dem Maler vor, sich nicht an die biblische Erzählung zu halten. Gegenüber den Forderungen der Richter hinsichtlich Nüchternheit und Erkennbarkeit des Sujets verteidigte Veronese mit Entschiedenheit die Freiheit des Künstlers.

Als Ergebnis des Prozesses war Veronese bereit, einige Änderungen vorzunehmen, hat dann aber den Titel Letztes Abendmahl *in* Gastmahl im Hause des Levi *geändert; damit hat er eingestanden, dass die Inquisitoren Recht hatten, als sie die schwierige Identifikation des Sujets bemängelten.*

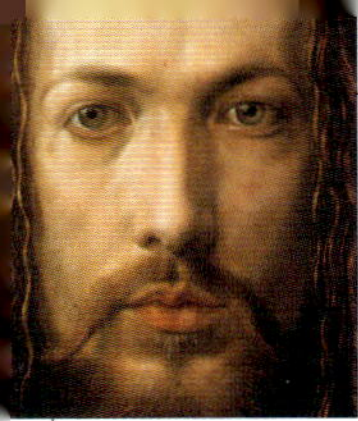

Vater und Sohn Vischer gehören einer namhaften Familie von Erzgießern an; sie vollziehen in ihren Werken den Übergang von der Spätgotik zur Renaissance.

Peter und Hermann Vischer

Nürnberger Erzgießerfamilie

Peter d. Ä.
* um 1460 Nürnberg
† 1529 ebd.

Hermann
* um 1486 Nürnberg
† 1517 ebd.

Wirkungsstätte
Nürnberg

Reisen
Mehrere Aufenthalte in Deutschland und Tirol; Hermann hält sich auch in Meißen und Krakau auf.

Werke
Statuen für das Grabmal von Kaiser Maximilian I. von Habsburg, 1513, Innsbruck, Hofkirche

Verbindungen
Kontakte mit Künstlern in Nürnberg (Dürer, Veit Stoß) und am Hof Kaiser Maximilians (Altdorfer)

Peter Vischer und seine Nachkommen prägen die Entwicklung der Erzgießerei der deutschen Renaissance. Ausgehend von der gotischen Handwerkstradition (Grabmal eines Erzbischofs, Dom in Magdeburg, 1488) gewinnt Peter Vischer dank seiner Kenntnisse der italienischen Kunst und bestärkt durch die Nürnberger Humanisten zunehmend ein intellektuelles Verständnis seiner Tätigkeit. Sein Schaffen fällt in eine Zeit, in der Nürnberg einen Aufschwung erlebt und die Kunst zur Blüte kommt: Sie öffnet sich den Einflüssen der Renaissance, bewahrt aber zugleich handwerkliche Qualität in der Ausführung. Im Dialog mit seinem Landsmann Dürer verfolgt Peter Vischer zumindest teilweise dessen stilistische Entwicklung und arbeitet auch mit ihm zusammen, etwa für Kaiser Maximilian I. von Habsburg. Für diesen entwirft Vischer einige der großen Bronzestatuen, die sein Grabmal in der Hofkirche in Innsbruck schmücken sollen. Vischers Hauptwerk ist das *Sebaldusgrab* in Nürnberg, das er 1519 vollendet und an dem Hermann Vischer mitarbeitet, sein ältester und begabtester Sohn. Dessen vielversprechende Karriere, die mit Werken in Meißen und in der Kathedrale von Krakau beginnt, wird durch den frühen Tod jäh beendet. Die Familientradition der Vischer führen zwei weitere Söhne weiter: Peter d. J. und Hans Vischer, die zunächst als Mitarbeiter des Vaters und später selbstständig tätig sind und sich dem Manierismus öffnen.

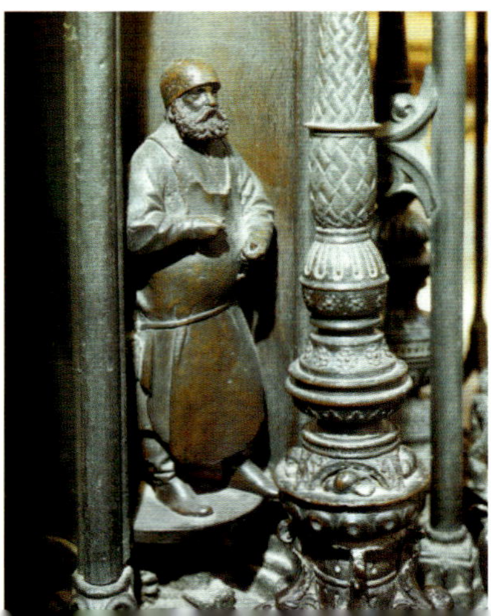

► Peter Vischer d. Ä., *Selbstbildnis*, Detail vom *Sebaldus-Grab*, um 1519, Nürnberg, St. Sebald.

Trotz des monumentalen Formats könnte man fast von einem Meisterwerk der Goldschmiedekunst sprechen; es ist jedenfalls ein gelungenes Beispiel für die besondere Stärke Nürnbergs in der kostbaren Metallbearbeitung.

Das wunderbare und originelle Grabmal bzw. Reliquiar in Bronze ist ein Baldachin mit Maßwerk, gehalten von dünnen Säulchen, gekrönt von drei Spitzgiebeln.

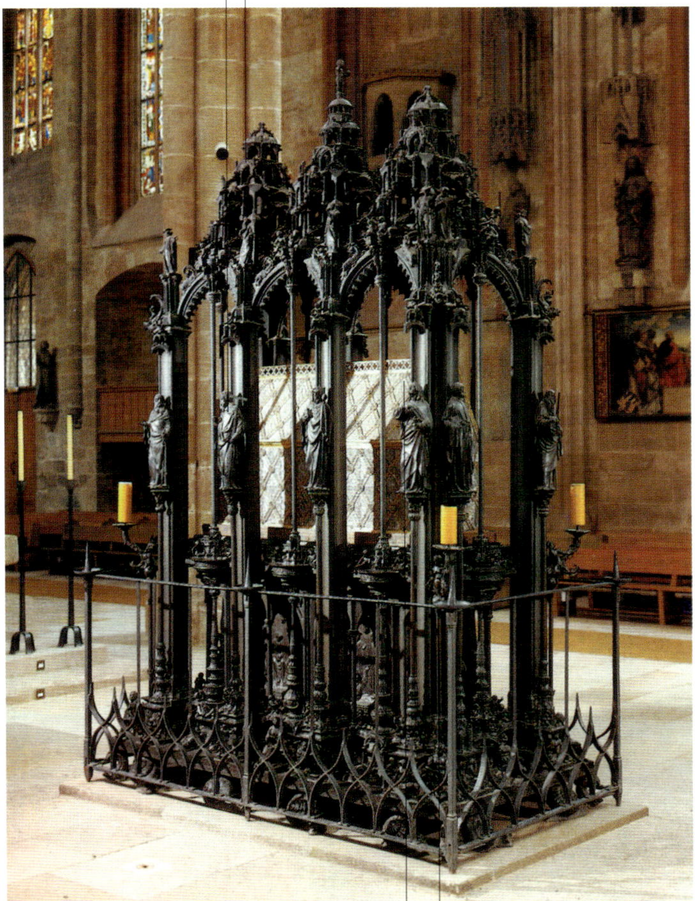

▲ Peter Vischer d. Ä. und Werkstatt, *Sebaldus-Grab*, 1508–19, Nürnberg, St. Sebald.

Der von Vischer geschaffene Aufbau umgibt den alten 1397 geschaffenen, mit Silberblech beschlagenen Reliquienschrein des Heiligen, der gut zu sehen ist.

Alle ornamentalen Elemente, von den Säulchen bis zu den zahlreichen Statuetten, sind deutlich von antiken Vorbildern geprägt, aber das Ganze reflektiert noch den Stil der spätgotischen Virtuosität.

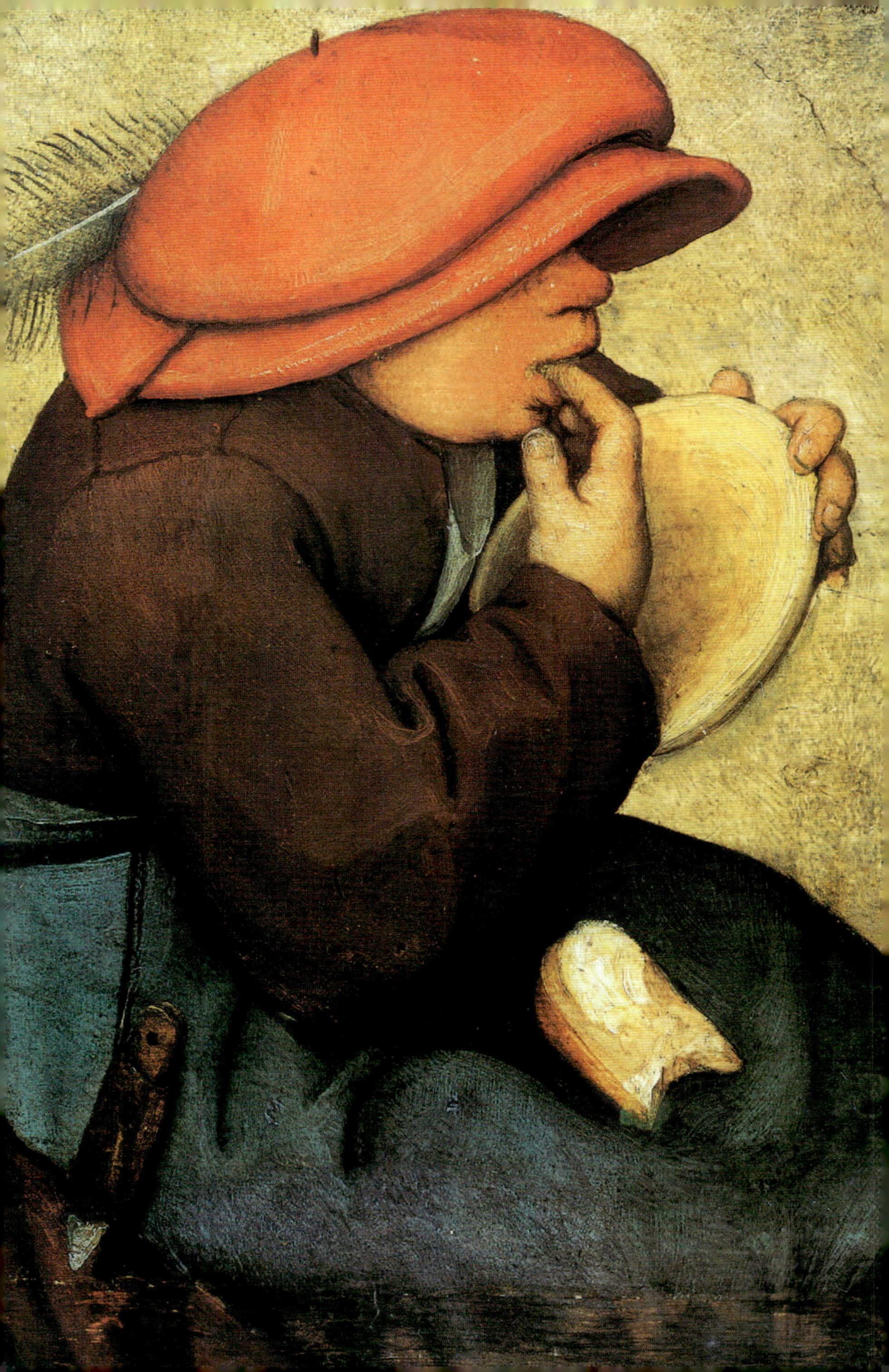

Anhang

Chronologie
Künstlerverzeichnis
Bildnachweis

◄ Pieter Bruegel d. Ä.,
Bauernhochzeit (Ausschnitt), um 1568,
Wien, Kunsthistorisches Museum.

Chronologie

1500
In Gent wird der künftige Kaiser Karl V. von Habsburg geboren.
Pedro Alvarez Cabral entdeckt Brasilien, das eine Kolonie Portugals wird.
In Rom vollendet Michelangelo die *Pietà* für die Basilika St. Peter.
Dürer feiert seinen gesellschaftlichen Erfolg mit dem *Selbstbildnis im Pelzrock*.

1501
Michelangelo beginnt mit den Arbeiten am *David*.

1502
In Florenz wird beschlossen, den Salone dei Cinquecento mit zwei *Schlachtenbildern* Leonardo da Vincis und Michelangelos ausschmücken zu lassen.
Leonardo da Vinci beginnt das Porträt der *Mona Lisa*.
Carpaccio beginnt in Venedig den Zyklus von San Giorgio degli Schiavoni.
Dürer beginnt mit den Holzschnitten zum *Marienleben*.

1503
Tod Papst Alexanders VI. Borgia, Nachfolger wird Giuliano della Rovere, der sich Julius II. nennt.
Bosch malt etwa in dieser Zeit das Triptychon *Garten der Lüste*.

1504
Tod Königin Isabellas von Kastilien, Regentschaft von Ferdinand II. d. Katholischen für seine Tochter Johanna d. Wahnsinnige.
In Rom beginnt Bramante mit dem Bau des Cortile del Belvedere im Vatikan.

1505
Sebastiano Caboto entdeckt in Nord-Amerika die Hudson-Bay.
Giorgione malt etwa in dieser Zeit die *Pala di Castelfranco* und *Das Gewitter*.

1506
Dürer ist zum zweiten Mal in Italien; er malt das *Rosenkranzfest*.
In Mantua stirbt Andrea Mantegna.
König Sigismund I. d. Alte, aus dem Haus der Jagiellonen besteigt den Thron Polens.
In Rom wird die *Laokoon-Gruppe* gefunden; Bramante legt den Grundstein für Neu-St. Peter.

1507
Maximilian I. von Habsburg überträgt seiner Tochter Margarete von Österreich die Regentschaft der Niederlande.

1508
Spanien, Deutschland, Frankreich und die Herzöge von Mantua, Ferrara und Savoyen schließen sich in der Liga von Cambrai gegen Venedig zusammen.
Michelangelo und Raffael arbeiten im Vatikan: Michelangelo beginnt mit den Fresken der Decke der Sixtinischen Kapelle, Raffael malt die Stanza della Segnatura aus.

1509
Heinrich VIII. Tudor besteigt den Thron Englands.
Erasmus von Rotterdam veröffentlicht das *Lob der Torheit*.

1510
Tod Giorgiones in Venedig und Sandro Botticellis in Florenz.

1511
Weitere Eroberungen der Seefahrer. Die Spanier entdecken Goldminen auf Kuba; Albuquerque erobert Malakka für Portugal.
In Rom vollendet Raffael die Fresken der Stanza della Segnatura und beginnt mit der Ausmalung der Stanza di Eliodoro.
In Nürnberg malt Dürer das *Allerheiligenbild*.

1512
Rückkehr der Medici nach Florenz, die 1494 die Stadt verlassen mussten.
In Rom vollendet Michelangelo die Decke der Sixtinischen Kapelle und wendet sich wieder der Arbeit am Grabmal Papst Julius' II. zu.

1513
Giovanni Medici (Sohn Lorenzo il Magnificos) wird Papst Leo X.
Niccolò Machiavelli schreibt *Il Principe*, Baldassar Castiglione schreibt *Il libro del Cortegiano*.

1514
Giovanni Bellini malt *Das Festmahl der Götter* für Alfonso d'Este, Herzog von Ferrara.

In Rom stirbt Bramante.
Quentin Massys, Vertreter der Antwerpener Malerschule, malt *Der Geldwechsler und seine Frau.*
Dürer schafft den Kupferstich *Melencolia I.*

1515
Schlacht bei Marignano, die Franzosen nehmen Mailand in Besitz.
Der Bildhauer Anton Pilgram vollendet die Kanzel des Stefansdoms in Wien.
Vor den Toren Londons lässt der Erzbischof von York und Lordkanzler Thomas Wolsey den Hampton Court Palace ausbauen.

1516
Nach dem Tod Ferdinands d. Katholischen wird Karl von Habsburg als Karl I. König von Spanien und in der St.-Gudula-Kathedrale von Brüssel gekrönt.
Im Vertrag von Noyon erhält Venedig fast alle verlorenen Gebiete zurück.
Matthias Grünewald malt den *Isenheimer Altar.*
Tod Giovanni Bellinis.
Tizian wird Staatsmaler der Serenissima.

1517
Martin Luther schlägt in Wittenberg die 95 Thesen gegen den Ablasshandel an und leitet damit die Reformation ein.
In Florenz malt Andrea del Sarto die *Harpyien-Madonna.*

1518
Luther verweigert auf dem Reichstag zu Augsburg den Widerruf seiner 95 Thesen.
In Venedig löst die Enthüllung der *Himmelfahrt Marias (Assunta)* von Tizian Erstaunen und Bestürzung aus.
In Parma malt Correggio die Camera di San Paolo aus.

1519
Tod Kaiser Maximilians I. von Habsburg; Karl I. von Spanien wird als Karl V. sein Nachfolger.
Hernán Cortes beginnt mit der Eroberung des Aztekenreichs.
Zwingli wird Prediger am Großmünster in Zürich.
Leonardo da Vinci stirbt im Schloss Cloux bei Amboise.

1520
Ferdinand Magellan umsegelt das Kap Horn, portugiesische Kaufleute lassen sich in China nieder.
Leo X. unterzeichnet die Bannandrohungsbulle gegen Luther, die Luther in Wittenberg verbrennt.
Süleyman I. d. Prächtige wird Sultan.
Schwedische Rebellion gegen König Christian II. von Dänemark unter Führung von Gustav Wasa.
In Rom stirbt Raffael.

1521
Die Türken erobern Belgrad.
Tod König Emanuels I. von Portugal; unter seiner Herrschaft erfolgte der Aufbau eines ersten Kolonialreichs im Indischen Ozean; nach ihm ist der spätgotische Emanuelinische Stil benannt.
Melanchthon veröffentlicht die *Loci communes rerum theologicarum*, die erste systematische Darstellung der reformatorischen Theologie.
Rosso Fiorentino malt die *Kreuzabnahme* (Volterra).

1522
Der Utrechter Adrian wird zum Papst gewählt und nennt sich Hadrian VI.
François Rabelais veröffentlicht *Gargantua et Pantagruel.*

1523
Giulio de' Medici wird zum Papst gewählt und nennt sich Clemens VII.
Gustav Wasa wird zum König von Schweden gekrönt. In Dänemark wird Christian II. abgesetzt.
Andrea Gritti wird zum Dogen von Venedig gewählt; er setzt die *Renovatio urbis* als Ziel.
Hans Holbein d. J. malt das Porträt des Erasmus von Rotterdam.

1524
Giovanni da Verrazzano erkundet auf der Suche nach einer nördlichen Passage nach Asien im Auftrag König Franz' I. von Frankreich die Nordküste Amerikas.

1525
Deutscher Bauernkrieg; die Aufstände der Bauern werden niedergeschlagen.
Der letzte Hochmeister des Deutschen Ordens Albrecht von Brandenburg-Preußen erkennt die Lehnshoheit der polnischen Krone an.
Schlacht bei Pavia, Niederlage und Gefangennahme des französischen Königs Franz I.; Norditalien und Mailand fallen an das Haus Habsburg.

1526
Ludwig I. fällt bei Mohacs gegen die Türken. Böhmen und Ungarn fallen im Erbgang an die Habsburger.
Lucas van Leyden malt das Triptychon *Jüngstes Gericht* (Leiden).
Dürer malt für den Rat der Stadt Nürnberg *Die Vier Apostel.*

1527
Sacco di Roma: Deutsche Landsknechte, spanische Söldner und italienische papstfeindliche Condottieri plündern Rom. Viele Künstler verlassen die Stadt.
Die Medici werden wieder aus Florenz vertrieben; Wiederherstellung der Republik.
Philipp II., Sohn Karls V., wird in Valladolid geboren.

1528
Tod Albrecht Dürers in Nürnberg.

1529
Der »Damenfrieden« von Cambrai, ausgehandelt zwischen Luise von Savoyen und Margarete von Österreich, beendet den Krieg der Liga von Cognac zwischen Karl V. und Franz I. von Frankreich.
Albrecht Altdorfer malt die *Alexanderschlacht.*

1530
Krönung Karls V. zum Kaiser des Heiligen Römischen Reiches durch den Papst in Bologna.
Belagerung und Kapitulation von Florenz; Ende der Republik, Restauration der Medici.
Der Sitz des Johanniterordens wird nach der Eroberung von Rhodos durch die Türken nach Malta verlegt, der Orden heißt seither auch Malteserorden.

1531
Schmalkaldischer Bund: Bündnis protestantischer Reichsstände.

1532
Beginn der Ausstattung der Galerie von Franz I. in Fontainebleau.
Giulio Romano beginnt mit der Ausschmückung der Sala dei Giganti im Palazzo del Te in Mantua.

1533
Elisabeth I., Tochter Heinrichs VIII. von England und Anne Boleyn, wird geboren.
Pizarro vollendet die Eroberung des Reichs der Inka und wird Statthalter von Peru.
Hans Holbein malt in London *Die Gesandten*.
Tizian wird von Karl V. zum *pintor primero* ernannt.

1534
Die Suprematsakte, ein vom englischen Parlament erlassenes Gesetz, macht König Heinrich VIII. zum Oberhaupt der Kirche in England und schafft damit die anglikanische Staatskirche.
Ignatius von Loyola gründet den Jesuitenorden.
Alessandro Farnese wird zum Papst gewählt und nennt sich Paul III.

1535
Thomas Morus wird, nachdem er den Suprematseid verweigert hat, zum Tode verurteilt und hingerichtet.

1536
Gründung von Buenos Aires durch Pedro de Mendoza.
Michelangelo beginnt mit der Arbeit am *Jüngsten Gericht* in der Sixtinischen Kapelle.

1537
Cosimo I. de' Medici wird Herzog der Toskana (ab 1569 Großherzog).

1538
Heinrich VIII. wird vom Papst gebannt.
Tizian malt für Guidobaldo della Rovere, Erbe des Herzogtums Urbino, die *Venus von Urbino*.

1539
Hans Holbein malt das Porträt König Heinrichs VIII.
Hochzeit zwischen Cosimo I. de' Medici und Eleonora von Toledo.
Bronzino ist Hofmaler in Florenz.

1540
Papst Paul III. bestätigt den Jesuitenorden.
Benvenuto Cellini führt die *Saliera* für Franz I. von Frankreich aus.

1541
Michelangelo vollendet das *Jüngste Gericht* in der Sixtinischen Kapelle.
Johannes Calvin setzt in Genf die Reformation durch.

1542
Tod Jakobs V. von Schottland; neue Königin ist die erst 6 Tage alte Tochter Maria Stuart.
Papst Paul III. richtet die römische Inquisition ein.
Andrea Palladio baut in der Provinz Vicenza die erste Villa.

1543
Andreas Vesalius veröffentlicht in Basel sein epochales Werk *De humani corporis fabrica*; kurz vor seinem Tod veröffentlicht Nikolaus Kopernikus sein Hauptwerk *De Revolutionibus Orbium Coelestium*.

1544
Mit dem Frieden von Crépy werden – nach vier ergebnislosen Kriegen – die Auseinandersetzungen zwischen Deutschland und Frankreich beendet.

1545
Eröffnung des Konzils von Trient.

1546
Tod Martin Luthers.

1547
Tod König Franz' I. von Frankreich und König Heinrichs VIII. von England.
Das Konzil von Trient wird provisorisch nach Bologna verlegt und 1549 suspendiert.
Jean Goujon schafft in Paris die *Fontaine des Innocents*.

1548
Karl V. dekretiert nach dem Sieg über die Protestanten in der Schlacht bei Mühlberg das »Augsburger Interim«; er ruft Tizian anlässlich des Reichstags nach Augsburg; Tizian feiert den Sieg mit dem Gemälde *Karl V. zu Pferd*.
Tintoretto setzt sich in Venedig mit dem Bild *Der hl. Markus befreit einen Sklaven* durch.

1549
Der Architekt und Bildhauer Philibert de l'Orme erbaut für Diana de Poitiers das Schloss Anet.
Tod Papst Pauls III.; Nachfolger wird Giovanni Maria del Monte als Julius III.

1550
Sinan, der »Vater der osmanischen Architektur«, beginnt mit dem Bau der Süleymaniye-Moschee in Istanbul (1550–57).
In Florenz erscheint die erste Auflage der *Vite* von Giorgio Vasari.

1552
Iwan IV. d. Schreckliche nimmt Kasan ein und beginnt den Ausbau des Moskauer Staates zu einem neuen Imperium.

1553
Katholische Restauration in England unter der Herrschaft von Maria I. Tudor (»Bloody Mary«), Tochter Heinrichs VIII.
Paolo Veronese beginnt mit Arbeiten im Palazzo Ducale.

1554
Philipp II. von Spanien heiratet in zweiter Ehe Maria Tudor von England.
Gründung der Stadt São Paulo in Brasilien.
In Konstantinopel eröffnet das erste europäische Kaffeehaus.

1555
Auf dem Reichstag von Augsburg wird der Augsburger Reichs- und Religionsfrieden zwischen Katholiken und Protestanten geschlossen.
Auf Julius III. folgt Papst Marcellus II., der nach einem knappen Monat stirbt, auf ihn folgt Giovanni Pietro Carafa als Paul IV.

1556
Abdankung Karls V. und Rückzug in das Kloster von Yuste; sein Sohn Philipp II. von Spanien wird Nachfolger in Spanien und Burgund, sein Bruder Ferdinand I. folgt ihm im Reich.
Die sog. Preisrevolution nimmt dramatische Ausmaße an.

1557
In der Schlacht von St-Quentin besiegt Philipp II. am Gedenktag des hl. Laurentius den französischen König Heinrich II. und gelobt zu Ehren des Heiligen ein Kloster zu bauen, das zur königlichen Klosterresidenz ausgebaut wird. Mit dem Befehlshaber der spanischen Truppen Herzog Emanuel Philibert von Savoyen wächst die Bedeutung des Hauses Savoyen.

1558
Tod Karls V.
Nach dem Tod Maria Tudors wird Elisabeth I. Königin von England.

1559
Friede von Cateau-Cambrésis zwischen Frankreich und Spanien; Genua erhält Korsika zurück.
Tod Heinrichs II. von Frankreich.
Auf Papst Paul IV. folgt Giovanni Angelo Medici als Papst Pius IV.
Der *Index Librorum Prohibitorum* erscheint erstmals.

1560
Karl IX. besteigt den Thron Frankreichs, seine Mutter Katharina von Medici übernimmt die Regentschaft.
Tod des Königs Gustav Wasa von Schweden.
Tod Melanchthons; als *Praeceptor Germaniae* (Lehrer Deutschlands) war er neben Martin Luther die treibende Kraft der deutschen und europäischen kirchenpolitischen Reformation.
Vasari baut in Florenz den Palazzo degli Uffizi.

1561
Philipp II. von Spanien verlegt die Hauptstadt nach Madrid und sucht in der Sierra de Guadarama nach einem geeigneten Ort für das gelobte Kloster und die Gedenkstätte für Karl V.

1562
Das Konzil von Trient wird wieder eröffnet.
Ausbruch des ersten Hugenottenkriegs in Frankreich.
Paolo Veronese malt *Die Hochzeit von Kana* (heute in Paris).

1563
Das Konzil von Trient verabschiedet Instruktionen für die Erneuerung der katholischen Kirche; Abschluss des Konzils.
Beginn der Bauarbeiten am Escorial unter der Leitung von Juan Bautista de Toledo, einem Schüler Michelangelos. Nach dessen Tod 1567 übernimmt Juan de Herrera die Nachfolge und wird so zum eigentlichen Schöpfer der Klosterresidenz.

1564
Tod Kaiser Ferdinands I.; sein Sohn Ferdinand II. erhält gemäß Testament die Herrschaft über Tirol und die Vorlande, bleibt aber noch bis 1567 als böhmischer Statthalter in Prag; in Tirol baut er auf Schloss Ambras die Kunst- und Wunderkammer auf.
Calvin stirbt in Genf.
Michelangelo stirbt in Rom; die *Pietà Rondanini* bleibt unvollendet.
Tintoretto beginnt mit der Ausschmückung der Scuola di San Rocco in Venedig.

1565
Bruegel malt den Zyklus der *Monatsbilder* (*Jahreszeiten*).

1566
Tod Sultan Süleymans I. d. Prächtigen.
Der Dominikaner Michele Ghisleri wird Papst als Pius V.
Petition des niederländischen Adels an Margarete von Parma um Milderung der Religionsedikte und Aufhebung der Inquisition.

1567
Fernando Álvarez de Toledo, Herzog von Alba, wird Statthalter der Niederlande.

1568
Fernando Álvarez de Toledo, Herzog von Alba, lässt den Grafen von Egmont und den Grafen von Hoorn auf dem Marktplatz in Brüssel enthaupten.
Giorgio Vasari veröffentlicht die zweite Auflage seiner *Vite*.

1569
Cosimo de' Medici erhält den Titel Großherzog.

1570
Papst Pius V. verhängt über Königin Elisabeth I. von England den Bann und erklärt sie für abgesetzt.
Palladio veröffentlicht als Lehrbücher *I quattro libri dell'Architettura*.

1571
Sieg der Heiligen Liga über die türkische Seestreitmacht in der Seeschlacht bei Lepanto.
Antoine Caron malt *Augustus und die Sibylle von Tibur.*

1572
Ugo Boncompagni wird Papst als Gregor XIII.
Bartholomäus-Nacht (24./25. Aug.): In Frankreich werden Tausende von Hugenotten ermordet.
Mit dem Tod König Sigismunds II. von Polen endet die Dynastie der Jagiellonen.
Luís de Camões veröffentlicht das Epos *Os Lusíadas* die Geschichte der portugiesischen (»lusitanischen«) Entdeckungen und Eroberungen.

1573
Buontalenti richtet die Grotte im Boboli-Garten ein.
Trotz des Sieges von 1571 bei Lepanto muss Venedig in den nachfolgenden Verhandlungen Zypern an die Türken abtreten.

1575
Gründung der Universität Leiden, der ältesten Universität der Niederlande.
Torquato Tasso vollendet das Epos *Gerusalemme Liberata.*

1576
Kaiser Rudolf II. von Habsburg besteigt den Thron.
Während der Pest in Venedig stirbt Tizian, er hinterlässt unvollendet die *Pietà.*

1577
Ein Brand verwüstet den Palazzo Ducale in Venedig. Die neue Ausmalung wird Tintoretto anvertraut.
El Greco malt in Toledo die *Entkleidung Christi.*

1578
Alessandro Farnese wird als Nachfolger von Juan d'Austria Statthalter der Niederlande.

1579
Utrechter Union: Die sieben nördlichen Provinzen der Niederlande schließen sich gegen die südlichen katholischen Provinzen der Union von Arras zusammen.

1580
Tod Andrea Palladios.
Ab 1580 regieren die Könige von Spanien in Personalunion auch Portugal.

1581
Unabhängigkeitserklärung der Utrechter Union: Die Republik der Sieben Vereinigten Niederlande, auch bekannt als Vereinigte Provinzen, wird ausgerufen.

1582
Papst Gregor XIII. führt die nach ihm benannte Kalenderreform durch: Der Gregorianische löst den Julianischen Kalender ab.

1583
Rudolf II. von Habsburg verlegt die Kaiserresidenz von Wien nach Prag.

1584
Wilhelm von Oranien, genannt Wilhelm d. Schweiger, Führer im niederländischen Unabhängigkeitskrieg gegen Spanien, wird in Delft erschossen.
Tod Iwans IV., d. Schrecklichen; ihm folgt sein geistig behinderter Sohn Fjodor I.; Boris Godunow übernimmt die Regentschaft.
Heinrich von Navarra wird Erbe des französischen Throns.
Sir Walter Raleigh nennt die erste englische Kolonie in Amerika zu Ehren von Elisabeth I., der »Virgin Queen«, Virginia.
In Mailand stirbt Erzbischof Carlo Borromeo, eine der bedeutendsten Persönlichkeiten der Gegenreformation.

1585
Felice Peretti wird Papst Sixtus V.; er schafft Ordnung im Kirchenstaat, saniert die päpstlichen Finanzen und entfaltet eine rege Bautätigkeit. Durch ihn wird Rom zu einer »modernen« Stadt.

1586
El Greco malt in Toledo für die Kirche San Tomé *Das Begräbnis des Grafen von Orgaz.*

1587
Maria Stuart, Königin von Schottland, wird hingerichtet.

1588
Niederlage der spanischen Armada gegen England.
Tod Paolo Veroneses.

1589
König Heinrich III. von Frankreich bestätigt auf dem Totenbett Heinrich IV. von Navarra als Nachfolger; Heinrich IV. begründet die Dynastie der Bourbonen als Könige von Frankreich.

1590
Tod Papst Sixtus' V.

1592
Ippolito Aldobrandini wird Papst Clemens VIII.
Caravaggio lässt sich in Rom nieder.

1594
Heinrich IV. von Navarra wird nach seiner Konversion zum Katholizismus zum König gekrönt.
Tod Tintorettos.
Shakespeare schreibt *Romeo und Julia.*

1596
Caravaggio malt den *Früchtekorb*, ein Schlüsselwerk für das Stillleben.

1597
Annibale Carracci malt die Galleria des Palazzo Farnese in Rom aus.

1598
Das Edikt von Nantes sichert den Hugenotten in Frankreich Toleranz zu.

Philipp II. von Spanien stirbt im Escorial.
Boris Godunow, Regent für Fjodor, proklamiert sich zum Zaren.
Bau des Theaters *The Globe* in London.

1599
Caravaggio beginnt die Arbeit an den Altarbildern von San Luigi dei Francesi in Rom.

1600
Gründung der Britischen Ostindien-Kompanie.
König Heinrich IV. von Frankreich heiratet in zweiter Ehe Maria von Medici.
Shakespeare schreibt den *Hamlet*.
Giordano Bruno wird wegen Ketzerei und Magie in Rom hingerichtet.

Künstlerverzeichnis

Bildnachweis

AKG-Images, Berlin; Alte Pinakothek, München; Archivio Mondadori Electa, Mailand; Bayerisches Nationalmuseum, München; Biblioteca Czartoryski, Krakau; Biblioteca Nazionale, Wien; British Museum, London; Castello, Torre Bianca, Prag; Civici Musei del Castello Sforzesco, Mailand; Collezione dei Principi del Liechtenstein, Wien; Collezione Luttrell, Dunster Castle; Collezioni Reali, Hampton Court; Collezioni Reali, Windsor; Contrasto, Mailand (E. Lessing); CORBIS (© National Gallery Collection; By kind permission of the Trustees of the National Gallery, London/CORBIS/ © Archivo Iconografico, S.A./CORBIS); Fitzwilliam Museum, Cambridge; Galleria di Palazzo Bianco, Genua; Germanisches Nationalmuseum, Nürnberg; Graphische Sammlung Albertina, Wien; Hardwick Hall; Historisch Museum, Amsterdam; Kimbell Art Museum, Forth Worth; King's College, Cambridge; Kunsthistorisches Museum, Wien; Kunstmuseum, Basel; Mauritshuis, L'Aia; Metropolitan Museum, New York; Musée du Chateau, Pau; Musées des Beaux-Arts, Strasburg; Musées Royaux des Beaux-Arts, Antwerpen; Museo del Prado, Madrid; Museo dell'Opera del Duomo, Florenz; Museo Nacional de Escultura, Valladolid; Museo Poldi Pezzoli, Mailand; Museum Boijmans van Beuningen, Rotterdam; Museum of Fine Arts, Boston; Museum voor Schone Kunsten, Gand; National Gallery, London; National Gallery, Washington; Palazzo Doria »del Principe«, Genua; Palazzo Farnese, Rom; Palazzo Moroni, Bergamo; Palazzo Reale, Krakau; Palazzo Sacchetti, Rom; Palazzo del Te, Mantua; Palazzo Vecchio, Florenz; J. Paul Getty Museum, Los Angeles; © Photo RMN, Paris (Musée du Louvre/Fontainebleau, Chateau de Fontainebleau); Pierpont Morgan Library, New York; Pinacoteca Tosio Martinengo, Brescia; Real Collegio del Patriarca, Valencia; Rijksmuseum, Amsterdam; © Scala Group, Florenz; Staatliche Kunstsammlungen, Gemäldegalerie, Kassel; Staatliche Museen zu Berlin, Gemäldegalerie; Statens Museum for Kunst, Kopenhagen; Stedelijke Musea, Brügge; Teatro Olimpico, Vicenza; Toledo Museum of Art, Toledo (Ohio); Victoria and Albert Museum, London; Wallraf-Richartz Museum, Köln.

Mit freundlicher Genehmigung des italienischen Kulturministeriums Ministero per i Beni e le Attività Culturali haben folgende Ämter für Denkmalpflege und Archäologie ihr Bildmaterial für Reproduktionszwecke zur Verfügung gestellt:

Soprintendenza per il Patrimonio Storico Artistico e Demoetnoantropologico
der Provinzen Bergamo, Como, Lecco, Lodi, Mailand, Pavia, Sondrio, Varese (Pinacoteca di Brera, Mailand)
der Provinzen Bologna, Ferrara, Ravenna, Forlì, Cesena, Rimini (Pinacoteca Nazionale, Ferrara)
der Provinzen von Neapel und Caserta (Museo e Gallerie di Capodimonte, Neapel)
der Provinzen Parma und Piacenza (Galleria Nazionale, Parma)
der Provinzen Pisa, Lucca, Massa, Livorno (Museo Nazionale di Villa Guinigi, Lucca)

Soprintendenza Speciale per il Polo Museale
Florenz (Galleria degli Uffizi/Galleria dell'Accademia, Florenz)
Rom (Galleria Nazionale d'Arte Antica di Palazzo Barberini/Galleria Borghese, Rom)
Venedig (Galleria Franchetti alla Ca' d'Oro/Gallerie dell'Accademia, Venedig)